下坂守著

中世寺院社会の研究

思文閣史学叢書

思文閣出版

山王宮曼荼羅図(奈良国立博物館蔵)

中世寺院社会の研究　目次

第二篇　大衆と惣寺

第四篇　門跡寺院の歴史的役割

付　篇

序にかえて

近年、中世の寺院の多くが「惣寺」と呼ばれた僧侶たちによる合議を基本として運営されていたことが、徐々にあきらかになりつつある。(1) 今後、研究の進展とともに惣寺が中世寺院のもっとも一般的な存在形態であり、いわゆる「寺社勢力」の中核が惣寺によって構成されていたことがより明確になっていくことと思われるが、本書はそのような惣寺を基礎単位とした中世寺院の広がりを寺院社会として捉え、その歴史的な意味を考察しようとするものである。

考察にあたっては比叡山延暦寺を主たる対象としたが、これは中世の延暦寺が他のいかなる寺院よりも社会全般に及ぼした影響が大きいことによる。これまで延暦寺に関してはその活動を総体として掌握しようとする試みはほとんど行なわれてこなかった。しかし、同寺を抜きにして中世の寺院社会が論じられないことは改めていうまでもなく、惣寺がいかなるものであったかはもとより、その惣寺を基礎として形成されていた寺院社会の本質を知る上でも、同寺の活動をあきらかにすることは必要にして不可欠な作業と考えられる。

中世、延暦寺において惣寺を構成していたのは、他の寺院と同様に、大衆・衆徒と呼ばれた、いわゆる僧侶の集団であった。ただ、延暦寺の場合、他の寺院と事情をやや異にするのは、そのなかに妻帯した僧侶たちが含まれていた点である。本書では以下、便宜上、彼らを「山徒」またそれ以外の一般の僧侶を「衆徒」と呼び、両者を合わせた惣寺の構成員を「大衆」と称することとした。(2) この点をあらかじめ断った上で、以下、四篇にわたる本書の構成を簡単に紹介しておく。

元久元年（一二〇四）、堂衆が学生によって寺内から一掃されて以降、惣寺としての延暦寺を運営した大衆とは、具体的には山徒と衆徒を指す。(3) 彼らによる寺院運営がいかなるものであったかが明確になれば、自ずから中世の延暦寺における惣寺の実相があきらかになるはずであり、第一・二篇を山徒および衆徒の活動実態の検証にあてた所以である。

将軍足利義満が山徒の中から特に大きな軍事力をもった者を選び出し山門使節に任命したのは康暦元年（一三七九）の政変（康暦の政変）まもなくのことであった。それまでほぼ一貫して反幕府の立場を堅持してきた延暦寺大衆は、これを転機として幕府の統制下に入る。第一篇ではまず惣寺としての延暦寺において、もっとも大きな政治的画期となったこの山門使節制度の成立とその後の展開について考察した。

山徒は軍事面のみならず経済面でもきわめて大きな力を有していたが、その代表が土倉を営んだ山徒たちである。彼らの金融活動は惣寺としての延暦寺の経済的基盤ともなっており、その活動実態はもとより、延暦寺の惣寺および室町幕府との関係についても第一篇で再検討した。

山徒が俗世界をその主たる活動の場としていたのに対して、衆徒は寺内のいわゆる三塔十六谷に分かれて居住し、各地区で強固な生活共同体を作りあげていた。彼ら衆徒の生活共同体は強い自立性を持ち、ともすれば惣寺を分裂・分散化の方向に導く傾向にあったが、そのような傾向に歯止めをかけるとともに、一転、結束を強めさせるのに大きな役割を果たしたのが、一つは「衆議」の集積という延暦寺独特の組織運営のあり方であり、今一つは各地区の結節点としての日吉社の存在であった。

もちろん衆議そのものは延暦寺に固有のものではなく、惣寺では一般に広く行なわれていたものである。ただ、延暦寺のように、それを尾・谷・院というように下から順に積みあげていく例は少なく、それ自体、巨大寺院における惣寺のあり方を示すものとして注目される。

また二つ目の各地区の結節点としての日吉社の存在であるが、これには元久元年の堂衆の寺からの放逐という出来事が大きく関わっていた。この時、寺に残った学生は日吉七社の彼岸会執行を東塔の五谷と西塔・横川の二院の七つの地区に振り分け、以後、この彼岸会の地区割り分担は中世末まで継承される。つまり元久元年以降、各地区はそれまで以上に日吉七社を結束点として団結を強めることになったのであり、その結束の強さをもっともよく示してくれるのが、中世には毎年五月に執行されていた大衆の祭としての日吉小五月会である。日吉小五月会という日吉社の一神事が、本祭の日吉祭よりも大規模に執行されていたという事実ほど、同会の特殊な性格をよく物語るものはない。南北朝時代末、室町幕府が同会の経済的基盤となる馬上方一衆制度を創設した目的などを含め、第二篇では延暦寺における惣寺の実態を多角的に検証した。

一方、大衆という集団を構成主体とした惣寺において、衆議に基づく決定を現実に実現しようとした時に欠かすことのできなかったのが、大衆からなかば独立して存在した執行機関としての「寺家」である。坂本に所在した寺家は一方で惣寺の執行機関として機能するとともに、延暦寺の宗教的な最高責任者である天台座主の執行機関としての役割も果たしており、この点で惣寺と天台座主を結ぶ要となっていた。寺家が惣寺において果たした歴史的役割の解明に第三篇をあてた。

最後の第四篇では門前寺院をとりあげた。門主を頂点に頂き独自の財産と法脈を持っていわば自立していた門跡寺院は、衆議による運営を基本としていた惣寺とはあきらかに異質な存在であった。水と油ともいうべきこの二つの組織体が、延暦寺という一つの器のなかでどう共存していたのか。その組織と運営の実態を検証することを通じて、門跡寺院が惣寺といかなる関係にあったかを考察した。

（1）延暦寺以外の「惣寺」については、法隆寺・東寺・東大寺・興福寺などの惣寺を論じたものとして次のような研究がある。

林屋辰三郎「南北朝時代の法隆寺と東西両郷」（『中世文化の基調』、東京大学出版会、一九五三年）
富田正弘「中世東寺の寺官組織について」（『京都府立総合資料館紀要』八、一九八〇年）
稲葉伸道『中世寺院の権力構造』（岩波書店、一九九七年）
久野修義『日本中世の寺院と社会』（塙書房、一九九九年）

現在、これら他寺の惣寺研究に関して論評を加えるだけの準備も力量もないが、衆議を基本として運営された惣寺では、延暦寺の寺家に見られるようにその執行機関はともすれば独立性の強いものになっていたという点だけは指摘しておきたい。

また、惣寺の構成員については、延暦寺では「衆勘」が「名帳」からの名前の削除と住房の破却をもって行なわれているところからして（本書第二篇第一章・第三篇第三章参照）、久野氏が指摘された東大寺の場合と同じく（前掲同氏著書参照）、その成員は「名帳」に名前を登録され住房を持ったいわゆる寺僧に限定されていたものと理解される。なお、園城寺では近世には「寺衆」と呼ばれたいわゆる寺僧が惣寺の成員を構成していたことがはっきりしており（拙稿「近世の寺院運営——一山の拡がりとその活動——」、『園城寺文書』四、園城寺編、二〇〇一年）、中世においても同様であった可能性が高い。

（2）「山徒」の「山」はいうまでもなく比叡山を指す。「山徒」のほか鎌倉時代後半に作成された『山王霊験記』では、「山侶」「山僧」が同じように「台嶺の僧侶」の意味で使用されている。延暦寺僧の総称としては古くは「山徒」（『華頂要略』門主伝、久安三年八月十三日条、『法然上人絵伝』四二段、『勘仲記』弘安七年六月一日条他）、「山僧」なる言葉がもっともよく用いられている（『鎌倉幕府追加法』他）。

南北朝時代になると、「山徒」は主として妻帯した延暦寺僧の総称として使用されるようになり、そのことを明確に示すもっとも早い例は、「山徒一揆衆中」宛の観応三年（一三五二）四月二日付「足利義詮下知状」（『足利将軍代々下知状』）である。義詮はそこで「勲功賞」として「近江国音羽庄地頭職」以下を「山徒一揆衆中」に宛行なっている。また文和四年（一三五五）正月、足利尊氏が坂本に入ることがあったとき、「月輪・月蔵・金輪院・智性・最《(西)》勝・延《(円)》明・杉生・山本房」などの「山徒宿老等」が「各々弟子・同宿等」を従えて駆け付けたという『源威集』の記載も、その一事例となろう。

なお、鎌倉時代では、正和三年（一三一四）、新日吉社での「喧嘩張本人」の「山徒」名を書きあげた交名が『公衡公記』に収められているが、そこには狭義の「山徒」だけでなく、その下に属していた同宿らの名前までが記されている。「山徒」が延暦寺の下級僧侶一般を指す言葉として用いられていたことを示す一例であるが、交名の大半が狭義のいわゆる「山徒」の関係者によって占められていることからすれば、これはこの時期より「山徒」が妻帯し武力を擁した大衆の一部を指す言葉として用いられつつあったことを物語るものともいえる。

（3）　建仁三年（一二〇三）にはじまり翌元久元年の「学生」による「堂衆」の寺内追放をもって終わる一連の騒動に関しては、その事実経過が比較的よく判明するにも関わらず、いまだ歴史的評価が定まっていない。本書でもこれを正面から論じることはできなかったが、「学生」「堂衆」という言葉そのものがこれ以後、史料上から一切姿を消すことからして、この事件を契機として「学生」「堂衆」という二つの身分は基本的に消失したものと推定される。したがって騒動後に立ち現れる山徒と衆徒とは、寺に残った「学生」が再分化したもので、本書にいう大衆とは「学生」の系譜を引く人々であったと理解している。

第一篇　山徒の存在形態

第一章　山門使節制度の成立と展開

――室町幕府の延暦寺大衆政策をめぐって――

はじめに

本章では南北朝・室町時代において比叡山延暦寺（山門）が政治的にいかなる位置を占めていたかを考察したい。幕府・朝廷にとって、対延暦寺政策がもっとも大きな政治課題の一つであったことは前代と変わりなく、その意味でこの時代の政治史は延暦寺を抜きにしては語れないともいえる。にもかかわらず、これまでこの問題が正面からとりあげられたことはなく、とりわけ幕府が対延暦寺政策の切り札とした山門使節なる組織に関してはまったく論じられたことがないのが現状である。そこで初めになぜ山門使節を研究の対象としたか、という問題をも含めて、山門使節について簡単に説明しておきたい。

山門使節とは、延暦寺内において使節遵行権以下の諸権限を、幕府から認められていた山徒の組織である。南北朝時代末より幕府の延暦寺に関する裁決等は、原則としてすべてこの山門使節を通じて行なわれることになっていた。また、彼らの管轄地域はたんに比叡山の山上山下にとどまらず、近江・山城の延暦寺領にまで及んでおり、その権限も多岐にわたっていた。

本章ではまず最初に彼ら山門使節がどのような権限に基づき、具体的にどのような活動を行なっていたかを検証し、ついでその上に立って幕府と山門使節、ひいては延暦寺との関係のあり方を考察していくこととしたい。そうすることによって、幕府の対延暦寺政策がいかなるものであったかが、おのずからあきらかとなっていくはずである。

「山門使節」なる呼称は、管見の限りでは、康暦元年（一三七九）から、天文年間（一五三二～五五）までの史料の上に見えており、南北朝時代末期から室町時代のほぼ全般にわたって、その活動を確かめることができる。ただ、その長い活動期間中には、幾度かのメンバー変更があり、とくに永享五年（一四三三）から同七年にかけての山門騒乱を境に、中心メンバーは大きく変化している。したがって、第一節では永享の山門騒乱前後に山門使節を勤めた山徒を逐一検証することからはじめることとする。

一　永享の山門騒乱と山門使節

永享の山門騒乱の経過については、『看聞御記』『満済准后日記』に詳しく、ここでは事件の概要を述べるにとどめる。永享の山門騒乱は、永享五年七月、山門使節をリーダーとした延暦寺の大衆が光聚院猷秀・赤松満祐・飯尾為種らの不正を糾弾、その処分を幕府に迫ったことに端を発する。(1)大衆の要求を入れ、幕府は一旦は光聚院猷秀らを罪科に処すが、(2)勝訴の勢いに乗った大衆が先の嗷訴に同調しなかった園城寺（三井寺）を焼き討ちしたため、(3)両者は戦闘状態に入る。(4)この戦いは、大衆の降伏によってわずか半月余で終るが、両者は緊張関係を保ったまま事件は年を越す。

そのようなか永享六年七月、山徒が関東公方足利持氏と結託しているというわさが流れ、(5)さらに大衆が雲母坂に構・釘貫を構築したという情報がもたらされるにいたって、幕府は再度の延暦寺への軍勢派遣を決定する。(6)

この時の幕府の延暦寺への攻撃は前年とは異なって徹底したもので、質量ともにはるかに勝る幕府軍の前に大衆は次第に追いつめられていく。それでも最後は根本中堂を焼かないことを条件に大衆は幕府と和解し、[7]騒乱もここにようやく終焉するかに見えた。しかし、騒乱を主導した山門使節を憎悪した将軍足利義教は、永享七年二月、彼らを誘い出し殺害、[8]騒乱はあっけなく幕を閉じる。

永享の山門騒乱が始まった時、山門使節を勤めていたのは、円明坊兼宗・乗蓮坊兼珍・杉生坊暹春・金輪院弁澄・月輪院某の五人の山徒であった。そして、彼らのうちでも特に嗷訴の張本人と目されていたのが円明坊兼宗なる山徒である。円明坊から順に、五人の山徒の来歴等を検証していくこととしよう。便宜上、彼らの騒乱後の活動についても述べておく。

⑴円明坊

表1は円明坊の活動を年表化したものである。円明坊の名は同表に見える通り南北朝時代に入ってから、しばしば各種の史料の上に登場するようになるが、具体的にその活動を知ることができるのは、応安四年（一三七一）の近江国仰木庄をめぐる青蓮院と妙法院の争いを記した『祇園執行日記』の記事である。[9]それによれば、この年の初めより仰木庄をめぐって相論を繰り返していた両門跡は、[10]七月、遂に武力衝突にいたる。その時に「青蓮院御門徒」として青蓮院側の「合戦大将」を勤めたのが、他ならぬ円明坊兼慶であった。[11]この合戦には月輪院・金輪院・杉生坊らがやはり青蓮院門徒として参加しており、円明坊のみならず、彼らもまた同門跡の門徒となっていたことがわかる。[12]合戦は青蓮院勢の敗北で終わり、円明坊兼慶は一時嵯峨に遁世する。しかし、青蓮院門主尊道の説得を受け入れ、彼はやがて住坊「霊山坊」へ戻ったという。[13]

円明坊については、こののちでは『祇園社記』六の康暦元年（一三七九）六月十三日条につぎのような記事が見えている。

表1　円明坊関係年表

年　月　日	事　　項	出　典
貞治６年５月12日	円明坊、大般若経開版に100貫文を寄進する	花営三代記
応安４年７月２日	兼慶、妙法院門徒と合戦、青蓮院方の合戦大将を勤める	祇園執行日記
永和元年10月	兼慶、下立山新在家のことで、葛川の行者から訴えられる	葛川明王院史料
6月29日	円明坊、坂本で西勝坊と合戦	後愚昧記
4年6月14日	兼慶、「今堅田関所事」の「無為落居」を祇園社に祈る	祇園社記
康暦元年6月13日	坂本の馬借、関所のことで円明坊の宿所を襲撃する	祇園社記
3年3月16日	兼慶、祇園社の六月番仕の代官を勤める	八坂神社文書
永徳2年6月2日	兼慶、祇園社の六月番仕の代官を勤める	八坂神社文書
至徳2年6月25日	円明坊の代官、祇園社領成安保を請け取る	生源寺文書
応永元年9月	兼慶、足利義満の日吉社参詣を「一山之使節」として迎える	日吉社室町殿御社参記
4年2月25日	円明坊、幕府より勢多郷内駕輿丁の「沙汰」を命じられる	古文書纂
7年3月24日	兼慶、葛川住人の下立関通行を許可する	葛川明王院史料
18年12月25日	兼承、聖行院と金輪院との所領争いで、聖行院を扶持する	御前落居記録
20年11月26日	将軍足利義持、円明坊の京都宿所に渡御	満済准后日記
12月8日	円明坊の同宿数十人、坂本の狼藉者を追う	満済准后日記
21年⑦月13日	円明坊、延暦寺衆徒より日吉社神輿を奪い返す	満済准后日記
22年6月13日	円明坊、嗷訴を企てる大衆の慰撫にあたる	満済准后日記
7月11日	将軍足利義持、日吉社に参詣、坂本の円明坊兼承の住坊に渡御する	義持公日吉社参記
23年2月13日	兼承、山門使節の一員として富樫満成宛の過書に署判を加える	相州文書
25年6月25日	大津の馬借、関所のことで祇園社の円明坊宿所を襲撃する	看聞御記
26年1月25日	円明坊兼承、市原にて討たれる	看聞御記
永享2年6月26日	円明坊、三宝院満済を訪れる	満済准后日記
3年5月25日	円明坊、幕府より「葛川通路」を開くことを命じられる	葛川明王院史料
5年7月24日	「円明家」が幕府より土岐持頼に与えられる	満済准后日記
12月12日	山門騒乱の責任をとり、円明坊兼宗が隠居する	満済准后日記
7年2月4日	兼宗の次男兼覚、幕府によって殺される	満済准后日記
11年3月12日	これより先、兼宗、吉野において殺される	公名公記
享徳4年4月21日	中原康富、坂本で日吉祭執行の有無を「使節円明房」に尋ねる	康富記
康正元年12月19日	幕府による円明坊への東塔領近江国中庄給付に抗議して山訴が起こる	康富記

寛正３年８月29日	円明坊、幕府の免許を得てこの日、将軍足利義政に出仕する	蔭凉軒日録
文明２年９月１日	円明坊、山科家の「山中口味噌月宛」を執沙汰する	山科家礼記
５年７月８日	兼澄、青蓮院より同門跡の「門徒頭」を返付される	華項要略門主伝
６年12月９日	円明坊、打下百姓に毎月竹生島へ榼を運送することを命じる	竹生島文書
７年４月10日	兼澄、これより先、杉生坊暹円と青蓮院門徒頭の地位を争う	華項要略門主伝
９年６月９日	兼澄、永田弾正忠と近江国音羽庄代官職算用の事を争う	政所賦銘引付
13年５月16日	兼勝、中御門宣胤に慈恵大師堂造立の勧進状の執筆を依頼する	宣胤卿記
６月２日	円明坊、坂本で「六月会供給」千五百疋を勅使に手渡す	親長卿記
16年12月26日	青蓮院門徒頭兼豪、門主への礼の順番を寺家と争う	華項要略門主伝
延徳２年⑧月11日	幕府、兼澄に近江国音羽庄以下の領知を安堵する	護正院文書
明応元年12月29日	幕府、兼豪の訴えを退け近江国音羽庄以下を護正院に安堵する	護正院文書
７年４月16日	兼豪、三条西家の依頼により、四至内が抑え置く青苧を同家に返却する	実隆公記
永正４年７月９日	兼豪、室町御所の警護にあたる	宣胤卿記
永禄５年８月	兼豪の息兼祐、足利義澄の御礼拝講の執行を勤仕	御礼拝講之記

注：年月日は原則として、出典に記載されている年月日をもって示した。閏月は○で示した。

同十三日、夜中十四日坂本より馬借惣党人等千余人打入当社濫妨ス、
訴訟題目者、日野殿円明坊開(関カ)所々事、

馬借の訴訟の目的がいま一つはっきりしないが、円明坊が管理する関所の通行のことで、馬借が祇園社境内にあった円明坊の宿舎を襲ったというのである。[14] 時代は下って応永二十五年（一四一八）、「大津馬借数千人」が、やはり「就米沽却事、開(関カ)通路確執」で、祇園社の円明坊の住居に神輿振を行なっている。[15]『八坂神社文書』所載の「社務執行宝寿院顕縁申状案」によれば、この時の馬借の訴えは「堅田之関等事」に関することであったといい、[16] 円明坊がこの前後、祇園社内にも住房を構えていたこと、および近江所在の関所の権益に深く関与していたことなど

表２　歴代の円明坊

名前	年　月　日	出　典
兼慶 (憲慶)	応安４年７月２日 永和元年10月 ４年６月14日 応永７年３月24日	祇園執行日記 葛川明王院史料 祇　園　社　記 葛川明王院史料
兼承 (兼乗) △	応永22年７月11日 23年２月13日 26年１月25日	義持公日吉社参記 相　州　文　書 満済唯后日記
兼宗 △	永享５年12月12日 ７年２月４日 11年３月12日	満済唯后日記 満済准后日記 公　名　公　記
兼勝	文明５年７月12日	親　元　日　記
兼澄	文明５年７月12日 長享５年10月29日	親　元　日　記 護 正 院 文 書
兼豪	文明16年12月26日 明応元年12月29日 永正４年７月９日	華頂要略門主伝 護 正 院 文 書 宣　胤　卿　記
兼祐	永禄５年８月	御礼拝講之記

注１：歴代の名前が明確なものだけをあげた
　２：年月日はすべて史料の日付を示す
　３：死亡の年月日が判明あるいは推定できる人物には△を付した(以下同)

が確認できる。関所の権益については、円明坊に限らず他の山門使節らも関与しており、この点についてはのちにあらためて検討を加えたい。

では、円明坊は一体いつ頃から山門使節となっていたのであろうか。応永元年（一三九四）九月の足利義満日吉社参詣には、坐禅院直全・杉生坊暹春などとともに円明坊兼慶が「一山之使節」を勤めているから[17]、少なくともこの頃には山門使節となっていたようである。応永二十六年正月、将軍足利義持の勘気を蒙り、鞍馬参詣の帰路で「舎弟承（乗）蓮」に討たれて死んだ円明坊とは、この兼慶の子の兼承（兼乗）と考えられる[18]。兼承ののち円明坊が山門使節を勤めることは一時途絶える。その名が再び史料の上に登場してくるのは、永享四年（一四三二）八月十五日付の円明坊宛の「室町幕府奉行人連署奉書」においてである[19]。この頃よりふたたび山門使節となった円明坊こそが、永享の山門騒乱で幕府から張本人と目された円明坊兼宗（兼承の弟、もと乗蓮坊）その人であろう。兼宗は騒乱ののち行方をくらますが、永享十一年に逃亡先の吉野で謀殺されている[20]。

永享の騒乱以後では、康正元年（一四五五）、幕府が円明坊に延暦寺東塔領近江国中庄を宛行ない、これに延暦寺三塔の大衆が抗議するという事件が起こっており[21]、少なくともこの頃までには円明坊はもとの勢力をとり戻していたらしい。ちなみにこの康正元年時点の円明坊とは、円明坊兼澄を指すと考えられる。彼が前代までの歴代の円明坊といかなる関係にあったかは定かではないが、康正元年の時点で山門使節となっていたことは、同年閏四月に発せられた南禅寺宛の「山門使節連署過書」にその署判を確認できることから間違いない。[22]

兼澄はこの後、中庄の領有をめぐる出来事によってであろう、しばらく山門使節の職を解かれたようで、幕府への出仕を再び許されたのは寛正三年（一四六二）八月のことであった。[23] 寛正六年以降になるとふたたび彼が山門使節として署判を加えた各種の文書が現れ、山門使節に復していたことがわかる。

兼澄以後の円明坊の勢力伸張はめざましく、文明年間（一四六九～八七）の初めには、嘉吉以後も引き続き山門使節を勤めていた杉生坊と青蓮院「門徒頭」の地位を争って勝利しており、[24] 長享（一四八七～八九）から大永年間（一五二一～二八）にかけては、嘉吉（一四四一～四四）以降に山門使節となっていた護正院と近江国音羽庄以下の知行権をめぐって相論をしばしば繰り返している。[25] 円明坊の名は下って永禄五年（一五六二）の『御礼拝講之記』まで確認できる。[26]

⑵乗蓮坊

乗蓮坊については、古くは『建内文書』所収の応永二十一年（一四一四）九月二十二日付の書状の端裏書に「乗蓮坊」と見える。[27] 応永年中（一三九四～一四二八）の乗蓮坊が円明坊兼慶の「舎弟」であったことは先に指摘した通りである。彼を殺した乗蓮坊兼宗はやがて円明坊を継承するが、応永三十三年十一月、足利義持の勘気を蒙り逐電、[28] 二年後の応永三十五年正月、義持の死去後にようやく復権を果たしている。[29] そして、永享の騒乱を迎えるのである。

乗蓮坊が山門使節を勤めていたことを確認できる一番古い例は、管見の限りでは、『相州文書』所載の応永二十三年二月十三日付の「山門使節連署書状案」である。ここには乗連坊兼宗の名が円明坊兼承・金輪院弁澄らと

表3　乗蓮坊関係年表

年　月　日	事　　項	出　典
応永22年7月11日	将軍足利義持、日吉社に参詣、乗蓮坊兼宗の住坊に渡御する	義持公日吉社参記
23年2月13日	兼宗、山門使節の一員として富樫満成宛の過書に署判を加える	相州文書
26年10月21日	兼宗、下立関で葛川住人から関賃を取ることを禁じる	葛川明王院史料
27年11月24日	乗蓮坊、幕府より天竜寺領近江国建部庄地下人の年貢対捍の糺明を命じられる	天竜寺文書
30年4月10日	兼宗、余呉庄民殺害の一件について、富永庄預所に書状を送る	井口日吉神社文書
7月18日	足利義持、乗蓮坊に渡御する	満済准后日記
33年6月8日	乗蓮坊、他の山門使節杉生・金輪院らと坂本の馬借の在所を焼く	兼宣卿記
9月29日	乗蓮坊、足利義持の勘気を蒙り、その知行所々が闕所となる	満済准后日記
正長元年1月24日	乗蓮坊、足利義持の勘気を解かれる	満済准后日記
8月12日	西塔閉籠衆、山門使節の乗蓮坊らに訴訟の条目を告げることを拒否	満済准后日記
9月29日	乗蓮坊、幕府に訴訟落居により西塔閉籠衆が閉籠を解くことを報告	満済准后日記
10月15日	乗蓮坊、「山門住侶御祈事」で幕府に意見を申し入れる	満済准后日記
2年5月4日	将軍足利義教、坂本の乗蓮坊に渡御する	満済准后日記
8月12日	乗蓮坊、同宿「相光」殺害の遺恨によって近江国草津に発向する	満済准后日記
永享5年12月12日	山門騒乱で兼珍が幕府に降参を申し入れる	満済准后日記
6年12月17日	兼珍が廬山寺の宿坊で自殺する	満済准后日記
7年2月4日	兼覚が悲田院で誅殺される	満済准后日記
文明10年11月25日	東塔南谷、兼栄「先祖兼慶」寄進の所領を違乱する者を幕府に訴える	政所賦銘引付
明応5年8月5日	兼栄、伊香立庄の給主となり、葛川への下立山山手を違乱する	葛川明王院史料
大永元年10月14日	兼賀の申し入れを受け、幕府が伊香立庄を青蓮院に返付する	華項要略門主伝
天文8年7月17日	乗蓮坊、幕府の命により若狭国宮川保の公用催促に赴く	大館常興日記

表4　歴代の乗蓮坊

名前	年　月　日	出　典
兼宗	応永22年7月11日	義持公日吉社参記
	23年2月13日	相州文書
	26年10月21日	葛川明王院史料
	28年8月4日	井口日吉神社文書
兼珍	永享5年12月12日	満済准后日記
△	6年12月17日	満済准后日記
△兼覚	永享7年2月4日	満済准后日記
猿若丸	長禄3年12月17日	蔭凉軒日録
兼栄	文明10年11月25日	政所賦銘引付
	明応5年8月5日	葛川明王院史料
兼賀	大永元年10月14日	華頂要略門主伝

ともに見えている。こののちでは、応永三十三年に馬借一揆が京都にせまった時、やはり乗蓮坊が杉生坊・金輪院らとともに馬借の慰撫にあたっている。(30) 兼宗が義持の命を承けて兄の円明坊兼承を殺害したのは応永二十六年のことであるから、(31) 兼宗はそれ以前から兄とともに山門使節を勤めていたことになる。永享の騒乱の後では、寛正六年（一四六五）四月に得度した乗蓮坊がその御礼に足利義政を訪れており、(32) 円明坊の場合と同様、義政の代には幕府の出仕を許されていたものと考えられる。そして、時代はかなり下るが天文（一五三二～五五）の頃になると、乗蓮坊は奉公衆に準じる身分をもって、幕府の御料所若狭国宮川保の年貢取り立てにあたっている。この頃には、乗蓮坊ばかりでなく他の山徒の多くも奉公衆に準ずる身分を与えられていたようで、幕府の内談衆の一人大館常興は、その日記に乗蓮坊の働きを記したあと、「山徒事ハもと〳〵より番方奉公衆に被准之、被召仕儀にて候」と記している。(33)

(3) 杉生坊

杉生坊の名は古いところでは、先にあげておいた応安四年（一三七一）の妙法院と青蓮院の仰木庄をめぐる合戦にその名が見えるほか、さらにさかのぼっては貞治二年（一三六三）に杉生坊暹恵なるものが祇園社の目代に任ぜられたことが『祇園社記』五所収の『座主記』に記録されている。

この暹恵のあとは暹春なるものが、応永元年（一三九四）の足利義満の日吉社参詣に、円明坊兼慶などとともに「一山之使節」を勤めている。(34) 杉生坊が山門使節を勤めたことが確認できるもっとも古い例である。暹春は応

表5　杉生坊関係年表

年　月　日	事　　項	出　典
建長3年12月14日	東塔南谷で「杉生」と「蓮台」が「水道」のことを争う	天台座主記
観応元年8月28日	「椙生殿」、妙香院宮と同院領蚊野年貢30石を契約する	華頂要略門主伝
応永22年7月12日	将軍足利義持、円融坊に渡御。杉生坊が一献を献上する	満済准后日記
27年9月11日	暹春、山門使節として東塔内の山林相論に関して青蓮院に意見を述べる	華頂要略門主伝
33年6月7日	杉生坊、他の山門使節乗蓮坊・金輪院らと坂本の馬借の在所を焼く	満済准后日記
34年6月20日	暹春、下立関において葛川住人より関銭を徴収することを禁じる	葛川明王院史料
正長2年5月4日	将軍足利義教、小五月会見物のために坂本に下向、杉生坊に渡御する	満済准后日記
永享2年12月3日	暹賢、山門使節に任命される	御前落居奉書
9年7月	杉生坊の代官東連坊、馬借をもって打下の者を討つ	伊藤家文書
文安4年12月21日	西塔の衆徒、近江国清水寺の寺僧還住に先立ち、「在国山徒中」への「触下」を杉生坊に求める	北野天満宮史料
5年3月10日	暹能、護正院代とともに祇園社執行より「御礼拝講御神馬」を請け取る	八坂神社文書
文明6年2月23日	杉生坊の城、衆徒の攻撃によって焼失	言国卿記
12月18日	杉生坊、山科言国より「七ケ関」の過書発行を要請される	言国卿記
7年4月10日	暹円、これより先、円明坊兼澄と青蓮院門徒頭の地位を争う	華頂要略門主伝
10年4月14日	杉生坊の「供給」無沙汰によって、日吉祭が延引となる	晴富宿禰記
13年11月9日	暹恩、祇園社領加賀国苅野村の百姓の年貢難渋を幕府に訴える	八坂神社文書
天文10年6月28日	杉生坊、青蓮院尊鎮より祇園社目代に補任される	華頂要略門主伝

永二十七年九月十一日付の青蓮院宛の書状に月輪院慶賀・金輪院弁澄とともに署名しており(35)、これは応安四年の合戦の例とともに、杉生坊が青蓮院門徒の一員であったことを示す明証となろう。応永三十三年、乗蓮坊・金輪院とともに馬借一揆の慰撫にあたったのはこの暹春である(36)。

表6　歴代の杉生坊

名前	年　月　日	事　項
暹恵	貞治5年6月18日	祇　園　社　記
暹春	応永元年8月	日吉社室町殿御社参記
	27年①月11日	北野社家条々抜書
	9月11日	華項要略門主伝
	28年8月4日	井口日吉神社文書
	34年6月20日	葛川明王院史料
暹賢△	永享2年12月3日	御前落居記録
	6年11月4日	満済准后日記・看聞御記
暹能	文安元年7月11日	江頭共有文書
	4年2月21日	建　内　記
	享徳4年④月	南禅寺文書
△暹円	文明7年4月10日	華項要略門主伝
暹恩	文明7年4月10日	華項要略門主伝
	17年9月14日	親　元　日　記

暹春の跡を嗣いだのは暹賢で、彼は永享二年(一四三〇)十二月、幕府より山門使節への加盟を認められている(37)。永享の山門騒乱において、山門使節のなかでただ一人だけ幕府に降参し、結局は山徒の軍勢によって討たれた杉生坊とは、彼暹賢のことであろう(38)。

杉生坊は暹賢の功績によってか、騒乱後も引き続き山門使節の職にとどまっている。騒乱後はまず暹能が山門使節を勤め、ついで暹円がその跡を継ぐ。文明年中(一四六九~八七)に円明坊と青蓮院門徒頭の地位を争ったのはこの暹円である(39)。しかし、暹円は文明六年(一四七四)なにごとかをもって大衆と抗争、敗北・死没してしまう(40)。青蓮院門徒頭の地位が、杉生坊から円明坊へと移行したのはこの時のことである。暹円のあとは暹恩なるものが跡を嗣いでいるが(41)、彼以降の杉生坊の房主については定かでない(42)。

(4) 金輪院・月輪院

金輪院・月輪院については、すでに円明坊・杉生坊のところで見ておいた通り青蓮院門徒であったことは間違

表７　金輪院関係年表

年　月　日	事　　項	出　典
正和２年	この年、澄春、恵村と雑掌を争う	日吉社幷叡山行幸記
４年４月25日	澄春、越前公用21万疋をもって日吉神輿を造営する	公衡公記
元応元年８月11日	延暦寺と園城寺との争いで、澄春が武家への出頭を命じられる	大乗院文書
元徳２年８月22日	この頃、澄春、伊香立庄の給主となる	葛川明王院史料
建武４年９月６日	金輪院已講(光澄カ)が、五辻家からその家地一円を買い取る	海蔵院文書
康永３年３月18日	光澄、五辻大宮敷地を楞枷禅寺に寄進する	海蔵院文書
貞和４年１月12日	光澄、戸津の関務の延長を官に請い、許される	園太暦
文和３年４月	金輪院注記、菅浦より同所に乱入することを訴えられる	菅浦文書
４年１月22日	金輪院、「山徒宿老」の一員として足利尊氏の坂本陣所に駆け付ける	源威集
４月17日	三宝院賢俊、延暦寺参詣の途中に「東谷金輪院」に立ち寄る	賢俊僧正日記
８月23日	光澄、妙法院領「近江国北田中庄警護事」を請け負う	久我家文書
貞治元年12月25日	光澄、青蓮院領「近江国鳥羽上庄」の給主となる	古今令旨
応安２年１月15日	金輪院、若狭国安賀庄において守護代の軍勢と戦い勝利する	若狭国守護職次第
４年７月４日	金輪院、妙法院門徒との合戦で青蓮院の寄手として戦い敗北、没落する	祇園執行日記
５年７月16日	実澄、青蓮院門徒として、同門主警護の「兵士(役)」を勤める	門葉記
永和３年６月	「山僧」の「諸大名」の10人の１人に金輪院が数えられる	日吉神輿御入洛見聞略記
７月27日	英澄、坊に城郭を構え永覚と合戦、敗北して若狭の所領に没落する	愚管記・後愚昧記
康応元年６月11日	弁澄、青蓮院領「近江国鳥羽上庄預所職」の奉行を命じられる	南部文書
応永11年３月12日	弁澄、「近江国鳥羽上庄預所職」の奉行を命じられる	青蓮院文書
20年４月８日	弁澄、将軍足利義教の相国寺渡御に先達を勤める	満済准后日記

23年2月13日	弁澄、山門使節の一員として富樫満成宛の過書に署判を加える	相州文書
26年11月27日	弁澄、天台座主義円より天台末寺諸寺の奉行を命じられる	華頂要略門主伝
27年9月11日	弁澄、山門使節として東塔内の山林相論に関して青蓮院に意見を述べる	華頂要略門主伝
33年6月7日	金輪院、山門使節の一員として、坂本の馬借の住宅を焼く	満済准后日記
正長2年5月4日	将軍足利義教、小五月会見物のために坂本に下向、金輪院に渡御する	満済准后日記
永享2年12月23日	弁澄、聖行院兼睿と近江国長野郷別納を争う	御前落居記録
5年⑦月1日	「金輪院同宿」月蔵坊、同坊の福生坊に殺される	満済准后日記
7年2月4日	弁澄、将軍足利義教によって他の山門使節らとともに殺される	満済准后日記
応仁2年6月14日	金輪院、東軍に参陣、一乗院辺に陣を取る	後法興院記
文明13年5月25日	金輪院、坂本で「六月会供給」1500疋を勅使に手渡す	親長卿記
文亀元年8月17日	金輪院、花蔵坊の本覚院留守職等を違乱する	葛川明王院史料
永正8年2月13日	金輪院、星輪院被官人によって殺される	御内書案

いない。ただ、いま少し詳しくその来歴をたどっておくと、金輪院は早く南北朝の内乱時に金輪院澄春なる者の名が山徒の「大名」として『太平記』に見えている。(43)

『菅浦文書』には、澄春の子英澄が記した書状が残されている。(44)永和三年（一三七七）七月、月輪院永覚なる山徒と山上で大合戦に及んだのは、この英澄と考えられる。この時、金輪院・月輪院は互いに城郭を築き、数千から一万人に及ぶ軍勢を繰り出して戦っており、(45)金輪院・月輪院がともに強大な兵力をもった山徒であったことがうかがえる。

永享の騒乱で討たれた金輪院弁澄は、この英澄の嗣子と推定される。(46)彼は青蓮院門徒のなかでももっとも有力な一人だったらしく、応永二十六年（一四一九）十一月、のちに還俗して将軍足利義教となる青蓮院義円が天台座主となるとともに、「中堂夜叉供」「天台末寺美濃国長滝寺」「天台末寺近江国朝妻寺」などの奉行職を一手に引き受けている。[47]

金輪院の実力は永享の騒乱後もさして減退することはなかったようで、応仁の乱に際しては、「公方御方」となり、一乗寺辺りに陣を取っている。[48]

さて、最後の月輪院であるが、永和三年（一三七七）に月輪院永覚なるものが金輪院英澄と争ったことはすでに述べたが、それ以前では応安元年（一三六八）に月輪院某が西勝坊なる山徒と、一山を二分する大喧嘩をしたことが『愚管記』に見えている。[49]この大喧嘩は、延暦寺大衆が南禅寺を訴えたいわゆる南禅寺事件の真っ最中の出来事であり、背後には大衆内での主導権争いがあったのかもしれない。南禅寺事件については後述する。その後の月輪院の活動については史料を欠くが、応安元年・永和三年の例からすれば、他の山門使節と同じく、騒乱

表8　金輪院歴代

名前	年　月　日	出　典
澄春	正和4年4月25日	公衡公記
	元応元年8月11日	大乗院文書
	建武3年3月6日	太平記金勝寺本
光澄	暦応4年8月16日	華頂要略門主伝
	康永3年3月18日	海蔵院文書
英澄	文和4年4月16日	賢俊僧正日記
	8月23日	久我家文書
	貞治元年12月25日	古今令旨
	永和3年7月27日	愚管記
弁澄	応永11年3月12日	青蓮院文書
	17年2月27日	古今令旨
	27年9月11日	華頂要略門主伝
	28年8月4日	井口日吉神社文書
	永享2年12月23日	御前落居記録
△	7年2月4日	満済准后日記

表9　月輪院歴代

名前	年　月　日	出　典
永覚	永和3年7月27日	愚管記
慶賀	応永27年9月11日	華頂要略門主伝
	28年8月4日	井口日吉神社文書
△	永享7年2月4日	満済准后日記
猿千代丸	長禄3年9月14日	葛川明王院史料
尭覚	文明16年12月27日	華頂要略門主伝
	17年8月1日	親元日記
永憲	永正5年9月20日	葛川明王院史料

以前には延暦寺内においてかなりの実力をもった山徒であったと思われる。

以上、永享の山門騒乱の当時、山門使節を勤めていた円明坊・乗蓮坊・杉生坊・金輪院・月輪院らの山徒について、大方の来歴・活動があきらかになったと思う。この他に坐禅院なる山徒が、この騒乱の前後、山門使節であった可能性があるが、その具体的な活動を知ることができないのでここでは省いた。では引き続き騒乱以後の山門使節を見ていくこととしよう。

二　騒乱後の山門使節

永享の山門騒乱で殺害された山門使節にかわる新しい山門使節の名が初めて史料のうえに見えるのは、『建内記』嘉吉元年（一四四二）十二月二十九日の左の記事である。

> 今道々下口率分事可及異議之由、地下人相企之、結句北白川之在所不可令借与之由称之、可為如何之由、浄蓮華院有書状□也、其後有使、此在所事、山門使節杉生・護聖(正)院等有下知者、触山門可致其沙汰、又可致沙汰用途分可註札歟、無其儀如何之由、坂本商人等示之、仍自寺家於奉行許参会使節等可示云々、定無為之方便歟、承悦々々、(補書)「翌日示送云、両使節難下知云々、此上者可被成奉書於山門之由、付奉行可申沙汰云々」

万里小路家では「今道々下口」に関所を設け、その関銭徴収権を浄蓮華院に寄附した。ところがいざ浄蓮華院が関銭を取ろうとすると在地の協力が得られず、そこで山門使節の杉生坊・護正院の力を借りて在地を動かそうとしたが、それも徒労に終わったというのがその大意である。周知のごとく、この年の六月いわゆる嘉吉の乱が起こり、永享の山門騒乱に一貫して強硬な態度をもって臨んだ将軍義教は死去していた。

永享の山門騒乱ののち、新しい山門使節がいつ任命されたものかは定かでない。しかし、永享の山門騒乱時に真っ先に幕府の軍門に下った杉生坊が、騒乱後もそのまま山門使節として起用されていることからすれば、多分ただちに新しい山門使節が任命されたのであろう。新しい山門使節には杉生坊・護正院の他、のちには西勝坊・行泉坊らの山徒が任命されている。また、円明坊がやがて復活を果たしたことはすでに触れた通りである。騒乱後の山門使節についても、先と同じように個別にその来歴をみていくこととしよう。(50)

(1)護正院

護正院の名は古くは『太平記』に護正院猷全（祐全）なるものが、山門の軍勢をひきいて南朝方に加わったことが見えている。(51)このころより有力な山徒であったのであろう。

室町時代には、永享の山門騒乱のすぐあと、円明坊の配下によって焼失させられた根本中堂の再建のため、造営料所近江国音羽庄が幕府から護正院兼全なるものに沙汰付けられている。(52)この護正院兼全には、嘉吉元年（一四四一）十二月に、「山門領近江国堅田奉行職、音羽庄・志賀・穴太等事」の当知行も安堵されている。(53)ちなみに「近江国堅田奉行職」以下はこれ以前には円明坊が保持していたもので、のちに円明坊が復活するにいたり、護正院と円明坊との間でその領有をめぐって長く争われることとなる。(54)

護正院が嘉吉元年には杉生坊とともにすでに山門使節となっていたことは、先に引用した『建内記』の記事からもあきらかである。同記に見える護正院とは、護正院兼全を指すのであろう。そして、それから二年後の嘉吉三年九月、山門使節護正院の名を広く天下に知らしめる事件が起こる。旧南朝方の京都乱入事件である。これは旧南朝方の尊秀王・前権大納言日野有光らが内裏を急襲、神璽・宝剣などを奪いとって、延暦寺の根本中堂に立て籠ったという事件であるが、この時、幕府の命を受けて、山門使節の先頭にたって旧南朝方の軍勢を討ったのが、ほかならぬ護正院兼全であった。この事件については第四節で詳しく検討する。兼全のあと隆全、縉全と続くその歴代の活躍については、表10に主な事跡を列記しておいたので、参照していただきたい。

表10　護正院関係年表

年　月　日	事　　項	出　典
元弘元年８月	元弘の乱にあたり、護正院祐全が八王子山に陣を取る	太平記
観応元年11月26日	護正院、将軍足利義詮より延暦寺で直義に与する者の交名注進を命じられる	護正院文書
２年１月８日	護正院、将軍足利義詮より北国凶徒の治罰を命じられる	護正院文書
文和２年６月４日	弘全、幕府より守護佐々木千手をもって麻生庄四分一への沙汰付けを命じられる	護正院文書
永享６年５月	兼全、「日吉左方馬上外御供功程」を馬上方一衆より請け取る	八瀬童子会文書
８年５月	この頃、護正院が近江国音羽庄の給主を勤める	伊藤家文書
嘉吉元年11月25日	兼全、幕府より「当知行所々」を安堵される	護正院文書
12月26日	兼全、幕府より「近江国堅田奉行職」以下を安堵される	護正院文書
３年９月28日	護正院、根本中堂に閉籠した旧南朝方の軍勢を討つ	護正院文書
文安３年10月７日	護正院岩寿丸、幕府より堅田阿弥陀堂方等を安堵される	護正院文書
長禄３年11月９日	隆全、幕府より近江国音羽庄以下を返付される	護正院文書
寛正６年６月	この頃、隆全、「外御供功程」を低当に馬上方一衆より料足を借用する	八瀬童子会文書
文明２年８月11日	山科家、「山門使節月行事護正院」に「坂本中味噌課役」のことを申入れる	山科家礼記
３年11月２日	幕府、真野新関の停止を山門使節護正院らに命じる	山科家礼記
長享元年10月29日	千寿丸、幕府より近江国音羽庄以下を返付される	護正院文書
12月20日	千寿丸、幕府より近江国音羽庄以下を安堵される	護正院文書
明応元年12月29日	縉全、幕府より近江国音羽庄以下を返付される	護正院文書
９年６月８日	護正院、幕府より根本中堂領美濃国平野代官職を安堵される	護正院文書
10年12月30日	護正院、将軍足利義澄より忠節を賞し近江国音羽庄以下の領知を安堵される	護正院文書
文亀元年８月17日	護正院、幕府より花蔵坊への本覚院留守職等の沙汰付けを命じられる	葛川明王院史料
永正４年８月11日	護正院、将軍足利義澄よりその忠節によって所領を安堵される	護正院文書
５年４月18日	護正院、将軍足利義澄よりその忠節を賞して感状を与えられる	護正院文書
７年３月24日	護正院、将軍足利義澄よりその忠節を賞して感状を与えられる	護正院文書
大永４年８月24日	護正院、幕府より近江国穴太關所半分の領有を安堵	護正院文書

	される	
2年3月26日	護正院、幕府より近江国音羽庄以下半分の領知を安堵される	護正院文書

さて、護正院はこの嘉吉三年の戦功で山門使節の地位を確固たるものにしたと考えられるが、やがて円明坊が復活を遂げると、両者は厳しく対立、相争うことになる。その争いは大永年間（一五二一～二八）まで続けられており、護正院・円明坊の拮抗した力関係を知ることができる。

最後に護正院と門跡寺院との結びつきについても見ておこう。といっても、護正院が特定の門跡と結びついていたことを示す具体例があるわけではない。ただ、わずかに『太平記』には、護正院猷全を大塔宮の「御門徒ノ中ノ大名」とする記載があり[55]、護正院が大塔宮すなわち護良親王が門主を勤めた梶井門跡の門徒であったらしいことが憶測できるにとどまる。また、これまでも何度か引用した応永元年（一三九四）の足利義満の日吉社参詣にあたっても、新造なった大宮・二宮の橋供養に列席した三門跡のうち、梶井門跡の門主はその宿所を護正院に定めており[56]、護正院は同門跡の門徒であった可能性が高い[57]。

⑵西勝坊

西勝坊が山門使節であったことを示すもっとも早い例は、『江頭共有文書』文安元年（一四四四）七月十一日付の「山門使節連署状案」に見える西勝坊尭覚である[58]。

『康富記』の宝徳三年（一四五一）十一月十三日条に、数ケ月来、管領畠山持国の辞任をめぐって行なわれていた山訴で、神輿入洛の延引を幕府の山門奉行飯尾之種に報告に来たと記されている「山門使節最《(西)》勝坊」とは、この西勝坊尭慶のことであろう。

西勝坊については、古くは康安（一三六一～六二）から貞治（一三六二～六八）年間にかけて、祇園社の目代を西勝坊教慶・西勝坊憲慶が勤めている[59]。また、応安元年（一三六八）の南禅寺事件の最中に月輪院と一山を二分する大喧嘩を行なったことに関しては先述した[60]。この他にも永和二年

（一三七六）六月、坂本で西勝坊と円明坊が何事かのゆえをもって合戦し、双方数十人におよぶ死傷者を出したことが『後愚昧記』に見えている。[61]

しかし、山門使節としての活動は、管見の限りこの文安元年の『江頭共有文書』の記事をもって初見とする。応仁の乱後では、文明三年（一四七一）に山門使節が近江国で御料所と称して関銭を徴収することがあった時、その山門使節のなかに護正院・行泉坊とともに西勝坊の名が見えている。[62]また、『政所賦銘引付』には、西勝坊栄慶なるものに関わる申状が何通か載せられており、「山門使節西勝坊」の活動の一端を知ることができる。それによれば、西勝坊栄慶は、「江州山中関一方給主職」「高嶋郡大江保年貢米」などの知行分を保持していたという。[63]高嶋郡大江保の利権についてては詳しいことはわからないが、[64]山中関における権益はかなり古い時代からのものだったらしく、南北朝末期の永和三年（一三七七）五月に「山徒最《（西）》勝部類」が「山中宿」において、佐々木（京極）高秀の被官人と喧嘩に及んだことが、『愚管記』に見えている。[65]原因は山中関の勘過をめぐるいざこざにあったのであろう。

(3)行泉坊

行泉坊が山門使節であったことがもっとも早く確認できるのは、やはり西勝坊のところで触れた文安元年の『江頭共有文書』の「山門使節連署状案」である。それによれば行泉坊宏運なるものが、このころ山門使節を勤めていたことがわかる。文明三年（一四七一）、近江で護正院・西勝坊とともに、御料所と称して関銭を徴収したのはこの行泉坊宏運であろう。

行泉坊の山徒としての活躍は、西勝坊と同様に南北朝時代からおさえることができる。たとえば、応安五年（一三七二）・永和四年（一三七八）の二回にわたって、坂本・山上で行泉坊が南岸坊という山徒と合戦したことは諸々の記録が伝えるところである。[66]この両度の合戦では延暦寺一山が両派に分かれて戦ったといい、『愚管記』

表II―1　連署状に署名する山門使節

出典番号		1	2	3	4	5	6	7	8	9	10	11	12	13	14	備　考
金輪院	弁澄	○	○	△	○	○										
月輪院	慶賢	○														
	慶覚				○	○										
乗蓮坊	兼宗	○	○	△												
円明坊	兼宗				○	○										
	兼澄											○		○	○	
杉生坊	暹春	○	○	△	○	○										
	暹能						○	○	○	○	○	○				
	暹円												○	○	○	
(未詳)	円運				○											
(未詳)	盛覚				○											
善住坊	最慶				○	○										
上林坊	亮覚						○	○	○	○	○	○	○	○	○	
行泉坊	宏運						○	○	○	○	○	○	○			
西勝坊	尭慶						○	○								
	賢慶								○	○	○	○	○			
	栄慶													○	○	
護正院	隆全											○	○	○		
実乗院	紹慶						○	○	○							護正院代
井上坊	覚芸									○	○					護正院代
(未詳)	全舜														○	
(未詳)	瑛運														○	行泉坊代

表II―2　連署状に署名する山門使節(出典一覧)

	年　月　日	文　書　名	院・坊名	僧名	花押	出　　典
1	応永28年８月４日	山門使節連署書状案	○	○		井口日吉神社文書
2	29年９月３日	山門使節連署下知状案		○		井口日吉神社文書
3	32年10月５日	山門使節連署下知状案	○			井口日吉神社文書
4	(年未詳)４月２日	山門使節連署書状		○	○	天龍寺宝篋院文書
5	(年未詳)４月20日	山門使節連署書状		○	○	今堀日吉神社文書
6	文安元年７月11日	山門使節連署下知状写	○	○		江頭共有文書
7	３年２月24日	山門使節連署書状		○	○	菅 浦 文 書
8	４年12月	山門使節連署過書			○	南禅寺文書
9	５年８月15日	山門使節連署下知状		○	○	井 関 文 書
10	宝徳３年６月付	山門使節連署過書			○	南禅寺文書
11	享徳４年④月	山門使節連署過書			○	南禅寺文書
12	長禄３年11月	山門使節連署過書			○	中村直勝博士蒐集古文書
13	寛正６年12月28日	山門使節連署下知状写	○	○		諫暁始末記
14	(年未詳)４月２日	山門使節連署書状		○	○	八瀬童子会文書

注１：連署者は○で示した。院・坊名だけもって連署するものは△で示した。
　２：出典はすべて「出典一覧」で番号をもって示した。
　３：山門使節が連署して発給する文書には、通常、院・坊名は記されず、僧名と花押のみが記される。また「過書」には花押のみが据えられるが、「出典一覧」にはそれら署判のあり方も示しておいた。

などは「三塔与力無所残」と記しているくらいである。[67]また、永和三年に坂本で月輪院と金輪院が戦った時には、やはり行泉坊が月輪院側に属して「金輪院城」を攻めたことが『後愚昧記』に見えている。[68]ともにその山徒としての卓越した実力のほどを伝えるものといえよう。

この行泉坊は妙法院の門徒となっており、そのことは先に円明坊のところで触れた応安四年の青蓮院門徒と妙法院門徒との合戦を伝える記事が、同坊に「妙法院御門徒」と注記していることからもあきらかである。[69]

(4)上林坊

このほか騒乱以後には上林坊亮覚なる山徒が一貫して山門使節を勤めている。ただ、その山門使節としての徴証は、山門使節が連署・発給した各種の文書をおいてなく、それらを他の連署者とともに表にして示したのが、表11である。便宜上、騒乱前の連署状もすべてあげておいた。これによって山門使節のメンバーの変遷をおおよそながら視覚的に追うことができよう。

以上、これまでの永享の山門騒乱前後の山門使節についての個別の検証からあきらかになった点を箇条書きに整理すれば、次のようになる。

①山門使節を勤めた山徒は、延暦寺内において軍事的に大きな力を持つものが多かった

②彼らはすべてが青蓮院・妙法院・梶井門跡などの有力門跡の門徒となっていた

③彼らのある者は近江の関所に対して一定の権限・権益をもち、またある者は有力門徒としての資格で延暦寺末寺の奉行を勤めるなど、幾多の権益を保持していた

これらを総括していえば、山門使節が山徒のなかでも卓越した実力をもつ者たちによって構成されていたことが本節では実証できたと考える。では、彼ら山門使節の山徒は、延暦寺一山内で具体的にどのような位置を占める人々だったのであろうか。次にこの点について考えていくこととしよう。

三　延暦寺大衆と山門使節

山門使節を勤めた山徒の延暦寺内における位置に関しては、一見、不可解な部分が少なくない。たとえば、永享の山門騒乱についても、なぜ山門使節が幕府を相手にあれほどの戦いを起こすことができたのか。延暦寺には天台座主（以下「座主」という）を頂点とする独自の寺院組織が存在しており、本来ならば延暦寺一山は、この座主の統率下に動くはずのものであった。にもかかわらず、永享の山門騒乱においては、わずか五人の山門使節を勤める山徒が一山を動かしていたのである。これは一体なにを物語るのであろうか。この間の事情を合理的に説明しようとすれば、まず彼ら山門使節が延暦寺内においてどのような位置を占めた人々であったかがあきらかにされなければならない。

さて、そこでその方法であるが、以下では延暦寺内における山門使節の位置を二つの側面から考察していくこととしたい。一つは彼らが有力門跡の門徒であったという私的な側面であり、いま一つは山門使節という職掌が当初から具備していたであろう公的な側面である。彼らの延暦寺内における歴史的な位置は、この両側面からの考察によって初めてより明確になるものと考える。

(1)山門使節の私的な位置

山門使節を勤めた山徒の多くが有力門跡の門徒であったということは、山門使節が決して座主を頂点とする延暦寺の寺院組織とまったく無関係に成り立っていたわけではなかったということを示唆している。それればかりかむしろ彼らは門主が座主を恒常的に勤めた有力門跡の門徒となることで、その権威を自らの後楯として積極的に利用すらしていたとすらいえる。

ただ、ここで留意されなければならないのは、この門跡内における門主―門徒の結びつきが、延暦寺の公の寺院組織からみれば、あくまで私的な関係であったという点である。公の寺院組織からすれば、山徒はどこまでも大衆の一員にすぎなかった。そして、であったればこそ、彼ら山徒は有力門跡の門徒となることによって初めて、独自の権威を身に付けようとしたのではなかったか。私的な門主―門徒の関係であっても、これによって延暦寺における山徒の地位は著しく上昇したはずであり、山徒が有力門跡の門徒となっていった理由の一つはここにあったと考えられる。

では、一方の有力門跡は、なにゆえに彼らを門徒とする必要があったのであろうか。その辺りの事情を如実に物語ってくれるのが、時代は少しさかのぼるが次にあげる『元徳二年三月日吉社并叡山行幸記』の一節である。[70]

永仁年中、妙法院尊教僧正治山の時に当りて、門徒東塔北谷理教坊律師性算といふもの有、貫長の恩顧も深、私貯の潤色も広かりければ、同宿・房人おほくして、里には市をなし山には林をなす、門王もこの一人だに侍らば、万方の要枢も足ぬべく、千騎の武者にもむくべくぞおもはれける、か丶りければ、性算律師、猷承・光賀已下の衆徒を相語ひ、権勢をもて治山いたし（後略）

ここにいう理教坊性算の姿は、のちの有力な山徒の姿と同じと見てよい。門主が有力な山徒を頼りにするところなどは、先に見た南北朝時代の青蓮院門主と山徒円明坊との関係を彷彿とさせるものがある。門主にとって「万方の要枢」「千騎の武者」にも相当する力を蓄えた山徒は、まことに頼りがいのある存在だったのである。有力門跡といえども、座主の地位や諸庄園の権益をめぐる他門跡との抗争に武力を必要としたことは、第一節でも見た通りである。俗世の富と力を兼ねそなえた有力な山徒を門徒とすることは、門跡にとっても必要不可欠となっていたに違いない。

それでは山徒は一体どのような過程を経て、その富と力を獲得していたのであろうか。彼ら山徒は、さまざまな延暦寺支配下の諸庄園・関所などを直接に管理・運営する立場にあり、それらを通じて独自の経済的基盤を形

成するにいたっている。その具体的な有り様については、改めて検証したい。(71)

ところで『元徳二年三月日吉社并叡山行幸記』は、昨今の延暦寺の有り様をもって、次のようにも記している。

山門の衰微は偏起門主・貫長之不誼、其故如何者、諸門跡領は悉是山王依怙也、而悉充行房人・俗徒兮、不顧本房之顚倒、徒立飼飛牛俊馬兮、不歎講行之陵遅、適雖充行山中之輩、賞翫猛勢・稚物之衆徒、不学稽古鑽仰之禅侶、

本来は延暦寺に属する諸門跡の領地を、門主がほしいままに「房人・俗徒」に宛行ない、たまたま一山中のものに宛行なったとしても「猛勢・稚物之衆徒」などにしか与えなかったというのである。ここにいう「房人」「猛勢(衆徒)」もまた山徒を指すと見てよかろう。諸門跡は自分たちの利益のために、有力な山徒を積極的にその傘下に組み入れようとしていたわけで、山徒の門徒化の様子がここからもうかがえる。

諸門跡と有力な山徒との結びつきは、想像以上に強固なものがあり、永享(一四二九〜四一)年間の頃までに、延暦寺において有力な山徒は、諸門跡の権威を背景として、一山内でも大きな発言力を持つにいたっていたのであろう。永享の山門騒乱において、彼らが延暦寺一山を動かすことができた理由の一つがここにあると考えられる。しかし、これら私的な門主—門徒の関係だけがすべてではなかった。というよりもこれらは二次的・副次的な要因にすぎなかった。なぜなら私的な関係はどこまでいっても私的なものであり、それが公的な関係に全面的にとってかわることは決してなかったからである。いかに門跡と密接な関係を結ぼうと、それだけを梃子にして、彼らが公的に延暦寺一山を動かすことはできなかったはずである。

永享の騒乱において、山門使節が延暦寺一山を動かすことができた根本の理由は、やはり彼らが山門使節であったという公的な事実のなかにしか求められない。次に山門使節という職掌のもつ公的な意味について考えていくことにしたい。

⑵山門使節の公的な位置

山門使節の公的な位置とは、具体的にどのように理解すればよいのであろうか。結論を先行させていえば、山門使節の公的な位置とは、彼らが延暦寺で幕府権力の執行機関として機能しうるような位置であったと考えられる。

表12・13は、山門使節が幕府の命を承けて行なった活動を年表とし、また幕府の発給文書をもって示したものである。山門使節がそのもっとも基本的な権限の一つとしていた使節遵行権に限っていえば、延暦寺の寺内および同寺支配下の所領における遵行権が一手に山門使節に掌握されていたことは、この二つの表から一見してあきらかであろう。山門使節は延暦寺の支配の及ぶところ、ほぼ全面的に幕府からその権限を認められていたと断言できる(72)。

では、彼ら山門使節はこの使節遵行権をどのような経過を経て獲得していたのであろうか。また、幕府はなにゆえに山門使節にこのような権限を与えなければならなかったのであろうか。これらの点について、南北朝時代における幕府の大衆の嗷訴への対応を見るなかで考えていくこととしよう。

光厳上皇の天龍寺落慶供養への御幸にあたり、延暦寺・東大寺の両寺以外への臨幸供養の先例なしとしてその中止を求め延暦寺が嗷訴したのは、貞和元年（一三四五）七月のことであった。結局、上皇の御幸は執り行なわれたが、このとき、嗷訴の主体をなしていたのは「三千大衆法師」と呼ばれた延暦寺大衆であった(73)。一方、幕府の要請を受けて、彼らの慰撫にあたったのが、青蓮院・妙法院・梶井門跡のいわゆる三門跡の門主たちである。しかし、大衆は門主らの慰撫を無視、神輿は山上に移されている(74)。

続いて応安元年（一三六八）八月、世に南禅寺事件と呼ばれる嗷訴が惹起する。この嗷訴は、南禅寺住持定山祖禅が『続正法論』を著わして他宗を誹り、特に延暦寺の僧を激しく非難したことに端を発したもので、延暦寺

表12　山門使節の活動

年　月　日	事　　項	出　典
康暦元年５月	足利義満、「山門使節宿老数輩」に、日吉神輿造替を命じる	日吉神輿御入洛見聞略記
応永20年６月29日	幕府、「使節四人」に嗷訴の張本人を召し進むべきことを命じる	満済准后日記
22年６月13日	幕府、山門使節をして延暦寺衆徒の神輿振りをなだめさせる	満済准后日記
23年４月３日	山門使節、遊行上人の「当所関」の勘過を認める(注１)	相州文書
27年９月11日	山門使節、東塔の東北両谷の山林相論をなだめようとするも失敗する	華頂要略門主伝
28年１月12日	山門使節、義持の日吉社参籠にあたり、近江の「山門領」に反別200文の段銭を賦課する	井口日吉神社文書
△　29年５月28日	幕府、山門使節をして山門領近江国富永庄地下人の大覚寺領丁野郷用水を違乱するを止めさせる	井口日吉神社文書
△　31年６月21日	幕府、山門使節をして、近江国奥嶋庄の山門東法華堂領を違乱するを止めさせる	天龍寺宝篋院文書
○　33年６月７日	坂本の馬借、北野社の酒麹役独占に抗議して蜂起、幕府、山門使節(乗蓮坊・杉生坊)に命じ、坂本の馬借居住在所を破却させる	満済准后日記
◎　34年12月23日	山門使節、近江国得珍保と小幡の商人の「商人立場」の争いを裁く	今堀日吉神社文書
正長元年８月12日	山門使節、西塔釈迦堂に閉籠する者あるを幕府に通報する	満済准后日記
◎永享２年12月26日	山門使節、清閑寺領山城国音羽庄の公文職をめぐる、比留田道音と尾藤太郎左衛門尉の相論を裁く	御前落居奉書
△　３年８月７日	幕府、山門惣持院大工職をめぐる宗弘と助貞の相論を裁き、その遵行を山門使節に命じる	御前落居奉書
９月22日	幕府、山門使節をして、光聚院猷秀の比叡山帰山を、延暦寺三塔に触れさせる	御前落居奉書
△　11月７日	幕府、山門使節をして、三千聖供領近江国栗見庄預所職を猿満丸代に沙汰付けさせる	御前落居奉書

△	11月7日	幕府、山門使節をして、御料所近江国兵主郷内二宮国田職の上分米を山門に進めさせる	御前落居奉書
	4年11月13日	幕府、山門使節の北野社領近江国八坂庄へ段銭を賦課するを止めさせる	御前落居奉書
	5年7月17日	山門使節ら、光聚院猷秀らの非法を訴える(永享の山門騒乱)	満済准后日記
	7年2月4日	幕府、金輪院・月輪院・円明坊らを悲田院で煤殺する	看聞御記
	嘉吉元年11月29日	万里小路家、今路道下口の率分を開設するに先立ち山門使節に認可を求める	建内記
	3年2月27日	山門使節、管領畠山持国の軍勢に合力して馬借を率い賀茂河原に結集する	建内記
○	9月24日	旧南朝方の軍勢、内裏を襲い山門根本中堂に閉籠。幕府、山門使節に討伐を命じる	看聞御記
△	文安元年7月11日	幕府、山門使節をして、日吉社領近江国柄原郷の鴨社領邇保庄用水を違乱するを止めさせる	江頭共有文書
	3年2月29日	山門使節、大浦庄を訴える檀那院集会事書を幕府に取り次ぐ	菅浦文書
△	10月7日	幕府、山門使節をして、近江国堅田庄阿弥陀堂以下の護正院岩寿丸代への沙汰付けを命じる	護正院文書
△	5年8月15日	山門使節、幕府の命をうけ、近江国橘北庄の年貢違乱を止め、大覚寺代の所務を全うせんことを橘庄沙汰人中に命じる	井関文書
	宝徳3年7月24日	幕府、衆徒による神輿動座を禁じ、山門使節の任務緩怠を強くいましめる	康富記
	11月13日	山門使節西勝坊、神輿入洛の延期を幕府の山門奉行に告げる	康富記
	享徳4年4月21日	中原康富、日吉祭執行の有無を山門使節円明坊に尋ねる	康富記
△	5月19日	幕府、山門使節に山城国紀伊郡散在日吉田の日吉社への沙汰付けを命じる	東寺百合文書ひ
○	康正2年9月19日	幕府、坂本で蜂起した馬借らによる土一揆の討伐を山門使節に命じる	師郷記
	寛正6年12月25日	山門使節、「洛中洛外法華堂」に対する幕府の措置を延暦寺横川(別当代)に伝える	諫暁始末記
	文明2年8月11日	山科家、山門使節の「月行事」護正院に	山科家礼記

	「坂本中味曾課役」に関する文書を届ける	
3年11月2日	幕府、山門使節の行泉坊・西勝坊・護正院に真野新関の停止を命じる	山科家礼記
5年7月8日	幕府、山門使節に円明坊兼澄の青蓮院門跡門徒頭還補を通達する	華頂要略門主伝
10年11月16日	幕府、日吉社小五月会の再興を山門使節に命じる	八坂神社文書
17年8月1日	幕府、土一揆蜂起の風聞により「坂本四ケ郷」の警戒を山門使節に命じる	蜷川古文書集
△明応2年12月28日	幕府、山門使節をして、田中清賀の山門領近江国比良庄押妨を止めさせる	一色家文書
永正4年7月9日	山門使節円明坊、室町殿の警護にあたる	宣胤卿記
△　6年6月18日	幕府、山門使節をして、円満寺の近江国建部庄を違乱するを止めさせる	生源寺文書
△享禄4年10月10日	幕府、山門使節をして、青蓮院領東坂本造道への違乱を止めさせる	華頂要略門主伝
天文8年4月27日	山門使節、「(山門)七ケ役所」の小唐崎への移動承認を幕府に請う	披露事記録

注1：他の関所の勘過を在地に命じた事績はすべて除いた。
　2：△印は山門使節が使節として所務の遵行を行なった出来事、○印は山門使節が軍事行動を起こした出来事、◎印は山門使節が裁判を行なった出来事をそれぞれ示す(40頁参照)

の大衆は南禅寺の破壊を要求。[75] 時の幕府執事の細川頼之の強硬な態度にもかかわらず、最後は大衆の訴えが通り南禅寺の楼門は破壊される。

この嗷訴に際しても、幕府は大衆の慰撫を三門跡の門主に命じている。しかし、彼らは「武家権威」を恐れひたすら「洛中坂本」を徘徊するだけで[76]やがて大衆によって山上から追い出されている。[77]

二度の嗷訴を通じて幕府が三門跡の門主に大衆を統率していく能力のないことを悟ったであろうことは容易に推測できよう。以後、幕府が彼らを頼むことは二度となかった。そしてそれに代わって幕府があらたに着目、利用しようとしたのが、他ならぬ門跡所属の山徒、すなわち門徒の山徒たちであった。

次に引用したのは、嗷訴がはじまってまもなくの応安元年閏六月、幕府の行動を非難した「山門政所集会議状」の一条である。[78]

次悪行輩、以三門跡門徒、可被対治、可被差副軍勢云々、武家理不尽之贔屓、衆徒之憤懣

表13　「山門使節」宛の室町幕府下達文書一覧

年　月　日	文　書　名	出　典
永徳２年３月２日	室町幕府御教書案	臨川寺重書案文
６月21日	室町幕府御教書案	臨川寺重書案文
応永18年11月８日	室町幕府御教書	妙法院文書
30年４月10日	室町幕府御教書案	井口日吉神社文書
31年６月21日	室町幕府御教書	天龍寺宝篋院文書
永享２年12月３日	室町幕府奉行人連署奉書	御前落居奉書
３年８月７日	室町幕府奉行人連署奉書	御前落居奉書
９月22日	室町幕府奉行人連署奉書	御前落居奉書
11月７日	室町幕府奉行人連署奉書	御前落居奉書
４年３月２日	室町幕府奉行人連署奉書	南禅寺文書
11月13日	室町幕府奉行人連署奉書	御前落居奉書
文安元年７月６日	室町幕府奉行人連署奉書案	江頭共有文書
３年10月７日	室町幕府御教書写	護正院文書
５年７月８日	室町幕府奉行人連署奉書	南禅寺文書
７月11日	室町幕府奉公人連署奉書	南禅寺文書
享徳４年④月19日	室町幕府奉行人連署奉書	南禅寺文書
文明５年７月８日	室町幕府奉行人連署奉書	華頂要略門主伝
永正６年６月18日	室町幕府奉行人連署奉書案	生源寺文書
享禄４年10月10日	室町幕府奉行人連署奉書	華頂要略門主伝

何事如之、仍奉勧神輿動坐、所及入洛之跂也、

幕府が延暦寺の「悪行輩」を退治するために、いち早く「三門跡門徒」を用いようとしていたことが知られよう。

また、青蓮院・梶井門跡の門主らが山上から大衆に追い出されてから数ケ月後、幕府は「三門跡門徒等少々」を京都に呼び出し、近江守護佐々木（六角）崇永（氏頼）を奉行として、神輿を帰座させることを内々で協議させている。[79] 無能な三門跡を見限った幕府は門徒の山徒らを積極的に利用しようとしはじめていたのである。

このような幕府の姿勢がより鮮明となるのは、応安の南禅寺事件に引き続いて起こった神輿造替延引事件においてである。南禅寺事件のすぐあと、延暦寺大衆らは幾度かの嗷訴で傷みの激しくなった日吉社神輿の造替を幕府に申し入れ、幕府も一旦はこれを了承する。ところが、のち幕府は約束に反し、南禅寺事件の張本人を出さない限り神輿造替は行なわないとし、大衆との関係は再び悪化する。次に引用したのは、この事件の真っ最中、神輿造替のことに関して「山僧」らが幕府に出向いて来たことを伝える『日吉神輿御入洛見聞略記』の記事である。

同（永和）三年丁巳六月下旬、山僧杉生・金輪院・円明院等諸大名、十八出、又聞、造替未事行之故者、山門張本人任訴召出之、[80]

神輿造替のことを協議するためであろう、「杉生・金輪院・円明院等（ママ）」十八の「諸大名」の「山僧」が京都に出向いて来たというのである。杉生坊・金輪院・円明坊を除く七人がいかなる人々であったかはわからないが、名前の判明する三人から推測すると、この時、幕府との話し合いに出てきたのは、まさしく「三門跡門徒」の山徒たちであった。幕府は門徒の山徒を通じて、大衆との神輿造替に関する話し合いを進めていたわけであり、彼らを政治的に囲い込む形で、大衆との折衝を開始していたことが確認できる。

わずかに三つの事例にすぎないが、以上によって南北朝期の嗷訴の主体が「三千大衆法師」と呼ばれる延暦寺大衆にあったこと、および幕府が彼ら大衆の慰撫に、最初は三門跡の門主を、のちには「三門跡門徒」をもってあてようとしていたことがあきらかになった。山門使節の創設以前の幕府の対延暦寺（大衆）政策が、このような形で推し進められていたことは、のちの山門使節が三門跡の門徒によって占められるという事実とむろん無関係ではあるまい。それは幕府が門徒の山徒たちの、より有効な利用の仕方を模索した結果、ある時点で創設された組織であったと考えられる。では、幕府が山門使節制度の組織を創設したそのある時点とは、一体いつの頃のことだったのであろうか。

幕府と大衆の間で対立していた日吉社の神輿造替延引が、幕府の妥協によって突如、平和裡に解決したのは、康暦元年（一三七九）五月のことであった。次に引用したのは、その模様を伝える『日吉神輿御入洛見聞略記』の記事である。

仍同（康暦元年）五月比、山門使節・宿老数輩列参之時、大樹対面、造替事指定奉行日時等、厳密被下知之間、山僧等開眉頭、先於神輿者可奉帰入之由申之云々

この記事で注目されるのは、いうまでもなく「山門使節」なる言葉が初めて史料の上に登場してくることであ

る。将軍足利義満はこの時、自ら山門使節らに対面し神輿造替のことを指示したという。

永和三年（一三七七）にはまだ見えなかった山門使節なる呼称が、わずか二年後の康暦元年になって現れて来ることから、山門使節制度がこの前後に創設されたものであることはまず間違いない。推論を交えてその時期をより絞り込めば、康暦元年閏四月から同年五月にかけてのいつかということになろう。もちろん確実な史料があるわけではない。しかし、注目すべき出来事がこの間に起こっている。それは足利義満が山門使節らに神輿造替の実行を伝えたわずか一ケ月前の康暦元年閏四月に起こった康暦の政変である。管領細川頼之を幕府から追放したこの政変によって、義満は名実ともに幕府の実力者となる。幕府の対延暦寺政策がこれを契機として、大きく変ったとしてもなんら不自然ではない。山門使節の組織は康暦の政変直後に創設されたものと考えられるのである。

細川頼之の治世下には、貞治六年（一三六七）の南都北嶺衆徒の闘争事件や、応安元年（一三六八）の南禅寺事件、それに続く神輿造替延引事件と、幕府と延暦寺大衆が激しく対立する事件が相次いで起こっているが、彼はそれらにつねに強硬な姿勢をもって臨んでいた。

これに対し政変によって幕政の実権を握った義満は、日吉社の神輿造替をただちに実行したことに見られるように、大衆懐柔へと幕府の政策を百八十度変更する。少しのちのこととなるが、応永元年（一三九四）に義満が日吉社に参詣した時、大衆は諸手をあげてこれを歓待しており(81)、その治世下にめだってはげしい嗷訴が見られないのも、彼の大衆懐柔策が功を奏した結果と考えられる。

幕府の対大衆政策は康暦の政変を契機として間違いなく大きく変化していたわけであり、応安の南禅寺事件以来取り続けていた三門跡の門徒を利用した対大衆政策をさらに一歩進展させ、山門使節組織を発足させたのは、足利義満であったと考えてまず間違いない。

このように見てくると、山門使節は強大な大衆の力を、なんとか無理なく政治的に幕府権力下へ組み込んでいこうとする足利義満の巧みな対延暦寺大衆政策の一つとして創設された組織であったといえる。いいかえれば、義満（幕府）は「三門跡門徒」らを山門使節に任命し、彼らに延暦寺内における使節遵行権等を与えることにより、自己の権力を同寺内に浸透させていこうとしたのであり、そして、山門使節が幕府から任命され、その指令によって動くものである限り、これ以後、確かにそのような役割を果たすことになっていく。

だが、それだけが山門使節のすべてではなかった。その成立過程を考えるとき、山門使節の背後には、「三千大衆法師」の名で呼ばれる強力な大衆勢力がひかえていたことはあきらかである。山門使節は自らの意志とはかかわりなく、一方で大衆の代表としての性格を当初から具備していた。そして、であったればこそ、彼ら山門使節は永享の山門騒乱において、延暦寺一山の大衆を率いて幕府と対峙することができたのであった。この点で山門使節は幕府と大衆の一つの妥協点で生まれた機構であったといえるが、以後この妥協点は、両者の力関係の変化によって、微妙に揺れ動いていくこととなる(82)。

以上、山門使節の公的な位置の意味が、かなり明確になったものと考えるが、では次に彼ら山門使節が延暦寺内におけるこの公的な位置によって、具体的にどのような活動を行なっていたかを見ていくことにしよう。

四　室町幕府と山門使節

山門使節の活動を年表にした表12を今一度、見ていただきたい。そこには、山門使節のおもな活動を次の三つに分け、それぞれ冒頭に記号を付けておいた。

①山門使節が、幕府の命により、使節遵行を行なったもの（△印）

②山門使節が、軍事的な行動を起こしたもの（○印）

③山門使節が、裁判を行なったもの（◎印）

最初にあげた山門使節の使節遵行については、前節でごく簡単にではあるが触れておいたので、本節では、②および③の山門使節の軍事行動・裁判について考えていくこととする。

(1)山門使節の軍事警察権をめぐって

まず、時代をおって山門使節が軍事行動を起こした例を見ていこう。

〔1〕もっとも早い例は、応永三十三年（一四二六）の坂本馬借の京都乱入事件に際してである。この事件のあらましを記した『兼宣公記』の記事を左に掲げる。[83]

抑坂本馬借去四月日吉祭礼之時、参向内侍車依抑留之罪科、被仰付山門使節、馬借居住之在所悉以令破脚(却)云々、為散此鬱墳(憤)、馬借一党族数百人乱入京都、不嫌貴賤不論上下可令放火、殊者北野社公文所禅能法印坊可令破却由、依有其聞、北野社家警固事、被仰付一色并赤松云々、依此事被召管領以下、於御所有被仰談之旨、山門使節三人被召管領亭、有御問答条々云々、

件馬借濫觴者、於酒屋所々致麹之業之処、去年以来、依北野公文所禅能法印申請、於麹業者、限北野神領西京可致其沙汰之由被仰出、被止所々麹業了、依之江州八木売買依無其直、件馬借雖致訴訟、不達上□(聞)之間、日吉祭之時、上卿等之内雖為何云人、欲　抑留之処、内侍車出来之間、雖令抑留、山門使節加制止、則雖無子細、已以及嗷訴之企、不可然之由、自　内裏就被申　室町殿、及厳密之御下知了、麹事依禅能訴訟如此之間、可破却彼坊云々、

この『兼宣公記』の内容は『満済准后日記』の記事とも一致し、[84]十分に信頼できるものであるが、それによるとこの事件の顚末はこうであった。すなわち北野社の麹業独占によって引き起こされた近江米の暴落に坂本の馬借が抗議し、日吉祭参向の内侍車を抑留。これに対して幕府が山門使節をもって「馬借居住之在所」を破却した

ところ、その報復に馬借が京都へ乱入するといううわさが流れたというのである。
この事件でなによりも注目されるのは、山門使節が幕府の命を受けて「馬借居住之在所」をことごとく破却したという事実である。『満済准后日記』には、「為室町殿被仰付山門使節三人、令追出坂本放火住宅了」とあるが、(85)いずれにしても馬借を相手にするからには、山門使節らはかなりの軍勢を率いて坂本を襲ったものと考えられる。

山門使節が軍事行動を起こした例は、これ以降のこととしては、すべて永享の山門騒乱以後となり、嘉吉三年（一四四三）の根本中堂に籠った旧南朝方の退治と、康正二年（一四五六）の土一揆の討伐とがある。年代順にまず嘉吉三年の旧南朝方の退治一件から見ていく。

〔2〕 旧南朝方の軍勢が内裏を急襲し火を放ち、三種の神器を奪って根本中堂に立て籠ったのは、嘉吉三年九月二十三日のことであった。山門使節からは、すぐさまことの子細を幕府に知らせてきた。次に引用するのは、その前後の模様を伝える『看聞御記』の記事である。(86)

抑南方謀反大将号源尊秀、其外日野一位入道与力之悪党数百人、山上へ登て奉成臨幸之由披露、中堂ニ閉籠三千之衆徒を相語之由、山門使節注進、此外公家人、諸大名細川・山名同心、廻文ニ加判形云々、已天下大乱言語道断之次第也、管領、山門使節ニ急速可誅罰之由加下知云々、公家よりも被成綸旨、朝敵可追討之由、山門へ被仰、

幕府が旧南朝方の討伐をただちに山門使節に命じたことがわかる。『斎藤基恒日記』『師郷記』もやはり幕府の討伐命令のもとに、山門使節が根本中堂に押し寄せたことを記しているから、(87)山門使節が幕府から旧南朝方の討伐を命令されたことは疑う余地がない。山門使節護正院がこの幕府の命にしたがって、旧南朝方の軍勢を討ったことは前述した。ここでも山門使節が幕府の命令に応じて、軍事力を行使したことが確認できる。

〔3〕　最後は康正二年の土一揆鎮圧の例である。康正二年（一四五六）八月、近江で土一揆が徳政令を要求して蜂起、坂本では八王子社に立て籠るという事件が起こる。この時も幕府はその討伐を山門使節に命じている。そして、山門使節がここでもこの任務を見事に完遂したことは、次の『師郷記』の記事に見える通りである(88)。

十九日丙戌、坂本土一揆号馬借、此間号徳政閉籠八王子社頭、仍被仰山門使節幷山徒等被対治之間、今日発向、取籠土一揆等欲討之間、放火社頭、三宮・八王子御社幷彼岸所等炎上了、土一揆数十人被討、或被搦取云々、彼等家々多以焼払之、其首上京都云々、

この時の模様を伝える史料は、この『師郷記』のほかには祇園社の『文安三年社中方記』しかないので、これもあげておく(89)。

康正二年丙子、
坂本八王子御社焼失事、土一族（揆）為ニ徳政興業之為ハ（ママ）閉籠間、被仰付使節仁有対治之間、懸火令打死畢、于時

文中にいう「使節」とは、いうまでもなく山門使節を指す。土一揆は、山門使節の軍勢に包囲され、自焼して果てたのであった。

さて、以上にあげた三つの例から、山門使節が相当な軍事力を保持していたこと、また幕府がその山門使節の軍勢を意のままに用いることができたこと、この二つの事実が浮かび上がってくる。山門使節を勤めた山徒らが大きな軍事力を保持していたという点については先にも見ておいたので、ここでは主として幕府と山門使節との関係に焦点をあてて論を進めていきたい。

幕府の命令によって山門使節が軍事行動を起こした三つの例を見る限り、幕府は山門使節の軍事力をまったく自在に駆使できたかのように見えないこともない。しかし、これら三例を今少し詳しく見ていくと、幕府の山門使節に対する命令の実効性にも、かなりの限界があったことに気が付く。

すなわち、上記の三例は、坂本（応永二十三年）・比叡山山上（嘉吉三年）・坂本（康正二年）といった具合に、その出来事はすべて延暦寺の支配地域に限定されているのである。管見の限りでは、これ以外に幕府が山門使節に対して軍事行動を起こすことを命じた例はない。とすると、幕府はどうやら一般的には、山門使節の軍事力を延暦寺の直接支配地以外の地域では駆使できなかったのではなかったか、という推論がここから導き出されてくる。

結論を先に述べよう。山門使節は、延暦寺支配下の地域（具体的には比叡山の山上、およびその山下の東西両坂本）における軍事警察権ともいうべきものを持ち、この軍事警察権は、幕府といえども容易に侵すことのできない性質のものであったと考えられる。先にあげた三つの例で、幕府がまったく独自の軍勢を用いていないのはこのためであろう。でなければ、特に嘉吉三年の旧南朝方の討伐などに、幕府が自らの軍勢を用いて根本中堂を攻めないなどということは、とうてい考えられない。

そして、このことは逆にいえば、幕府は山門使節を用いることによって初めて、延暦寺内の軍事警察権をある程度自らの意志に沿って操作できたということになる。幕府はこれまでまったく介入することができなかった延暦寺内の軍事・警察面に、山門使節を通して、ようやく介入できるようになったのではなかろうか。もし、そうだとすれば、これは幕府の対延暦寺政策にとって画期的なことであった。

延暦寺独自の権限を一方で認めながらもその内実を空洞化していく、幕府のきわめて巧みな対延暦寺政策の一端をここに確認することができる。このような巧妙な幕府の政策は、つぎの山門使節の有する裁判権においても見られるところである。

(2)山門使節の裁判権をめぐって

ここでも年代を追って、いくつかの例を検証していくこととしたい。

〔1〕まず、永享以前の例からである。次に引用したのは『今堀日吉神社文書』所収の一文書である。(90)

就保内与小幡商売立場事、帯使節之挙、欲承守護之遵行之処、於使節之前、両方対決入理非可出挙由、為使節中被触送之間、既就日限相待対決之一段之処、使節少々雖被出対、小幡扶佐之方、寄事於左右不被出合之間、及無理之奸訴之条勿論也、仍保内理運之趣、以寺官触送使節中訖、然間、於保内者、任保内先規可致商売者也、若小幡者猶以構新議（儀）致濫好（妨）者、申入公方可承御成敗也、於保内者、乗勝対小幡者、致苛法之沙汰事者、堅可有斟酌之趣、商人中可被加制止之旨、依衆議、執達如件、

応永卅四年十二月廿三日　　学頭代（花押）

得珍保両沙汰人中

この「延暦寺東塔東谷衆議下知状」（以下「東塔東谷衆議下知状」のように表記する）のいうところは、こうである。すなわち「商売立場」のことで保内と小幡が争い、それについて延暦寺の東塔東谷が「守護之遵行」を得るために、山門使節に「挙」を求めた。ところが「使節中」としては両方を「使節之前」で対決させた上でなければ、「挙」を出すことはできない、ということになった。そこで保内と小幡を対決させることとなったが、いざ両方が対決という段になって、「小幡扶佐之方」が出頭せず、その結果、保内の言い分が容れられ、「使節中」にはこの旨が寺官をもって申し送られたというのである。(91)ここでいう「挙」とは挙状のことで、東塔東谷では、最初、保内に有利な裁決を下し、「守護之遵行」を得るため、山門使節に挙状を求めたものらしい。これに対し、山門使節のなかには小幡方に味方する者がおり、「使節中」としては、両方対決の上でなければ、「挙」は出せないということになったのである。

この「東塔東谷衆議下知状」から判明する事実として注目される点は三つある。その第一は東塔東谷領保内と日吉社の小幡神人の相論に関しては、本来、延暦寺の大衆がこれを裁く権限を持っていたことを確認できる点で

ある。延暦寺支配下の相論は、基本的に大衆にその裁判権があったのである。(92)

第二には、延暦寺大衆は支配下での相論を裁く権限を持つには持っていたが、その裁決の実行にあたっては、「守護之遵行」に頼らなければならず、さらにその「守護之遵行」を得るためには、「使節之挙」が必要であったという点である。

そして、第三として、山門使節は大衆の要求に応じて無制限に挙状を出していたわけではなく、挙状を出すに先立っては、独自の立場で裁判を行なう権限を有していたという点である。

このように見てくると、大衆・山門使節・守護の三者の関係が、この一点の史料からはっきりと浮かび上がってくる。延暦寺支配下の地域と人々に限って裁判権をもつ大衆、その裁決を再度検討し守護に遵行を要請する権限をもつ山門使節、そして、その山門使節の要請により遵行を行なう守護と、延暦寺内における訴訟および裁決過程は、かなり独特の形をとって存在していたといえる（このとき、特に守護の遵行を求めているのは、神人などその支配が人身的なものであった場合、彼らの居住地域にまで大衆の支配権が及ばなかったためであろう）。それはともかくとして、延暦寺内の相論において、山門使節が一定の裁判権とその裁決によって守護に遵行を要請する権限とを合わせ保持していたことが、この『今堀日吉神社文書』の一通によって確認できる。
〔2〕　次の「室町幕府奉行人連署奉書」は、『御前落居奉書』に収録されているものである。

（義教）

（花押影）

一、比留田佐渡入道々音申、清閑寺領山城国音羽庄公文職事、為寺家令補任尾藤太郎左衛門尉訖、爰去応永卅四年十月十日、於山門使節中致糺明、如元返付道音之処、不能許容云々、所詮、出使節状以後、有罪科者、可注申之旨、雖被仰之、不明申之上者、退尾藤、可沙汰付道音之由、所被仰下也、仍執達如件、

永享二年十二月廿六日　　　　（飯尾貞連）大和守

当寺々僧中

対馬守《松田貞清》

ここに見える清閑寺とは京都の東山に所在する寺院で、当時は延暦寺の末寺となっていた。山門使節は、その清閑寺領山城国音羽庄公文職補任のことで、比留田佐渡入道道音なる者と尾藤太郎左衛門尉なる者との争いを裁き、比留田方に公文職を返し付ける裁決を下した。にもかかわらず、尾藤方がこれに従わなかったところから、改めて発給されたのがこの「室町幕府奉行人連署奉書」である。

この奉書で注目されるのは、幕府が尾藤方に「出使節状以後」異議があれば申し立てる旨を伝えていたにも拘らず、彼からはなにも言ってこなかったので比留田方に沙汰付ける、としている点である。この場合、山門使節の裁決の上には、さらに幕府の裁判権がひかえていたことがわかる。山門使節の裁判権は、延暦寺内で自立した形で存在していたわけではなく、あくまで幕府の裁判権の下級に位置する形で存在していたのである。

そして、この山門使節の裁判権は幕府の下に存在するという意味で、〔1〕の東塔東谷などが行使していた裁判権とは、本質的に性格を異にするものであった。というのは、〔1〕の場合、東塔東谷が行使した裁判は、延暦寺が自らの支配地で独自にもっていた寺院としての裁判権に基づくものであったのに対し、この場合の山門使節の裁判権は、公権力としての幕府の裁判権の一部が山門使節に割譲されたものと考えられるからである。

したがって〔1〕の場合を例にとれば、東塔東谷は延暦寺内で相論を処理できれば、特に山門使節の裁決を必要としなかったに違いない。延暦寺大衆が自らの裁決を公権力（幕府及び守護）の手を借りずに執行することが不可能と判断した時点で、初めて相論を山門使節の元へ持ち込んでいるのはこのためであろう。延暦寺大衆は公権力の執行（遵行）を必要とした場合に限って、山門使節の判断をまず仰いでいたのである。山門使節は延暦寺内にあっていわば公権力の出先機関としての役割を果たしていたとみなければならない。

そして、その点で、山門使節のもつ裁判権とは、延暦寺内に打ち込まれた幕府公権力の一種のくさびのようなものであったともいえる。形式を捨てて、実をとった幕府の巧みな対延暦寺政策をここでも確認することができる。

さて、いままでの二つの事例はともに、延暦寺内の争いを山門使節が裁いたものであったが、延暦寺内の者が延暦寺外の者と争った場合には、山門使節の裁判権はどのように機能したのであろうか。このことを知る手懸かりを与えてくれるのが、次の〔3〕の例である。

〔3〕近江国伊香郡菅浦と同郡大浦庄は、鎌倉時代より日指・諸河の田畠の領有権をめぐって、再三にわたり相論を繰り返していたが、室町時代に入っても両所の争いは止むことがなかった。ここで取り上げるのは、文安二年（一四四五）の武力衝突を契機として起こった訴訟の経過である。当時の両所の合戦の模様は、菅浦に残る「菅浦惣庄合戦注記」なる合戦記に詳しいが、(93)まず『菅浦文書』によって、このとき菅浦が起こした訴訟の経過を見ておく。

菅浦では、日指・諸河の領地安堵を真っ先に領主と仰ぐ延暦寺東塔東谷の檀那院に訴えた。これに応じて、檀那院大衆から出されたのが、次に引用した集会事書である。(94)

(端裏書)「事書」

文安三年二月廿五日山門本院東谷檀那院堂集会議曰、

早可被為使節中沙汰、啓達管領辺事、

右江州浅井郡内菅浦者、自　天智天皇以降、内裏供御料所幷当堂旧領也、爰大浦下庄与当庄堺間事、長久二年十二月十三日大浦下庄管(官)符云、南限山田峯、西限神楊谷尾云々、然大浦百姓等、動越彼牓示、菅浦庄内令乱入比差・師河之間、任長久二年管符之旨、甲乙人等乱入可令停止之由、度々被成下　勅裁畢、然間、長久年中以来、於比差・師河者、四百余歳菅浦当知行無相違之処、自去年夏比、大浦百姓等又令乱入彼在所間、内裏供御幷山門供米難調進由歎申間、無勿躰次第也、如已管符之牓示、大浦百姓等於比差・師河乱入者、可令停止之由、被成下御教書者、殊可抽精祈之旨、衆議而已、

最初に「早可彼為使節中沙汰、啓達管領辺事」とある点にまず注目しておきたい。この「檀那院集会事書」を受けて山門使節が発給したのが、次のような書状である。(95)

就江州菅浦与大浦堺相論事、山門檀那院堂集会事書如此候、子細見于状候歟、以此旨可有御披露候哉、恐々謹言、

二月廿九日

護正院代　紹慶（花押）
（上林坊）亮覚（花押）
（行泉坊）宏運（花押）
（杉生坊）暹能（花押）
（西勝坊）尭慶（花押）

飯尾肥前（永祥）入道殿

まず、菅浦が領主檀那院大衆に大浦庄の非法を訴え、訴えを受けた檀那院が集会事書を山門使節宛に発し、最終的に山門使節が幕府に訴訟を取り次いでいたことが、右の二点の史料からは知られよう。この間の菅浦から幕府にいたるまでの訴えの流れを「菅浦惣庄合戦注記」は、簡潔に次のように記している。

一、公事無為之趣をたつぬれは、山門花王院御力を得、山の使節の挙状をとり、官（管）領へさしつけ列参仕、それより奉行へ申、道理ある支証等も数通さしいたす、雑掌ハ清検校と申人、粉骨至（致）はしまわる間、任先規道理

令安堵者也、

「山門花王院（檀那院の一部）」の事書→「山の使節」の挙状→室町幕府、という訴えの経過がよく理解できよう。

菅浦はこの他に今一つの領主であった朝廷へも働きかけ、その甲斐もあって、文安三年十二月、室町幕府から日指・諸河の領有を認める奉行人連署奉書を手に入れることに成功している。[96]

この〔3〕文安二年から同三年にかけての菅浦の訴訟の場合、[97]山門使節が裁判権を行使していたという具体的な事実は確認できず、一見しただけでは、彼らはたんに檀那院大衆から幕府へ訴状の取次を行なっていたにすぎないようにも見える。しかし、ここで見落してならないのは、山門使節が〔1〕の場合と同じく「挙状」を出していたという事実である。山門使節は、この場合も「挙状」という形式により、〔1〕と同じくある程度の裁判権を行使していたのである。では、なぜそれが、ここでは〔1〕の例のように具体的な裁判権の行使となって現れてこないのであろうか。

原因は、訴訟の相手にあったとみてよい。大浦庄の領主は円満院であり、延暦寺とは積年の対立関係にあった園城寺（天台宗寺門派）の門跡寺院であった。すなわち、〔3〕の訴訟の背後には、延暦寺と園城寺という宗派的な対立が存在していたわけであり、延暦寺に所属する山門使節が直接にこれを裁けるわけがなかった。山門使節としては、この訴訟の場合、最初からより上級の裁判権をもつ幕府の裁決を仰ぐしか手段はなかったのである。その意味で、〔3〕の事例は当然のことながら、山門使節が延暦寺支配下における裁判権しか有していなかったことを逆に明示したものになっているといわなければならない。

しかし、たとえ延暦寺内の者が寺外の者を相手とする訴訟であっても、山門使節がその訴えを「挙状」の形でチェックできた、という紛れもない事実は重要である。なぜなら、山門使節は、もしその延暦寺内からの訴えが

〝不当〟なものであれば、幕府への「挙状」を出さないこともできたはずだからである。実際にそのような例があるわけではない。だが、〔1〕の保内・小幡の場合も、〔3〕の菅浦の場合も、いずれも山門使節の「挙状」獲得に躍起となっていることから見て、そのような事態は容易に想定できる。(98)なお精密な論証を必要とするとはいえ、〔1〕の場合と合わせ考えれば、山門使節は延暦寺の訴訟をある程度予めチェックする権限をもっていたと結論付けることができよう。

最後に本節で得られた結論を確認しておくこととしよう。要点はほぼ次の二点にしぼられる。

①室町時代の前期、山門使節は延暦寺支配下の地域において、独自の軍事警察権ならびに裁判権を保持していた。

②この山門使節の保持する軍事警察権・裁判権のうえには、幕府の軍事警察権・裁判権が存在していたが、幕府の権限はあくまで山門使節の権限を前提としたものであった。

これら山門使節の権限、すなわち山門使節の軍事警察権・裁判権は、いわゆる守護のもつ軍事警察権・裁判権とほぼ同一内容のものであったと考えられ、山門使節はこれら守護に準ずる権限を延暦寺内において発動させていたわけであり、したがって換言すれば、山門使節は延暦寺における守護であったといってもよいと思う。

以上で山門使節の活動についての大方の考察を終えた。ただ、山門使節のもつ関所勘過命令権の問題だけが残されたが、これについては節を改めて考えたい。

五　山門使節と関所

山門使節を勤めた円明坊や西勝坊が、堅田の関所や山中の関所の権益をもっていたことはすでに触れたが、ここでは山門使節と延暦寺支配下の関所との関係について、さらに詳しく考えてみたい。

表14　関所勘過をもとめる室町幕府の御教書・奉行人連署奉書

	年　月　日	文　書　名	宛　所	出　典
1	貞治5年9月5日	足利義詮御教書案	山門中堂関所	臨川寺重書案文
2	6年8月21日	足利義詮御教書案	山門造講堂関所	臨川寺重書案文
3	永徳元年9月20日	室町幕府御教書案	山門諸関所	臨川寺重書案文
4	2年3月2日	室町幕府御教書案	山門使節	臨川寺重書案文
5	3月2日	室町幕府御教書案	山門七ヶ所関務衆徒	臨川寺重書案文
6	6月21日	室町幕府御教書案	山門使節	臨川寺重書案文
7	応永11年9月26日	室町幕府御教書案	山門七ヶ所関務衆徒	天龍寺文書
8	18年12月8日	室町幕府御教書案	山門使節	妙法院文書
9	永享4年3月2日	室町幕府奉行人連署奉書	山門使節	南禅寺文書
10	文安5年7月8日	室町幕府奉行人連署奉書	山門使節	南禅寺文書
11	7月11日	室町幕府奉行人連署奉書	山門使節	南禅寺文書
12	宝徳4年5月19日	室町幕府奉行人連署奉書	山門領関々奉行	南禅寺文書
13	享徳3年6月13日	室町幕府奉行人連署奉書	山門領関々奉行	南禅寺文書
14	4年④月19日	室町幕府奉行人連署奉書	山門使節	南禅寺文書
15	5月19日	室町幕府奉行人連署奉書	山門領関々奉行	南禅寺文書

(1)山門使節と関務衆徒

南北朝・室町時代、延暦寺は近江にいくつかの関所を設け関銭を徴収していたが、神事・仏事などの名目で運送されるものに限っては、この関銭が免除されることがあった。関銭免除には、南北朝末期ごろまでは朝廷の認可が、そしてそれ以降は「過書御教書」(99)「公方過書」(100)といった幕府の認可が必要となっていた。しかし、朝廷・幕府の過書を有していても、関銭の徴収をめぐって現地の関所との間でいざこざがたえず、そのたびごとに朝廷・幕府は速やかに勘過せしむべしとの命を発している。

表14は、幕府が「山門七ヶ所関」を勘過させるよう延暦寺に要請した「室町幕府御教書」「室町幕府奉行人連署奉書」の一覧である。山門使節が設置される以前と考えられる貞治五・六年(一三六六・六七)のものは、すべて直接現地の関所宛に出されているが、山門使節設置以後は、「山門使節」宛(101)と「山門七ヶ所関務衆徒」もしくは「山門領関々奉行」宛の二本立で出されていることがわかる。(102)ここでまず問題としたいのは、この二種類の宛所をどう理解するかという点である。

最初に「山門使節」宛に、御教書・奉行人奉書が発せられた場合からみていくこととする。次に引用するのは、『南禅寺文書』にみられる例である（表14の14）。

①南禅寺仏殿造営料材木事、任先度之過書御教書、坂本七ケ所并山門領諸関無其煩、可勘過之旨、可被加下知由、被仰出候也、仍執達如件、

享徳四
閏四月十九日　　永祥（飯尾為種）（花押）
　　　　　　　　貞基（布施）（花押）

山門使節御中(103)

②

南禅寺材木船四百五拾艘事、任奉書之旨、無其煩、可勘過之状、如件、

享徳四
閏四月　日　　（杉生坊暹能）（花押）
　　　　　　　（円明坊兼澄）（花押）
　　　　　　　（西勝坊賢慶）（花押）
　　　　　　　（行泉坊宏運）（花押）
　　　　　　　（上林坊亮覚）（花押）
　　　　　　　（護正院隆全）（花押）

坂本七ケ関所
堅　田　関　所
日吉船木関所(104)

②の「山門使節連署状」(105)が、①の「室町幕府奉行人連署奉書」を受けて発せられたものであることはあきらか

であろう。山門使節は、幕府からの要請の下、現地の関所へ勘過命令を出す権限を有していたのである。(106)

また、この二通の文書を見て、特に留意される点が一つある。それは①の「室町幕府奉行人連署奉書」が、「……可被加下知由、被仰出候也、仍執達如件」の書止で終わっており、②の「山門使節連署状」が①でいう「下知」として現地の関所に発せられたらしい、という点である。そして、幕府の「山門使節」宛の関所勘過を求める御教書・奉行人連署奉書は、ほとんどすべてこのような書止をとっているのである。

幕府の御教書・奉行人奉書は、一般には、「……所仰下也、仍執達如件」の書止で終るものであり、「山門使節」宛のものも関所勘過を求める場合を除いて例外ではない。では、なぜ関所の勘過を求める場合に限って「……可被加下知由」の文言が入ったのであろうか。

乏しい史料で即断はできないが、理由はやはり関所が延暦寺の権益に直接関わる事柄だったことによると考えられる。関所の勘過要請は、相論における裁決などとは異なり、幕府がいわば一方的にその執行を延暦寺側に迫るものであり、最後は寺側の主体性に頼らざるえなかった。そして、その結果が、山門使節に現地関所宛の「下知」を要請するという形式となって現れたものではなかろうか。

「山門使節」宛の場合、幕府の関所勘過要請が、幕府→山門使節→現地の関所といった順序で伝えられていったことがこれではっきりしたが、それではどうして幕府はこれとは別に「山門七ケ所関務衆徒」「山門領関々奉行」宛の御教書・奉行人連署奉書を出す必要があったのであろうか。

それを考えるには「関務衆徒」「関々奉行」が、具体的にいかなる人々によって占められていたかがわからなければならない。

彼らについて考察していくこととしよう。史料的にはかなり限られており、山門使節を勤めた円明坊・西勝坊などの関所支配の他は、具体的な状況を知るに足る史料は残されていない。そこで当面は、それらを材料として考えていきたい。

⑵山徒と関所

応永二十五年（一四一八）に、大津の馬借が「堅田之関」のことについて円明坊を訴え京都に押し寄せたことは、先に見ておいた通りである。また、これより先の康暦元年（一三七九）にも、やはり坂本の馬借が人馬の通行のことを訴え、祇園社の円明坊におしよせたことも見ておいた。これら康暦元年・応永二十五年の坂本・大津の馬借蜂起が円明坊のもつ堅田の関所に関するなんらかの権限の行使に基づいて行なわれたものであったことは、ほぼ間違いなかろう。円明坊と堅田の関所の関係は、永享の山門騒乱ののち、円明坊の諸権限をほぼ全面的にひきついで山門使節となった護正院が、幕府より「近江国堅田奉行職」[107]を安堵されているという事実からも十分推定することができる。山徒円明坊はたんに堅田の関所のみならず、堅田全体に対し大きな権限をもっていたのかもしれない。西勝坊の場合は、円明坊の場合よりはるかにはっきりした形で、関所に対する権限を確認することができる。西勝坊は、『政所賦銘引付』所載の申状によれば、近江国の「山中関一方給主職」を保持しており[108]、この西勝坊の山中関における権限が南北朝末期にまでさかのぼることは、第二節で指摘しておいた。

円明坊・西勝坊以外にも山徒が関所の権限を保持していた例も少なくない。これもかなり特殊な例になるかもしれないが、その言動が永享の山門騒乱の一因をなした光聚院猷秀に、幕府は永享四年七月、次のような「室町幕府奉行人連署奉書」を付与している。

坂本西塔関事、任先度御判之旨令執務、可令専堂舎修造之由、所被仰下也、仍執達如件、

永享四
七月十三日　　為種（飯尾）
　　　　　　　為行（飯尾）

光聚院[109]坂本の西塔関は坂本七ヶ関所の一つであり、[110]もちろん延暦寺の支配した関所であった。幕府はこれを「堂舎修理」の名目で、光聚院猷秀に宛行なっていたのである。[111]

幕府がいかなる権限に基づいて、光聚院猷秀にこのような権限を付与したかはあきらかでない。のちに嗷訴の事書にあげられたような彼への贔屓が幕府内にあったのかもしれない。それはともかく、やはり山徒が関所の管理・運営権をもっていた一例となろう。

以上にあげた例で、不充分ではあるが、延暦寺支配下の関所が実際は有力な山徒たちの手に帰していたことがあきらかになった。そして、関所の管理・運営権をにぎる彼ら山徒たちこそが、いうところの「関務衆徒」であり「関々奉行」だったのである。

山門使節が、いかに幕府の命令により、勘過命令を現地の関所に発しても、これら「関務衆徒」「関々奉行」の協力がなければ、その命は効力を発しなかったに違いない。幕府が、変則的ではあるが「山門使節」宛と、「山門七ヶ所関務衆徒」「山門領関々奉行」宛の二本立てで、御教書・奉行人連署奉書を発しなければならなかった理由はまさにこの点にあったと考えられる。

本節の結論として次のようなことがいえる。山門使節は、延暦寺支配下の関所勘過に関しても、使節遵行権に準ずる権限をもっていたが、現地の関所が強力な山徒の直接の管理運営下にあったとき、その遵行権の執行は変則的な形を取らざるをえなかった。この点で山門使節の遵行権は、やはり幕府と延暦寺（具体的には延暦寺大衆）との力関係によって、左右されるような側面を持っていた。

なお最後につけ加えておけば、山門使節は延暦寺支配地における関所の設置を認否する権限をも持っていたようである。たとえば、文安四年（一四四七）に万里小路家が堅田に厨子所の関所を設置しようとしたときには、堅田惣庄へは、幕府の下知とともに、杉生坊の下知が必要となっている。(112)先にあげた嘉吉元年の「今道々下口」の関所の例と合わせ、山門使節の認可がなければ、延暦寺支配地域では関所を設けられなかった一例といえる。ちなみにこの時、万里小路家では山城では京極持清、近江では六角久頼にと、それぞれ当該地域の守護権保持者にその認可を照会しており、(113)この点からみても、山門使節は、延暦寺における守護であったと定義付けることができる。

むすび

本章によって、室町幕府の対延暦寺政策がまさしく対大衆政策と換言してもよいことがあきらかになった。そして、そのような幕府の対大衆政策の最後の切り札として創出されたのが、ほかならぬ山門使節制度であった。幕府は山門使節を通じ初めて大衆勢力をある程度コントロールしうるようになったのであり、大衆の側からいえば、この点で山門使節制度は両刃の剣ともいうべき要素をもった制度であったといわなければならない。

しかし、大衆を代表する山門使節が延暦寺内において、守護に準ずる諸権限を確保していたことは決して過小に評価してはならない。たとえば、これはすでに桑山浩然氏によって指摘されている事例であるが（「徳政令断片」、『月刊歴史』第一号、一九六八年）、ある田地売券には正長元年（一四二八）の近江における徳政令発布について「山上山下一国平均御徳政在之」（『大徳寺文書』一六八三号）と記している。「山上山下」とは、いうまでもなく比叡山の「山上山下」を指す。近江一国は比叡山の「山上山下」とその他の地域からなると考えられていたわけであり、近江国内において政治的に延暦寺が占めた大きさは予想を遥かに超えたものがあった。

守護といえば、本章のなかでは詳しく触れることができなかったが、表12から知られる通り、山門使節は近江の延暦寺領内に段銭を賦課する権限をも有していた。応永二十八年（一四二一）の将軍足利義持の日吉社参籠に際しての段銭賦課は、「使節集会」で決定されたことがはっきりしている（『井口日吉神社文書』）。また、永享四年の綱代段銭については詳細はわからないものの、やはり応永二十八年の場合と同じであった可能性が高く、山門使節は段銭賦課の権限といった点からも、延暦寺内において一般の守護に準じる権限を持っていたといえる。

（1）『満済准后日記』永享五年七月十七・二十・二十三日条。『看聞御記』同年七月二十四日条。
（2）『満済准后日記』永享五年閏七月二十五日条。『看聞御記』同年閏七月二十六日条。『師郷記』同年閏七月二十六日条。
（3）『看聞御記』永享五年八月十三日条。
（4）『満済准后日記』永享五年十一月二十六・二十七日条。『師郷記』同年十一月二十七・二十八・二十九・三十日条。
（5）『満済准后日記』永享六年七月四日条。
（6）『満済准后日記』永享六年七月十一・十二日条。
（7）『満済准后日記』永享六年十二月二・七日条。最初の講和条件には、根本中堂を開き神輿を帰座させるという条件はなく、円明坊の没落だけがあがっていたが、義教は山徒が山を降りてきて、いざ将軍と対面という段になってこの条件を出したのである。
（8）『満済准后日記』永享七年二月四日条。『看聞御記』同年二月四日条。『東寺執行日記』同年二月四・五日条。『大乗院日記目録』同年二月三日条。『師郷記』同年二月四日条。
（9）『祇園執行日記』応安四年七月一・二・四・五・七日条。
（10）応安四年三月八日付「社頭三塔集会事書」（『含英集抜萃』）。
（11）『祇園執行日記』応安四年七月二日条。同記は「円明房憲慶」と記すが「兼慶」が正しい。
（12）『祇園執行日記』応安四年七月四日条。
（13）『祇園執行日記』応安四年七月七日条。
（14）円明坊の宿所が、祇園社の境内にあったことは、康安二年九月二日付「林太郎兵衛時光書状」（『東寺百合文書』つ）に、「やさかの円明坊」とあることによっても裏付けられる。この書状によれば、東寺領近江国嶋郷の代官職を望む林時光に東寺側は、「やさかの円明坊」を保証人として立てることを要求しており、彼が、請人としてよほど信頼にたる人物とみられていたらしいことがわかる。
(15)『看聞御記』応永二十五年六月二十五日条。
(16)『八坂神社文書』一二八〇。
(17)『日吉社室町殿御社参記』(『続群書類従』五四)。
(18)『満済准后日記』応永二十六年正月二十五日条、『看聞御記』同年正月二十五日条。兼慶以降の円明坊の家系に関しては、本書第一篇第二章参照。
(19)『御前落居奉書』。
(20)『師郷記』永享十一年三月十九日条。『公名公記』同年三月十二日条。兼宗とその子に関しては、本書第一篇第二章参照。
(21)『康富記』康正元年十二月十九日条。
(22)『南禅寺文書』一九六号。『南禅寺文書』(櫻井景雄・藤井学共編)では、六人の連署者のうち杉生坊暹能・行泉坊宏運・上林坊亮覚の三人についてのみ人名を確定しているが、残りの三人も花押から名前が判明する。端から順に示せば、次のようになる(巻末の「花押一覧」1参照)。
　杉生坊暹能・円明坊兼澄・西勝坊賢慶・行泉坊宏運・上林坊亮覚・護正院隆全
(23)『蔭凉軒日録』寛正三年八月二十八・二十九日条。
(24)『華頂要略』門主伝、文明七年四月十日条。
(25)長禄三年十一月九日付「足利義政御判御教書写」、長享元年十月二十九日付「足利義尚御判御教書写」、明応元年十二月二十九日付「足利義稙御判御教書写」、大永二年三月二十六日付「室町幕府奉行人連署奉書写」、大永四年八月二十四日付「室町幕府奉行人連署奉書写」、大永八年六月十一日付「室町幕府奉行人連署奉書写」(護正院文書)。
(26)『御礼拝講之記』(『続群書類従』五三)。
(27)応永二十一年九月二十二日付「某書状」『建内文書』。
(28)『満済准后日記』応永三十三年九月二十九日、十月十三日、十一月十六・二十二日条。
(29)『満済准后日記』応永三十五年正月二十四・二十八・晦日条、二月一日条。『建内記』同年正月二十八日条。

(30)『満済准后日記』応永三十三年六月七日条。

(31)前掲注(18)参照。

(32)『親元日記』寛正六年四月二十五日条。

(33)『大館常興日記』天文八年七月十七日条。

(34)『日吉社室町殿御社参記』(前掲注17)。

(35)応永二十七年九月十一日付「月輪院慶賀他二名連署書状案」(『華頂要略』門主伝)。

(36)『満済准后日記』応永三十三年六月七日条。

(37)『御前落居奉書』。幕府による山門使節の任命をいまに伝える史料は、管見の限りこれしかないので、参考まで左に掲げておく。

(足利義教)(花押)

一、杉生坊暹賢事、被召加使節訖、可被存知之由、被仰出候也、仍執達如件、

永享弐 十二月三日 為行(飯尾)

宗秀(治部)

山門使節御中

(38)『満済准后日記』永享六年十月八日条、同年十一月三・四日条。『看聞御記』永享六年十月十三日条、同年十一月四日条。

(39)『華頂要略』門主伝、文明七年四月十日条。

(40)『親長卿記』文明六年二月二十一・二十三日条、同年三月二日条。『尋尊大僧正記』同年二月二十五日条。『言国卿記』同年二月十六・十七・二十三日条。

(41)『華頂要略』門主伝、文明七年四月十日条。

(42)杉生坊の名は、本文にふれた以外にも種々の史料に散見する。たとえば、『康富記』の嘉吉三年(一四四三)五月二十八日条には、延暦寺の六月会に初めて勅使が参向するにあたって、杉生坊の同宿がその案内を勤めたことが見え、また『晴富宿禰記』の文明十年(一四七八)四月十四日条には、この年の日吉祭への上卿派遣が、杉生坊の「供給」無沙汰により延引したことが見えている。

(43)　『太平記』一七。建武三年（一三三六）、西国から東上してきた足利尊氏は、後醍醐天皇らの立て籠る比叡山を攻めた。この時、延暦寺側から尊氏方に内応したといわれるのが金輪院澄春である。澄春の名は、金勝寺本『太平記』にだけ見え、他本の『太平記』はすべて光澄なる者の名を記している。しかし、この当時で実在を確認できるのは澄春であり（『公衡公記』正和四年四月二十五日条）、尊氏方への内応者は、澄春であったとするのが歴史的には正しかろう。
なお、金勝寺本『太平記』によれば、澄春は最愛の一子によって殺され、その子も「一腹一生ノ弟」に討たれてしまったことになっている。西源寺本『太平記』は、この「一腹一生ノ弟」を光澄と記しているから、このあと触れる金輪院光澄は、澄春の子供の一人であろう。

(44)　『菅浦文書』七八一号。

(45)　『愚管記』永和三年七月二十七・二十九日条、同年八月四日条。『後愚昧記』同年七月二十八日条、同年八月四日条。

(46)　『満済准后日記』永享七年二月四日条。

(47)　応永二十六年十一月二十七日付「延暦寺座主令旨案」（『華頂要略』門主伝）。

(48)　『後法興院記』応仁二年六月十四日条。

(49)　『愚管記』応安元年八月二十三日条。

(50)　坐禅院がもっとも早く山門使節を勤めていたことが知られるのは、応永元年（一三九四）の足利義満の日吉社参詣に際し、坐禅院直全なるものが「一山之使節」を勤めていたことが見える『日吉社室町殿御社参記』の記事である。永享五年七月の「山門牒状」（『看聞御記』永享五年七月二十四日条）には、次のような一条が見えている。
一、当国愛智庄者、当社日神供之料所也、仍坐禅院代々雖致奉行、至有罪科被改奉行職者、被社中仰付歟、不然者以山徒可被申付歟之処、号御料所被仰付守護之条、為神領非例事、
また、永享六年十二月、戦いに敗れ山をおりてきた山門使節の名前を、『満済准后日記』『師郷記』（永享六年十二月六日条）は、いずれも金輪院・月輪院・坐禅院・乗蓮坊の四人であったと記している。この時点で、坐禅院は山門使節だったらしい。この坐禅院は、永享七年二月の悲田院での謀殺は免れるが、同じ年の五月、伊勢国に潜んでいたところを捕えられ、京都で殺されている（『看聞御記』永享七年五月十六日条）。そして、同年六月には、子

の智承房なるものが、今度は越前国で捕まり、やはり京都で殺されている（『師郷記』永享七年六月二日条）。
(51)『太平記』二一。
(52)永享七年十月四日付「足利義教御判御教書写」（『護正院文書』）。
(53)嘉吉元年十二月二十六日付「室町幕府御教書写」（『護正院文書』）。
(54)前掲注(21)参照。
(55)『太平記』二一。
(56)『日吉社室町殿御社参記』（前掲注17）。
(57)天文六年十二月十一日付「梶井御門跡頭所々目録」（『三千院文書』）には、「東坂本南庄・坂井庄（給主護正院）行泉坊敷地請文之事」という一条があり、護正院と梶井門跡との結びつきの一端がうかがえる。なお、護正院に関しては、近年発表された小風真理子「山門使節と室町幕府」（『お茶の水史学』四四、二〇〇〇年）が、嘉吉三年の旧南朝勢力による延暦寺立て籠り事件を中心に、その山門使節となる契機を詳しく分析している。幕府と山門使節の関係を考える上で新たな視角を提示したものとして注目される。
(58)『江頭共有文書』に残る「山門使節連署状案」は次のようなものである。

就邇保庄与桐原郷用水相論事、奉書如此、早任先例可被沙汰付迩保庄者也、仍執達如件、

文安元
七月十一日

護正院代 紹慶
上林房事也 亮覚
行泉房事也 宏運
杉生坊也 暹能
西勝坊也 堯慶

邇保庄名主沙汰人中

(59)『座主記』（『祇園社記』五）。本書第四篇第二章参照。
(60)『愚管記』応安元年八月二十三日条。
(61)『後愚昧記』永和二年六月二十九日条。

(62)『宗賢卿記』文明三年十月十一日条。『山科家礼記』同年十一月二日条。
(63)文明六年閏五月十日付「西勝坊栄慶申状案」、同七年七月二十日付「西勝坊栄慶申状案」、同十六年四月八日付「新見次郎左衛門尉宗俊申状案」(『政所賦銘引付』)。
(64)西勝坊は古くから高島郡内にかなりの勢力をもっていたものらしく、延文三年十一月十四日付で、西勝坊教慶なるものが高島郡田中郷内の田地を、葛川明王院に寄進している(『葛川明王院史料』三六六号)。この西勝坊教慶は、祇園社の目代を一時期勤めていた(『祇園社記』五)。
(65)『愚管記』永和三年五月六日条。
(66)『祇園執行日記』応安五年十二月九日条。『愚管記』永和四年七月二十八日条。
(67)『愚管記』永和四年七月二十八日条。
(68)『後愚昧記』永和三年八月四日条。
(69)『祇園執行日記』応安四年七月二日条。
(70)『元徳二年三月日吉社并叡山行幸記』(『群書類従』三八)。
(71)円明坊兼慶は、永和(一三七五〜七九)の頃、青蓮院領近江国伊香立庄の給主となり、かの庄の経営にあたっており(『葛山明王院史料』四一四・四一五・四四二号)、兼慶以後も、兼宗らが同庄の庄務を引き継いでいる(同前九三・二五九号)。のちに彼らが、これら門跡領庄園を「武家御恩地」などと称して(同前九三・四四八号)、私領化していく傾向が見られることに関しては、本書第四篇第三章参照。庄園の経営以外では、円明坊が文明の初め頃、山科家から坂本中の味噌課役を請負っている(『山科家礼記』文明二年九月一日条、同年十月一日条、同年十一月六日条)。このほか、関所の経営にも山徒はあたっているが、これについては本章第五節で詳述した。
(72)使節遵行の命令が、「山門使節中」宛ではなく、個人宛に下された例もある。応永四年二月二十五日付の円明坊法印宛「室町幕府御教書案」(『古文書纂』)、同二十七年十一月二十四日付の乗蓮坊阿闍梨宛「室町幕府御教書」(『天龍寺文書』)、永享三年五月二十五日付の円明坊宛「室町幕府御教書案」(『葛川明王院史料』)、同四年八月十五日付の金輪院および円明坊宛「室町幕府奉行人連署奉書」(『御前落居奉書』)などである。これらは山門使節の内部に、意見の対立があるなどの事情があったため個人に宛てて発せられたものであろう。また、山門使節は文明(一四六九〜八七)の頃、月行事制をとっており(『山科家礼記』文明二年八月十一日条。『室町幕府法』参考史料二一三)、あるいはこれら宛所の個人名は、その時の月行事だったのかもしれない。
(73) 『康永四年山門申状』。
(74) 『園太暦』貞和元年八月五・七・八・九・十二・十三・十四日条。
(75) 『南禅寺対治訴訟』『山門嗷訴記』。
(76) 応安元年閏六月付「延暦寺三千大衆法師等申状写」(『中村直勝博士蒐集古文書』六〇・六一号紙背)。
(77) 『後愚昧記』応安二年四月七日条。
(78) 『南禅寺対治訴訟』応安元年閏六月二十七日付「山門政所集会事書」。
(79) 『愚管記』応安二年七月四日条。
(80) 『日吉神輿御入洛見聞略記』(『群書類従』一八)。
(81) 『日吉社室町殿御社参記』(前掲注17)。
(82) 室町時代における山門使節の活動を時代を追って区分すると、おおよそ次のように三つの時期に分けられる。まず、第一期は山門使節の活動を史料によってはっきりと知ることができる康暦(一三七九~八一)から永享(一四二九~四一)の山門騒乱まで。第二期は、永享の山門騒乱で山門使節の主要メンバーの顔ぶれが一変したところから文明年中(一四六九~八七)の初めまで。それ以降、天文(一五三二~五五)の頃までが第三期となる。
第一期が永享の山門騒乱をもって終るのは、いうまでもなく、これを機として山門使節の顔ぶれが一変することによるが、ただこの第一期はさらに詳しく分けると、義満・義持・義教の三代の将軍の治世下により三つの時期に分けられる。最初の義満の時代は、幕府がそれまでの延暦寺(大衆)への政策を変え、懐柔を基調とした政策をとりはじめた時期で、その対延暦寺政策が一応成功裡に終ったと評価できる時代。これに続く義持の時代は、円明坊の殺害や、乗蓮坊の逐電に見られるように、幕府の山門使節への締め付けが次第に強くなりはじめた時期で、それが義教の時代に一層厳しくなり、山門使節の怒りが爆発したのが永享の山門騒乱であったといえる。なお、第二期を文明の初めまでとしたのは、文明の頃を境として、幕府・延暦寺双方の力が急速に減退しはじめることによる。第三期の時代に、山門使節の活動がそれ以前ほど史料のうえに現れてこなくなるのは、そのような傾向が一層進展した結果と考えられる。
(83) 『兼宣公記』応永三十三年六月八日条。引用文は宮内庁書陵部蔵の写本および『歴代残闕日記』所収本によった。

(84)『満済准后日記』応永三十三年六月五・七・十三日条。
(85)『満済准后日記』応永三十三年六月七日条。
(86)『看聞御記』嘉吉三年九月二十四日条。
(87)『斎藤基恒日記』嘉吉三年九月二十五日条。『師郷記』同年九月二十六日。
(88)『師郷記』康正二年九月十九日条。
(89)『祇園社記』一三。
(90)『今堀日吉神社文書』四七号(『八日市市史』史料編一、八日市市役所、一九八四年。同文書の文書番号は以下、同史料集のものをもって示す)。
(91) 応永三十四年の「延暦寺東塔東谷衆議下知状」は、山門使節をたんに「使節」と表現している。このため この「使節」を幕府の使節と誤って解釈する結果を招いた。たとえば、脇田晴子氏はその論稿「中世商業の展開」(『日本中世発達史の研究』、御茶の水書房、一九六九年)で、この下知状の内容をもって、なぜ同じ山門関係の小幡と保内が、最初から山門の裁決をうけずに幕府の裁決を受けているのかわからないとされているが、いうまでもなくこれは「使節」を幕府の使節と誤解した結果起こってきた疑問である。氏の疑問は、下知状の「使節」を山門使節と解釈すれば氷解する。
(92) のちに保内とやはり同じ延暦寺領の横関とが相論を起こした時、これを裁いた「延暦寺東塔東谷学頭代下知状」には、「両郷共、依為山門領、以一院之衆議、為落居之処」と記されている(『今堀日吉神社文書』八八号)。
(93)『菅浦文書』六二八号。
(94)『菅浦文書』二八一号。
(95)『菅浦文書』一一九号。
(96)『菅浦文書』二八一号。
(97) 実際の訴訟の経過は今少し複雑であった。訴訟にあたって、菅浦では檀那院と山科家の家礼大沢氏の後押しを受けたが、同所が勝訴するや、両者は互いにその功績を争うこととなる。檀那院の雑掌が一方的に大沢氏の功績ばかりを高く評価する菅浦に不満をぶちまけた書状も残っているが(『菅浦文書』六三六号)、その間の細かな事実経過は割愛する。

(98) 延暦寺の訴訟で、山門使節の挙状がいかに大きな意味をもっていたかは、菅浦と大浦庄の相論において、檀那院の雑掌が、「挙なく候てハ山訴難成候」と述べているところからもあきらかである（『菅浦文書』六三六号）。
(99) 『南禅寺文書』一九五号。
(100) 『中村直勝博士蒐集古文書』九四号。
(101) 『言国卿記』文明六年十二月十八日条には、杉生坊へ「七ケ関」の「過書」をもらうため使者を遣わしたことが見えている。少なくとも、この頃まで山門使節が関所の勘過を現地の関所に命ずる権限をもっていたことがわかる。
(102) ただ一つ永徳元年九月二十日付「室町幕府御教書案」が、現地の関所宛になっているが、これは過渡期のものと見てよいと思う。
(103) 『南禅寺文書』一九五号。
(104) 『南禅寺文書』一九六号。
(105) 『南禅寺文書』（桜井景雄・藤井学共編）では、この種のものをすべて「山門使節連署過書」としているが、たんに「過書」という場合には、本来は朝廷・幕府といった公権力の認可したものという限定が必要であろう。でなければ、左の例のような場合、過書が過書を受けて発せられるという矛盾が生じる。

(西勝坊賢慶)(花押)
(行泉坊宏運)(花押)
(上林坊亮覚)(花押)
(杉生坊暹円)(花押)
(護正院隆全)(花押)

(附箋)「畠山伊豫守源義就」

運送
新兵衛督局知行分鴨社領江州高嶋庄年貢米事
　合参百石者并料足百貫文在之、
右任　公方過書之旨、関々無其煩、可勘過之状、如件、
　長禄参年十一月　日

坂本七ケ　関所
堅田　　　関所
日吉船木　関所
（『中村直勝博士蒐集古文書』九四号）

(106) 表13でいえば、8・10・11・14・15の御教書・奉行人連署奉書が、山門使節の「下知」を求めている。
(107) 嘉吉元年十二月二十六日付「室町幕府御教書写」（『護正院文書』）。
(108) 文明六年閏五月十日付「西勝坊栄慶申状案」（『政所賦銘引付』）。
(109) 『御前落居奉書』。
(110) 坂本七ケ関とは、本関・導撫関・講堂関・横川関・中堂関・合関・西塔関の七つの関所をいう（文安五年十一月付「山門使節連署状」、『南禅寺文書』一六九号）。
(111) 永享五年七月の山訴の事書には、次のような一条がある。

一、猷秀望申尺迦堂関務、不致破損之修理、而朽損之柱等或付墨塗丹成其償之条、前代未聞所行也、宜有御検知事、

（『看聞御記』永享五年七月二十四日条）

(112) 『建内記』文安四年正月二十六日条、同年二月十八・二十・二十一日条、同年五月十八日条。文安四年二月、堅田惣庄は公方よりの下知とともに、「杉生坊より御下知」がなければ、関所を設けることができない旨、万里小路家へ書き送っている（『建内記』文安四年二月二十日条）。しかし、杉生坊暹能から万里小路家への使者によれば、杉生坊はすでに早くから堅田に関所の設置を命じていたという（『建内記』文安四年二月二十一日条）。山門使節の命令にもかかわらず、在地が関所の設置を拒むことがあったのであろう。
(113) 山城国内の鞍馬口・小原口・七条口の関所の場合には、侍所の公人が関所を万里小路家に沙汰付けている（『建内記』嘉吉元年十一月二十七日条、同三年三月十八・二十一・二十三日条）。近江国草津に設けられた東国口の関所の場合には守護六角持綱の請負いになっている（『建内記』嘉吉三年二月十六・二十四・二十五日条、同年三月一・十日条、同年五月十・十三・十四・十八日条）。

第二章　延暦寺における「山徒」の存在形態
――その「房」のあり方をめぐって――

はじめに

山徒をもその内に含んだ中世の延暦寺の大衆がいかなる形態をもって存在していたかについては、これまで黒田俊雄・辻博之両氏の先駆的な業績がある。(1)大衆の居所としての「房」に着目しその所有・相伝を一つの基準として、彼らのなかに房主・同宿・同朋なるいくつかの身分が存在したこと、および彼ら相互の間では特に房主―同宿という擬制的な師弟関係が核となっていたことなどを初めて指摘したのは黒田氏であった。その後、黒田氏の見解を批判的に発展させた辻氏の研究によって、大衆の「房」には同族的結合集団を基礎として法脈を伝授するという教学的な役割とともに、私財相伝の単位としての機能が兼ね備わっていたことなどがあきらかとなった。大衆の存在形態が「房」を抜きにして語れないことを初めて明確に指摘したという点において、両氏の研究は高く評価されなければならない。とはいえ問題が全く残されていないわけではない。とりわけ「房」についての両氏の理解には、大衆が内包していた二つの大きな勢力、「衆徒」と「山徒」の二大勢力をどのように考えるかといった点が欠落しており、この点で大きな問題を持つ。

ちなみに衆徒と山徒という二大勢力を念頭においてみれば、辻氏が検証した「房」の事例は、実はすべて山徒のものであり、これだけをもって大衆一般の「房」を論じたことにはならない。ちなみに辻氏が大衆内における二つの勢力をほとんど念頭においていなかったことは、坂本の「里房」の構成主体を「女子・俗人」そして衆徒に従属する「半俗半僧の者」たちに限定していることにもっともよく表れている。

確かに近世以降になると、坂本の「房」は「老弱者の休養所」としてのいわゆる「里房」の機能を具備するようになる。[2] しかし、中世には坂本の「房」は、房主の活動の拠点となっており、「老弱者の休養所」といった消極的な使われ方をした例はない。中世には「里房」という言葉すらあまり用いられておらず、坂本の「房」は少なくとも山徒に限っていえば、彼らのもっとも中心的な活動拠点となっていたと見なければならない。[3] これは延暦寺が山上を女人禁制としていたことからすれば当然のことで、妻帯する山徒たちは山上の住房のほか、自から山下にも住房を抱える必要があったからである。

本章では、大衆のなかでもそのような坂本に本拠を有していた山徒らがいかなる人間関係のもとにその山上山下の「房」を作り上げ、かつ機能させていたかを改めて考えていくこととしたい。

一　南岸坊

最初に南岸坊なる山徒をとりあげ、その人的繋がりについて見ていくこととする。南岸坊の活動を年表としたのが次の表である。これによれば南岸坊が史料に登場するもっとも早い例は、管見の限りでは、正和三年（一三一四）五月、新日吉社で山徒同士の喧嘩があったとき、その参加者の交名のなかに「南岸房同宿」とあるものである。[4] それから五年後の元応元年（一三一九）四月、園城寺に火を放った山徒の「張本交名十二人」のなかに「南岸院(房)澄詮」の名が見えるが、[5] この「澄詮」は元応二年、他の「名望の輩」とともに鎌倉に赴いており、[6] その山徒としての実力がなみなみならぬものであったことがうかがわれる。後醍醐天皇が倒幕の兵を挙げるや、比叡山でいち早くこれに呼応して奮戦した「南岸坊ノ僧都」とは、この南岸坊澄詮のことであろう。(7)

南岸坊の名は、南北朝時代に入ると、祇園執行顕詮の日記『祇園執行日記』にしばしば登場してくる。(8)それによれば、時の南岸坊の房主は日常的には近江の坂本をその居所としており、(9)またそれとは別に比叡山上西塔南谷に房舎を持ち、(10)さらに京都での滞在時には、粟田口の光蔵坊なる者の房舎を宿所としてよく利用していた。(11)

このように比叡山の山上山下さらには京都と、広い地域を活動範囲としていた南岸坊ではあったが、その本拠があくまでも坂本の住房であったことは、たとえば時代は少し下るが応永元年(一三九四)の足利義満の日吉社参詣に先立つ山徒の評定で、時の南岸坊房主隆覚が「在坂本」の人数の中に数えられていることや、(12)また応永二十七年閏正月十一日付「十禅師彼岸三塔集会事書」においてやはり同人が「在坂本人数」の一人として署判を加えていることなどから裏付けられる。(13)

ではこのような坂本の住房を本拠とした有力山徒としての南岸坊の活動は、いかなる人々によって支えられていたのであろうか。

南岸坊の構成員としてまず最初に確認できるのはやはり「同宿」である。『祇園執行日記』には、南岸坊の同宿として、鐘本坊澄意・大蓮坊隆昭といった坊号をもって呼ばれる人々と、「越前公」のように国名(もしくは官途名)の後に「公」を付けて呼ばれる人々の二種類が登場する。(14)このうち坊名をもった同宿は、南岸坊内においてかなり卓越した地位を占めていたようで、たとえば正平七年(一三五二)五月、顕詮が山門公人による犬神人使役の軽減を寺家・大衆に申し入れに坂本を訪れたとき、南岸坊において実際に彼らとの交渉にあたったのは彼であったし、(15)同年七月、大衆への礼銭支払いをめぐる交渉で顕詮と南岸坊との間がこじれたときに両者の間にあって話をまとめたのもやはり彼、鐘本坊であった。(16)

南岸坊関係年表

年　月　日	事　　項	出　典
正和3年10月4日	「新日吉社喧嘩張本交名」に「南岸房同宿」の名があがる	公衡公記
元応元年8月	園城寺を焼き払った張本の交名の中に「南岸坊澄詮」の名が見える	大乗院文書
2年	澄詮、園城寺焼失のことで他の「名望の輩」とともに関東に下向する	日吉社幷叡山行幸記
康永2年8月6日	南岸坊の所在地が「西塔南谷南岸房」と記される	祇園執行日記
11月20日	祇園執行顕詮、「南岸房主」に粟田口で見参	祇園執行日記
貞和6年正月17日 (観応元年)	南岸坊、桐坊に逗留、19日、坂本に帰る	祇園執行日記
5月8日	この頃、「南岸同宿・若党等」が妙法院の宿直を勤める	祇園執行日記
7月20日	南岸坊、この頃、顕詮から所領に関する相談をうける	祇園執行日記
26日	南岸坊、出京、翌日、坂本へ帰る	祇園執行日記
8月9日	南岸坊、出京、光蔵坊に泊まり、13日、坂本へ帰る	祇園執行日記
12月3日	妙法院宮の坂本下向にあたり、「南岸同宿両人」が御供を勤める	祇園執行日記
26日	南岸坊、座主青蓮院尊円に参る	祇園執行日記
文和元年2月11日	南岸坊、「粟田口」の宿坊に泊まる	祇園執行日記
応安5年7月17日	南岸坊澄猷、久尊親王の青蓮院入室にあたり「御門徒」の一人として「御兵士」を勤める	門葉記
12月9日	所領の確執で、坂本において行泉坊と合戦	祇園執行日記
永和4年7月28日	「西塔衆徒山相論」で行泉坊と合戦	愚管記
応永元年8月3日	坂本での山徒の集会に南岸坊隆覚が参加する	日吉社室町殿御社参記
27年①月11日	三塔集会事書の「在坂本人数」中に「南岸坊法印隆覚」の名が見える	北野社家条々抜書

そして、この鐘本坊のような坊号をもった山徒の同宿が、住房内のみならず大衆内においてもそれなりの高い地位を認められていたであろうことは、次のような事実からもうかがうことができる。すなわち、先に触れた正平七年五月、祇園社の執行顕詮が犬神人使役の軽減を延暦寺の寺家・大衆に訴えるために坂本の南岸坊に滞在中のことである。同房を訪れた寺家公文所の使者維那とのやりとりを顕詮は次のように伝える。(17)

予行南岸処、自公文所越前法眼睿春、許、使者有之、（中略）其後自衆会砌、以維那対馬房申云、犬神人不可罷向之由称申之、被追返公人之条、何様子細哉云々、南岸同宿鐘本房澄意阿闍梨弁予対面、維那蹲踞縁上、予弁澄意円座出之、然而不敷之、隔殿畳上□□返答云、（後略）

顕詮・澄意がともに房内で「畳上」に座していたのに対して、使者の寺家の維那は縁に座って大衆の意向を伝えたというのである。山徒の同宿の場合、その地位は寺家の維那よりは遥かに高く、祇園社の執行とほぼ同程度と認められていたことをこの出来事は物語っている。

一方、これに対して国名をもって呼ばれた同宿の場合は、あきらかに彼らより一段低い地位しか認められていなかったかのように見える。正平七年二月、山門公人が祇園社に酒肴料を要求することがあったとき、応対に手を焼いた顕詮はたまたま在京中の南岸坊の同宿越前公に彼らとの交渉を依頼する。しかしその山門公人との交渉は実にあっけなく不調に終わり、彼はすごすごと坂本に引き上げているのである。この場合、越前公は山門公人すら説得できなかったわけで、同じ同宿といいながら、先の坊名をもった同宿との延暦寺内における実力の差は歴然たるものがあった。

辻氏は坊名をもった同宿について、自房を持った「師匠と同一房舎に起居」しない同宿で、「擬制的に従属関係を「同宿」と称したもの」と規定されている。彼らが現実にすべて自房をもって自立していたか否かは検討を要するが、この規定は基本的に正しいように思われる。

そして、とすれば、国名・官途名をもって名乗りとする同宿は自立した房舎を持たず、房主の房舎に起居していた人々であったということになるが、山徒の房の性格を考える上で興味深いのは、そのような国名・官途名を名乗る同宿のなかに、しばしば房主の山徒の「兄」「甥」などが含まれている点である。(18)この点について辻氏は「房主―弟子・同宿の結合が、血縁的関係を介在させることにより、一層拡大された規模での集団的結合を成立させていることを示」すものと評価されている。(19)しかし、山徒の場合、集団的な結合の拡大化といった側面もさることながら、より注目すべきはその「武家人」的な一族のあり方ではなかろうか。つまり、山徒の房には房主に従う形でその兄弟以下の一族が同居していたわけであり、惣領が庶子を被官化する武家社会と類似の家族形態をそこに見出せるからである。

坊名を持つ同宿と国名・官途名を持つ同宿の存在形態に関しては、のちに再び考えることとし、次に南岸坊が彼ら同宿をどの程度の規模で抱えていたかについて見ていくこととしよう。

『太平記』一四・一五によれば、南岸坊が後醍醐天皇の挙兵にあたって率いた「同宿共」の人数は「千余人」あるいは「五百余人」を数えたという。(20)むろんその数をそのまま鵜呑みにすることはできないが、南岸坊のような有力山徒が坊内に擁する山徒の人数がかなりの数にのぼったであろうことは十分推測できる。

南岸坊以外の山徒で同宿の人数を具体的に知りうる例としては、応永二十年（一四一三）十二月、坂本の「浄勝」なる者の家に狼藉者が入ったときにこれを円明坊の「同宿数十人」が追いかけたという『満済准后日記』の記事や、(21)永享六年（一四三四）十一月、山門騒乱の最中に杉生坊暹春が「同宿数十名」とともに坂本で討ち死にしたという『師郷記』の記述をあげることができる。(22)ちなみに杉生坊の坂本での討ち死について『看聞御記』は「杉生以下百七十余人討死云々」と記しており、(23)『師郷記』の人数との間にかなりの差があるが、『看聞御記』の人数は同宿だけでなく、山徒の下にいたその他の若党以下のすべての戦闘員を数えたものであろう。とすれば、山門使節を勤めた円明坊・杉生坊クラスの山徒で、[24]その配下はすべてで百七十人前後、同宿はそのうち数十名程度であったということになる。それでは同宿とは別に山徒の配下にあった「若党」以下の人数とは、いかなる種類の人々だったのであろうか。

南岸坊では若党を使者としてしばしば用いており、先の犬神人の使役減免のために顕詮が坂本の南岸坊に滞在していた折り、南岸坊から寺家の公文所へ使者として派遣されたのは「彦七男」なる「若党」であった。[25]「彦七男」という呼称からすれば、この若党は当然、僧ではなく俗人であったと見なければならない。山徒の房主のもとには、法体の同宿のみならず俗人の若党もが仕えていたのである。

そして俗人の若党が同宿とともに、山徒にとって欠かすことのできない重要な房の構成員であったことは、彼らが山徒の下で同宿とともに門跡の宿直役を勤めていることからもうかがうことができる。南岸坊は南北朝時代、妙法院門跡の門徒となっていたが、『祇園執行日記』観応元年（一三五〇）五月八日条には「為妙法院宿直、南岸同宿・若党等来住此坊」とあって、その若党が同宿とともに妙法院の宿直を勤仕していたことがわかる。

また妙法院の宿直といえば思い起こされるのは、かの有名な佐々木導誉による同門跡焼き討ち事件である。そもそもこの導誉による妙法院焼き討ちの直接のきっかけは、妙法院に宿直していた「御門徒ノ山法師」が佐々木家の「下部」を打擲したことにあった。『太平記』二一はその有り様を「折節御門徒ノ山法師、アマタ宿直シテ候ケルガ、『悪ヒ奴原ガ狼籍哉』トテ、持タル紅葉ノ枝ヲ奪取、散々ニ打擲シテ門ヨリ外へ追出ス」と伝えている。ここにいう「御門徒ノ山法師」とは南岸坊の例からして、具体的には妙法院門徒の山徒の同宿・若党であったと見てまず間違いない。山徒の房は、基本的には同宿と若党をその主な成員として成立していたと考えられるのである。

二　円明坊と乗蓮坊

辻氏によれば、延暦寺における衆徒の「房」は、「衆徒の日常生活のもっとも基礎におかれる同族結合集団をも意味するもの」であったという。本節では山徒の「房」がいかなる同族結合のもとに存立していたかを、永享の山門騒乱で中心的な役割を果たした円明坊と乗蓮坊という二つの山徒房の事例をもとに検証していくこととしたい。

青蓮院門徒でかつ山門使節であったことで知られるこの両山徒は、実は古くから血縁関係にあった。次に引用したのは、応永二十六年（一四一九）正月二十五日、円明坊が乗蓮坊によって討たれたことを記した『看聞御記』の記載である。(26)

抑山徒円明坊今朝被誅云々、此事自旧冬室町殿時宜不快之間、舎弟承（乗）蓮叡頭ニ密々被仰付云々、連々伺隙之処、今朝鞍馬参詣下向之時、於市原野討之、兵士廿余人召具、皆逃散了、中間一人残、主従二人討死、円明敵両三人討取、能振舞討死云々、不便也、

『看聞御記』の筆者伏見宮貞成親王は、乗蓮坊のことを「承蓮（坊）」と表記しており、ここに見える「承蓮」とは「乗蓮（坊）」を指す。つまりこの『看聞御記』の記載によれば、この時に討たれた円明坊と彼を討った乗蓮坊は兄弟であったことになる。ちなみに討たれた円明坊とは円明坊兼承（兼乗）、また「舎弟承蓮」とは乗蓮坊兼宗であり、『満済准后日記』は同じ事件について同日条で「早旦事、円明於鞍馬路次市原、被打云々」と簡略に記している。(27)

将軍足利義持が具体的にいかなる理由で円明坊兼承の殺害を乗蓮坊兼宗に命じたかは定かではないが、兼承の遺跡はやがて義教から兼宗に与えられており、そのことを『康富記』同年二月十七日条は「後聞、今日山徒円明

坊跡、乗蓮給之云々」と伝えている。

そして、この事件から七年たった応永三十三年十一月、今度はその兼宗が足利義持の勘気を蒙り「知行所々」を失うという出来事が起こる。(28)「山徒乗蓮知行所々今日悉被闕所、同山徒等ニ被分下云々」とは、同月二十二日にこの事件を伝え聞いた三宝院満済の記すところである。これによって、闕所となった兼宗の「知行所々」が複数の山徒たちに分配されていたことが知られよう。なお兼宗は五年後の応永三十五年正月、義持の死の直後にその後継者義教の「御免」を得、復権を遂げている。(29)

ところで兼承亡き跡の円明坊のほうであるが、同坊はいったんは廃絶となる。(30) しかし、永享二年（一四三〇）以降になると、その名が再び各種史料に登場し、同坊が復活を遂げていたことがあきらかとなる。(31)

では、いったん廃絶した円明坊は永享二年以降、いかなる形で復活したのであろうか。結論からいえば、新たな円明坊は、先の円明坊兼承の弟乗蓮坊兼宗が、同坊を再興する形で復興を遂げている。

そのことを裏付けてくれるのが、永享五年十二月、永享の山門騒乱において、幕府軍の前に円明坊・乗蓮坊が降参した時の状況を記した以下のような『満済准后日記』〔A〕、『看聞御記』〔B〕の記事である。

〔A1〕　永享五年十二月十二日条

山門事落居、円明《兼宗》可隠居、於兼珍《乗蓮》可降参申入、如元無為ニ御免可畏入之由、一山以事書歎申入也、

〔B1〕　永享五年十二月十八日条

抑山門事落居、円明者隠居、承蓮ハ降参、仍山名以下、赤松・両佐々木等諸大名解陣、仍今日帰洛云々、

〔A1〕によって、当時の円明坊の房主がほかならぬ兼宗となっていたことがまず確認できよう。兼宗はかつて兄が房主であった円明坊を再興しその房主の地位についていたのである。

それでは兼宗の跡を受けて新たに乗蓮坊の房主となり、永享五年に幕府に降参した兼珍とはいかなる人物だっ

たのであろうか。

　次に引用したのは、永享六年十二月、幕府と山徒の間に二度目の和平が成立した直後の円明坊兼宗と乗蓮坊兼珍の二人の動向について記した、『満済准后日記』『看聞御記』『師郷記』〔C〕の三つの日記の記事である。

〔A2〕　永享六年十二月七日条
　山門使節未及御対面、御問答子細在之、其条目、御勢退散以前、中堂以下閉籠開之、円明同令没落、神輿悉御帰座在之者、可有御対面云々、

〔A3〕　永享六年十二月十七日条
　今日巳刻末歟、乗蓮兼珍於廬山寺宿坊自害了、此事曾不存知処、自御所様以三条黄門被仰出、自滅儀神慮至奇特不思儀被思食云々、明日彼使節四人（金輪院、坐禅院、月輪院、乗蓮、）安堵御判お可被下治定処、尚々此振舞非只事、併神罰ト思食云々、

〔B2〕　永享六年十二月十八日条
　抑乗蓮昨夜腹切云々、人ニ不令知、夜潜切、旨趣御免之後、所帯等聽可被成安堵之由被仰之処、遅々間被出抜申遺恨之由申けると云々、依其事自害歟、若神罰為狂気歟、不審、公方被聞食快然無極、背御意人悉自滅、御運之至珍重、天下山門泰平之基、言語道断大慶也、円明ハ逐電不知行方云々、

〔C1〕　永享六年十二月六日条
　今日、山門使節金輪院・坐禅院・月輪院・乗蓮（円明子、）已上四人出京、降参云々、

〔C2〕　永享六年十二月十七日条
　今日、乗蓮於庐山寺切腹、非公方仰云々、如何、今年廿二云々、残使節同在此寺云々、

この時の和平が結果的に円明坊兼宗の「没落」、乗蓮坊兼珍の「切腹」を代償として成立したものであったこ

と、および両者の関係については〔C1〕が乗蓮坊を「円明子」としていることが注目されよう。このあとに引用する『満済准后日記』永享七年二月四日条には、兼珍の弟でかつ「兼宗法印二男」の兼覚なる者の存在が記されている。この点からしても、兼珍が兼宗の息子、それも嫡子であったことはまず間違いない。先の永享五年十二月の和平は父兼宗の「隠居」と子兼珍の「降参」で、また今回の和平は二人の「没落」「自害」で終わっていたわけであり、彼ら父子が永享の山門騒乱で占めていた役割の大きさがこれによって改めて確認できる。

さらにここにあげた史料で今一つ注目されるのは〔A3〕が伝える、この和平直後、乗蓮坊の名跡が他の山門使節とともに足利義教から「安堵」される予定になっていたという事実である。そして、兼珍の死後も予定通り乗蓮坊は存続を許されており、新たに乗蓮坊となったのが、誰あろう兼珍の弟兼覚であった。

兼覚がこの時点で乗蓮坊を継承したことは、翌永享七年二月に義教が謀殺した三人の山門使節のなかに、乗蓮坊として彼の名が見えていることからも確認できる。義教による三人の山門使節謀殺事件を記した『満済准后日記』『看聞御記』『師郷記』の記事を、次に並べて引用する。

〔A4〕　永享七年二月四日条

今朝巳刻、山門使節三人、金輪院弁澄法印六十九、・月輪院・円明兼覚十七、兼宗法印二男也、於兼覚者、御所中小侍所被召取云々、両人於管領召取之、三人即時於悲田院内被誅云々、

〔A5〕　永享七年二月六日条

山門根本中堂昨日午刻、炎上、大宮権現神輿、同四日奉振入中堂、奉成灰燼了、円明兼宗末子今度被誅弟云々、以下十八人自害云々、（中略）中堂承仕参申入分、常灯奉取出云々、何在所ニ可安置哉之由伺申入間、御尋寺家処、本願堂トテ山上候、本尊同御洗木同大師御作云々、此承仕申入分、円明同宿存知分計三十余人自害、其外不見知者数輩云々、

〔B３〕　永享七年二月四日条

山門使節四人被召捕、二人（円明カ、同宿称名、乗蓮舎弟、以前腹切）於御所召捕、二人（金輪院、宿老八十余云々、月輪院、時、人々手負、被召捕之）於管領召捕、（中略）則於悲（上之）田院四人勿（ママ）首、其間之式言語道断云々、

〔C３〕　永享七年二月四日条

山門使節金輪院・月輪院・乗蓮等参賀之処、各被召取之、金輪院・月輪院両人者、於管領被召取之、乗蓮者、（歳十六云々、）於御所被召取之、同宿称名同被取之、彼四人則於悲田院被誅之、管領沙汰也、

〔C４〕　永享七年二月五日条

午剋山門中堂炎上、乗蓮兄（号若狭公）、幷南種党以下同宿、自昨日閉籠、放火、廿余人切腹云々、前堂院同炎上之、去夜巳剋惣持院炎上、同放火云々、

この時に殺害された乗蓮坊の房主兼覚〔A４〕が「兼宗法印二男」〔A４〕で、先に自殺した兼珍の「舎弟」〔B３〕であったこと、年は十六、七歳であったこと〔C３・A４〕などが確認できよう。また、円明坊・乗蓮坊の一族ということでいえば、このほかに今一人、兼珍・兼覚の兄弟で若狭公なる者がおり〔C４・A５〕、彼を合わせると、円明坊兼宗には、兼珍・兼覚・若狭公の少なくとも三人の息子がいたことになる。

永享の山門騒乱を通じて、兼宗は結局、彼ら三人の息子をすべて失ってしまうわけであるが、彼自身は永享七年二月の根本中堂焼失時に逐電し永享十一年まで生き長らえている。吉野に潜んでいた兼宗が畠山によって討ちとられ、その頸が京都の義教のもとにもたらされたのは同年三月のことであった[32]。以上、上述の検証結果をもとに円明坊・乗蓮坊の歴代の親族関係を系図としてまとめると次のようになる。

［円明坊］兼慶
- ［円明坊］兼承（兼乗）　応永二六年（一四一九）一月二五日、殺害される
- ［円明坊］兼宗［乗蓮坊］　永享一一年（一四三九）三月一二日、殺害される
  - ［乗蓮坊］兼珍　永享六年（一四三四）一二月一七日、切腹
  - ［乗蓮坊］兼覚　永享七年（一四三五）二月四日、悲田院において殺害される
  - 若狭公　永享七年（一四三五）二月五日、根本中堂で自害

なお、この円明坊・乗蓮坊という二つの山徒房は永享の山門騒乱の後、いったんは断絶するものの、やがてその一族によってであろう、復興・継承されており、山徒の「房」が「家」として、きわめて強靭な継承性を具備していたことがわかる。

三　根本中堂での自害者

前節までで、内部に同宿・若党を抱えた山徒の「房」が一個の「家」として自立する一方、他の山徒の「房」とは、血縁関係をもって深く結びついていたことが確認できた。本節では、山徒の「房」が持っていたそのような奥行きと拡がりが、一個の山徒においてどのように機能していたかを、乗蓮坊の場合を例にとり検証していくこととしたい。

永享七年（一四三五）二月五日、将軍足利義教による乗蓮坊兼覚らの山門使節謀殺に抗議し、その残党が根本中堂に火を放ち自焼した時、そこで自殺した人々について、『満済准后日記』以下の諸日記はそれぞれ次のように記録する。

〔A5〕　永享七年二月六日条

円明兼宗末子今度被誅弟云々、以下十八人自害云々、

〔B4〕　永享七年二月八日条

行豊朝臣一両日内裏番ニ候、帰参語山門事、浄侶中より注進、中堂本尊大略炎上歟、但奉取出歟、不知云々、惣持院仏具・経論等重宝共在此所、炎上了、ゝゝ《三ケ所》炎上、自元没落云々、座（坐）禅院以下輩、中堂ニ楯籠自焼、腹切者廿四人、円明ハ逐電云々、

〔C4〕　永享七年二月五日条

午剋山門中堂炎上、乗蓮兄号若狭公、弁南種党（覚）以下同宿、自昨日閉籠、放火、廿余人切腹云々、

まず、自殺者の人数に関しては、「十八人」「廿四人」「廿余人」とばらつきがあり、どの記事が正しいかはにわかには定めがたいが、この中でただ一つその内訳をより詳細に記した記録がある。それは『看聞御記』で、同記の永享七年二月十五日条には次のようなリストが見えている。

〔B5〕　永享七年二月十五日条

抑於中堂自害輩注進

性浄院　般若院　東般若院　南修学（種覚）　蓮養坊　かくりん（鶴林）坊　れんち（蓮智）坊　若狭坊　相模坊　大《同》弐坊　覚定坊

俗同宿

伊佐　同子　たか田　真木　帯刀　さあみ　しあみ

中方

ほうしやく　公文けんさう　帯刀おいゐちこ　彦《馬場》九郎　源七　うんほう

已上廿四人云々

他の諸記録が自殺者について「円明同宿存知分」〔A5〕「乗蓮兄号若狭公弁南種党以下同宿」〔C4〕などといった、きわめて簡略な記述しか残さないのに較べると、この『看聞御記』所載の注進状の記述は格段に詳しく、またそこに記された自殺者の数は〔B4〕の「腹切者廿四人」という人数と一致しており、その信憑性は高い。

そして、この注進状の記載でなによりも注目されるのは、二十四人の「腹切者」を乗蓮坊との関係によって三グループに分けている点である。最初の「性浄院」から「覚定坊」までの十一人と、「俗同宿」として括られた「伊佐」以下の七人、そして「中方」と名付けられている「ほうしやく」以下の六人である。この三グループはそれぞれどのような基準で分けられていたのであろうか。(33)

第一の「性浄院」にはじまるグループには、他の二グループとは異なって特に身分を示すような表示はないが、名前からしてこの十一人のなかには乗蓮坊と同じ身分の山徒および乗蓮坊の同宿、この二種類の人々が含まれていたと考えられる。すなわち十一人のうち、般若院・東般若院・蓮養坊・覚林坊の四人は、他の史料からして独立した山徒であったことが裏付けられ、(34)彼らは永享の山門騒乱で乗蓮坊といわば同盟して幕府と戦っていた山徒であったと見てよかろう。

これに対して残りの七人は乗蓮坊の同宿であったと思われるが、このうち確実にそのことがわかるのは、実は〔C4〕に「乗蓮兄号若狭公幷南種党(覚)以下同宿」とも記された「南修学(種覚)」だけで、他の六人に関しては確実な証拠はない。(35)とはいえ、このうち若狭坊・相模坊・大弐坊の三人については、国名・官途名をもってする呼称からして同宿であったと判断してまず誤りない。また、とすれば、当然、坊名を名乗る同宿もいたものと推定され、残りの三人、性浄院・れんち坊・覚定坊がこれにあたるかと考えられる。したがって、第一グループの人々は、乗蓮坊と同盟関係にあった山徒、および乗蓮坊の同宿（坊名を持つ同宿、国名・官途名を持つ同宿）を書き上げたものと判定されるのである。

次に第二グループであるが、彼らは最初に「俗同宿」とあるように、俗人で山徒に仕えていた人々であったと推定される。このグループのなかには、名字のほか官途名や阿弥号で呼ばれる者もおりその性格は一律ではないが、「俗同宿」というからには、同宿に準ずる地位を山徒の房のなかで認められていた人々であったに違いない。

先に山徒の房には若党と呼ばれる俗人の被官がいたことを見たが、俗人の同宿ということからすると、「俗同宿」こそが若党にあたるのではないのではなかろうか。

最後の第三グループの「中方」に分類されている人々の名前もまた「俗同宿」同様に多彩である。「公文」という役職名や、「馬場」という坂本内の地名を冠した者のいる点が「俗同宿」と異なるが、これらの呼称だけをもってその性格を判定することはむずかしい。唯一手懸かりとなる「中方」という呼称については、戦国時代に作られた延暦寺の寺家の故実書『驢驢嘶餘』が、次のように解説する。[36]

一、堂衆・承仕ハ、中方ノナル役、公人ハ、下法師ガナルナリ、処々ノ堂ニヨリテ任ズル也、（中略）

一、下僧下法師也、後ニ公人ニ成ル、公人ノ息モ御童子ニナレバ、中方トナル、中方ノ息モ児ニナレバ、上方ト成ル、下法師モ三代目ニハ、上方ニ成ルトハ申セトモ、中方ニハ成レトモ、上方ニ成ル事ハ稀也、

延暦寺所属の下級僧に、下から「下法師」「公人」「中方」「上方」の四身分があり、「中方」とはその名の通り、ほぼ中間に位置することからこう呼ばれた身分名称であったことがわかる。山徒の房内でも、この寺内の身分名称をそのまま転用していたとすれば、彼ら「中方」より下には「下法師」「公人」が、また上には「上方」身分の人々がいたことになる。そして、山徒の房内において「上方」を求めるとすれば、「同宿」「俗同宿」をおいてなく、「中方」とは彼らから一ランク下に位置付けられていた僧俗をこう総称したのではなかろうか。

以上、永享七年二月、根本中堂で自害した人々について見てきたわけであるが、その結果、そこには乗蓮坊と同盟した山徒のほかに、乗蓮坊の同宿・俗同宿さらにはその下に位置した僧俗までが参加していたことがあきらかとなった。一つの山徒の房に展開していた人間関係は、想像以上の重層性をもって展開していたことを、この乗蓮坊の事柄は示している。

むすび

応永二十八年（一四二一）三月、将軍足利義持が七日間にわたって日吉社に参詣したとき、山徒は「武家人警固難儀」と主張して「武家人」を寄せつけず、自分たちのみで義持の警固を行なったという。[37] 山徒がその武力にいかに大きな自信を持っていたかを物語るものであり、彼らがやがて永享の山門騒乱を惹起するにいたる要因の一つが、その武力への過信にあったことをうかがわせる点でも興味深い出来事である。このような山徒の武力への自信は、一人で「千騎の武者」にも匹敵するといわれた理教坊などの例からすれば、[38] 鎌倉時代後期にまでさかのぼると考えられるが、その実態についてはいまだ不明な点が少なくない。

本章でも、山徒間の血縁関係がこれまでいわれている以上に密接でかつ持続性に富んだものであったこと、その房の基底を構成していたと推定される同宿に、自房を持つ者とそうでない者の二種類が存在したこと、などを断片的に指摘するにとどまった。

ただ、この乏しい成果の上に立って、あえて今後の山徒研究の方向を示すとすれば、それは山徒の「武家人」的な性格をより一層、具体的にあきらかにしていくことにあると思われる。延暦寺所属の僧ということから、ともすれば私たちはその宗教者としての側面に引きずられがちであるが、外見は宗教者であったとしても、彼らが俗人以上に俗的な存在であったことは、その妻帯・武装の事実が明確に指し示している。

さらに彼らが法体の「武家人」であったにとどまらず、法体の「商売人」でもあったことは、「山門気風の土倉」が京都の経済界を席捲していたという事実がなによりもよくこれを物語っている。山徒は武家以上に「武家人」的であり、商売人以上に「商売人」的であったといってよく、その外観に惑わされることなく、彼らの世俗的な活動を客観的に評価していくことが、今後の中世の寺院社会の本質究明のためにも欠かすことのできない作業となろう。

（1）黒田俊雄「中世寺社勢力論」（『岩波講座日本歴史』六、岩波書店、一九七五年）、辻博之「中世山門衆徒の同族結合と里房」（『待兼山論叢』一三、一九八〇年）。

（2）『坂本』（大津市教育委員会編、一九八〇年）によれば、江戸時代には山上で修行を終えた六十歳以上の僧侶が座主から「里坊を賜って」、山下に居住したという。

（3）中世、坂本の「房」が山徒の活動の拠点となっていたことを示す例は枚挙にいとまないが、ここでは室町時代の初めに山門使節を勤めていた円明坊以下十一名の山徒が、応永元年（一三九四）の『日吉社室町殿御社参記』（『続群書類従』五四）に「在坂本」として名前を連ねていること、および同じ頃に延暦寺領千僧供領近江国富永庄に対して債権者として臨んでいた「勘定衆」と呼ばれた八名からなる山徒集団のうち、少なくとも四名が坂本に本拠をおいていたこと、この二つの事例をあげておきたい。

（4）『公衡公記』正和三年（一三一四）十月七日条所収の正和三年十月四日付「新日吉社喧嘩張本交名」。

（5）『花園院御記』元応元年（一三一九）四月二十七日条裏書。同年八月十一日付「後宇多上皇院宣」、および同文書に付属していたと推定される年未詳「延暦寺張本人交名」（ともに『大乗院文書』）。

（6）『元徳二年三月日吉社幷叡山行幸記』（『群書類従』三八）。園城寺の戒壇設立に抗議して同寺を焼いた延暦寺僧の行動と、その後の幕府の対応を同記は次のように記す。

　山門鬱憤に絶ず、四月廿五日、彼寺に発向して三流（院）ともに焼払ふ、同廿八日、元応元年になる、両門の張本をめされければ、山門には、宣承・澄春・木有・澄詮・昌憲以下、名望の輩十二人、同二年に関東に参向す、

この時、南岸坊澄詮とともに関東に下向した「名望の輩」が、元応元年八月の「延暦寺張本人交名」（前掲注5参照）にその名が見える金輪院澄春、勝林坊木有、円林坊昌憲らであったことが、これによってわかる。

（7）『太平記』二に「去程ニ、六波羅勢已ニ戸津ノ宿辺マデ寄タリト坂本ノ内騒動シケレバ、南岸・円宗院・中坊・勝行房・早雄ノ同宿共、取物モ取アヘズ……」とある。また同一五に「南岸坊ノ僧都」の名が見える。

（8）『祇園執行日記』の筆者顕詮は、大衆との交渉にしばしば南岸坊を頼っており、南岸坊が大衆のなかでかなりの

発言力を持った実力者であったことがわかる。

(9)『祇園執行日記』康永二年十一月二十日条に「南岸房主此間在京、今日被帰坂本云々、仍於《行》粟田口見参」と見える。このほか京都に出てきた南岸坊が坂本に帰ったことを伝える記載としては、貞和六年正月十九日に「南岸被帰坂本」とある。

(10)『祇園執行日記』康永二年八月六日条に「西塔南谷南岸房」と見える。

(11)『祇園執行日記』観応元年七月二十六日条、同年八月十・十二・十三日条、正平七年二月十一日条等参照。

(12)前掲注(3)『日吉社室町殿御社参記』参照。

(13)『北野社家条々抜書』。

(14)『祇園執行日記』正平七年五月二十日条に「南岸同宿鐘本房澄意」「南岸同宿大蓮房隆昭」と見える。鐘本坊澄意は、この他にも同記の正平七年五月二十五日、同年七月十四・十五日条にその名前が見える。なお康永二年八月六日条にも「西塔南谷南岸房中澄意」と記される（前掲注10参照）。

(15)『祇園執行日記』正平七年五月二十・二十五日条。

(16)『祇園執行日記』正平七年七月十四・十五日条。

(17)『祇園執行日記』正平七年五月二十日条。

(18)乗蓮坊兼覚には後述するように同宿で「若狭公」と呼ばれる兄弟がいた（『満済准后日記』〔A5〕は兼覚の「弟」、『師郷記』〔C4〕は兼覚の「兄」という）。また金輪院の同宿福生坊は金輪院房主の「甥」であった（『満済准后日記』永享五年閏七月一日条）。このほか山徒間で兄弟関係にあった者が多数いたことについては、前掲注(1)辻論文参照。

(19)前掲注(1)辻論文参照。

(20)『太平記』一四には「暫クアテ《（ツ）》、円宗院法印定宗、同宿五百余人召具シテ参リタリ、（中略）其後又南岸坊ノ僧都・道場坊祐覚、同宿千余人召具シテ、先内裏ニ参ジ、ヤガテ十禅師ニ立登テ大衆ヲ起シ、僉議ノ趣ヲ院々谷々ヘゾ触送リケル間、三千ノ衆徒、悉ク甲冑ヲ帯シテ馳参……」とあり、同一五・二一にも「南岸・円宗院ガ同宿共五百余人」「山徒ニハ南岸ノ円宗院、此外泛々ノ輩ハ数ニ不遑……」といった記載がある。

(21)『満済准后日記』応永二十年十二月八日条。

(22)『師郷記』永享六年十一月四日条。

(23)『看聞御記』永享六年十一月四日条。

(24)山門使節については、本書第一篇第一章参照。

(25)『祇園執行日記』正平七年五月二十日条。先の犬神人の使役減免のために顕詮が坂本の南岸坊に滞在していた折り、南岸坊から寺家の公文所へ使者として派遣されたのは「彦七男」なる「若党」であった。なお、この時の顕詮の大衆との折衝については拙稿「山門公人の歴史的性格――『祇園執行日記』の記事を中心に――」(本書第三篇第三章)参照。

(26)『看聞御記』応永二十六年正月二十五日条。

(27)『満済准后日記』応永二十六年正月二十五日条。円明坊兼承(兼乗)については、『御前落居記録』永享二年十二月二十三日付の幕府裁許状、および応永二十二年七月の『義持公日吉社参記』にその名が見える。なお、彼の父は各種史料にその名が見える円明坊兼慶と推定される(前掲注24拙稿参照)。

(28)『満済准后日記』応永三十三年九月二十九日、十月十三日、十一月十六日・二十二日条。

(29)『満済准后日記』応永三十五年正月二十四・二十八・晦日条。また『建内記』同年正月二十八日条にも「山徒乗□去年逐電了、依違勝定院殿御意也、而今度御免云々」とその「御免」を伝える記事が見える。

(30)たとえば、正長二年(一四二九)五月、将軍足利義教が小五月祭見物のために坂本に下向した時も、金輪院・杉生坊・乗蓮坊といった主立った山徒の房へ渡御しているが、そこには円明坊の名はない(『満済准后日記』同月四日条)。

(31)『満済准后日記』永享二年正月十一・十四・二十二日条。

(32)『公名公記』永享十一年三月十二日条に「山徒円明被誅殺戮云々、仍参賀武家」とあるほか、『師郷記』同年三月八日条には「今日円明房頸、自畠山方取進之、近年吉野奥隠居也、自吉野討進之歟」と、畠山持国がその頸を京都にもたらしたことが見える。

(33)この注進状について、辻氏は「般若院その他の衆徒における同族結合集団の下部勢力」を書き上げたものという観点から分析されているが、その主体が乗蓮坊兼覚の同宿たちであったことは、『師郷記』永享七年二月五日条に「乗蓮兄号若狭公、幷南種党以下同宿、自昨日閉籠、放火、廿余人切腹」〔C4〕とあるところからもあきらかである。

(34) 般若院・東般若院については、前掲注(1)辻論文参照。また蓮養坊については、文明の頃に青蓮院門徒となっていた徴証があり(『華頂要略』門主伝二二、文明十六年十二月二十六日条)、それより少しさかのぼっては『言国卿記』文明八年八月二十二日条に蓮養坊承光なる者の名が見える。また覚林坊の名は早く応永元年の『日吉社室町殿御社参記』にその名が見え、応永二十七年閏正月十一日付「十禅師彼岸三塔集会事書」(『北野社家条々抜書』)には東塔西谷の一員としての覚林坊教瑜なる者が連署している。

(35) 性浄院以下三人の内「南修学」とは、『師郷記』が記す「南種覚」と同じ人物(同宿)を指すと推定される。『八瀬童子会文書』のなかに「南種覚坊」宛の成秀なるものの書状(二一八号)が残されている。

(36) 『群書類従』四九〇所収。『驢驢嘶餘』はこの他に「中方」の役として、根本中堂の長講・承仕をあげる。長講の場合は、同役に就くことによって「中方」から「上方」となり、弟子・児を持つことを許されたという。また長講・承仕ともに「清僧」であったといい、下級僧とはいえ寺内でそれなりの地位を占める者もいたことがわかる。なお、「下方」なる表現もあったことは、貞和四年(一三四八)頃、近江国大和庄の「若宮彼岸所」を「中下方輩」が「管領」していたという事実からも知ることができる(『門葉記』六六)。

(37) 『看聞御記』応永二十八年(一四二一)三月二十一日条。山徒が「武家人」の警固を排除したのは、一つには坂本ひいては延暦寺の寺内における守護不入権を行使するためとも考えられるが、それにしてもそれらの権利を行使する主体としての山徒が有していた武力の大きさは的確に認識しておく必要があろう。

(38) 『元徳二年三月日吉社幷叡山行幸記』(『群書類従』三八)。

第三章　中世土倉論

はじめに

中世の金融業者土倉については、すでに幾多のすぐれた研究がなされており、その金融の実態から、土一揆・徳政令と土倉との関わりあい、室町幕府財政と土倉との関係にいたるまで豊かな研究成果をもつにいたっている。しかしこれら数多くの土倉についての研究は、主として土倉の個別的な事例を関心とするものか、もしくは幕府財政・土一揆といった他の問題関心から土倉にせまるものが多く、中世の金融業者としての土倉そのものの経営形態をどのように理解するか、といった視点からする研究はきわめて少ない。またその研究対象とする時期も応仁の乱以降のものが大半で、乱前についての研究は皆無に等しいのが現状である(1)。

本論はこれまでのこれら土倉に関する研究の現状を踏まえて、主として応仁の乱以前の土倉を中心にその経営実態を考察しようとするものである。またその上で、彼らと室町幕府と関係についても改めて考証したい。

一　土倉本主と倉預

室町幕府が管領斯波義将の下知状をもって「洛中辺土散在土倉幷酒屋役条々」なる法令を発したのは明徳四年（一三九三）十一月二十六日のことであった。初めて土倉・酒屋から役銭をとりたてることを定めたこの法令は、現在知られている限り、こののち応永十五年（一四〇八）・永享四年（一四三二）・長禄四年（一四六〇）の三回にわたって発せられており、応仁の乱以前における幕府の土倉・酒屋に対する基本的姿勢を示すものといえる。そして、この法令の最初に置かれているのが次の条項である。(2)

一、諸寺諸社神人幷諸権門扶持奉公人躰事
　悉被勘落之上者、可致平均沙汰焉、

幕府は「諸寺諸社神人幷諸権門扶持奉公人躰」の土倉の「勘落」をもって「平均沙汰」の実施を高らかに宣言したわけであるが、では、このとき幕府が「勘落」した「諸寺諸社神人幷諸権門扶持奉公人躰」の土倉とは、具体的にどのような土倉だったのであろうか。

少なくともここにいう「勘落」が「諸寺諸社神人幷諸権門」と土倉との関係の完全否定を意味するものでなかったことは、こののちも各土倉がそれぞれの領主からの課役を負担していることからもあきらかである。たとえば、応永二十九年十月、伏見宮では門の修復にあたり領内の両土倉に課役しており、(3)また北野社では永享二年四月、夜番の費用捻出にやはり境内の土倉・酒屋に課役している。(4)

明徳四年、幕府が「勘落」したものを考えるに先立ち、まず当時の土倉がその金融業をいかなる形で営んでいたかをみていくことからはじめよう。

永享五年十月、室町時代は次のような法令を発する。

一、諸土倉盗人事　永享五　十　十三

取置質物之上者、自今以後為蔵預弁、於利平上来質者、以一倍可致其沙汰、至利平巨多札者、仮令絹布十二ヶ月、武具廿四ヶ月、本銭之外、以半分可償之、若無私力為倉預者、召進其身、可被処罪科、万一号逐電令拘惜者、為本所可致其弁矣、(5)

この法令が利足金の上限設定を主目的としたものであったことは一見してあきらかであるが、ここで注目したいのはその点ではなく、金融を営む主体に関する記載である。すなわち、この法令によれば、土倉の経営に直接携わっていたのは「蔵預」「倉預」と呼ばれる人々であり、また彼らの上には「本所」と呼ばれる経営主体が存在していたことが知られるのである。

土倉の「本所」「倉預」とは具体的にはどのような存在で、両者はいかなる関係を結び土倉を経営していたのであろうか。これらを知る有力な手懸かりの一つとなる史料が『御前落居記録』に収録されている。

一、鷹司高倉土倉本主祐言与蔵預円憲相論当所納物事

□祐言申状、彼在所者亡父円念興行也、於納物□(者)、或成寺領、或分親類、以其利平配分之、爰伯父円憲多年不遂勘定、剰納物引失之由風聞間、依無尽期、堅申伏、致散用之処、二千余貫文注文別紙在之、令不足、所詮、近年構私土倉錦小路油小路、之条、非無不審歟、然者以彼在所不足分可預御成敗之旨申之、如円憲支申者、雖致算勘、号失墜者、質高下方々借物也、以質員数并借書等令勘弁上者、無誤云々、如祐言重申者、以本所料足何任雅意方々可借遣哉、次高質事、是又非相当之儀者争可許容、旁取申無謂之由称之、仍被尋下評定衆、同洛中沙汰来例、納銭方一衆等訖、鷹司高倉土倉失墜分、彼預円憲以私在所可返弁之段勿論也、若有余銭者、可被割分合銭輩之旨申之、早任衆中意見并洛中法例、可被付祐言、至余銭者可支配合銭輩也矣、

永享三年十二月廿七日　大和守(飯尾)貞運

この幕府の裁許状の内容は多岐にわたるが、訴人・論人のやりとりを中心に整理すれば、以下のようになろう。

訴人祐言は鷹司高倉に所在した「土倉本主」で、論人はその土倉の「蔵（倉）預」円憲。祐言の訴えによれば、彼の父円念がはじめた鷹司高倉の土倉ではこれまで「納物」(6)を「或成寺領、或分親類」、「其利平」をもって親類に「配分」するということを行なってきた。ところがその経営を任せておいた伯父の円憲が、多年にわたって「散用」をしないばかりか「納物」を失うといううわさが流れ、そこでむりやり「算勘」したところ、二千余貫が不足していることが判明した。円憲は近年、「私土倉」を構えるなど不審な点が多い、ついては彼の「在所」をもって不足分の返弁にあてるように御成敗してもらいたい。

この祐言の訴えに対して円憲は、「不足分」といわれるのは方々に貸し遣わした銭であり、質物の員数と借書等をつき合わせれば誤りないと弁明したが祐言は納得せず、本所の料足をどうして勝手に貸し遣わすことができようかと再度反論、「高質」も認められないと突っぱねたのであった。

幕府の裁許は「土倉本主」祐言の主張を全面的に認め、鷹司高倉土倉の失墜分は「倉預」円憲の私在所をもって祐言に返弁し、まだそれでも「余銭」があれば「合銭輩」に割分すべし、というものであった。

この裁許状からは、当時の「土倉本主（本所）」「倉預」の実態が、きわめて限定された範囲からではあるが見事に浮かびあがってくる。

①まず「土倉本主（本所）」とは土倉の経営を「倉預」に委託はしているが、土倉の本来の所有者であり

②それに対し「倉預」とは土倉本主より土倉を預り、直接その経営に携わっていた者であったこと

③土倉「本主」は「倉預」に土倉経営のために「納物」「本所料足」と呼ばれる資金を託していたが、それらは寺・親類へ分配される性格のものであったこと

④また「倉預」については、彼らが「本主」から預かった「納物」「本所料足」をもって土倉を経営するだけでなく、時として「合銭輩」と呼ばれる不特定多数の人々から銭貨を借り集め、独自に土倉を営なんでいたこと

など、である。そして、このような「本主」と「倉預」の関係が決して特殊なものでなく、逆に当時の土倉のきわめて一般的な形態であったことは、先にあげた永享五年十月の幕府の法令自体がこれをよく物語っている。また、鷹司高倉土倉で起こっていた「本主」と「倉預」の対立が当時、広く問題となりつつあったことを示してくれるのが、永享二年九月三十日、幕府が発した次のような法令である。

一、諸土倉沙汰人等事

所々土倉沙汰人、恣犯用本主納物、令居住洛中辺土幷田舎云々、頗自由至也、於如此族者、追放在所、可被処盗犯罪焉、(7)

ここにいう「土倉沙汰人」と「本主」の関係が、鷹司高倉土倉でいう「倉預」と「土倉本主」に相当することは、改めて指摘するまでもあるまい。「土倉沙汰人」が「本主納物」を「犯用」することを禁じたこの法令は、まさに鷹司高倉土倉の祐言と円憲の争いが特殊な出来事でなく、そればかりか逆に当時、幕府が法令をもってこれを規制しなければならないほど、一般化しつつあったことを明示している。

以上によって、室町時代前期の土倉がどのような形で金融を営んでいたかが、きわめて断片的ではあるがあきらかになった。ここまで検出できた要点を再確認しておくと、第一には、当時の土倉の経営がその内部に土倉本主（本所）―倉預（土倉沙汰人）という関係をもっていた事実があげられる。ここにいう土倉本主（本所）が、一般的な座商人の場合にいう「本所」とまったく意味合いの異なるものであったろうことはいうまでもない。土倉の場合、あきらかに金融を営なむために必要な資金を投資している者を土倉本主もしくは本所といったのであり、

その意味で一般の座商人が寺社や権門勢家に庇護を求めて、彼らを本所と仰ぐのとは全く意味が異なっていたといわなければならない。

また鷹司高倉土倉を例にとっていうならば、当時の土倉が土倉本主―倉預といった関係のみならず、その経営にさらに複雑な関係を内包していた点も重要な点として確認しておきたい。すなわち土倉本主はその納物を自分一人の力で調達していたのではなく、背後には寺院および親類からの出資があったのであり、極端にいえば鷹司高倉土倉の場合、土倉それ自体が寺院の金融のための出先機関的な性格を色濃くもっていたとすらいうことができる。南北朝時代から室町時代にかけての著しい商工業の発展にともない、銭貨の流通量は前代とは比較にならぬほど増大したと考えられるが、それでも土倉のように銭貨を多量に必要とする業種にあっては、いまだ個人の力ではおよばぬところがあったのであろう。寺院という社会的な関係や、親類という血縁的な関係など、あらゆる諸関係を総動員することによって、土倉本主もはじめて土倉の経営が可能となっていたものに違いない。

そして最後に忘れてはならないのは、このような土倉本主の下にあった倉預の存在である。彼らは倉預円憲にみられるように、この時代には次第に土倉本主からの自立化を強めつつあったが、そこでなによりも注目されるのが、彼らの資金集めの手段としての合銭の存在である。土倉本主が寺院・親類といったいわば身内の寄合によってその活動資金を調達していたのに対し、倉預円憲が集めた合銭はまったく純粋な契約関係によって不特定多数の人々から調達された資金であり、これまでの土倉とは異なる新しいタイプの土倉をここに見出すことができる。(8) 倉預はこの合銭という新しい活動資金を梃子に次第に土倉本主からの自立化を進めつつあったのであろう。鷹司高倉土倉の倉預円憲の場合には、その試みは確かに失敗に終わった。しかし、この時代、それ以前の土倉とはあきらかに異なる新しいタイプの土倉が陸続と登場しつつあったことを、先にあげた幕府の二つの法令、および祐言と円憲の争いはよく物語っている。

それでは室町時代前期の土倉の経営実態を上記のように理解した上で、いま一度最初にもどって明徳四年に発せられた法令の第一条について考えてみよう。土倉が他の商工業者とは異なり、同業者が集まって一個の本所を仰ぐという形をとっていなかったことはすでに述べた通りである。そればかりか彼ら土倉は一個一個が独自の社会的身分を背負い、その社会の末端に属して土倉の経営に携わっていたのであった。土倉のなかには寺院の下級僧侶もいれば、神社の神人もおり、権門勢家に仕える者もいた、というのが当時の状況であり、明徳四年の法令にいう「諸寺諸社神人并諸権門奉公人」とは、まさにそのような室町時代前期以前の土倉のあり方を如実に表現したものといえる。そして、明徳四年に幕府が「勘落」させたのは、このようにさまざまな社会的な地位を孤立分散的に背負って存在していた土倉たちだったのである。

以上が明徳四年に発せられた法令の第一条の背後に控えていた現実であった。では次のような明徳四年の法令の第二条はどのように解釈すればよいのであろうか。

一、寄事於左右、及異儀所々事

任法、為衆中可致其沙汰、若尚於難渋之在所者、就注進有糺明沙汰、且立用公物、且可被付寺社修理矣、(9)

ここに見えている「衆中」がのちの例からみて、複数の土倉が寄り集まって組織されていたいわゆる「土倉方一衆」を指すことはまず間違いない。

これまでこの「土倉方一衆」に関しては、その前身として鎌倉時代の「土倉方寄合衆」なる組織の存在が先学により指摘されているが、以下においてはその土倉方寄合衆について改めて検討を加えることとしたい。

二　土倉寄合衆

鎌倉時代の「土倉寄合衆」を検討するにあたって、煩瑣ではあるが土倉寄合衆に関する史料をいま一度、検証し直すことからはじめよう。(10) 左に引用したのは、これまで「土倉寄合衆」の存在を示すとされてきた史料である。

(1)淳弁阿闍梨申、感神院領備前国可真郷免田事、就一方所進文書、雖難申是非、如淳弁申状者、領主聖深存日、以件本文書等、既分附淳弁之間、預置所召仕之重光法師之処、件重光法師偸入質物云云、重光法師書状云、備前国可真郷本免御文書事、預置天候倍波、随召天可返上候之処、去文永九年私急用候天、経観房銭廿貫文借請候之時、件御文書於質物尓置天候云云、僧誓智建治二年二年九月状云、譲渡備前国可真郷感神院本免田五町事、合調度証文(目録在別紙)、右件調度文書等者、入流質物年尚、且一倍後、急可請出之由、催促雖及数箇度、敢以無其償、爰土倉寄合衆可令配分用途之刻、若質物等可請出者、不日可致其沙汰、不然者可分配一衆之旨雖相触、無其弁、凡年紀満足之上、令配分者、土倉故実也、況都無道遣之上者、難治之次第也、仍一衆配分置質之内、以件券契誓智之分被分宛之畢、於此所進退領掌、敢以不可有異論者也、而超舜阿闍梨依有難去子細、件文書等相副目録、所奉譲渡之実也、永代更不可有他妨云々、(11)(後略)

(2)(前略)超舜申状云、彼文書等淳弁阿闍梨入置無尽銭質物、過一倍之間、為銭主誓智沙汰、譲給文書於超舜、此上者知行不可有子細云々、就之淳弁阿闍梨申状云、件文書預置雑掌重光法師之処、偸入置質物云々、子細見于重光法師和字状、而超舜相語云、土倉主与請彼文書、備相伝之調色之条、太無道也、質券之習、縦雖過一倍不和与者、争与奪証文於他人哉、誓智沙汰罪科不軽者也、所帯分附之法手継為先、聖深以重代之所帯、附属遺弟淳弁之上者、超舜争号親類可致其妨哉云々、(12)(後略)

(1)は「明法博士中原明盛勘文」、(2)は「感神院政所下文」で、(1)は『祇園社記』御神領部一一にも収録されている。紙面の関係上、土倉寄合衆の検討に必要と思われる部分だけを抽出した。

上記二点の史料により、「土倉寄合衆」の一員誓智と僧淳弁との間で争われた相論の経過を改めて確認していきたい。

発端は淳弁なる者が、その所領備前国可真郷免田の領有に関わる文書を雑掌の重光に預け置いたことにあった。重光はやがてこの文書を「私急用」によってひそかに経観房なる者に質入し銭を借り、期限が来てもこれを請け出さず、そのため文書は「土倉寄合衆可令配分用途之刻」に「誓智之分」となる。そして、「分配」を受けた誓智がさらにこれを超舜に譲与し、超舜がその文書をもって可真郷に入部したことにより、最初の文書の持主であった淳弁との間で相論が惹起することとなったのである。ちなみに淳弁は誓智をもって論人として訴えを起こしている。そして、結果は(2)の史料にみえる通り、「縦雖過一倍不和与者、争与奪証文於他人哉」として淳弁が勝利を収め、相論は終わる。

相論の論点となった備前国可真郷免田の文書がたどった経緯を図示すれば、左記のようになろう。

（預け置く）　　（質入）　　（土倉寄合衆の分配）　　（譲与）
淳弁阿闍梨 ⟶ 重光法師 ⟶ 経観房 ⟶ 僧誓智 ⟶ 超舜阿闍梨

淳弁から重光、重光から経観房への文書の移動と、誓智から超舜への文書の譲与についてはその経緯があきらかであり、まったく問題はない。問題は土倉寄合衆における経観房から誓智への文書の移動を、どのようにみるかという一点にしぼられる。言葉を替えていえば、土倉寄合衆における「配分」をどのように解するかに、すべてはかかっているといっても過言ではない。

この点に関するいままでの一般的な見解は、経観房が質物をとり銭を貸していたこと、誓智が土倉寄合衆の一員であり、「土倉主」と呼ばれていたことなどにより、経観房・誓智をそれぞれ別個の土倉として理解し、その上で土倉寄合衆をそれら複数の土倉の寄合った組織とするものであった。しかしこのように経観房・誓智を別個の土倉とし、土倉寄合衆を複数の土倉の寄合ったものと解釈すると、いくつかの疑問点が浮かびあがってくる。たとえば淳弁がなぜ誓智だけをその論人として、経観房をまったく相手にしなかったのか。またなぜ直接の債権者である経観房ではなく誓智が「銭主」と呼ばれていたのか。さらにはどうして京中の土倉が集まって流質物を配分しなければならなかったのか、といった点などである。それらの疑問点を念頭に入れつつ、もう一度相論の経過を検討してみよう。

重光が文書を質物として銭を借りた相手は間違いなく経観房であった。しかるに淳弁が論人としたのは誓智であり、そこでは直接の債権者であった経観房の責任はまったく問われていない。土倉寄合衆を京中土倉相互の寄合とし、その場で流質物の配分が行なわれていたとすれば、経観房は自己の土倉で預った質物を債務者の許可なしに他の土倉（誓智）に譲与・配分したことになり、経観房のそのような行為こそが、なによりもまず淳弁によって糺されなければならなかったのではなかろうか。にもかかわらず淳弁は経観房の責任をまったく問うてはいない。また、それと同時に本来「銭主」といわれるべき経観房ではなく、土倉寄合衆において配分をうけただけの誓智が、超舜より「銭主」と呼ばれている点も、この場合どうみても不自然である。

結論を急ごう。疑問はすべて土倉寄合衆を京中の土倉の組合組織と理解する点に発していると考えられる。土倉寄合衆を複数の土倉の寄り集まったものではなく、一個の土倉に複数の人々が寄合ったものと理解すれば、疑問はすべて氷解する。すなわち誓智と経観房を同一の土倉とすれば、債権者は誓智イコール経観房となり、超舜が誓智を「銭主」と呼び、誓智が経観房をまったく問題にしていないことも納得できる。つまり淳弁は経観房をまったく眼中においていなかったのではなく、誓智を相論の相手とすることによって、経観房をも合わせ相論相手としていたと考えられるのである。

それでは土倉寄合衆を一個の土倉に寄合う複数の人々と理解した上で、改めて誓智・経観房のこの土倉内に占める位置について考えてみよう。誓智に関しては、寄合衆の配分を受けていることから、少なくともこの寄合をなす成員の一人であったことは間違いない。問題は経観房である。経観房は質物をとり銭を貸したことがわかるだけで、その寄合衆における位置は、直接には史料に現れてこない。しかし先にも問題としたように、この相論において経観房の責任が誓智の責任の下に解消されてしまっていることは、それなりに彼のこの土倉内における位置を反映していると考えられる。

そこで想起されるのが、前節で検証した室町時代における本所（土倉本主）と倉預との負債責任の問題である。先に引用した室町幕府の法令に見える通り、幕府は倉預の逃亡などにより債務者が被害をうけた場合、本所がその責任および負担を負うことを定めている。経観房が淳弁から責任追求をうけていないのは、この本所の負債責任と関連付けては考えられないだろうか。もちろん経観房は逃亡していない。しかし誓智は「銭主」「土倉主」と呼ばれており、彼を室町時代の本所の位置にもっていくことは決して不可能ではない。そればかりか誓智・経観房をそれぞれ室町時代の土倉本主・倉預の位置に置くことにより、鎌倉時代の土倉寄合衆とさきに述べた室町時代の鷹司高倉土倉との構造的類似性を指摘することすら可能となる。なぜならそれは鷹司高倉土倉の寺領・親類からの納物（本所料足）を寺院・親類からなる寄合の合資と理解し、その「於納物□(者)、或成寺領、或分親類、以其利平配分之」という行為を、土倉寄合衆における「土倉寄合衆可令配分用途」という行為と重ねれば、本質的に同じ土倉の利益配分という行為をそこに見出しえるからで

①土倉寄合衆(鎌倉時代)

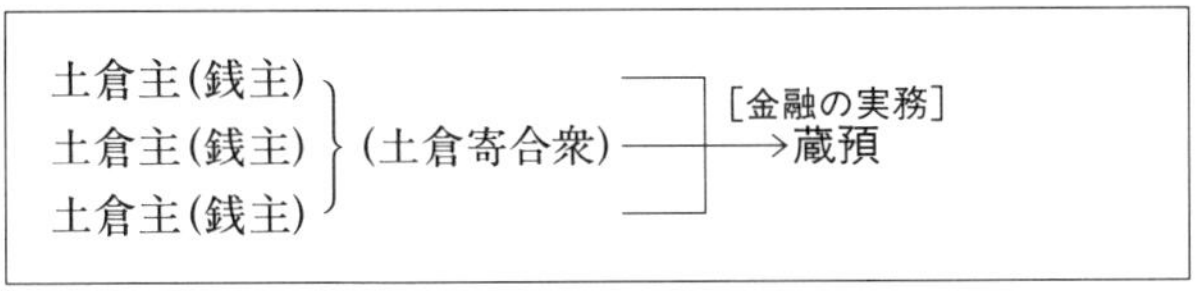

②土倉本主と蔵預(室町時代前期)

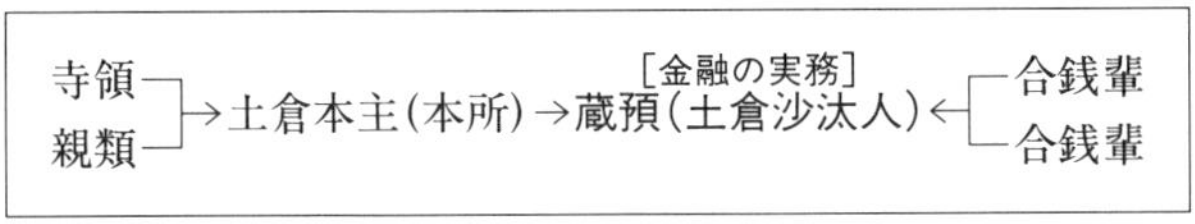

③蔵預と合銭輩(室町時代後期)

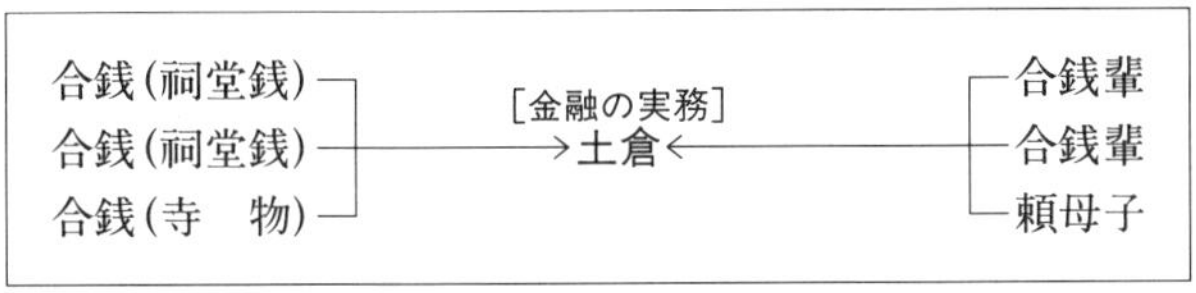

ある。

そして、この場合、土倉寄合衆における配分も、鷹司高倉土倉と同じくなんらかの出資を前提としていたであろうことは推測するに難くない。誓智が「土倉主」とともに「銭主」と呼ばれていたのは、まさに彼が土倉への出資者であったことを示しているのではなかろうか。誓智を成員とする土倉寄合衆とは、土倉を成り立たせるための「土倉主」「銭主」という出資者の寄合であり、配分はその出資にたいして行なわれていたものと考えられるのである。

以上のように見てきた鎌倉時代から室町時代についての土倉の経営形態を運営資金（納物）の流れをもって図示すると前頁のようになる。鎌倉時代に出現した金融業者としての土倉は、室町時代前期にいたるまで、基本的に同じ内部構造をもって存続していたと理解してよいものと考える。

従来の理解とは大きく異なり、鎌倉時代の「土倉寄合衆」が室町時代の「土倉方一衆」とは全く関わりない個別の土倉のいわば内部構造を形作るものであることがあきらかとなった。では改めて次節では、複数の土倉の集合体としての「土倉方一衆」のなかから幕府が有力な土倉を選び出し作りあげた二つの組織、公方御倉と納銭方一衆について、彼らが収納した酒屋・土倉からの納銭が、幕府内ではどのように管理・運営されていたか、という点について考えていくこととしよう。

三　公方御倉

初めに幕府の財政機関の一つとしての公方御倉について、ついでいわゆる納銭方と呼ばれた納銭収納機関について考えていくこととする。

公方御倉・納銭方についてはすでに桑山浩然氏の研究をはじめとするいくつかのすぐれた研究があるが(13)、ここではその実態を今一度整理しなおしながら、幕府機構内における両機関の役割について考えていきたい。

幕府が公方御倉と呼ばれる財政機関をもっていたことは、すでによく知られているところであるが、まず同機関の構成メンバーを再度確認していく作業からはじめよう。管見の限りで室町幕府の機構下で公方御倉を務めていたことを確認できるのは、籾井・禅住坊・定光坊・正実坊・定泉坊・玉泉坊の六つの倉である（玉泉坊は応仁の乱後）。このうち禅住坊・定光坊・正実坊・定泉坊・玉泉坊は、山徒および山徒の土倉としての明証があり、[14]これら五つの倉は、山徒で土倉を営むものであったとみて大過ない。これに対し残る一つの御倉である籾井が土倉であったという明証はない。そればかりか逆に他の五つの公方御倉との比較から、土倉ではなかったと考えるほうが妥当ではないかとすら思われる。

すなわち籾井にはまず土倉を営んだ形跡がまったくみられない。またその名称からも知られる通り、公方御倉のなかで彼だけが俗人であった。さらに他の山徒の公方御倉がいわゆる納銭方一衆として納銭の収納に多かれ少なかれ携わっていたのに対し、籾井にはその徴証がない。このほか籾井だけが「御蔵奉行」[15]「御倉本」と呼ばれ、「許物」と称する扶持銭を将軍家から定期的に授けられていたことも、[16]山徒の公方御倉とは大きく異なる。

将軍家との関係も特殊で、たとえば、嘉吉元年（一四四一）十一月二十三日、足利義教の室日野重子の出産にあたってその御産所となったのは籾井の屋敷であったし、[17]康正元年（一四五五）十二月十四日、籾井の倉が焼失したとき、すぐに将軍家より「相国寺水車正実旧宅」が付与されているのも、両者の密接な関係を示すものといえよう。[18]

このように見てくると、他の公方御倉が山徒の土倉を幕府がいわば便宜的に利用したことに起源を発していたのに対し、籾井だけは将軍家に直属した本来の意味での公方御倉として存在していた可能性が高い。ただ山徒の倉も籾井の倉も特に区別されることなく、公方御倉と呼ばれており、ここでは特別な場合を除いて両者を区別し

表1　公方御倉請取状一覧

年　月　日	発給者	宛　所	内　　容	出　　典
応永30年5月25日	禅住坊承操	広橋兼宣	三条河原橋要脚	兼宣卿記
32年10月10日	定光坊慶尊	広橋兼宣	北野御経料足	兼宣卿記
35年3月19日	定光坊慶尊	広橋兼宣	北野一切経会料足	兼宣卿記
永享元年11月3日	正実坊将運	東福寺	外宮役夫工米	東福寺文書
11年3月12日	定光坊康尊	(竹生島)	関東御礼進上分	竹生島文書
文安元年12月29日	定光坊康尊	東　寺	内裏段銭	教王護国寺文書
長禄3年10月17日	禅住坊承操	祇園執行	北野御読経要脚	八坂神社文書
11月6日	禅住坊承操	多田院	内宮役夫工米	多田院文書
11月28日	禅住坊承操	賀茂社	内宮役夫工米	賀茂別雷神社文書
4年7月28日	禅住坊承操	東福寺	内宮役夫工米	東福寺文書
寛正5年12月17日	禅住坊承操	南禅寺	内宮料地口銭	南禅寺文書
文明14年12月28日	定泉坊瑄運	嵯峨諸塔頭	諸塔頭還附御礼	地蔵院文書
永正元年8月1日	玉泉坊宗源	松梅院	八朔要脚	北野社家引付紙背
天文16年⑦月24日	正実坊円運	妙法坊	進上分樽代	本能寺文書

ないで考えていくこととする。

さて、それでは公方御倉には上記のような区別があったことを確認したうえで、次にこれら公方御倉の機能についてみていこう。公方御倉にはいうまでもなく幕府の収入と支出を管理する機能があったが、収入については、ここでは公方御倉が発行した請取状を表1としてまとめて表示するにとどめる(19)。この表1からだけでも、いろいろの名目で幕府に入ってくる銭貨の管理を公方御倉が一括して行なっていたことがわかるが、ではこのような収入に対し、支出のほうは公方御倉においてどのように管理されていたのであろうか。

公方御倉の性格を知る上において、支出のほうがより一層重要であると考えられるので、以下においては公方御倉からの支出がどのような手続きのもとに行なわれていたかを少し詳しくみていくこととしたい。

表2は公方御倉からの支出経過が具体的にわかるものを集めたもので、応仁の乱後のものについても表記しておいた。表の項目名で「切符発行者」とは公方御倉に支払いを求める通達状(切符)を発行した者を意味する。この「切符」には通常、支払われる銭貨の使途および支払い先が記された。折

紙をもってするのが一般的であったため、たんに「折紙」と呼ばれている例も少なくない。[20]また切符の袖には、「下書」と呼ばれる支払いを認可する幕府の奉行人の署判が加えられることになっていた。項目名の「下書署判者」とは、その「下書」の署判者を示したものである。[21]

さてこの表2でみるかぎり、公方御倉からの支出に関しては一定の管理体制ともいうべきものができあがっていたことが確認できる。公方御倉からの支出に際しての手続きを詳しくみるなかで、その管理体制について見ていくと、まず表2によって支出の際の手続きを分類すると、大きく三つに分けることができる。

（1）　切符→下書→公方御倉

（2）　（切符→）切符→下書→公方御倉（3・16・22～25・27）

（3）　請取→下書→公方御倉（11・14・21・22）

(1)は幕府が朝廷の諸々の儀式の運営費用を公方御倉から支出する場合にもっとも一般的にとられた手続きである。[22]そこでは儀式の最高責任者ともいうべき伝奏が公方御倉宛に切符を発し、幕府の奉行人がこれに下書を加えるという形がとられる。この時、下書として切符の袖に署判を加えるのは、普通は政所の執事代と寄人の二人となっていた。ただ、この(1)の場合、特に注意されなければならないのは、朝廷内もしくは公家様の儀式であっても、その主体が将軍家にあった場合には、下書には政所の執事代および寄人は署判しなかったという点である。すなわち将軍の大饗・元服・昇進などといった儀式の支出に際しては、その時々の担当奉行が下書として署判を加えているのである（4・18・19）。むろんこのことは事前に政所と密接な連絡をとった上で行なわれたのであろうが、公方御倉が必ずしも政所の一元的な管轄下になかったことを示している。

次に(2)の場合であるが、これは伝奏の切符が公方御倉宛ではなく、幕府の当該儀式の財政担当奉行宛に発せられた例である。この場合、伝奏の切符を受けとった財政担当奉行は、新たに自らが公方御倉宛の切符を発給し、

公方御倉	請取人	用脚使途	備　考	出　典
禅住坊	広橋義宣カ	賀茂祭用途		兼宣卿記
禅住坊	中原康富	遷幸御訪		康富記
?	中原師郷	御禊行幸料足掃部寮役料		師郷記
籾井	?	大饗下行物御訪	義教任大臣大饗	永享四年大饗定
定光坊	中原師郷	歳末年始掃部寮料足		師郷記
定光坊	?	賀茂祭惣用		建内記
正実坊・定光坊	山科成任他	賀茂祭惣用		建内記
正実坊・籾井	?	賀茂祭惣用		建内記
禅住坊	顕宥	神輿御帳浄衣代		祇園社記
籾井	中原師郷	歳末年始掃部寮料昆		師郷記
禅住坊	顕宥	神輿修理用脚		祇園社記
籾井	中原康富	賀茂祭惣用		康富記
籾井	中原康富	朔旦冬至参役外記用途		康富記
正実坊	中原康富	助成料足		康富記
正実坊	中原康富	賀茂祭惣用		康富記
定光坊	山科言国	賀茂祭惣用		山科家礼記
禅住坊	甘露寺親長	大嘗会伝奏御訪	義尚元服	親長卿記補遺
定泉坊	甘露寺親長	御元服用脚	義尚昇進	親長卿記
定泉坊	壬生晴富	御昇進用脚	義尚昇進	晴富宿禰記
(御倉)	中御門宣胤	御昇進用脚		宣胤卿記
玉泉坊	中御門宣胤	内侍所御神楽用脚		宣胤卿記
玉泉坊	中御門宣胤	節会用脚	大橋某については不明	宣胤卿記
玉泉坊	内蔵寮	御服調進方(即位惣用)	丹州反銭之内	言国卿記
玉泉坊	内蔵寮	御服方他(即位惣用)		言国卿記
玉泉坊	内蔵寮	御即位御服要脚(即位惣用)	御即位反銭	言国卿記
大橋某	中御門宣胤	御即位惣用		宣胤卿記
玉泉坊	五条為学	御即位(惣用)		拾芥記
正実坊	五条為学	御昇進位記持参禄物		拾芥記

表２　公方御倉からの支出手続き

	年　月　日	切符発行者(▲印は請取発行者)		下書署判者
1	応永27年４月13日	清閑寺家房(賀茂伝奏ヵ)		?
2	正長２年８月21日	万里小路時房(賀茂伝奏)		〔清秀定〕飯尾為行
3	永享２年10月７日	清閑寺家俊(大嘗会伝奏ヵ)	摂津満親	?
4	４年６月24日	万里小路時房(武家伝奏)		松田秀藤
5	９年12月15日	中山定親(貢馬伝奏ヵ)		?
6	嘉吉元年４月７日	万里小路時房(賀茂伝奏)		〔飯尾貞連〕松田貞寛
7	３年４月20日	万里小路時房(賀茂伝奏)		?
8	文安元年４月12日	万里小路時房(賀茂伝奏)		?
9	３年６月14日	?		飯尾永祥・飯尾真妙
10	12月30日	中御門宗継(貢馬伝奏ヵ)		?
11	４年５月	▲顕宥(祇園社執行)		飯尾永祥・飯尾真妙
12	６年４月20日	万里小路時房(賀茂伝奏)		?
13	宝徳元年⑩月22日	日野資広(武家伝奏)		伊勢貞親
14	３年12月25日	▲中原康富	伊勢貞親	?
15	享徳４年４月22日	中山親通(賀茂伝奏)		?
16	寛正４年４月10日	?　(賀茂伝奏)	摂津之親	?
17	文正元年　月11日			〔飯尾之種〕清貞秀
18	文明５年11月７日	広橋綱光(武家伝奏)		飯尾元連・飯尾為信
19	11年１月１日	広橋兼顕(武家伝奏)		飯尾任連・松田数秀
20	12年３月26日	勧修寺教秀(武家伝奏)		飯尾任連・松田数秀
21	明応２年12月20日	▲中御門宣胤(御神楽伝奏)		(奉行)
22	３年５月12日	▲中御門宣胤(節会伝奏)	摂津元直ヵ	〔飯尾貞通〕飯尾清房
23	文亀元年８月28日	町広光(武家伝奏)	摂津元親	摂津元親〔松田長秀〕他
24	10月10日	町広光(武家伝奏)	摂津元親	?
25	11月６日	町広光(武家伝奏)	摂津元親	〔松田長秀〕松田頼亮他
26	永正14年10月24日	広橋守光(武家伝奏)	摂津元造	〔松田長秀〕飯尾基聡他
27	16年８月４日	広橋守光(武家伝奏)	摂津元造	(奉行)
28	大永元年11月24日			〔松田長秀〕

注１：〔　〕は政所執事代の役職にあったことを示す。
　２：21～23の『宣胤卿記』は、『古事類苑』官位部および『武家式目抄』職名部所載の記事による。

その財政担当奉行の切符に政所の執事代と寄人が下書を加え、はじめて公方御倉からの支出が認められるということになっていた。(2)が(1)と異なるのは、いうまでもなく伝奏が公方御倉宛ではなく財政担当奉行宛に切符を発し、それをうけた財政担当奉行が公方御倉宛に再度切符を発行するという手続きを踏む点にある。そしてこの場合、表2で財政担当奉行とその「用脚使途」を対比してみれば、(2)がどのような時に限って行なわれたかは、容易に推測できよう。

表2で見る限り、財政担当奉行はすべて摂津氏であり、その「用脚使途」も「御禊行幸料足」「大嘗会伝奏御訪」「即位惣用」「即位銭」「御昇進位記持参禄物」といった具合に、大嘗会・即位など、いわゆる段銭をもってその運営費用にあてる儀式に限定されている。[23] つまりこの(2)のケースは、幕府が収納した段銭をもって運営費用にあてる儀式に限ってとられた手続きであったと考えられるのである。

公方御倉には、先の表1からも知られる通り、内・外宮役夫工米などの段銭も納められていたが、そのような段銭の支出にあたっては、段銭を管理する奉行人が直接公方御倉に支出を命ずる権限をもっていたらしいことがここからわかる。[24]

最後の(3)の場合であるが、これは幕府から支払いをうけるものがあらかじめ請取を出し、これに政所の執事代と寄人か、もしくは寺社奉行といった担当奉行が下書を加えて、公方御倉からの支出を認可したものである。(3)が(1)(2)と異なるのは、(伝奏等の)幕府外のものがさらに自分以外の第三者に支払いを求めるのではなく、自分で自分への支払いを幕府に求める点にある。寺社においては、祇園社の例、表2の11にみるように、これに下書を加えるのはその寺社の担当奉行となっていた。

以上、公方御倉からの支出に際しては、多少の異同はあっても、基本的には上述の三つのケースのうちのいずれかの手続きがとられたものと考えられる。ただ時として変則的な手続きで支出命令が発せられることもあった。

たとえば表2の13の場合などはその一例で、これは生活に困窮した中原康富が幕府から助成金を請取った時の例である。この時、伊勢貞親のもとへまず請取を送った康富は、その日記に「件請取備中守加下書袖判、遣御倉正実坊歟」とこれを記録している。[25]康富も公方御倉からの支払いの一般的な手順を知っていたからこそ、わざわざこう記したのであろう。しかし、実際の手続きは、このようには展開しておらず、康富の請取を請取った伊勢貞親は自ら切符を発行、彼が直接正実坊に支払いを求めている。この場合、政所執事代でもむろん執事でもない伊勢貞親がなぜ公方御倉からの支出にこのような手続きを踏むことができたかが大きな問題となるが、[26]それはさておき時として変則的な手続きのもとに公方御倉からの支出が行なわれたらしいことが確認できよう。

さて、ここまでの表2の検討による公方御倉からのいろいろな支出手続きを見ていえることは、まず第一に公方御倉の管理は、下書の署判者などから判断して、基本的には政所の手に委ねられていたと考えられることである。そしてなかでも政所執事代が直接その管理にあたっていたらしいことは、先学がすでに指摘されている通りである。[27]ただこれに新たに付け加えて指摘しておかなければならないのは、将軍家に関わる儀式では、下書の署判がその時々の担当奉行になることからも知られるように、公方御倉が基本的には政所の管理下にあったとしても、その政所の権限も決して独占的なものではなかったという点である。これは公方御倉が将軍家を最優先させるような形で管理されていたらしいことを示すものといえよう。

また第三点としては、段銭をもってその運営費用にあてるような儀式の場合には、たんに伝奏などの切符だけでなく、段銭を統轄的に管理する摂津氏などの切符が必要とされたことも、今回確認できた新たな事実として再確認しておきたい。

最後に公方御倉そのものの機能に関していえば、公方御倉には幕府・将軍家にさまざまな名目で集まってきた銭貨が一括して納められていたが、それら銭貨が収入別・用途別にかなりはっきりと区別して管理されていたという点を指摘できよう。そして、この点で公方御倉は、まさに幕府の財政収入を管理する中枢機関としての機能を果たしていたといえる。

それでは幕府の財政収支が、公方御倉をかなめとして、このように管理されていたとすれば、明徳四年の法令で「政所内年中行事要脚」として年間四千貫文を幕府に収めるべきことを定められた土倉・酒屋の納銭は、いったいどのように管理されていたのであろうか。最後にこの点について考えていくこととしたい。

四　納銭方

納銭を収納する機関として幕府内に納銭方なる組織があったといわれているが、(28)その実態については不明確な点が多く、よってここではまず納銭がだれの手によって収納・保管され、かつ支出されていたかを具体的に考えていくことからはじめたい。そうすれば納銭方なる組織についてもおのずとあきらかになっていくと考えられるからである。なお納銭とは、「諸納銭方」と称されることからも明白なように、(29)たんに土倉・酒屋の収める役銭のみならず、そのほかの諸商売役銭をも含めた幕府に納入される役銭の総称であった。(30)そこで以下でもたんに土倉・酒屋の役銭に限らず、広く諸商売役銭まで含めた納銭について考えていくこととする。

まず納銭の収納者から見ていくと、応仁の乱以前ではわずかな事例しか見出すことができないが、それらを列記するとつぎのようになる。

『斎藤基恒日記』によれば、嘉吉二年（一四四二）二月、前年の徳政令発布以来、納銭が減少したことを理由に「以来除一衆中」政所寄人の手で洛中洛外の酒屋より納銭が集められることとなったという。これは少なくともこれ以前においては、土倉方一衆が納銭の収納にあたっていたことを示している。そしてこののち文安四年（一四四七）三月、同六年四月には政所寄人により納銭が集められているから、(31)嘉吉二年六月以降は土倉方一衆を除いて、すべて政所寄人によって納銭が収納されていたらしいことがわかる。(32)さらに宝徳三年（一四五一）四月には「洛中洛外諸納銭方」の執沙汰を、時の政所執事二階堂忠行に命ずる管領下知状が発せられており、(33)このころまで引き続き政所寄人の手による納銭の収納が行なわれていたらしいことが確認できる。

ところが寛正六年（一四六五）二月になると公方御倉の一人である正実坊が「諸商売役」を執沙汰しているという事実が浮かびあがってくる。この時、正実坊は「近年京中徘徊制禁分」とされていた山門公人をもってその催促を行なったために、幕府内で問題となっているが、(34)いずれにしても政所寄人の手によらず、公方御倉の一人である正実坊によって、この前後の納銭の収納が行なわれていたという事実は注目しなければならない。山門公人による諸商売役銭の譴責の例としては、これよりさき長禄二年（一四五八）四月付の駕輿丁申状にも、「先年造　内裏之時、課役之由被仰出間、無先規之旨申上処ニ、以山門之公人堅依被譴責」と見えており、(35)山徒の公方御倉による納銭の執沙汰は、彼らが造内裏段銭の収納に関わっていた康正年間（一四五五〜五七）頃より、行なわれつつあったらしいことがわかる。(36)

応仁の乱以前については これ以上詳しいことはわからないが、少なくとも納銭の直接収納者が常に同じではなかったことだけはあきらかで、嘉吉二年六月以前においては土倉方一衆中が、それ以降は政所寄人がその任にあたり、さらに康正年間頃からは正実坊といった公方御倉を勤める山徒の土倉が、山門公人を使役してこの役にあたっていたのである。

ではこのような収納に対し、支出はだれの手によって管理されていたのであろうか。納銭をもって支出にあてたことがわかる例もさして多くないので、収納の場合と同じように列記する。嘉吉二年六月付で、嘉吉元年十二月、同二年正月・二月の酒屋よりの納銭の用途を記した記録がある。それによれば収納された八百八十貫六百文は、「御油代」「御くた物代」等の将軍家の雑費にすべてあてられている。(37)またその用途のなかには「政所内談始御要脚」の十貫文もみえているが、この政所内談料足についていえば、文安六年（宝徳元年、一四四九）六月に政所執事代の斎藤玄良が政所内談一献料二十貫文を納銭方をもって下行しており[38]、寛正二年（一四六一）正月、同三年正月にも納銭方より下行されている[39]。よって政所内談一献料はつねに納銭方から下行されることになっていたと考えてよい。

このほか納銭をもって下行された例としては、康正二年（一四五六）八月に政所の寄人が河上諸関停廃の使節として派遣されたとき、二十貫文が納銭方より支出されている[40]。寛正四年十二月に「普広院御月忌料」が四ケ月間、滞ったときにも、その穴うめに納銭方からの下行が行なわれた例がある。このとき、納銭方からの下行は、執事代の飯尾之種が沙汰している[41]。また寛正六年五月には、「慈恩院殿御訪万疋」が納銭をもって下行されているが、ただこれも「折紙方」からの費用捻出が遅れたため、とりあえず納銭をもってあてたものであった。ちなみにこの時の下行命令は、政所代の蜷川親元を通じて正実坊に伝えられている[42]。応仁の乱後の例としては、文明十七年（一四八五）六月十五日に足利義政が出家したとき、その戒師に施物として百貫文が納銭方から支払われている[43]。

わずかではあるが、このように納銭をもって下行されたことがはっきりする事例を集めてみると、納銭が本来なににつかわれるべきものであったかがかなり明確に浮かびあがってくる。納銭は明徳四年（一三九三）の法令が明記している通り、「政所内年中行事要脚」として用いられていたのである。つまり「政所内年中行事要脚」とは、取りも直さず政所をその家政機関とする将軍家の年中行事要脚の意味であり、納銭が将軍家の諸要脚捻出のために収納されていたことがわかる。「普広院殿御月忌料」「慈恩院殿御訪」がそれぞれ不足した時、納銭をもって一時的に補塡しているという事実も、納銭が将軍家独自の財源として比較的融通のきくものであったことを物語っている。そして、納銭が将軍家の諸要脚として支出されるためのものであったとすれば、その管理に将軍家の家政機関としての政所があたっていたのは、いわば当然の成り行きであった。政所のなかでも納銭の下行等には、特に執事代がその任に当たっていたことは、先に指摘した通りである。(44)ただ、このように政所の管轄下にあった納銭ではあるが、現実に収納に当たったのが、時期により土倉方一衆・政所寄人・山徒の公方御倉と変化していた点だけは再度確認しておきたい。

以上、納銭の収納と支出について概観してきたが、その結果いえることは、いわゆる納銭方とは、本来、「政所内年中行事要脚」捻出のために設定された諸商売役銭という商業税を収納・管理する機関であったということである。ただここで機関といった場合、はじめからなにか幕府内にそのための特別の成員が配置されていたと考えることは誤りで、その運営はあくまで政所の一機能として行なわれていたのにすぎなかった。(45)

執事代が一般に「諸酒屋幷諸土倉」などの納銭をもってする支出の場合に下書を加えるとされているのも、執事代がたんに公方御倉の基本的な管理者であったというだけでなく、彼が納銭に関わる銭貨の流れを全体として統轄する立場にあったためと考えられる。この点において特別の儀式の場合、公方御倉からの支出にその時々の担当奉行が下書を加えているのと、納銭支出に対する執事代の関係は全く変わりなかったといえる。

またこのほか納銭方を考えるにあたって問題とされなければならないのは、収納の仕方が応仁の乱を境として大きく変化する点であろう。すなわち大乱を境として幕府の政治力が減退し、土倉・酒屋も極度に疲弊した結果、それ以前には自ら否定していた臨時課役を幕府も課さざるをえなくなり、その収納にも請負人を指名するという体制をとるようになっていく。桑山氏が納銭方一衆を洛中の土倉の有力メンバーによる公役の請負機関と規定されたのは、(46)そのような応仁の乱後の状態を分析された結果であり、大乱を境として納銭方は大きく変化したということができる。

むすび

最後に本文ではとびとびになって統一的な解釈を提示することができなかった公方御倉と土倉方一衆と納銭方一衆の三者の関係に触れて本論の結びとしたい。

まず土倉方一衆と公方御倉との関係であるが、土倉方一衆が山徒の土倉を中心とする土倉の集まりで、明徳四年以降、納銭の収納に直接関与した組織だったとすると、その中核をなす山徒の有力な土倉が、幕府の下で公方御倉を勤めていたとみてまず誤りなかろう。公方御倉が籾井を除きすべて山徒の土倉で占められていることがなによりもよくこのことを物語っている。

それでは納銭方一衆はどのように考えればよいのであろうか。公方御倉を勤める山徒の有力土倉は、本来は土倉方一衆と幕府の間にあって納銭をあつかうことから出発し、次第に幕府に接近した結果、公方御倉になったと推定される。すなわち彼らは公方御倉になる前から土倉方一衆のなかでも特に選ばれて納銭のことを取り扱っていたところから納銭方一衆と呼ばれたのではあるまいか。つまり公方御倉と納銭方一衆とをあえて分けて概念規定するならば、前者が籾井を含めたいわば幕府および将軍家の倉としての機能をもっていた組織だったのに対して、後者は籾井を含まず、将軍家のために収納された納銭を管理した山徒の土倉集団であったということになる。

むろんこれら土倉方一衆・納銭方一衆・公方御倉の関係は、応仁の乱以前のものであり、乱後になると幕府の権力失墜や、土倉の経営構造の変化などにより、そのあり方は大きく変わる。特に納銭方一衆はたんに納銭をあつかう土倉といったことではなく、納銭請負機関としての性格を持つようになっていく。それら乱後の状況については稿を改めて論じたい。

（1）土倉酒屋に関する主要な論文としては、次のようなものがある。奥野高広「室町時代に於ける土倉の研究」（『史学雑誌』四四―三、一九三三年）、小野晃嗣「室町幕府の酒屋統制」（『日本産業発達史の研究』、至文堂、一九四一年）、豊田武「酒屋及び土倉」（『日本商人史』中世編、東京堂、一九四九年）、野田只夫「中世京都に於ける高利貸業の発展」（『京都学芸大学学報』A2、一九五一年）、橋本春美「土倉の存在形態」（『史窗』一九、一九六一年）、桑山浩然「室町幕府経済機構の一考察」（『史学雑誌』七三―九、一九六四年）、新田英治「室町時代の公家領における代官請負に関する一考察」（『日本社会経済史研究』中世編、吉川弘文館、一九六七年）、脇田晴子「酒屋土倉役の賦課」（『日本中世商業発達史の研究』、お茶の水書房、一九六九年）、須磨千頴「土倉による荘園年貢収納の請負について」（『史学雑誌』八〇―六、一九七一年）。

（2）『中世法制史料集』二・追加法一四六～一五〇条（以下「追加法」とのみ記す）のうち。

（3）『看聞御記』応永二十九年十月二十二日条。

（4）『北野文叢』九七（『北野誌』下、北野神社々務所、一九一〇年）、永享二年四月付「北野社衆中法式」。

（5）追加法二〇四条。

（6）土倉の「納物」については、その実態を具体的に示す史料を見出すことはできなかったが、『田中光治氏所蔵文書』には、次のような文書が収録されている。

（足利義持）（花押）

忍頂寺兼芙跡土倉上賀茂関目、同敷地・納物等事、早任当知行之旨、珠藤院領掌不可有相違之状如件、

応永廿四年十二月十九日

納物が、土倉（建物）・敷地とともに土倉（金融業）と密接に結びついたものであったことを示唆する史料としてあげておきたい。納物とは倉に納められたものの意味であろう。それは質物としてあとから納められたものではなく、土倉（建物）・敷地などとともに、本来的に土倉（金融業）を構成するものとして倉に納められたものを指していたと考えられる。このことはこのあと本文に引用する追加法二〇〇条にも「本主納物」と見えていることからも推測できる。具体的には、金融のための営業資金をもって当時「納物」と呼んでいたと解して、まず誤りなかろう。

（7）追加法二〇〇条。

(8) 百瀬今朝雄「文明十二年徳政禁制に関する一考察」（『史学雑誌』六六—四、一九五七年）によれば、合銭とは「現在の銀行預金類似のもの、また利殖を目的として、多くは高利賃業者に投資した金」であった。またその目的は「営業者はかく複数の人から集めた金を、更に今度は債権者の立場で貸付け」ることにあったという。この合銭をもって金融を営なんでいたことがわかる土倉としては、禁裏御倉を勤めていたことで有名な辻の土倉がある。すなわち禁裏御倉であった辻宗秀（文明九年九月付「辻宗秀申状」〈『御府記録』〉所収、『実隆公記』文明十八年十二月十五日条等参照）は、文明九年二月に次のような申状を幕府に提出している（『政所賦銘引付』）。

一、辻入道宗秀　―　九二九

文正元年、土一揆等所々打入土倉、号徳政質物下（以脱カ）悉以押取間、於合銭者令棄破、励私力可専公役之由、諸土倉中江忝被成御奉書候処、相国寺徳芳軒昭首座、背御下知、今更譴責云々、

ここで辻宗秀が禅宗寺院から合銭を借りている点は注目される。なぜならすでに宝月圭吾「中世の祠堂銭について」（『一志茂樹博士喜寿記念論集』、東筑摩郡・松本市・塩尻市郷土資料編纂会、一九七一年）が指摘されているように、この前後に辻の一族と推定される辻実秀・辻数秀といった人物が禅宗寺院から巨額の祠堂銭を借りており、辻宗秀自身も禅宗寺院から多額の祠堂銭を借り入れていた明証があるからである。つまり辻は利足の安い祠堂銭を合銭として借り、それを金融のための資本金にあてていたと考えられるのである。このように考えてくると、それまでの土倉とは違い、合銭をもって資本金とする辻のような土倉は、基本的に新しいタイプの土倉ということがやはりできそうである。応仁の乱を境にして、それ以前には一般的であった法体の土倉が次第に姿を消し、俗体の土倉にとってかわられるのもこのような土倉の構造変化によるところが大きいと考えられる。

(9) 追加法一四七条。

(10) 土倉寄合衆を室町時代の土倉方一衆と結びつけ、京都における土倉の組合的組織とすることは奥野高広氏にはじまる（前掲注1論文）。以後、土倉寄合衆は鎌倉時代における山門支配下の土倉の組合的組織として理解されてきた。しかし時代的にみても土倉寄合衆の存在した建治・弘安年間（一二七五〜八八）と、土倉方一衆が史料の上に現れてくる明徳年間（一三九〇〜九四）との間には、一世紀以上の隔りがあり、この両者を直線的に結びつけて理解することには無理がある。

(11) 建治四年正月二十五日付「中原明盛勘状」（『国立国会図書館所蔵貴重図書解題』六所収「瀬多文書」）。

(12) 弘安元年五月付「感神院政所下文」(「祇園社記」御神領部一一)。
(13) 前掲注(1)桑山論文参照。納銭方については五味文彦が「管領制と大名制」(『神戸大学文学部紀要』四、一九七四年)で、独自の見解を述べておられる。
(14) 禅住坊は『日吉社室町殿御社参記』(『続群書類従』五四)に、在京の山徒としてその名がみえるほか、『満済准后日記』応永三十三年正月二十八日条にも「一条猪熊善住山徒坊」とみえている。定光坊は『康富記』嘉吉三年五月二十八日条に、山門使節の西勝坊とならび記されていることから山徒であったらしいことがわかる。なお『満済准后日記』永享五年閏七月十一日条には、満済が定光坊に借金を申し込み、これを断わられたため、将軍家より「自余土蔵」を紹介してもらったという記事があり、定光坊が金融を営む土倉であったことが確認できる。また正実坊が土倉を営んでいた明証としては、『看聞御記』永享八年八月十三日条に、伏見宮貞成が食籠を質物として正実坊から五十貫文を借りたことが見えている。さらに正実坊は禅住坊と同じく『日吉社室町殿御社参記』に「在京」の山徒としてその名があがっており、山徒の土倉であったことがわかる。定泉坊は文明五年七月六日付「賀茂社正祝重脩正税売券」(『大徳寺文書』一七八〇号)に「西塔北谷定泉坊」と見えており、これまた山徒であったことがわかる。
(15) 『満済准后日記』応永二十五年十二月十五日条。『大乗院寺社雑事記』寛正三年五月十三日条。
(16) 『結番日記』文明九年三月晦日条。
(17) 『御産所日記』(『群書類従』四二〇)。『建内記』嘉吉元年十月二十三日条。
御産所を勤めることが将軍家との結びつきに特別な意味をもつことは、満田栄子「『御産所日記』の一考察」(『史窗』二七)参照。
(18) 『師郷記』康正元年十二月十四日条。『斎藤基恒日記』康正元年十二月二十九日条。
(19) 『常照愚草』は御倉よりの請取状について次のように記している。

一、御倉より請取ノ事、又御礼銭なとなれは其趣加書也、
　納申　御用脚
　　合千疋者、
右、為何かし殿進上所納申、如件、

年号―　　　　　名乗
　　　　　　　正実
宛所ニハ不及、但、其被官ノ名字等書事も在之、

表1に掲げた請取状は、すべて『常照愚草』が記しているような様式で書かれている。請取状の様式は早くからこのように定まっていたのであろう。

(20) 表2の5の場合は「伝奏折紙」と記されており、8の場合にはたんに「伝奏広橋折紙」と記されている。

(21) 桑山浩然「中期における室町幕府政所の構成と機能」(前掲注1『日本社会経済史研究』中世編)参照。

(22) 朝廷の一般的な儀式の場合には、そのつど任命された伝奏が切符を発行したようである。また将軍家の儀式に公卿などが出席する場合には、武家伝奏のなかから一人が選ばれ公家側の統轄にあたり、切符もこれら武家伝奏が発行することとなっていた(表2)。幕府と朝廷の間にあって機能する武家伝奏のこのような権限は、武家伝奏の性格を考えるにあたって見逃せないものと思う。

(23) 表2の用脚使途の事例だけが足利義晴の昇進に関わるもので段銭の有無が問題となるが、幕府はこの時期、足利義晴の元服のために段銭を収しており、大永元年十二月の元服に先立って行なわれたこの十一月の昇進にも、「御元服要脚」をもって「御昇進位記　持参禄物」を支出しているから(『拾芥記』大永元年十一月二十五日条)、他の場合も段銭が使われていたことは、まず誤りない。

なお室町幕府が段銭を収集するにあたってほぼ慣例的に摂津氏をその担当奉行に任命していたことに関しては、小林保夫「室町幕府における段銭制度の確立」(『日本史研究』一六七、一九七六年)参照。

(24)゜このほか幕府側で切符を発行したことが確認できる例としては、永享四年の大饗の時に、何人かの「条々支配奉行」のうち、幔・握などを沙汰する担当の飯尾貞元が「大饗引筵」を用意した掃部寮に切符を発行している例がある(『師郷記』永享四年六月三十日条、『永享四年大饗定』)。この場合は当日、武家奉行を勤めた松田秀藤がこの切符に下書を加え、公方御倉から料足を支払ったものと考えられる。幕府および将軍家が主体となる儀式では、伝奏の切符ではなくこのような担当奉行による切符発行も行なわれていたのであろう。

(25) 『康富記』宝徳三年十二月二十五日条。

(26) 政所執事は、文安六年(一四四九)四月より長禄三年(一四五九)十一月まで二階堂忠行がその任にあったが、

表2の13・14にみえるように公方御倉の管理には伊勢貞親がこの間もあたっていたようである。百瀬今朝雄「応仁・文明の乱」（岩波講座『日本歴史』中世三、一九七四年所収）が指摘されているように、この時期、政所の実権は伊勢貞親が握っていたのであろう。また伊勢氏がこの時期の前後、土倉・酒屋の役銭取り立てに関して、独自の権限を保持していたらしいことは、その被官河村が文安元年のいわゆる文安の麹騒動以後、「洛中洛外土倉酒屋幷散在酒麹役上分」（文明十四年九月二十三日付「河村元興申状」、『政所賦銘引付』所収）、「洛中洛外酒屋土倉かうし上分銭」（大永二年十二月付「河村元茂申状」、『別本賦引付』所収）、「酒屋上分銭」（天文十四年八月付「上下京酒屋土倉申状」、同上）と呼ばれる酒麹にかかる山門への上分銭を納所として執沙汰していたことによっても知られる（前掲注1桑山論文および前掲注1脇田論文は、いずれも河村を納銭方一衆を勤めた土倉と理解しているが、この河村は『賦引付』『親元日記』に散見する伊勢氏の被官の河村であろう。なお『政所賦銘引付』で「洛中洛外土倉酒屋幷散在酒麹役上分納所職」を勤めていることがわかる河村新次郎元興は、『親元日記』文明十三年（一四八一）正月三十日条に蜷川親元の使者を勤めていることが見える河村新次郎と同一人であろう）。これはいうまでもなく造酒正の課す酒麹役とは別のものと考えられるが、享徳元年（一四五二）八月、造酒正中原師有は幕府の政所執事代を通じて公方御倉より「酒麹役用途未進」を支払うべきことを朝廷に訴えており（『東山御文庫記録』）、さらに彼は康正元年（一四五五）九月にも「室町殿被申、毎年万五千疋分可下行造酒正之由、伊勢守ニ被堅仰付」べきことを訴えているから、文安を境とするころより伊勢氏が酒麹役に関する権限をも次第に一手に握るようになりつつあったらしい（同前）。さらに伊勢氏が酒麹役のみならず、納銭方をのぞみ（土倉・酒屋に対する課役全般にわたって深く関与していたらしいことは）康正二年五月には「山門之馬上料」を「勢州之御奉行」として沙汰していることからもうかがうことができる（康正二年五月付「御壺召次等申状」、同上）。伊勢氏が文安六年四月より長禄三年十一月にかけて政所執事の職になかったことをあわせ考えるならば、同氏はこの頃より土倉・酒屋に対するなかば私的な課税請負権ともいうべきものを確立しつつあったのかもしれない。

(27)　前掲注(1)桑山論文参照。

(28)　納銭方一衆については、前掲注(1)桑山論文、ならびに前掲注(13)五味論文参照。

(29)　宝徳三年四月二十五日付「管領畠山持国下知状」（『前田家所蔵文書』）。

(30)　前掲注(13)五味論文参照。

(31)『斎藤基恒日記』文安四年三月二日条、同六年四月二日条。
(32)嘉吉二年(一四四二)二月、文安六年(一四四九)四月に政所寄人により収納された納銭はいずれも籾井の倉に収められているが、これは政所寄人が土倉方一衆を通さず直接に納銭を収納したため、山徒の公方御倉(納銭方一衆)ではなく籾井の倉に収められたものであろう。
(33)前掲注(29)参照。
(34)『親元日記』寛正六年二月二十二日条。
(35)長禄二年四月付「駕輿丁申状」(『東山御文庫記録』)。
(36)正実坊は、寛正六年(一四六五)二月に山門公人をもって諸商売役を催促することをとめられた時、「諸商役催促事、以正実一力可執沙汰之旨、旧冬被仰付之処、一円事難叶之由詫言申候也」と、自分一人では諸商売役の徴集はできない旨を政所に訴えている(『親元日記』同月二十二日条)。『斎藤親基日記』寛正六年十二月三十日条にみえる「油銭方《(納)》御倉事、被改正実、被仰付禅住・定光・定泉等」という出来事は、政所が正実坊の訴えを入れ、諸商売役の取り立ての職務を正実坊から禅住坊・定光坊・定泉坊らに譲ったことを示すものではなかろうか。また正実坊がこののち文正元年(一四六六)にいたり、ふたたび一人で納銭の取り立てにあたるようになったらしいことは、『蔭凉軒日録』文正元年閏二月十五日条に「成知客曰、正実坊如旧公方御倉為一人領之、亦不幸乎」とみえていることから知られる。納銭方とはこのあと見るように将軍家の諸経費にあてられた財源であったから、ここでいう公方御倉とは狭義の将軍家の御倉といった意味で、主として納銭をあつかう納銭方御倉のことを指すのであろう。
(37)嘉吉二年六月付「酒屋役懸納弁進納分算用状」(『蜷川家古文書』一二)。
(38)『斎藤基恒日記』文安六年六月二十六日条。
(39)『政所内談記録』寛正二年正月二十六日条、同三年正月二十六日条。
(40)『斎藤基恒日記』康正二年八月二十九日条。
(41)『蔭凉軒日録』寛正四年十二月二十六日条。
(42)『親元日記』寛正六年五月二十五日条。
(43)『親元日記』文明十七年六月十五日条。
(44)前掲注(1)桑山論文参照。

(45)　たとえば将軍家の大きな収入源の一つである折紙方においては、折紙方奉行なる役職が設けられ、その収支を管理しているから（『親元日記』文明十年七月二十五日条）、納銭の場合は執事代が納銭方奉行ともいうべき職責を兼務していたともいえよう。

(46)　前掲注(1)桑山論文参照。

第四章　彼岸銭考

はじめに

本篇ではこれまで門跡に組織されたいわゆる門徒の山徒たちが、その武力を背景に門跡内だけでなく、延暦寺においても大きな発言力をもつにいたったことをさまざまな角度から見てきた。しかし、むろんすべての山徒が門跡の組織化に組み入れられていたわけではなかった。門跡の支配外にあった山徒も決して少なくなく、その代表的な存在としては土倉を営んでいた山徒らをあげることができる。管見の限り、山徒の土倉で門跡に所属していたことを確認できる者は一人もいない。山徒の土倉は基本的に門跡の支配外にあったと推定されるわけであるが、では彼らは門跡に属することなくいかなる形で金融を営んでいたのであろうか。

賀茂別雷神社（上賀茂社）伝来の『賀茂別雷神社文書』のなかに、延徳三年（一四九一）から明応三年（一四九四）にかけて、同社の氏人たちが明静坊慶運なる山徒を相手取って起こした訴訟に関する一連の文書が残されている。[1]それによれば、この近江国の「船木庄下司本家」領有をめぐって惹起した相論の発端は、氏人らが明静坊から銭を借り受けながらこれを返済しなかったことにあったという。ただあくまでこれは一方の当事者であった明静坊のいうところであり、氏人はその貸借関係の経緯に関しては堅く口を閉ざして語らず、真偽のほどはにわかに定めがたい。それはともかくとして、この相論でもっとも興味深いのは、明静坊が氏人らに貸し付けた銭を「日吉二宮」の「彼岸銭」であったと主張している点である。かの事例をもとに、山徒がその貸し付けに深く関与していた「彼岸銭」に焦点をあて、山徒の営んでいた土倉（金融業）について考えていくこととしよう。

一　山徒明静坊と上賀茂社氏人の争い

明静坊と上賀茂社氏人の争いを見る前に、明静坊がいかなる性格の山徒であったかについて最初に簡単に見ておきたい。明静坊の名が初めて史料の上に見えるのは『若狭国守護職次第』(2)で、それによれば元弘三年（一三三三）に一時期若狭国守護職を保持した「山徒多門坊」の代官、すなわち守護代を「明静坊永舜」なる者が勤めている。この他、南北朝時代では、貞治六年（一三六七）八月、宮中の最勝講の場において延暦寺の僧が、東大寺・興福寺の僧と闘争することがあったとき、勇猛果敢に戦った山徒の一人として、『太平記』四〇は「明静坊学運」の名をあげる。(3)さらに室町時代に入ってからは、応永二十七年（一四二〇）閏正月十一日付「十禅師彼岸三塔集会事書」に「在坂本人数」の一人として「明静坊権少僧都遶運」の名が見えている。(4)これら鎌倉時代末から室町時代初めにかけて名前のあがる永舜・学運・遶運が、これから述べる慶運といかなる関係にあったかは定かではないが、永舜を除く二人と名前に「運」の一字を共有していることからすれば、彼が歴代の明静坊の一人であった可能性は高い。

また、明静坊の山徒としての実力に関しては、永舜・学運の活躍が示す通りであり、延暦寺でもかなり卓越した力をもった山徒であったと見てよい。ちなみに応永二十二年七月、将軍足利義持が日吉社に参詣した折り、宿所となった山徒乗蓮坊の住房において宿直役を勤めた「明正坊」とは、明静坊遶運のことであろう。(5)これまた明静坊の山徒しての実力のほどをうかがわせる出来事の一つとしてあげておきたい。

上賀茂社の氏人が争わねばならなかった明静坊慶運とは、そのような山徒のなかでもひときわ大きな力をもった山徒だったわけであるが、では両者の相論はどのような形で展開していったのであろうか。長享年間（一四八七〜八九）と延徳年間（一四八九〜九二）の二度に分かれて争われた相論の推移を最初に見ておくこととしよう。

まず長享の相論であるが、明静坊が最初に訴えを起こし幕府から安堵の奉書を獲得したのは、長享元年（一四八七）九月四日のことであった。これに対して、氏人はただちに幕府に出訴、九月八日には早くも返付の奉書を手に入れている。しかし、氏人がこれに基づいて船木庄に代官を入部させようとしたところ、明静坊の妨害に遭い、争いは再度、幕府へと持ち込まれる(6)（後掲史料⑪⑫、以下同）。

このときに幕府が下した裁決は、氏人の訴えを再び認めたもので、長享元年十二月末、彼らに宛てて安堵の奉書が下される（②）。そのなかには在地における氏人の殺害事件が明記されているが、これはのちに触れるこの年の十月二十七日・十一月四日の二度の武力衝突のいずれかのときに起こった出来事を指すと考えられる（③⑪⑬）。

相論のきっかけとなった明静坊と氏人との貸借関係がいつ発生し、またその結果として、いつ頃から明静坊が船木庄の領有権を主張しはじめたかは、史料を欠くため正確にはわからない。ただ、確実にいえるのは、これ以前、応仁の乱で混乱する社会情勢のなか、近江では西軍についた六角高頼が東軍の幕府から独立、船木庄には氏人はもちろんのこと山徒明静坊も在地に入部できない状況が現出していたということである。それがこの時点にいたり、突然、両者の間で争いが再燃したのは、将軍足利義尚が六角征伐の実行を発表したことにあった。長享元年七月末に六角征伐を決意した義尚は、二カ月後の九月十二日、現実に兵を近江に進めるが(7)、明静坊が最初の安堵の奉書を手に入れたのは、この義尚の近江出陣のわずか八日前のことであった。

十月末と十一月初めに起こった船木庄での武力衝突を経て、この年の末、安堵の奉書を得た氏人が在地でどのような庄園経営を行なったかはあきらかでない。ただ、延徳元年（一四八九）になると、事態は新たな局面を迎える。この年の三月、湖東の鈎の陣にいた義尚が没し幕府軍は近江から撤退、船木庄は再び六角の統治下に入ってしまったからである。氏人と明静坊の争いは中断のやむなきにいたる。

ただこののち、六角高頼は自らの在京と寺社本所領の返還を条件に一度は幕府の赦免を得ており[8]、その期間に限り幕府の命令は近江にまで浸透している。延徳二年九月、六角高頼の守護代伊庭貞隆が、船木庄をめぐる上賀茂社の氏人と明静坊の相論を裁き、船木庄の名主沙汰人に宛てて年貢を明静坊に渡さないように命じているのは（④）、まさにこの時期に当たる。そして、そこに記された「以公方御成敗之旨、従社家中被申披子細候」という文言からは、六角が幕府の「成敗」を前提としてこの相論を裁こうとしていたらしいことが読み取れる[9]。しかし、高頼は最終的に幕府との約束を破棄、近江はふたたび幕府の権力外となり、それとともに船木庄も氏人の支配を離れる。

氏人と明静坊との間で船木庄をめぐる二度目の相論が開始されたのは、義尚の跡を承けて将軍となった足利義材が再度の近江出兵を決意した延徳三年のことであった。

今回もまたいち早く幕府から安堵の奉書を手に入れたのは明静坊で、彼は第二次六角征伐を四カ月後に控えた延徳三年四月、安堵の奉書を獲得（⑦）、同年九月、義材が近江に出陣するやただちに在地への代官入部を画策している（⑧）。これに対して、氏人は訴状を幕府に提出、両者の間で激しい訴陳状の応酬が開始される。

『賀茂別雷神社文書』には、この時、大津の幕府の陣所に提出された氏人・明静坊の三問三答（案文）がほぼ完全な形で残されている（⑨〜⑮）。それによれば今回の争点は、突き詰めれば次の二点に絞られていた。

(1)両者の貸借関係において、「船木庄下司本家」が、「日吉二宮彼岸銭」の抵当地となっていたか否か

(2)この争いで船木庄で濫妨を働いたのは、氏人・明静坊のどちらか

このうち(1)については、氏人が「於社家曾雖不存知、借状有所持者、速正文等致出帯」と述べて債務の存在そのものを否定したのに対して(⑭)、明静坊はあくまでも「日吉二宮彼岸銭」の貸し付けを主張し(⑬⑮)、両者の主張は真っ向から対立している。

また(2)に関しても、武力衝突があったことはともに認めながら、互いに相手方を激しく攻撃するにとどまっており、これまた不毛なやりとりが続いている。

この三問三答を受けて、延徳三年十二月二十六日、幕府が下した裁決は氏人の主張を全面的に認めたもので(⑳〜㉒)、かつて明静坊に与えた「御下知」を召返すとともに、かの地の「年貢諸公事物以下」をすべて「社家代官」に沙汰渡すべきことを決定し、ここに氏人と明静坊の相論はようやく終結を見る。[10]

二　神物・彼岸銭と山徒

氏人と明静坊の相論でもっとも重要な争点となった「日吉二宮彼岸銭」の貸借関係の有無については、どちらの言い分が正しかったのかは今となってはわからない。ただ、明静坊が繰り返し主張していた「日吉二宮彼岸銭」そのものに関しては、氏人がなんらかの意見を述べた気配はない。債務の存在すら認めようとしなかった氏人にとってはこれは当然のことともいえるが、うがった見方をすれば、それだけ「日吉二宮彼岸銭」は、氏人にとって厄介なものだったであろう。こと「日吉二宮彼岸銭」に関する限り、これに関われば最初から勝ち目がないと氏人は考えていたに違いない。

では、明静坊が声高にその貸付を強調し、氏人が沈黙を守り通した「日吉二宮彼岸銭」とは、具体的にいかなるものだったのであろうか。

表１　日吉社の上分米・彼岸銭関係略年表

年　月　日	事　　項	出　典
宝治２年(1248)12月	出雲近真らが「日吉上分出挙米」が弁進できず、質地の田地を手放す	勝尾寺文書
建治３年(1277)８月	安居院実忠の譲状のなかに若狭国名田庄の所役として「日吉上分米十七果内」が見える	大徳寺文書
４年(1278)２月	若狭国国富庄の和与にあたり「日吉社二宮・同十禅師上分」が地頭方と領家方に二分される	壬生家文書
正応４年(1291)12月	六波羅探題が「日吉大行事彼岸所領」延暦寺末寺高野寺の僧の訴えを受け、御家人三宅某らの放火・殺害・追補等を召還する	続宝簡集
５年(1292)２月	延暦寺末寺高野寺の僧が「日吉神物」を追補した御家人三宅某等を訴える	続宝簡集
永仁元年(1293)12月	「日吉上ふんのりせに」80貫文の借券に、返済が遅滞した時は「山門の公人」の譴責を受けることが明記される	醍醐寺文書
嘉元３年(1305)２月	菅浦村人が「日吉十禅師彼岸乗物御用途」150貫文を借りる	菅浦文書
徳治３年(1308)２月	妙円が上桂庄を質に「日よし上分のようとう」50貫文を借りる	東寺百合文書ヒ
２月	妙円が上桂庄を質に「日よし上分物」10貫文を借りる	東寺百合文書ヒ
元徳３年(1331)12月	「日吉上分物」の返却催促に菅浦に赴いた「無動寺児童孫一丸」の使者が菅浦村人に殺害される	菅浦文書
観応元年(1350)３月	前加賀守某が菅浦の「日吉神物」の返却を請け負う	菅浦文書
永享元年(1429)11月	根本中堂閉籠衆が北野社公文所に「日吉二宮上分物」の返還を要求する	北野社家条々抜書
延徳３年(1491)11月	明静坊慶運が上賀茂社氏人に貸し付けた銭を「日吉二宮彼岸銭」と主張する	賀茂別雷神社文書

その性格を知る上でまず注目したいのは、明静坊がこの銭を「日吉二宮彼岸銭」(⑬)とも「山門日吉二宮神物」(⑮)とも呼んでいる点である。これによって「彼岸銭」が日吉社の「神物」と理解されていたことがまずわかる。

そして、今一つこの銭(神物)で重要なポイントは、それが「山門(延暦寺)」ときわめて密接な関係にあったということである。この点に関して、明静坊は次のように述べている。

A 限年月於無沙汰之時者、此在所可為山門永領之由、契約状数通在之(⑬)

B 氏人等以連判、山門日吉二宮神物過分仁借取て、返弁之年月馳過者、可為山門永領旨、乍捧厳重契約状、種々陳申候事、言語道断之猛悪次第也(⑮)

貸し付けられた「日吉二宮彼岸銭」「山門日吉二宮神物」の返却が滞ったとき、その抵当地は「山門永領」になることになっていたというのである。つまりこの銭は日吉社の「神物」とはいいながら、実際には「山門」の管領下にあったことがこれによってわかる。

中世、二宮に限らず日吉社の「彼岸銭(彼岸物)」が貸付銭として用いられていたことについては、いくつもの事例がある。表1は管見の限りでそれらを年表としてまとめたものである。

これらの数ある事例のなかで、彼岸銭の性格を考える上で特に興味深いのは、嘉元三年(一三〇五)二月、近江の菅浦の村人が大浦庄との相論の費用に宛てるために借り入れた「日吉十禅師彼岸乗物御用途」の存在である。(11)次に引用したのは、元徳三年(一三三一)十二月、同「用途」返却催促のため菅浦に赴いた使者が殺害されるという事件が起きたとき、これを訴えた無動寺児童孫一丸の申状である。(12)

山門東塔南谷無動寺児童孫一丸謹言上

欲早召出其身被加誅罰、去元徳三年十二月廿一日、隣三郎同下人虎王男、為日吉上分物催促菅浦令入

部之処、当浦村人等成願・平三入道已下輩、隣三郎并下人虎王男無是非令殺害罪科難遁子細事

副進
一通　殺害人等之交名注文
一通　菅浦村人等連暑（署）状案文

右、子細者、菅浦村人等、嘉元年中以連署状、日吉上分物佰伍拾貫之令借用之間、彼負物為催促、去元徳三年十二月廿一日、隣三郎已下当浦令入部之処、村人等痛負物、并為奪取借書、彼等主従令殺害、所行之企罪科甚不軽、所詮於殺害人等者、不日被断罪、於連署負物者、任員数為被糺返、粗言上如件、

建武元年十二月十七（廿カ）日

嘉元三年に菅浦が借りた百五十貫の「日吉十禅師彼岸乗物御用途」が、一名「日吉上分物」とも呼ばれていたことがこれにより知られよう。

「彼岸乗物御用途」が先の「彼岸銭」と同じものであったという証拠はない。しかし、彼岸会の費用捻出を名目として貸し付けられた銭であったという点で両者は同じ性格の銭であった可能性は高い。とすれば、二宮と十禅師という違いはあるものの、日吉社のいわゆる彼岸銭が時には「神物」と呼ばれ、また時には「上分物」とも呼ばれていたことがこの申状によって改めて確認できることになる。

この他、彼岸銭と延暦寺との関係については、永享四年（一四三二）八月、幕府が京都の「松崎弥次郎男」なる者の「家倉」の処分にあたり、金輪院・円明坊の二人の山徒に下した命令が示唆に富む(13)。

一、宝重寺代栄光与円妙相論松崎弥次郎男家倉事、円妙令自専沽却之旨就訴申、為糺決円妙土倉被封置訖、先彼岸米召出、渡遣山上以後、重可封之、次訴論共以加扶持云々、以前又此在所相綺之上者、旁任理非無親疎可致成敗、若有引汲之儀、及庭中以下者、堅可有糺明御沙汰、更不可有緩怠之由候也、仍執達如件、

永享四
八月十五日　　　　　　　　為行（飯尾）
　　　　　　　　　　　　　貞連（飯尾）

金輪院

一、宝重寺代栄光与円妙相論松崎弥次郎男家倉事、円妙令自専沽却之旨就訴申、為糺決円妙土倉被封置訖、所詮於山上彼岸米者開倉、任員数渡之、以後如元可封置之由候也、仍執達如件、

永享四
八月十五日　　　　　　　　貞連
　　　　　　　　　　　　　為行

円明坊

金輪院・円明坊に対して、訴人・論人への肩入れを禁じた後半部はともかくとして、ここで注目されるのは、前半部の係争物件となっていた「松崎弥次郎男家倉」への幕府の措置である。幕府はすでに論人円妙の管轄下に入っていたこの「土倉」を「封置」し、その上でまずそこから「彼岸米」を「山上」へ渡すべきことを指示しているのである。ここにいう「山上」とはいうまでもなく延暦寺を指しており、幕府がこの係争物件の処理にあたり同寺の「彼岸米」を最優先としていたことが知られよう。

一方、視点を変えれば、この幕府の命令は「松山崎弥次郎男」が「山上彼岸米」を借り入れていたことを物語っており、彼岸銭（彼岸米）が予想以上に広範囲に京都の商工業者の間に出回っていたらしいことがうかがえる。

明静坊のいう「日吉二宮彼岸銭」を手がかりに、彼岸銭が日吉社の「神物」であり、その貸し付けに延暦寺（山上）が深く関わっていたことを検証してきた。それではそのような彼岸銭は山上にあって、誰が管理・運営していたのであろうか。この点に関して次に考えていくこととしよう。

三　彼岸銭と上桂庄

山上における彼岸銭のあり方をもっともよく示してくれる出来事の一つに、鎌倉時代後期に始まる山城国上桂庄の領有権をめぐる相論がある。相論の経過やその歴史的な意義についてはすでに源城政好氏による緻密な研究があるので詳細はそちらに譲ることとし、以下では彼岸銭のあり方を中心にその推移を追っていくこととしよう。(14)相論の発端は徳治三年（一三〇八）二月、同年六月の二度にわたって尼妙円が上桂庄（預所）を抵当とし、平氏女なる女性から「日吉上分用途」（「日吉上分物」）すなわち彼岸銭を六十貫文借用したことにあった。(15)のちに妙円の権利を引き継いだ浄顕なる僧は、その彼岸銭の借り入れの経緯を次のように述べている。(16)

徳治年中依有事縁為御門徒故善楽坊少輔律師円竪口入、件門弟成尋之母儀平氏女許、入置彼文書於質券之処、

文中にいう「御門徒」とは妙法院門跡の門徒のことで、妙円の彼岸銭借用が同門跡の門徒善楽坊円竪の口入によるものであったこと、および平氏女がその善楽坊円竪の門弟成尋の母であったことが、これによって判明する。それにしてもよく理解できないのは、平氏女がなぜ彼岸銭を運用できたのかという点であるが、この点についてはしばらく措き、引き続き一件の推移を追っていく。

延慶三年（一三一〇）三月、平氏女が質物として妙円から預かっていた相伝手継文書等を楯にし、さらには藤原氏女（教明）から譲渡されたと称して、上桂庄を延暦寺の「東塔北谷十禅師二季彼岸料所」に寄進したことから、平氏女と妙円の間で相論が開始される。上桂庄は「彼岸銭」の貸し付けを契機として平氏女の手を経て東塔北谷の「彼岸料所」となってしまったわけで、「彼岸銭」の返済不能が実際に「山門永領」へと進展していった実例をここに見出すことができる。ちなみに平氏女の寄進状によれば、この時、東塔北谷に彼岸料所として寄進されたのは「上分十果」のみで、下地の進止権は彼女の手元に留保されている。(17)

さて、このようにして「彼岸料所」となった上桂庄ではあったが、東塔北谷がすぐに「上分十果」を手にできたわけではなかった。妙円とともにいま一つの大きな障害が東塔北谷の前に立ちはだかったからである。東寺（教王護国寺）である。

これより先、当庄は後宇多上皇によって東寺に施入されており、同寺では早速、在地に強力な支配を敷きつつあった。それに対し正和五年（一三一六）十月、東塔北谷大衆は東寺の預所聖無動院道我らの濫妨を訴えた次のような集会事書を提出する。(18)

山門東塔北谷本尊院集会事書

欲早被申武家、以厳蜜(密)御使、被破却城墩、被退数百人悪党、召賜所取籠宮仕・公人等、被断罪清閑寺道雅法印已下造意下手輩、全管領山城国桂上野庄間事、

副進

一巻　相伝証文案

一通　悪党人交名注文

右、当庄者、元四辻入道親王(善統)家御管領之地也、而藤原氏法名教明、永代譲賜畢、而先年大覚寺殿御使濫妨之時、言上子細之刻、被聞食披、如元可知行之旨、下賜　院宣畢、其後次第相伝而所寄進当谷幷十禅師大般若供僧中也、爰清閑寺道雅法印相語数百人悪党、構城墩、致苅田已下種々悪行之条、希代之狼籍(藉)、未曾有之濫吹也、且彼悪党内去月廿六日少々被召取、武家被焼捨武具、被加治罰上者、云所行企、云交名在所、定無其隠歟、而去月廿八日為間答子細、差遣公人等之処、宮仕一人・預一人忽被取籠城内、不知死生、早被訴申武家、被破却彼城墩、被退所楯籠之数百人悪党、返賜宮仕・公人等、全所務、於道雅法印幷悪党人等者、不日被召出武家、欲被行重科矣、

正和五年十月　日

煩をいとわず全文を引用したのは他でもない、ここには「山門永領」となった「彼岸料所」の性格を考える上でポイントとなる点がいくつか含まれている。その一つは彼岸料としての「上分十果」を受け取るべき人々として、「当谷」と「十禅師大般若供僧中」の二つがあげられている点である。これによってまず、誰が「彼岸料所」の支配者であったかが、具体的に確認できよう。またそれとも深く関わって今一つ注目されるのは、「上分」収納のために「公人」が上桂庄に派遣されていたという事実である。ここにいう「公人」とは東塔北谷所属のいわゆる山門公人を指し、その派遣には当然、同谷の集会（僉議）をもってする決議が先行して存在したものと考えられる。(19)「彼岸料所」としての上桂庄が、大衆の管領下に置かれていたことをこれほど明快に指し示す事実はない。

すなわち、この集会事書からは「彼岸料所」上桂庄の領有主体として、一つには東塔北谷の大衆が、また今一つには同谷の「十禅師大般若供僧中」なる集団がはっきりと浮かびあがってくるのである。では、彼らはいかなる権限に基づいて「彼岸料所」上桂庄の領有権を主張するにいたったのであろうか。この点を知る上で、貴重な手がかりを提供してくれるのが、やはり東塔北谷がその領有権の正当性を訴えてのちに朝廷に提出した申文であり、(20)それを取り次いだ二通の文書である。(21)

〔A〕　元亨四年（一三二四）同年十一月付「東塔北谷雑掌良善申状」

山門東塔北谷十禅師宮二季彼岸料所山城国上桂庄号上野庄、雑掌良善謹言上

欲早就次第吹挙、被経　奏聞、任相伝道理、被返付于当山、全神用当庄領主職事、

副進

一巻　次第証文案

一通　当庄相承系図

右、当庄者、修明門院御跡三十八ケ所内也、彼御領内十七ケ所為四辻親王家御領之条、弘安　院宣分明也、爰親王家十七ケ所御管領内割分当庄、去正応三年十月廿五日譲給于藤原氏女之間、永仁元年八月日申賜庁御下文、多年知行之後、嘉元々年十一月十日〈譲于平氏女、所譲与惟宗菊寿丸也、〉譲于大中臣千代松丸畢、千代松丸譲于平氏女、々々々所寄進于当社也、次第相承手継備右、代々知行無相違之処、去延慶三年以来、高三位重経卿依掠申　後宇多院被召放之条、不便之至、可足高察歟、凡四辻親王家御管領之段者、不能費卑詞、　勅約何可令改動哉、限于当庄可被収公条、由緒更難存知、所詮、憲政之今、相伝之旧領皆開返領之眉、当山領豈貽顛倒之愁訴哉、早任次第相承之実、為仰聖断、粗言上如件、

元亨四年十一月　日

〔B〕同年十一月十五日付「権少僧都増盛書状案」

当谷十禅師宮彼岸結衆申、彼岸料所山城国上桂庄〈号上野庄、〉事、申状〈副具書、〉如此、子細見状候歟、可尋申御沙汰由、衆儀候也、恐々謹言、

十一月十五日　権少僧都増盛〈在裏判〉

謹上　中納言僧都御房

〔C〕同年十一月二十六日付「天台座主慈道法親王令旨案」

東塔北谷十禅師彼岸結衆申、山城国上桂庄事、増盛僧都状〈副具書、〉如此、子細見状候也、可令申御沙汰給之由、座主宮令旨所候也、仍執達如件、

十一月廿六日　法印行守

（宛所欠）

〔A〕の申文を朝廷に伝達するために作成された二通の文書（〔B〕〔C〕）のうち、〔B〕の筆者増盛がいかなる人物であったかは正確にはわからない。ただ「当谷」といった書出しや、「可尋申御沙汰由、衆儀候也」というその書止文言などからすれば、東塔北谷を代表する学頭あるいは学頭代ではなかったかと推定される。一方〔B〕を受けて発せられた〔C〕の奉者の行守はのちに青蓮院執事としての明証があり、こちらのほうは、当時の天台座主青蓮院慈道法親王が発した令旨と判定して間違いない。そして、この三通の文書からは、この時の訴えの主体、換言すれば「彼岸料所」上桂庄の領有主体が誰であったかが明確に読み取れる。では、東塔北谷において誰が同庄の領有を主張していたのであろうか。

「山門東塔北谷十禅師宮二季彼岸料所山城国上桂庄号上野庄、雑掌良善謹言上」という〔A〕の書出しだけを見れば、それは雑掌良善であったかのように見えないこともない。しかし、〔B〕〔C〕になると、雑掌良善の名は全く見えず、そればかりか訴えの主体は、それぞれ次のように表現されている。

〔B〕当谷十禅師宮彼岸結衆申、彼岸料所山城国上桂庄号上野庄、事、

〔C〕東塔北谷十禅師彼岸結衆申、山城国上桂庄事、

雑掌良善はあくまでも文書の上での発給者にすぎず、実際には「当谷十禅師宮彼岸結衆」「東塔北谷十禅師彼岸結衆」が、訴えの主体であったことがこれによって確認できよう。「彼岸料所」上桂庄を管轄していたのは、彼岸会を主催していた「彼岸結衆」なる人々だったのである。彼岸会に当てる費用を捻出するために設定されたのが「彼岸料所」であったことからすれば、これは当然のことともいえるが、それでは、彼ら「東塔北谷彼岸結衆」は、先の「当谷」の大衆および「十禅師大般若供僧中」といかなる関係にあったのであろうか。

この点を考えるにあたり想起されるのは、本書第二篇第二章で検証する元久元年（一二〇四）にはじまる、三塔大衆による日吉七社の彼岸会執行の分割という出来事である。この時、東塔北谷に割り当てられたのは、他な

らぬ十禅師社の彼岸会であった。

ここにいう「東塔北谷十禅師彼岸結衆」とはその時以来、同谷において十禅師社の彼岸会を執行していた大衆組織を指すと推定される。「結衆」という表現からすると東塔北谷では、いくつかの集団が寄り合う形で十禅師社の彼岸会を執行していたのであろう。正和五年十月の申状で上桂庄の領有主体が「当谷」と「十禅師大般若供僧中」になっているのもこのことを暗示している。

以上によって「山門永領」となった「彼岸料所」としての上桂庄の領有主体が、東塔北谷の大衆であったことがより詳細にあきらかとなった。では、もとにもどり平氏女が妙円に貸し付けた「日吉上分用途」(彼岸銭)とこの東塔北谷の彼岸結衆とがどのような関係にあったのかを、次に考えていくこととしよう。

四　彼岸結衆と彼岸銭

平氏女と妙円の貸借関係に彼岸結衆が直接関与した形跡は全くない。この場合、彼岸銭はあきらかに彼岸結衆から切り離された形で妙円に貸し付けられていたと見てよい。そして実は同じような彼岸銭運用の事例がほかにも存在する。それは先に見た孫一丸および明静坊による貸し付けの例である。

孫一丸は菅浦への譴責に「隣三郎同下人虎王男」を派遣しており、(22)また明静坊も船木庄の制圧には「与力輩」と呼ばれる俗人を用いている(⑭)。もし、この二人の債権が彼岸結衆の債権と全く重なるものであったとすれば、山門公人が現地に派遣されないはずがなかった。(23)この点からして孫一丸と明静坊の場合も、その彼岸銭の貸借関係に彼岸結衆はやはり直接関与していなかったと見なければならない。

平氏女の場合も事情は同じで、つまり平氏女と妙円の貸借関係は、両者の契約関係の枠を出るものではなく、たとえその貸し付け銭が「日吉上分用途」(彼岸銭)であったとしても、そこに東塔北谷の彼岸結衆は一切関わってはいなかったと理解すべきであろう。そして、とすれば、なおさらなぜ平氏女が本来、彼岸結衆が管理する彼岸銭を貸し付け金として用いることができたかが、大きな問題点として残ることとなる。この疑問を解く鍵は、やはり孫一丸と明静坊の事例にある。

ポイントは孫一丸・明静坊と平氏女の共通点にある。彼ら三人はすべて延暦寺の大衆かもしくはそれにきわめて近い立場にあった人々であった。すなわち孫一丸は無動寺の児童で、明静坊は山徒、さらには平氏女はその子成尋が山徒であり、このように彼岸銭を貸付金として運用していた三人がすべて延暦寺大衆もしくはその周辺の人々で占められているのはたんなる偶然とは考えられない。

この事実から導き出せる結論はただ一つ、彼岸銭は延暦寺大衆もしくは彼らと近い立場にあった人々（児童・親族）に限って金融資金として彼岸結衆から貸し出されていたのではなかったか、というものである。では彼岸結衆はどうして自分たちで直接彼岸銭を貸し付けず、彼らを介して貸し付けを行なっていたのであろうか。

実は彼岸結衆が直接、彼岸銭を貸し付けを行なっていた例がないわけではない。たとえば『祇園執行日記』の紙背文書には、次のような観応二年（一三五一）四月付「日吉二宮彼岸結衆申状」が残る。(24)

日吉二宮彼岸結衆等謹言上

欲早被成厳重御教書於守護方、且被責返去年々貢、且被打渡下地、全知行越前国越前保号感神院、十方院叡運注記押領無謂子細事、

副進

一通　安堵　院宣案康永四年三月廿日

一通　晴賀法眼放券状案貞和五年九月廿六日

此外証文等依事繁略之、

右、当保者、本主晴賀法眼相副調度証文等、令放券彼岸結衆之段、所進証文炳焉也、爰十方院叡運注記、去年所務以来令押領之条、無謂次第也、所詮当保年貢為厳重神物之上者、不日被責返之、至于下地者、急速可打渡結衆方之由、被成厳重御教書於守護方、為全知行、言上如件、

観応二年四月　日

「十方院叡運注記」なる者の「越前国越前保」の押領を訴えたこの申状からは、「日吉二宮彼岸結衆」が「本主晴賀法眼」から当該地を譲り受けるにあたり、その「調度証文」と「放券」を得ていたことが知られよう。つまり、前後の詳しい事情はわからないものの、「日吉二宮彼岸結衆」は「本主晴賀法眼」に貸し付けた銭の抵当地として、この地を入手していたと推定されるのであり、「彼岸結衆」が銭の貸し付けに直接関与していたことが読み取れるのである。彼らが越前保の年貢を「神物」と呼んでいることからも、この銭は「彼岸銭」であったと見てまず誤りない。

また、この他にも永仁元年（一二九三）十二月二十八日付の「恵印」なる者の「利銭借券案」には、「日吉上ふんのりせに」の返還が滞った時には「山門の公人」の譴責を受けるべきことが記されている。[25]山門公人による譴責が明記されていることからして、これも当該の一院もしくは谷の彼岸結衆が貸し付けた銭であった可能性が高い。さらに山門公人をもってする譴責ということでいえば、応安三年（一三七〇）十二月、朝廷が「負物譴責」に彼らの使役を禁止する「仰詞」を発している事実が思い起こされる。[26]ここにいう「負物」のなかには、当然、彼岸銭をもってするものも含まれていたに違いない。彼岸結衆もまた直接彼岸銭を貸し付けていたと考えられるわけであるが、とすれば、それは大衆関係者を通じての彼岸銭の貸し付けとどう違っていたのであろうか。[27]

いつの時代でも金融を営む者にとっての最大の危惧は貸し倒れである。いかに確実な担保を取ろうと、予期せぬアクシデントによる債権喪失の危険は常に付きまとっており、その損失をいかに最小限に食い止めるかが究極

の課題の一つとなっていた。

彼岸結衆の大衆関係者への貸し付けは、そのような危険を少しでも小さくするために取られた手段だったのではなかろうか。貸付先が大衆関係者であれば、寺外の第三者とは異なり、逃亡・破産による債権の損失は、ほぼ完璧に回避できたはずであり、彼岸銭の貸付先としてはこれほど確実な相手はなかった。

一方、貸し付けを受けた大衆関係者にしても、彼岸銭をもって金融を営むことは、延暦寺大衆を後ろ盾とすることを意味しており、債務者に対する無言の圧力は絶大なものがあった。明静坊慶運の場合でいえば、彼が「限年月於無沙汰之時者、此在所可為山門永領」⑬、「返弁之年月馳過者、可為山門永領」⑮と「山門永領」の脅し文句を繰り返し用いているところに、その威力のほどを見て取ることができる。

むすび

明静坊慶運と上賀茂社の氏人の間で争われた相論を手がかりに、彼岸銭が有していた歴史的背景にまで立ち入って考察してきたが、最後に本章であきらかになった点を整理しておけば、次のようになろう。

延暦寺の「院々谷々」では、元久元年（一二〇四）以降、日吉社の彼岸会を執行するために彼岸結衆なる集団が組織されていた。「彼岸銭」は本来彼らが日吉社の彼岸会を執行するための資金であったが、彼岸結衆はこれを寺外の第三者に貸し付けることで利益をあげていた。また、貸し倒れの危険を避けるため、貸し付けには大衆の関係者を選ぶことが広く行なわれていた。明静坊慶運が上賀茂社の氏人に貸与したという「日吉二宮彼岸銭」とは、まさにそのような大衆の管理下にあった資金であったと考えられる。

室町時代前期の土倉（本主・本所）は「納物」と呼ばれる資金源を「寺領」「親類」からの出資に依存しており（本篇第三章参照）、「彼岸銭」もまた広い意味での「寺領」と見なしてよかろう。そして、そう考えてこそ鎌倉時代末にはじまる「山門気風の土倉」「山法師の土蔵」の活発な活動が無理なく理解できることとなる。つまり「山門気風の土倉」「山法師の土蔵」は「院々谷々」の大衆（彼岸結衆）が管理する彼岸銭を主な資金源としていたがゆえに、最後まで大衆から離れず、また門跡の門徒となることもなかったと考えられるのである。

①文明十年十二月十二日付「伊庭貞隆下知状案」（折紙）

（端裏書）
「舟木状」

当庄下司名年貢事、給人可致所務候処、地下人致難渋不致沙汰之由、言語道断次第候、早々可致沙汰之由可被相触候、尚以致緩怠者、一段可処罪科候也、恐々謹言、

文明十
十二月十二日　（伊庭）貞隆判

九里三郎左衛門尉殿

名主中

②長享元年十二月二十九日付「室町幕府奉行人連署奉書写」（竪紙）

賀茂社雑掌申、江州舟木庄下司本家事、山徒明静違乱候間、糺明処、不相待之、強入部彼庄、剰氏人数背（輩）討捕云々、前代未聞所行也、所詮於明静者、猶尋其子細、一段可有御成敗、至地下者、任当知行可全社家領知之旨、被成奉書訖、早年貢以下如先々厳密可致其沙汰之由、被仰出候也、仍執達如件、

長享元
十二月廿九日　（飯尾）兼連在判
（松田）長秀在判
（飯尾）清房在判

当所名主沙汰人中

③長享二年六月七日付「福松大夫請状」（竪紙）

（端裏書）
「古（故）尾張守往来ニ福松大夫請文」

背（ママ）申往来田弁壱段田之事

右、子細者、江州舟木庄江惣中而着被遣候処仁、尾張守罷下、打死仕候、仍而彼為訪ツチノエサル歳ヨリ、ミツノエイヌノ歳之作毛マテ拾五ケ年之間、衆儀一同ニ被下候也、然ハ此下地等にをき候て、違乱煩之事候者、某而罷出明可申候、仍為後日請文之状、如件、

長享弐年六月七日

福松大夫（花押）

④延徳二年九月二十日付「伊庭貞隆下知状案」（折紙）

当庄内賀茂社領下司本家事、以公方御成敗之旨、従社家中被申披子細候、然間、年貢事山徒明静坊江不可被渡付、万一有其沙汰者、可為二重成、其段可有存知者也、仍状如件、

延徳弐
九月廿日

（伊庭貞隆）
出羽守判

賀茂庄
名主沙汰人中

安養寺殿

須田七郎殿

⑤延徳二年九月二十五日付「伊庭貞隆下知状案」（折紙）

賀茂庄下司本家分年貢事、可中置之由、以前被仰付候処、自明静方致催促云々、言語道断次第也、重而被成御奉

書上者、彼年貢事可中置之通、百姓中仁可被相触、若何方江も致其沙汰者、可為二重成者也、仍状如件、

延徳弐
九月廿五日　　出羽守（伊庭貞隆）（花押）

下司本家方

名主沙汰人御中

⑥延徳二年九月二十五日付「六角高頼奉行人連署奉書」（折紙）

賀茂庄下司本家分年貢事、可置中之通、先度被仰之処、近日明静坊催促云々、言語道断次第也、若有一方向之沙汰者、可為二重成旨、堅可被相触彼百姓中由候也、仍執達如件、

延徳弐年九月廿五日

重信（花押）

久健（花押）

下司幷

本家方

名主沙汰人御中

⑦延徳三年四月三日付「室町幕府奉行人連署奉書案」（折紙）

山徒明静坊慶運申、江州蒲生郡賀茂本家下司職事、任当知行之旨、被成奉書訖、早年貢・諸公事物等、厳蜜（密）可致其沙汰之由、被仰出候也、仍執達如件、

延徳三
四月三日　　宗基（斎藤）判

数秀（松田）同

当所名主沙汰人中

⑧延徳三年九月六日付「室町幕府奉行人連署奉書案」（折紙）

山徒明静坊慶運知行分江州蒲生郡賀茂本家下司職事、代官入部之上者、早年貢・諸公事以下如先々厳蜜(密)可致其沙汰之由、被仰出候也、仍執達如件、

延徳三
九月六日　　(斎藤)宗基判
　　　　　　(松田)数秀同

当所名主沙汰人中

⑨延徳三年九月付「上賀茂神社氏人初問状案」（竪紙）

(端書)「初問申状案　延徳三　九　七」

賀茂社氏人等謹言上

右子細者、当社領江州船木庄下司本家職之事、毎日為日供料所当知行無相違之処、無謂山徒明静慶運号知行、動雖成其妨、常徳院殿様(足利義尚)被披聞食、度々被成下御下知、安堵仕者也、于然明静去六日御奉書掠給、彼在所へ入部仕之条、言語道断次第也、社家迷惑何事如之哉、所詮急度被成御成敗、弥天下泰平為奉致御祈禱精誠、粗言上如件、

延徳参年九月　日

九　七　奉行所付也　大津ニて　右馬助
両三人書之也、　兵庫助
弾正少弼

⑩延徳三年十月付「山徒明静坊慶運初答状案」（竪紙）

(端裏書)「山徒明静文状案文写之、延徳三　十　十二」

文状案文　　山徒明静令支云々、

右、子細者、江州船木庄本家下司職事、任契約状之旨、当知行処、動者氏人無其謂背契約之状旨、不可有承引之由申条、言語道断次第也、特　常徳院殿様・当公方様（足利義材）被成御奉書、知行無相違者也、所詮被遂糺明、重而被成下成敗者、弥々忝可畏入候、仍粗支言上如件、

　延徳参年十月　日

同十　十二　飯尾大蔵大夫（兼連）陣所ニて写之

⑪延徳三年十月付「上賀茂神社氏人二問状案」（竪紙）（紙背）

（端裏書）「賀茂社氏人中重而言上案文」

賀茂社氏人等重謹言上

右、当社領江州船木庄者、為日供料所、当知行無相違之処、山徒明静慶運無謂、長享元年八（九）月四日掠　御奉書給之間、為社家依子細申披、同八（九）月八日社仁被返成御奉書、順戴（頂）仕、代官入部之処、明静成妨彼庄及違乱之間、常徳院殿様御動座之時、及違乱通申上之処、被立召文、於奉行所御糺明之時、明静令帯出号借状〇令帯出案文之面一々於社家不及覚悟之条〇披申者也、上然者、明静不理非分明之間、社〇家理運之旨、被仰付之処、任雅意長享同年十月廿七日与十一月四日両度大勢相語押寄、厳重御制札打破、御奉書焼失、在所悉令放火、剰氏人等数十人討捕、不恐　上意致緩怠狼籍（藉）之事、前代未聞所行也、茲因（依是）於明静慶運者、可被加誅伐被成　御下知訖、其何今度又掠御奉書給、令任□□言語道断□□於彼明静者、被加誅□□於社領如元可全領知、被成下御下知者、忝畏存、弥天下泰平為奉抽御祈禱丹誠、粗言上如件、

　延徳三年十月　日

⑫延徳三年十月付「上賀茂神社氏人二問状案」（竪紙）

賀茂社氏人等重謹言上
右、当社領於江州船木庄者、為日供料所当知行無相違之処、山徒明静慶運無謂、長享元年九月四日掠　御奉書給之間、為社家依子細申披、同八日仁被　成御奉書、順(項)戴仕、代官入部之処、明静彼庄成妨之間、重而歎申処、被立召符、於奉行所御糺明之時、明静号借状而令出帯安(案)文之面、一々於社家不及覚悟之条、申披者也、然上者、社家理運之旨被仰付処、任雅意同年十月廿七日与十一月四日両度相語大勢押寄、厳重御制札打破、御奉書焼失、在所悉令放火、剰氏人等数十人討捕事、難其咎遁、不恐　上意致緩怠狼藉事、前代未聞所行也、依是既於明静慶運者、可被加誅伐、被成　御下知之処、今度又掠　御奉書給、○令強入部、致譴責事、言語道断之次第也、所詮於明静者、重而被加誅伐、於社領者、如元可全領知之旨、被成御下知者、忝畏存、弥天下泰平為奉抽御祈禱精誠、粗言上如件、

延徳三年十月　日

二問状、延徳三　十　三奉行へ付也

⑬延徳三年十月付「山徒明静坊慶運三答状案」(竪紙)

二答案文　山徒明静慶運重支言上
右、江州船木庄本家下司職之事、賀茂社氏人等、日吉二宮彼岸銭借用仕、限年月於無沙汰之時者、此在所可為山門永領之由、契約状数通在之、既依無借銭返弁、任契約状之旨、御奉書申給、慶運及数年当知行無相違之処、長享元年十月、彼氏人等　公儀申掠、被成召符之間、奉行所罷出、披彼申状写、支状仕候処、彼方不能二問、剰在所江強入部仕、致以外譴責之条、言語道断之次第也、如此時者、中間狼藉無紛子細歟、然仁御制札打破、御奉書等焼失云々、是又空言申上者歟、其謂者、此方へ御奉書・御制札給置候上者、定而彼方江者、不可成御下知者歟、殊氏人等催大勢及合戦之間、此方之与力者数十人討捕之事、難遁其咎、然上者、可有所当御罪(科)料者也、所詮任契

約状之旨、重而被成御下知、弥々忝畏入可存候、粗重而支状如件、

延徳三年十月　日

十月晦日、松田左衛門大夫陣処ニて写之

敵奉行也

よりて也、

斎藤民部大夫解状渡之也、

⑭延徳三年十一月付「上賀茂神社氏人三問状案」（竪紙）

三問状案文　延徳三　十一　四　大蔵大夫所付

賀茂社氏人等重而謹言上　三問状、十一月四日言上

一、当社領江州船木庄下司本家事、山徒明静慶運号有借状事、如令先条言上、於社家曾雖不存知、借状有所持者、速正文等致出帯、可請御糺明者也、

一、先年御糺明之時、不能二問之由申、是又虚言也、既申披子細、数通之順（項）戴御下知上者、更不及異論次第也、

一、厳重御制札・御奉書焼失、氏人等数十人討捕、恣任雅意陳申、帰而社家造意之由申事、言語道断之次第也、

一、御下知未断之処仁、強入部仕、乍致中間狼藉、結句社家致中間狼藉之由申事、悉虚言也、

一、催大勢、明静慶運与力之輩誅殺之由申事、是又以虚言也、巨細先条申上訖、

右、此等趣速被聞召披、厳重預御成敗者、一社可存忝畏、弥天下安全為奉抽御祈禱精誠、粗言上如件、

延徳三年十一月　日

⑮（延徳三年十一月付）「山徒明静坊慶運三答状案」（竪紙）

山徒明静慶運支謹言上

三答案

賀茂社氏人等掠申条々事

一、江州舟木庄本家下司職事、度々如致言上、氏人等以連判、山門日吉二宮神物過分仁借取て、返弁之年月馳過者、可為山門永領旨、乍捧厳重契約状、種々陳申候事、言語道断之猛悪次第也、殊於当社神物者、不混諸借銭、可成末代之社領段、勿論也、

一、先年御糺明之時、為社家不能二問事、慶運■虚言云々、其証拠何事哉、既乍令訴陳■一方向江掠給御下知事、無其理段、為暦（歴）然者歟、

一、打破御制札、焼失御奉書之由、二問仁致言上、至三問、制札・御奉書共以焼失由申事、一事両様之言上、前後相違儀、頗謀略段、為現形者歟、其上御奉書・制札事者、任当知行旨、慶運頂戴上者案文副進、不及其争者■也、

一、御成敗未尽前、致強入部事、中間狼籍（藉）段支申処、虚言云々、如見先条不及二問、打捨御公儀、致強入部及合戦上者、於中間狼藉者、無紛者也、

一、慶運与力輩討死事、是又虚言由申之歟、既右京大夫被官粟生新左衛門尉、其外上原神四郎被官以下数輩討死仕事、無其隠者也、

一、至三問、借状事、於社家曾雖不存知、令出帯正文者、可請御糺明旨、致言上事、弥聊爾也、仍正文二通右備、然上者、可承伏為覚（悟）語者歟、前代未聞所行、一段之重罪、難遁者也、所詮、云厳重神物、云契約分明（後欠）

⑯延徳三年十月二日付「室町幕府奉行人連署奉書案」（折紙）

（端裏書）「舟木庄
年貢可中置押奉書案文　　延徳三　十　二、則付也」

可被尋仰子細在之、不日可有参陣之由也、仍執達如件、

延徳三
十月二日　　元行判

飯尾大蔵大夫

山徒明静坊

為規（判）　　飯尾左衛門大夫《かいこう》

⑰延徳三年十月二日付「室町幕府奉行人連署奉書案」（折紙）

賀茂社氏人等申、江州船木庄下司本家事、糺明子細在之、理非一決之間、可置所務中間、若致其沙汰者、可為二重成之由、所被仰出候也、仍執達如件、

延徳三
十月二日　　元行

為規

当所名主百姓

⑱延徳三年十月二日付「室町幕府奉行人連署奉書案」（折紙）

賀茂社氏人等申、江州船木庄下司本家事、糺明子細在之、理非一決之間、可置所務中之旨可被加下知之由、被仰出候也、仍執達如件、

延徳三
十月二日　　元行（判）

為規（判）

安富筑後守（元家）殿

⑲延徳三年十一月二十二日付「室町幕府奉行人連署奉書写」（竪紙）

賀茂社領江州蒲生郡船木庄領家職（号賀茂庄）事、代官入部云々、早退押妨之族、年貢諸公事物已下、如先々厳密可致其沙汰之由、所被仰出候也、仍執達如件、

延徳三
十一月廿二日　　宗勝（御判）

為規（御判）

当所名主沙汰人中

⑳延徳三年十二月二十六日付「室町幕府奉行人連署奉書案」（竪紙）

近江国船木庄号賀茂庄、下司本家事、山徒明静慶運、就掠給奉書、糺明之処、於慶運者、去長享年中、強入部庄内、種々依致悪行可誅伐之旨、御成敗之上者、不能御許容、殊以不知行之地、称当知行之条、言語道断之次第也、所詮至彼所給御下知者、被召返訖、早任度々証文、全領知可被専神用之由、所被仰下也、仍執達如件、

延徳三年十二月廿六日　散位在判
社奉行飯尾大蔵大輔

分敵奉行松田左衛門大夫　散位在判

賀茂社氏人中

㉑延徳三年十二月二十六日付「室町幕府奉行人連署奉書」（折紙）

賀茂社氏人等申、近江国船木庄号賀茂庄、下司本家事、山徒明静慶運就掠給奉書、糺明之処、於慶運者、去長享年中、強入部庄内、種々依致悪行可誅罰之旨、御成敗之上者、不能御許容、殊以不知行之地、称当知行之条、言語道断之次第也、所詮於彼所給御下知者被召返訖、早退慶運競望、年貢・諸公事物以下、如先々厳密可沙汰渡社家代官之由、所被仰出也、仍執達如件、

延徳三
十二月廿六日　元行（花押）

（貼紙）
「敵奉行松田左衛門大夫」　頼亮（花押）

当所名主沙汰人中

㉒延徳三年十二月二十六日付「室町幕府奉行人連署奉書」（折紙）

賀茂社氏人等申、近江国船木庄号賀茂庄下司本家事、山徒明静慶運就掠給奉書、糺明之処、於慶運者、去長享年中、強入部庄内、種々依悪行可誅伐旨、御成敗之上者、不能御許容、殊以不知行之地、称当知行之条、言語道断之次第也、所詮於彼所給御下知者、被召返訖、早退慶運競望、可致沙汰居社家代官之由、被仰出候也、仍執達如件、

延徳三
十二月廿六日　　元行（花押）

頼亮（花押）

安富筑後守（元家）殿

㉓延徳三年十月二十九日付「近江守護代安富元家遵行状」（折紙）

賀茂社氏人等申、江州国船木庄号賀茂庄下司本家事、山徒明静慶運就掠給奉書、御糺明之処、於慶運者、去長享年中、強入部庄内、種々依悪行、可誅伐之旨、御成敗之上者、不能御許容、殊以不知行之地、称当知行之条、言語道断之次第也、所詮於彼所給御奉書者、被召返訖、早任去廿六日御下知之旨、可被沙汰居社家代官之状、如件、

延徳三
十二月廿九日　　元家（花押）

高木新三郎（吉直）殿

㉔延徳三年十月二十九日付「近江蒲生郡代高木吉直打渡状案」（折紙）

賀茂社氏人等申、江州船木庄号賀茂庄下司本家職事、去廿六日御下知幷御折紙如此、早可被相触之状、如件、

延徳三
十二月廿九日　　吉直在判

池上善左衛門殿

㉕（延徳四年）二月七日付「伊勢貞陸書状案」（折紙）

伊勢備中守（貞陸）

ひん中（備）とのより

御状案文

賀茂社領江州舟木庄下司本家事、山徒明静慶運掠給奉書候之処、被遂御糺明、任社家理運之旨、去年十二月廿六日ニ被成御下知候、委曲見奉書候、彼在所代官職事有子細、被官蜷川左馬允致存知候、別而無御等閑被加御成敗候者、尤可為欣悦候、恐々謹言、

二月七日　貞陸

安富(元家)筑後守殿

㉖(延徳四年)二月十日「安富元家書状案」(折紙)

こんせうし(金勝寺カ)よりやすとみ殿御返事也、

就賀茂社領当国船木庄下司本家事、尊書拝領仕候、仍蜷川左馬允殿御代官之由候、於自然時宜者、毎篇可申合、聊不可存如在候、此等之趣、可然様、預御披露候者、可畏入候、恐々謹言、

二月十日　元家判

延徳四年

いせ(伊勢)のひん(備)中殿へ御返事案文

三上越前守殿

㉗明応三年十一月十八日付「室町幕府奉行人連署奉書案」(折紙)

賀茂社領近江国蒲生郡船木庄下司本家事、任当知行之旨、被成奉書訖、早可被沙汰付社家代官之由、被仰出候也、仍執達如件、

明応三
十一月十八日　(飯尾)元行在判

(飯尾)清房在判

佐々木(山内就綱)小三郎殿

㉘明応三年十一月十八日付「室町幕府奉行人連署奉書案」（折紙）

賀茂社領近江国蒲生郡船木庄下司本家事、任当知行之旨、弥全領知可被専神用之由、被仰出候也、仍執達如件、

明応三
十一月十八日　　元行在判
　　　　　　　　清房在判

当社氏人中

㉙明応三年十一月十八日付「室町幕府奉行人連署奉書案」（折紙）

賀茂社領近江国蒲生郡船木庄下司本家事、任当知行之旨、被成奉書訖、早年貢諸公事物以下、如先々可致其沙汰之由、所被仰出也、仍執達如件、

明応三
十一月十八日　　元行在判
　　　　　　　　清房在判

当所名主沙汰人中

（1）　上賀茂神社の氏人と明静坊慶運の相論に関する史料として、本章の末尾に『賀茂別雷神社文書』のなかから相論の概要を知る上に必要と思われる文書二十九点を、おおよそ年代順に並べ引用した。なお、本文中で用いる場合には、①のように翻刻の番号をもって示した。
　上賀茂社の氏人については、須磨千頴「中世における賀茂別雷神社氏人の惣について（1～11）」（『南山経済研究』6―2・3、7―2・3、9―3、10―1・3、11―1・3、12―1、一九九一～九七年）参照。

（2）　『群書類従』五〇所収。

（3）　この時、奮戦した山徒としては明静坊学運のほかに光円坊良覚、行泉坊宗運などの名があがるが、行泉坊がのち

の山門使節の一員となったことについては、本書第一篇第一章参照。

（4）『北野社家条々抜書』。

（5）『義持公日吉社参記』。明静坊らの宿直の有り様を同記は「上林坊・明生《（静）》坊・桂林坊等召給数輩之宿直者也」と記す。上林坊・桂林坊もこの前後に活躍する山徒である。

（6）この間の推移については、史料⑪⑫に詳しい。そこには「長享元年八《（九）》月四日掠　御奉書給之間、為社家依子細申披、同八《（九）》月八日ニ社仁被返成御奉書、順《（頂）》戴仕、代官入部之処、明静成妨彼庄及違乱」と見える。

（7）拙稿「室町・戦国時代の六角氏」「六角征伐」（『八日市市史』一、八日市市編、一九八三年）参照。

（8）同右。

（9）同内容の守護奉行人連署奉書・伊庭貞隆下知状が、同年九月二十五日にも同庄の「下司本家方名主沙汰人」宛に発給されている（⑤⑥）。また六角高頼の守護代伊庭貞隆については、拙稿「伊庭の乱」（前掲注7『八日市市史』一所収）参照。

（10）㉒は「室町幕府奉行人連署奉書」を受けて近江守護代であった安富元家が発給した施行状、また㉔は元家の郡代高木吉直が発給した打渡状。こののち勝訴した氏人が幕府の政所代蜷川氏を代官に補任したことは、㉕の政所頭人伊勢貞陸の安富元家宛の書状、およびその返書として書かれた安富元家書状（㉖）に見える通りである。なお㉗〜㉙は、これ以後少なくとも明応三年（一四九四）十一月までは幕府の庇護のもと氏人が船木庄の権利を保持していたことを物語っている。

（11）『菅浦文書』七四一号。菅浦の村人がこの銭を借りた経緯については、拙稿「菅浦絵図の成立をめぐって」（『絵図のコスモロジー』上巻、葛川絵図研究会編、地人書房、一九八八年）参照。

（12）『菅浦文書』一一八八号。

（13）「円明坊」「金輪院」宛の二通の永享四年八月十五日付「室町幕府奉行人連署奉書」（『御前落居奉書』）。

（14）源城政好「東寺領上桂庄における領主権確立過程について——伝領とその相論——」（『中世の権力と民衆』、日本史研究会史料研究部会、一九七〇年）。上桂庄に関する記述に関しては源城氏より史料の提供をうけた。記して謝意を表する。

（15）徳治三年二月十日付「妙円等連署日吉上分用途借用書案」（『東寺百合文書』ヒ）、同日付「妙円等連署私領売券」

(『東寺百合文書』へ)、同年同月十二日付「平氏女文書請取状」(『白河本東寺文書』五九)、徳治三年六月三十日付「妙円等連署日吉上分物借用書案」(『東寺百合文書』ヒ)。

(16) (嘉暦三年)八月十九日付「浄顕申状」(『白河本東寺文書』五七)。

(17) 延慶三年三月五日付「平氏女上桂庄寄進案」(『東寺百合文書』ほ)、正和二年九月付「延暦寺東塔北谷衆徒申状案」(『東寺百合文書』シ)。

(18)『東寺百合文書』め。同文書マにはこの申状を執当に伝達した十一月二日付「東塔北谷学頭浄恵挙状」が残る。

(19) 本書第三篇第三章参照。

(20)『白河本東寺文書』三六。

(21)『東寺百合文書』み。

(22) 前掲注(12)参照。

(23) 氏人によれば、明静坊は長享元年(一四八七)十月二十七日、同年十一月四日の二度にわたり、船木庄に武力をもって入部しようとしたという。これに対し明静坊は攻撃を受けたのは自分たちの方であるとし、両者の主張は真っ向から対立している。訴陳状に見える両者の言い分はそれぞれ次のようなものであった。

[氏人の主張]

Ⓐ任雅意長享同年十月廿七日与十一月四日両度大勢相語押寄、厳重御制札打破、御奉書焼失、在所悉令放火、剰氏人等数十人討捕(⑪)

Ⓑ一、御下知未断之処仁、強入部仕、乍致中間狼藉、結句社家致中間狼藉之由申事、悉虚言也、

一、催大勢、明静慶運与力之輩誅殺之由申事、是又以虚言也、巨細先条申上訖(⑭)

[明静坊の主張]

Ⓐ殊氏人等催大勢及合戦之間、此方之与力者数十人討捕之事(⑬)

Ⓑ一、御成敗未尽前、致強入部事、中間狼藉段支申処、虚言云々、如見先条不及二問、打捨御公儀、致強入部及合戦上者、於中間狼藉者、無紛者也(⑮)

明静坊が「中間」(⑭)、「此方之与力」(⑬)と呼ばれた俗人の武力を駆使していたことが知られよう。彼らが一般の武士であったことは、明静坊が「慶運与力輩討死事」として「右京大夫被官栗生新左衛門尉」「上原神四郎被

官以下数輩」と具体的にその名を挙げているところからも明らかである(⑮)。

孫一丸の場合は上分米の催促に「隣三郎同下人虎王丸男」を現地に派遣しており、明静坊の場合とは事情をやや異にするとはいえ、山徒・児童といった寺の構成員が寺外の俗人を使役している点で二つの出来事は共通する。

なお明静坊の場合は、山門公人による「負物譴責」が禁止されたのちの出来事であり、そのため彼らを動員することができなかったと解することもできる。しかし、孫一丸の場合は、あきらかに法令発布以前のことであり、かの法令をもってこれを説明することはできない。

(24)『祇園執行日記裏文書』三。
(25)『醍醐寺文書』。
(26)室町幕府の「追加法」一〇五条。応安三年に山門公人による「負物譴責」が禁止されてのちも、山門公人は時として彼岸銭の譴責に関与しており、たとえば、永享元年(一四二九)十一月、北野社公文所に対して「日吉二宮上分物」の返却を求めた「根本中堂閉籠衆衆議事書」には、「先立数箇度録子細於事書、以公人致問答、窮事之間、於理致者令閉口訖」の一文が見える。ただその山門公人駆使はあくまでも「問答」にとどまり、実際の譴責にまではおよばなかったようで、同事書は「猶以令難渋者、以犬神人可有厳密催促」という威嚇の言葉をもって終わっている。しかし、その一方、本書第三篇第三章で見るように犬神人を現実に使役したのは山門公人であったことを思えば、応安四年の「仰詞」が現実にどの程度の実効性をともなったものであったかははなはだ疑問といわざるをえない。
(27)彼岸衆が大衆関係者以外にどのような人々に彼岸銭を貸し付けていたかを、細かく判定することは極めて難しい。たとえば先の「日吉二宮彼岸結衆申状」に登場する十方院叡運にしても、彼には山徒としての明証があり、彼が上桂庄の平氏女の立場にあった可能性も皆無ではない。つまり広くいえば、彼もまた大衆関係者といえるのであり、彼岸衆による彼岸銭の貸し付け対象については、さらに数多くの事例の発掘と検証が今後の課題となろう。

第二篇　大衆と惣寺

第一章　中世寺院における大衆と「惣寺」

――「院々谷々」の「衆議」の実態――

はじめに

これまでの研究によって寺社勢力が中世においてわが国の政治・社会はもとより、経済・文化面においても予想以上に大きな影響力を有していたことが徐々にあきらかになりつつある。しかし、寺社勢力の構成主体であったと考えられる大衆・衆徒（以下では便宜上、「大衆」とのみ表記する）といった人々に目をむければ、彼らがいかなる組織をもって存在・活動していたかは、いまだなんら解明されていない(1)。

たとえば、寺社勢力のなかにあってもっとも歴史的に重要な役割を果たした延暦寺についてみても、同寺の大衆の存在形態を正面からとりあげて論じた研究はこれまでほとんどない。これはよくいわれるように、関連する史料が伝来していないというきわめて現実的な制約によるところも大きいが、なぜ史料が伝来しなかったのかを含め、今後なんらかの形で研究を深化させていく必要があるのではなかろうか。でなければ、寺社勢力の研究が大衆というもっとも核心的な部分を抜きにして論じられるという、じつに奇矯な形をとってしか展開しえないことになるからである。

本章は、大衆が主体となって存立していた中世の寺院を「惣寺（惣山）」という概念のもとに分析しようとするものである。「惣寺」とは、一般的にはその名の通り、寺全体を意味する。しかし、中世には、それよりもしばしば大衆自らが彼らの集団全体を示す言葉としても用いており、ここでいう「惣寺」とは後者を指す。[2]集団という形でしかその存在を保持できなかった大衆にとって、自分たちこそが寺の主権者であることを標榜するにあたり、「惣寺」ほどふさわしい言葉はなかった。その点で「惣寺」という概念を抜きにして、大衆を理解することはできないとすら考える。

本章ではまず最初に大衆と「惣寺」がいかなる関係にあったかを比較的史料のよく残る園城寺の事例をもとに考察し、ついで大衆が中世最大の「惣寺」を作り上げていた延暦寺の場合について見ていくこととしたい。時代としては、南北朝・室町時代を主たる考察対象としたが、史料的な制約もあり、適宜、前後の時代についても言及した。

一　園城寺における「惣寺」と「一院」

(1)三院の抗争

中世の園城寺の大衆組織については、従来より北院・中院・南院の三ブロックに分かれていたことが知られている。しかし、平成十一年（一九九九）園城寺から発刊された『園城寺文書』第二巻（以下、『園城寺文書』とのみ表記する）によって、三ブロックの実態がより詳細にわかるようになってきた。[3]特に南院でいえば、その組織運営が原則としてすべて衆議によって行なわれていたことが確認できるにいたったのは大きな成果といえる。とりわけ『南院惣想集会引付』と名付けられた南院の大衆の衆議記録は、寺院運営に関する重要事項のほとんどが大衆の衆議によって決定されていたことを伝える史料としてきわめて貴重である。[4]

そこで以下ではまず『南院惣想集会引付』の記載を中心に、「惣寺」がいかなるものであったかをできるだけ具体的に検証していくことからはじめることとしたい。なお園城寺では、三院を総称して「惣寺」と呼んだのに対して、三院の大衆はそれぞれ自分たちが所属する地域のことを「一院」と称していた。史料中に見える「一院」とは、その意味で用いられていることを初めに断っておく。

三院各々が半ば独立した組織体であったことをもっともよく示すのは、その抗争時においてである。次に引用したのは、応永二十三年（一四一六）、南院が門前の今颪《いまおろし》の地をめぐって、中院・北院と争ったときの経緯を記した『南院惣想集会引付』（カッコ内は『園城寺文書』の文書番号）の記述である。[5]

〔A〕応永二十三年十月二十日条（一〇〇号）

一、今嵐(颪)在地之事、南院官(管)領之条、自往古無其隠処、去二日検断方之集会之時、南院被官(管)之条、無其謂由、再三及評定之条、南院而歎存者也、所詮於此事、一院老若以一味同心之儀、任当知行之旨、雖及大儀、不可成物被官(管)之由、被一決了、仍老宿(ママ)中被申披露、同可被進定之由、衆儀(議)一決事、

〔B〕応永二十三年十月二十六日条（一〇〇号）

一、今嵐(颪)在地之事、自惣方就兎角被申、先立之旬方之時、此沙汰被出来間、為支証被置記子細共有之由、宿老辺御才覚有之云々、然上者為満衆存知、可被開櫃見之由、衆儀(議)落居了、然間、此一衆之上首十人被申使者差之由、衆儀(議)一決之事、

〔C〕応永二十三年十一月二十一日条（一〇〇号）

一、今嵐(颪)在地出入、為一院若輩之沙汰、去九日被置之処、中北両院若衆存鬱憤、引率近隣之軍勢、可令発向之由、致(及)其企之間、南院成一味之儀、致涯分用意之処、此条達　上聞、可止強々沙汰之由、両方被成御教書畢、

然之間○此成敗之趣、為南院　理運之間、老若開喜悦眉之処也、

〔A〕にいう南院の管領を否定した「検断方」が具体的にいかなる機関であったかはよくわからない。ただ、それが「惣寺」として三院全体を覆う機関であったことは、〔B〕において、この決定を「自惣方就兎角被申」と表現していることからも容易に推測できる。つまり、惣寺の「検断方」において、それまでの南院の今亟に対する管領権について突然異議が申し立てられ、それに南院が強く反対したというのがこの事件のあらましであった。

そこで南院のとった行動であるが、まず〔A〕に「一院老若以一味同心之儀、任当知行之旨、雖及大儀、不可成惣被官(管)之由、被一決了」とあるように、同院では「一味同心」のもとに「惣」としての管領を断固退けるべきことを決議、ついで六日後の衆議では「惣方」の主張に反論するための文書の確認に「櫃」を開き見ることを決議する。「櫃」とは南院の大衆が共有する文書を収めていた文書櫃のことで、南院ではこの「櫃」に算用状・請文・預状、さらには「衆勘之定」などの重要な文書を収めていた。[6]

また〔A〕にいう「一院」とはいうまでもなく南院のことで、「老若」とは「宿老」と「若輩」を指す。「一院」は「宿老」と「若輩」の二つの年臈をもってなるグループから構成されており、この事件ではその二つのグループがあげて「不可成惣被官(管)之由」を決議したというのである。[7]

この時の争いが「惣寺」の決定に対する南院一院の反対という形をとりながら、現実には、南院と「中北両院」の対立であったことは、〔B〕がよく示す通りである。すなわち、いったんは成立した和解に「中北両院若衆」が反発、軍勢を率いて南院に押し寄せようとしていたことが、これによってわかるからである。「惣方」「惣寺」が、北院・中院・南院のいわゆる三院から構成されていたこと、および各院がその一方できわめて強い独立性を保持していたことを、この事件は実によく物語っている。

三院が武力抗争を伴いかねない争いを惹起した例としては、このほかに天文九年（一五四〇）に起こった「南

北両院之相剋」がある。原因は「北院別相伝境内大犯成敗之事」としか伝わらないが、この時には中院が間に立って事件は終息する。(8)『園城寺文書』には、和解時に三院がそれぞれ提出した請文（書状）が残る。次に引用したのは南院の役者が北院の役者に提出した請文である。(9)

「（端裏書）中院へ返状之案　天文九年庚子」
就今度闕所之儀、南北両院相剋之処、為中院御口入、北院別相伝境内大犯成敗之事、向後可為三院之成敗、為北院一院成敗之儀、不可有之旨、被仰定之由承候、令得其意候、然者当院内之儀、可為同前候、恐々謹言、

卯月廿三日　　清存判「（裏書）円宗坊」
　　　　　　　尊随判「（裏書）金乗坊」

日光院
光浄院
　　御返報

各院が一方で独自の権益をもって自立するとともに、他方では「三院」すなわち惣寺の構成主体としても存在していたことがうかがわれよう。

三院の争いからは、各院のきわめて強い独立性が浮かび上がってきたが、もちろん三院は抗争ばかりを繰り返していたわけではない。それればかりか平常時には、各院が惣寺の構成主体として園城寺の運営に一致協力して取り組んでいた。では三院はどのような形をとって惣寺としての体制を確立させていたのであろうか。

⑵三院と惣寺

ここでも『南院惣想集会引付』からいくつかの出来事を抽出し見ていくこととしよう。

〔D〕応永二十三年二月十九日条（一〇〇号）

一、世喜寺弥勒堂池、近比為○（如）無之間、且無興隆之至也、然間、一院而○（雖）可被堀（掘）之、大方為惣方公所間、人夫

並雑用等、自惣方可有其沙汰由、被披露了、其儀無子細者、此一衆而可致奉行之由、衆儀（議）落居事、

〔E〕永享十二年六月九日条（一二一七号）

一、関寺弥勒堂為造営、菊屋彦左衛門会合方山木之所望之、披露在之云々、仍於三院山中各三本可被出旨○自宿老中被申送処也、於自院為興隆上者、無余儀落居事、

〔F〕永享十二年九月八日条（一二一七号）

一、今下（凮）在地大波止○橋令以外朽損間、為彼造営、三院一同山木一本被出間、同自一院被出旨一決事、

〔D〕は「惣方公所」となっていた世喜寺（関寺）の弥勒堂池を掘り返すにあたり、「惣方」より「人夫並雑用等」を出したことを伝えるものである。[10] 文中に「一院而○雖可被堀（掘）之」とあるのは、世喜寺が南院の領域内にあったことから、本来は南院がこの工事を行なうべきであるという意識のあったことを示す。とはいえ園城寺の所管となった時から世喜寺の所轄は複雑で、[11] この時は結局は「大方為惣方公所」として工事は行なわれたのであった。なお、ここで惣方の支配地を南院が「公所」と呼んでいる点は注意しておきたい。

〔E〕も世喜寺の修理に関わって、南院が北院・中院と同様、山木三本の供出を決議したことを伝える『南院惣想集会引付』の一節である。これまた世喜寺が惣寺の「公所」と認識されていたことを示すものであり、その「公所」の保持には三院が一致協力してあたっていたことがわかる。

〔F〕は今凮に所在した「大波止橋」の架け替えに「三院一同」が山木一本宛を負担したことを示すものであるが、今凮は先にも触れたように南院に所属する地域であった。それにも関わらず、三院が平等に山木を供出しているのは、やはり橋という「公所」性に基づくものであろう。

以上、わずかな事例ではあるが、惣寺が「公所」と呼ばれた、三院に所属しない施設（地域）に対して独自の権限を有していたこと、およびそれに三院が揃って従う体制が出来上がっていたことが確認できたものと思う。

では、惣寺がこのように三院から構成されるものであったとすれば、その基盤をなす各院、すなわち一院はどのようなものだったのであろうか。

⑶一院の構成

一院が有した機能のうち、ここでは主としてその生活共同体としてのあり方を示すものを『南院惣想集会引付』から抜き出してみた。

〔G〕応永二十三年二月十九日条（一〇〇号）

一、近比一院之諸房中、以山木朝夕之薪用之条、無其隠、以外無興隆之至也、所詮来月九日御集会之時、被召出一院之下部、可被強文之由、衆儀(議)落居事、

〔H〕宝徳三年十一月九日条（一三〇号）

一、一院掃除明日十日可有之、於人夫者、可為関寺人而可出之、於奉行者、可為皆立旨、衆儀(議)一決事、

〔I〕宝徳三年十二月九日条（一三〇号）

一、一院分専当力増、以外老耄有之間、雖無先規用代官処也、仍以別儀、代官専当参連分被下行者也、於納所者、自顕仏坊可被出之事、

〔J〕宝徳三年六月九日条（一三〇号）

一、一院手輿朽損間、以興隆之儀○可有修理由、自宿老中披露有之、仍○於引(員)数申分若輩中可有助成旨、衆儀(議)一決事、

一院が「諸房中」と呼ばれたいわゆる南院内に房舎を構えた寺僧をもって成員としていたことを示すのが〔G〕である。一院が該当地域に居住する寺僧を構成メンバーとした組織であったことがここに確認できる。またそれとともに〔G〕で注目されるのは、「山木」を「朝夕之薪用」とすることを禁止するために、次回の「御集会」に「一院之下部」を召し出すことを決議している点である。一院においては、寺僧が下部を「一院之下部」として

まとめて統括する体制が出来上がっていたことを物語るものであり、寺僧の共同体としての一院の団結の強さを垣間見ることができる。

一院が有していた生活共同体としての今一つの側面を示すのが、〔I〕に見える「一院分専当力増」の事例である。ここでは南院専属の専当であったがゆえに力増には老後の特別措置として「代官専当参連分」の銭が配当されているわけであり、一院が福祉面においても大きな役割を果たしていたことがわかる。

この他、一院の日常的なあり方をよく物語るのが、〔H〕の「一院掃除」と、〔J〕の「一院手輿」に関わる事例である。〔H〕は掃除というきわめて日常的な行為にまで一院の力が及んでいたことを、また〔J〕は手輿といった乗物の修理までもが衆議に委ねられていたことを伝えて興味深い。一院は大衆（寺僧）にとって日常の生活の場そのものであり、「衆議」を核とした一院の強固な団結の基盤はまさにここにこそあったと考えられる。そして、それら生活共同体としての一院を束ねていたのが「惣寺」だったのである。

では一院がこのように生活共同体として半ば自立した組織体であったとすれば、その組織体はいかなる経済的基盤をもって存立していたのであろうか。『南院惣想集会引付』には一院の経済活動に関する記載も少なくない。それらをもとに一院、さらには惣寺の経済的基盤について見ていくこととしよう。

(4)「一院公物」と「惣ノ公物」

一院・惣寺の財源をなしていたのは、ともに「公物」と呼ばれるものであった。『園城寺文書』のなかには、南院の一院公物の算用状（算勘引付）が数多く残されており、[12] これによって南院が「公物」をもとにどのように運営されていたかがきわめて具体的にわかる。その詳しい分析は他の機会に譲らざるをえないが、ここでは一院と惣寺の「公物」がそれぞれ独立して存在していた点だけを確認・指摘しておきたい。

〔K〕応永二十三年十二月九日条（一〇〇号）

一、今度寺中確執、可属静謐之旨、自公方○（南院へ）被成御教書之間、為御礼使節、静慮房幷所司一人、土佐勾当被参管領方等畢、然彼在京料、以一院公物可有下行之由、自宿老方披露之間、両人分四連、自栄地房可被出之由、衆議落居事、

〔L〕宝徳三年二月九日条（一三〇号）

一、十八明神拝殿未造謚(営)之間、為（以）興隆（儀）、一院公物二百疋被出之、可有造立旨、衆儀(議)一決之事、

〔M〕宝徳三年八月九日条（一三〇号）

一、尾蔵寺管領山木施行過怠分、先（本）堂為燈油由、令愁訴間、以別儀別所被出了、於向後者○（雖為）施行過怠、一院披露儀有之者、一講（院）一院公物○（儀）、衆儀(議)一決事、

〔K〕は三院間の争いの事後処理として、南院が幕府に使者を送るにあたり、その「在京料」を「一院公物」から下行することを決議したものである。一院独自の費用は「一院公物」をもって宛てるのが原則となっていたことが知られよう。この点は〔L〕の場合も同じで、南院管領下の十八明神の拝殿造営にあたって、その費用の一部が「一院公物」から支出されている。(13)

〔M〕はこれだけではやや意味のとりにくいところもあるが、前後の記載を参考にすると、その意味するところは次のようになる。一院所属の「尾蔵寺施行山」を荒らすものがあったとき、南院では彼らから過怠料を徴収した。ところがその過怠料の用途について、尾蔵寺から本堂の燈油料に宛てたいという要望があった。そこで今回だけはこれを許すが、以後は必ず「一院公物」に入れることにした、というのである。(14)つまり、過怠料は通常「一院公物」に組み込まれることになっていたわけで、「一院公物」の財源の一つをここに見出すことができる。

一方このような「一院公物」に対して、惣寺もまた独自の「公物」を保持していた。「惣ノ公物」と呼ばれた

ものである。「惣ノ公物」が「一院公物」とは全く別のものであったことをもっともよく示す史料としては、次のような南院の「惣方」への借用状が残る。[15]

（端裏書）「為三尾築地　自惣方借書」

借用　料足之事

合伍貫文者

右、件要脚者、三尾社之拝殿築地為修理、為惣寺被助成処也、仍借書如件、

延徳弐年潤（閏）八月廿一日

上定房（花押）　上行房（花押）　上林房（花押）

ここに見える三尾社とは南院大衆がその結束の拠り所とした神社で、[16]同社拝殿の築地修理にあたり、南院が惣寺（惣方）から銭を借りたときの借用書がこれである。三院それぞれが独自の経済的な基盤を持つとともに、それらとは別に惣寺が独自の経済的な基盤を保持していたことが確認できよう。

「一院公物」「惣ノ公物」の財源がいかなるものであったかについては、今後の課題としなければならないが、後述する延暦寺の例などからすれば、一院・惣寺がそれぞれの単位で所有していた諸庄園からの年貢がその中核を占めていたものと考えられる。ただ南院では山木の売り払い代金、位階料なども「公物」に繰り込んでおり、「公物」は先に見た過怠料などをも含めた雑多な収入によって形作られていたものと推定される。[17]

以上、園城寺の事例から判明した一院・惣寺のあり方について、改めて整理しておけば次のようになる。

①房舎を有する大衆（寺僧）は、「一院」と呼ばれた居住地域を単位とした生活共同体に所属していた

②「一院」は大衆の生活共同体として強い独立性を有し、他の「一院」と対立した時には、武力抗争に及ぶこともあった[18]

③「一院」は「一院公物」と呼ばれた独自の財源を持ち、経済的にも自立した活動を行なっていた
④これに対して、「一院」が寄り集まって構成された「惣寺」は「一院」の上位に位置し、三院の間を調整する機能を果たしていた
⑤「惣寺」は「惣ノ公物」と呼ばれた独自の財源を持ち、寺内の「公所」と呼ばれた公共性の高い施設（地域）を直接管轄するほか、三院へ貸し付け（補助）などを行なうこともあった

このほか「一院」については、その運営がすべて大衆の「衆議」に基づいて行なわれていたことを最後に改めて強調しておきたい。繰り返し引用した『南院惣想集会引付』はまさにそのような大衆の「衆議」による「一院」運営の記録であり、「衆議」こそが「一院」運営の基礎であったと断言できる。(19) 一方、一院を束ねることで成立していた「惣寺」がどのような形で運営されていたかについては、史料を欠くためよくわからないが、先に触れた「検断方」の例からすると、三院から選出された代表者が集まって討議する場（機関）がいくつか存在したものと推定される。

では、園城寺における一院と惣寺の関係をおおよそ以上のように理解できるとすれば、延暦寺では、この両者の関係はどのようになっていたのであろうか。

二　延暦寺における「惣寺」と「院々谷々」

延暦寺の大衆がさまざまな出来事に対して常に「衆議」でその対応を決定していたことは、数多くの集会事書が残されていることがこれを如実に物語っている。またその最大規模のものが三塔（三院）の大衆があげて参加した「三塔僉議」であったことはよく知られているが、日常的に開催されていた「衆議」については、これまでほとんど注目されることはなかった。ここでは園城寺の事例を念頭に置きながら、延暦寺における日常的な「衆

議」がいかなるものであったかを見ていくこととしたい。

とはいえ、延暦寺には園城寺のようにまとまった形で大衆の活動を伝える史料は残されていない。したがって、その活動を知るには、寺外の史料に頼らざるをえない。最初に南北朝時代の『祇園執行日記』に記された延暦寺大衆に関わるいくつかの出来事をとりあげ、同寺における大衆の「衆議」の実態を見ていくことからはじめよう。

(1)「衆会」と「山門公物」

正平七年（一三五二）五月、祇園社の執行顕詮は山門公人による犬神人使役の軽減を訴えるため坂本に下る。その経過については本書第三篇第三章で述べるので詳述しないが、[20] ここでとりあげたいのは、このとき、顕詮が坂本で交渉相手としなければならなかった相手方に関してである。顕詮が相対しなければならなかったのは、実は他ならぬ大衆の「衆会」であり「衆儀（議）」であった。

坂本に着いて早々の顕詮のもとには、公文所（役職名）を介しての次のような「興法寺衆会」からの詰問が届く。[21]

公人等自路次被帰、何様事候哉、只今就此事於興法寺有衆会、承子細可披露、

これより先、坂本下向途中、たまたま京都に向かおうとしていた山門公人らに出会った顕詮は彼らを説得、坂本に引き上げさせていた。この顕詮のとった行動が、いち早く「興法寺衆会」で問題となっていたのである。「興法寺衆会」がいかなる性格の「衆会」であったかはわからないが、山門公人の出動に関わる権限をもった「衆会」であったことだけは間違いない。

顕詮は幕府・西塔大衆からの指令に基づいた行動であったと弁明するが「衆会」は納得せず、再度、訪れた使者は、

為山門所勘神人、争重武命可軽衆命哉、執行引汲承能等故歟、所詮不可催立犬神人哉否承、定是非衆儀（議）可落

居[22]、

と、彼に詰め寄っている。

ここにいう「承能」とは、このとき、山門公人による検断の対象となっていた賢聖坊承能という山徒を指す。つまり「衆会」は、顕詮と承能の関係を疑うとともに、彼が幕府からの指示を弁明の拠り所としたことについて、「武命」と「衆命」のどちらかが大切かと問い詰めてきたのである。「衆命」を「武命」と相並ぶものとし、「所詮不可催立犬神人哉否承、定是非衆儀(議)可落居」と結んでいるところに、大衆の「衆会」「衆儀(議)」に対する誇りと自信を見てとることができる。

この後、顕詮の訴えはなんとか受け入れられ、犬神人の使役には、以後、応分の費用が支払われることが「衆会」で決定される。顕詮の代理で鐘本坊澄意なる者が、公文所代の睿春に「衆会」の結果を尋ねたところ、明日派遣の山門公人には「公物」を下行し、また今後、犬神人を使役する時には一両度「山門公物」を下行することで「治定」「落居」した旨の返答が届く[23]。

隆意大徳罷向公文所代武蔵法橋睿春許相尋之処、衆会儀難義雖多之、明日ハ下行公物於公人等、直可有沙汰治定、若犬神人向後○猶罷向事雖有之、一両度ハ可下行山門公物上者、不可有祇園煩之由、落居之旨睿祐返答、依南岸御口入、随分於衆会事、申沙汰之間申之云々、

ここで特に注目されるのは、山門公人・犬神人に支払われる費用が「山門公物」と呼ばれていることである。園城寺と同様、延暦寺でも大衆の用いる費用が「公物」と呼ばれていたことがわかる。

顕詮は翌日、念のためであろう、公文所代の睿祐なる者を招き、昨日の「衆会」の結果内容を改めて確かめている[24]。

於坂本武蔵法橋睿祐公文代招請、於彦七許対面、昨日衆会落居次第相語、昨日鐘本房申分無相違、所詮、明日

寺家・社家公人可出京、但不可召具犬神人之間、不可向社家、若向後可向犬神人由令治定者、相構可被催立、為彼報答又可下行山門公物、其以後者、社家任被申請、可付其足也、犬神人可向之由令治定者、以飛脚可馳申之由睿祐申定了、

もちろん睿祐の返事もまた前日の睿春の返答と変わりはなかったが、ここでも彼が犬神人に下行される費用を「山門公物」と呼んでいる点は留意しておきたい。「山門公物」からの支出は大衆の「衆会」によって決定されていたのであり、園城寺と同じ公物のあり方を再確認することができる。

ちなみに園城寺の南院においては「惣ノ公物」が「公所」の維持・管理に用いられていたことを指摘したが、延暦寺においても事情は同じで、応永元年（一三九四）、足利義満の日吉社参詣に先立っての「今道所々橋修理」には「公物千疋」が支出されている。また、義満の御座所となった大宮彼岸所の荘厳もすべて「公物」をもって賄われている。(25)

一方、その財源であるが、これに関しては、義満の社参を迎えるにあたり、大衆が「坂本中有力合期之輩」から資金を借り入れたときの借用状が一つの手懸かりとなる。というのは、この借金の抵当には他ならぬ大衆全体の所領としての千僧供領の年貢が充てられているからである。千僧供領からの年貢も「公物」の財源の一つとなっていたのである。

また、同じ借用状には「更々不有無沙汰、若此定或違乱、或令不足者、可入立他公物」という文言が見えている。もし返済不可能な事態に立ちいたったならば「可入立他公物」というこの一文からは、千僧供領以外にも「公物」を形造る財源（所領）があったことがうかがえる。(26)

以上、『祇園執行日記』の記事によって、延暦寺でも園城寺と同様の「衆議（衆儀）」、さらには「公物」のあり方を確認できた。ではこれらの運営主体であった大衆は、延暦寺においてどのような形で一院・惣寺を形成し

ていたのであろうか。この点について考える前に、寺の成員としての大衆のあり方を具体的に示す一例として、「衆勘」と「山徒名帳」について簡単に触れておきたい。

⑵「衆勘」と「山徒名帳」

出来事は相前後するが、先にあげた顕詮が坂本に下ることになった直接のきっかけは賢聖坊承能なる山徒の児童殺害事件にあった。この事件によって賢聖坊承能は山門公人の検断を受けることになったのであるが、この間の推移は寺の成員としての大衆の有り様を考える上で、きわめて貴重な材料を提供してくれる。『祇園執行日記』によって、賢聖坊がいかなる手続きを経て山門公人の検断を受けるにいたったか、また、それに対して彼がどのような対処を示していたかを見ていくこととしよう。

祇園社に賢聖坊の「京都住坊土倉」破却のための山門公人派遣が坂本から伝えられたのは正平七年（一三五二）四月十七日のことであった。

> 賢聖房承能法印父子児童殺害事、昨日十六日日吉社頭集会事書到来、明日公人可下洛、犬神人可催儲之由、使者申之、神供直会一続所望之間給之、事書云、已加衆勘、坂本坊舎等令破却畢、然者京都住坊土倉等、相催犬神人速ニ令破却云々、公人出洛日限、不見于事書、不審、

本書第三篇第三章で詳述するように、山門公人は大衆の「衆会」での決定をもって初めて動く存在であり、ここでも「衆会」の決議を記した事書が彼らの出動と表裏一体の関係にあったことは、顕詮が最後に「公人出洛日限、不見于事書、不審」とことさら記しているところからもあきらかである。それはともかくとして、このときの事書で注目されるのは、そのなかに「已加衆勘」の文言があったという点である。つまり大衆の一員である山徒の罪に関しては、「衆会」による「衆勘」という手続きを経て執行されていたことがこれによってわかる。[27]

そして、この「衆勘」が現実どのような形で実行されていたかを示してくれるのが、二日後に賢聖坊の「京都

住坊」で行なわれた次のような山門公人と賢聖坊「住侶」との応答である。(28)

即発向彼在所之処、住侶等数輩自元籠置最中、招請山上并当社公人、酒献之、申云、賢聖房未被削山徒名張(帳)之上者、住侶坊舎犬神人破却事、可為山門瑕瑾之間、於□□所歎申也、先公人等可罷帰之由申間、為山上公人計、犬神人先帰了、及戌刻公人等又帰了、

押しかけた山門公人に対して「住侶」らは「賢聖房未被削山徒名張(帳)」と述べ、賢聖坊がいまだ「山徒名張(帳)」から名前を削られていないことを理由に、房舎の破却延期を懇願したのであった。「山徒名帳」とは古くは「僧名帳」と呼ばれたものと同じものと考えられる。(29)山徒（大衆）の身分を剝奪するいわゆる「衆勘」が、より具体的には「山徒名帳」からの名前を抹消をもって完結していたことを「住侶等」らの言葉はよく物語っている。

ではこのような「山徒名帳」に登録された僧たちが、延暦寺の内部でいかなる形をとって一院・惣寺を形成していたかを、次に見ていくこととしよう。

(3)「院々谷々」と「惣寺」

延暦寺はよく知られているように、中世、東塔・西塔・横川の三つの地域から構成されていた。それはちょうど園城寺が北院・中院・南院の三地域からなっていたのとよく似ている。ただ、その規模は延暦寺のほうがはるかに大きく、住僧等の数でいえば、延暦寺の「谷」（「塔（院）」の下に位置する地域単位）が園城寺の一院に相当すると見てよかろう。そして、事実、延暦寺では次節以下で詳しく見るように、この「谷」こそが大衆のもっとも日常的な生活の場となっていた。

延暦寺において大衆の「惣寺」として活動が一見、園城寺よりも鈍いように見えるのも、このような規模の大きさが一つの要因となっているのかもしれない。しかし、目を凝らしてみれば、谷を基礎とした彼ら大衆が執行機関としての寺家を巧みに操作し、「惣寺」としての延暦寺を動かしていたことは意外なほど容易に見てとれる。

そのことをよく示すのが、延暦寺で寺全体を指す時にしばしば用いられた「院々谷々」という言葉である。たとえば建暦元年（一二一一）八月の堂衆を「勅免」するという院宣は「院々谷々」に伝達され、(30) 建武三年（一三三六）正月の後醍醐天皇の延暦寺への臨幸にあたっても、その旨は「院々谷々」に触れ送られたという。(31) ここにいう「院々」とは「東塔院」「西塔院」「楞厳院」のいわゆる三塔（三院）を指すが、「谷々」がその三塔と並び称されているところに、「谷々」の自立性の高さがうかがわれよう。

さらに「院々谷々」という言葉は、三塔僉議の結果を寺内の大衆に伝える際にも事書等に「可早為寺家沙汰被相触院々谷々」といった形でよく用いられている。(32) 寺家が「院々谷々」への伝達の要の位置を占めていた結果であり、寺家を活用した延暦寺における「惣寺」運営のあり方をここに見ることができる。(33)

このような寺家を仲介とした「院々谷々」大衆による寺院運営の総体を、延暦寺では時には「惣山」と呼んでおり、たとえば応永元年、足利義満が日吉社への参詣にあたり大衆に献上した三千貫文は「惣山分」と記録されている。

また時代はやや下るが、山門の騒乱によって根本中堂が焼失した直後の永享七年（一四三五）二月、時の幕府の管領細川持之がその再興を寺に呼びかけた書状は、この延暦寺における「惣山」のあり方をよく示すものとなっている。(34)

一、当山使節等事、恣貧供物、妨神用之段、不顧神慮、不恐　上意、悪道非一、因茲令頓滅之条、神罰之至、為山上山下之大慶候哉、兼又諸国山門領并諸末寺以下事、僻案之族若寄事於左右及違乱歟、　上意之趣、山上興隆之外不可有他事、持之殊不存緩怠、可申沙汰之上者、不通《（廻）》時日可被致訴訟、悉可有御成敗者也、就中離山之輩少々在之云々、早々令帰住同心可致御祈禱之精誠之旨、為惣山可被下知、仍被成御判候也、巨細難尽紙面候、自一院宿老二三人可有出京、直可申候、恐々《（ママ）》

永享七
二月十日
東塔
西塔　衆徒御中
楞厳院

「早々令帰住同心可致御祈禱之精誠之旨、為惣山可被下知」という一文をもって、三塔の「衆徒」に呼びかけたこの書状ほど、「惣山（惣寺）」が三塔「衆徒」の集合体として存在していたことをよく示すものはないといえよう。

なお、この書状の末尾にいう「一院宿老」とは、後述するように、園城寺における一院の宿老と同じ種類の人々を指しており、延暦寺においても延暦寺と同様、「惣寺」が「一院」の老若大衆を基盤として存在していたことがうかがえる。

ただ、先にも述べたように、延暦寺の「惣寺」としての規模は園城寺のそれをはるかに上回るものがあり、そこには他寺には見られない延暦寺独特の大衆組織の有り様が展開していた。次に史料に基づいて、その実態を今少し詳しく見ていくこととしよう。

三　延暦寺大衆と日吉七社

(1)「坂本之衆分」と「在坂本宿老」

将軍足利義満が初めて日吉社に参詣したのは、応永元年（一三九四）九月のことであった。『足利治乱記』によれば、義満は正月に見た霊夢によってこの日吉社参詣を決意したという。延暦寺側の対応に関しては『日吉社室町殿御社参記』（以下『御社参記』と略記）に詳しく、同記によれば、このとき、日吉社において、義満を歓待したのはほかならぬ延暦寺大衆であった。もちろん日吉社の社家もそれなりの対応は示している。しかし、その主体が延暦寺の大衆にあったことは、『御社参記』を一読すれば、容易に了解される。すべての準備は大衆主導のもとに進められていたといっても過言ではない(35)。

義満の社参に先立ち大衆の代表者が最初の会合をもったのは、『御社参記』によれば、応永元年八月三日のことであった。「堀池寺家房」で行なわれた、この「評定初」の出席者を同記は次のように記録する（居所別に整理）。

山上方　三塔　東塔　南谷常坐院幸承
(北谷)大蔵房睿隆
東谷大妙房睿宣
西谷覚林房教雲
西谷行光房円俊不参
西塔　正観院勤運
横川　都卒谷鶏足房観慶
坂本　坐禅院直全、円明房兼慶、興善院宗□、明浄房教運、上林房堯覚、南岸房隆覚、井(上カ)房暁暹、
妙音院宣覚、乗(蓮カ)運房兼尊、杉生房暹春、行泉房定運、
寺家　弘兼

最後に見える「寺家」とは、いうまでもなく延暦寺の執行機関としての「寺家」を指す。ここで「寺家」の弘兼だけが「出仕」となっているのは、彼が事務方としての資格でこの評議に加わっていたためであろう(36)。評議の主体はあくまでも「三塔」と「坂本」の大衆の代表達にあったとみてよい。ではここに記された十八人の代表は

一体いかなる資格によってこの評定に出席していたのであろうか。

実は『御社参記』によれば、これより四日前の七月二十九日、評議への参集を呼びかける「在坂本宿老」集会が、坂本の生源寺において開催されていた。一山大衆の「評定始」を最初に呼びかけた、この「在坂本宿老」から探っていくこととしよう。

中世、坂本には三塔に所属することなく同地を本貫地とした大衆が間違いなく存在していた。たとえば、応永二十七年（一四二〇）閏正月十一日付「十禅師彼岸三塔集会事書」には末尾に一山の大衆が連署するが、それは四人の山門使節にはじまり、東塔・西塔・横川の大衆がこれに続き、最後は二十一人の「在坂本人数」によって締めくくられているのである。(37)ここにいう「在坂本人数」とは、『御社参記』に見える「在坂本之衆分」と同じ人々を指すものと考えられる。

坂本を本貫地としたこのような大衆の存在は鎌倉時代末までにさかのぼって確認することができる。文保二年（一三一八）十月、大衆の一部が大宮に閉籠したときのことである。一部急進派の度重なる閉籠に手を焼いていた大衆は武力でもってこれを排除するにいたるが、その時の模様を『天台座主記』は次のように伝える。

坂本衆徒等相議而悪徒為対治、翌廿日朝押寄、及合戦之処、閉籠輩神殿懸火、門楼・廻廊・楽屋・橋殿迄不残及焼失、手負自害之死骸数多出現穢社頭、社司輩捨身命入内陣、大宮御躰行仲・成時、聖真子御躰為香・成直、客人子御躰行延、等各奉取出、奉渡三宮神殿、

この閉籠への攻撃主体を『日吉社幷叡山行幸記』もまた「坂下の衆徒等」と記しており、鎌倉時代にはすでに坂本に「坂本衆徒」「坂下の衆徒等」と呼ばれる独自のまとまりを持った大衆勢力が確実に存在していた。

一方、「宿老」に関しては、「坂本衆徒」のなかにこう呼ばれた人々が遅くとも南北朝時代には存在していたことは、建武四年（一三三七）二月、「松石丸」なる者が「坂本炎上」後に作成した紛失状に「為坂本事之上者、

賜寺家四至内幷宿老御証判、欲備将来之亀鏡矣」という文言が見えることからこれまたあきらかである。[38] ここで松石丸が「寺家四至内」とともに「（坂本）宿老」に「御証判」を求めている点は、彼らが坂本においてそれなりの公的な地位を占めていたことを示しており、その役割を知る上で興味深い。[39]

ちなみに「宿老」という言葉に限っていえば、坂本に限らず三塔の大衆のなかにもこう呼ばれる人々が早くから存在し、大衆を時には先導し、時にはなだめる役目を果たしていた。[40]「在坂本宿老」もまたそのような三塔の宿老と同様、坂本にあって「坂本之衆分」を主導する役割を果たしていた人々であったと考えられる。

応永元年、義満の日吉社参詣の歓迎を山上の大衆に呼びかけた「在坂本宿老」とは、まさにそのような「坂本衆徒」の実力者だったわけであるが、その応永元年の時点での「在坂本宿老」とは、実は他ならぬ八月三日の「評定初」に「坂本」分として出席していた坐禅院直全以下の十一名だったのではなかろうか。このなかには、当時、山門使節として勢力をふるっていた円明坊兼慶ら有力山徒も含まれており、いかにも「坂本宿老」と呼ぶにふさわしい。そして、であったとすれば、「坂本衆徒」「坂本之衆分」とは坂本に本拠をおく、妻帯した山徒たちによって構成された集団であったということになる。[41] すなわち、三塔の大衆が妻帯しない、いわゆる清僧・学僧によって構成されていたのに対して、妻帯した山徒を中心に形作られていたのが「坂本衆徒」「坂本之衆分」だったと理解されるのである。

では、義満の日吉社社参を歓迎する動きがこのような山徒の「坂本衆徒」の宿老からの提案に端を発していたとすれば、その呼びかけに応じて集まった三塔の「碩才」とは、三塔でいかなる地位にあった僧侶たちだったのであろうか。

⑵執行代と学頭代

三塔の「碩才」がそれぞれの代表として（東塔は谷の代表）、「評定初」に臨んでいたことは、『社参記』に記されたその肩書きから、一見してあきらかである。そこには彼らの所属する「院々谷々」の名前が明記されている。つまり彼らは「院々谷々」の代表としてこの評定に臨んでいたのであり、この「評定初」の歴史的な意義はまさにこの点にこそあった。

そこで以下では、中世、「院々谷々」において大衆がどのような組織をもって活動していたのかを検証していくこととしたいが、その前にその運営の中心にいたと考えられる「院々谷々」の役職者（代表者）について簡単に確認しておこう。

「院々谷々」の大衆を代表とする役職としては、東塔・西塔では執行、横川では別当などがあった。『蹇驢嘶餘』はこれら役職について次のように記す(42)。

一、東塔・西塔ハ、執行ト云也、横川ハ、別当ト云ナリ、衆僧ノ一老任之役也、執行代・別当代ニ、若キ衆徒任之、

大衆の代表者として「衆僧一老」が勤めたのが執行・別当であり、彼らの代理として「若キ衆徒」がその任に就いたのが執行代・別当代の職であった。

一方、谷において、大衆の代表者となっていたのは、「学頭」および「学頭代」と呼ばれた役職者たちであった。たとえば『御社参記』によれば、応永元年の足利義満の日吉社への参詣時、「児童供養事」の責任者は「谷々学頭房」となっており、「三塔衆分」の供奉についても、学頭がその主導者に指名されている。

では、執行・別当と執行代・別当代、および学頭と学頭代はそれぞれいかなる関係にあったのであろうか。結論から述べれば、執行代・別当代・学頭代は、それぞれ執行・別当・学頭の下で主として実務に携っていたものと推定される。時代ははるかに下るが、戦国時代、一院の衆議は執行代・別当代の連署で伝達されており、学頭代が谷での衆議結果の伝達役を務めていたことは、次節の保内の事例で詳しく見る通りである。また、谷と谷との間の文書のやりとりも学頭代の署判で行なわれている(43)。なお、三塔には、この他、東西両塔の院主、横川の長

吏という寺院組織上の最高責任者が存在したが、その職は朝廷・座主から補任されるもので、ここでは一応、大衆組織とは切り離して考えるべきものと理解しておきたい。(44)

「院々谷々」には教学上の大衆代表として執行・別当それに学頭がおり、その下で「若キ衆徒」が執行代・別当代そして学頭代として実務を担当していたというのが、中世の延暦寺の大衆組織の基本的な構成であった。(45)

応永元年、義満の日吉社社参を迎えるにあたり、坂本に集まった三塔の「碩才」とは、彼ら三塔の執行・別当それに「谷々」の学頭たちであったと推定される。彼らの「院々谷々」における地位は正確にはわからないが、なによりもこの「評定初」で重要な点は、先に見たように、彼らが「院々谷々」の代表者としてこの場に臨んでいたというところにある。つまり、大衆があげて将軍の社参を歓迎することを決定したという点において、この評議は画期的なものであった。また、それとともに注目されるのが、それが「坂本宿老」の呼びかけに応じて行なわれたものであったという点であるが、この点についてはのちに改めて考えるとし、ここでは引き続き、延暦寺における「院々谷々」の大衆の存在形態を、日吉社との関係で考えていくこととしよう。

日吉社が延暦寺ときわめて密接な関係にあったことはよく知られているが、同社と同寺の大衆との関係については、これまで具体的に考察されることはほとんどなかった。しかし、大衆が「谷々」さらには「院々」において団結の紐帯としていたのは、まぎれもなく日吉各社であった。この点を「院々谷々」と日吉各社の関係を検討するなかで、次に確認していくこととする。

(3)日吉七社彼岸会の分割

大衆が日吉山王を産土神として深く信仰していたことについては、大衆による神輿動座がその信仰と不可分の関係にあったことを中心にかつて論じたことがあり、(46)そこでも指摘したように、両者の結びつきは現代の我々が想像する以上に濃密かつ神秘的なものがあった。だが、その具体的様相については、従来、全く考察の対象となることなく、当然のことながら、これといった研究蓄積を持たない。そこで以下では、両者の関係をできるだけ具体的な事例をもとに検証していくこととしたい。

塔・谷と日吉七社との関係を知る上でまず最初にあげたいのは、『騫驢嘶餘』の次の記述である。

一、七社（中略）二宮ノハ、西塔ヨリ知之、聖真子、横川ヨリ知之、自余ノ五社ハ、東塔ヨリ知之云々、

簡略ではあるが、中世、日吉七社の管領が東塔・西塔・横川の三塔に委ねられていたことを明記している点で、この記述は貴重である。『騫驢嘶餘』が作られた戦国時代にはいまだ三塔による日吉七社の分割管理が間違いなく維持されていたわけである。ではこのような三塔と日吉社の関係はいったいいつはじまるのであろうか。

結論を先取りしていえば、それは古く鎌倉時代の初めに起こった学生と堂衆の争いにまでさかのぼると考えられる。両者の抗争とその結果は延暦寺の大衆の歴史のなかで、かつてないほどの重大な意味を持つが(47)、ここではこの事件によって堂衆が寺内から完全に一掃され、その結果、学生がそれまでの堂衆に代わって日吉七社の彼岸会を管領するにいたった、という事実だけを指摘しておきたい。このことを明確に伝えてくれるのが、元久元年（一二〇四）二月に発せられた「後鳥羽上皇院宣」である。『華頂要略』門主伝三はその院宣の内容について次のように伝える。

（元久元年）二月十二日、賜　院宣左中弁長房朝臣奉、云云、社頭彼岸事、任谷々巡役次第宜令勤仕云云、是堂衆退散之後、学生勤仕之初也、仍大宮南谷、二宮西塔、聖真子横川、八王子東谷、後改為西谷、客人無動寺、十禅師北谷、後加東谷、三宮西谷、後北谷・南谷勤之、評定之上如此雖被定行、北谷相論欲及合戦之間、今季東塔彼岸、皆於山上令勤仕畢、於西・河者、如恒於社頭令勤仕、其後及衆議、八王子・十禅師等之彼岸被改谷配畢、

それまで堂衆の手中にあった各社の彼岸会は、以後、学生の管掌下に入る。幾多の所領が附属する彼岸会は堂衆にとって経済的基礎をなす法会であり、同会を失うことは、とりもなおさずその寺内基盤の喪失を意味してい

た。そして、事実、この事件を契機として、堂衆が以後、再び寺に戻ることがなかったことは、はるか後代の「当今世出世制法」が寺内の身分として「衆徒」と「山徒」の二つをあげながら、両者をともに「清浄住学生」「清浄住学明室」と定義していることからもあきらかである。(48)元久元年以後、寺内勢力としての堂衆は存在しなくなったと考えてよい。

一方、以後長く日吉社の彼岸会を管轄することとなった学生がただちに講じたのが、「院々谷々」による七社の分割であった。「院々谷々」を単位としての彼岸会執行がここにはじまる。ちなみにその分割状況を先の『華頂要略』門主伝三の記事に基づき一覧にして示せば、次のようになる。

大　宮――東塔南谷
二　宮――西塔
聖真子――横川
八王子――東塔東谷（のち西谷に改める）
客　人――東塔無動寺
十禅師――東塔北谷（のち東谷を加える）
三　宮――東塔西谷（のち北谷・南谷に改める）

『驤驢嘶餘』のいう西塔の二宮、横川の聖真子、そして東塔谷々の残り五社に対する支配体制が、彼岸会の分担としてまず出発したことが、これによって知られよう。では、このようにして「院々谷々」の分割管領下に入った日吉七社の彼岸会は、以後どのような形の展開をたどり、戦国時代にまでいたったのであろうか。

(4)「院々谷々」と日吉七社

元久元年以後の詳しい経過は残念ながら追うことはできないが、「院々谷々」がこれを契機としてやがて日吉七社を実質的に分割支配するにいたったことは、さまざまな史料からこれを実証することができる。この点を次に「院々谷々」ごとに順次、見ていくこととする（［ ］内は「院々谷々」が管轄していた社名を示す）。

東塔

1 東谷［初め八王子、のち十禅師］

東谷と十禅師の結びつきをよく示すものの一つに、同谷による保内支配がある。同谷が保内を領有したのは、長禄二年（一四五八）十二月付「延暦寺東塔東谷集会事書案」によれば、かの地が「日吉十禅師彼岸料所」であったことによる。(49) つまり、東谷の保内領有は、同谷の十禅師彼岸会管領をもってはじまっていたことになる。保内以外では、東谷は正和五年（一三一六）九月、「十禅師御簾神人」の殺害に関わって訴えを起こしており、(50) これも同谷が十禅師社を管領していたことから起こした訴訟と考えてよかろう。なお、東谷による「日吉十禅師彼岸料所」保内の「管領」については、次節で改めて検討を加える。

2 北谷［十禅師］

北谷が十禅師社を管領していたことを示す出来事としては、山城国上桂庄をめぐる争いで、正和五年（一三一六）十月、「当谷（北谷）弁十禅師大般若供僧中」が東寺を相手どり朝廷に訴えた事件をあげることができる。(51) 同庄をめぐる争いで、北谷は元亨四年（一三二四）十一月、「山門東塔北谷十禅師宮二季彼岸料所」という表現で、その領有権を主張しており、(52) 北谷でも大衆が十禅師の彼岸会を結節点として自分たちの所領を保持していたことが知られる。

3 南谷［大宮］

大宮が担当とした南谷については、寛喜元年（一二二九）八月の大宮の彼岸所における青蓮院門徒と梶井（梨本）門徒の抗争事件が、同谷大衆の彼岸会勤仕の有り様をよく伝えてくれる。次に引用したのはその事件の模様を伝えた『明月記』の記事である。(53)

静俊告送云、昨日廿八日、彼岸初日、於社頭大宮彼岸所、両門徒闘諍、南谷衆徒勤彼岸、青蓮院方欲著座、梨本遏絶之間、於彼岸所及合戦、未曾有事云々、

これによって、元久元年（一二〇四）二月の「後鳥羽上皇院宣」に則って「南谷衆徒」が大宮の彼岸会を勤めていたことが確かめられよう。

またこの南谷の大衆による大宮社における彼岸会勤仕について、『日吉社神道秘密記』は「大宮彼岸所、雑舎迄両棟アリ、二季法事、南谷上中下僧悉参籠事也」と記している。(54)同記によれば、同じ大宮の彼岸所の「上座」は夏堂として用いられ、そこでは南谷の「中僧」が「香華燈明」を常時、調えていたという。大宮の彼岸所が彼岸の「二季法事」にとどまらず、日常的に南谷の大衆の仏事を営む場所として確保されていたことがわかる。なお、大宮の修理も通常は、南谷が担当することとなっており、たとえば応永元年（一三九四）八月、足利義満の日吉社参詣を迎えるにあたっての大宮彼岸所の修理は同谷に課せられている。(55)

この他、南谷が日吉社に関与した出来事としては、文明四年（一四七二）五月、同谷大衆が十禅師の神輿を根本中堂にかつぎ上げた事件がある。(56)十禅師は同じ東塔でも北谷・東谷が管領する社であり、なぜ南谷が同社の神輿をかつぎ上げたのかはよくわからないが、南谷が起こした事件としてあげておく。

4　西谷［初め二宮、のち八王子］

西谷が知行していた京都の「五条町高辻間東西八町地事」は、かつて「八王子神人」が殺害されるという事件があった時、大衆の「大訴」を恐れて、朝廷から同谷に与えられたものであったという。応仁の乱後まもなく書かれた「延暦寺東塔西谷学頭代書下」は、その間の事情を「五條町高辻間東西八町地事、依日吉八王子神人殺害、

山門企大訴、御成敗申下、年来当谷令知行」と簡潔に記す。[57] この出来事がいつのことか正確にはわからないが、同谷による八王子社管領の明証となろう。

5　無動寺［客人］

客人社と無動寺の関わりについて、鎌倉時代の『耀天記』に「客人宮事」について次のような伝承が載る。[58] 秀広なる宮籠が初めて「聖真子ノ東勝地」に客人社を祀ったとき、許可なくこれを行なったとして、座主慶命はその破壊を命じた。ところが翌日、客人社の宝殿に雪が一尺も積もるという霊異が現れ、これに驚いた慶命は逆に「自今已後者、我門弟等、偏以此社可奉崇也」と述べ、以後、「四月御輿」と「二季彼岸ノ勤」は「皆以無動寺」が沙汰するようになったという。

客人社が無動寺の管轄下に入るのは、元久元年以後のことであり、『耀天記』の記す「客人宮事」は時代的に合わない。しかし、両者がいかに早く密接な関係を作り上げるにいたっていたかをこの話はよく伝えている。

ちなみにこの伝承で「二季彼岸ノ勤」と並び称されている「御輿馬」とは、日吉祭の時に神輿とともに七社の神々の乗物として出されたもので、その各塔・谷の分担について、『耀天記』は次のように記す。

一、御輿馬勤仕事

一ノ御馬、貫首御懃《(勤)》仕也大宮、次々ハ僧綱役也、二宮西塔院主、聖真子横川長吏、八王子東塔新任僧綱、無新任之時、転任役、客人無動寺新任僧綱、無新任之時、有職役也、十禅師西塔新任僧綱、無新任之時、転任勤也、三宮東塔新任僧綱、無新任之時、八王子ニ同也、下八王子西塔新任僧綱、無新任之時、十禅師ニ同也、

客人社では「無動寺新任僧綱」がこれを勤めており、他の六社（下八王子を含めれば七社）の場合も、多少の異同はあるものの、その分担とほぼ一致している。

さて、無動寺と客人社との結びつきに戻ると、貞和四年（一三四八）正月、室町幕府からの要請によって、青蓮院尊円が坂本で冥道供を修したとき、彼はその道場に他ならぬ「客人彼岸所」を選んでいる。[59] 青蓮院は古くか

ら無動寺谷を支配しており、尊円が客人社の彼岸所を選んだのもこのためであったが、このとき、尊円は無動寺と客人社彼岸所との関係について触れ、「且無動寺管領旁依為便宜也」と述べている。無動寺が客人社彼岸所を管領下においていたことをこれほど明確に伝える言葉はなかろう。

東塔の「谷々」に関しては以上の通りであるが、三院（三塔）のなかで院単位ではなく、谷単位で日吉七社の分割を受けていたのは東塔だけである。寺内における東塔の実力のほどがうかがえるが(60)、それはともかくとして、東塔大衆が一院として事を起こすにあたっては、同院所属の谷々が管領するいずれかの神社に拠るのが通例となっていた。たとえば康正元年（一四五五）八月、東塔領の近江国中庄に関わる訴訟では「客人神輿」が山上にかつぎ上げられており(61)、また文明七年（一四七五）三月、「東塔衆徒」が六角高頼の「退治祈禱」を執行したときには、大宮彼岸所がその参籠場所に選ばれている(62)。さらに時期は正確にわからないものの、戦国時代、「三宮遷宮奉加」のために東塔執行代が奔走しているのも(63)、同じ事情に基づくものと思われる。

なお東塔の五谷のなかでは、一院の中央に位置した南谷がもっとも力を持っていたようで、元応元年（一三一九）の『日吉社社領注進雑記』によれば、「大宮毎夜油」をはじめとする日吉社に関わるさまざまな費用を出す、近江の小大国郷（犬上郡）・吉田郷（犬上郡）・小八木郷（愛知郡）・長野郷（愛知郡）等の所領はすべて南谷が管領していたという(64)。

西塔［二宮］

永徳二年（一三八二）四月、室町幕府は「二宮回廊修理」を「隆猷」なるものに命じているが、この「隆猷」とは西塔の大衆の一人であった南岸坊を指すと推定される。西塔の管轄する社殿であったればこそ、同塔の構成員であった「隆猷」に幕府はその修理を命じたのではなかろうか(65)。

時代はやや下るが、文安四年（一四四七）七月、長禄二年（一四五八）十二月の二度にわたり、二宮から西塔に閉籠するものが出現しているのも、これまた二宮が西塔の管轄下にあり、同塔の大衆が二宮を自分たちの社と理解していたがゆえの行動と考えられる。(66) そして、特にこの点を明確に物語ってくれるのが長禄二年の事件で、そこでは二宮の神輿を帰座するにあたり閉籠衆は次のように述べている。

長禄二年十二月廿七日、山門西塔釈迦堂閉籠衆議曰

可早相触末寺末社事

右当院神訴悉預厳重御裁許、今日既奉成　二宮神輿之帰座、所及一院満徒之歓悦也、然上者、急致末寺末社之開門戸、速任歳暮歳首之嘉躅令遂恒例礼賛、可専朝家精祈之旨、衆議如斯而已、

二宮神輿の帰座を「一院（西塔）満徒」が喜ぶ背景には、両者の特殊な結びつきが存在したと見なければなるまい。

応仁の乱以後では、文明十年（一四七八）十月、「山門西塔院雑掌」が「御室御下知」による「日吉二宮八講料所」の押領を幕府に訴えている。(67) また、先に見た御輿馬では、二宮分が「西塔院主」の担当となっていたことも付け加えておきたい。

横川［聖真子］

嘉禎二年（一二三六）五月、横川中堂の寄人清三郎なる者が日吉小五月会の馬上役の差定をうけ、その免除を認められなかったとき、横川の大衆がこれに抗議して「聖真子神輿餝具」を奪い取り横川中堂に安置するという事件が起こっている。(68) また弘長三年（一二六三）八月、「堅田浦検断」のことで西塔と争い敗れた時にも、やはり横川の大衆は同社の神輿を横川中堂に振り上げている。(69)

このうち嘉禎二年の出来事では、「惣大衆」の「宥沙汰」を受けた横川の大衆はやがて「神輿餝具」を返却しているが、三院のなかで横川の大衆が孤立したとき、彼らが頼りとしたのが他ならぬ聖真子の神であったことは、充分注目されてよい。この点は座主の裁許に抗議して行動を起こした弘長三年の出来事も同じで、ともに横川の大衆が聖真子社を自分たちの神社として崇め守護していたことをよく物語っている。時代が下っては、文明十四年（一四八二）四月、横川中堂が炎上したとき、同所にかつぎ上げられていた聖真子の神輿がいっしょに焼失している。(70)

以上、元久元年以降、「院々谷々」が日吉七社といかに密接な関係を結ぶにいたっていたかを検証してきたが、改めてそれらを整理すれば、次のようになろう（カッコ内は事項を史料によって確認できた塔・谷を示す）。

①彼岸会の執行（院々谷々）
②香華燈明の調達（東塔南谷）
③御輿馬の勤仕（院々谷々）
④神輿動座（院々谷々）
⑤社殿・回廊の修理（東塔南谷・西塔）
⑥彼岸料所の支配（東塔東谷・東塔北谷）

このうち①から④までは、各塔・谷がそれぞれの社を信仰の紐帯として保持していたことを示すものであり、なかでも日吉祭の御輿馬、抗議行動の際の神輿動座は、各地域が当該の社（神）を自分たちの社（神）と認識していたことを明確に指し示している。そして⑤にみられるように、社殿・回廊の修理が決して他の地域に課せられることなく、担当の「院々谷々」の負担するところとなっているのも、この点からすれば、至極当然のことであった。(71)

鎌倉時代以来、「院々谷々」が信仰面において日吉七社ときわめて有機的な関係をとり結ぶにいたっていたことがあきらかとなった。両者の関係はこれまで考えられていた以上に密接なものがあったといえる。そして、また、その関係が広く経済面にまで及んでいたことは、⑥の事例が示す通りである。次にこれらの点に留意し、「院々谷々」の運営実態を東塔東谷による保内支配等を中心に、より具体的に検証していくこととしよう。

四 「衆議」の世界

(1)東塔東谷領保内

近江の保内は、中世、延暦寺の東塔東谷の領有下にあったことで知られるが、同谷が保内の支配を具体的にどのようにして行なっていたかについてはこれまでほとんど検討を加えられることはなかった。『今堀日吉神社文書』として残る膨大な文書のなかには、むろん数多くの東塔東谷が発給した文書が残されている。にも拘わらず、この点になんら注意が払われなかったのは、文書が誰の手によっていかなる権限の下に発せられていたのか、という史料操作に関わるもっとも基本的な作業を抜きにして研究が進められてきたことを物語っている。[72]東塔東谷の大衆はどのようにして保内を支配していたのであろうか。

古くは正安三年（一三〇一）十二月付「延暦寺東塔東谷仏頂尾衆徒訴状案」が同谷の保内領有について「得珍保者為往古日吉十禅師社領、当尾令管領而致御祈禱重色無双之地也」と記す。[73]これを信じれば東塔東谷（仏頂尾）による保内支配は、やはり同谷の「日吉十禅師社」管領以後、すなわち元久元年（一二〇四）以降のこととなる。この点について、先に触れた長禄二年（一四五八）二月十九日付「延暦寺東塔東谷集会事書案」も「右蒲生郡得珍保者、日吉十禅師彼岸料所、山上諸講演厳脚也」と記しており、まず間違いない。[74]

また、正安三年の訴状案によれば、当時、保内の領有主体は東塔東谷の仏頂尾であったということになるが、

表1 『今堀日吉神社文書』所収の延暦寺東塔および東塔東谷よりの発給文書一覧

注：＊※☆印はそれぞれ花押が同一であることを示す

	年月日	文書名	書止文言	発給者		宛所	端裏書等
4	弘安 七年一一月	（東塔東谷衆議下文ヵ）	依衆議、所仰如件	□預法印他	□阿闍梨	得珍保百姓等所	
17	永和 四年一〇月	東塔東谷衆議下知状案	依衆議令下地(知)所也、仍状如件	（未詳）		図師	
36	応永二五年 八月	東塔衆議下知状案	依衆議、執達如件	執行代祐鎮		石塔寺小里神人中	
47	三四年一二月	東塔東谷衆議下知状	依衆議、執達如件	学頭代		得珍保両沙汰人中	
64	嘉吉 二年一〇月	東塔東谷衆議下知状	右下知之状、如件	学頭代＊		高谷百姓中	
66	二年一一月	東塔東谷衆議下知状	依衆儀(議)、執達如件	学頭代＊		得珍保図司一揆中	
69	文安 四年 七月	東塔東谷衆議下知状	依衆議、執達如件	学頭代＊	月行事	（なし）	
70	五年一一月	東塔東谷衆議書下	仍執達如件	学頭代	月行事	保内新開奉行中	
79	享徳 四年 四月	東塔東谷衆議下知状案	依衆議、執達如件	学頭代	月行事	図司中	
80	康正 三年 八月	東塔東谷衆議下知状	依衆議、執達如件	学頭代	月行事	今堀蛇講両郷百姓中	
81	長禄 二年 二月	東塔東谷衆議下知状案	依衆議、執達如件	学頭代		得珍保両沙汰人中	
87	寛正 四年閏六月	東塔東谷学頭代書下	仍執達如件	学頭代※		（なし）	
88	四年 七月	東塔東谷衆議下知状	依衆儀(議)、執達如件	東谷学頭代		保内御服商人	
89	四年 九月	東塔東谷学頭代書下	仍執達如件	学頭代※		（なし）	
97	五年一一月	東塔東谷学頭代書下	仍執達如件	学頭代※		保内御服商人中	
98	五年一一月	東塔東谷衆議下知状	折紙如件	本院東谷学頭代※		得珍保御服衆商人中	
103	応仁 二年 八月	東塔東谷学頭代制札案	仍所定如件	学頭代		（なし）	
108	文明 五年 三月	東塔東谷衆議下知状	依衆議、執達如件	学頭代	月行事法印	得珍保両沙汰人中	
155	大永 五年 三月	東塔東谷学頭代下知状	可被相触候也、仍下知如件	学頭代		得珍保両沙汰人中	
160	享禄 元年閏九月	東塔東谷学頭代書下案	仍執達如件	学頭代		得珍保両沙汰人中	御書下安(案)文
165	四年 九月	東塔東谷学頭代書下案	堅可被相触候也、仍執達如件	学頭代		得珍保両沙伕(汰)人中	御書下案
202	弘治 三年 七月	東塔東谷学頭代下知状案	可被相触者也、仍下知如件	学頭代		得珍保両沙汰人中	
206	永禄 元年 五月	東塔東谷衆議下知状	依衆議、下知如件	学頭代		得珍保今堀郷惣中	
212	元年一二月	東塔東谷衆議下知状	依衆議、下知如件	学頭代		今堀郷	
246	年未詳二月一八日	東塔東谷学頭代書状	恐々謹言	学頭代☆		本間参河守・永田備中守	
247	年未詳二月一八日	東塔東谷学頭代書状	恐々謹言	学頭代☆		本間参河守・永田備中守	
248	年未詳二月一八日	東塔東谷学頭代書状	恐々謹言	学頭代☆		保内図司	
277	年未詳八月二六日	東塔東谷学頭代下知状	可被相触者也、仍下知如件	学頭代		保内両沙汰人	
280	年未詳九月一一日	東塔東谷衆議下知状	依衆議、執達如件	学頭代	月行事	保内百姓中	

これはこの時期、「日吉十禅師社領」が東谷のなかでさらに細かく「尾」ごとに分割されていた結果と推定される。しかし、少なくとも南北朝時代以降になると、「尾」ごとの十禅師社領の分有は見られなくなり、保内も東塔東谷が「谷」としてこれを領有するようになっている。(75) そして、そのような東谷による保内支配のあり方をなによりもよく示してくれるのが、『今堀日吉神社文書』に多数残されている東塔東谷学頭代の「衆議下知状」である。

表1は、それら「延暦寺東塔東谷学頭代衆議下知状」(以下「東塔東谷学頭代衆議下知状」等と略記する)をまとめて一覧としたものである。学頭代が発給した書状等の文書も合わせあげておいた。

従来、これら「東塔東谷学頭代衆議下知状」は、単に「山門衆議下知状」「山門学頭代下知状」等の名で呼ばれてきた。(76) しかし、すでに見たように学頭代とは各谷の実務を担当した役職であり、とすれば、彼らが発給した文書の名称には所属する谷名を冠するのがもっとも妥当と思われる。

なお、表1の文書の多くは、その発給者を「学頭代」としか記さないが、これらを一括して東塔東谷の学頭代の発給文書と判定したのは、内容が保内の支配に関わるものであること、ならびに次に掲げた一通のように、「東谷学頭代」「本院東谷学頭代」と明記したものがあることによる。(77)

就御服商人事、奉書并遵行等、如此在之、以此旨、如先規、可致沙汰之由、折紙如件、

寛正五
十一月廿四日　　本院東谷
　　　　　　　　学頭代(花押)

得珍保御服衆
　商人中

そこでこれら表1の「東塔東谷学頭代衆議下知状」の内容であるが、谷の組織に関わってなによりも注目されるのはその書止文言である。書止文言の多くは「依衆議、執達如件」「依衆議、下知如件」となっている。つまり、これら学頭代の下知状はその大半が「衆議」をもとに発給されたものであったことがこれにより判明しよう。

むろんここにいう「衆議」とは、東塔東谷の大衆による「衆議」を指す。「衆議」に基づいて保内を支配していた主体が他ならぬ東塔東谷の大衆であったことをこれほど明確に示す書止文言はない。

東塔東谷の保内支配に見られるような、「衆議」の決定を学頭代が現地に伝達するという彼岸料所支配の方法は、彼岸会が「院々谷々」に割り当てられたものであったことからすれば、もっとも自然なあり方であった。東谷とともに十禅師の彼岸会を受け持っていた東塔北谷でも、鎌倉時代末に同会の料所として寄進された山城国上桂庄の領有をめぐって東寺と争ったとき、その相論の矢面には「当谷（東塔北谷）十禅師彼岸結衆」が立っているが、ここにいう「彼岸結衆」もまた谷の大衆を指すものと考えられる。(78)

⑵「谷々」の所領

そして、「谷々」単位所領の支配という観点からいえば、より重要な点はこのような衆議をもって基本とするやり方が彼岸料所に限らず、「谷々」領全般に広く及んでいたというところにある。

先に東塔南谷の箇所で紹介したように、日吉社の多くの神供料所もまた「院々谷々」の支配するところとなっていた。その結果、すでに鎌倉時代末には、日吉社の社家をして「山洛僧綱衆徒幷甲乙人等知行神領社領等多之歟、非社家進止之上、云在所、云領主、不存知之間、不能勤矣」と言わしめるような状況が現出していた。(79)また日吉社領以外でも「谷々」にはさまざまな経路を経て幾多の所領が集積されており、一例をあげれば、室町時代に東塔南谷が「数百年知行」していた「(山門本院南谷領) 城州紀伊郡内角神田」は、「乗蓮坊兼栄先祖兼慶法印」が買得し同谷に寄進したものであったという。(80)「院々」領まで含めれば、「山門東塔領近江国中荘」(81)「山門西塔院二季講領」(82)「(西塔) 南尾領江州高嶋郡針畑庄上銭」(83)など、各種史料から数多くの「院々谷々」領を抽出することができる。そして、それら各種の「院々谷々」領においても、その支配の基本となっていたのはやはり大衆の「衆議」であった。

時代はやや下るが、永正十三年（一五一六）、西塔南尾（谷）領の「御祈禱料所」针畑庄（近江国高島郡）において、その「上銭」が代官「蓮宝」の不法を理由に幕府に没収されるという事件が起こったときのことである。同谷ではただちに「更於蓮宝所行者、一谷無存知之、殊其身令離山之旨」を幕府に訴えている。「一谷」というからには、訴えは「衆議」によって決定されたものと考えてまず間違いない。幕府はすぐにこの「一谷」の主張を認め「上銭」の返還を現地に命じている。[84]

また時代はさらに下るが、『八坂神社文書』には西塔南尾（谷）の学頭代が発給した、次のような書下が収められている。[85]

就祇園執行借銭無沙汰事、江州山上保神供料所押置者也、万一為社中得語彼執行、令山門成敗於違背者、云執行、云社人、懸于其身、可及一段之衆議者也、仍折帋之条如件、

南尾学頭代

文明元
十二月五日　頼□（花押）

三人御中

祇園神供奉行

先の保内における東塔東谷の場合と同様、学頭代が南尾の「衆議」結果を伝達したものであり、「谷々」がその所領支配において、大衆の「衆議」を最優先としていたことをここでも確認できる。

谷のなかには、所領の支配に代官を採用するところもあったが、むろんその場合でも「衆議」による決定が前提となっていた。永享二年（一四三〇）、東塔南谷領の長野郷（近江国愛知郡）「別納捌拾石地」の代官の「知行（権）」をめぐって、二人の山徒（金輪院弁澄と聖行院兼睿）が争った時のことである。そこでは「為非交衆其谷領知行之有無」が大きな争点の一つとなっている。[86]ここにいう「交衆」とは谷の成員を指す。相論は「雖非交衆、

他院・他谷領知行之例為連綿」という主張が通って、結局は金輪院弁澄の勝訴に終わってはいるが、谷の所領が「交衆」のものであるという考え方が存在したことをよく示す出来事といえよう。(87)

以上、「谷々」が日吉社の彼岸料所をはじめとする諸所領の支配にあたり、「衆議」を第一義としていたことがあきらかとなった。先に園城寺で検証した大衆の「衆議」による一院運営の原則は、延暦寺の「谷々」の所領支配でも貫かれていたと理解してよい。ただ、延暦寺の場合「惣寺」の規模ははるかに大きく、「谷々」の上には「院々」が存在していた。「院々」はこれら「谷々」をどのように束ねていたのであろうか。再び『今堀日吉神社文書』を用いて、次にこの点について考えていくこととしよう。

(3)「一院」と「谷々」

『今堀日吉神社文書』には「谷々」が争った場合、その上部の「一院」がいかに機能していたかを示す興味深い文書がいくつか残されている。

寛正四年（一四六三）、保内と横関が御服座の支配をめぐって争ったときのことである。保内が東塔東谷の領有下にあったのに対して相手方の横関は根本中堂寄人で、両者は期せずして同じ東塔に所属する谷と堂（供僧）の支配を受けていた。このため裁判は上部の「一院」すなわち東塔の「衆議」に委ねられている。

次に引用したのは、この相論に関わって東塔東谷の学頭代が保内に下した下知状〔A〕と、(88)東塔東谷の集会事書〔B〕である。(89)

〔A〕就今度横関与保内御服座相論事、両郷共、依為山門領、以一院之衆議、為落居之処、横関商人等掠　公方奉書申出、致理不尽沙汰之条、太以曲事也、所詮、無謂上者、何度雖申、不可承引之由、以衆儀(議)、執達如件、

寛正四　七月廿六日　東谷　学頭代（花押）

保内御服商人

〔B〕寛正五年九月二日、山門本院東谷集会儀江可早被相触伊庭事

右、江州野川御服商人者、自往古、為本座令商売之処、去年横関商人等構新儀、及違乱之間、於一院令対決之処、於野川者、御服本座之証文明鏡也、於横関者、依不対（帯）一紙之証文、任野川理運、被付沙汏（汰）訖、然上者、向後出沙汰、於商人者、可処罪科之由、一院衆儀（議）一定之処、今度横関族根本中堂安居結願可延引之由、依歎申、為新儀者、野川商人可停止之由、被成本書之処、理不尽導（遵）行之条、希代之猛悪也、已前既於山上令落居之上者、不可有承引者也、宜被得其意之旨訖、

〔A〕にいう「依為山門領、以一院之衆議、為落居」という一文から、この争いが東塔（一院）において「衆議」をもって裁かれたことがまず知られよう。〔B〕にいう「於一院令対決」「一院衆儀（議）一定」「既於山上令落居」といった文言も、やはり同じ事実を指しており、東塔内部の争いが「一院之衆議」で決せられていたことが確認できる。

このような一院の「衆議」による裁決の結果は、通常、執行代をもって当事者に通達されることとなっており、『今堀日吉神社文書』には、次のような応永二十五年八月二十一日付の「東塔執行代下知状」が残る(90)。

就塩・海草商売之事、小里之土民等構無理之新儀、及保内売買之違乱、背 勅許、違法度云々、為事実者、無勿体之次第也、仍可守往古之規範之上者、対得珍保可停止積習之旨、依衆議、執達如件、

応永廿五年八月廿一日　　執行代祐鎮在判

石塔寺小里神人中

この文書はこれまで「山門衆議下知状案」と名付けられていたものであるが、発給主体が延暦寺の東塔執行代であったことは、その署名の肩書きおよび内容から一見してあきらかであろう。また、「依衆議、執達如件」という書止文言からは、執行代が「一院」大衆の衆議結果を受けて、ちょうど学頭代が「谷々」大衆の衆議結果を

受けて下知状を発給していたのと同じように、この下知状を発給していたことがわかる。先の保内と横関の場合も現存はしないものの、同じような「一院（東塔）」執行代の下知状が発給されていたものと理解してよい。

むろん東塔に限らず西塔・横川においても事情は同じであった。時代は少し下るが次に引用したのは、天文十四年（一五四五）八月、西塔の執行代が北野社神人の「麴座中」へ下した下知状（折紙）である。[91]

西京麴之事、被帯数通之御判幷証文等、従先規無他妨被進止之段、無其紛之処、近年有名無実之儀在之云々、不可然、所詮任旧例、被止非分族、為当一所可被申付之由、依衆議、折帋如件、

天文十四
八月三日　　西塔院執行代（花押）

北野社神人
当所麴座中

西塔でも執行代が「衆議」伝達の文書を発給していたことが知られよう。

なお、被支配地域から訴えがあった時には、「谷々」が「一院」内で彼らの代弁者としての役割を果たすことになっており、応永三十三年（一四二六）七月、日吉大宮神人小幡住民が保内を相手取って訴訟を起こしたときも、彼らは目安をまず東塔南谷に提出している。[92] 大宮は元久元年以来、東塔南谷の管領下にあり、小幡住民が目安を最初に同谷に提出したのもこのためであった。支配者としての「谷々」が、その支配下の人々に対して一定の庇護の義務を負っていたことをこれらの訴訟手順はよく示している。

以上、延暦寺において「一院」が「衆議」によって「谷々」間の調整機能を果たしていたこと、またそれら「一院衆議」の結果は通常、執行代によって現地に伝達されていたことなどがあきらかとなった。ではその「一院衆議」とは具体的にどのようなものだったのであろうか。

(4)「一院衆議」

「一院衆議」のあり方を示すものとして、貴重な史料となるのが、叡山文庫蔵の『山門雑記』である。[93] そこに

は時代はやや下るが、永正十四年（一五一七）から同十七年にかけて、西塔において行なわれた次のような四件の「一院衆議」が記録されている（収録順）。

①永正十五年三月廿日、於執行代坊一院衆議条々、

②永正十四年八月十三日、於月輪房本堂修理奉行事、一院衆議条々、

③永正十五年二月廿一日、於政所一衆之議条々、

④永正十七年十二月廿四日、於執行代坊一院会合衆議条々、

この内、①は永正十五年四月、根本中堂の竣工供養に関わる衆議で、供養のため登山してくる将軍足利義稙らを迎えるための対応を議したものである。(94) ②は事書にある通りその根本中堂の修理費用、および勧学講の人師・結衆への講米の下行方法などを議題としたもので、(95) ③は西塔の釈迦堂の修理を、また④は「栗太講米和市」に関しての領民からの訴えをそれぞれ議題としたものである。(96)

ここに記録された西塔の「一院衆議」でまず注目されるのは、その衆議の場所である。四件のうち二件までが「執行代坊」をその会場としている。(97) これは執行代が「一院衆議」の中心的な立場にいたことを示唆している。さらに会場に執行代の坊舎や政所といった比較的狭い場所が用いられていることからすれば、そこに西塔の大衆全員が集合していたとはとうてい考えられず、江戸時代の「一院衆議」がそうであったように、(98) 谷々からの代表者、具体的には谷々の学頭代たちだけが参集していたらしいことがうかがえる。

衆議内容としては、一院と谷々の関係を考える上で特に重要と思われる次の議題をあげておきたい（末尾の数字は収録順の番号）。

〔A〕今度就堂供養之儀、公家・武家・諸門跡可有登山云々、於宿坊自然狼藉并贓物等指失之儀有之者、不云権門勢家之被官、可被処厳科、万一及鉾楯者、於院内可被鳴鐘、然者則谷々令出対、其谷へ馳向、可有合力、尚

以兎角之儀有之者、達　上聞、堅可被制止、如此被定置上者、為宿房主人へ一院議定旨、具可被相理事（①）

〔B〕本堂上葺等修理雖及大破、依無公物遅々処、内保段銭幷善浄院・善栄院奉加雖有之、属少分間、猶以公物調法之談合可有之事（②）

〔C〕釈迦堂修理之儀、先度於執行代房被調衆議上者、公物足付早々谷々可有催促事（③）

〔D〕当年湯次勧学講之事、人師・結衆共以敬被参勤、於講米者、雖令寄修理要脚、法会可為退転之基歟、所詮人師弐十疋・結衆十疋宛可有奉加、於講米者本法有曳進、御講之事式日可有執行之旨、文書奉行幷於谷々可有披露事（②）

〔A〕は根本中堂の竣工供養にあたり、もし公家・武家との間で「鉾楯」が起こった場合の対応を決めたものである。「於院内可被鳴鐘、然者則谷々令出対、其谷へ馳向、可有合力」というとり決めは、一院における武力行使のあり方を具体的に示すものとして注目される。どこかの谷で事件が起こった時には「鐘」を合図に谷々から「合力」の軍勢が駆けつけることになっていたわけであり、一院の武力が谷々の連合によって成り立っていたことがわかる。

大衆が自らの経済的基盤として「公物」なるものを保持していたことについては先に述べたが、それが一院においてどのような使われ方をしていたかを具体的に伝えてくれるのが〔B〕と〔C〕である。〔B〕は「本堂（釈迦堂か）」の修理のために改めて「公物」を集めることを、また〔C〕も「釈迦堂修理」のための谷々からの「公物」供出を決議しており、「公物」がその名の通り一院のいわば公の費用となっていたこと、およびその運営主体が谷々と一院にあったことが確認できる。

最後の〔D〕は「勧学講」に出席する「人師・結衆」への「講米」支給について議論したもので、一院における講の運営形態の一端を伝えて興味深い。一院・谷々で執行されていたさまざまな講への出席者には、ここに見える勧学講と同様に、一院・谷々から応分の「講米」が支給されていたのであろう。一院・谷々が本来、宗教的営為のための生活共同体であったことからすれば、これは当然のことともいえるが、その実態を伝える史料は意外に少なく、貴重な事例の一つとしてあげておきたい。

一院の統率が仏事はもとより大きくいえば軍事・経済面にまで及んでいたことが『山門雑記』の記載よりあきらかとなった。一院はたんに「谷々」間の調整に止どまらず、それ自体が独自の意志をもって機能していたと評価されなければなるまい。では、このような強い独立性を保持していた谷・院を基礎にして、惣寺は最終的にどのような形で形成されていたのであろうか。

応仁の乱以降になると、延暦寺では惣寺の意志を伝達するものとして、三院の執行代（横川は別当代）の連署状がしばしば用いられるようになる(99)。執行代を代表として三院が連合して惣寺を作り上げていたことを示すものであり、そこには執行代を結接点とした三院の強い結びつきを見出すことができる。中世、幾度となく繰り返された他宗・他寺に対する一山あげての武力行使を伴う激しい攻撃を根底で支えていたのは、このような惣寺としての強固な結束であったと考えられる。ただ、外敵に対しては鉄壁の団結を示した惣寺ではあったが、その内側が常に一枚板でなかったことは、これまで述べてきたところからあきらかであろう。

たとえば、第二節でとりあげた賢聖坊の住房破却をめぐる東塔と西塔の対立でも、最後まで惣寺としての話し合いが行なわれた形跡はない。園城寺の応永二十三年の南院と中・北院との争いの場合と同様、一院同士が反目した場合、当事者間での解決は非常な困難を伴った。谷から院へと積み上げられてきた高い自主・自立性が、惣寺としてのまとまりを阻害する結果をもたらしていたわけであり、惣寺が抱えていた大きな矛盾の一つがここにあった。

以上、中世、延暦寺の大衆組織が、下から順に「谷々」「院々」そして「惣寺」という重層的な構造を持って存在していたこと、および各レベルの共同体においてその運営主体となっていたのが大衆であったことが実証できたと考える。第一節で検証した園城寺の場合と合わせ、中世寺院において「惣寺」を構成していたのは間違いなく大衆であり、彼らによる「衆議」であったと結論づけることができよう。

なお、「惣寺」の歴史的性格をよく示す特徴として今一つ指摘しておきたいのは、それが多かれ少なかれ神社をも巻き込んで展開していたという事実である。延暦寺でいえば「院々谷々」と日吉七社、園城寺でいえば三院と新羅社（北院）・護法社（中院）・三尾社（南院）の三社の関係である。これは大衆が共同体単位での結束の紐帯を各社の祭神を産土神とする疑似的な血縁関係に求めていた結果と考えられる(100)。

この点を念頭においた上で、延暦寺の大衆がもっとも重要な結束の場としていた日吉各社の彼岸所が現実にいかなるものであったかを最後に見ておくこととしよう。

五　日吉社の彼岸所

(1)彼岸所の濫觴

日吉社の彼岸所については、すでに景山春樹・黒田龍二両氏による研究があり、そこでは年二回の彼岸会をはじめとする仏教的な行事が執行されていたこと、その数は日吉七社のものを筆頭に二十数棟にも及んだこと、さらにはそれぞれの彼岸所が庄園を有していたことなどがあきらかとなっている。しかし、建物の構造・性格についてはいまだ正当な評価が下されておらず、その運営主体に関してもこれを「堂衆下僧」とするなど、あきらかな間違いも少なくない(101)。以下ではこれまで検証してきた中世における延暦寺の大衆組織の実態を念頭におきながら、今一度、私なりに彼岸所について考察を加えていくこととする。

日吉社の彼岸所を考えるにあたり、もっとも重要と思われるのはその濫觴である。この点について諸記録は塔下の彼岸所を最初のものとし、たとえば室町時代に作られた『厳神抄』は次のように記す。(102)

一、塔下ノ三聖惣社ト申ハ、中比此所ニ明達律師御庵室在之ケリ、律師山王ノ法楽ニ護摩ヲ修シ玉フ時、三聖御形止テ爐壇ニ現玉フ、既ニ三聖影向ノ所ナレバトテ、律師ハ此所ヲ去テ、他所ニ住玉フ、即彼庵宅ヲ以テ、三聖ノ御社トス、社頭ノ彼岸講モ、明達律師御時ヨリ始レリ、彼岸所ト申事モ、塔下ノ彼岸所ガ最初有也、其後恵心先徳、七社権現ノ御神躰ヲ、手ラ自ラ作リ写シ奉テ、此社ハ余社ニ不積不可有火事ノ難トテ、此宮ニ悉ク安置シ玉フ故ニ、三聖ニ不限、七社惣躰御ス也、

塔下社は平安時代前半に「三聖」を拝した明達によって創建され、のち恵心によって七社の神体が祭られた社であったというのである。『日吉社神道秘密記』は同社には「日本惣社」として「六十余州大小神祇」が祭られていたとも伝える。(103)

彼岸所がこのような来歴を持った塔下社に創設されたことは、次の二つの点で興味深い。まずその第一は祭神が「三聖（大宮・二宮・聖真子）」という、延暦寺（大衆）によって選定された三神によって占められている点である。塔下は当初より延暦寺の神社として出発していたのである。また第二にこの点と関わって注目されるのは、「三聖」から「日吉七社」「（日本）六十余州大小神祇」へと次第に拡大していくその祭神のあり方である。それはまさに日吉社を出発点として最後は全国の神々までをも自分たちの世界にとり込んでいこうとした延暦寺大衆の壮大な思想を凝縮したものとなっている。つまり塔下は、延暦寺大衆にとっての神祇世界への進出をもっとも直截な形で表現した社であったと理解され、そのような塔下社に最初の彼岸所が設置されたのは、ある意味で当然の結果であったともいえるのではなかろうか。(104)

「日吉七社」「（日本）六十余州大小神祇」を祭ることから「惣社」とも呼ばれた塔下の彼岸所がしばしば大

宮・二宮の彼岸所と同等の取り扱いを受け[105]、時には大衆の集合場所として用いられているのも[106]、このような同社独特の性格と無関係ではあるまい。なお、塔下社は鎌倉時代以後は西塔の管領下に入っており、安貞元年（一二二七）二月の修理も「西塔衆徒」によって行なわれている[107]。

塔下社の彼岸所創設以降、平安・鎌倉時代を通じて、他社の彼岸所がどのようにして作られていったかは、残念ながら史料を欠きわからない。ただ、鎌倉時代に入ると日吉七社をはじめとする主な社殿にはほとんどすべて彼岸所が附属するにいたっていたようである。また、同じ頃には日吉社の境内だけでなく、山上の「院々谷々」に勧請された社にも彼岸所が設けられており、たとえば元久二年（一二〇五）十月の学生と堂衆の争いでは、山上の「南谷彼岸所」が焼失している[108]。さらに時代ははるかに下るが、後述する江戸時代前半の延暦寺を描いた三千院蔵「延暦寺・日吉社図屛風」にも、山上に「山長彼岸所」が描かれている。ちなみに三千院蔵のこの屛風には東塔東谷仏頂尾に十禅師社が見えており、東塔東谷が中世以来の縁をもって、長く十禅師を同谷の守護神として祭り続けていたことがわかる。

⑵描かれた彼岸所

彼岸所に関してはその実態を伝える文献史料がきわめて限定されているのに対して、それを補って余りあるのが、それらを描いたいくつかの絵画史料である。中世・近世の彼岸所を描いた主な絵画史料としては、次の五点をあげることができる。

〔A〕山王宮曼荼羅図[109]（奈良国立博物館蔵／口絵・図1）　絹本着色　一幅　十五世紀前半
〔B〕日吉社古図（山王秘密曼荼羅[110]／延暦寺蔵／図2）　紙本着色　一幅　十六世紀前半
〔C〕山王社参次第絵巻[111]（個人蔵）　紙本着色　一巻　十七世紀後半
〔D〕日吉山王秘密社参次第絵巻[112]（日吉大社蔵）　紙本墨書　一巻　十七世紀後半

図1　山王宮曼荼羅図に描かれた日吉社の彼岸所と日御供屋

1-1　大宮彼岸所

1-2　聖真子彼岸所

1-3　客人彼岸所

1-4　二宮彼岸所

1-5　十禅師彼岸所

1-6　八王子彼岸所

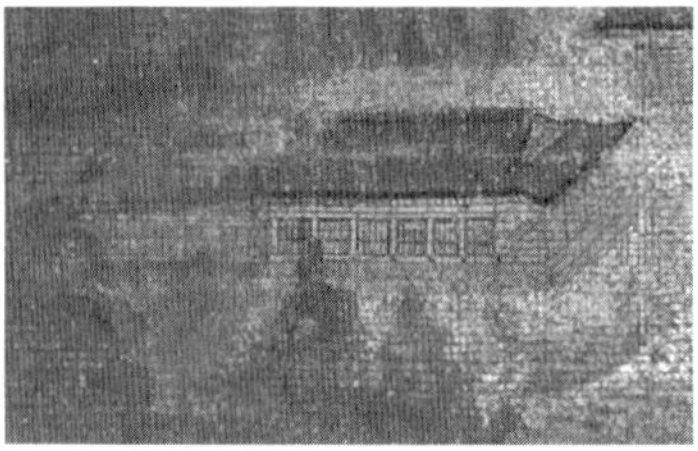
1-7　三宮彼岸所

1-8　塔下彼岸所

1-9　聖女彼岸所

1-10　日御供屋

図２　日吉社古図（山王秘密曼荼羅）　延暦寺蔵

〔E〕延暦寺・日吉社図屏風(113)（三千院蔵）

紙本墨書　六曲一双　十七世紀後半

この他、元亀二年（一五七一）の織田信長による焼き討ち以後の日吉社再建にあたって生源寺行丸が作成したいくつかの絵図が残るが、その図像は基本的に〔C〕〔D〕と変わらない(114)。

〔A〕から〔E〕の各史料について簡単に説明しておくと、まず〔A〕であるが、この一幅には軸の裏に次のような墨書がある（現在は別紙として保管）。

文安四年甲子卯月日書之、自西塔西谷相伝之、
天正二年甲戌十月十九日、修幅（ママ）裏付畢、
開眼師法印長瑜七十五歳、日輪院、
寛永三丙寅天求之、法印山海内供奉

墨書の記載内容を信じれば、この図は文安四年（一四四七）以前の制作にかかり、天正二年（一五七四）に修復されていたことになる。しかし、寛永三年（一六二六）に書かれたこの墨書には（筆跡から見て寛永三年の年紀は信用できる）、すでに指摘されているように、干支や地名にあきらかな誤りがあり、

すべてをこのまま信じるわけにはいかない(115)。とはいえ、絹本の絹目の細かさや描線の確かさなどからして、その制作時期は十五世紀前半を下ることはない。また、細部まで丁寧に描き切った描写は、現実の日吉社の社殿等を忠実に写しとった可能性がきわめて高く、とすればこの作品は室町時代の日吉社の姿を描いた貴重な絵画史料となる。

次に〔B〕の「日吉社古図」であるが、この作品にも幅の裏に次のような墨書がある（現在は別紙として保管）。

古銘曰、世上不穏故、行幸無之、
依　勅　社頭図会備
天覧　上卿権大納言尚顕奉
　弘治二丙辰歳四月
　　従法印詮運・空運相伝
天正十年正月　日　録之　已講法印祐能（印）

これまた興味深い内容からなるが、文中に上卿として名前のあがる勧修寺尚顕が権大納言であったのは天文元

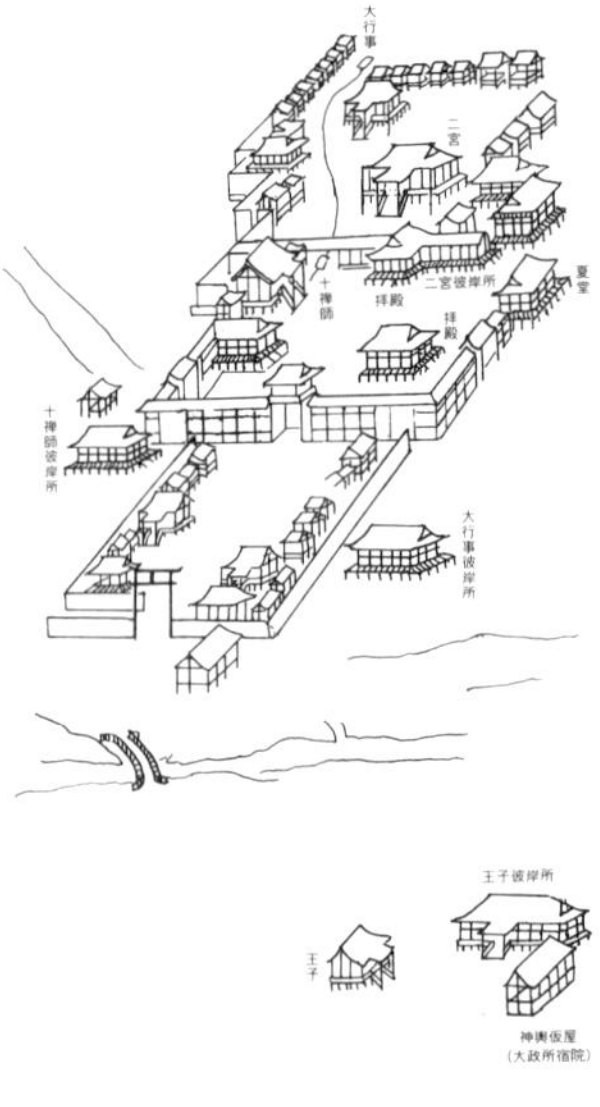

図3　日吉山王古絵図

三宮
八王子
三宮彼岸所
夏堂
八王子彼岸所
千手堂
伝教大師御廟室
慈覚大師御廟室
慈恵大師御廟室
七重塔
祈禱所
大宮
石塔
拝殿
金堂
離殿
聖真子
聖女
気比
拝殿
念仏堂
聖真子彼岸所
雑舎
波止土濃
一切会妓楽屋
大宮彼岸所
客人
護摩堂
拝殿
客人彼岸所
聖女彼岸所
鐘楼堂
多宝塔
塔下彼岸所
塔下惣社
猿行事
子安
子立
神楽所
日御供屋
山末彼岸所
下八王子彼岸所
走井
早尾
一童
大宮橋
走井橋
早尾彼岸所
神楽所
大師堂

年（一五三二）以前のことであり、筆跡がはるか後代の近世以降にまで下がることと合わせ考えれば、その内容はやはり信じがたい。

しかし、〔A〕には遠く及ばないものの、社殿をはじめとする諸施設の描写は丹念で、山容・樹木の描き方などからその作成時期は十六世紀半ばまでさかのぼると考えられ、〔A〕についで古い中世末の日吉社の姿を伝える絵画史料と判定される。

〔C〕は筆跡などから見て、筆写されたのは十七世紀後半と推定される近世の絵図である。描線の荒さなどからすれば専門の絵師の手にかかるものとは思えないが、描かれている社殿等の形状・配置は〔B〕と類似する点が多く、景観年代は戦国時代にまでさかのぼる。

〔D〕は、天正七年（一五七九）の南光坊祐能の本奥書、および天和三年（一六八三）の法曼院慶算の書写奥書を持つもので、作成時期が正確にわかる点で高い価値を有する。〔C〕と同様、〔B〕と類似した図像を多く含み、やはり戦国時代の日吉社の姿を描いたものと考えられる。

屛風仕立ての〔E〕は署名があり、木村了琢なる絵師の手にかかるものであることが判明する。了琢は延宝（一六七三～八一）頃に活躍していた絵師で、本屛風もその頃に作成されたものと考えられる。延暦寺の三塔をも合わせ描いためずらしい構成をとり、十七世紀後半の日吉社・延暦寺の堂舎をはじめとする諸施設がきわめて丹念に描写されている。(116)

これら五点の絵画史料をもとに、中世における日吉社彼岸所の規模と構造を次に見ていこう。

(3)彼岸所の構造

「行丸図」の注記などによれば、彼岸所と呼ばれた施設は、厳密には「彼岸所」と「雑舎」の二つの棟から構成されていた。以下、狭義の彼岸所を「彼岸所」と表記する。(117)

図４　日吉各社の彼岸所と日御供屋

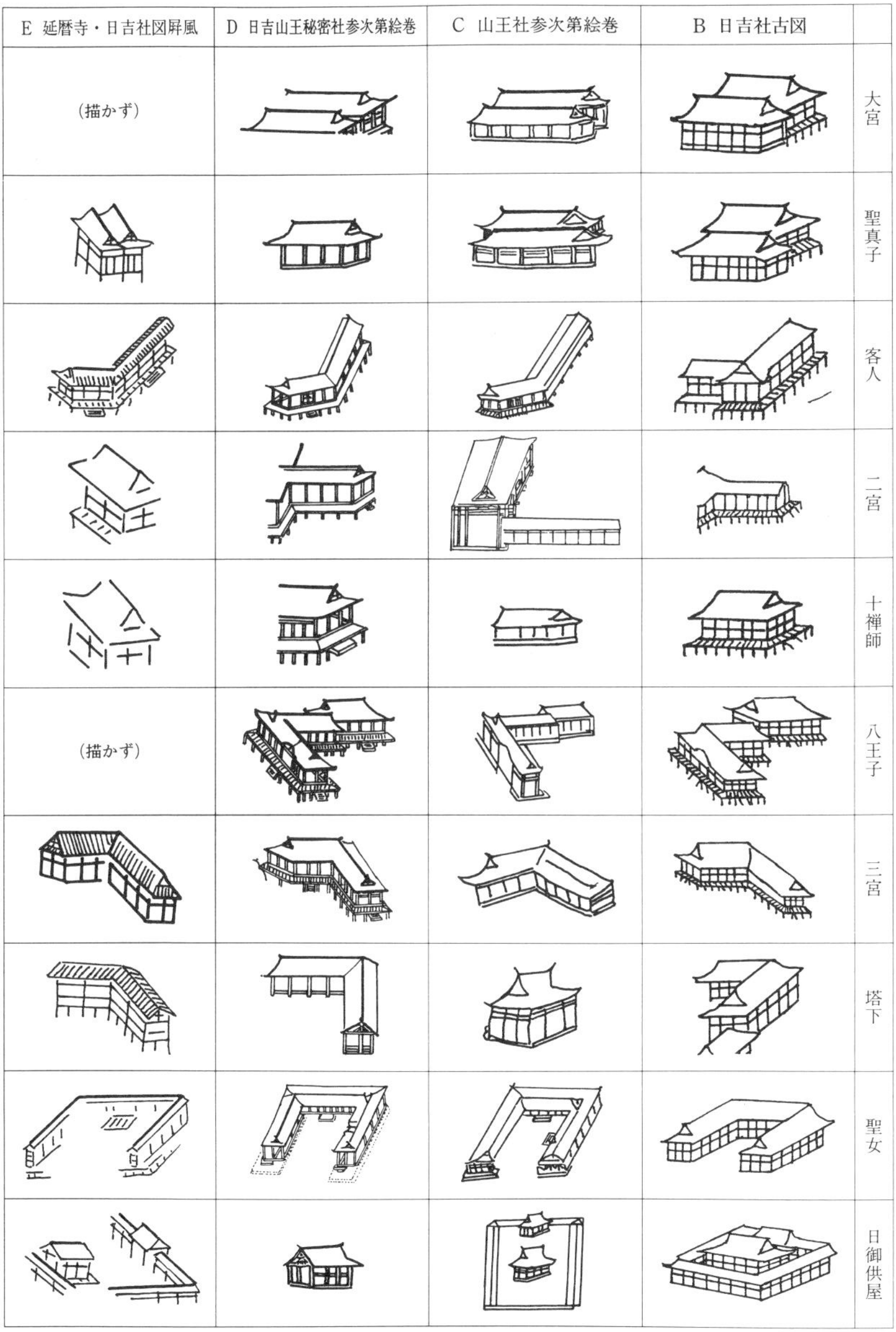

室町時代の彼岸所の姿を伝える〔A〕から〔E〕までの絵画史料に描かれた「彼岸所」「雑舎」を日吉七社を中心にトレース図で一覧にして示したのが図4である。〔A〕だけは写真（口絵・図1）で提示した。これらによって簡単に各社の彼岸所の構造を見ていく。

①大宮の彼岸所

〔A〕から〔E〕まですべてが本殿の南東、現在、社務所がある辺りに二棟の建物を描く、大宮川に架かる「波止土濃」と「一切経会妓楽屋」の東で、〔A〕は二棟をともに檜皮葺とする。このため「彼岸所」と「雑舎」の区別がつきにくいが、本殿に近いほうが「彼岸所」であろう。なお、『日吉社神道秘密記』は大宮の「彼岸所」と「雑舎」について、「大宮彼岸所、雑舎迄両棟アリ」と記す。

②聖真子の彼岸所

〔B〕から〔E〕が「彼岸所」（北）と「雑舎」（南）を東西に平行に走る姿で表現するのに対して、〔A〕だけが「彼岸所」をL字形に描く。〔A〕で「雑舎」の南に見える今一棟の檜皮葺は聖真子社にあった念仏堂かとも推定される。(118)

しかし、文安元年（一四四四）四月、日吉祭への勅使として日吉社を訪れ念仏堂を宿所とした万里小路時房は、その位置を「聖真子彼岸所以東也」と日記に明記しており、(119)図にも聖真子彼岸所の東に檜皮葺で宝珠を持った方形造のいかにも念仏堂らしき建物が描かれる。したがって当該の建物は、やはり彼岸所と判定すべきであろう。なお、文明十一年（一四七九）四月の日吉祭では、勅使の甘露寺親長は聖真子彼岸所に入っている。(120)

③客人の彼岸所

すべてが拝殿の東南に逆L字形に彼岸所を配する。本殿と向かい合う棟が「彼岸所」で、南北に走る棟が「雑舎」であろう。「彼岸所」には南に板扉と蔀が見え、「雑舎」には舞良戸が見えている。『門葉記』冥道供二には、

貞和四年（一三四八）正月、青蓮院尊円がこの彼岸所を冥道供の道場に利用した時の図面が収録されている。(121)

④二宮の彼岸所

〔D〕は、拝殿と棟続きとなっている東方の建物に「二宮彼岸所」と注記する。〔A〕は画面が切れており、その形状を確認することはできないが、ここでは〔D〕の注記に従い、該当の建物を二宮の彼岸所と判定した。

⑤十禅師の彼岸所

東本宮の瑞垣の南西に所在するのが十禅師の彼岸所であろう。〔A〕は他の彼岸所と同じく「彼岸所」を檜皮葺で縋破風に描く。縋破風の部分は、他の多くの「彼岸所」と同様に吹き抜けとなっている。「彼岸所」の西に見える板葺の建物が「雑舎」と推定されるが、この建物には煙出しが描かれている。

⑥八王子の彼岸所

〔B〕から〔E〕は、檜皮葺で正面に唐破風をもった「彼岸所」と、その後ろに逆L字形に連なる「雑舎」を描く。これに対して〔A〕だけは「彼岸所」と「雑舎」をT字形に配し、「彼岸所」を縋破風をもった檜皮葺に、また「雑舎」を板葺に描く。

⑦三宮の彼岸所

八王子の彼岸所と同様、Aだけがかなり特異な形に描かれる。すなわち〔A〕では「彼岸所」は縋破風《すがる》をもった檜皮葺で、板葺の「雑舎」がこれに連なるが、〔B〕から〔E〕は両棟をL字形に連ねて描き、屋根もともに檜皮葺とする。

最後に絵画史料で確認できた「彼岸所」「雑舎」の形態を、もっとも古い姿を示す〔A〕の図像を中心に整理しておくと、次のようになろう。

まず、その建物の構造であるが、「彼岸所」は八王子・三宮等のように切妻造で縋破風のものもないではないが、大半は入母屋造で檜皮葺となっている。八王子・三宮では縋破風の部分が吹き放ちとなっており、入母屋造でも端（北側）の一間を吹き放ちとするものが多い。屛障具としては蔀が一般的で、舞良戸も一部には用いられている。

一方、「雑舎」のほうは大宮や客人のように入母屋造で檜皮葺のものもあるが、大半は板葺の切妻造で、建具も舞良戸を用いたものが多い。なかには十禅師のように煙出しを持った「雑舎」もあり、炊飯などのための施設を具備していたらしいことがうかがわれる。「彼岸所」が本来、彼岸会を営むためのいわゆる仏殿に近い性格を持った建物だったのに対して、「雑舎」がその名の通り、生活に必要な雑用を処理するための建物であったことを示すものといえよう。

彼岸所においては、年二回の彼岸会に限らず、日常的に仏事が執行されており、たとえば先の『日吉社神道秘密記』は、大宮彼岸所におけるその様子を「二季法事、南谷上中下僧悉参籠事也、此内夏堂アリ、九旬供華十二人結番、七社有夏堂勤行アリ、大宮夏堂香華・燈明、中僧調之、（中略）客人宮夏堂彼岸所内ニテ行法アリ」と記す。貞和四年（一三四八）正月、青蓮院尊円は「其所於今者中下方輩管領」という理由で「大和庄若宮彼岸所」を冥道供の道場にするのをやめており、彼岸所がところによって古くから「中下方輩」の日常生活の場となっていたらしいことがうかがえる。

そして、これら彼岸所が日吉社の境内にいかに濃密に分布していたかを示すために、〔B〕の図像をトレースに落としたのが図3である。境内で彼岸所の占めた大きさが視覚的によく理解できよう。社家の管領する「日御供屋」などの施設と較べれば、その密度の濃さは一目瞭然であり、中世、日吉社が実質的に大衆の管領下に置かれていたことをこれほどよく示す景観はない。

これら彼岸所は近世になるとほとんど姿を消す。元禄年間（一六八八～一七〇四）に作られた、「山門三塔坂本絵図」（内閣文庫蔵）「山王社堂御修復惣絵図」（元禄七年付、『止観院文書』）には彼岸所は一箇所も見えず、かつてそれらが所在した場所には「御供所」が配されている。ただ先に見た延宝（一六七三～八一）頃に作られたと推定される三千院蔵「延暦寺・日吉社図屛風」にはいくつかの彼岸所が描かれている。元禄の絵図との違いがなにに基づくかは定かでないが、あるいは作成主体が神社（日吉社）か寺院（延暦寺）かによってこのような差異が出たのかもしれない。とすれば、彼岸所が近世に入って完全に消滅したとは簡単にいえなくなるが、いずれにしても近世には、彼岸所が中世ほど延暦寺大衆にとって大きな意味を持たなくなっていたことだけは確かといえよう。

むすび

中世寺院において大衆が「衆議」をもとにして「惣寺」を作り上げていたことを論証してきたが、多くの課題を残す結果となった。特に園城寺・延暦寺ともに、院・谷といった生活共同体の信仰的・経済的基盤については、踏み込んで検証することができなかった。また、延暦寺では日吉社と大衆の関係についてその実態はある程度あきらかにしえたものの、園城寺では三院の大衆と新羅社・護法社・三尾社との関係を解明するまでにはいたらなかった。すべて今後の課題としたい。最後に本文では触れることができなかった延暦寺の「惣寺」体制の歴史的な変容を、寺家・大衆の発給した文書の変遷を追うことで整理、提示しておく。

かつて延暦寺の寺家・大衆について論じた際に、「三塔僉議」に基づいた、いわゆる「三塔集会事書」が鎌倉時代後半に出現し、その宛所の多くが寺家となっている事実を指摘したことがある。(122) 鎌倉時代後半、延暦寺では「惣寺」の意志は「三塔集会事書」をもって寺家経由で執行されるのが基本となっていたわけであるが、それ以前、その機能を果たしていたのは、寺家の執当以下が連署する「延暦寺政所下文」であった。「延暦寺政所下文」

は現在のところ、仁安二年（一一六七）から天福二年（一二三四）まで七点が確認できる。[123]「三塔集会事書」が鎌倉時代後半に「延暦寺政所下文」を駆逐するようにして出現してくるという事実は、この時期、「院々谷々」の自治・自衛権が著しく拡大する一方、それによって執行機関としての寺家の機能が大きく低下したことを示唆しており、延暦寺の「惣寺」としての最初の大きな性格変化をここに見てとることができる。

「三塔集会事書」は山門使節制度の創設される南北朝時代末まで数多く発給され続けるが、同制度の創設とともにほぼ完全に姿を消す。これは山門使節制度の確立によって「惣寺」の自治・自衛権に一定の歯止めがかけられたためと考えられ、それに代わって登場してくるのが山門使節の発給する各種の文書である。[124]山門使節が「惣寺」の意志を室町幕府との間にあって調整するというこのような体制は応仁の乱まで続く。ただ、この間も「惣寺」が山門使節の完全な統制下に入っていたわけでは決してなかった。たとえば康正元年（一四五五）、幕府が山門使節を勤めていた円明坊（兼澄）に東塔領近江国中庄を宛行なった時、「惣寺」ではただちに「三塔一味之訴訟」を起こしている。[125]幕府からの締め付けがあったとはいえ、大衆の衆議を基盤とした延暦寺の「惣寺」は依然として健全であったことを示すものといえよう。

そして、そのような「惣寺」体制の伝統の上に登場してくるのが、応仁の乱以降しばしば用いられるようになる三塔（三院）執行代が連署する、いわゆる「三院執行代等連署衆議下知状」である。同種の文書の一例として時代はやや下るが、天文五年（一五三六）六月、「日蓮宗退治」に先だって祇園社執行に下された同文書を次にあげておく。[126]

就日蓮衆退治、諸末寺諸末社中被相催候、当社別而入魂肝要之趣、竊可被相触之由衆議候、仍折紙如件、

天文五年
六月八日

西
別当代（花押）
執行代（花押）

執行代（花押）
祇園社
執行御房

三塔の執行代等が連署するこの種の文書ほど「惣寺」の伝統が戦国時代まで保持されていたことをよく示すものはない。やや結論を先取りしていえば、のちに織田信長が延暦寺のみならず日吉社までを完膚なきまでに破壊しなければならなかった最大の理由は、この「惣寺」の伝統にあったと断言できる。

なお、一つだけ今後の課題として重要な点を付け加えておけば、延暦寺の「惣寺」で「在坂本大衆」をどのように評価するかという問題がある。本文でも触れたように、応永元年八月、足利義満の日吉社参詣を歓迎する準備は、「坂本宿老」の「山上」大衆への呼びかけを出発点としていた。本来のあり方からいえば、到底ありえない「惣寺」の動き方であり、これ以後、延暦寺の「惣寺」が彼ら「坂本宿老」によってどこへ導かれていったのか、それをあきらかにすることが、延暦寺ひいては寺院社会の室町時代以降の歴史的展開の解明に繋がるのではなかろうか。

（1）大衆に関する近年の研究としては、十二世紀までの延暦寺大衆の存在形態について論じた衣川仁「中世前期の延暦寺大衆」（大山喬平教授退官記念会編『日本社会の史的構造』、思文閣出版、一九九七年）がほとんど唯一の成果としてあげられる。そこでは十世紀から十一世紀にかけて院家を中心とした師弟集団が出現することによって、延暦寺の公的な支配関係が変質し大衆の性格にもその影響が及んだこと、十二世紀に入り門跡が成立するとともに門流集団の先兵としての悪僧が大衆を先導する状況が生まれてきたこと、などが論証されている。院家を核とした師弟集団、およびそれをさらに発展させた形での門流集団の出現が大衆の存在形態に大きな影響を与えたことは氏の指摘の通りである。ただ、大衆への影響力を論じようとすれば、彼ら大衆そのものが寺内で占めていた独自の基盤をより明確に提示することが必要なのではなかろうか。

（2）「惣寺」を寺僧を成員とした寺院全体を指す言葉として用いていたのは、天台宗寺院に限らなかった。これまで東大寺・東寺・法隆寺などにおいても「惣寺」の存在が確認されている。それらに関わる主な論文としては、久野修義「中世寺院社会の成立と展開」（『日本中世の寺院と社会』、塙書房、一九九九年）、稲葉伸道「東大寺寺院構造の研究」（『中世寺院の権力構造』、岩波書店、一九九七年）、富田正弘「中世東寺の寺官組織について」（『京都府立総合資料館紀要』八、一九八〇年）、林屋辰三郎「南北朝時代の法隆寺と東西両郷」（『中世文化の基調』、東京大学出版会、一九五三年）などがある。いまそれら個別寺院の「惣寺」のあり方について一つひとつ論評を加えるだけの準備も能力もないが、これからとりあげる園城寺・延暦寺に関していえば、「惣寺」とはいいながら、現実にはその構成主体がいわゆる「寺僧」「寺衆」に限られていたことはあきらかである。近世にまで下ってしまうが、園城寺の「惣寺」はあくまでも「寺僧」「寺衆」によって構成されており、「中方」「中衆」と呼ばれた五別所の僧はその中に入っていない（下坂守・福家俊彦「近世の寺院運営——一山の拡がりとその活動——」、『園城寺文書』四、園城寺、二〇〇一年）。また戦国時代、京都の清水寺では、別当からなんらかの指示があった場合、執行・目代が「惣寺」として了解した旨を返答しているが（『清水寺別当記』天文二十三年〈一五五四〉三月十六日条）、この「惣寺」のなかには、勧進（本願）僧は含まれておらず、勧進側も「惣寺」と同一視されることを拒否している（『清水寺別当記』天文二十四年二月二十七日条）。

（3）『園城寺文書』二（園城寺、一九九九年）。園城寺が北院・中院・南院の三院に分かれていたことについては、拙稿「寺院の境内」（『新修大津市史』二、大津市役所、一九七九年）参照。また園城寺伝来の中世文書については、芝野康幸「園城寺の中世文書について」（『園城寺文書』二）参照。

なお、三院の規模については、建保二年（一二一四）四月、延暦寺大衆によって焼かれた園城寺の被害状況を記した、次のような「注進状」（『天台座主記』）の記事が参考となろう。

北院内、本覚院・南明院・鶏足坊・常喜院、並房舎七十二宇、

中院内、金堂・同四面廻廊・中門・左右登廊・閼伽井屋、神社一宇・同拝殿二宇・教待和尚堂・鐘楼・大門・食堂・大講堂・法華堂・常行堂・阿弥陀院堂、唐院神社一宇・同拝殿、鐘楼・四足門・真如院・桂園院・平等院、並坊舎廿二宇、

南院内、青龍院・大宝院・聖願寺、並房舎三十五宇、

（4）『南院惣想集会引付』は現在、中世分としては次の六年分が確認されている（［　］内は『園城寺文書』二の文書番号を示す）。
①応永二十三年（一四一六）［一〇〇号］
②永享　十二年（一四四〇）［一二七号］
③宝徳　　三年（一四五一）［一三〇号］
④文明　十五年（一四八三）［一四三号］
⑤明応　　二年（一四九三）［一六九号］
⑥永正　十六年（一五一九）［一八二号］
中世の『南院惣想集会引付』は、早く江戸時代前期にはすでに散佚していたらしく、古記を抄出した承応二年（一六五三）付の「万古記目録」［三二三号］は、大半この六冊の『南院惣想集会引付』からの抄出によって占められている。

なお「惣想」（①のみ「惣相」）とは全員で構想することを意味しており、そこには大衆の総意に基づく寺院運営という思いが込められていたと考えられる。寺院運営に対する大衆の基本姿勢を示す言葉として注目されよう。
（5）今颪については、前掲注（3）拙稿参照。
（6）応永年間から明応八年間にいたる南院の算用記録である「南院算勘引付」（『園城寺文書』九三号）、「南院公物下行注文写」（『園城寺文書』九九号）には、この櫃に算用状・請文・預状等を収めたことが見えている。また大衆の成員資格を剝奪する「衆勘」に関わる文書もやはりこの櫃に保管されていた（『南院惣想集会引付』永享十二年四月三日条、『園城寺文書』一二七号）。「算勘之櫃」（『園城寺文書』一七二号）と呼ばれているのも同じ櫃のことであろう。
園城寺の大衆に限らず、彼らが集団ごとに文書を保管するための櫃をもっていたことは、たとえば、建久九年（一一九八）九月、延暦寺の西塔・横川の衆徒が離山の意志を示す手段として、「講説文書櫃並千僧供米」を座主に送りつけていることや（『天台座主記』。この出来事については本書第三篇第二章参照）、寛喜元年（一二二九）七月、やはり延暦寺の西塔「北谷・西谷之南北尾」の衆徒が離山の意志表示としてその「文書櫃」を西塔院主のもとに送っていることなどが（『明月記』同年同月十七日条）、これを物語っている。延暦寺で、塔・谷を単位とした大衆の離山の意志を示すものとしてこれを上首に送りつけているのは、これらの「櫝」が各地域の大衆の自治の象徴ともなっていたことを示している。

(7) 一院が「宿老」と「若輩」という年臈に基づく二つのグループから構成されていたことは、『南院惣想集会引付』文明十五年六月九日条に「如法堂軸聖事、宿老・若輩在混合、任臈次可勲由、一決事」(『園城寺文書』一四三号)や、宝徳三年十二月十七日条に「一、今度就世喜寺之検断屋、以前既以老若定雖被一諾、一院宿老・若輩之上衆辺、可被任評定之旨、衆儀一決事」(『園城寺文書』一三〇号)といった、両者を並列視した表現がしばしば見られることからも容易に看取できる。年臈によって分けられていたとはいえ、衆議の場では「宿老」と「若輩」の二つのグループは基本的に平等な関係にあり、たとえば(A)に見える「一院老若一味同心」といった表現などがよくこのことを物語っている。なお「若輩」については「若輩一座」(『園城寺文書』一〇八号)「一院若輩一座」(『園城寺文書』一三三号)といった表記も見られる。

延暦寺の大衆の間にも、園城寺と同様の宿老・若輩という二つのグループが存在したことについては後述する。

(8) 『園城寺文書』二八九・二九〇号。ともに年紀を欠く四月二十日付の書状であるが、その発給者および宛所より、二八九号は中院の役者が南院の役者へ、また二九〇号は北院の役者が南院の役者に宛てたものであると理解される。内容から見て、二〇四号文書として残る天文九年の争いの和解時に作成されたものであろう。

(9) 『園城寺文書』二〇四号。

(10) 関寺本堂(弥勒堂)の前に池があったことは、鎌倉時代の「一遍上人絵伝」や、鎌倉時代末から南北朝時代にかけて作成された「園城寺境内古図」に描写があるところからこれまでも知られていた(「園城寺境内古図」の作成年代等については泉武夫「園城寺境内古図の制作年代」、『金沢文庫研究』二八四、一九九〇年)参照。しかし、それが「弥勒堂池」と呼ばれていたことは、今回この『南院惣想集会引付』の記事によって初めてあきらかとなった事実である。関寺の本堂(弥勒堂)前の池がこう呼ばれていたことは、同寺の伽藍配置がいわゆる弥勒浄土の宝殿とその前池をモデルにしたものであったことを示唆しているが、この点に関連して興味深いのは、「一遍上人絵伝」に描かれた関寺の風景である。そこには「弥勒堂池」の中央に設けられた中島で躍念仏を躍る時衆と、それを関寺の本堂にあって見物する園城寺大衆の姿が対照的に描き分けられている。この構図の背景に、弥勒浄土の池中の舞台で舞う舞人と、宝殿でこれを眺める弥勒菩薩の姿を想起するのはうがちすぎであろうか。

(11)　関寺は康平二年（一〇五九）三月、近松寺に寄進されて以後、同寺の管領下に入ったと推定されるが、このときの「光意等関寺寄進状」（『園城寺文書』一号）には、「本願格別之上者、□後不可随寺門」という文言が見える。

(12)　南院内に所在しながら、惣寺がこれを管理していたのは、寄進時の複雑な経緯が関係していたのであろう。年次を継いで書き継がれたものだけでも、応永十八年（一四一一）から明応八年（一四九九）にいたる「南院算勘引付」（九三号）、宝徳三年（一四五一）から寛正六年（一四六五）にいたる「南院公物納帳」［一三一号］、永正十六年（一五一九）から天文十五年（一五四六）にいたる「南院算勘引付」［一七八号］などをあげることができる。またこれ以外にも一通文書の形で数多くの「南院公物算用状」が残されている。南院が経済的にいかなる状況にあったかが、これによってかなり詳細にわかるが、その分析・評価については今後の課題としたい。

(13)　十八明神が南院の管轄下にあったことについては、前掲注(3)拙稿参照。

(14)　尾蔵寺は園城寺の五別所の一つ。前掲注(3)拙稿参照。

(15)　『園城寺文書』一五〇号。

(16)　南院の大衆が三尾社を鎮守社としていたのに対して、北院は新羅社、中院は護法社をそれぞれ鎮守社としていた。後述するように、延暦寺の「院々谷々」もまた日吉七社と密接な関係を結んでおり、両寺の大衆に共通する神社との結びつきとして注目される。

(17)　南院領については、寺家・門前の世喜寺・今颪の諸在地等を除いて、わずかに「粟津別保」なる所領があったこと以外（『園城寺文書』一七一・一九〇号他）、詳しいことはわからない。また、寺僧が「位階」に就いたときに納める「位階料」については、「位階料注文」「位階料未進注文」が数多く残る（『園城寺文書』一四四号他）。

(18)　一院が時として支配地に対しても直接、武力行使を行なっていたことは、永正十四年十二月の「南院公物算用状」（『園城寺文書』一七九号）に「藤尾退治」の費用があげられていることからもあきらかである。そこには「楯」「矢数百五十」「兵糧米」といった武力行使に伴い支出されたさまざまな費用が事細かに書き上げられている。

(19)　「南院惣想集会引付」では、衆議による決定を「衆議一決」「衆議落居」「衆議一同」といった言葉で表現している。

(20)　本書第三篇第三章参照。

(21・22)　『祇園執行日記』正平七年五月二十日条。

（23）『祇園執行日記』正平七年五月二十日条。鐘本坊が山徒南岸坊の同宿であったこと、また坂本にあった寺家の機能については、それぞれ、本書第一篇第二章・第三篇第一章参照。

（24）『祇園執行日記』正平七年五月二十一日条。

（25）『日吉社室町殿御社参記』（『続群書類従』五三）。

（26）同右。なお、延暦寺の千僧供領、および千僧供の寺内における分配に関しては本書第三篇第二章参照。

（27）大衆が衆議を経て「衆勘」を決定していたことについては、前掲注（6）であげた園城寺南院の事例参照（『南院惣想集会引付』永享十二年四月三日条、『園城寺文書』一二七号）。延暦寺での例としては、正和四年（一三一六）五月の「食堂集会事書」に「衆命」に背いた場合「永削山門名字、可焼山洛之住房」という一文が見えている（『公衡公記』同年同月二十二日条、前掲注1衣川論文参照）。また、永享五年（一四三三）七月、山門の騒乱に先立って根本中堂閉籠衆が幕府に送った「山門牒状」には光聚院猷秀なる山徒について「放覚大師門徒、削山徒之名字」ことが記されている（『看聞御記』同月二十四日条）。慈覚大師（円仁）の門徒を放つという表現は、永正十五年九月、西塔の大衆が如蔵坊真潤なる僧を処した時の集会事書にも、「所詮於彼如蔵坊真潤者、永放覚師之門徒、被処永断罪、院内宜被得其意之旨、群議僉同而已」と見えており（叡山文庫蔵『山門雑記』）、「衆勘」にあたっての常套句となっていた。
　この他、延暦寺で公権力の手を借りて寺僧としての資格を剝奪した事例としては、鎌倉時代初めの堂衆の寺内からの追放がある。このとき、堂衆の横暴を非難した学生は「永追却其身削名字於叡山」を要求、これを受けて「堂衆削名字於叡山可令追却其身」という内容の「後鳥羽上皇院宣」が発せられている（『天台座主記』「実全」条）。

（28）『祇園執行日記』正平七年四月十九日条。

（29）「被削山徒名張《（帳）》」とは、前掲注（27）にあげた「永削山門名字」「削名字於叡山」等と同じ行為を指すものと考えられる。なお、延暦寺僧の名簿については、天禄元年（九七〇）に作られた良源の「二十六箇条起請」に「春秋二時、挙院毎室作房主帳、進上政所」と見えるのが古い。これら「房主帳」は早くに作成されなくなったようであるが（前掲注1衣川論文参照）、これに代わる名簿が種々の目的で作られていたことは、たとえば、『日吉山王利生記』（『続群書類従』五〇）の「天元二年四月一日、山門の旧風に任せて、山王三聖の御ために、金剛般若経を転読し奉りける、僧名帳に所載現住山侶二千七百人也、然共慈恵大師七百人の名帳を削て、二千口につゞめられければ」といった話などからもうかがうことができる。「千僧供」のための「千僧供往来帳」などもその一つにあげることができよう（前掲注6拙稿参照）。

(30)『天台座主記』「承円」条。

(31)『天台座主記』「尊澄」条。この他、「院々谷々」という表現は数多く見られ、たとえば『日吉社幷叡山行幸記』は、文保二年（一三一八）、大宮に閉籠するものがあったとき、彼らを退散させるために、「諸門跡幷院々谷々」が「五万疋の用途」を集めて彼らに与えたと伝える。また、元徳三年（一三三一）七月付「延暦寺衆徒申状」（『牒状類聚』）は一山の公人を表すのに「寺家・社家・院々谷々公人等」と記し、同月付の延暦寺衆徒宛の「多武峰寺衆徒集会事書」（『談山神社田子院文書』）も「被相触山門院々谷々」という表現をとっている。

(32)応永元年（一三九四）八月七日付「聖女彼岸所三塔集会事書」（『日吉社室町殿御社参記』）。このほか建暦元年（一二一一）八月の堂衆の勅免は座主を通じて「院々谷々」に伝えられたといい、延元元年（一三三六）正月、後醍醐天皇が大宮彼岸所に行幸あった時もその報せは「院々谷々」に触れ送られたと『天台座主記』は伝える。

(33)延暦寺において寺家が果たした歴史的な役割については、本書第三篇第一章参照。そこでも指摘しておいたように、延暦寺では大衆が行動を起こそうとすれば、多かれ少なかれ執行機関としての寺家に依存せざるを得ない状況があった。

(34)永享七年二月十日付「細川持之書状案」（『足利将軍御内書幷奉書留』、昭和六十三年度科学研究費補助金研究成果報告書『室町幕府関係引付史料の研究』〈桑山浩然研究代表〉所収）。持之は前日の二月九日にも「山門三塔衆徒」に宛てて根本中堂焼失の見舞文を送っている（同前）。

(35)『日吉社室町殿御社参記』。

(36)寺家の「執当」については、本書第三篇第一章参照。

(37)『北野社家条々抜書』。

(38)建武四年二月五日付「松石丸紛失状案」（『鰐淵寺文書』）。

(39)寺家に所属した「四至内」については、本書第三篇第一章参照。

(40)はやく建保元年（一二一三）八月、山訴の際に「住山古老之僧等」が大衆の慰撫にあたっていたことが『明月記』同月十五日条に見えている（前掲注1衣川論文参照）。

また正嘉二年（一二五八）四月、園城寺の戒壇のことで大衆が日吉社の神輿を動座したとき、これをなだめたのは「宿老」であったといい、この時の出来事を『天台座主記』「尊覚」は「此院宣叶衆望之間、三塔僧綱以下学頭・宿老等集会食堂、成群議雖相宥若輩、一向不承伏」と記す。さらに下っては、文永十一年（一二七四）四月、十禅師社の前において「三塔宿老」が神輿の修理のことで「一議」しており（『天台座主記』「澄覚」）、延慶二年（一三〇九）七月の神輿動座に関わっては、「花台院宿老」「西塔院宿老」が神輿に供奉せざることを衆議で決定している（同月二十六日付「延暦寺花台院宿老集会事書」「延暦寺西塔宿老集会事書」――『大通寺文書』）。この他、園城寺の戒壇設立をめぐる騒動では、元応元年（一三一九）四月、「三塔宿老等」が「衆議之事書」を朝廷に提出した例もある（『武家年代記』）。

園城寺の場合と同様、彼ら延暦寺の「宿老」も「若輩」とともに「院々」「谷々」それぞれの構成主体となっていた（前掲注7参照）。「谷々ノ宿老」（『太平記』二四）という表現は、まさにそのような「院々谷々」の「宿老」グループの存在を指すものであろう。

(41) 円明坊兼慶および山徒が妻帯しその所帯を世襲していたことについては、本書第一篇第二章参照。応永元年に「坂本」分として「評定初」に出席していた十一人のうち、円明坊・上林坊・乗蓮坊・杉生坊らはいずれも山門使節を勤めた山徒で、坐禅院・南岸坊もこれと肩を並べる実力を持った山徒であり、彼らこそが「在坂本大衆」の中核を構成していた「在坂本宿老」であったと考えられる。山門使節については、本書第一篇第一章参照。

(42) 『驢驢嘶餘』（『群書類従』四九〇）。

(43) 年未詳八月二十九日付「東塔東谷仏頂尾学頭代衆議下知状」（『八坂神社文書』一〇六九号）。宛所は「西谷学頭代」で、発給者の東谷仏頂尾学頭代は、文書のなかで自分たちの谷を「当谷」、西谷を「貴谷」と記している。学頭代の人数は、各谷二人が原則となっていたようで、時代は少し下るが、永正十一年二月十六日付「山門東塔四谷学頭代連署書状」では谷ごとに二人、合計八人の学頭代が連署している（『来迎院文書』）。

(44) 三院のうち西塔院主だけは座主が補任権を保持していた。文明三年（一四七一）四月、新たに座主となった青蓮院尊応は、すぐに院家の定法寺実助を西塔院主に補任している（『華頂要略』門主伝二二）。また、天文二十二年（一五五三）六月、新座主の梶井宮応胤もまた西塔院主に定法寺実源を補任している（『言継卿記』同年同月二十五日条。曼殊院本『天台座主記』）。その他、天文十九年の座主妙法院堯尊による安居院覚澄の同職補任については、本書付篇付二参照。なお、東塔院主・横川長吏の両職については、中世、座主はこれを補任しておらず、補任権は朝廷が保持していたものと推定される。

(45)　建仁三年（一二〇三）に寺内から放逐される以前は、堂衆が時として執行職に就いていたことは、弘長元年（一二六一）付「木戸・比良両庄百姓等申状案」（『葛川明王院史料』「国立国会図書所蔵史料」二一〇号）に「故慈鎮和尚御代中堂執行堂衆明浄房之時、（中略）得堂衆退散之折、致濫妨之時、学生執行香煙房同又如先度沙汰」と見えているところからもあきらかである。また同申状案によって、執行が根本中堂供僧領（木戸・比良両庄）の管領について最終的な権限を保持していたことがよくわかる。なお、同文書を『葛川明王院史料』は永仁二年（一二九四）の相論時のものと推定するが、同史料六七号、「京都大学所蔵明王院史料」丙三三号などと合わせ考えれば、弘長元年の相論時の申状案とすべきであろう。拙稿「近江国比良庄絵図解説」（『中世荘園絵図大成』、河出書房新社、一九九七年）参照。

　室町時代になると、執行は学頭から選ばれることになっていたようで、たとえば「三塔谷々之連署」する応永二十七年正月付「十禅師彼岸所三塔事書」から執行・学頭の職名を持つ者を選び出し整理すると表2のようになる。

表2　三塔谷々の執行・学頭

東塔

谷名	職名1	職名2	僧侶名	備考
南谷	執行	一学頭	十乗坊頼明	
		二学頭	瑠璃坊範慶	
無動寺		学頭	金蔵坊栄尊	政所（兼務）
東谷		一学頭	十方院賢泰	
		二学頭	竹中坊弘尋	
北谷		一学頭	覚恩坊救運	
		二学頭	宝塔院叡忠	
西谷		一学頭	千如坊快俊	
		二学頭	明善坊頼宗	

西塔

谷名	職名1	職名2	僧侶名	備考
北谷		一学頭	泉蔵坊灌運	
		二学頭	静泉坊兼運	
東谷		一学頭	大定坊重俊	
		二学頭	大泉坊浄覚	
南谷		一学頭	無量寿院永範	
		二学頭	三光坊賢賀	
北尾	執行		月輪坊良禅	
		一学頭	正□□増源	

横川

谷名	職名1	職名2	僧侶名1	僧侶名2
	別当	学頭	普光坊道尭	
		学頭	善浄坊快義	下浄戒坊勝厳
		学頭	心城坊俊賢	般若院尊芸
		学頭	万善坊祐秀	円光坊直秀
		学頭	南光院舜運	法光院印恵

なお、江戸時代前期の西塔で、年末に開催されていた「歳暮集会」には、執行代と五谷の学頭代五人が参加することになっている（「西塔院東谷交衆議定」――『生源寺文書』）。

(46) 拙稿「堅田大責と坂本の馬借」（『中世社会と一向一揆』、吉川弘文館、一九八五年）参照。

(47) 建仁三年（一二〇三）に起こった学生と堂衆の争いの最大のポイントは、堂衆が破れた結果、彼らが寺内から一掃され、それまで堂衆が保持していた権益がすべて学生に移ったという点にある。

堂衆がこれ以前、寺内で一大勢力を形成していたことは、学生との争いの経過を一覧すれば容易に理解できるが、彼らがそれまでその結束の拠点としていたのが日吉各社に置かれた彼岸所であった。彼岸会を執行する場としての彼岸所の歴史等については後述するが、堂衆はそれら彼岸所を押さえることで彼岸料所を支配し、学生に対抗できるだけの勢力を得るにいたっていたのであり、「堂衆所領等庄園」（『華頂要略』一二〇）とは具体的には彼らが管領としていたそれら彼岸料所を指すと推定される。

また、建仁三年以前、史料には「彼岸所別当」なる役職が散見するが（仁安三年三月「日吉社聖真子宮彼岸所下文案」〔『壬生家文書』〕には「彼岸所別当大法師」が署名しており、『玉葉』文治三年五月十九日条には「彼岸所別当慶算」の名が見える）、同職こそが彼岸所に結集した堂衆を統括していた役であろう。個別の彼岸所の名前を冠しない「彼岸所別当」という呼称は、いかにもそれにふさわしい。

堂衆が学生との争いで一致団結して八王子山に籠もることができた背景には、彼岸所を拠点とし「彼岸所別当」を頂点にいただいた堅い結束があったものと推定される。なお、彼ら堂衆は学生らに追いつめられたとき、「其住宅資財」の多くを「王子宮彼岸所」に避難させたという（『明月記』元久元年八月二十九日条）。堂衆と彼岸所との強い結びつきを示す出来事としてあげておきたい。

なお貞和四年（一三四八）正月、青蓮院尊円が冥道供の道場として「客人彼岸所」を利用しようとした折には、「別当代」として同所を管領していた宗快なる僧にこれを通達している（『門葉記』冥道供二）。後述するように「客人彼岸所」は鎌倉時代以降、中世を通じて東塔無動寺谷の支配するところとなっており、彼は同谷所属の僧としての資格で同所を管領していたものであろう。

(48) 「当今世出世制法」（『天台座主記』「常胤」条）。

(49) 『今堀日吉神社文書』八二号。

(50)　正和五年九月二十五日付「延暦寺東塔東谷檀那院重集会事書」(『文書雑々』)。
(51)　正和五年十月付「延暦寺東塔北谷本尊院集会事書」(『東寺百合文書』め)。
(52)　元亨四年十一月付「延暦寺東塔北谷雑掌良善申状」(『白河本東寺文書』三六)。この東塔北谷と東寺の上野庄をめぐる相論の経過については、本書第一篇第四章参照。
(53)　『明月記』寛喜元年八月二十九日条。
(54)　『日吉社神道秘密記』(『群書類従』一八)。
(55)　『日吉社室町殿御社参記』。
(56)　『山科家礼記』文明四年五月二日条。同条に「南谷ヨリ十禅師御輿、昼八時中堂へ上申也」と見える。
(57)　年未詳十二月十六日付「延暦寺東塔西谷学頭代書下」(『八坂神社文書』二〇六六号)。大衆・神人が殺害された時、院・谷が加害者より所領を没収した例としては、古くは元亨三年（一三二三）二月に横川の大衆が、洛北の「養父里（藪里）・一乗寺以下の在家」をことごとく焼き払い「墓所」に点じた例がある（『日吉社幷叡山行幸記』）。また、文和二年（一三五三）五月、感神院の犬神人は、「丹波国山国杣内大布施村」で感神院の神人が殺害された時、「本社例」に任せて「当村内方六町」を「墓所」として自分たちに与えるべきことを要求している（『八坂神社文書』一二四六号)。ここにいう「本社」とはいうまでもなく日吉社を指しており、日吉社では神人の殺害現場をしばしば「墓所」として要求・獲得していたことが知られる。
(58)　『耀天記』(『続群書類従』四八)。
(59)　前掲注(47)参照。
(60)　東塔と西塔・横川の規模について、江戸時代の記録『江州坂本旧事伝聞私記』(叡山文庫蔵)は、「惣躰何事も山門ヲ二ツニ割、東塔ハ半分、西塔・横川、両院ニ而半分」と記す。つまり寺院の半分が東塔で、残りの半分が西塔・横川という理解があったことがわかる。また同記によれば、江戸時代の三塔の坊の数は、東塔七十五坊に対して、西塔と横川はそれぞれ四十八坊と二十七坊で、合わせて七十五坊になっていたという。三塔のなかで東塔がいかに抜きんでた勢力を誇っていたかがうかがわれよう。
(61)　『師郷記』康正元年八月十四日条。『康富記』同年十二月十九日条。
(62)　『親長卿記』文明七年三月九・二十七日条。

(63) 年未詳五月十日付「延暦寺東塔執行代某書状」(『朽木文書』一九三号)。肩書きには「執行代」としかないが、内容から東塔執行代と判定した。

(64)『日吉社社領注進雑記』。

(65)『華項要略』門主伝一九。「隆猷」が南岸坊であったという確証はない。ただ、この前後、南岸坊の房主としては「澄猷」(『門葉記』一〇二他)「隆覚」(『日吉社室町殿御社参記』他)なる人物がおり、「隆猷」はあるいは「澄猷」の誤記かとも考えられる。当時、有力山徒のなかに「隆猷」なる人物は、管見の限り確認できない。なお、南岸坊が西塔南谷と坂本の両方に住坊を構えていたことなどについては、本書第一篇第二章参照。

(66) 文安四年七月十六日付「延暦寺西塔釈迦堂閉籠衆訴訟条目」(「目安等諸記録書抜」〔『北野天満宮史料』〕)。長禄二年十二月二十七日付「延暦寺西塔釈迦堂閉籠衆議事書」(『北野社家引付』六)。

(67)『政所賦銘引付』(桑山浩然『室町幕府引付集成』上)。

(68)『天台座主記』(『華項要略』一二二)嘉禎二年五月五日条。「即横河衆徒奪取聖真子神輿餝具、上置横川中堂了」と記す。

(69)『天台座主記』「尊助」弘長三年八月十四日条。

(70)『親長卿記』文明十四年四月十九日条。

(71) このような「院々谷々」による日吉七社の分割管領は、天正の同社再建後も継続して行なわれており、たとえば、西塔では寛文元年十二月の衆議で「山王二宮大破」の修理が、同六年十二月の衆議でも同社の「社頭廻り之掃地《(除)》無沙汰」が議題として取り上げられている(「西塔政所議定帳」〔『生源寺文書』〕)。日吉七社以外の「中下七社」もまた江戸時代には「院々谷々」の分割管領下にあったことは、『日吉山王権現知新記』にその分担が載せられていることからもあきらかである。中世における「中下七社」が「院々谷々」とどのような関係を結んでいたかは史料を欠きよくわからないが、後述するように西塔は、中世から一貫して塔下社を管領しており、「院々谷々」の「日吉諸社」への支配は中世にまでさかのぼるものと推定される。

(72) 保内今堀の日吉社は十禅師を祭る神社で、史料上でもしばしば「十禅師社」と表記されている。いうまでもなくこれは東塔東谷が日吉社の十禅師の彼岸会を管領していたことから、保内にも同神が勧請された結果と考えられるが、この点についてもこれまで明確な説明はなされていない。

(73)　『今堀日吉神社文書』五号。
(74)　前掲注(49)参照。
(75)　東塔東谷は仏頂尾と檀那院の二つの地域から構成される。三千院に所蔵される江戸時代の屏風（後述）には、仏頂尾に十禅師社が描かれている。延暦寺の三塔およびその下に属する谷々に関しては、武覚超『比叡山三塔諸堂沿革史』（叡山学院、一九九三年）参照。
(76)　『八日市市史』史料編一他。
(77)　『今堀日吉神社文書』八八・九八号。
(78)　（元亨四年）十一月十五日付「権少僧都増盛書状案」、同年十一月二十六日付「天台座主慈道法親王令旨案」（『東寺百合文書』み）。この相論に経過については、源城政好「東寺領上桂庄における領主権確立過程について――伝領とその相論」（『中世の権力と民衆』、日本史研究会史料研究部会編、一九七〇年）ならびに本書第一篇第四章参照。
(79)　『元応元年社家注進状』（『続群書類従』五二一）。
(80)　『政所賦銘引付』文明十年十一月二十五日条。
(81)　『康富記』康正元年十二月十九日条。
(82)　永享三年十月二十七日付「室町幕府奉行人連署奉書案」（『御前落居奉書』）。
(83・84)　『朽木文書』八八号。
(85)　文明元年十一月五日付「延暦寺西塔南尾学頭代衆議下知状」（『八坂神社文書』一五四二号）。この他、「衆議」を受けて学頭代が発給した下知状の事例としては、享徳二年十月三日付「延暦寺西塔北谷学頭代印運衆議下知状」（『東寺百合文書』イ）をあげることができる。
(86)　永享二年十二月二十三日付「室町幕府奉行人連署案」（『御前落居記録』）。
(87)　延暦寺で「交衆」なる言葉が広く使われていたことは、たとえば『源平盛衰記』二五に、法然が同寺を出たことを「源空山門の交衆を止めて、林泉の幽居を占める事、偏に念仏修行の為也」と述べているところからもあきらかである。近世、交衆となるには、厳格な手続きが必要となっており、はるか後代のものであるが、享保四年（一七一九）二月付「西塔院東谷交衆議定」（『生源寺文書』）などにはその詳しい内容が記されている。また、園城寺でも一院の成員をこう呼んでおり、やはり江戸時代に入ってからの史料であるが、寛永十七年（一六四〇）十月二十四日付の「三院集議につき引付」（『園城寺文書』四、園城寺、二〇〇一年）には「交衆座配之事」が事細かに記されている。

(88)『今堀日吉神社文書』八八号。

(89)『今堀日吉神社文書』九二号。

(90)『今堀日吉神社文書』三六号。

(91)『北野天満宮史料』古文書八六号、同文書に収録される天文十四年九月三日付「延暦寺西塔執行代折紙」（九五号）もまた、「衆議」云々の文言はないものの、やはり執行代が西塔一院の代表としての資格で発給した文書と解される。

(92) 応永三十三年七月四日付「日吉大宮神人小幡住民等目安案」（『今堀日吉神社文書』四一号）。端裏にこの目安の提出先を記したと考えられる「目安　南谷」の四文字がみえる。

(93) 叡山文庫蔵『山門雑記』には、次のような奥書がある。

右以西東谷妙観院蔵本、書写之訖、

元禄七年甲戌冬十月十九日、鶏頭院厳覚

厳覚は原本に副えられていた青蓮院尊朝法親王（一五五二〜九七）の書状をも書写しているが、それによれば、本記録は天正の再興以後に舜慶なる僧が求め得た「抄物」の一つで、当時、すでに稀有の記録であったという。

(94) 四月四日に執行された供養に貴賤が群衆したことは、『二水記』等の諸記録に詳しい。供養に先立って西塔では東塔に「三院衆会」を呼びかけ、その準備に万全を期している（『山門雑記』）。ただ、当日「三院之衆」は「東北方山」において見物するだけであったといい、供養は座主の梶井宮堯胤法親王以下の門跡門主等の主導で執行されている（『二水記』他）。

(95) 勧学講と大衆の関係については、本書第三篇第二章参照。なお「人師」「結衆」が具体的にどのような役であったかは不詳。

(96)「栗太講米」に関しても詳しいことはわからないが、近江の栗太郡所在の所領から上納されることになっていた年貢を指すのであろう。『山門雑記』によれば、「栗太講米」の「和市損免」に関わっては、「名主」が訴訟のために西塔にまでいたっており、一院が直接、領民を支配していたことがわかる。

(97)「執行代房」のほか「政所」でも「一院衆議」が開催されているが、ここにいう「政所」とは、山上に置かれていた西塔の政所を指す。なお、『山門雑記』には「一、就堂供養之儀、諸篇為調、公文所弁信濃行事可有住山旨、為執行代可被仰下事」(①)といったように「公文所」も見えるが、これは内容からも推察される通り「公文所」という役職を指しており、場所(役所)を意味するものではない。たとえば、『親長卿記』文明十三年六月三日条に「今日、公文所公春来、閑談」とあるのは、当時、公春なる者が公文所の職にあったことを示す。三院の公文所・行事は坂本にあって、山上との連絡役を務めていた(『親長卿記』文明十四年十二月二十日条)。

(98)その例は枚挙にいとまないが、たとえば正保二年(一六四五)から延宝元年(一六七三)の間の衆議記録『西塔政所議定帳』(叡山文庫蔵)では、一院の衆議を記載した後には執行代と谷・尾の学頭代が連署してその内容を証している。

(99)天文五年六月八日付「祇園社執行」宛(『八坂神社文書』九〇二号)、天文十四年十月朔日付「北野神人麹座中」宛(『北野天満宮史料』古文書九六号)の「延暦寺三院執行代等連署衆議下知状」など。

三塔執行代が大衆を代表する役職として公に認められていたことを示す早い例としては、彼らに宛てた文明五年七月八日付「室町幕府奉行人連署奉書」(『華頂要略』門主伝二二)をあげることができる。同文の奉書が山門使節に宛てても発給されており、この頃より三塔執行代は山門使節と肩を並べる存在となっていったのであろう。

(100)前掲注(46)拙稿参照。

(101)景山春樹「古絵図にみえる日吉社の塔」(『神道美術』、雄山閣出版、一九七三年)。黒田龍二「中世日吉社の研究」(『中世寺社信仰の場』、思文閣出版、一九九九年)。景山氏は彼岸所について「彼岸所は大体みな板屋式の建物で、雑舎と付属舎と、必ず二棟から構成されているのが普通である。雑舎というのは、おそらく参籠に必要な道具を納めたり、多少食事などの準備を行なう建物でなかったかと思う」と、「雑舎」と「付属舎」の二棟からなっていたと説かれるが、景山氏が「付属舎」とされた建物こそが狭義の「彼岸所」にあたることは、いくつかの行丸図の注記や、建物の構造などからあきらかである。

また黒田氏の論文は、日吉社の彼岸所について初めて本格的に考察を加えられたものとして高く評価されるが、延暦寺大衆との関係をどのように理解するかに関しての考察が不十分であり、両者の結びつきを解明するまでにはいたっていない。なお、氏が彼岸所を運営した主体としてあげられた「彼岸結衆」については、本書第一篇第四章で論証したように、延暦寺における大衆の経済活動を論じる上でより高い歴史的評価を与えるべきものと考える。

(102)『厳神鈔』(『続群書類従』四九)。

(103)『日吉社神道秘密記』(『群書類従』一八)。

(104) 鎌倉時代に作られた『日吉山王利生記』(『続群書類従』五〇)は、「三聖」について、

三聖とは大宮・二宮・聖真子の御事なるべし、此三社の神に伝教大師菩薩戒を授奉らせ給、依之、大宮は法宿菩薩、二宮は華台菩薩、聖真子は聖真子菩薩なり、故に三聖と申也、本は俗諦にてまします、

と解説し、最澄より菩薩戒を授けられた神々とする。

また、日吉社を日本国の神とする考え方は、中世には広く流布しており、たとえば、曽根原理氏が紹介された、応安元年(一三六八)八月四日付「十禅師彼岸所三塔集会事書」(『南禅寺対治訴訟』)に記された次のような主張は、そのことを示すもっともよい例の一つといえる(同「山王信仰――『日吉山王利生記』を中心に――」、『講座日本の伝承文学』五、三弥井書店、一九九八年)。

因茲中比於伊勢大神宮宝前、通夜之社官感霊夢云、以日本国奉譲日吉、当社明神者住于天上、於此宮者、御留守神号美野情神、計也云云、夢覚忽押感涙、記委細旨、送当社畢、加之、後鳥羽院南山御幸時、宗行卿感霊夢云、無止事之貴人来云、不可唱日本第一大霊験、以日吉大明神可奉号日本第一、法味飡受之力勝余之神社給故云云、夢覚奏聞之、

このような日吉社をわが国の神々の第一位とする考え方は、延暦寺大衆が繰り返し主張して止まなかったいわゆる「王法仏法相依論」と深く結びついていて成立したものであったと考えられるが、ここで強調しておきたいのは、それがあくまでも大衆の自己主張の重要な基盤の一つとして生成して来たものであったという点である。「仏法」を「王法」と並び立つものとしたのは、大衆勢力であったことを正当に評価することなくして、「王法仏法相依論」の正確な歴史的評価はありえない。

(105) 新座主が山内の諸堂を順拝する拝堂・拝賀の儀式のうち、日吉社の諸社殿を巡る拝賀では、通常、大宮社の彼岸所が座主の宿所に選ばれたが、貞永元年(一二三二)の青蓮院尊性のときは、塔下の彼岸所がこれに宛てられている(前掲注101黒田論文参照。また拝堂・拝賀の儀式については、本書第三篇第一章参照)。また、座主尊性はこれ

より先、安貞三年（一二二九）正月、日吉社に参籠したときも「塔下彼岸所」を宿所としている。

(106)『日吉社室町殿御社参記』によれば、応永元年八月の足利義満の日吉社参詣にあたっては、「左右大衆」には「塔下竃殿」が、また「寺家」には「雑舎」が居所に割り当てられたという。ただ、当日は大衆が群参した結果、「大衆集来所、雖為塔下彼岸所、依狭在所、各出早尾下、左北、右南、馬場西也」という状況になっている。なお、この時「塔下彼岸所」は「番論義児」の集合場所ともなっている。「竃殿」とは「雑舎」の別棟を指すのであろう。

(107)『明月記』安貞元年二月十九日条に「青侍説云、山西塔衆徒、江州住人左近将監某、塔下彼岸所可造営由、以宮司法師加催之間、是山僧闘諍、打擲御正躰、打調使法師、衆徒之怒心如水火、山門騒動云々」、また同二十七日条に「参日吉、（中略）成茂来談、（中略）西塔事可有裁許由有沙汰、近日落居歟云々」と見える。西塔が江戸時代、塔下を管領しているのは、この中世以来の伝統によるものであろう（『日吉山王権現知新記』、『神道大系』神社編二九・日吉）。なお、すでに注(71)でも示したように、近世、日吉二十一社のうち上七社を除いた中・下十四社は、延暦寺の「院々谷々」の分割支配を受けていた。西塔が近世にいたっても二宮を管領していたように、上七社は中世以来の伝統のもと、近世にも「院々谷々」の分割支配下にあったのである。この点からすれば、中・下十四社の「院々谷々」による分割支配もまた、中世にまでさかのぼる可能性が極めて高い。

(108)『吾妻鏡』元久二年十月十三日条。『華頂要略』一二一。下っては永仁六年九月、山上の堂舎が焼けたときも、東塔で「彼岸所」がやはり焼失している（『日吉社幷叡山行幸記』）。

(109) 宮地直一・福山敏男他監修『神道古図集』（復刻版、臨川書店、一九八九年）。奈良国立博物館編『垂迹美術』（角川書店、一九六四年）。展覧会図録『日吉山王権現——神と仏の美術——』（滋賀県立琵琶湖文化館、一九九一年）などの写真・解説。なおこの曼荼羅については、江戸時代初めに著された『日吉山王権現知新記』がその概要を記録し、軸裏の墨書も掲載している。

(110〜112) 福山敏男監修・難波田徹他編『神道古図集続編』の写真・解説参照。

(113) 平成十一年の京都国立博物館の社寺調査において調査する機会を得た。

(114)「行丸図」については「行丸絵図とその影響」（前掲注101黒田論文集所載）参照。

(115) 上野良信「山王宮曼荼羅図解説」（前掲注109展覧会図録『日吉山王権現——神と仏の美術——』）。

(116) 作者の木村了琢に関しては荒木矩編『大日本書畫名家大鑑・伝記上編』（大日本書畫名家大鑑刊行会、一九三四年）が「木村氏、名は喬久、絵所たり、延宝二年より同四年まで禁裏新院御造営の時、御絵仰作られし筆者の一人」と解説する以外、詳しい履歴等はわからない。

(117)「行丸図」には、詳しい文字注記が施されており、彼岸所に関しても「彼岸所」と「雑舎」の別が明記されるなど、中世の日吉社を知る上で貴重な手がかりとなるものである。

(118)『日吉社神道秘密記』は聖真子の拝殿の東に念仏堂を描く。

(119)『建内記』文安元年四月十六日条。

(120)『親長卿記』文明十一年四月二十二日条。

(121)前掲注(47)参照。

(122)本書第三篇第一章参照。

(123)管見の限りでは、仁安二年二月付（『生源寺文書』）、建久九年（一一九八）四月付（『霊仙寺文書』）、建保四年（一二一六）八月三日付（『饗庭家文書』）、承久三年（一二二一）四月八日付（『天台座主記』）、貞応三年（一二二四）正月二十二日付（『如意寺文書』）、嘉禄三年（一二二七）六月三十日付（『停止一向専修記』）、天福二年六月十八日付（『鳥居大路文書』）の七点を確認できた（案文などをも含む）。執当・三綱以下の連署した文書としてはこれ以外に「延暦寺政所牒」があるが、こちらのほうは鎌倉時代後半にも発給されている（文永十年十一月付〈『石清水文書』〉、延慶二年七月付〈『白山宮講中旧録』〉）。

(124)本書第一篇第一章参照。

(125)前掲注(61)史料。

(126)天文五年六月八日付「延暦寺三塔執行代等連署衆議下知状」（『八坂神社文書』九〇二号）。

第二章　延暦寺大衆と日吉小五月会（その一）

――馬上方一衆出現の契機――

はじめに

中世、延暦寺大衆が近江坂本の日吉社ときわめて密接な宗教的・経済的な関係を保持していたことは、前章で見た通りである。本章では、そのような両者の密接な結びつきが、中世社会に及ぼした政治的・社会的な影響を、毎年五月、日吉社で執行された小五月会の存在形態を検証するなかで考察しようとするものである。

日吉社の本祭である四月の日吉祭にも勝るとも劣らぬ規模で執行されていた小五月会が、いつはじまったかは正確にはわからないが、保延四年（一一三八）四月には、「日吉社五月五日馬上事」に関わって延暦寺大衆が神輿を動座したという事件が『百錬抄』に見えており、(1)この頃、すでに延暦寺大衆の主導のもとに馬上役をもってする祭礼が行なわれていたことは間違いない。

古くより同会の馬上役の差定はしばしば他寺・他社との対立・紛争の火種となっており、そのこともあって、小五月会の馬上役に関しては、十分といえないまでもいくつかの関連史料が残されている。(2)それらによれば、室町時代には小五月会に費やされた費用は「千余貫」もの莫大な額に及んでいたといわれる（『大乗院寺社雑事記』(3)）。

祇園会の馬上役が盛期で三百貫文であったことからすると、費用だけでいえば、小五月会は実に祇園会の三倍以上の規模を誇っていたことになる。にもかかわらず、同会を支えた政治的・社会的背景に関しては、これまでほとんど検討されていないのが現状である。

平成十二年に公刊された『八瀬童子会文書』には、室町時代の小五月会に関わる史料が数多く収録されており、(4)ここでは同文書を主な手がかりとして、小五月会が誰の手によって、いかなる目的でどのような手続きのもとに執行されていたか検証していくこととしたい。それによって、この祭礼が中世において果たしていた政治的・社会的な役割もまたあきらかになるものと考える。

なお、考察の対象としては、室町幕府の主導下、小五月会の資金集めの機関としての馬上方一衆が登場してくる南北朝時代末の至徳年間（一三八四～八七）以降、応仁の乱を契機として同会が衰退する文明年間（一四六九～八七）までを一応の期間としたが、適宜その前後に時期についても言及した。

一　方執行

萩原龍夫氏によれば、祭礼において「司祭」と「舗設」の二つを兼ねていた「神主」は、時代を経るに従い「舗設」だけを他人に委ねるようになっていくという。瀬田勝哉氏も祇園会に関する研究で引用されたこの萩原氏の指摘に従えば、南北朝時代末以降の小五月会においては、馬上方一衆が「祭の料の調達」を行なう、いわゆる「舗設」者の立場にあたる。(5)ただ、問題は「司祭」のほうで、馬上方一衆が登場して以降の小五月会の「司祭」は、決して一人の「神主」に収斂されていたわけではなく、主なものだけでも、①方執行（左右）、②神供（内御供・外御供）、③方人、④外護の四つの職がその役務を分割・執行していた。

では、本来は方執行がすべてを統括していたと推定される小五月会の神事が、どのような経緯のもとに「司祭」と「鋪設」に分かれ、さらにはその中の「司祭」がさらに細かく分化していったのかを見ていくことからはじめよう。

(1)鎌倉・南北朝時代の方執行――馬上方一衆登場まで――

方執行とは、小五月会を司祭した左右双方の執行、すなわち「左方執行」「右方執行」の略称で、史料上ではたんに「執行」とのみ表記されることもある。

管見の限り、方執行に関わるもっとも古い史料は、嘉禎二年(一二三五)五月五日、小五月会の馬上役をめぐって起こった事件を記した、次の『天台座主記』の記載である。(6)

小五月神事延引事、左方馬上、以清三郎男、先日点定之処、号中堂寄人及供僧訴訟、仍可令方執行友直宿禰勤其役之由、有貫首之仰、而去三日夜、社頭大衆議云、馬上之習、一点無再改之例、件清三郎、非中堂寄人、随而所被下社家之交名帳不載其名字之上者、縦雖為寄人、友直無其謂、依濫訴方執行勤其役者、向後争々全《(令カ)》神事、不如停止神事云々、即横河衆徒奪取聖真子神輿餝具上置横川中堂了、惣大衆宥沙汰之間、五日晩頭、奉返下神輿餝具、依之同六日遂行神事、先行内競儀、次行小五月会事了、

事件は小五月会の左方馬上役を「清三郎」なる者に差定(差符と徴収)したことにはじまる。清三郎が「中堂寄人」と称して差定に応じなかったため、座主はやむなく「方執行友直宿禰」に同役の勤仕を命じた。ところが、これに対して延暦寺大衆が「依濫訴方執行勤其役者、向後争々全《(令カ)》神事、不如停止神事」と異議を唱え、ついには横川衆徒が「聖真子神輿餝具」を奪いとり横川中堂に担ぎあげる事態にまで立ちいたったというのである。

この事件の経緯からはいくつかのことが読みとれるが、まず第一に注目したいのは、方執行が馬上役を勤めることになれば、「向後争々全《(令カ)》神事、不如停止神事」という延暦寺大衆の言葉である。さかのぼっては、先にあげたように、保延四年(一一三八)四月、「日吉社五月五日馬上事」に関わって延暦寺大衆が同社の神輿を動座し

ており、(7) 大衆こそが小五月会を支える主体であり、彼らの支援のもとに同会を執り行なっていたのが方執行であったことがこれによりよくわかる。

第二に注目されるのは、その大衆が「清三郎」への馬上役差定の正当性について「件清三郎、非中堂寄人、随而所被下社家之交名帳不載其名字」と述べている点である。すなわち、これによって大衆があらかじめ馬上役の差定を免じるべき人々を社家に通達していたこと、ひいてはこの時点で馬上役の徴収を行なっていたのが社家であったことが明確に判明するからである。鎌倉時代、馬上役の差定は社家の手によって行なわれていたのである。

そして、第三点としては、小五月会の司祭者としての方執行を天台座主(貫首、以下「座主」とのみ記す)が指揮していたという事実をあげておきたい。当初、根本中堂供僧の訴えのもとに、馬上役の負担を方執行友直に命じたのは座主であり、方執行は座主という延暦寺の最高責任者の直接の管領下にあったと見てよい。

差定が実施される前に馬上役免除者の「交名帳」を社家に提出する延暦寺大衆、馬上役の差定を行なう社家、それに方執行の神事執行を指揮する座主と、この一点の史料からは小五月会をめぐるきわめて複雑な人間関係が浮かび上がってくる。これらの錯綜する人間関係を合理的に解明できたとき初めて、小五月会が中世、果たしていた歴史的役割があきらかになると思われるが、ここではいましばらく方執行に焦点をしぼり検証を続けていくこととしよう。

さて、嘉禎二年の事件には検討されなければならない今一つの重要な課題が残されている。方執行「友直宿禰」の正体である。彼はいかなる資格のもとに方執行を勤めていたのであろうか。結論から述べれば、彼は日吉社の社家の一つ、生源寺家の一員としてこの役を勤仕していたものと考えられる。

小五月会の神事はよく知られているように、左右の双方に分かれ執行されており、馬上役の差定もまた左方・右方、別々に実施されていた。この点を明確に記した史料としては、貞和四年(一三四八)六月十九日の「延暦

寺衆徒列参申詞」がよく知られている。(8)

貞和四年六月十九日山門衆徒烈(列)参申詞

日吉社小五月会右方馬上役難渋不可然間事

右、山王権現者、祐(拓)霊場於　帝都之東北、久致　百王本命之潜衛、並神祠於鬼門之丑寅、鎮護一実中道之教法、以帰此法、為理政之権柄、以敬此神、為治国之要道、□(因)茲朝祈暮賽之礼奠、逐時日而弥繁、神事法会之勤修、照歳月而無怠、所謂四月中申、駕神輿而幸唐崎、□(五)月端午、策競馬而役祭場、一年両度之祭礼、七社一同之大儀也、是皆山王誓而成神約、貴賤挙而結来縁、往古不退之儼儀、更非凡慮之所測者歟、就中小五月会馬上役者、於京都左方、江州右方、以非当社神人之輩、撰器用仰神慮、一度差定之後、曽無改動之例、其趣保延□年被下官符以来、神威弥耀天下、規則未違末代者、爰当年右方馬上役、差定江州南北郷次郎左衛門尉(後欠)

この申詞は南北朝時代においても、鎌倉時代と同様に「山門衆徒」が小五月会を根底で支えていたことを示す点でも貴重な史料であるが、それはともかくとして、文中に見える「就中小五月会馬上役者、於京都左方、江州右方、以非当社神人之輩、撰器用仰神慮、一度差定之後、曽無改動之例」という一文によって、左右の馬上役の差定地域がそれぞれ京都と近江に分かれていたことが確認できよう。

そして、この左右のうち左方を担当していたのが生源寺家で、右方を担当していたのが日吉社の今一つの社家、樹下家であった。両社家はきわめて厳格にこの左右の分担を遵守し神事を行なっている。両家の系図によれば、歴代、「左方執行」はすべて生源寺家の人々が、また「右方執行」はすべて樹下家の人々がこれを勤めており、例外はない。(9)したがって嘉禎二年の「左方馬上」の方執行「友直宿禰」もまた生源寺家の一員であったことは、まず間違いない。なお生源寺家の系図にも「友直」なる人物が見えているが、これが嘉禎二年の「友直宿禰」その人を指すか否かは、残念ながらその活動時期を示す記載がないためわからない。(10)

以上、馬上方一衆が登場する以前の方執行について判明した点を整理しておけば、①方執行とは小五月会を司祭する役で、②その上部には座主がいてこれを指揮していた。③方執行は左方・右方の二頭制が採用されており、その役には生源寺・樹下の両社家の代表者がそれぞれ就くことになっていた、ということになる。

一方、方執行と不可分の関係にあった馬上役の差定に関しては、京都・近江をそれぞれの担当地域として、差符と徴収がともに「社家」の手によって実施されていたと考えてよかろう。具体的には、後述する室町時代の差定権のあり方などからして、方執行の分担と同様に左方は生源寺家が、また右方は樹下家がこれを行なっていたものと推定される。

では、このような鎌倉・南北朝時代の方執行、および彼らが行なった馬上役の差定の形態は、馬上役一衆の登場によってどのように変化したのであろうか。次にこの点について見ていくこととしよう。

(2)室町時代の方執行――馬上方一衆登場以後――

前項で確認した方執行に関する性格の大半は、馬上方一衆が登場後も基本的に変わっていない。まずこの点を史料によって確認しておく。

次に引用したのは、『八瀬童子会文書』所収の馬上方一衆年行事の記録『左方馬上合力年行事記録』に記された方執行に関する記事である。(11) これによれば、文正元年(一四六六)の小五月会は、当初「行保」なる者が方執行を勤めることになっていた。ところが四月になって彼が「闕官」となったため、替わって「行里」なる者が同役に就くこととなる。

(四月十九日条)

一、方執行々保被闕官畢、衆中江奉□ 到来之、於差定者、先可被押置之旨文言也、布施下野守書上、是へ

肥州□ 候也、

（六月七日条）
一、六月七日馬上差定事、甲斐守先可遂其節之由御奉書出、仍次八日差定畢、於執行徳（得）分被置中畢、
（六月八日条）
一、本馬上榊本中御門烏丸南東頬酒（屋）□　定光坊下、衆中宿者霊光院□　如先々粽已下にて酒肴在之、
一、貫首様庁務より衆中五定□　各々以状方執行々里、就補□　御礼分、御門跡庁務方へ分、彼□　四千疋可被押置之旨被仰畢、衆中□　返事趣者、於彼徳（得）分者、去七日被□　御奉書可置中之由、被仰出之趣候也、

ここに方執行として名前のあがる「行保」「行里」の二人もまた生源寺家の一員であった。のちに見る生源寺家の人々が連署した永享六年の請状には、彼ら二人も名を連ねている。(12) 生源寺家が左方、樹下家が右方の方執行を勤めるという鎌倉時代の体制は、この時代も維持されていたのである。そこで記事の内容であるが、ここから読みとれる事件の顚末はおおよそ次のようになる。

四月に「闕官」となった行保に替わり、六月になって行里が座主より方執行に補任された。(13) この間、馬上方一衆は、「先可遂其節」という幕府からの指令のもとに六月八日、「馬上差定」を実施した。ところがそこへ座主から行里の礼銭を「可被押置」旨の要請が届き、これに対して馬上方一衆では先の幕府からの指令を楯にこれを拒絶した。

この一連の出来事からは、この時期、「本馬上役」の差定に方執行とともに馬上方一衆が深く関与していたことがよくわかるが、この点についてはのちに述べることとし、ここでは、座主が方執行を補任していたという事実をまず確認しておきたい。先に見た鎌倉時代の座主の方執行に対する指揮権は、根元的には座主の方執行を補任する権限に根ざしていたものだったのである。

行里が方執行となって以降の経過を今少し『左方馬上合力年行事記録』により追っていく。

（六月十二日条）

一、本馬上屋四目上の丶め之衆中□　宿霊光院へ衆中面々被出□　雖然公人等酒肴已後可有其□　方執行々里被押畢、謂者、本功□　七百廿貫文内五十七貫六百文徳（得）分□　帯公後見被及違乱候間、四目上□　延引也、さ候て榊本へ面々被出候□　任例湯漬其外肴等在之、自其□

一、飯尾肥州へ四目上就延引之儀列参、年行事幷雑掌・長寿房・頓学坊・宝聚房・定光房等也、以孫六方被申之、返事趣者、為衆中可遂神事由、宮仕中可被申付之、若猶方執行及違乱候ハヽ、不日□　候へ（ママ）可伺申由返事候也、

（六月十三日条）

一、公後見被喚、宮仕中江四目上事被申付了、次方執行々里より抑留之□　行光宮仕折□　出帯之、案文写止之、正文□

一、十三日四目上事、雖及執行違乱、肥州一判□　奉書重到来候間、遣案文、則四目上□

これまた欠損箇所が多くわかりにくい部分が少なくないが、意味するところはこうなろう。方執行行里の違乱によって小五月会の「四目上」の神事が延引する事態が起こった。これを受けて幕府からは馬上方一衆に方執行の肩代わりを命じる指令が下り、そこで馬上方一衆は「公後見」「宮仕」を動員して神事を執り行なった(14)。

「四目上」とは「注連上」とも書き、「注連」を設置する神事をいう。本来、「公後見」「宮仕」を動員してこの神事を執行したのが方執行であった。幕府の「為衆中可遂神事由、宮仕中可被申付之、若猶方執行及違乱候ハヽ、不日□　候へ（ママ）」という馬上方一衆に対する指令の言葉がなによりもよくこのことを物語っている。

つまりこの時点でも神事の執行—司祭—は、方執行の専任事項となっていたと見てよく、先に見た鎌倉時代の方執行の特徴としてあげた①が、この時代もなんら変わりなく行なわれていたことが確かめられるのである。

以上、前項で確認した鎌倉・南北朝時代の方執行の性格が馬上役一衆の出現以後も、基本的に変化なく維持されていたことを検証できた。方執行は室町時代にも前代と変わりなく、座主の指揮下で生源寺と樹下の二社家の代表が左方・右方に分かれて、小五月会を司祭し続けていたのである。

では、方執行の性格に大きな変化がなかったとすれば、馬上方一衆の出現によって小五月会ではなにが変わったのであろうか。答えは自ずから予測されよう。それは従来、両社家が行なっていた差定のうち馬上役の徴収をおいて考えられない。

(3)馬上方一衆の請文

南北朝時代末まで社家によって実施されていた小五月会の馬上役の徴収は、馬上方一衆の出現によって、基本的には彼ら一衆の手に移ったものと考えられる。そして、この点を明確に裏付ける史料も数多く残る。

次に引用したのは、それらの中でも最も古い『八瀬童子会文書』に収められる「神役合力引付」所載の衆中連署の三通の書状・申状案である。(15)

〔A〕一、就日吉馬上役蒙仰候方執行方料足弐万疋事、任彼請文之旨、無参差者、神役差定以後十ケ日中、必々可致其沙汰候、可得御意、恐々謹言、

五月朔日　　実暹判

珠運判

浄教判

顕運判

珍運判

松田丹州(貞秀)

富少路殿

〔B〕　日吉左方馬上功程合力一衆等謹言上

右、方執行万疋用途事、就差定、既先方執行方沙汰渡畢、然依当執行申、重万疋可沙汰之由被仰出之条、所歎存也、此職御改替事雖及度々、於此万疋料足者、致二重成之候条、無其例者、惣馬上差定以後十ヶ日内可沙汰渡之由、最初一衆等任連署儀定之旨、差定以後両三日之内差定執行方仁沙汰渡上者、争重可致其沙汰候哉、不便之次第也、所詮被停止当執行之訴訟者、弥為全神事、一衆等謹言上如件、

応永七年五月　日

〔C〕　日吉左方馬上功程合力一衆等謹申

右、左方執行得分事、最初雖為二万疋、一衆等依有歎申子細者、康応元年被成下御教書（案文備□）被減一万疋、以来于今無相違之処、行直依奉掠上聞、可為二万疋之由被仰出之条、所驚存候也、凡定置一万疋事、就差定已渡行顕方之処、□　又可致沙汰当執行方候由被仰下候間、無先規□　之次第雖歎申、別而被仰出之上者、雖為二重成、以別儀可沙汰渡者也、重二万疋事□　迷惑候也、所詮被任　御教書之旨、被停止□　者、殊可畏存旨、一衆等謹言上如件、

応永七年五月　日

年紀はないものの「方執行方料足弐万疋」という文言から判断して、〔A〕は馬上方一衆が結成されてまもなくの至徳年間（一三八四～八七）頃に発給されたものと推定される。なぜなら「方執行方料足」は、〔C〕に「最初雖為二万疋、一衆等依有歎申子細者、康応元年被成下御教書（案文備□）被減一万疋」とあるように、康応元年（一三八九）になると、その請負額は百貫文（一万疋）に減額されているからである。

なお、〔C〕にいう康応元年の御教書案も『八瀬童子会文書』に収録されている。

〔D〕日吉左方神人申方□（執行）　弐万疋料足事、神人□　申、依有其謂、於万疋者□　被停止也、其子細去年□　今亦被仰上者、向後更□　改動、此趣可令存□　執達如件、

康応元年四月十七日　　　　左衛門佐（斯波義将）

一結衆中(16)

これら四点の史料によって、方執行が受けとるべき料足を馬上方一衆が請け負う体制が南北朝時代末から室町時代初期にはすでに整っていたことがわかるが、馬上役の中身に限っていえば、当面、次の二点を指摘しておきたい。

すなわち、その第一はこれら馬上方一衆による請負が、あくまでも「方執行方料足弐万疋」「方執行万疋用途」「左方執行得分」であり、決して馬上役そのものではなかったという点である。ここで馬上方一衆が議論の対象としているのは、いみじくも〔A〕の史料で「就日吉馬上役蒙仰候方執行方料足弐万疋事」と述べているように、馬上役の中の一部としての方執行の取り分（料足）にすぎなかった。換言すれば、「日吉馬上役」は方執行の得分だけでなく、その他のさまざまな料足から成り立っていたことを、〔A〕の史料は明確に指し示している。

そして、今一つ指摘しておきたいのは、これら「方執行方料足」という馬上役の一部の請負に関わる文書がすべて幕府宛のものか、幕府から発給されたものになっているという点である。これは馬上方一衆による「方執行料足」ひいては馬上役の請負が、幕府のきわめて強い統制下にあったことを示唆している。馬上方一衆の組織およびその運営は、幕府との密接な関係を抜きにして語ることはできない

第二点目については、次章で再度これらの史料に立ち返って考えるとし、ここでは第一点に関して、馬上方一衆が請け負っていた「方執行方料足」が馬上役の一部であったとすれば、総体としての馬上役はどのようなものだったのかを見ていくこととしよう。

(4)「方執行方料足」と馬上役

『八瀬童子会文書』のなかにはいずれも断簡ではあるが、馬上方一衆が馬上役を方執行以下の司祭・舗設の担

当者に分配した時の算用状が何通か残る。すべて年紀がなく、応仁の乱前後に作られたものであろうこと以外、その作成年代も正確にはわからないが、そこに記されている支出先とその金額を整理し一覧としたのが表1である。

方執行が受けとる百貫文が馬上役の中のごく一部にすぎなかったこと、馬上方一衆が方執行以外に少なくとも十以上の受納先に馬上役を分配していたことが、この表1からは読みとれよう。

表1にあげた四点の算用状のうち三三六・三〇四号の二点の史料は応仁の乱以前のもので、それ以外の三三八・二八四号の二点の史料はそれより以後のものと考えられる。その理由は、後者の金額が前者に較べ軒並み小

表1　日吉馬上役の内訳

	支出先	定額	三三六号	三〇四号	三三八号	二八四号
1	外御供(護正院)	一四〇貫	ー	一四〇貫	八四貫	一〇〇貫(一四〇貫内)
2	内御供(樹下)	五五貫	五五貫	ー	七八貫(方執行と合わせ)	一五貫(五五貫内)
3	外御供榊本訪	四〇貫	ー	ー	三五貫	三〇貫(四〇貫内)
4	内御供榊本訪	四〇貫	四〇貫	ー	三五貫	三〇貫(四〇貫内)
5	方人	一七〇貫	一七〇貫	一七〇貫	三三貫	一七〇貫(皆済)
6	円明坊兼慶(外護分)	一〇〇貫	一〇〇貫	ー	六三貫(一〇〇貫の内)	ー
7	方執行(生源寺)	一〇〇貫	一〇〇貫	ー	七八貫(内御供と合わせ)	二〇貫(一〇〇貫の内)
8	馬衆		ー	ー	ー	二五貫
9	小神事	五七・六貫	ー	ー	ー	一〇貫(五七・六貫内)
10	所司十官	六五貫	ー	ー	ー	二五貫(六五貫内)
11	男本人	五〇貫	ー	ー	ー	五〇貫(皆済)
12	本馬上榊本訪	一〇〇貫	ー	ー	九三貫(一〇〇貫内)	七〇貫(一〇〇貫内)
13	公後見		ー	ー	ー	一〇貫

注1：「支出先」では、その受納者が具体的にわかる場合は(　)に示した。
2：三〇五号紙背の算用状にも「本馬上榊本御訪万疋内且下行」と見える。また三〇八号には「榊木本詣(訪カ)百貫文内」として、この百貫文の明細が記されている。

さくなっていることにある。大乱勃発後、馬上方一衆による馬上役の徴収は困難を極めており、それにともない各受納者に納める銭も定額を下回ることが多くなっていた。

この点、特にはっきりしているのは二八四号の場合で、そこには本来納めるべき料足の額（定額）が、たとえば「外御供」を例にとれば「百四十貫内」と注記され、実際に納めた額が「百貫」と記されている。これに対して、三三六・三〇四号は「外御供」の額をともに本来納めるべき「百四十貫」としており、「方人」「方執行」についても定額を記している点は「外御供」と変わりない。

そして、これら四点の史料をもとに、通常、馬上方一衆が方執行以下の各受納者にどの程度の額を納めていたかを一覧としたのが「定額」の項である。むろん先にみた方執行の料足のように、時期によって額が大きく異なることもあったが、これによって応仁の乱前の馬上役の内訳のおおよそがうかがえる。

試みに「定額」としてあげた額を総計すると九一七・六貫文となる。これはのちに『大乗院寺社雑事記』がいう小五月会の総費用「千余貫」という数字に近い。[17] すでに述べたように祇園会の馬上役がすべてで三百貫文であるから、[18] 馬上役の額だけでいえば、小五月会はやはり祇園会の三倍以上の規模を誇る祭礼だったことになる。

馬上方一衆の登場以前、社家がどの程度の規模の馬上役を徴収していたかは定かではないが、祇園会の例などから類推すれば、千貫にも及ぶ費用を要したものであったとは到底考えられない。社家が手にする料足に限っていえば、表1では、「本馬上榊本訪」が方執行料足と同じ百貫文である他は、それほど高額なものがないことも、その傍証となろう。

とするると、総体としての馬上役は馬上方一衆の出現によって一気に跳ね上がったということになるが、ではなにが馬上役をこれほどまでに跳ね上げたのであろうか。

表1で方執行の料足と同等もしくはそれ以上の高額となっているものが三つある。「外御供」の百四十貫、「方

人」の百七十貫、そして「円明坊兼慶（外護分）」の百貫である。小五月会において、方執行に勝るとも劣らぬ優遇を受けていたこの三つとは、いかなる役だったのであろうか。次にこの三つの役に焦点をあてて考えていくこととしよう。

二　外御供・方人・外護

(1)外御供と内御供

馬上役の支出で百四十貫文もの高額となっている「外御供」を考えるにあたり、まず、日吉社において、本来の外御供がいかなるものであったかを見ていくことからはじめたい。また「外御供」と対になって存在する支出項目としての「内御供」、および行為としての内御供についても合わせ考えていく。

時代はややさかのぼるが、鎌倉時代に作られた日吉社の鎌倉時代の記録『耀天記』の「社頭正月行次第」の項には、内御供と外御供について触れた次のようないくつかの記載が見える。(19)

〔A〕三日、同宮（二宮）
社家行壇供、如大宮・聖真子行皆行、這巡行之大津右方神人行、侍所進菓子、但年行事二人相対樹下僧饗等彼岸所等也、
僧供・外御供各別也、
私云、外御供ハ樹下僧得分也、内御供ハ社司取之也、
〔B〕七日、愛智行内御供・外御供、外六十枚、内三十枚、
〔C〕五日（二月カ）、願臨寺壇供七石支配事、五石樹下僧外御供、二石内御供、一社別二斗宛、残六斗在之、

これによれば、内御供・外御供とは、ともに「壇供」と呼ばれた神供のことで（〔A〕〔C〕）、通常、前者は「社司」が、後者は「樹下僧」がこれを神前に供えていたことがわかる（〔A〕〔B〕〔C〕）。いうまでもなく外・内

の別は、社殿の内陣・外陣の別を示す。また、外御供を供えた樹下僧とは、十禅師社（樹下社）の夏堂に常駐していた下級の延暦寺僧のことで、[20]日吉各社の神供は、内陣が社司の担当となっていたのに対して、外陣は彼ら樹下僧、すなわち延暦寺の下僧がこれを担当していたことになる。

そして、このような正月に日吉各社の内外陣を社司と樹下僧とで分担するというやり方は、そのまま小五月会においても適用されていたものと考えられる。つまり、馬上役の支出に記載された「外御供」「内御供」は、同じ神供とはいいながら、最終的には一方は社司（社家）に、今一方は延暦寺僧の手に渡る費用ではなかったかと推定されるのである。

そこで改めて表1の支出項目としての「内御供」「外御供」を見ると、「内御供」の受納者が社家の樹下家となっているのに対して、「外御供」のそれが護正院となっていることに気がつく。護正院とは永享の山門騒乱以後、一貫して山門使節を勤めていた山徒である。その護正院がどうして小五月会の「日吉小五月会左方馬上外御供差符職」を保持するにいたっていたかはわからないが、同山徒が延暦寺側の代表としてこの「外御供」を受けとっていたことだけは確かであろう。[21]

また、その額に関していえば、「外御供」は次に触れる「方人」の百七十貫文についで高額となっている。これは「内御供」の五十五貫文のほぼ三倍であり、方執行料足と比較しても四十貫文も多い。祭礼を中心となって司祭する社家よりも遥かに多くの金額が「外御供」として山徒の手に渡っていたという点をここではまず第一に確認しておきたい。

なお馬上役の支出項目にみえる「内御供榊本訪」「外御供榊本訪」という項目は、それぞれ内御供・外御供の差定にあたりかかった費用のことで、これを実施した宮仕以下に手渡されたものである。[22]

(2)方人

「方人」とは一般には味方すること、贔屓すること、あるいは味方や仲間を意味する。そのような原義の「方人」という言葉が、小五月会では具体的にどのような行為あるいは人物として使われていたのであろうか。(23)

応仁の乱の間しばしば戦乱を避けて坂本に滞在していた公家の山科言国は、文明六年（一四七四）末、時期を遅らせて行なわれることになったこの年の小五月会について、その日記『言国卿記』に次のように書きとどめている。(24)

一、明日小五月一定トテ、カタウトノ坊ニテ、夜ウチハタシアリト了（ママ）、ゐ中方杉生、京方（ママ）

小五月会の執行が「一定」した結果、坂本では直ちに「カタウトノ坊」で「ウチハタシ」があり、「ゐ中方」「京方」のうち「ゐ中方」は杉生坊が勤めたというのである。簡単な記述ではあるが、これにより、小五月会では祭礼に先立ち「カタウトノ坊」として「ゐ中方」「京方」の二方を定めていたこと、またそこでは「ウチハタシ」なる神事が行なわれていたことが知られよう。

「ウチハタシ」については、これ以外に史料がなくその実態はわからない。ただ「方人」が「ゐ中方」「京方」の二方に分かれているのは、先述した小五月会の神事そのものが左方（京都）・右方（近江）の二方に分かれていたことに対応するものと考えられる。

また、この言国の記述でもっとも興味深いのは、そのうちの「ゐ中方」に当時山門使節を勤めていた杉生坊が選ばれていたという事実である。「方人」にも山門使節の山徒があてられていたのである。

これらの『言国卿記』から得られる知見を念頭におきながら、次に『八瀬童子会文書』所収の文書・記録に散見する方人に関わる記事を検討していく。(25)

〔A〕「左方馬上合力年行事記録」文明三年十二月十四日条

一、昨日西塔公文所より以状雑掌方江申送子細者、左方々人事、杉生房より可有沙汰候由被申云々、

〔B〕同右

一、左方々人西勝房代寂輪房より状在之、仍返事被沙汰畢、

〔C〕年月日未詳「馬上合力一衆申状案」

一、方人要脚百七十貫、外御供功程百四十貫幷参百拾貫文、護正院へ可渡申之内、百七十貫文度々ニ渡之、

〔A〕〔B〕の史料にいう「左方々人」が『言国卿記』に見える「京方」の「カタウト（ノ坊）」ということになろう。むろん「ゐ中方」の「カタウト（ノ坊）」を指す「右方々人」という言葉もこの後に引用するように、「左方馬上合力年行事記録」のなかに見えている。

いずれの史料も前後の事情がよくわからず、意味が判然としないものばかりであるが、〔A〕からは文明六年にも「ゐ中方」の方人坊を勤めていた杉生坊が、また〔B〕からは同じ山門使節の山徒の西勝坊が、それぞれこの時点（文明三年）の「左方々人」となっていたことが知られよう。また〔C〕には左右の別は明記されていないが、百七十貫文は表1で示しておいたように左方馬上方一衆が方人に納めていた定額であり、ここに見える「方人」も当然、「左方々人」を指すものと考えられる。そして、その要脚の受取手に護正院の名があがっているということは、とりもなおさずこの時の「左方々人」が護正院であったことを示している。

この他、方人の名前が判明する事例としては、『八瀬童子会文書』所収の（文明二年）九月八日付の「山門使節代連署書状」がある。[26] この上林坊代・護正院代が「馬上年行事」に宛てて発した書状の中には、「両方人得其意、一筆相副候」という文章が見えている。「両方人」とは、いうまでもなく左右の両方人をいい、この場合は具体的には上林坊・護正院の二人を指すと考えてよかろう。つまり、護正院とともに上林坊もまた方人であったことがこれによりわかる。

そして、これら左方々人として確認できる、杉生坊・西勝坊・護正院・上林坊という山徒の名前を見るとき、なによりも注目すべきは、彼らがすべて山門使節を勤める山徒によって占められているという事実である。[27] これに先にあげた文明六年の杉生坊の右方々人勤仕、それにこの後で触れる文明三年の円明坊の「右方々人」勤仕という事例を合わせれば、左右の方人は一貫して山門使節の山徒が勤める役となっていたと理解されるのである。

では、方人が山門使節によって勤められる役だったとすると、それは小五月会において、具体的にどのような役割を果たした役だったのであろうか。この点について考える前に、方人と同じように、馬上方一衆から高額の得分を受けとることになっていた今一つの役、「外護」について見ておくこととしよう。

(3)外護

先の表1において、三三六・三三八号の二点の算用状断簡に「外護」なる名目で円明坊の受納分として百貫文があがっていることを記載しておいたが、次に引用したのは、その二点の算用状の記載と、「外護」なる言葉が記された「左方馬上合力年行事記録」中の一文である。

〔A〕「小五月会左方馬上合力功程算用状断簡」[28]

百貫文　　円明房兼慶外護分

近年ハ廊坊知行

〔B〕「小五月会左方馬上合力功程算用状断簡」[29]

六十三貫文　　円明坊万疋内、且渡申之

〔C〕「左方馬上合力年行事記録」文明三年十二月十二日条[30]

一、円明房右方々人より○使寺岡在之、雑掌対面之、外護訪就万疋事也、

〔B〕には「外護」という言葉は見えないが、その定額（納めるべき本来の金額）が百貫文（一万疋）となってい

ること、またその受納者が円明坊となっていることから、〔A〕と同様の「外護」の支出項目と判定した。

〔C〕は、右方々人の円明坊から「外護訪就万疋事」に関して使者の寺岡なる者が馬上方一衆に派遣されてきたことを記したものである。円明坊が方人をも勤めていたことを伝えても興味深い史料であるが、ここではやはり「外護訪」が「万疋」となっている点に注目したい。

これら三点の史料からは、馬上役の一部(百貫文)がある時期、「外護分」「外護訪」の名目で円明坊に渡っていたことが明確に読みとれよう。では「外護」とはなにで、円明坊はなぜそれを受けとることができたのであろうか。

円明坊が永享の山門騒乱以前、山門使節のなかで指導的な立場にあったこと、騒乱後、いったんは山門使節のメンバーからは外されたものの、やがて兼澄の代になり再び同役に返り咲いていたことなどについては、第一篇第一章で見た通りである。(31) そのような円明坊の歴代のなかにあって、〔A〕に見える兼慶は山門使節制度が発足した当初から同役を勤め、もっとも権勢を振るっていた山徒である。その力が余りに大きくなりすぎたためか、彼は応永二十六年(一四一九)正月、足利義持の命を受けた弟の乗蓮坊兼宗によって殺害される。したがって、〔A〕にいう「円明房兼慶外護分」とは、彼の活動時期から見て、馬上方一衆による小五月会の馬上役請負がはじまった直後からその得分として存在していたものと推定される。

それが円明坊の手を離れ「廊坊知行」となったのは、多分、兼慶の死後のことではなく、その弟円明坊(もと乗蓮坊)兼宗が永享の山門騒乱の結果、没落(のち殺害される)して以後のことと思われる。なぜなら円明坊の遺跡は基本的に、兼慶から兼宗に引き継がれているからで、その「外護」の得分が、〔C〕に見るように復活するのは、兼澄が享徳(一四五二～五五)前後に円明坊を再興、山門使節に任じられた結果と考えられる。つまり〔A〕〔B〕〔C〕の史料からは、途中、断続はあったにせよ、小五月会における「外護」なる得分が山徒円明坊の得分として一貫して存続していたことが、読みとれるわけである。

では「外護」とはいかなる役だったのであろうか。「外護」とは仏教用語で「仏教修行の人に、修行に必要なものを供給して心身に安穏を与えること、また、その人」を意味するという。先に見た「方人」には「味方すること、ひいきをすること、また、味方・仲間」という意味があり[32]、厳密には同じといえないまでも、両者には他者に庇護を与えるという点で相通じるものがある。

これを小五月会という祭礼に当てはめて考えれば、祭礼を庇護する役、すなわち小五月会の祭礼の警護を主な任務としたのが「外護」であり、「方人」だったのではなかろうか。両役がともに山門使節という強力な軍事力を有した山徒から選ばれていることもその根拠の一つになろう。

また、山徒による祭礼の警護ということで想起されるのは、はるかに時代は下るが江戸時代、日吉祭の警護にあたった「四節」の存在である。『日吉山王祭礼新記』によれば、江戸時代の同祭の警護には、護正院・杉生坊・金輪院・南岸院（南岸坊）の四人の「四節」が当たることになっている[33]。護正院・杉生坊・金輪院はいずれも中世、山門使節として勢力を振るった山徒であり、南岸坊も山門使節にこそなっていないものの、その実力は彼らに匹敵した山徒であった。これらの点から江戸時代の「四節」は、中世の山門使節の「使節」に由来することとはほぼ間違いあるまい。

中世、山門使節が日吉祭の警備を行なったという事実は確認できない。ただ、「四節」を小五月会に移し考えて見れば、「外護」「方人」の系譜の延長線上に彼らをおくことは決して不可能ではない。ちなみに江戸時代の「四節」は、毎年、四家のなかから二家が選ばれていたといい[34]、中世、山門使節から左右二人の「方人」が選ばれていたのと対応する。江戸時代に入り、小五月会が廃絶するとともに、かつて同会で行なわれていた「外護」「方人」の役が、形をやや変えて日吉祭の中に残ったのが「四節」だったのではなかろうか。

それでは、「外護」と「方人」が同じ小五月会の警護役であったとすれば、両者はどこが違ったのであろうか。結論からいえば、「方人」が小五月会本来の警護役だったのに対して、「外護」は馬上方一衆の登場と相前後して設置された新たな警護役だったのではなかろうか。左右方人に加えて、新たに「外護」が設置された理由は、円明坊がこの役を独占していることからして、同山徒を優遇するためであったと考えられる。「外護」という名称も、小五月会をいわば祭礼の外から警護していたことに基づくものであろう。

これに対して祭礼の内にあって、小五月会の神事としての警護を行なっていたと考えられるのが「方人」である。方執行と同様に左右の二方におかれたことも、「方人」が小五月会本来の役であったことを強く示唆している。また、「ウチハタシ」なる一種の神事らしき行為が「カタウトノ坊」で行なわれたという『言国卿記』の記事も忘れてはなるまい。

表2　日吉小五月会「司祭」の職掌分担

役職名	担当資格	身分
左方執行	生源寺	社家
右方執行	樹下	社家
内御供	樹下	社家
外御供	護正院	山徒
左方人	山門使節	山徒
右方人	山門使節	山徒
外護	円明坊	山徒

以上、三項にわたって検証してきた方執行、内御供・外御供、方人、外護といった小五月会に関わった主な役職に就いた人々を整理・一覧とすれば、表2のようになろう。

室町時代においても「司祭」に関しては、外御供を除いて社家が前代同様に一元的に掌握していたのに対して、その他のいわゆる「舗設」に関しては、その大半が山徒の手に委ねられるにいたっていたことが、これによって判明しよう。そして、このような新たな司祭・舗設体制の出現こそが馬上役を一気に増大させた最大の要因であり、現実にそれを可能としたのが馬上方一衆制度であったと見なければならない。

つまり馬上方一衆が果たした歴史的役割を理解しようとすれば、自ずから山門使節の山徒およびその背後に控えていた延暦寺大衆と小五月会との関係がまず問われなければならないことになるのであるが、この点については先に譲るとして、ここではひとまず馬上方一衆に焦点をしぼり、ひき続きその組織と機能について見ていくこととしたい。

三　馬上方一衆の「一頭」

小五月会の馬上役を請け負った馬上方一衆について、すでに瀬田氏による詳しい研究がある。(35) それによれば、南北朝時代末、至徳三年（一三八六）、室町幕府が「山門弁諸社神人等」の「就諸事称催促」「不経次第之訴訟」を禁止するにともない「馬上一衆」と呼ばれた山徒集団が洛中辺土の「日吉神人」から合力銭を徴収する、いわゆる「一衆・合力神人制」が成立していったという。また、この一衆・合力神人制の発足の背景には、室町幕府の土倉方一衆・納銭方一衆などを介しての洛中辺土の土倉・酒屋を支配する意図があったともいわれる。

瀬田氏の研究の大きな成果の一つは、馬上方一衆が「在所・交名共」に把握した「合力神人」を配下に持って、「山王小五月会の神事を遅滞なく遂行せしめる体制」を幕府の「公認組織」として作りあげていたことをあきらかにされた点にある。本節では、そのような馬上方一衆が小五月会において、さらには延暦寺の大衆のなかにおいて、どのような位置を占めた組織であったかを『八瀬童子会文書』をもとに改めて考察していくこととしたい。

(1)「一頭」の構成

馬上方一衆の成員が「一頭」と呼ばれていたことは、すでに瀬田氏によって指摘されているが、『八瀬童子会文書』の中には、その「一頭」がいかなる人々から構成されていたかを知る上で貴重な史料がいくつか収められている。

まずあげられるのは「小五月会具足・太刀・々注文」である。これは小五月会に先立ち馬上方一衆の「一頭」

が負担した具足以下の員数を書き上げたもので永享八年（一四三六）から享徳二年（一四五三）にいたる分がほぼ欠けることなく残る。(36)

また、これまでたびたび利用してきた二点の「左方馬上合力年行事記録」も構成員の割り出しにはきわめて有効である。(37)馬上方一衆の年行事の手によって作成されたと考えられるこの史料には組織の活動が克明に記載されており、これによって文正元年（一四六六）から応仁元年（一四六七）まで、それに文明三年（一四七一）から同十年までの二つの期間の「一頭」がまとめて抽出可能となる。

この他、馬上方一衆の構成員が配下の酒屋・土倉・味噌屋・風呂屋等から徴収していた役銭等を書き上げた、文正元年（一四六六）十二月八日付の「馬上方大嘗会惣引付案」(38)を初めとする各種の算用状も重要である。その大半が応仁の乱以降の注進状であるため、そこに記された在所の数や役銭の額は盛時に較べるべくもないが、「一頭」に関しては、確実にその名前を押さえることができるからである。(39)

これらいくつかの史料を中心にして、永享年間以降、応仁・文明年間にいたる馬上方一衆の「一頭」を整理し一覧としたのが表3である。後述する外御供の差定に関わるデータも合わせ記載しておいた。

馬上方一衆の発足当時の様子を伝える史料として、宝徳三年（一四五一）六月、延暦寺西塔の大衆が「左方馬上一衆中」宛に発した集会事書が残る。(40)東塔による「当院（西院）衆分」への本礼拝講費用差定に対する抗議文提出にあたり、そこへの加判を西塔・横川所属の馬上方一衆に求めたこの事書のなかには次のような一文が見える。

就中馬上一役之時□令零落、頗及難儀之間、為当院沙汰、撰器用□譜代被結一衆已来、神役無欠如之条、是併起二宮権現之善巧・三尊六天之冥応者也、其段定可有存知歟、所詮追父祖之嘉躅、任累世之先蹤、一衆之内西・河両院之面々最初被加判形者、（後略）

5年	宝徳元年	2年	3年	享徳元年	2年	康正元年	寛正2年	文正元年	応仁元年	文明2年	3年	10年
○	○	?	○	○	○			○	●			○
○		*	○	●	○			○	○			
○	○	○	?	○	○	*		○	○			○
○	○*	?	○	○	○			●	○*		○	
○	○	?	○	○	●		*	○	○		○	●
○	○	○	○									
○*	●		○	○				○*	○			
○	○	○	?	○								
○	○	?	○*	○	○			○	○		○	
○	○	?	○	○	○*			○	○		●	○
					○			○	○			
								○	○	*	○	
○	○	?			○			○	○			○
					○			○	○	●	○	○
								○	○			
									○			○
11名	10名	?名	?名	9名	10名	?名	?名	13名	14名	?名	6名	7名

小五月会は二宮を中心にして行なわれる祭礼であり、西塔大衆が「一衆」の結成を積極的に推進していたとしてもなんら不思議ではない。それにしても馬上方一衆が西塔大衆だけでなく、「一衆之内西・河両院之面々」という言葉が示すように三塔の大衆が寄り合う形でこの組織を創設していたことを伝える点でもこの一文はきわめて貴重である。そして、この事書のいうように、馬上方一衆が延暦寺大衆の代表によって構成されていたことをよく示すのが表3ということになる。

表3に見える人々が全員、山徒であったろうことは、その名前から容易に推測できるが、とりわけ①正実坊、④定泉坊、⑦禅住坊、⑬定光坊の四人は幕府の納銭方一衆、公方御倉を勤めた著名な土倉の山徒たちであり、残りの「一頭」もまたすべて彼らと同様、土倉であった可能性が高い。まず、この点について検討を加えていくこととしよう。

表3　馬上方一衆の「一頭」

	A	B	坊　名	永享元年	8 年	9 年	10年	11年	12年	文安元年	2 年	3 年	4 年
①	○	257	正実坊		○	○	○	○	○	○	○	○	○
②		257	小林坊		○	○	○	○	○*			○	○
③			善蔵坊	●	○	○	○	○	○	○			
④	○	207	定泉坊		○	○	○	○	○	○	●*	○	○
⑤		257	正蔵坊		○	○	○	○*	○	○	○	○	○
⑥			聚福院		○	●	○	○	○	○			
⑦	○	257	禅住坊		●*	○	○	○	○	?	○	●*	○
⑧			栄蔵坊		○	○*	○	○	○	○	○	○	○*
⑨	○	257	宝聚坊		○	○	○*	○	○	○	○	○	○
⑩			善宝坊		○	○							
⑪			賢光坊		○	○	○	○	○	○*	○	○	○
⑫			西蔵坊		○	○							
⑬		257	定光坊			○	●	○	○	○	○	○	●
⑭	○		龍泉坊				○	○	○	○	○	○	○
⑮			長寿坊										
⑯	○		光林坊										
⑰	○	257	安養坊										○
⑱	○		宝蔵院										
⑲		257	明林坊										
⑳			玉泉坊										
計				？名	12名	13名	12名	12名	12名	？名	9 名	10名	11名

注1：Aは「宝聚坊・安養坊連署酒屋等出銭注進状案」、年未詳「某酒屋出銭注進状案」に「何坊下」の形式で名前があがる山徒を、またBは同形式の表記が他の史料に見える山徒を示す(数字は『八瀬童子会文書』の文書番号)。
2：●は年行事の役にあったことを示す。また「一頭」名が推定可能な場合は？で示した。
3：永享元年の年行事は201号による。
4：永享8年から享徳2年にいたる間は、「小五月会具足・太刀・々注文」(246号)に依拠した。
5：文正元年・応仁元年・文明2年・同3年・同10年の四年分は「左方馬上合力年行事記録」(257・282号)をもって考証した。
6：＊は後述する外御供の差定担当者を示す。

応永元年九月、足利義満の日吉社参詣に先立ち、その歓迎準備のため延暦寺大衆が「屏風」役を「在京衆」「坂本土倉三十九箇所」に賦課することがあったが、この出来事を『日吉社室町殿御社参記』は次のように伝える。(41)

一、在京衆分屏風懸之事 但辻本房児用意之間、屏風被免之、

辻本房、宝蔵房(院カ)、宝聚房、正行房、善蔵房

已上五人、各三双宛

行願房、行実房、成就院、善法房、正蔵房正実房分、禅住房、福生院

已上七人、各二双宛　御講料

坂本土倉卅九箇所、各一双宛、諸彼岸所荘厳料

「屏風」役を賦課された「在京衆」として名前のあがる山徒の中には、表3に見える⑱宝蔵院、⑨宝聚坊、③善蔵坊、⑤正蔵坊、①正実坊、⑦禅住坊の五人が含まれている。「在京衆」がすべてそうであったとは断言はできないものの、正実坊・禅住坊の名前がこの中に含まれていることからすれば、彼らの大半はやはり土倉であったと考えるのが妥当であろう。

さらに、この時「屏風」役を負担した山徒の一人行実坊は、のちに⑯光林坊に「借物由緒」をもって「日吉馬上一衆一頭」を譲与した山徒である。後述するように、「譲得」後、光林坊はその「一頭」をいったん②小林坊に「預置」き、のち寛正六年（一四六五）になって初めてこれを管領している。この場合、「一頭」は行実坊・小林坊・光林坊と三人もの山徒の手を経ていたわけであるが、「屏風」役を負担した行実坊が土倉であったとすれば、あとの二人すなわち小林坊・光林坊もやはり土倉だった可能性が高い。(42)

表3にあがる馬上方一衆の二十人の構成員のうちほぼ半数が程度の差こそあれ土倉であった確証があることに

なる。これらの点から、いまだ検討の余地は残されているとはいえ、ここでは馬上方一衆とは基本的に山徒の土倉を構成員とした組織であったと一応、結論づけておきたい。

(2)「一頭」の交代

それでは、そのような山徒の土倉によって構成されていた馬上方一衆とは、具体的にどのような機関だったのであろうか。

先の表3を見て、まず一番に気がつくことは、馬上方一衆の構成員が必ずしも一定していないという点である。もちろん①正実坊、④定泉坊、⑤正蔵坊、⑦禅住坊、⑬定光坊、⑭龍泉坊のように永享年間から文明年間まで一貫して「一頭」であり続けた山徒もいるにはいる。しかし、その一方で途中で姿を消した山徒もいれば、新たに登場して来た山徒も少なくない。それらを整理・分類すると、おおよそ次のようになろう。

1　途中で姿を消す山徒

①(永享)~文安　善蔵坊・聚福院・善宝坊・西蔵坊
②(永享)~宝徳　栄蔵坊・賢光坊
③(永享)~文正・応仁　小林坊・宝聚坊
④(享徳)~応仁　長寿坊

2　途中から登場する山徒

①文安~(文明)　安養坊
②享徳~(文明)　宝蔵院
③文正・応仁~(文明)　光林坊・明林坊・玉泉坊

史料が編年で完全に残っているわけでもなく、あくまでも一つの目安にすぎないが、それにしても「一頭」が不変でなかったことだけは確かであろう。

では、「一頭」がこのように時として交代していたとすれば、それはどのような手続きをもって行なわれていたのであろうか。この点を比較的よく伝えてくれるのが、先に触れた行実坊から小林坊・光林坊への交代である。次に引用したのは、その出来事に関わって残された『親元日記』寛正六年（一四六五）四月二十六・二十七日条の記載である。[43]

（二十六日条）

御被官山徒光林定衛、就借物由緒、自行実坊譲得日吉馬上一衆一頭事、此間一旦預置小林坊、令執心及違乱之間、旧冬被糺明之、依無支証出帯之、任譲状、於当所被成安堵御奉書畢、然臨差定時、以飯左太（飯尾之種）掠給奉書雖相支、定衛出仕畢、依申明此子細、安堵之奉書之旨、無相違重被成奉書斎四右、雖然、飯左太加判難渋之間、整直也、松丹州（松田秀興）被加判畢、依急事如此、定衛今日頂戴此奉書畢、

（二十七日条）

光林被成御奉書為御礼、御樽進之、

行実坊がいつ「一頭」を手放したかは定かではないが、先の表3によれば、永享八年（一四三六）の時点では小林坊が「一頭」となっているから、それ以前のことであろう。それ以後は小林坊が文正元年（一四六六）まで「一頭」であったことは、表3に見える通りである。ただ、『親元日記』の記事によれば、光林坊は「旧冬」（寛正五年の冬）に小林坊の違乱を訴え安堵の奉書を得たことになっており、とすれば、小林坊の「一頭」在任は寛正五年（一四六四）までとなり、文正元年（一四六六）まで在任したとする表3の結果との間に齟齬が生じる。この間の事情を合理的に説明するだけの材料をいま持たないが、表3では光林坊が文正元年に「一頭」となって以降その地位を保持し続けているのに対して、小林坊は同年を最後として姿を消しており、ここではこの時期を

境として両者が「一頭」を交代したことだけはまちがいない。[44]

事実経過にやや不明の点はあるものの、この「一頭」をめぐる一連の出来事は、「一頭」が「職」と同様、一種の得分化した権利となっていたことを物語っている。「一頭」はそれ自体一つの利権として、瀬田氏の言葉を借りれば、「現実的な利益を伴う職権」として定着していたと考えてよい。[45]では、「一頭」の集合体としての馬上方一衆は具体的にどのような組織をもった機関だったのであろうか。

(3)「一頭」下の在所

「左方馬上合力年行事記録」によれば、馬上方一衆としての決定はすべて「寄合」「衆儀[議]」をもって行なうことが原則となっていた。[46]この点は他の大衆組織と同様である。また、役職としては、毎年「一頭」が交代で勤めた「年行事」なる職が唯一確認できるが、持ち回りのこのような職もこの組織が合議制を基本として運営されていたことを物語っている。その年行事は毎年二月を交代時期としており、役務の引き継ぎに当たっては、「櫃」に収められた衆中の文書の校合、引き渡しが行なわれている。[47]年々の年行事に関しては、表3に判明する範囲で表記しておいた。[48]

「一頭」が交代で勤めた年行事の下には雑務に携わる雑掌（年行事代）がおかれている。のちに触れる祇園社の馬上料足送状の署名などからすると、雑掌がおかれたのは長禄頃（一四五七〜六〇）からと推定され、具体的には史料上に福泉坊・浄有等の名が登場する。

馬上方一衆のもっとも重要な任務はいうまでもなく合力神人からの馬上役の徴収とその方執行以下への納付にあった。合力神人からの徴収は「一頭」単位で実施されており、「一頭」配下の合力神人については、「正実坊下」といった具合に表記された。土倉・酒屋・風呂屋・味噌屋からなる合力神人は原則としてすべていずれかの「一頭」の下に組み込まれていたが、[49]各「一頭」への合力神人の配分は、馬上方一衆が組織としてこれを行なうこととなっており、たとえば「左方馬上合力年行事記録」には、次のような記事が見える。

（文正元年四月六日条）

一、各下々在所出入検知、沙汰《下計》□

（同年六月十日条）

一、合力馳在所等、或致検知、或以□被伝識之、為其談合也、

例によって欠損箇所が多く意味のわからない部分も多いが、少なくとも「一頭」の「各下々在所出入」および「合力馳在所等」の「検知」に馬上方一衆が組織としてあたっていたことだけは読みとれよう(50)。

このように見てくると、「一頭」の寄り集まりとしての馬上方一衆は、一見、きわめて強固な団結を誇った組織であったように見える。しかし、現実には決してそうではなかったことは、のちに触れるように康正二年（一四五六）から長禄三年（一四五九）にかけて、一部の山徒が馬上役の請負を独占し、その結果、組織が崩壊の危機に瀕していることからもあきらかである。そして、そのような内部矛盾をも内包した馬上方一衆の本当の姿を知るためには、この組織を背後にあって支えていた社会的・政治的な環境をあきらかにする必要があると考えられる。

むすび

本章では、もともと日吉社の生源寺・樹下両社家によって「司祭」「舗設」されてきた延暦寺大衆の祭礼としての日吉社の小五月会が、南北朝時代末の復興後、その姿を大きく変え、山徒が外御供・方人・外護などの名目で、これに深く関わるようになっていたことを検証してきた。また、祭礼の費用に関しても、徴収機関として山徒の土倉を成員とした馬上方一衆がその徴収にあたるという体制が確立し、かつての社家の権限が実質的に大き

く後退するにいたっていたことを不十分ながら論証できたものと考える。

南北朝時代末に復活した小五月会においては、山徒が「司祭」「舗設」いずれの面においても社家をしのぐことになっていたわけで、この点において、復興後の同会はそれ以前のそれとは似て非なるものになっていたといわなければならない。

そして、なによりも重要なのは、これらの小五月会における変化が自然発生的なものではなく、きわめて用意周到な政治的意図をもってもたらされていたという点である。次に章を改めてこの点について考察していくこととしよう。

(1)『百錬抄』保延四年（一一三八）四月二十九日条に「天台大衆為先神輿参陣、訴申賀茂社領下司、日吉社五月五日馬上事、蒙裁許帰山」と見えるのが、小五月会に関するもっとも古い記述となる。なお、小五月会の起源について、江戸時代の『日吉山王権現知新記』は次のように記し、弘仁十年に始まるという説のあったことを伝える。
一、小五月会始行事
日吉年中行事云、小五月会始行第五十二代嵯峨帝弘仁十年五月上旬行幸、和産和穢《ワサワニ》塚之前神幸、文今案、小五月会始行、弘仁十年幷行幸事、是亦有疑也、可訂之、考座主記、八十代高倉院安元三年七月五日、作小五月会、文雖然不見此時始行、従此已前不記小五月会、最可疑之、
(2) 瀬田勝哉「中世の祇園御霊会――大政所御旅所と馬上役制――」（『洛中洛外の群像――失われた中世京都へ――』、平凡社、一九九四年）。
(3)『大乗院寺社雑事記』文明十八年二月十一日条。
(4)『八瀬童子会文書』（京都市歴史資料館、二〇〇〇年）。八瀬童子会が所蔵する中世文書のうち、八瀬童子宛の綸旨等を除いて、そのほとんどは日吉社の小五月会馬上役に関する文書によって占められている。これらは内容から見て、八瀬童子とは直接関係なく、ある時期になんらかの事情で、同文書の中に後から混入した可能性が高い。あるいはもともと京都に本拠をおいていた馬上方一衆保管の文書が、戦乱を避けるなどの目的で八瀬に移され、それ

がそのままかの地に残ったものかもしれない。いずれにしても、これまで全く知られなかった小五月会馬上方一衆に関する文書群だけに、その史料的価値はきわめて高い。

(5)『中世祭祀組織の研究』(吉川弘文館、一九六二年)。および前掲注(2)瀬田論文。

(6)『華頂要略』一二二。

(7)前掲注(1)参照。

(8)『壬生家文書』および『玉燭宝典裏書』。

(9)「生源寺家系図」「樹下家系図」(『官幣大社日吉神社大年表』、官幣大社日吉神社々務所、一九四二年)。

(10)「生源寺家系図」では「友直」を生源寺家の家祖希遠から数えて七代目、輔友の子とする。

(11)『八瀬童子会文書』二五七号。

(12)生源寺家では、諱に「行」「友」のいずれか一字をつけるのを通例としており、また、行保・行里の両人ともに後述の永享六年十二月五日付「生源寺有憲他連署請文」に連署が見えるところから、同家の出身であったことは間違いない。なお「生源寺家系図」に、行保・行里の名前を見出すことはできなかった。

(13)ここにいう「闕官」とは、方執行の職を解くことであろう。方執行の補任権が座主の保持するところとなっていたことを裏付ける出来事といえる。

(14)同じ「本馬上屋」の「四目上」を応仁元年の小五月会では「本馬上屋注連上」(五月八日条)と記載する。「本馬上屋」の「四目(注連)上」は「公後見」以下の宮仕の役務となっていた。長禄三年(一四五九)五月三日付「公後見・日吉七社宮仕等連署請文」(『八瀬童子会文書』二五五号)には、「本馬上四目上事、宮仕中御下行候ハヽ、あけ可申候、たとい《(へ脱カ)》よの方にとかく違乱申され候共、今日中ニ御四目ハあけ申へく候」とあり、年未詳「小五月会左方馬上合力功程銭算用状断簡」(三三五号)にも「四目上ノ日、宮仕仁下行之」の項目があげられている。また、時代はさかのぼるが、『日吉社幷叡山行幸記』は元亨四年(一三二四)の小五月会について「小五月会は宮仕法師が下行物の相論によりて、五日は延て六日ぞをこなわれける、私の論によりて式日を延るこそ聊爾なれ」と記す。「宮仕法師」が古くより小五月会の神事に関わって「下行物」を得ていたことが知られよう。ちなみに「注連」に関しては、江戸時代、日吉祭で神輿を迎えるに先立ち、王子宮・同拝殿、唐崎の鳥居跡、さらには大政所に「注連」を「曳」いている(『日吉山王祭礼新記』)。

(15)『八瀬童子会文書』三〇八号。〔A〕にみえる実暹以下五名については、これ以外に身元をうかがわせるような史料は一切ないが、書状の内容からすれば、馬上方一衆であったと判定してまず間違いない。
(16)『八瀬童子会文書』二四四号。
(17)前掲注(3)参照。
(18)前掲注(2)瀬田論文参照。
(19)『続群書類従』四八所収。
(20)樹下僧については、山本ひろ子「中世日吉社の十禅師信仰と担い手集団――叡山・霊童・巫覡の三層構造をめぐって――」(『寺小屋語学文化研究所論叢』三、一九八四年)参照。
(21)「(護正院代)実乗坊紹慶契約状案」(『八瀬童子会文書』三四八号)。その他、同文書の三四二～三四六号参照。
(22)年未詳「小五月会左方馬上合力功程銭算用状断簡」(『八瀬童子会文書』三三五号)には、百貫文の下行先として「四目上ノ日、宮仕仁下行之、同差定榊本訪、此内ニテ当日宮仕以下諸下行在之」とあり、「榊本訪」が「四目上」の費用とともに宮仕に下行されていたことが知られる。彼ら宮仕はこれら「小五月会下行物」を「社恩」として受け取っていたといい、文明年中、小五月会が延引したときには、西塔・横川の執行代・別当代をして「縦於小五月祭礼者雖令延引、既為社恩上者、可有抑留子細何事歟」(二八九号)といわしめている。なお、小五月会における宮仕の代表役を「公後見」という(三三四号)。
(23)『日葡辞書』は「方人(カタゥド)」を「ある人の側に味方すること。または、その人のために尽力すること」と解説する。
(24)『言国卿記』文明六年十二月十四日条。
(25)『八瀬童子会文書』二八二・三〇四号。
(26)『八瀬童子会文書』三〇二号。史料集は連署者の一人を「重念」と読むが、「重全」の誤読。「重全書状」(三二九号)の署判と三〇二号の「重全」の署判は一致する。
(27)山門使節については、本書第一篇第一章参照。
(28)『八瀬童子会文書』三三六号。
(29)同右三三八号。

(30)『八瀬童子会文書』二八二号。

(31)円明坊については、本書第一篇第一章参照。

(32)『日本国語大辞典』(小学館)。

(33)『日吉山王祭礼新記』は、日吉祭における「四節」の役割について次のように記す。

今日卯神事、是二宮祭礼也、(中略)今日申刻、四節警固大宮方幷政所方各三十人計、皆帯甲冑而渡両所神輿前、則退下、其次第、先立着素絹、被五條袈裟帯太刀、是則山徒之内、護正院・相生坊・金輪院・南岸院、四節之内二人宛、各番毎年勤仕之、

なお、ここにいう「南岸院」とは中世に活躍した山徒の一つ南岸坊の後身を指すものと推定される。南岸坊については本書第一篇第二章参照。

(34)前掲注(33)参照。

(35)前掲注(2)参照。

(36)『八瀬童子会文書』二四六号。小五月会の行粧については、永正十七年（一五二〇）二宮の宮仕が書き止めたという『日吉小五月会次第』(『神道体系』神社編二九「日吉」所収)なる記録が唯一その有り様を伝えて貴重であるが、それによれば、一番の「競馬廿一騎」にはじまるその行粧の六番には、「ひをとしのよろひ」を着し「こかねつくりの太刀をはき、白柄の長刀を右にかこ」んだ「児ほんにん廿一人」が出ることになっていたという。また、七番には、「中座之衆」が「常の祭礼のごとく具足を着し次第に参詣」したという。これら祭礼に用いられる具足・太刀等を馬上方一衆が負担するにあたって作成した記録が「小五月会具足・太刀・々注文」であろう。

(37)『八瀬童子会文書』二五七・二八二号。

(38)『八瀬童子会文書』二三八号。この断簡には、前後に繋がる次のような三紙が残る（史料集には未収)。

(第一紙)

(端裏書)

「馬上方大嘗会懸引方案」

就大嘗会御要脚後年外御供〔後々年分内□〕　□

百参拾貫文臨時懸納分事

(第三紙)

(一、安養坊下　入止二ケ所)

酒　二　弐貫四百　二条室町

味　一　六百文　四条富少路(ママ)

已上参貫

合　文正元年十二月八日

（二）□禅住房下

酒　廿六　卅一貫二百

味　二　一貫五百

已上

一、長寿坊下

酒　六　七貫弐百文

入止一　法性寺三橋

（二）□定光坊下

酒　十二（又二ヶ所納）　十四貫四百文（二貫四百）

此ハ無正躰在所二ヶ所

（最末紙カ）

一、年行事下

酒　七　八貫四百文

六　〃〃〃〃　七貫二百

又禅ノ引方時ヨリ廿三貫九百七十文

福納百廿八貫

禅下卅二貫七百

龍下四貫八百

正下八貫四百

宝下二貫卅

一、正実坊下

酒廿四（又新一）　弐十八貫八百文（一貫弐百）　一条今出河東北頬

味　二　一貫五百（十分一）

弁参拾貫五百文

酒入止在所

冷泉油少（ママ）路北西頬

六条東洞院北西

春日油少路南東　在所無之

近衛堀河西北

姉少（ママ）路油少路南東

法性寺堂前

以上六ケ所

一、光林坊下

酒　三　本坊分未納

此内二ケ所分納之　弐貫四百文

一、春日高倉南西頬　酒　一　一貫二百□

会所□

□（定蔵坊下）

(39)『八瀬童子会文書』二〇五・二三八〜二四一号。これらの算用状のなかには継目裏花押、筆跡ならびに記載内容から、もともとは一連のものであったと判定されるものもある。

(40)『八瀬童子会文書』二五一号。

(41)『続群書類従』五四所収。

(42)この他、嘉吉元年（一四四一）九月のいわゆる嘉吉の土一揆で、土一揆の攻撃対象となっている出雲路辺りの「龍禅坊土蔵」とは（『建内記』同月十日条）、あるいは⑭龍泉坊のことかもしれない。

(43)　前掲注(2)瀬田論文。
(44)　小林坊が「馬上方一頭事」について、年行事に宛てた寛正四年七月十七日付の書状が残っているが（『八瀬童子会文書』二五六号）、欠損が多く詳しい内容が今一つよくわからない。ただ、これによって当時の坊主が範運というものであったことが判明する。
(45)　前掲注(2)瀬田論文。
(46)　「衆中」「寄合」の事例は枚挙にいとまがない。たとえば、「衆中」に関しては、「御衆中請文」（文正元年四月二十九日条）「自山上衆中江事書在之」（同年五月四日条）「衆中文書」（応仁元年五月四日条）のように使われている。また「寄合」は「十七日　御寄合」（応仁元年三月）のように記されるのが普通で、小五月会の前後には、頻繁に「寄合」がもたれている。「寄合」は「衆儀一同」（応仁元年四月十四日条）を原則としていた点や、「衆免」（同日条）と称する「衆中」からの放逐を行なっていた点も、他の大衆組織と全く同じである。
(47)　「年行事渡」と呼ばれた年行事の交代は、文正元年・応仁元年ともに三月十七日に実施されている。そこでは新旧年行事の立会の下で「文書箱」の「封」を解き「衆中支証」の校合の上、新たな「封」をつけるという作業が行なわれている（文正元年三月十七日・応仁元年三月十七日）。
(48)　二冊の「左方馬上合力年行事記録」にその名が頻出するにも関わらず、「一頭」と認定せず、表3に載せなかった山徒が二人いる。頓学坊と福泉坊である。理由は、二人がともに「小五月会具足・太刀・々注文」など他の「一頭」関係の史料に全く見えず、頓学坊については同記録の文正元年三月十七日条に「禅住房者為代官頓□□(学坊)　被出畢」とあって禅住坊の代官であったと推定されること、また福泉坊に関しては、次章で見るように「年行事代」としての徴証があることによる。
(49)　前掲注(37・38)史料参照。
(50)　「合力馳在所」とは小五月会の費用を合力するために、馬上方一衆のもとに馳せ参じた在所、すなわち合力神人の在所を指すものと考えられる。応仁元年三月二十八日条には「去年被駈入在所」といった用例が見えるほか、同年五月の六・八・十日条にも「合力馳差定」「合力馳在所」等の言葉が見える。

第三章　延暦寺大衆と日吉小五月会(その二)

――室町幕府の対大衆政策――

はじめに

前章では、再興後の日吉社小五月会の「司祭」「舗設」が、前代とは大きく異なり、社家のみならず山徒によっても担われるようになったこと、またそれに対応して馬上方一衆が請負う馬上役も多種の諸役を含むものになっていたことをあきらかにしたが、本章ではそのような複雑な内容をもった馬上役が現実にはどのように差定・徴収されていたか、またそれらがかつての方執行による馬上役の差符・徴収とどのような関係にあったか、をより具体的な事例をもとに検証していくこととしたい。

また、馬上方一衆の活動をその背後にあって支えていた諸勢力にまで視野を広げて、彼らにとって馬上方一衆がいかなる役割を果たしたかをも合わせ考察していきたい。史料としては前章と同様、主として『八瀬童子会文書』を用いる。

一　馬上方一衆と馬上役

(1)馬上方一衆による馬上役徴収

神役として馬上方一衆が請け負っていた馬上役が、複数の神役の集合体であったことは、前章第二節で見た通りである。では、馬上方一衆はそれら複数の神役をどのような形で徴収していたのであろうか。

瀬田勝哉氏によれば、馬上方一衆は日吉神人の土倉・酒屋からこれを徴収していたという。「馬上合力神人」という呼称そのものが、そのような組織のあり方をよく表わしており、基本的には瀬田氏の指摘通りであろう(1)。とはいえ、馬上方一衆がただたんに神人から銭を徴収しこれを小五月会に納めるという単純な組織体でなかったことは、この組織自体が神役の差定に深く関与していたという事実がなによりもよくそのことを示している。神役を集め納めるだけの組織であれば、差定にまで関わる必要など全くなかったと考えられるからである

文正元年と応仁元年の差定については、幸いなことに「左方馬上合力年行事記録」によって、その実態をある程度知ることができる。それによれば馬上方一衆が差定に関与していた神役は少なくとも三つあった。「本馬上榊本」「内御供榊本」それに「外御供榊本」の三つである。それらの差定に関わる二年分の記事を次に引用する(2)。

〔A〕文正元年

(六月八日条)

一、本馬上榊本中御門烏丸南東頬酒□(屋カ)定光房下、衆中宿者　霊光院□　如先々粽已下にて酒肴在之、

(六月九日条)

一、外御供榊本四条万里小路西北頬□　定泉房下図書所被駈入畢、年行事・雑掌・扶持人安養房・明林房計近所宿まて被出丁、其□(余)　長寿房・頓学房・龍泉房・定光房者、於会所被相待左右畢、其已後悉以帰宅之、

（六月十二日条）
一、内御供榊本祖父匣筥北頬、正蔵房下、年行事也遁□駈入

〔B〕応仁元年
（五月四日条）
一、本馬上榊本鷹司烏丸南西頬〔酒屋〕□　衆中宿者同室町西北頬□　粽巳下にて酒在之、
（五月六日条）
一、外御供榊本五条室町南西頬酒□(屋カ)正蔵房下、依巡役也、合力馳□　入畢、次在所寄方相違子細□
（五月七日条）
一、外御供榊本五条室町南□　在所、就検知被入配符、被加□　依所望正蔵房外御供在所被差定□
（五月八日条）
一、内御供榊本建仁寺大路西頬□　合力馳差定、其子細自方□(執行カ)播磨守以状、雑掌方江□
（五月十日条）
一、内御供榊本先年六□　屋江合力馳在所差定□　入之由、方執行就申、先規次□　舞、御局御宅によりて□　功程於五十五貫文者、可□　仰出之、於榊本□

「榊本」とはいうまでもなく差定の対象となり、榊を挿された「在所」を指す。(3) 三つの神役の内、「本馬上役」とは方執行の取り分を含んだ「司祭」の中核をなす神役のことで、本来の馬上役という意味から「本馬上役」と呼ばれていたものである。一方、「内御供榊本」「外御供榊本」とは、内御供・外御供の料足徴収のために差定された「在所」のことで、この二つの御供については、本馬上役とは別個に差定が実施されていたことがここに確認できる。ただ、看過できないのは、差定とはいいながら、いずれの榊本もが「定光房下」「定泉房下」「正蔵房

表1　外御供の差定在所帳に見える山徒

番数	山徒名	差定の年	番数	山徒名	差定の年	番数	山徒名	差定の年
2	西蔵坊	永享5年	12	龍泉坊	嘉吉3年	22	龍泉坊	享徳2年
3	賢光坊	永享6年	13	賢光坊	文安元年	23	宝蔵院	享徳3年
4	定泉坊	永享7年	14	定泉坊	文安2年	24	定泉坊	康正元年
5	禅住坊	永享8年	15	禅住坊	文安3年	25	禅住坊	寛正2年
6	栄蔵坊	永享9年	16	栄蔵坊	文安4年	26	長寿坊	(不明)
7	宝聚坊	永享10年	17	宝聚坊	文安5年	27	宝聚坊	文正元年
8	正蔵坊	永享11年	18	正蔵坊	宝徳元年	28	正蔵坊	応仁元年
9	小林坊	永享12年	19	小林坊	宝徳2年	29	光林坊	応仁2年
10	定光坊	嘉吉元年	20	定光坊	宝徳3年			
11	善蔵坊	嘉吉2年	21	(欠)	享徳元年			

注1：巻頭には、永享4年分として「一番聚福院下」の名があがるが、一巡した時点で、善蔵坊となっているので、ここでは翌年の永享5年の「二番西蔵坊下」から表示した。

2：康正2年以降、寛正元年にいたる五年間の空白は、後述するように、この時期、「馬上合力奉行職」が馬上方一衆の手を離れたことによると推定される。寛正3年以降の中断に関しては、史料を欠くため理由は特定できない。

下」といった、いわゆる「一頭」の所属下にあった「在所」によって占められているという事実である。すなわち、これらの差定はすべて馬上方一衆の統率下にあった在所を対象として実施されていたわけであり、この点において本来、不特定の有徳者を対象として実施されていた馬上役差定とは、似て非なるものであったといわざるをえない。では、馬上方一衆が関与して実施されていた室町時代以降の差定と、それ以前の南北朝時代の差定とは、具体的にどこがどう違っていたのであろうか。

(2)「外御供差定在所帳」

『八瀬童子会文書』のなかに「外御供差定在所帳」という表題を持った一冊の記録が残る。(4)この記録はその名の通り、永享四年から応仁二年までの外御供を差定した「在所」を書き上げた記録であるが、そこには「在所」の場所・職種とともに、それが所属していた「一頭」名が記されている。その「一頭」名を年次をおって整理したのが表1である。

これにより外御供が十年を一巡として特定の「一頭」下の「在所」に差定されていたことが明確に読みとれよう。

11番の嘉吉二年（一四四二）の箇所には「是マテ一巡也」という注記が施されている。また、文正元年の差定を記録した「左方馬上合力年行事記録」の記事は、この「外御供差定在所帳」の記載内容を裏付けるものとなっており、この帳面通りに差定が実施されていたことはまちがいはない。差定とはいいながら、現実には馬上方一衆のなかであらかじめ決められた順番通りにそれは実施されていたのである。

　このような馬上方一衆による外御供差定の巡役化を可能とした最大の要因は、「一頭」の強固な「在所」支配であったと考えられる。このことをよく示してくれるのが、次に引用する幕府の奉行人（山門奉行）宛の「馬上方一衆連署書状」である。[5]

就日吉外御供事、護正院隆全去年四月廿一日、掠給御奉書、催促地下之土倉・酒屋之間、背先□（例）之由、以目安就歎申之、厳密被仰付、於彼催促者、則時停止畢、然上者、至掠給奉書者、被召返之、弥可企合力之神用之由、被成下御奉書者、忝可畏存者也、恐々謹言、

四月八日

年行事　康尊（花押）
（安養坊）春憲（花押）
承範（花押）
璝運（花押）
（寛盛坊）浄厳　登山
継有（花押）
隆宗（花押）
（禅住坊）承操（花押）

（隆善坊）宗守　住山
（小林坊）範運□　住山
千代寿丸《正実》
飯尾左衛門大夫殿（之種）

内容は一読すればわかる通り、馬上方一衆を介することなく外御供を「地下之土倉・酒屋」から徴収した護正院（隆全）の行為を非難し、これを全面的に止めることを求めたものである。年紀はないが内容からして、寛正二年（一四六一）のものと推定されるが、(6) ここで馬上方一衆が訴えているのはただ一つ、自分たちの保有する「地下之土倉・酒屋」への「催促」権の侵犯であった。彼らはたとえ護正院であっても一衆を通すことなく「地下之土倉・酒屋」に「催促」を加えることは違法である、と訴えていたのである。

護正院が「日吉小五月会左方馬上外御供差符職」として外御供の差定に関わる権利を保持していたことは、すでに述べた。護正院がこれをもって自らの手で外御供を徴収できると考えたとしてもなんら不思議ではない。しかし現実には、その前に馬上方一衆の「地下之土倉・酒屋」に対する「催促」権（徴収権）が立ちはだかっていたことをこの書状はよく物語っている。そして、このような「在所」に対する一元的支配こそが、馬上方一衆をして外御供差定の回り持ちを可能にしていた最大の要因であったと考えられるのである。

また、この史料から読みとらなければならない今一つの重要な要点は、かの時点で「差定」が、護正院の「差符職」と馬上方一衆の「催促」権の二つが相俟って初めて完結する行為になっていたという点である。換言すれば、「差定」は「榊本」を定める「差符」と、これを受けて神役を徴収する「催促」の二つの部分からなり、外御供の場合はこの二つをそれぞれ護正院と馬上方一衆が分担する体制が出来上がっていたということになる。

そして、室町時代には、このような「差符」と「催促」の分割がなにも外御供に限られた現象ではなかったことは、先に見た文正元年の本馬上役の差定の経過がこれをよく指し示している。そこでは「差符職」を保持する方執行の参加を欠くという異常事態のなか、馬上方一衆だけで差定を実行するにあたり、幕府はわざわざ「先可達其節之由」なる文面の奉書を発しているのである。この奉書が方執行の不参加という、差定の不備を補う目的で発せられたものであったことは改めていうまでもあるまい。ちなみに外御供の差定が永享五年以来、「一頭」の回り持ちになっているのは、馬上方一衆が外御供の「差符職」を護正院から請け負っていたからであり、先に引用した馬上方一衆の連署書状が記すような事態は、そのような馬上方一衆への外御供「差符職」請負がなんらかの理由で中断した結果もたらされたものに他ならなかった。

以上、かつて方執行と社家によって一括して実施されていた馬上役の差定なる行為が、馬上方一衆の登場以後、差符（権）と徴収（権）の二つに分割され、その一方が馬上方一衆の管轄下に入るにいたっていたこと、およびそれに基づく馬上役の徴収にあたっては馬上方一衆の「一頭」がこれを巡役で勤めるという新たな方法が採用されていたこと、この二点が改めて検証できたものと考える。そして、これらの点から、馬上方一衆の合力神人に対する強力な支配を根底で支えていたのは、差定権の一部としての馬上役徴収権であったということができる。

では、誰が馬上方一衆にこれほどまでの権限を付与し、一方これに対し従来からの「差符職」保持者（方執行・社家）はどのような対応を示していたのであろうか。前者の問いについては、次節に譲ることとし、ここではまず後者の問いについて考えていくこととしよう。

⑶方執行の「差符職」

方執行・内御供・外御供の三つの「差符職」のうち、もっともよくその間の経過がわかるのは、方執行の「差符職」の場合である。南禅寺の真乗院に伝来した『真乗院文書』のなかに享徳二年（一四五三）四月二十四日付の次のような「室町幕府奉行人連署奉書」が残る。(7)

日吉馬上役差定事、於正実下者、重有御免之上者、速可被差替彼在所候、若猶令難渋者、可有異沙汰之由候

也、仍執達如件、

享徳弐

四月廿四日　　　　　　　　　　　　(布施)貞基（花押）

　　　　　　　　　　　　　　　　　(飯尾)永祥（花押）

当社方執行

いうところはあきらかであろう。馬上方一衆の一人であった正実坊「下」の「在所」には差定しないよう、方執行に命じたものである。

馬上方一衆のもっとも有力な「一頭」の一人であった正実坊配下の「在所」への本馬上役の差定を禁じたこの奉書は、方執行の「差符職」がこの時期においても馬上役差定に一定の実質的な役割を果たしていたことを明示している。

もちろん宛所には「当社方執行」とのみあるだけで左右の別が明記されておらず、したがって、これをもって、左方方執行が京都で独自に差定を実行していたとはにわかには判定し難いが、ただ、幕府が榊の「差替」を方執行に命じていたという厳然たる事実は、この時期にいたってもなお、方執行が榊を挿す主体であったことを明確に物語っている。つまり、本馬上役の差定現場において、榊を挿すという行為は、依然として「差符職」を保持する方執行の専任事項となっていたわけであり、「在所」への「催促」権しか持たない馬上方一衆がこれに容喙する余地は全くなかったと見なければならない。本馬上役の差定が室町時代においても「差符」抜きに、言葉を替えていえば方執行抜きに完結しなかったことをここに改めて確認できる。

次に前代に差定に直接関わっていたと考えられる社家についてであるが、これについては、やはり『真乗院文書』の中に残る次のような生源寺家の人々の連署する一通の請文が示唆に富む。

〔A〕就　日吉社小五月会左方馬上役方執行京都雑掌職事、侍従円暹代々有沙汰之上者、彼至子々孫々不可有異変
之儀者也、次馬上差定在所免状事、無口入於在所者、自何方雖申之、不可出之者也、如此契約申之上者、自
他不可有等閑之儀者也、仍連署之状、如件、

永享六年甲寅十二月五日

臈次不同
方執行　友憲（花押）
太宰大弐　行富（花押）
美濃守　行保（花押）
近江守　行隆（花押）
伊与守　行元（花押）
越中守　行秀（花押）
備中守　行宣（花押）
参河守　行躬（花押）
尾張守　行弘（花押）
修理亮　行恒（花押）
左馬助　行里（花押）
讃岐守　行兼（花押）
肥前守　行右（花押）
駿河守　友貫（花押）

内容は説明するまでもなく、「左方馬上役方執行」の「京都雑掌職」を「侍従円暹」なる者に安堵すること、

および「馬上差定在所免状」を「無口入於在所」には出さないことを、方執行友憲以下の生源寺家の十四人が互いに誓ったものである。方執行が社家の生源寺家を代表する職と認識されていたことをこれほど明快に示す史料は他にない。また、室町時代、方執行の管領していた本馬上役の差定に関しては、社家が前代までと同様に一定の権利を保持していたことがこれによりわかる。

さらにこの請状でより重要な点は、生源寺家の人々がこの時点においても「差定地所免状」を発給する権限を保持していたことが判明する点である。これは馬上方一衆の百貫文の「方執行方料足」の徴収がやはり生源寺家の補任した「京都雑掌」をもってする差符抜きで不可能であったことを示している。ここでも外御供の場合と同様に「差定」における「差符」権と「徴収」権の明確な分離を検出できるわけであり、馬上方一衆が本来、差定のうちの馬上役の「徴収」に限ってのみその権限を行使した機関であったことはこの点からもまちがいない。

ちなみに内御供においても馬上方一衆登場以後は同様の「差定」形態がとられていたであろうことは、馬上方一衆の算用状に「本馬上榊本訪」「外御供榊本訪」とともに「内御供榊本訪」の項目が常に並びあげられていることからもあきらかである（前章表1参照）。では、神役の差定という行為をこのように巧みに二つに分割し、その権限の一方を馬上方一衆に与えるとともに、外御供・方人などの名目で有力山徒にまで莫大な銭貨が流れるという新たな馬上役制度を作り上げたのは一体、誰だったのであろうか。

先に触れたように、馬上方一衆の創出に大衆が深く関わっていたことからすれば、当然、まず彼らがその第一候補にあげられなければならないが、大衆が単独でこれだけの大変革を短期間で実行できたとは思えない。事実、彼らが政治的・軍事的に延暦寺大衆を主導していた南北朝時代、小五月会は長く中絶している。とすれば、彼ら大衆とは別に馬上方一衆を創出、小五月会を復興に導いた主体が考えられなければならない。

次にこの点について、改めて延暦寺大衆と小五月会の関係がいかなるものであったかを検証するなかで考察していくこととしたい。

二　延暦寺大衆と室町幕府

⑴大衆・山門使節・馬上方一衆

古く鎌倉・南北朝時代、延暦寺大衆が小五月会の主催者としてこの祭礼に臨んでいたことは、すでに見た通りである。室町時代以降、彼らが直接、小五月会の執行に関与したという事例は見い出せない。馬上方一衆制度の確立にともない、同会が毎年滞りなく執行されるにいたった結果と見てよかろう。それが証拠に、応仁の乱が勃発し馬上料足の収納が困難になるにともない、再び大衆が小五月会を積極的に主導していくという状況が現出している。

次に引用したのは、再三の要請にも拘わらず執行されない小五月会に業を煮やした西塔大衆が、応仁三年（文明元年＝一四六九）三月、山門使節に送りつけた「政所集会事書」である。(8)

応仁参年三月卅日西塔□

可早被相触使節中事

右一天之安泰者、依山王鎮護之威験(厳)、四海之静□　朗(ママ)神明利生之敬信矣、爰去年分小五月会之□、在坂本之酒屋功程銭依無取出、神事忽令□　由、馬上一衆中歎申之間、為全当時之神事不顧□(未来)際之非例、馬上之出銭可致其沙汰之由、依加下知□功程銭者乍懸取之、至小五月会者、于今無沙汰□条、一衆等之緩怠歟、使節中之如在歟、太以不可□　彼一衆中度々雖令催促、不遂其節之条□(言語同)断之次第也、所詮、来五日、必可執行之由加□　敗訖、使節中同被得其意、為方人之房中被□　事、無為之計略者、可為興隆之専一、猶以令遅引□　段達　上聞、可及厳密之衆議旨、雷同訖、

西塔大衆のいらだちをよく伝える事書であるが、その内容でまず第一に注目されるのは、応仁二年の小五月会の「功程銭」が馬上方一衆の訴えによって大衆の「下知」のもと「坂本之酒屋」に賦課されていたという事実である。「功程銭」の本来の賦課主体はあくまでも大衆であり、馬上方一衆はその下に動く徴収組織に過ぎなかったことをこれほど、明確に示す事実はなかろう。

第二に注目したいのは、この事書が山門使節に宛てて発せられているという点である。文中に「至小五月会者、于今無沙汰□条、一衆等之緩怠歟、使節中之如在歟」とあることからも、西塔大衆がこの時期、山門使節を馬上方一衆を指揮して小五月会を執行すべき主体と見なしていたことは間違いない。

つまりこの事書からは前代同様に小五月会を自分たちの祭礼と考える延暦寺大衆と、その下で祭礼を執り行なっていた山門使節と馬上方一衆という構図が明確に浮かび上がってくる。この三者の関係を今少し詳しく見ていくこととしよう。

まず、大衆と山門使節の関係であるが、『八瀬童子会文書』には、両者の関係をよく示す文書がこのほかに二点残る。

①文明二年六月　「横川別当代衆議下知状」（二八〇号）　「馬上一衆」宛

②文明十年六月六日　「延暦寺大講堂集会事書案」（二八六号）　「山門使節」宛

①は直接、山門使節に宛てたものではないが、文中に「近年小五月会延引、言語道断□　併一衆辺無沙汰候、所詮来廿五日、先一神事必可致執行候、此趣使節中江申送畢」とあり、これより先、横川大衆が山門使節に「先一神事必可致執行」旨を要求していたことがわかるものである。また②は「津田」なる者が八幡神人と称して馬上役を逃れようとしたのに対し、もしなお異議に及ぶようなことがあれば、「馬借・犬神人等」をもって住宅を破却せしむべき旨を大衆が山門使節に命じたものである。わずか二点であるが、先の事書と同様、小五月会に関

しては、大衆が山門使節に指令を下す立場にあったことが確認できよう。

次に山門使節と馬上方一衆の関係であるが、『八瀬童子会文書』には山門使節が馬上方一衆宛に発給した文書が五点残る。

① 文明二年　山門使節代連署折紙（二七九号）「左方馬上一衆」宛
②(文明二年)八月二十七日　山門使節代連署折紙（三〇一号）「左方馬上一衆」宛
③(文明二年)九月八日　山門使節代連署書状（三〇二号）「馬上年行事」宛
④(年 未 詳)四月二日　山門使節連署書状（二九七号）「馬上一衆」宛
⑤(年 未 詳)四月二十日　山門使節代連署書状（三三〇号）「馬上一衆」宛[9]

①は「方人房・外御供、其外諸下行」の延引を責めたもので、②③も「小五月会下行物事」「十官中之可被遣候要脚事」といずれも小五月会の下行料足の納付を催促したものである。④は「西塔院閉籠衆事書」を取り次いだもの、⑤は「閉衆」の「坂本中酒屋・土倉功程銭」に対する違乱を止めこれを徴収の上、神事を遂げるべきことを命じたものとなっている。つまり④を除く四点は広義の馬上役の納付を促す内容で、これらの文書内容からする限り、山門使節は小五月会においては、馬上方一衆を直接、指揮・監督する立場にあったと見なければならない。応仁の乱直後には、小五月会の馬上役は山門使節が管轄することになっていたと考えてよかろう。

思えば、応仁の乱より前においても、山門使節は方人・外護の名目で実質的に小五月会を主導する立場にあった。馬上役の徴収に関しては、馬上方一衆が一元的にその役を任されていたものの、祭礼の「舗設」については山門使節が基本的にこれに当たっていたのである。そのようななか、応仁の乱によって幕府が馬上方一衆に対する実質的な監督権を失った時点で、山門使節が小五月会執行の前面に押し出てきたのは、いわば当然のことであったともいえる。ただ、繰り返し指摘しておきたいのは、馬上方一衆を直接監督したのが幕府であれ、山門使節であれ、小五月会全体を統括していたのは、最終的には延暦寺大衆であったという点である。小五月会はこの点で間違いなく大衆の祭であったと定義してよい。

では、その大衆の祭としての小五月会を至徳年間に馬上方一衆を創設することによって、大きく改変したのは誰であろうか。それはこれまで述べてきたところから容易に想定できるように、室町幕府をおいて考えられない。とすれば、幕府はなにを目的として、大衆の祭としての小五月会にこれほどまでのてこ入れをしなければならなかったのであろうか。この点について次に考えていくこととしよう。

⑵公家政権の「京都の土倉」への課役

馬上方一衆という小五月会の運営の根幹に関わる制度を創出することによって、幕府が目指したものがなんであったのか。それを解く鍵は、幕府の対延暦寺大衆政策、それも彼ら大衆が最後までその課税に難色を示した「京都の土蔵」への課税政策にあったと考えられる。時代をさかのぼり公家政権の時代からの為政者による「京都の土蔵」に対する課税政策の変遷を見ていくことからはじめよう。

公家政権が「京都の土蔵」に対する課税を初めて試みたのは、『日吉社幷叡山行幸記』によれば、正和二年(一三一三)のことであった。朝廷ではこの年「大宮幷神輿造替の御沙汰」のうち「神殿の功程」を「京都の土蔵」に賦課するが、延暦寺大衆からの異議申し立てにより、結局は「山門気風の土蔵」に限ってはその課役を免除したという。[10]

同二年には新院御治世わたらせ給ひて、大宮幷神輿造替の御沙汰あり、神殿の料足は戸津升米、神輿の功程は京都の土蔵にかけられけり、山門子細を申ければ、山門気風の土蔵には、件課役を被除之由仰下されけれども、其御喜とて、一宇別七百五十疋の沙汰をいたしつゝ、終造畢して本社に奉送、朝議の委細なるも執申衆徒の沙汰もいさぎよき心地ぞせざりける、これは神殿もしんよも人民の愁をもてつくれるがゆへに、乗べ

き輿もなく住べき社もなしとたび〳〵神託ありしかども（後略）

よく知られているように、ここにいう「山門気風の土蔵」が免除の「御喜」として出したという「一宇別七百五十疋」という金額は、神輿造替がなった時に「土倉沙汰」の費用を書き上げた『公衡公記』にも、

神人沙汰二十一万疋一所別七百五十疋云々、一定庁納五百疋、

庁沙汰五万五千疋一所別千疋、

とあって間違いない。(11) ただ、この「一宇別七百五十疋」はあくまでも免除の「御喜」の名目で「神人」が自主的に上納したものであり、土倉役としてのものでは決してなかった点だけは改めて確認しておく必要があろう。また正和の日吉社の神輿造替を伝えるこの二点の史料で、従来看過されてきた重要な点が二つある。

その一つはこの「山門気風の土蔵」からの「一宇別七百五十疋」の徴収には、あきらかに特定の「衆徒」が介在していたという点である。そのことは『日吉社幷叡山行幸記』が「朝議の委細なるも執申衆徒の沙汰もいさぎよき心地ぞせざりける」と記していることがなによりもよく物語っている。またこの点に関わって『公衡公記』の記載で見逃せないのは、「神人沙汰」の「一所別七百五十疋」のうち「庁納」が「五百疋」となっている点である。「庁納」以外の二百五十疋は、どこに消えたのであろうか。明確な根拠があってのことではないが、『日吉社幷叡山行幸記』の記載と合わせ考えれば、それはやはり「執申衆徒」の手に渡っていたと考えるのが自然ではなかろうか。「執申衆徒」に統制される「山門気風の土蔵」という、のちの馬上方一衆に相通じる土倉支配の構図がこの二点の史料からおぼろげながら浮かび上がってくる。

二つめに指摘しておきたいのは、このときに「七百五十疋」を負担したあきらかに同じ主体を『日吉社幷叡山行幸記』が「山門気風の土蔵」とし、『公衡公記』が「神人」と表記しているという点である。これによって「山門気風の土蔵」とは原則として「(日吉) 神人」のことであったことが判明するからである。むろんこの「神

人」のなかには「坊」号を有した「山法師ノ土蔵」（『太平記』二四）も含まれていたものと考えられる。というよりもむしろここにいう「神人」とは、この時代、俗名を名乗る土倉の存在をほとんど確認できないことからすれば、大半が「山法師ノ土蔵」によって占められていたものとすら推定される。

そして、このような「（日吉）神人」「山法師ノ土蔵」が「京都の土蔵」の八十％以上を占めていたことは、先の『日吉社幷叡山行幸記』の記載からもあきらかであり、朝廷が彼らから税を徴収しようとすれば、まず説き伏せなければならなかったのは、間違いなくその背後に控える彼ら延暦寺大衆であったということになる。元亨四年（一三二四）三月、朝廷が日吉祭の「馬上料足」を「京都の土倉」に賦課しようとしたときも「山門なお庶幾せず、又神輿を上奉」、結局は失敗に終わったというのも[12]、このような「京都の土蔵」と延暦寺大衆の関係を考えれば、むしろ当然のことであった。

鎌倉時代末、朝廷が「京都の土蔵」に課税しようとしたとき、最大の難関となっていたのはほかならぬ「（日吉）神人」の土倉であり、その背後に控える延暦寺大衆だったのである。そして、このような状況は南北朝時代に入っても基本的に変わっていない。

⑶室町幕府の「山法師ノ土蔵」への課税

康永四年（一三四五）、延暦寺大衆が強訴に及ぼうとしたとき、幕府では次のような意見が出たという[13]。

所詮神輿入洛アラバ、兵ヲ相遣シテ可防、路次ニ振棄奉ラバ、京中ニアル山法師ノ土蔵ヲ点ジ、造替サセンニ何ノ痛カ可有、

南北朝時代初め、幕府が「山法師ノ土蔵」への日吉社の神輿造替費用賦課を検討していたことを伝えて貴重な史料であるが、これが実現したか否かに関しては定かではない。

幕府が京中の土倉への課税を現実のものとして検討しはじめるのは、応安三年（一三七〇）になってからのこ

とである。後円融天皇の即位費用確保を目的としたその土倉への課税に関して、『後光厳院御記』応安三年十月五日条は次のように伝える。

五日、入夜光済参、今日於新熊野権僧正宋縁坊云々、諸大名会合、去比巷説以後初度云々、対面頼之朝臣、条々申閑談旨等、其内立坊用途事、近日忽無可沙汰進之途、土蔵等課役事、近年定法停止之間、為武家猶非無猶豫、為公家被仰下者、可宛催之条、不可有子細云々、此条武家所存於無相違者、至公家開口之段不可有義、且可為此趣歟之由、書仰詞案給之、仰可見合旨了、

十五日、雨下（中略）昼間無事、重事料脚等事、大略神輿帰坐已後可進済歟之由、頼之意気之由推量旨、或者語之、神輿沙汰尤可被忩之上、大儀用途可被催土蔵等之間、不可経時日之故云々、左右遅速共一任武家之上者、其又非可強仰事歟、

長く「定法停止」となっていた土倉への課役を、幕府が朝廷からの権限委譲という形をとって実行に移そうとしていたことが知られよう。翌年、土倉からは「一宇別三千疋」、それに酒屋からは「壺別二十疋」の徴収が行なわれており、この幕府の目論見は一見成功したかのようにも見える。しかし、『吉田家日次記』によれば、これらの徴収はあくまでも「御即位用途」の調達が間に合わなかったため、「土蔵・酒屋」から「先借用」したものであったといい(14)、決して「定法停止」の解除に基づいたものではなかった。

この時期、応安二年に起こったいわゆる南禅寺事件によって、幕府と延暦寺大衆は厳しく対立しており、特に日吉社神輿の造替を求める大衆に対して、管領細川頼之はこれを拒絶、両者の関係は最悪の状態にあった。そのようなか、もし「京都の土倉」への課税を強行すれば、大衆が再び嗷訴に及ぶのは目に見えており、幕府が「土蔵・酒屋」への課税を最終的に断念したのはこのためであろう。

ここでも延暦寺大衆が土倉への課税の最大の障害となっていたわけであり、鎌倉時代から南北朝時代末にいた

るまで、「京都の土蔵」への課役は、いかに彼らを説得するかにかかっていたといっても過言ではなかった。

⑷小五月会の再興と明徳四年の法令

ところが幕府のこの悲願は突然に成就することとなる。明徳四年（一三九三）十一月、幕府はよく知られた次のような法令を発布し、洛中洛外の土倉・酒屋すべてに役銭を課しはじめたのである。

一、諸寺諸社神人幷諸権門扶持奉公人躰事

　悉被勘落之上者、可致平均沙汰焉、

一、寄事於左右、及異儀所々事、

　任法、為衆中可致其沙汰、若尚於難渋之在所者、就注進有糺明沙汰、且立用公物、且可被付寺社修理矣、(15)

この時にあたり、延暦寺大衆が抗議行動を起こした気配は全くない。これまで「京都の土蔵」への課役にあれほどまで執拗に反対し続けていた大衆は、なぜこの時にあたり抗議の声をあげなかったのであろうか。

確かに明徳四年の法令は、延暦寺大衆をはじめとする「寺社」への充分なる配慮を備えた法令ではあった。たとえば、第二条に「任法、為衆中可致其沙汰」とあるように、役銭の徴収を幕府ではなく、「衆中」に委ねていることは、そのもっともよい例の一つといえる。この「衆中」がなんらかの形で延暦寺大衆の意志を反映した組織であったろうことは、容易に想像できよう（のちに「土倉方一衆」と呼ばれることとなるこの「衆中」の実態については、のちに改めて考えたい）。

また、同じ第二条の「若尚於難渋之在所者、就注進有糺明沙汰、且立用公物、且可被付寺社修理矣」という規定も、前章で見たように「公物」が一般に大衆の管理する資財を意味することからして、「難渋之在所」を「寺社修理」料に宛てるという規定とともに、大衆を強く意識しての規定であったと見てよい。そして、「京都の土蔵」の大半が「（日吉）神人」の土倉によって占められていたことからすれば、ここにいう「寺社」が実質的には延暦寺・日吉社を意味していたであろうことは容易に推察できる。

しかし、それにしても従来あれほどまで執拗に土倉への課税に反対していた延暦寺大衆が、これだけのことで幕府による課税をすんなりと受け入れたとはやはり考えにくい。彼らが「京都の土蔵」への課税を容認した背景にはより大きな理由が存在したと見なければならない。そして、それこそが、延暦寺大衆が自分たちの祭礼と認識していた小五月会の再興と継続ではなかったか。

明徳四年といえば、馬上方一衆の創設から約十年を経た頃にあたる。延暦寺大衆は、小五月会が間違いなく毎年執行されることを見定めた上で、幕府の土倉・酒屋への課税を認めたのではなかろうか。大衆さえ納得すれば、「山門気風の土蔵」に異論のあろうはずがなかった。特にその中核部分は馬上方一衆として、日吉社の神威をもとに日吉神人の上にいわば君臨できるわけであり、課税による損失を差し引いても余りある利益をこれによって十分に留保できたはずである。その点で、至徳年間（一三八四〜八七）の馬上方一衆の創設とそれに続く明徳四年の法令発布は、幕府と延暦寺大衆そして「山門気風の土蔵」、この三者の利害がそれなりに一致した結果もたらされたものであったと考えられるのである。

以上のように馬上方一衆制度の創設にいたる経緯を理解することができるとすれば、それは「山門気風の土蔵」からの土倉役徴収を実現しようとした幕府の延暦寺大衆政策のいわば切り札として創設されたものであったといえる。一方、延暦寺大衆の立場からしても、自分たちの祭礼である小五月会の経済的基盤の強化・安定はまさに望むところであり、馬上方一衆の創設以後、一山あげての嗷訴が止むという事実がなによりもよくそのことを物語っている。

三　室町幕府と馬上方一衆

これまで主として延暦寺大衆の側から小五月会および馬上方一衆のあり方について見てきたが最後に視点を変え、同会が幕府にとっていかなる意味を持つものであったかを考えていくこととしたい。

特定の山徒を「一衆」として組織するという馬上方一衆に見られる幕府のやり方は、山門使節の場合にも見られるものである。ただ、馬上方一衆の場合、それと大きく異なるのは、数ある「一頭」のなかからさらに特定の山徒を選び出し、彼らを幕府機構のなかにより強固な形で組み込んでいった点にある。正実坊に代表される「納銭方一衆」「公方御倉」の存在である。彼らがすべて馬上方一衆の「一頭」となっていたことについては先述したが、幕府がなぜ彼らを「納銭方一衆」「公方御倉」としたのか、また彼らと馬上方一衆との関係はどのようになっていたのか。

(1)納銭方と公方御倉

桑山浩然氏によれば、「納銭方（一衆）」とは幕府が酒屋・土倉から役銭を徴収するために設置した機関で、その成員は通常、将軍家の財産管理にあたった「公方御倉」の土倉をもってあてられたという。(16) 納銭方と公方御倉はきわめて密接な関係にあったわけであるが、この二つの機関の性格を考える上で、なによりも重要な点は、応仁の乱以前に限っていえば、やはりその成員がすべて山徒の土倉、それも馬上方一衆の「一頭」たちによって占められていたという点であろう。

表2は、納銭方・公方御倉の主な活動を整理し、年表としたものである。公方御倉を勤めていた正実坊以下の土倉の山徒については、納銭方・公方御倉としての資格外で行なった活動についてもできるだけあげておいた。

「納銭方」なる言葉が初めて史料に見えるのは、管見の限りでは、応永三十四年（一四二七）四月、「酒屋・土倉闕所」を「納銭方」に付くべきことを定めた幕府の法令である。[17] ただ、ここにいう「納銭方」とは、のちの例からして、将軍家の財務担当機関を指すと推定されるが、その成員が山徒の土倉によって占められていたか否かはこれだけでは確定できない。

永享二年(一四三〇)十月になると、幕府が「一衆中」に「大館上総入道於納銭方借用分」四千三百五十貫文の対価として、同人の所領十一カ所を「本利相当之間」知行すべきことを命じた奉書が残る。[18] この「一衆中」に関しても山徒の土倉が成員であったという確証はない。しかし「納銭方借用分」に関わっていることからすれば、この時点ですでに納銭方が土倉を成員とした組織となっていた可能性は高い。とはいえ、ここに見える「一衆中」をそのままのちの納銭方一衆と簡単に同一視することはできない。なぜなら、ちょうど同じ頃、「土倉方一衆」なる組織が存在しているからである。

『御前落居奉書』には、「土倉方一衆」に宛てた永享三年付の三通の「室町幕府奉行人連署奉書」が収録されている。[19] すでに本書第一篇第三章で述べたように、明徳四年にはじまる納銭の収納に携わった「衆中」とは、この「京都の土蔵」の集まりとしての「土倉方一衆」を指すと考えるのが妥当であろう。とすれば、時期的に見て、まず土倉方一衆が存在し、そこから何人かの山徒を選び出し新たに組織されたのが納銭方一衆と理解するのがもっとも自然な考え方であろう。そして、その時期は永享三年十二月に初めて「納銭方一衆」なる言葉が確認できることからなどからして、[20] 同年の末頃と推定される。以後、基本的に「一衆」といえば、納銭方一衆を指すようになったのではなかろうか。

また、その職務に関しては、表2に見られるように、納銭の収納だけでなく、「兵庫関」「根本中堂造営料所」の管理にまで及んでおり、納銭方一衆は幕府の財務の一端を担う機関として設置されたものであったとみなければならない。

表２　納銭方・公方御倉関係年表

年　月　日	事　　項	出　典
正平７年３月14日	幕府が祇園社境内の土倉・酒屋へ「天役」を賦課する	祇園執行日記
応安３年10月５日	これ以前、朝廷が「土蔵等課役事」を「定法」により「停止」する	後光厳院御記
４年２月30日	幕府が「御譲国料足」として洛中の土倉に「一所別廿貫文」を賦課する	師守記
11月２日	幕府が「洛中辺土」の土倉・酒屋に課役を賦課する	花営三代記
明徳４年11月26日	幕府が「衆中」を通じて土倉・酒屋に課役する	追加法
応永元年８月	延暦寺大衆が坂本の土倉39ヶ所に「諸彼岸所荘料」を賦課する	室町殿御社参記
４年５月26日	幕府が「石清水八幡宮大山崎神人等」の「公事并土倉役」免除する	離宮八幡宮文書
34年４月20日	幕府が「酒屋・土倉闕所」を「納銭方」へつける	追加法
永享２年10月20日	幕府が「一衆中」に「大館上総入道」の「納銭方借用分」の知行・勘定を命じる	御前落居奉書
３年10月８日	幕府が土倉方一衆に「松梅院禅能知行分」の光聚院への引き渡しを命じる	御前落居奉書
10月17日	幕府が土倉方一衆を通じて「諸土倉」への「洛中洛外土倉質物」入質期限を通達する	追加法
12月26日	幕府が「実城」を土倉方一衆に加える	御前落居奉書
27日	幕府が「洛中沙汰来例」を「納銭方一衆」に諮問する	御前落居記録
４年９月５日	幕府が「万部御経料所」代官職を「一衆中」に申し付ける	御前落居奉書
５年５月28日	幕府が「兵庫北関」の「修固」を正実坊・定光坊に命じる	東大寺文書
６年２月22日	三宝院満済が「一衆中（土蔵方）」による「兵庫」管理を幕府に提案する	満済准后日記
７年８月21日	幕府が「根本中堂造営料所」安賀庄の正実坊将運への沙汰付を一色義貫に命じる	佐藤行信氏所蔵文書
９年３月９日	幕府が「山法師戒浄」の闕所を「正実土蔵」に預け置く	看聞御記
嘉吉元年２月25日	正実坊・定光坊が「兵庫北関」に関わる「請文」を東大寺に提出する	東大寺文書
元年⑨月	「天下一同徳政」により「納銭」が「停止」する	斎藤基恒日記
２年６月	幕府の政所寄人が洛中洛外の酒屋を「注立」する	斎藤基恒日記
文安２年９月29日	幕府が「諸土倉」の「免除公役」は一切認めないことを決定する	追加法
４年３月２日	幕府の政所寄人が「日銭屋」を摘発し、「十分一」を納銭方に納める	追加法参考

6年4月2日	幕府が集めた「酒屋・土倉銭・味噌屋等」の役銭を籾井に収納する	斎藤基恒日記
宝徳3年4月	幕府が二階堂に「諸納銭方納所」を命じる(「十分壱」は正実坊へ)	佐藤行信氏所蔵文書
享徳2年4月24日	幕府が方執行に「正実下」への「日吉馬上役差定」免除を命じる	真乗院文書
3年10月	幕府が分一徳政令により収納した「諸借銭」「十分壱」を納銭方に納める	斎藤基恒日記
4年4月22日	幕府が「賀茂祭惣用」を酒屋・土倉に賦課する	康富記
康正元年9月18日	幕府が「公役」の「無沙汰在所」の催促を政所公人に命じる	追加法
11月	幕府が「納銭方」の「存知」を伊勢貞親代の堤右京亮に命じる	斎藤基恒日記
長禄元年12月29日	幕府が山科家より「味噌屋役一円」を没収する	山科家礼記
2年4月	幕府が「造内裏(料)」を「山門之公人」をもって催促する	東山御文庫記録
8月	幕府が「公方御蔵」の正実坊らを役夫工米のことについて大津に派遣する	皇大神宮引付
11月2日	幕府が「衆中」に「洛中洛外諸土倉利平」を定めさせる	追加法
12月17日	幕府が正実千代寿丸に「根本中堂領」を安堵する	尊経閣文庫
寛正4年8月29日	正実坊・定光坊・禅住坊・定泉坊が「上様法華経」に「各千疋充」を進上する	蔭凉軒日録
5年6月2日	幕府が「兵庫之事」を正実坊・定光坊に諮問する	蔭凉軒日録
6年2月22日	幕府が正実坊の山門公人をもってする「諸商売役」催促を禁止する	親元日記
	これより先、幕府が正実坊に「一力」での諸商売役催促を命じる	
12月30日	幕府が正実坊に代わり禅住坊・定光坊・定泉坊に「納銭方御倉」勤仕を命じる	斎藤基親日記
文正元年②月15日	幕府が「公方御倉」を正実坊一人に預ける	蔭凉軒日録
文明6年10月6日	幕府が定泉坊を「酒屋土倉納銭方衆中」に加える	蜷川家古文書
9年4月7日	「日吉馬上役」について伊勢氏が「土倉方」の権限外の役との認識を示す	結番日記
17年6月28日	幕府が定光坊を「政所納銭一衆」に加える	親元日記
延徳2年6月9日	「御倉」でない中村・沢井が「納銭方」を執沙汰する	延徳二年将軍宣下記

ちなみに成立直後の納銭方一衆の成員として確認できる山徒は、表2では、正実坊・定光坊の二人にとどまるものの、公方御倉としての活動にまで視野を広げれば、これに禅住坊を加えることができる。初期の納銭方一衆は基本的にこの三人の土倉の山徒によって構成されていたと理解してよかろう。

なお、納銭方一衆を上述のように理解すると、土倉方一衆と馬上方一衆の関係をどのように見るかという問題が残るが、両者は実態としてほぼ同じものであったと推定される。いうまでもなく馬上方一衆は小五月会の馬上役を徴収するための機関であり、これに対して土倉方一衆（衆中）は幕府の土倉・酒屋役を徴収するための機関で、その違いは歴然としていた。ただ「京都の土蔵」の代表として設定された土倉方一衆の成員の大半が、現実には「山門気風の土蔵」によって占められていたであろうことは容易に想像できるところであり、とすれば、結果的にこの二つの機関を構成していたのは、やはり同じ山徒の土倉たちであったとみるべきではなかろうか。そして、そう考えてこそ、これから述べる幕府と馬上方一衆との密接な関係も無理なく説明可能となるものと思われる。両者の関係を改めて幕府の側から検証していくこととしよう。

(2)康正二年の馬上方一衆の機能停止

これまで馬上方一衆について、行論の都合上、至徳以来の組織の変遷については特に触れることなく考証してきたが、実は馬上方一衆には康正二年（一四五六）から長禄三年（一四五九）までの足かけ四年の間、その機能を停止するという事態が惹起していた。

長禄二年（一四五八）三月、馬上方一衆が幕府に訴え出た申状によれば、彼らが保持していた「（馬上）合力奉行職」は康正二年以来、幕府の認可の下に「土倉両三人」が独占するところとなっていたという。[21]彼らが同職を再び手中にするのは、長禄三年になってからのことで、『八瀬童子会文書』には、そのとき、幕府が馬上方一衆に与えた次のような奉行人連署奉書が残る。[22]

日吉社小五月会左方馬上役事、任至徳以来証文等之旨、如元被還付之訖、早守旧規、厳密可致執沙汰之由、所被仰下也、仍執達如件、

長禄三年四月三日

(飯尾之種)肥前守(花押)
(布施貞基)下野前司(花押)

馬上合力衆中

康正二年から「(馬上)合力奉行職」を独占した「土倉両三人」とは、その人数から判断して、当時、納銭方一衆を構成していた正実坊・定光坊・禅住坊の三人と見てよかろう。では、この期間、なぜ幕府は馬上方一衆から「(馬上)合力奉行職」をとりあげ納銭方一衆にこれを与えたのであろうか。幕府の財政政策の転換とも深く関わるこの問題に立ち入って考えていくこととしよう。

納銭方一衆が「(馬上)合力奉行職」を手にした同じ康正二年の五月、「無自昔」「山門之馬上料」の催促を受けた禁裏「御壺召次」が、その停止を朝廷に訴えるという出来事が起こる。『東山御文庫記録』所収の「御壺召次」の申状によれば、この時、彼らは「勢州之御奉行」としての「使」の催促を受けたという。幕府はそれまで馬上方一衆が行なっていた「山門之馬上料」の徴収を伊勢氏を通じて直接、実施しようとしていたのである。

この出来事とともに、「(馬上)合力奉行職」の納銭方一衆による独占をもって幕府が最終的になにを目指していたかを知る手がかりになる史料が『八瀬童子会文書』に残る。幕府が康正三年四月に発した次の禁制である(23)。

禁制　日吉神人諸役等

洛中洛外諸在所、或号他社神人、或称当時之預所、寄綺於左右掠申之条、太無其謂事

一、為根本他社神人者、可令出帯証状、万一無支証於申之族者、可有其科事、

一、於代官在所者、可准本宅之役事、

於向後興業在所者、可為日吉神人事、
一、以近日吹挙号往古証状、於為異儀在所□《（者）》、速可有差定事、
右条々被定置訖、若有令違犯之輩者、堅可被処罪科之由、所被仰下也、仍下知如件、
康正三年四月廿日 □

ここにいう「日吉神人諸役等」とは、至徳以来、馬上方一衆が日吉神人から徴収してきた「山門之馬上料」を指す。

そこでこの禁制の内容であるが、第一条は、一読すればわかるように、春日社・石清水八幡宮といった他社のいわゆる「根本他社神人」に対する小五月会馬上役の免除を定めたものである。幕府は他社の神人に関しては古くよりこれを許可しており、第一条はそれら彼らの既往の権利を追認したものであり、特に問題はない。

第二条以下が日吉神人を直接の対象とした条文となるが、このうち第二条に登場する「代官在所」「本宅」とは、本書第一篇第三章で見たような、土倉における土倉沙汰人（蔵預）と本所（本主）の関係を指すと考えられる。幕府は日吉神人の土倉・酒屋の「本宅」のみならず「代官在所」からも「諸役」を徹底的に徴収しようとしていたのである。ちなみに「興業在所」という言い方は、土倉・酒屋の所在地を示す時にしばしば使われる表現で、この点からもこの条項が土倉・酒屋の日吉神人を主たる施行対象としていたらしいことがうかがえる。

そして、この第二条でさらに重要と考えられるが、後半の「於向後興業在所者、可為日吉神人事」という文言である。「向後興業在所」とは、日吉神人が開業する諸商売全般を指す。つまり、幕府は彼らの新規の「在所」までを、すべて日吉神人として掌握しようとしていたわけであり、日吉神人の側からいえば、いかに「在所」を変えようと、どこまでも「日吉神人諸役」が付いてまわるという状況が、これによって現出したことになる。ま

た、より注目すべきは、この条項の適用が他社の神人にまで及んでいたという事実である。

文明初年、復活を果たした馬上方一衆は「日吉神役」を負担しない「泉屋」なる在所を訴えて、次のように述べている。[24]

> 大内殿被官
> 四条西洞院北西頬泉屋、如申状者、於日吉神役者懃(勤)仕事無之、久八幡神人也云々、勿論也、其謂者、此者久新熊野ニ住ス、其時ハ就彼社之境内、馬上役免除畢、是旧例也、雖然洛中四条西洞院ニ住スル上ハ、馬上役可致其沙汰事、御法也、仍壁書案文進之、其上此仁ハ無余儀日吉神人之子孫也、為遁此役、彼在所へ移、剰八幡神人之由掠申事也、向後興行之在所可為日吉神人御法と云、神人之子孫ト云、旁以難道上者、速可致其沙汰之由、厳密可被仰付者也、度々御教書案同進之、

この場合、馬上方一衆が「八幡神人」の泉屋を「日吉神人」と認定した根拠は二つあった。一つが「向後興行之在所可為日吉神人」という「壁書」「御法」であり、今一つが泉屋の「神人之子孫」という出自である。このうち前者が康正三年の禁制にいう「於向後興業在所者、可為日吉神人事」という条項を受けたものであることは、その表現（文言）からしてあきらかであろう。康正三年の第二条の適用範囲は、日吉神人に止どまらず「根本他社神人」にまで及んでいたのである。

なお、馬上方一衆が該当の在所を「日吉神人」と認定するにあたり、その根拠としたものが今一つあった。「出座停止御教書」と呼ばれた幕府発給の御教書である。[25]それは「一度為日吉神人族、他社へ出候事ヲ」禁じた「禁制」であったといい、[26]馬上方一衆は、文明初年に京都の土倉・酒屋に「馬上役」を課するにあたり、しばしばこれをもってその法的根拠としている。この「出座停止御教書」がいつ発給されたかは定かではないが、康正三年の禁制とともに、幕府が「日吉神人」の増加、ひいては「日吉神役」の増額のためにわざわざ法的措置を講

じていたことを示すものとして注目したい。

このように見てくると、康正二年以降、幕府がなにを目的としてそれまでの馬上方一衆を解体、あらたな馬上役収納体制を作り上げようとしていたかが、かなりはっきりと浮かび上がってこよう。日吉神人を「根本他社神人」と峻別、その一方で日吉神人を増加させること、それが幕府の目指した最終目標であった。では、どうして幕府はこれほどまでに日吉神人の増加に執心しなければならなかったのであろうか。小五月会の維持だけがその目的であったとはどうしても思えない。幕府が最終的になにを目指していたかを、次に考えていくこととしたい。

(3)幕府の「諸商売役」の徴収

それまで馬上方一衆の保持していた馬上料徴収権の一部を「両三人之土倉」を介して幕府が自らの統制下に置くにいたっていたことは、先にあげた「勢州之御奉行」による「山門之馬上料」催促が、よくそのことを物語っている。「両三人之土倉」による「(馬上)合力奉行職」は現実には幕府の手を借りることによってしか機能しなかったと見てよい。

しかし、思えば、馬上料はあくまでも小五月会執行のためのものであり、これをいくら徴収しようと直接幕府の利益となることはなく、その意図は別にあったと見なければならない。そして、この点を考える上で参考になると思われるのが、次の二点の史料である。(27)

〔A〕禁裏様　　駕輿丁四府各謹言上

就諸業・諸商売被懸諸役間事

抑四府之輩者、往古以来依御免諸業・諸商売、御輿宿御番勤日夜朝暮、并八幡・北野祭礼、其外三節会仁罷従輩也、既余之百官之公人等者、被下　朝恩外毎度雖被下御訪、駕輿丁等者雖不蒙一紙　朝恩、併諸商売以下之依御免諸役、諸公事奉公于今無退転処仁、先年造　内裏之時、課役之由被仰出間、無先規之旨申上処仁、以山門之公人堅依被致譴責、上分進納仕処仁、今者号本役被懸之条、不便之次第也、已先年造　内裏之時、依被懸課役少々没落仕、古老仁致堪忍処、結句地口催促之間、迷惑之至此事也、如此悉被課役者、雖非緩怠自駕輿丁可退散仕歟、所詮以此旨如先々被成下御成敗、蒙御　裁許、弥為抽奉公忠節、四府各謹言上如件、

長禄二年卯月　日

〔B〕(『親元日記』寛正六年二月二十二日条)

自貴殿見阿御使ニテ、正実坊為諸商売役使、以山門公人催促云々、不可然、彼公人事ハ近年京中徘徊制禁分也、可止其儀之旨、親元可申之由被仰之、即正実代田中ニ直ニ申付候畢、同見阿共以申之、同時以見阿為親元御使、飯左(飯尾之種)大方ェ可罷向子細ハ、諸商役催促事、以正実一力可執沙汰之旨、旧冬被仰付之処、一円事難叶之由詫言申候也、不闕御事候様、正実可被相談候、巨細之時宜者、正実直ニ可申之旨奉之、

ともに馬上方一衆が再興されて以後の出来事となるが、幕府が造内裏料足、諸商売役の催促に山門公人を駆使していたことが、これによって確認できよう。

山門公人が本来、延暦寺大衆の衆議によって動く存在であったこと、また彼らの活動を応安三年（一三七〇）十二月に幕府が法令をもって禁じたことについては、本書第三篇第三章で詳述するが、そのような山門公人が長禄・寛正年間には、幕府のために造内裏料足・諸商売役の催促にあたるという事態が現出していたのである。むろんこの場合も最終的には〔B〕の史料に見えるように、山門公人の活動は政所頭人の伊勢貞親によって停止させられるにいたっている。しかし、一つは他ならぬこの時期に、また一つはこれまた〔B〕の史料からあきらかなように納銭方一衆のもとで、山門公人がこのような活動を行なっていたという事実は看過できない。

特に後者についていえば、納銭方一衆の山徒が延暦寺大衆の了解を全く得ることなく山門公人を駆使できたとはとうてい考えられず、その背後には当然、延暦寺大衆のなんらかの了解が存在したものと思われる。そして、

それこそが「山門之馬上料」の徴収に協力することで幕府が獲得しようしていたものではなかったか。

結論を急ごう。本来、延暦寺大衆が徴収すべき「山門之馬上料」の催促に「伊勢被官」があたる一方で、山門公人が幕府の造内裏料足・諸商売役を徴収するという、いわば相互乗り入れの関係は、京都における土倉・酒屋役をはじめとするいわゆる「諸商売役」徴収のより効率的な体制の確立を目指して作り上げられたものであったと考えられる。このことは土倉・酒屋役を例にとり考えてみれば、容易に了解できる。

まず、日吉神人の土倉・酒屋の増員がそのまま土倉・酒屋役の増収に繋がったであろうことは、いまさら改めて説明するまでもあるまい。まして幕府みずからが「(馬上)合力奉行職」を間接的にせよ支配できたとすれば、その土倉・酒屋役の徴収は康正二年以降、格段に効率のよいものになっていたはずである。

それだけではない。明徳四年(一三九三)、幕府が「勘落」した土倉・酒屋のなかには日吉神人以外のいわゆる「諸寺諸社神人幷諸権門扶持奉公人躰」も数多く含まれていたが、彼らに対する統制もこれによって一段と強化されることになったはずである。[28]なぜなら、康正二年の禁制は彼らに日吉神人でないことの証明を義務付けており、日吉神人を掌握することはそのままそれ以外の「諸寺諸社神人幷諸権門扶持奉公人躰」を掌握することを意味していたからである。

近年の研究によれば、康正二年を境として、室町幕府の実権は、伊勢氏による財政改革を軸として、それまでの管領から将軍へと大きく変化を遂げるという。[29]康正二年にはじまる馬上方一衆の解散と「土倉両三人」による「(馬上)合力奉行職」の独占、伊勢氏の被官をもってする「山門之馬上料」の催促、さらには山門公人を動員しての「造内裏料足」「諸商売役」徴収と続く一連の出来事は、まさにこの幕府内における財政改革と軌を一にして進行したものであった。明徳四年にはじまる土倉・酒屋への課税が馬上方一衆の創設と裏腹の関係にあり、その背後には幕府の周到な対延暦寺大衆策があったことについてはすでに述べたが、康正二年以降の日吉神人に対する諸政策もまた、巨視的に見れば、その延長線上にあったといえる。

言葉を替えていえば、康正二年にはじまる日吉神人に対する幕府の諸政策は、南北朝時代末に出発した延暦寺大衆との協調関係をより強化しようとした結果もたらされたものであり、幕府が京都の土倉・酒屋以下の「諸商売」に対する統制を強化しようとすれば、まず第一に日吉神人ひいてはこれを支配する延暦寺大衆への手当を最優先させなければならなかったことを、これらの出来事は如実に物語っている。

(4)祇園会馬上役と馬上方一衆

馬上方一衆が室町幕府にとっていかなる存在であったかを考える上で、最後に祇園会馬上役をとりあげたい。祇園会の馬上役については、近年、瀬田氏のすぐれた研究が発表され、[30]その実態究明がようやく本格化しつつある。しかし、同役と小五月会馬上方一衆ひいては延暦寺大衆との関係については、これまでは全く関心が払われておらず、当然のことながら、なんらの研究成果もない。そこでここではまず最初に祇園会の馬上役を納付していたのが、他ならぬ小五月会馬上方一衆であったという事実を確認していくことからはじめることとしたい。

表3として掲げたのは、『八坂神社文書』に収録された「祇園会馬上役納状」の署判者を年次を追って一覧としたものである(巻末の「花押一覧」2参照)。応仁の乱以前、祇園会の馬上役三百貫文は、通常、六月の初めに、「年行事(代)」なる役職者から祇園社に納められることになっていた。同表を一見すればすぐわかるように、年行事として名前のあがる宝聚坊浄円、(定光坊)康尊、隆善坊宗守、寛盛坊浄厳、(定泉坊)靖運、(禅住坊)承操、(安養坊)春憲らは、[31]すべて馬上方一衆としての明証がある山徒であり、この点からして、祇園会の馬上役を毎年、祇園社に納付していたのは、小五月会の馬上方一衆であったと考えてまず間違いない。ちなみに永享十年の年行事定光坊康尊、文安三年の年行事禅住坊承操は前章にあげた表3を見ればあきらかなように、それぞれその年の小五月会馬上方一衆の年行事を勤めており、[32]同一衆の年行事が祇園社に馬上役を納付する役を果たしていた

表3　祇園会馬上役納状署判者一覧

年　度	署判者	役職名	出典
応永30(1423)	(兼英)	年行事	396
32(1425)	兼尋	年行事	400
永享4(1432)	(不詳)	年行事	420
5(1433)	宝聚坊 浄円	年行事	428
10(1438)	(定光坊)康尊	年行事	478
11(1439)	隆善坊 宗守	年行事	488
12(1440)	寛盛坊 浄厳	年行事	496
文安2(1445)	(定泉坊)靖運	年行事	527
3(1446)	(禅住坊)承操	年行事	530
宝徳2(1450)	継有	年行事	592
3(1451)	春兆	年行事	593
長禄3(1459)	浄有	年行事代	597
4(1460)	浄有	年行事代	601
寛正2(1461)	(定光坊)康尊	年行事	625
3(1462)	(福泉坊)貞□	年行事代	650
6(1465)	(安養坊)春憲	年行事	652
文正元(1466)	(福泉坊)貞□	年行事代	678

注：出典の数字は『八坂神社文書』の文書番号を示す

ことが確認できる。

また、年行事代として名前のあがる浄有・福泉坊は実は同じ花押を用いている。彼らにはともに小五月会馬上方一衆の雑掌として明証があり、雑掌として同じ花押を使用していたものと推定される[33]。したがって浄有・福泉坊の名前で発給された納状もまた祇園会馬上役が小五月会馬上方一衆の手によって祇園社に納付されていたことを明示するものであり、馬上方一衆が祇園会の馬上役を毎年納付する主体であったことはこの点からも疑う余地はない。

そして、この馬上方一衆の祇園会馬上役納付で当面、注目しておきたい点が二つある。第一点はそれが定額の請負という形をとっていたということであり、今一点は彼らの活動の背後に幕府の後ろ楯が存在していたということである。まず第一点に関しては、応永三十年から残る納状の記載額がすべて三百貫文となっていることがこれを明確に物語っている[34]。馬上方一衆は小五月会において方執行料足・外御供を定額で請け負っていたのと同様に、祇園会馬上役をも定額で請け負っていたわけであり、同組織が基本的には、日吉社・祇園社の神役請負機関というべき存在であったことがわかる。

第二点の幕府の後ろ楯に関しては、いずれも応仁の乱以後のものとなるが、次の史料がその間の事情をうかがわせるものとして貴重である。

祇園社馬上銭之事、如先々相懸之、一衆中全領知、可被専神用由被仰出候也、仍執達如件、

文明弐
十一月十九日　　重連判

当社執行御房(35)

「一衆中」とはむろん馬上方一衆を指す。幕府があくまでもその「一衆中」をもって「祇園馬上役」を「領知」させようとしていたことが確認できよう。小五月会の馬上役と同様に、馬上方一衆の背後には幕府が控えていたのであり、その後ろ楯あっての馬上方一衆であったことをこの史料は示唆している。

なお、馬上方一衆のなかで小五月会の馬上役と祇園会の馬上役がどの程度、正確に分離して管理されていたかはよくわからないが、応仁の乱後になると、両者はほぼ一体のものとして取り扱われるようになっている。

①就祇園会下行物足付事、為馬上功程銭之内云々、被聞食訖、縦雖為祭礼以後、堅被仰付酒屋・土倉、可被致無(ママ)沙汰上者、於明日七日神事者、各随其役遂無為節者、尤以可為神妙之趣、可被相触神人宮内已下諸役者之由被仰出候也、仍執達如件、

明応九
六月六日　　(飯尾)清房判
　　　　　　(飯尾)元行判

当社執行御房(36)

②祇園社祭礼事、小五月会馬上銭如先規相調之時者、同公(功)程銭可被仰付之上者、神事無為之様可被申付之由被仰出候也、仍執達如件、

永正九
五月廿九日　　(飯尾)貞運判
　　　　　　　(松田)英致判

当社執行御房(37)

①では「酒屋・土倉」に賦課する「馬上功程銭」が、祇園会の費用に充てられるべきものとして理解され、②では明確に「小五月会馬上銭」の徴収が実現すれば、祇園会祭礼の「公《（功）》程銭」を支出すべきことを約していることから、「功程銭」として両馬上役をいっしょのものとする理解が行なわれていたことが知られよう。

中世、祇園社が延暦寺の支配下にあったことからすれば、日吉小五月会の馬上役を京都で徴収する馬上方一衆が祇園会の馬上役を神人から徴収、神社に納付していたとしてもなんら不思議ではない。「小五月会で発足していた一衆・合力神人制(38)」は、実は祇園会の馬上役をも包括した存在だったのであり、馬上方一衆が保持していた権限は、予想をはるかに越えた拡がりと奥行きを持っていたといわなければならない。

馬上方一衆がいつ頃から、祇園会の馬上役を請負うようになっていたのは、正確にはわからない。ただ、瀬田氏の指摘されるように祇園社の体制からすれば、それは応永初年をさかのぼることはなく、小五月会の馬上役を請負うようになってのち、まもなく祇園会の馬上役をも請負うことになったものではなかろうか。

むすび

足利義満は現在知られている限り、応永七年（一四〇〇）、同十五年（一四〇八）の二回、日吉社の小五月会に赴いている(39)。日吉社の本祭ともいうべき日吉祭がこの前後「上卿参向事、自去康暦二年十二月、上卿無参向之後、至応永廿六年中絶(40)」という状況にあったことを思えば、彼が小五月会をいかに重視・優遇していたかはあきらかであろう。

日吉社の小五月会に馬上方一衆というあらたな機関を設置し、その経済的な基盤を固めた主体は延暦寺の大衆であった。しかし、その背後にはまちがいなく義満の強力な支援があり、彼がいわば大衆慰撫の切り札として創設したのが馬上方一衆であったとみてよい。そして、この点からすれば、馬上方一衆の活動を実質的に保証していたのは一つは延暦寺大衆であり、今一つは幕府であったということになる。言葉をかえて言えば、馬上方一衆は山門使節と同様に、延暦寺大衆と幕府の微妙な政治的なバランスの上に存在した機関であったともいえる。

幕府が馬上方一衆を小五月会のたんなる集金機関とのみ見なしていなかったことは、明徳二年（一三九一）と康正二年（一四五六）に発布された二つの法令の存在がこれをよく示している。幕府が、京都およびその周辺に所在する土倉・酒屋さらにはその他の商売人をその統制下に置こうとした時、拠り所としたのは馬上方一衆であり、この点で幕府の商業政策は馬上方一衆を抜きにして論じることはできないといっても過言ではない。

本章でとりあげた祇園会の馬上役についても、馬上方一衆が深くこれに関与していたことからすれば、ほぼ同様の文脈のなかで理解されなければなるまい。今回は全く触れることができなかったが、北野社の祭礼・北野祭にまで視野を広げて見通せば、このことはさらに容易に理解できる。祇園・北野の両祭は、南北朝・室町時代、日吉社の小五月会を頂点としてその下に並び位置するという関係を形作っており、小五月会が中止となったときには、祇園・北野の両祭もまた行なわれなかったことはよく知られている通りである(41)。そして、これら三つの祭礼の上下関係を最終的に決定づけていたのも幕府であり延暦寺大衆であった。

小五月会はもとより祇園・北野両社の祭礼が中世京都において果たして役割を理解するためには、その背後に控えていた幕府・延暦寺大衆の動向を正確に把握しておく必要があるわけで、祭りのたんなる変遷にとどまらず、それをもたらした政治的・社会的な環境をも視野に入れた両祭に関する構造的な研究が今後の課題となろう。

（1）瀬田勝哉「中世の祇園会――大政所御旅所と馬上役制――」（『洛中洛外の群像――失われた中世京都へ――』、平凡社、一九九四年）。
（2）『八瀬童子会文書』二一五七号。

（3）馬上役の差定が在所への榊を挿す行為をともなうものであったことは、正和三年、小五月会の左方馬上役の差定についての『日吉社并叡山行幸記』の記事がこれをよく伝える（『公衡公記』正和四年五月二十三日条参照）。

左方の馬上役は点七條室町、成仏法師の象駒形神人と号して、差符の榊を新日吉社に送り捨るあいた、件の榊をかへしいれんがため、同五月一日、神人・宮仕等彼社に群衆し侍る所に（後略）

「榊本」とは、ここにいう「差符の榊」を挿された在所を指す。

（4）『八瀬童子会文書』三四一号。

（5）同右三五一号。

（6）この書状を寛正二年（一四六一）頃のものと推定した根拠は、先にあげた「外御供差定在所帳」（前掲注4史料）の記載にある。同記録によれば、康正元年（一四五五）の「廿四番」定泉坊と寛正二年の「廿五番」禅住坊の間には、五年間のブランクがあり（表4参照）、この間、馬上方一衆が外御供の差定から排除されていたことが判明する。そして、その五年の間に護正院が直接、外御供を「地下之土倉・酒屋」から受け取っていたことは、次のような護正院代実乗坊紹慶の請取が残るところからもあきらかである（『八瀬童子会文書』三四六号）。

請取　料足事

合佰肆拾貫文者

右為日吉外御供要脚、所納如件、

長禄四年四月廿三日　　護正院代 紹慶（花押）

外御供 一条烏丸東南頬差定屋

つまり、康正二年から寛正元年にかけて馬上方一衆は外御供の差定から排除されており、それが旧に復したのが寛正二年のことであった。とすれば護正院の差定の独占を幕府が禁止した、書状でいえば「於彼催促者、則時停止畢」という時期は、寛正二年をおいて考えられない。さらにこの書状の連署に（馬上方一衆）年行事として名が見える定光坊康尊については、寛正二年に同役に就いていたことを示す明証がある（後出の表3参照）。

（7）南禅寺の塔頭真乗院に伝来した『真乗院文書』に、のちに引用する生源寺家の人々が連署する請文をはじめとして、なぜこのような方執行に関わる一連の文書が伝来したかは定かではない。真乗院は宝徳二年（一四五〇）、山名持豊（宗全）の施捨によって香林宗簡が開建した塔頭（桜井景雄『南禅寺史』上・下、法蔵館、一九七七年）。

(8) 『八瀬童子会文書』二六五号。
(9) ①②③⑤の四点の史料をいずれも山門使節代の発給したものと判定したのは、一つには①の端裏書に「代中折紙催促」とあり、そこに連署する詮聖・脩秀・秀運・重全・賢秀の五人が「代中」と呼ばれていたこと、およびこの五人のうち、詮聖・重全の二人に関しては③⑤に記された肩書きから、それぞれ「上林坊代」「護正院代」であったことが判明することによる。なお、『八瀬童子会文書』は連署する名前を読みあやまっており、①の「詮秀」は「詮聖」が、③の「重念」は「重全」が、さらに⑤の「道円」は「暹円」が正しい。
(10) 『日吉社幷叡山行幸記』(『群書類従』三八)。
(11) 『公衡公記』正和四年四月二十五日条。
(12) 『日吉社幷叡山行幸記』(『群書類従』三八)。
(13) 『太平記』二四。
(14) 『吉田家日次記』応安四年十一月十六日条に「伝聞、御即位用途、去二日武家之沙汰落居、諸国反米事、雖被下院宣、年内不可事行之間、先借用土蔵・酒屋、土蔵一宇別三千疋、壺別二十疋云々」と見える。
(15) 「追加法」一四六・一四七条(『中世法制史料集』)。
(16) 桑山浩然「室町幕府経済機構の一考察」(『史学雑誌』七三—九、一九六四年)。
(17) 「追加法」一八〇条。応永三十四年四月二十日付「洛中洛外酒屋土倉條々」の第一条に「一、酒屋・土倉闕所事」として「若有如此闕所者、可被付納銭方焉」とある。ただ、この法令の発給年次については、永享二年二月まで下がる可能性もある(『中世法制史料集』二。補注二四参照)。
(18) 『御前落居奉書』三号。
(19) 同右五七・六二・七三号
(20) 同右四九号。「鷹司高倉土倉本主祐言」と「蔵預円憲」の相論を裁いた裁許状に「次高質事、是又非相当之儀者争可許容、旁所申無謂之由称之、仍被尋下評定衆、同洛中沙汰来例、納銭方一衆等訖」と見える。この裁許状ならびに相論の経過については、本書第一篇第三章参照。
(21) 『八瀬童子会文書』二五三号。
　　日吉小五月会左方〇合力一衆謹言上
　　　　　　　　（〇の傍に「馬上」）

右彼合力奉行職者、鹿苑院殿御代、自至徳年□以来、就致執沙汰之、被成下数通之御教書、既□余年、聊無相違之処、至去々年土倉両三人□掠、無故令奉行之条、言語道断次第也、此子細□申之、依不達　上聞、于今乍含愁訴罷過□早云理運、云由緒、任先例被成下御下知、弥為□謹粗言上如件、

長禄弐年三月　日

文中にいう「去々年」が康正二年にあたる。

(22)『八瀬童子会文書』二五四号。

(23) 同右二〇三号。

(24) 同右二三四号。

(25) 同右二三五号。「出座停止御教書」がいつ発給されたかは定かではない。康正二年の禁制が特にこれに言及していないことからすれば、禁制より以後に発給されたものであろう。この御教書に言及した文書としては、文明四年六月三日付の「三院公文所御房」宛の「(小五月会馬上方一衆)雑掌注進状案(前欠)」(『八瀬童子会文書』二三五号の前半部に記される。刊本では(前略)として未掲載)に次のように見えるのがもっとも古い。

右、以此旨、可被加御下知、尚以とかく申子細候ハ、不日罷下□(於)坂本、可申明之由御成敗可為肝要候、御教書ニ出座□□(停止)ト候ハ、一度為日吉神人族、他社へ出候事ヲ御禁制事候也、是往古ヨリノ大法事候也、仍注進如件、

文明四
六月三日　　雑掌

三院公文所御房

応仁の乱によって、馬上役の徴収が有名無実になって以降、延暦寺大衆の求めに応じて発給されたものであろう。『八瀬童子会文書』二三四・二三五号の発給年次は、この(前略)部分から、文明四年と推定される。

(26) 前掲注(25)引用史料。

(27)『東山御文庫記録』。

(28) 幕府は応仁の乱以前より京中の「大山崎神人」に関しては、その旨を馬上方一衆に通達していた(『八瀬童子会文書』二〇二号)。乱後には「春日神人」「大山崎神人」の住所変更について丹念にこれを馬上方一衆に通達している(『八瀬童子会文書』二〇一・二〇四・二〇八・二一〇・二一六・二一九・二二一〜二二四号)。日吉神人を掌握することが、両社の神人の掌握にも繋がっていたことがうかがえる。

(29) 早島大祐「足利義政親政期の財政再建」(『史林』八二―五、一九九九年)。
(30) 前掲注(1)瀬田論文。
(31) 隆善坊宗守・寛盛坊浄厳の二人を除く六人に関しては、すべて馬上方一衆の一頭を一覧とした前章の表3にその名を見出すことができ、馬上方一衆の構成員であったことは容易に判定できる。隆善坊宗守・寛盛坊浄厳の二人は、なぜか同表でその名前を確認できないが、ともに馬上方一衆の一員であったろうことは、馬上方一衆が連署した年未詳四月八日付「馬上方一衆連署書状」(『八瀬童子会文書』三五一号)に、「宗守」「浄厳」として名前があがっていることからあきらかである。また、同文書では、この二人と小林坊範運の三人が「登山」「住山」などの理由で花押を据えていない。表3は「小五月会具足・太刀・々注文」(『八瀬童子会文書』三四六号)をもとに作成しており、あるいは比叡山内に本拠を持った構成員は「小五月会具足・太刀・々」の負担を免除されており、その結果、この二人は表3に名前が登場しないのかもしれない。
　なお、『八坂神社文書』は「宝聚房」を「宝□房」(四二八号)とするが、筆順等から判定すると二字目は「聚」と読むことができる(巻末の「花押一覧」2参照)。
(32) 表3では、隆善坊宗守、寛盛坊浄厳が年行事であった永享十一・十二年に限って、年行事の名前が確認できないが、これは出典となった「小五月会具足・太刀・々注文」(『八瀬童子会文書』三四六号)に記載がないためで、やはり彼ら二人が住山などの理由で「小五月会具足・太刀・々」の負担を免除されていた結果と推定される(前掲注31参照)。
(33) 浄有・福泉坊のみならず、年未詳四月八日付「馬上方一衆連署書状」(『八瀬童子会文書』三五一号)では、同じ花押を「承範」なる者が自らの名前の下に据えている。発給文書の時期などからして、三人が同一人とは到底考えられず、ここでは複数の馬上方一衆の雑掌が同じ花押を使用していたと理解しておきたい。
　なお、浄有が馬上方一衆の雑掌であったことに関しては、「雑掌浄有」の署名のある応仁三年四月十六日付「馬上方一衆雑掌浄有書状案」(『八瀬童子会文書』二六八号)が残る。また、祇園会馬上役の納状では「貞□」としか判読できない福泉坊について、同じ署判を据えた年未詳五月二日付「福泉坊書状」(三三二号)に「ふくせん」という肩書が記されているところから、まず福泉坊なる坊名を割り出し、次いで享徳二年八月十八日付「某料足請取状」(三二〇号)の宛所に「(日吉馬上御)代官ふくせん坊」と、また「左方馬上合力年行事記録」(二五七号)応仁元年五月七日条に「雑掌以福泉坊被申之」とあることによって、彼が馬上方一衆の雑掌（代官）であったと確定した。
(34)『八坂神社文書』
(35)「祇園社記」一六（『八坂神社記録』）。
(36)同右。
(37)同右。
(38)前掲注(1)瀬田論文。
(39)『迎陽記』応永七年五月五日条。『教言卿記』応永五年五月十五日条。この他、将軍の小五月会参向としては直前に中止になってはいるが、寛正五年（一四六四）五月の足利義政の事例がある（『碧山日録』同月五日条）。
(40)『康富記』応永二十九年四月二十二日条。
(41)祇園・北野の両祭はもともとは日吉祭に連動してその執行が決定されていたが、南北朝時代以降になると、小五月会の開催の有無がこれに加わる。

第三篇　寺家の構造

第一章　延暦寺における「寺家」の構造

中世における寺社勢力の主体を明確に「大衆」と位置づけられたのは、黒田俊雄氏であった。氏は本来「僧伽」と呼ばれた「和合」の精神を基本的な理念としていた大衆が、私的な所有の原理と寺社の名目のもとでの公的な結束という公私二つの側面をもっていたこと、さらにはその大衆における公私の差が、寺社においては「宗派・寺社・院坊・塔堂・講会など公的な名目の各組織」と「門徒・一流・血脈・同宿など私的な因縁による各種の組織」という、まったく原理を異にする二つの組織を生み出すにいたっていたこと、などを論証・指摘されたのであった。大衆を寺社勢力の主体とみなし、「寺家」と「門流」という二つの異なる組織原理の淩ぎあいのなかに、その権門的性格の本質を求めようとしたこの黒田氏の研究は、寺社勢力の研究に新たな地平を開いたものとして、高く評価されなければならない[1]。

その後の寺社勢力に関する研究は、黒田氏の豊かな研究成果を発展的に継承したものとなってはいるものの、中世の寺社勢力を代表する延暦寺については、辻博之氏の寺院組織や伊藤俊一氏の門跡に関する研究のほかは、ほとんどみるべき研究成果を得ていないのが現状である[2]。

本章においては「寺家」の名で呼ばれた執行機関に焦点をしぼり、中世における延暦寺の寺院組織の実態、および問題点について考えていくこととしたい。

一　寺家の構成

ここでいう「寺家」とは、いわゆる延暦寺全体を指す公称としての「寺家」ではなく、寺務一般を管轄した延暦寺の執行機関としての「寺家」をいう。鎌倉時代から南北朝時代にかけて、坂本にあったこの執行機関としての寺家を構成していたのは、⑴執当・三綱（上座、寺主、都維那）、⑵所司（寺官）、⑶七座公人といった役職の人々であった。このうち⑴執当・三綱は、延暦寺の寺家の中核ともいうべき政所を統括した役職で、いわゆる「延暦寺政所下文」は彼らの署判をもって発給されることとなっていた。また、政所の下には実務機関としての公文所が存在していたが、⑵以下の人々は基本的にすべてその公文所に所属していた。以下、各役職の職務内容について順次簡単に見ていく。

⑴執当・三綱

〔執当〕　寺家およびその実務機関である政所の最高責任者である執当の歴代と、その事跡を表1として示す。正確な就任期間はともかく、歴代の執当とその主な活動がこれによって理解できよう。

この表1をもとに執当の職務を整理すると、おおよそ次の八点にしぼられる。①堂塔の修造に関する奉行、②山上・坂本での検断権の行使、③三塔全体の経済的得分源である千僧供料庄園の知行、④公家・武家への連絡、⑤所司以下の寺官および公人の補任、⑥延暦寺の公的な仏事・儀式への参加、⑦座主よりの命令の寺内および末寺・末社への施行、⑧大衆の集会をもってする決議事項の施行。これら八点のうち、前半の①～④は辻氏が寺家の職務事項としてあげられているものである。(3) 執当は寺家における最高責任者としてこれら四項目すべてに関わっており、ここでは執当の職務として数えておいた。また、後半の⑤～⑧の四点も、最初の四項目に劣らず執当

表1　執当関係年表

名前	年月日	事項	出典
①澄雲	治承元年一二月一九日	「延暦寺執当重雲」が座主明雲の坊領返与を訴える	玉葉
	寿永三年二月一一日	執当(澄雲)代官が座主補任の宣命を請取る	天台座主記
	文治二年閏七月一六日	比叡山で源行家を匿う者あり、澄雲の厳刑が議せらる	玉葉
	六月八日	九条兼実に悪僧のことを申し入れる	玉葉
	六年七月六日	前唐院の一箱を開くにあたり、内陣役を勤める	天台座主記
②実誓	建久九年九月一六日	西塔等より千僧供領聖供米減少を訴えられ流罪となる	天台座主記
③兼雲	建仁二年一月二七日	悪僧に同心するの故をもって寺家の執務を止められる	華頂要略門主伝
④長昭	建仁二年二月一五日	兼雲にかわって執当となる	華頂要略門主伝
	七月一三日	寺主仁全が執当長昭にかわり座主宣命を請取る	天台座主記
	三年九月―	座主辞任ののち座主にかわり寺務を執行する	華頂要略門主伝
⑤定覚	承元四年四月―	成功をもって聖真子社の社殿を造進する	天台座主記
	五年一〇月―	木徳庄などをもって根本中堂を修造する	天台座主記
	建暦二年一〇月―	新青蓮院を建立する	華頂要略門主伝
	建保元年六月二一日	総持院宝塔等上棟奉行を座主より命じられる	天台座主記
	二年五月六日	座主より宣旨二通を寺家に納め置くことを命ぜらる	華頂要略門主伝
⑥仁全	建保五年八月八日	客人社の社殿を造営する	天台座主記
	承久三年七月八日	承久の変後も「衆命」により執当を勤める	天台座主記
	四年三月二〇日	諸堂修理に但馬国務を付けられる	天台座主記
	貞応二年一二月一〇日	釈迦堂本尊の修理の奉行を勤める	天台座主記
	三年八月八日	別当大師廟上棟を奉行する	天台座主記
	嘉禄二年七月二九日	横川中堂の修理を奉行する	天台座主記
	一一月二六日	横川中堂修理の材木を西塔に譲り、両塔の抗争を招く	天台座主記
⑦定全	嘉禄三年八月一八日	大宮拝殿の造営を奉行する	天台座主記
	寛喜四年七月六日	座主未補の間「山門恒例仏事等」を奉行する	天台座主記

	貞永元年九月―	根本中堂仁王経興行のため太山寺の別当に任ぜられる	天台座主記
	嘉禎元年一二月八日	座主辞任、三法会を沙汰する(宣旨)	天台座主記
	二年六月九日	鎌倉への旅費を大衆僉議により寺家が沙汰する	天台座主記
	仁治元年一〇月一四日	舎利会の供米として太山寺以下が寺家に付けられる	天台座主記
	閏一〇月―	諸堂修理のため但馬国務が寺家に付けられる	天台座主記
⑧仁昇	寛元五年二月一日	座主未補により「寺家雑事中堂修二月以下」を執行	天台座主記
	宝治元年七月一六日	座主道覚の拝堂に列席する	門葉記
⑨承弁	建長元年九月―	座主尊覚の執当を勤める	天台座主記
	六年一二月二七日	座主にかわって寺家が一切経会を執行する	天台座主記
⑩定尊	正元二年一月一一日	園城寺戒壇のことにより大講堂での衆議に出席する	天台座主記
	一月二八日	座主尊助の寺家朝拝に列席する	門葉記
⑪源全	文永元年一二月二七日	座主の「御籠」によって、寺家が灌頂を執行する	天台座主記
	三年四月二一日	寺家が銭千貫を三塔に分配する	天台座主記
	八月一八日	大風による山上の党舎の被害情況を官に注進する	天台座主記
⑫定兼	文永五年三月―	野洲新庄預所得分をもって二宮の回廊を新造する	天台座主記
	一一月八日	官が寺家に三塔興隆のための十か庄を注し下す	天台座主記
	一一月―	寺家が霜月会を執行する	天台座主記
⑬兼覚	正元二年一月二八日	座主尊助の寺家朝拝に、権都維那として列席する	門葉記
	文永六年四月二五日	座主慈禅の拝堂に権寺主として参加	門葉記
	弘安六年八月二二日	山訴のことで朝廷・武家より召喚される	公衡公記
源全	弘安六年九月一七日	兼覚にかわって執当に任じられる	公衡公記
兼覚	乾元二年一月二九日	後宇多上皇の日吉社御幸に山務方のことを沙汰する	吉槐記
	二月―	近江・越前を料国として八王子・三宮を造営する	日吉社幷叡山行幸記
	延慶二年八月―	大衆の益信への謚号取り消し要求を奏聞する	日吉社幷叡山行幸記
	正和四年四月二六日	神輿帰座を西園寺公衡に告げる	公衡公記
⑭兼尋	元徳二年三月二七日	後醍醐天皇の日吉社行幸を出迎える	日吉社幷叡山行幸記
⑮兼運	建武三年一二月―	座主尊胤のもとで執当を勤める	天台座主記(妙)

	康永	三年　三月　三日	座主承胤のもとで執当を勤める	天台座主記(妙)
	貞和	元年　四月一四日	洞院公賢に中堂常燈消滅を通達する	園太暦
		七月二三日	神輿動座を洞院公賢に連絡する	園太暦
		二年　二月一三日	洞院公賢に中堂の新燈消滅を通達する	園太暦
		八月一七日	座主亮性のもとで執当を勤める	天台座主記(妙)
		三年　八月　八日	洞院公賢に「日吉神人」への新日吉社造営料免除を請う	園太暦
		八月一五日	座主尊胤のもとで執当を勤める	天台座主記
		四年　一月一二日	戸津関務の年期延長について洞院公賢に答申する	園太暦
⑯兼澄	貞和	四年　四月一四日	神輿動座を洞院公賢に通達する	園太暦
		一一月　四日	神輿動座を洞院公賢に通達する	園太暦
	観応	二年　一月二一日	足利直義より山門への三箇庄寄附を悦ぶ	園太暦
		五月二一日	神輿動座を洞院公賢に通達する	園太暦
⑰尊兼	正平	七年　七月―	祇園執行より犬神人の申状を請取る	祇園執行日記
	文和	四年一一月　九日	座主尊道より執当に任ぜられる	華項要略門主伝
	延文	二年　四月二六日	馬上役の相論での山門の勝訴を悦ぶ	園太暦
		三年一二月二八日	座主桓豪のもとで執当を勤める	天台座主記(妙)
	康安	二年　二月　八日	座主承胤のもとで執当を勤める	天台座主記(妙)
		九月二一日	座主桓鎮のもとで執当を勤める	天台座主記(妙)
	貞治	四年　九月一一日	座主尊道のもとで執当を勤める	天台座主記(妙)
	応安	六年　六月二四日	近衛道嗣に神輿入洛の動きあるを通達する	愚管記
⑱玄全	永和	二年閏七月一〇日	座主承胤のもとで執当を勤める	天台座主記(妙)
⑲純全	永和	三年　四月一五日	座主慈済のもとで執当を勤める	天台座主記(妙)
		―、―月―	「永和臨時政聞書」に「修理別当法眼純全」とあり	門葉記
玄全	永徳	元年　六月　八日	座主道円のもとで執当を勤める	天台座主記(妙)
	至徳	元年　七月一七日	座主堯仁のもとで執当を勤める	天台座主記(妙)
⑳尊能	明徳	三年一二月　晦日	座主慈弁のもとで執当を勤める	天台座主記(妙)
	応永	元年　九月―	足利義満日吉社参詣の賀表に座主・三綱とともに連署	日吉社室町殿御社参記

㉑兼忠	応永　六年　五月一四日	座主尊道より執当に補任される	華頂要略門主伝
	九月一一日	座主尊道より五箇庄召人夫を命じられる	華頂要略門主伝
㉒兼真	応永一一年一〇月二二日	座主桓教のもとで執当を勤める	天台座主記(妙)
玄全	応永一六年　三月一六日	座主良順のもとで執当を勤める	天台座主記(妙)
㉓英兼	応永一八年　六月　八日	座主尭仁のもとで執当を勤める	天台座主記(妙)
	二一年　九月　八日	座主相厳のもとで執当を勤める	天台座主記(妙)
	二六年一一月　三日	座主義円のもとで執当を勤める	天台座主記(妙)
	二七年閏一月一一日	「十禅師彼岸三塔集会事書」の末尾に署名する	北野社家条々抜書
㉔業兼	応永二七年　三月二九日	天台両法華会当年講師の寺解を座主に送る	華頂要略門主伝
㉕尭全	応永二八年　四月一一日	座主持弁のもとで執当を勤める	天台座主記(妙)
㉖兼舜	応永三五年　四月二一日	座主義承のもとで執当を勤める	天台座主記(妙)
	永享　三年　六月一六日	座主良什のもとで執当を勤める	天台座主記(妙)
尭全	永享　七年　五月二一日	座主義承のもとで執当を勤める	天台座主記(妙)
㉗兼喜	文安　四年　二月二七日	座主公承のもとで執当を勤める	天台座主記(妙)
㉘兼清	文安　四年　七月　二日	朝廷より執当職を安堵される	建　内　記
㉙真全	文明　三年　四月二八日	座主尊応より執当職に補任される	華頂要略門主伝
	四年　三月二七日	父の服喪によって真全代が座主宣命を請取る	華頂要略門主伝
	六年　一月　八日	座主より御不断経の庄々役等の申沙汰を命じられる	華頂要略門主伝
	七年　三月　九日	山科言国とともに甘露寺親長の坂本宿所を訪れる	親長卿記
	四月一〇日	座主補任式に出仕する	文明七年天台座主補任式
	八年　八月二二日	座主尊応の朝廷御礼に参仕する	言国卿記
	一一年　六月一五日	甘露寺親長に霜月会勅使参向の四方輿を貸す	親長卿記
	一四年一二月一四日	日吉社祭礼を甘露寺親長に通達する	親長卿記
	一六年一一月　一日	六月会の日時を甘露寺親長に通達する	親長卿記
	一八年　五月一二日	甘露寺親長より拝賀の鞍具足などの検知をうける	親長卿記
	長享　三年　一月二二日	子因全が父真全の病を中御門宣胤に告げる	宣胤卿記
	明応　三年　二月二五日	子言直を山科言国の猶子とする	言国卿記

㉚言全	永正一五年　四月一三日	座主覚胤のもとで執当を勤める	天台座主記(妙)
㉛貫全	天文一六年　一月二六日	山科言継に樽等を贈る	言継卿記
	永禄　五年一一月　八日	日吉社千句に参加する	御礼拝講之記

注1:「名前」につけた番号は、執当としての在任が確認できる順番を表す。ただし再任・再々任の執当については特に番号をふらなかった

2:「出典」の「天台座主記(妙)」は妙法院所蔵の『天台座主記』(本書付篇付一所収)を示す

表2　執当家系図(『続群書類従』一八八所収)

①猪熊(馬場執当)

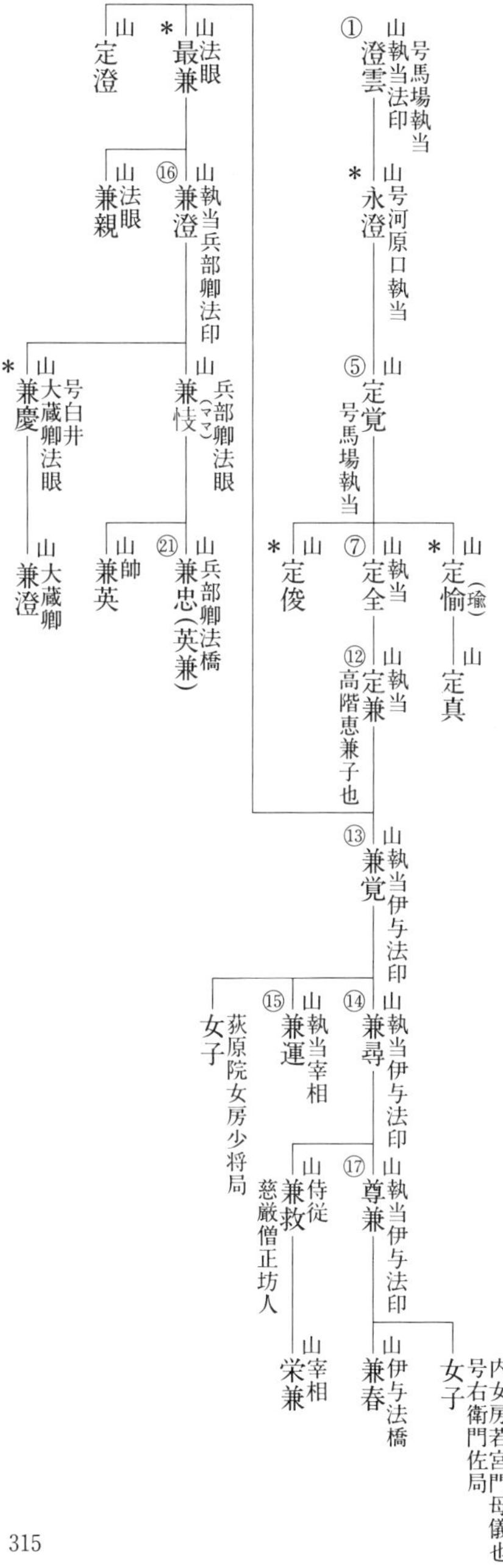

（前頁より続く）

- ＊山 定任
  - 山 覚玄
  - 山 定意
    - 定尋
    - 定聡

- 永順
  - 永賀
  - 永弥
  - 永禅 ― 永幸 ― 永満

- 岩松 ― 岩菊 ― 岩鶴 ― 岩満 ― 岩増

②堀池（梶井執当）

- 藤忠頼（延暦寺三綱 号梶井執当 大納言能実子 号小野宮大納言）
  - 山 全春（青蓮院御留守 中納言上座）
    - ⑥山 仁全（執当法印）
      - ⑨山 承弁（執当法眼）
        - ⑪山 源全（新拾遺作者 執当法印）
          - ＊山 弁全（執当法眼）
            - ＊山 行全 ― 山 恵全（法眼） ― ⑱山 玄全（侍従法眼）
            - 山 延全（侍従執当法印 哥人 新千載・新拾遺等作者） ― ＊山 昌全（法眼） ― ⑲山 純全（宰相法眼）
          - 良阿（裏書云謙全法印子）
            - 頓阿（哥人 諱泰尋） ― 経賢（法印 新千載・新拾遺等作者） ― 尭尋（権大僧都） ― 尭孝 和哥開闔（新続古今作者々撰者）
        - 山 仁恵（執当法眼）
      - 山 仁尋（富永庄自是管領也）
        - 山 仁誉（執当法眼） ― 山 仁祐（法師 仁恵弟子）

注1：○数字は、表1の番号を表す
2：＊は、寺家として三綱等の役職在任の明証のあることを表す（表3参照）

の職務として重要なものであるが、これらの具体的な内容については、こののち本文のなかで適宜検討を加えていくこととしたい。

もともと執当は三綱の役職経験者がこれを勤めることとなっていた。しかし、鎌倉時代後半以降は世襲となっており、時代ははるかに下るが、慶長六年（一六〇一）の「当今世出世制法」は、執当職の由来等について次のように記す(4)。

寺家執当者、上代以衆徒清僧補此職、故与衆徒同格務山中宮事、而中古已来為妻帯、正応四年以　院宣被附与梶井宮、但右両家、在梶井称堀池寺家、在京都称猪熊寺家、両家互補執当、猪熊方天文年間中絶、堀池寺家于今相続而、兼仕梶井殿、代々補延暦寺執当、天正十七年已来、為彼家相伝職、

これによれば、執当職は正応四年（一二九一）以降、梶井門跡の被官であった坂本の「堀池」と京都の「猪熊」の両家が世襲していたことになる。室町時代末に成立した『驪驢嘶餘』もこの両家について、「猪熊《上京》ノ寺家、梶井ノ寺家、此一族多シ、ミナ山門ノ執当ニ任ズル家也、猪熊今ハ断絶、梶井寺家イニシヘハ清僧也、貫全マデ八代妻帯也(5)」と記し、かの時代にはすでに猪熊家が断絶していたこと、および執当職が世襲となっていたことなどを伝える。ちなみ『驪驢嘶餘』に出てくる貫全とは戦国時代末の執当で、かの記録は彼の語るところを書き止めたものである。

両執当家のうち猪熊家については、『天台座主記』『驪驢嘶餘』の他にはその存在を詳しく伝える史料はない。それに対して堀池家に関しては、応永元年（一三九四）の将軍足利義満の日吉社への参詣を記録したかの有名な『日吉社室町殿御社参記』が、冒頭に「応永元年甲戌八月三日評定始　会所於堀池寺家房」と、延暦寺一山の会合をほかならぬ「堀池寺家房」で開催したことを明記しており(6)、室町時代前期における存在を確認することができる（傍点は筆者）。

また執当職の世襲に関しては、『驪驢嘶餘』の「貫全マデ八代妻帯也」という言葉のほかにこれを裏付けるいくつかの事例を見出すことができる。たとえば嘉暦年間（一三二六～二九）から元徳年間（一三二九～三一）に執当職にあった兼尋、およびその弟で観応年間（一三五〇～五二）から文和年間（一三五二～五六）に同職にあった尊兼は、ともに元弘年間（一三三一～三四）から貞和年間（一三四五～五〇）に執当職にあった兼運の甥であった（7）し、室町時代になると、文安四年（一四四七）五月、兼清なる者が父兼舜亡きあと兄兼喜の辞退を受けて執当職についており、（8）さらに時代を下っては、文明年間（一四六九～八七）から天文年間（一五三二～五五）頃にかけて執当職にあった真全・言全の二人は父子であった徴証がある。（9）すなわち、これらいくつかの事例から『天台座主記』のいう執当職の世襲が不十分ながら裏付けられるのであり、それ以前においては、適宜、三綱から選ばれていた同職は、鎌倉時代後期以降、ほぼ中世を通じて、堀池・猪熊両家によって世襲されていたと理解して大過ないものと考える。（10）『続群書類従』所収の両家の系図を参考までに表2として掲げる。

〔三綱〕　三綱は他の寺院と同じく、上座・寺主・都維那の三役から構成される。権上座・権寺主・権都維那の三役も史料上は見えているが、それらを含め三綱の構成は通常の諸寺院に見られるものとなんらかわりない。

鎌倉時代以降の三綱の成員を表にしたのが表3である。参考のために同時期の執当をも合わせ記しておいた。兼覚・兼運・兼澄などの例からあきらかなように、少なくとも鎌倉時代後期以降は、原則として三綱の役職を都維那・寺主・上座と下から順次勤めてきた人物が執当職になっていたことが確認できよう。

三綱の人選が、本来、いかなる基準をもって行なわれていたかは定かではない。ただ執当職が世襲となった鎌倉時代後半以降は、いわゆる「寺家」の堀池・猪熊両家によって三綱の職も独占されつつあったものと推定される。『驪驢嘶餘』は三綱について「三綱、寺家以下ノ衆多シ、輪番ニ執当職ニ任ル也」と記しており、中世後期には「寺家」がほぼ三綱の職を独占、その結果として三綱の「輪番」としての執当職もが両家によって独占され

表3　延暦寺執当・三綱一覧

年月	執当	上座	権上座	寺主	権寺主	都維那	権都維那	出典
保延四年一一月	栄覚	(永澄)						門葉記一七三
安元三年　五月	澄雲	永澄	寛賢	性真	春勢			門葉記一七三
治承元年　七月		永澄	寛賢	性真	春勢			華頂要略門主伝
寿永三年　―月	澄雲	永澄		春成		澄尊		門葉記一七六
建久三年一二月	実仙	(長昭)			貞円			門葉記一七三
建仁二年　七月	長昭			仁全	定覚			天台座主記(裏書)
建保元年　六月	定覚		定全		定俊		弁雲	天台座主記
承久三年　四月	仁全	経真		良印		定尊		天台座主記
貞応三年　五月		仁昇		良印		定尊		停止一向専修記
寛喜元年　四月	定全				承弁		豪全	門葉記一七三
三年　四月	(定全、睿舜)							華頂要略門主伝
嘉禎元年　七月	定全	(定宴、承弁、定任、円全)						天台座主記(裏書)
四年　四月	定全	承弁		定任				門葉記一七三
宝治元年　八月	(定兼、円全)							華頂要略門主伝
二年一〇月	(定任、俊昇)							華頂要略門主伝
正元元年一一月	(定尊)				仁禅他		兼覚他	門葉記一七四
文永五年　八月	(弁全、最兼、顕昇、仁禅)				定愉	兼覚		華頂要略門主伝
六年　四月				仁禅	兼覚			門葉記一七四
建治三年　一月	(仁真、兼覚)							門葉記一七四
弘安六年　八月	兼覚	(定意)						公衡公記
正応元年　六月	(兼覚)		仁真	全覚	守尋他		行全他	兼仲卿記
正中元年一二月	(兼澄、房仁)							華頂要略門主伝
嘉暦四年　二月	兼尋	(仁祐)		兼運	兼澄他	昌全		門葉記一七六
元弘元年一二月	兼運			兼澄		昌全	尊兼他	門葉記一七五

注：役職名が特定できない人名は（　）で示した

暦応二年一一月	兼運		兼澄	昌全		尊兼他		門葉記一七五
二年—	(兼澄)	昌全	尊兼	兼快	恵全	快全		門葉記一七八
観応二年　三月	(兼澄、兼快、恵全、快全、兼春)							門葉記一七五
延文—			兼慶	純全他		兼智		門葉記一七八
永和—	純全	栄兼	深全	兼忠	弘兼	澄全		門葉記一七八
永徳元年　六月	玄全	(弘兼、英兼、澄全、尊春、堯全)						門葉記一七七
応永元年　九月	尊能	兼忠		弘兼		英兼		日吉社室町殿御社参記

るにいたっていたものと考えられる。[11]

⑵所司

「公文所司」の略で、公文所の職員のこと。「公文」とも、またのちには「寺官」ともいう。南北朝時代以降に見える役職名としての「公文所」は、その長官を指すのであろう。[12] その主な職務内容は、①寺家の諸行事への参加、②公人を指揮しての検断権の行使、③千僧供料庄園への諸役賦課(「公文所支配状」の発給)、④集会時の大衆と寺家との連絡、⑤大衆嗷訴時の執当への注進(「公文所注進状」の発給)の五点に整理できる。これらの職務内容からうかがわれるように、所司は寺家にあって、執当・三綱のもとで実務を担当した役職であった。なお、「寺官」といえば、一般的にはこの公文所の所司を指す。

⑶七座公人

『驪驢嘶餘』は「七座公人」として、四至内、維那、鑰取(鎰取)、出納、庫主、政所、専当の七つの役職名をあげる。ただ、公人とはいいながら、四至内とそれ以外の役職の間には歴然とした区分が存在しており、以下ではこの二つを分けて整理する。

〔四至内〕　四至内の職務について、辻氏は、馬借の統制、坂本での紛失状の保証や狼籍処分、法会に参加する公家への供給の準備、将軍の日吉社参費用の勘定等をあげるとともに、その「寺内での財政・経理面での活動」が著しいことに注目されている。(13)

限られた史料から四至内の職務内容を正確に定義づけることはむずかしいが、坂本を中心として、寺家の検断・財政に大きく関わった職であることはまちがいない。鎌倉時代のはじめに執当がその職務を放棄し、「山上坂本事無人于成敗」となった時には、「兵杖禁制並敗軍捜索間事」が「四至内目代並公文所司等」の「施行」に委ねられており、(14)四至内の検断権が公文所と並び称せられるほど大きなものであったことがわかる。また、山内の儀式においては、四至内はもっぱら「膳」「饗」のことを勤めており、財務に深く関わった職であったらしいことがうかがわれる。(15)

ただ、四至内は、公文所の統率下にあった寺家公人のように、領有下の庄園や末寺・末社にまで出向いていくことはなく、その活動は坂本を中心とした延暦寺一山内に限定されており、この点で四至内の職務は、その名の通り、基本的には延暦寺の「四至内」に限られたものであったと推定される。

〔寺家公人〕　延暦寺には「寺家・社家・院々谷々公人」と呼ばれた、所属を異にするいく種類かの公人たちがいたが、(16)ここにいう「寺家公人」とはいわゆる寺家所属の公人を指す。このうち公文所に直属して、その指揮下で実働部隊として活動したのは、「七座公人」のうち維那、鎰取、専当であった。公文所がその検断権の行使にあたって現場に派遣した「山門公人」とは、原則として、この三役の公人に限定される。(17)

なお「七座公人」の残りの出納・庫主・政所の三職については、彼らが寺家公人として活動した確実な徴証が見出せず、その実態については今後の課題とし、とりあえずここでは維那・鎰取・専当らの寺家公人とは区別されるべき存在であったことだけを指摘しておきたい。

以上、寺家を構成する役職について見てきたわけであるが、ではこのように執当を頂点として歴然と整備された執行組織としての寺家は、延暦寺のなかで具体的にどのように機能していたのであろうか。

寺家に直接命令を下して、これを動かすことのできる勢力は二つあった。座主と大衆である。寺家が座主・大衆とそれぞれいかなる関係を結び、その下でどのように機能していたかを、次に見ていくこととしよう。

二　寺家と座主

(1)文書の発給

辻氏によれば、執当は天台座主の直接の管轄下にあったという。[18] 確かに執当は座主の下にあって、その指令に基づいて寺家を指揮、延暦寺一山を動かしていたが、では具体的に執当はどのような形で座主から指令をうけ、これを寺内に伝達、施行していたのであろうか。

表4は執当に宛てた座主御教書（令旨）の一覧である。限られた事例ではあるが、座主御教書が通常、宣旨・院宣などを受けそれらを寺家に下達するために発せられていたことが知られよう。また、わずか一点であるが、座主が独自の権限に基づいて執当に施行を下達している例もあり、執当が基本的に座主の直接の管轄下にあったことは、表4からも改めて確かめることができる。しかし、ここで特に着目したいのは次の二点である。

その第一点は、座主が執当宛の命令を原則として「座主御教書」をもって発していたという事実である。御教書とはいうまでもなく、奉者が発給主体の意志を奉じて発する奉書形式の文書をいう。そして、座主御教書においては、座主が所属する門跡寺院の門徒僧綱や坊官がその奉者を勤めるのが通例となっていた。つまり文書の伝達経路から見れば、座主の意志は門跡の家政機関を介してはじめて執当にいたることになっていたわけであり、座主と寺家の関係が、門跡の家政機関を抜きにして理解できないことを、執当宛の座主御教書は示している。[19]

第二点は、座主から御教書をもって命令をうけた執当が、「延暦寺政所下文」をもってこれを寺内等に施行していた点である。[20]「延暦寺政所下文」とは、すでに述べたように、執当・三綱が連署して発給する下文形式の文書であり、延暦寺が発給する公的な文書であった。寺家による延暦寺政所下文の発給は、当然のことながら、座主に延暦寺の公的な文書の発給を求める権限があったことを物語っている。

平安時代後期より座主職は、青蓮院・妙法院・梶井門跡をはじめとする諸門跡・脇門跡等の門主が交替で勤めることとなっていた。[21]彼ら門主は、通常、独自の家政機関をもって仏事の執行、門跡領の管轄などを行なっていたが、いったん座主に就任した場合、その家政機関をもって寺家に指令を発し、延暦寺の名のもとに公的にこれを執行させていたことが、改めてここからは確認できるのである。

座主の交替ごとに、異なる門跡の私的な家政機関が、公的な延暦寺の執行機関の上に立つというこのようなシステムの下、寺家はこれにどう対処していたのであろうか。新座主の就任時に執行された一連の儀式を見るなかで、座主の私的な家政機関と公的な寺家の関係のあり方について考えていくことにしよう。

表4　執当宛の天台座主御教書

文書名	年月日	宛所	備考	出典
慈円御教書	建保二年　五月一〇日	執当法眼(定覚)	順徳天皇宣旨(同年五月　七日付)	華頂要略門主伝
承円御教書	承久三年　四月　八日	執当法眼	後鳥羽上皇院宣(同年四月　八日付)	天台座主記
円基御教書	嘉禄三年　六月二九日	執当法印	後堀河天皇宣旨(同年六月二九日付)	停止一向専修記
円基御教書	嘉禄三年　七月　五日	執当法印	後堀河天皇宣旨(同年七月　五日付)	停止一向専修記
尊助令旨案	弘長元年一一月一五日	執当法眼		葛川明王院史料
慈勝御教書	文保三年　四月一九日	執当法眼	後宇多上皇院宣(同年四月一九日付)	禅定寺文書

注1：備考には、当該の御教書が奉じた宣旨・院宣とその発給年月日を示した。
2：弘長元年十一月十五日付の「執当法眼」宛の「座主尊助令旨案」(「国立国会図書館所蔵史料」一七七号。内容から弘長元年の発給文書と判定した)は、宣旨・院宣を受けておらず、座主独自の権限で発せられたものと考えられる。

⑵座主就任時の儀式

座主就任に関わる儀式は、大きく分類して、①宣命の授受、②登山、③印鎰の授受と御政・饗膳、④拝堂・拝賀、の四つに分けることができる。のちにはそのいくつかが略される場合も少なくないが、鎌倉時代にはほぼこの四つが順を追って執行されていた。建久三年（一一九二）十一月、青蓮院門主の慈円が初めて座主に就任したときの次第を例として、これら各儀式について簡単に見ていく。(22)

〔宣命の授受〕　座主職の補任権は朝廷に属し、その補任は宣旨をもって行なわれることとなっていた。ただ、朝廷から下される宣旨は、直接、新座主に届けられたわけではなく、勅使によっていったん山上の執当に届けられ、執当が改めて座主のもとにこれを持参するのが恒例であった。建久三年の場合には、慈円の座主職就任が決定したのは十一月二十九日のことで、宣旨が下ったのが十二月二日。その日のうちに少納言藤原親家が勅使として比叡山に登り、宣旨は執当実仙に手渡されている。執当実仙が慈円の居所としていた粟田口の甘露王院にこれを届けたのは、十四日後の十二月十六日のことである。

この宣旨の授受において重要なのは、いうまでもなく朝廷と新座主との間に執当が介在していたという点である。執当が宣旨の受け取りを拒否すれば、朝廷の座主補任はその実を持たないという事態も十分想定できたわけであり、寺家ひいてはこれを統括する執当の存在が、座主にとって想像以上に重いものであったことが、まずこの「宣命の授受」からうかがえる。

〔登山〕　宣命を受け取った新座主は、「印鎰」以下の一連の儀式執行のために日時を決めて比叡山に登ることとなるが、慈円の場合には宣命を受け取ってから約三か月後の建久四年三月二十三日、参内拝賀後に雲母坂経由で山上にいたっている。この登山で注目されるのは、その重々しい従者の行列である。この時に慈円が率いた従者の数は総勢百人にも及び、それらすべては青蓮院に所属する職員によって構成されている。つまりこの登山の時点では当然のことながら執当の率いる公的な寺家の職員はいまだ新座主の管轄には入っておらず、私的な門跡の職員のみがこれに付き従っていたことがわかる。寺家が新座主と最初に接触するのは「水飲」[23]における坂迎においてで、かの地点で寺家の一部と合流した新座主慈円の行列はやがて山上にいたる。

〔印鎰・御政・饗膳〕「印鎰」とは延暦寺印一面および経蔵・前唐院の鍵二柄を座主が寺家より受け取る儀式のことで、建久三年の場合には南山坊においてこのことが行なわれている。ついで寺家提出の吉書に座主が印を捺すいわゆる「御政」、さらには座主が寺家の職員を饗応する「饗膳」が執り行なわれ、これをもって寺家から新座主への寺務の引継ぎはすべて終わる。「印鎰」から「御政」「饗膳」と続く一連の儀式で注目すべき点は、これらの諸儀式がすべて寺家の職員から門跡の職員への事務引継ぎの形で進行していることである。たとえば、「印鎰」についていえば、寺家によって南山坊の庭上に運び込まれた「印鎰」は、所司から門跡の職員に手渡されており、吉書に押印したあとは、門跡の職員「房官」二人がこれを御所中に収納している。

〔拝堂・拝賀〕饗膳ののち新座主が山内の諸堂を巡拝する儀式が「拝堂」である。この拝堂のための「召人夫」費用は、近江国内の「山門領」諸庄園に賦課されるのが通例となっていた[24]。また「拝賀」とは日吉社への拝賀のことで、日吉七社の社殿を巡拝のうえ、社司・宮司に禄を賜わることなどが行なわれた。「拝賀」は拝堂の数日後に執行されることが多く、建久三年には三月二十三日の「拝堂」から四日後の同月二十七日に執り行なわれている。拝堂・拝賀は、座主が延暦寺・日吉社の堂舎をすべてをその統括下に置くにいたったことを内外に示すための儀式と理解することができるが、ここでも青蓮院職員をもってする仰々しい行列が偉容を誇っている。

簡単に新座主の就任に関わる諸儀式を見てきたわけであるが、これら座主就任のたびごとに繰り返された儀式の本質が、新座主の延暦寺支配を内外に誇示する点にあったことは改めて指摘するまでもあるまい。ただ、それとともに重要な点は、これらの儀式が、本来、門跡寺院の私的な機関である座主の家政機関を、延暦寺の公的な機関である寺家の組織の上部に位置づけるための手続きという側面をも有していたことである。座主がその家政機関を通じて御教書を発し、これをもって寺家に命令を下すという体制は、まさにこれら一連の儀式を通じて基礎づけられていったものと解される。

座主が短期間に手際よく寺家をその管轄下に組み込みえるという点では、これらの儀式はきわめて有効であったと考えられるが、ただ、その反面これによって座主の寺家に対する管轄権がきわめて限定されたものとならざるをえなかったことも確認しておく必要があろう。座主の寺家への管轄権の限界をなによりもよく示すのは、表1であきらかなように、座主の交替にともない執当が交替した例がほとんどないという事実である。つまり寺家の人事権は座主の関与するところではなかったのであり、座主就任時の一連の儀式は、寺家の側からすれば、座主からの独立性を持続するために、必要不可欠な儀式であったともいえる。

以上、いずれの点から見ても座主が寺家を自らの管領下においていたことはまちがいないものの、その座主の寺家に対する管轄権は、きわめて限定されたものであったと結論づけることができる。

三　寺家と大衆

寺家の機能を考えるにあたって、座主との関係とともに今一つ注目されなければならない勢力がある。それは延暦寺の大衆である。寺家が大衆といかなる関係にあったかを次に考えていくこととしよう。

大衆の意志は通常、集会によって決定され、その意志はいくつかの文書をもって伝達されることとなっていた。大衆が発給した文書としては、①奏状、②集会事書、③告文、④申詞、の四種類があげられるが、ここでは奏状と集会事書の二つをとりあげ、大衆と寺家との関係を考えてみたい(25)。

〔奏状〕　奏状とは一山の大衆が集会における決議の執行を求めて直接天皇に上申するときの文書形式で、一般には「延暦寺大衆法師誠惶恐惶謹言」の書き出しではじまり、「衆徒等誠惶恐惶謹言」の書止文言で終わる。参考までに管見の限りで、鎌倉時代以降の奏状の事例をあげておく（表5）。

この奏状形式の文書で問題としたいのは、その内容もさることながら、これが大衆の上申文書としていかなる形で朝廷にまで伝達されていたかという点にある。治承元年（一一七七）十二月に起こった訴訟の場合、大衆の奏状は、寺家の執当を通じて朝廷に執達されており、『玉葉』はその間の経緯を「延暦寺執当重雲参陣、以奏状付蔵人弁光雅」と簡潔に記している。[26] 執当が大衆の執行機関としての役割を果たしていたことを物語るものといえよう。

むろん朝廷はこれら大衆の奏状上申を積極的に認可していたわけではなかった。逆に大衆を直接の交渉相手とすることは極力避けたかったようで、貞永元年（一二三二）五月の大衆の訴訟にあたっては、「衆徒会合進使者事」の是非が検討されている。[27] しかし、大衆の決議を完全に無視することはできず、[28] 鎌倉時代後期になると、三門跡をもって大衆の蜂起に備え、かつ大衆との交渉の仲介に用いるという新たな方策が打ち出されてくる。たとえば文永元年（一二六四）の園城寺との争いでは、大衆の蜂起を警戒して青蓮院以下の三門跡が山上の堂舎を「分配警固」しており、[29] 文永五年（一二六八）の園城寺との抗争でも、山上は梶井（梨本）、日吉社頭は青蓮院と両門跡がそれぞれの堂舎を接収・管理している。[30] また、正和四年（一三一五）の大衆の訴訟では、「三門徒」が事態の収拾に乗り出しており、[31] この頃より、三門跡・三門徒が大衆と朝廷の間に介在し、調停役を勤める体制が次第に作りあげられていく。

だが、このような三門跡・三門徒の訴訟への介在は、決して大衆の本意とするところではなかった。大衆は一貫して三門跡・三門徒の訴訟への介入に強い抵抗を見せており、応安元年（一三六八）の訴訟において、「雖非三門跡御取継、直自公方、則以寺家被触仰山上、不適于今、山門之故実也」として、朝廷からの下達に三門跡の

表5　大衆発給文書

年月日	事項	出典
治承元年一二月一九日	執当の澄雲が参陣し「奏状」を蔵人弁光雅に渡す	玉葉
建久二年　四月　五日	三綱が「奏状」を九条兼実のもとに持参する	玉葉
建保五年　五月—	大衆が「奏状」をもって専修念仏の禁止を訴える	牒状類聚
貞応三年　五月一七日	大衆が「奏状」をもって専修念仏の禁止を訴える	停止一向専修記
貞永元年　五月一一日	大衆が「奏状」をもって性淵の権律師任命を訴える	民経記
元徳三年　七月—	大衆が「奏状」をもって佐々木時信の流罪を訴える	牒状類聚
康永四年　七月　日	大衆が「奏状」をもって無窓疎石の流罪を訴える	康永四年山門申状
応安元年閏六月	大衆が「奏状」をもって南禅寺の撤去等を訴える	南禅寺退治訴訟

「御取継」を拒否しているのは、そのもっともよい例といえる。(32) そして、このとき、大衆が「以寺家被触仰山上」を要求していることは、朝廷との交渉において彼らが「寺家」を自らの執行機関と理解していたことをなによりもよく物語っている。ちなみにかの時に大衆が、朝廷より直接「被触仰山上」先例としてあげたのは、元亨二年（一三二二）十月三日付の「執当」宛の「後宇多上皇院宣」であった。

　このように奏状の上申、それに応えたかたちでの朝廷から大衆への下達について見てくると、それらが当初よりすべて寺家を窓口として成立していたことがわかる。大衆という集団が外部に向かってその意思を表明しようとしたとき、また外部からの意思の伝達を受信しようとしたとき、その窓口は寺家をおいてなく、名実ともに寺家は大衆の執行機関として機能していたということができる。

〔集会事書〕　集会事書とは大衆が集会の決議結果をもってその施行を該当の執行機関に下達するための文書で、上は三塔の集会から下は谷・尾の集会にいたるまで発給主体は極めて多岐にわたる。その書式ははじめに集会の日時と開催場所、続いて宛名、最後に決議の詳細が記されるというのが一般的なものであった。管見の範囲で

「集会事書」を集め一覧としたのが表6である。この表では、小規模な集会のものは省き、三塔大衆によるいわゆる「三塔僉議」に基づいて発給された集会事書にのみ限定した。

集会事書が、原則として、山内の諸機関宛に発せられたいわゆる寺内の文書であったことは、表6の宛所を一見すればあきらかであろう。奏状が延暦寺の外部に向けて上申された文書であったとすれば、集会事書は延暦寺の内部に向けて下達された文書であったということができる。そして、集会事書には、なによりも寺家宛のものが多いことに気がつく。「為寺家沙汰」としていう文言をもって寺家にその執行を求めたそれら集会事書は、大衆が寺内で合法的に行動を起こそうとしたとき、事実上、その多くを執行機関としての寺家に頼らざるをえなかったことを指し示している。(33)それはまた観点をかえていえば、大衆の集会での決議がそれだけでは単なる大衆の意思表明にとどまり、これを現実のものとするには、執行機関としての寺家に頼るしか手立てがなかったことを物語っているともいえる。

ただ、大衆が集会事書という文書をもって寺家に指令を発するのが一般的になったのは、現在残る例で見る限り、鎌倉時代後半以降のことである。では、それ以前、大衆の集会の結果はどのようなかたちで執行されていたのであろうか、延応二年（一二四〇）五月、専修念仏の禁止を決議した「大衆僉議」は、「公文勾当審賢」なる者によって祇園社の執行に下達されているが、この勾当審賢とは、ほかならぬ寺家の所司であった。(34)早くかの時期より大衆の決議は所司によって施行されていたわけであり、集会事書成立以前においても、寺家は大衆の執行機関として機能していたと理解してよい。

このほか南北朝時代の例であるが、寺家の公文所（役職名）があきらかに大衆集会に参加していたことを示す事例もあり、(35)寺家の一部は古くより大衆の集会に深く関与し、その決議をまとめるなどの雑務を執り行なっていたものと推定される。集会事書成立以前も、またそれ以後も寺家は大衆の執行機関として機能していたわけであ

表6　三塔集会事書一覧

年月日	文書名	「事書」の文言	出典
正和四年　五月二一日	食堂集会事書	早(為寺家沙汰)可被相触京都上綱事	公衡公記
康永四年　七月　四日	政所集会事書	早可被相触谷々事	山門訴申
七月一一日	生源寺集会事書	不廻時刻為寺家沙汰可相触三塔事	山門訴申
七月一八日	政所集会事書	早可被相触寺家事	園太暦
八月　三日	政所集会事書	早為寺家沙汰可申入貫主事	山門訴申
観応元年一二月　六日	社頭集会事書	忩為寺家沙汰可被申入三門跡事	園太暦
二年　五月二〇日	政所集会事書	可早為寺家沙汰可被申入貫主条々	園太暦
文和二年　四月一四日	政所集会事書	早為寺家沙汰可被申入貫主事	園太暦
応安元年閏六月二一日	政所集会事書	早可被相触祇園執行僧都事	続正法論
閏六月二三日	政所集会事書	早為寺家沙汰可被相触建仁寺事	続正法論
閏六月二七日	政所集会事書	為寺家沙汰被達武家事	南禅寺退治訴訟
閏六月二九日	社頭集会事書	為寺家沙汰、且経奏聞、且可被相触武家管領事	続正法論
七月一〇日	政所集会事書	早為寺家沙汰不移時刻可経奏聞事	山門嗷訴記
七月二六日	政所集会事書	早不移時刻可被相触在京宿老中事	山門嗷訴記
七月　晦日	政所集会事書	早可被相触寺家事	北野天満宮史料
八月　四日	十禅師集会事書	早為寺家沙汰可被申達公家武家事	南禅寺退治訴訟
八月二〇日	政所集会事書	早可被相触寺家事	続正法論
八月二五日	政所集会事書	重可被相触寺室事	続正法論
二年　四月一七日	政所集会事書	早可相触寺家事	八坂神社文書
四年　三月　八日	社頭集会事書	早為寺家沙汰可被経奏聞事	含英集抜萃
永和元年一二月一一日	十禅師集会事書	早為寺家沙汰被触申北野社務辺事	北野天満宮史料
一二月一一日	彼岸所集会事書	可早相触寺家社家事	北野天満宮史料
康暦元年　六月　六日	社頭集会事書	可早為寺家沙汰被相触祇園執行事	北野天満宮史料
至徳三年　七月一三日	政所集会事書	可早相触寺家事	北野天満宮史料

応永元年　八月　七日	社頭集会事書	可早被相触在京衆分事	日吉社室町殿御社参記
八月　七日	社頭集会事書	可早為給主沙汰被相触山門領庄々百姓沙汰人等事	日吉社室町殿御社参記
八月　七日	聖女集会事書	可早為寺家沙汰相触院々谷々事	日吉社室町殿御社参記
八月　七日	聖女集会事書	可重被相触在京衆分	日吉社室町殿御社参記
八月　九日	生源寺集会事書	可早為四至内沙汰相触馬借等事	日吉社室町殿御社参記
八月　九日	生源寺集会事書	可早為寺家沙汰相触棧敷本主事	日吉社室町殿御社参記
八月一〇日	社頭集会事書	可早為寺家沙汰被申入青蓮院御門跡事	日吉社室町殿御社参記
八月一一日	(社頭)集会事書	可早為寺家沙汰被相触六箇條三津浜事	日吉社室町殿御社参記
八月一五日	社頭集会事書	可早為寺家沙汰相触院々谷々條々	日吉社室町殿御社参記
八月一五日	社頭集会事書	可早相触社務事	日吉社室町殿御社参記
八月二三日	社頭集会事書	可早為社務沙汰被相触神供奉行	日吉社室町殿御社参記
九月　六日	社頭集会事書	可早為寺家沙汰被相触院々谷々事	日吉社室町殿御社参記
九月　八日	社頭集会事書	可早為寺家沙汰被相触三塔事	日吉社室町殿御社参記
九月　八日	社頭集会事書	可早為寺家沙汰被相触坂本中事	日吉社室町殿御社参記
二七年閏一月一一日	十禅師集会事書	早可為寺家沙汰被触申北野社務辺事	北野社家条々抜書

注：事書では文頭に集会の場所を明記することになっており「文書名」でもそれを生かした。なお十禅師・聖女社での集会はともに彼岸所をその場所としている。

り、大衆が寺内においてその意思を貫徹しようとしたとき、実務の拠り所は寺家をおいて他にはなかったといえよう。

以上、簡単に奏状・集会事書を素材として寺家と大衆の関係について見てきたが、大衆が内外に向けて行動を起こそうとしたとき、常に執行機関としての寺家に依存せざるをえなかったことがあきらかとなった。この点において、大衆は基本的に座主と同じ態度で寺家に臨んでいたといえる。ただ、大衆と座主を比較した場合、いくつかの大きな相違点があった。座主の寺家への管轄権が間接的・一時的なものであったのに対して、大衆のそれが直接的・継続的であった点や、座主が明確にその職権として寺家を統括する権利を有していたのに対して、大衆が集会の決議といういわゆる「衆議」を経てはじめてその管轄権を行使できた点などである。

では、この対照的な座主と大衆という二つの公的な勢力は、その権威の源泉をどこに有していたのであろうか。寺家の中世後期への展開を展望するなかで、この点について考えてむすびとしたい。

むすび

大衆の集会の根底にあったのは、「僧伽」と呼ばれた「和合」の精神であった。思えば、寺家の中核を成していた三綱も、本来は「和合」の精神に基づき大衆の代表として選ばれた人々であり、延暦寺の寺家がいかなる過程を経て執当を頂点に頂く執行機関として整備されてきたかは改めて問い直されなければならないものの、その根底にあったのは、やはり同じ「和合」の精神であった。そして、そうであったればこそ、大衆は寺家を自らの執行機関と認識、これを管轄し続けていたものと考えられる。

鎌倉時代の大衆と寺家との関係について黒田氏は、「(大衆には) 所詮寺家を措いて究極の拠所はなく、依然寺家こそが権威と秩序の根幹でなければならなかった」と述べられている。[36] ここでいう「寺家」とは、執行機関としての「寺家」ではなく、公的な組織原理としての「寺家」ではあるが、大衆の「究極の拠所」が名実ともに寺家に存したことを明確にした点において、氏の指摘は両者の関係の本質を鋭く突いたものといえる。

一方これに対して、寺家を管轄する今一つの勢力―座主―の場合、その根幹にあったのはむろん「和合」の精神などではなかった。門跡寺院の門主が座主を勤めるようになって以降、座主にもっとも大きな支配力をもっていたのは朝廷であった。朝廷が宣旨をもって座主を任命したこと、またことあるごとに綸旨・院宣をもって座主に命令を下していたことなどは、すでに見た通りである。これらの点からすれば、座主の地位をその根底で保証していたのは、朝廷という寺院外部の世俗権力であったと判定せざるをえない。古く律令制の時代から「和合」

の精神を根幹におく大衆に対し、世俗権力的な支配から強い制約が加えられていたことは、これまた黒田氏によってすでに指摘されているが、座主の寺家管轄権はそのような律令制以来の世俗権力の支配の延長線上に位置付けられなければならないものと考える。

以上きわめて不充分ではあるが、中世の寺家が、仏教的理念を根幹においた寺院内の大衆と、寺院外部の世俗権力に基礎をおいた座主という、拮抗する二つの力のいわば接点に位置した組織であったことが確認できたものと思う。

鎌倉時代後期にはじまる執当職の世襲化は、そのような寺家が両勢力の均衡の上に立ちながら、組織として独自の発展を遂げつつあったことを示すものである。ただ、寺家のこのような発展は、どこまでも座主と大衆という両勢力の緊張した均衡関係を前提として初めて可能であったことは忘れてはなるまい。特に南北朝時代末に室町幕府が山門使節制度をもって大衆内の有力者を直接組織しはじめるや、寺家がただちにその公的な執行機関としての内実を失っていったという事実は、この点を抜きにしては理解できないものと考える。

(1)　黒田俊雄「中世寺社勢力論」(『岩波講座日本歴史』六、一九七五年)。
(2)　辻博之「中世における近江坂本の発展と都市景観」(『ヒストリア』八八、一九八〇年)。伊藤俊一「青蓮院門跡の形成と坊政所」(『古文書研究』三五、一九九一年)。
(3)　前掲注(2)辻論文参照。
(4)　『天台座主記』「常胤」。
(5)　『群書類従』四九〇。『驪驢嘶餘』には、永正十七年(一五二〇)正月九日に没した梶井宮堯胤法親王の事跡や、永正末年頃に執当職を勤めていた言全(表1参照)に関する記述があり、十六世紀前半以降の延暦寺の寺院組織について詳しい。

(6)『続群書類従』五四。

(7)『門葉記』一七五「入道親王（尊円）」。座主任命の宣命請取の次第を記した部分に「尊兼法橋故執当兼尋法印真弟兼運僧都甥也」と見える。

(8)『建内記』文安四年七月二日条に「故兼舜兼清父兼喜兄」とある。同年五月十九日、七月一日・三日条参照。

(9)応仁の乱を避けて坂本に仮住まいしていた山科言国は執当真全と極めて密接な交遊関係を結んでおり、明応三年（一四九四）にはその子言直を猶子としている（『言国卿記』同年二月二十五日条）。言直はのちに言全と改名、執当となっており、またその子の典全は言国の子言綱の猶子となっている（『言継卿記』天文十六年正月二十六日条）。山科言国と執当真全の交遊にはじまる山科家と執当家との関係については本篇第四章参照。

(10)鎌倉時代後半以降の歴代の執当の大半は、その名に多く「全」もしくは「兼」の一字を持っており、あるいは掘池・猪熊両家の執当はそれぞれ「全」「兼」の一字を世襲することとなっていたのかもしれない。

(11)「寺家（執当家）」の構成メンバーを知る手がかりとしては、『兼仲卿記』正応元年（一二八八）六月七日条に収められた「延暦寺六月会後奏」がある。そこには「修理権別当法眼和尚兼覚」以下十七名の連署が見えている。連署者の内訳は「修理権別当」七名、「権上座」一名、「寺主」一名、「権寺主」七名、「権都維那」一名で、彼らが「寺家」の主要メンバーと考えてよかろう。ちなみにこのうち表2執当家系図で名前が確認できるのは兼覚・仁恵・定瑜・仁誉・最兼・定意・定真・行全の八名となっている。

(12)これら所司の職務の詳細については別に論じざるをえないが、それぞれについて簡単にその内容を提示しておく。①については、次節で論じる新座主の就任に関わる諸儀式が参考になる。所司はこれらの諸儀式に執当の指揮の下にすべて参加している。②の検断権に関しては、検断の実行者であった「寺家公人」が公文所への復命を行なっている、『祇園執行日記』正平七年五月二十一日条および同年七月十日条の記事をその徴証として指摘しておくにとどめる。③の千僧供領庄園への諸役賦課に関しては、『近江井口日吉神社文書』に収録されている「公文所支配状」以下一連の文書がその職務内容を如実に物語ってくれる（福田栄次郎「山門領近江国富永荘史料――『近江井口日吉神社文書』について」〔『駿大史学』五八、一九八三年〕参照）。④⑤は、『園太暦』貞和元年五月二十九日条、同年八月十四日条等に具体例を見ることができる。

(13)前掲注(2)辻論文参照。

(14)『天台座主記』承久三年七月条。
(15)『門葉記』一七三〜七。
(16)元徳三年七月付「延暦寺大衆奏状」(『牒状類聚』)。
(17)中世、延暦寺の支配下にあった祇園社の執行は、検断のために同社にやってきた公人の本来の職種を詳しく記している。それによれば、「寺家公人」として坂本の寺家より派遣されてきたのは、維那・鎰取・専当の三つの役職の者に限られている(本篇第三章参照)。
(18)前掲注(2)辻論文参照。
(19)前掲注(2)伊藤論文参照。青蓮院の私的な家政機関「坊政所」の実態について論じられている。
(20)表4のうち、承久三年の「座主承円御教書」、嘉禄三年の「座主円基御教書」二通は、それぞれ「延暦寺政所下文」をもって施行されていたことが確認できる。
(21)前掲注(1)黒田論文、ならびに尾上寛仲「天台宗三門跡の成立」(『印度学仏教学研究』四一、一九七二年)参照。
(22)『門葉記』一七三。以下の建久三年の儀式はすべて同史料に基づく。
(23)「水飲」は京都の北東、修学院から根本中堂にいたる、いわゆる雲母坂の途中の地名。現在は当該地に碑が立つ。天禄元年(九七〇)七月付の良源の「二十六箇条起請」に、「不可籠山僧出内界地際事」として「西限水飲」と見えており、古くより延暦寺の西の結界地点となっていたことが知られる。なお正徳元年(一七一一)刊の『山城名勝志』一二は「水飲」について、「水呑嶺在雲母坂上、昔有地蔵堂号脱俗院、此所山門結界一也、今有和労堂一宇」と記す。
(24)室町時代には、「御拝堂召人夫」が寺家より近江国内の富永庄、木津庄、栗見庄、愛智上下両庄の五つの「山門領」に賦課されていたことは『近江井口日吉神社文書』(前掲注12)に詳しい。なお、これら「山門領」に対する寺家の支配については本篇第二章参照。
(25)③告文とは、大衆の一部が他の大衆に宛てて通達する時に用いられたもので、宛所をその下に記した「告申」の文言で始まり、事書・本文と続き、「所告申如件」の書止文言、年月日で終わる文書(康永三年十二月日付「大衆告文」『三千院文書』、同年七月三日付「大衆告文」『康永四年山門申状』等参照)。また④申詞とは、その名の通り、本来は口に出して言上するための詞を書き止めた形の文書で、最初の一行に年月日、発給主体。そして「院参申詞」などと記し、ついで事書・本文と続け、書止は「……可有御奏達之旨、欲申入矣」の文言で終わる（康永四年七月二十日付「大衆院参申詞」（『康永四年山門申状』）参照）。

(26)『玉葉』治承元年十二月十九日条。

(27)『民経記』貞永元年五月十六日条。

(28) 文暦二年（一二三五）七月二十四日付「藤原良平意見状」（『延暦寺護国縁起』）は、奏状の奏進をはじめとする大衆の示威行動について、「如先例者、衆徒為達訴訟、或捧奏状、参集公庭、或動神輿群会陣頭、雖為非拠、聊有寛宥、於存道理、即蒙裁許、尋常之時、尚以如此」と述べ、積極的ではないにしても、その行動を基本的に認めている。

(29)『天台座主記』文永元年三月二十五日条。

(30)『華頂要略』門主伝、文永五年八月廿七日条。前掲注(1)黒田論文参照。

(31)『公衡公記』正和四年五月二十二日条。

(32) 応安元年八月四日付「日吉十禅師彼岸所三塔集会事書」（『南禅寺対治訴訟』）。

(33) 表6の「三塔集会事書」を施行者、施行内容、施行対象などをもって整理すると、次頁の表7のようになる。このうち分類Bは、施行者に寺家内の「四至内」が見えていることなどからあきらかなように、分類Aに準じて考えてよいものと思われる。問題は施行者の指定のない分類Cであるが、これは本文中に寺家に「相触」れるべきことを明記しているものがあり、集会より特定の「施行者」を介さずに直接、寺家に命令が下された事書と解される。後述するように、集会には寺家の公文所が参加、事務を管掌していたと考えられ、分類Cの場合、強いて「施行者」をあげるとすれば、寺家の公文所を想定するのが妥当であろう。

(34) 延応二年五月十四日付「延暦寺公文勾当審賢書状《（解）》」（『日蓮聖人遺文』）。審賢の名は、古くは『天台座主記』嘉禎二年六月九日条に「所司相尊・良寛・審賢、帯衆徒翰状・貫主挙状、進発関東」と見えるほか、正元二年正月付の尊助親王「寺家・社家朝拝」記録に収められた「見参所司交名」中にその名が見え（『門葉記』一七四）、また文永七年六月十八日に「宮仕法師狼籍事」で「寺家勾当審賢・相真」が「貫主政所」に召籠められたことが『天台座主記』に見えている。

(35) 正平七年五月二十日、祇園社の執行顕詮は、寺家公人による犬神人の使役免除を嘆願するために坂本に赴いたが、

表7　事書施行内容一覧

分類	施行者	施行内容	施行対象
A	寺家 (為寺家沙汰)	上達 申入 相触	朝廷、武家 貫主、三門跡 三塔、院々谷々、坂本中、桟敷本主 京都上綱、北野社務辺、祇園執行、建仁寺
B	寺家以外 ①四至内 ②社　務 ③給　主	 相触 相触 相触	 ①馬借等 ②神供奉行 ③山門領庄々百姓沙汰人等
C	指定なし	相触	寺家、院々谷々、社家、祇園執行、在京衆

その途中、折しも検断のために出京しようとしていた寺家公人を幕府の布告を楯に追い返したことから、坂本において「興法寺」の「衆会」より糾弾を受けることとなる。この時、坂本に到着した顕詮のもとには、まず「公文所」から事情聴取のために使者が派遣されて来ており、ついで「衆会」から「維那対馬房」なる者がやって来て、顕詮に事情を聞いている。また、顕詮は「衆会」の結果を「公文所代」に問い合わせており、いわゆる集会において「公文所」および「公文所代」が事務一般を差配していたらしいことがうかがえる。この出来事については本篇第三章参照。

(36)　前掲注(1)黒田論文参照。

第二章　延暦寺千僧供領の研究
——室町時代における近江国富永庄の支配機構——

はじめに

古代・中世において延暦寺が占めた宗教的・政治的、さらには社会的な影響力の大きさを考えるとき、その経済的な基盤としての庄園に関する研究が必要にして不可欠であることはいまさらいうまでもあるまい。しかし、延暦寺領庄園については、近江国を中心に庄園名などはあきらかとなってはいるものの[1]、その実態に関してはいまだ本格的な研究がほとんどないというのが現状である。ただ延暦寺領庄園の内容は多岐にわたりその全貌の掌握が容易でないことも事実であり、ここでは数ある庄園のなかから、特に中心的な役割を果たしていたと思われる千僧供領庄園をとりあげ、延暦寺領庄園の経営実態について考えることとしたい。

なお中世の延暦寺は座主と大衆という二つの勢力と、両者の接点に位置する執行機関としての寺家の三者が、相互に微妙なバランスを保ちながらその寺院組織を維持していたことはすでに前章で論証した通りである[2]。同寺領の千僧供領庄園もまたこれら三者の拮抗する力関係を抜きにして論じることはできず、以下では座主・大衆・寺家の三者が千僧供領においてそれぞれどのような権限を有し、またその権限に基づいてどのような支配を行なっていたか、といった視点から論を進めていくこととしたい。

一　延暦寺千僧供領

千僧供領とは、本来その名の通り、千僧供養の費用を捻出する目的で置かれた庄園のことである。延暦寺では平安時代末から鎌倉時代にかけて、近江国に佐々木庄・富永庄・木津庄・栗見庄、また遠江国に赤土庄などの庄園が千僧供領として設定されていた。このうち近江国内の四庄園はすべて平安時代後期から末にかけて延暦寺に施入された庄園であり、木津庄は保延四年（一一三八）十月に鳥羽上皇より[3]、佐々木庄は寿永二年（一一八三）七月に平宗盛より[4]、また富永庄は同年閏十月に朝廷より[5]それぞれ延暦寺に施入されたものである。四庄のうち栗見庄だけはその施入時期・施入者をあきらかにしえないが、『源平盛衰記』三〇は「当山千僧供ノ料所、愛知郡胡桃庄」と記しており、他の三庄園と同じく平安時代末に延暦寺に寄進されたものと推定される[6]。

これら近江国を中心におかれた千僧供領庄園の大きな特色は、そこからの年貢が延暦寺の大衆によって均等に分配された点にあった。弘安四年（一二八一）成立の『叡山巡礼記草』は延暦寺の千僧供のはじまりとその分配について、「当山千僧供ハ別当大師御時より被始之、往来者是也、三千衆徒ニ人別ニ往来一部一部三石也、計合九千石也」と記録する[7]。ここにいう「往来」なる言葉の意味するところに関してはのちに改めて考えたいが、「千僧供」が延暦寺の「三千衆徒」に均等に配されるべきものと理解されていたことだけは十分読みとれよう。延暦寺の「千僧供」が一名「三千聖供」の名で呼ばれ、大衆が千僧供領を「世斯称三千之聖供、人斯謂両宗之学粮」[8]、「三千聖供者、仏聖燈油之要脚、満山禅徒之資粮也」[9]と号してはばからなかったのも、まさにこれらの庄園が「三千衆徒」を養う庄園として存在していたことに基づく。

鎌倉時代の初め、勧学講領として延暦寺に施入されていた越前国藤島庄（平家没官領・年貢千石）の領有権が、同講を開始した慈円の座主職辞任とともに宙に浮きかけたとき、ただちに大衆がこれを「千僧供」領とすべきことを朝廷に訴え出ているのも[10]、彼らがことあるごとに自分たちの庄園としての千僧供領の拡大をもくろんでいたことをうかがわせてくれる。ちなみにこのときの大衆の訴えは受け入れられず、藤島庄は青蓮院に与えられている。

このように大衆の庄園として存在していた千僧供領庄園ではあったが、その実態を伝える史料は極めて少なく、近江の三か庄のなかではわずかに富永庄について『近江井口日吉神社文書』なる室町時代の史料が比較的まとまって残るにすぎない。そこで次節以下では『近江井口日吉神社文書』を素材として、室町時代の千僧供領としての富永庄について考えていくこととしたい。

二　『近江井口日吉神社文書』の分類

富永庄に関しては、『近江井口日吉神社文書』を初めて翻刻、詳細に紹介された福田栄次郎氏の研究がある。氏は『近江井口日吉神社文書』を用いて中世における同庄の実態と変遷を多角的に分析され、その支配機構にいくつかの異なる系列が存在したという結論を導き出されているが、その結論そのものは大旨正鵠を射たものであり、異論はない[11]。ただ、氏の研究には、座主・大衆・寺家の三者がそれぞれどのようにこの庄園に関わっていたか、といった視角からする分析はほとんどなく、そのため結果的にいくつかの事実誤認を犯すこととなっている[12]。そこでここでは改めて『近江井口日吉神社文書』として残る六十一通の文書を、三者の権限のあり方に注目しながら再検討・分類することからはじめたい。

応永二十八年（一四二一）正月から同三十二年十月までの富永庄に送られてきた文書を地元で書き止めた『近江井口日吉神社文書』六十一通の文書案を発給者別に分類すると、大きく六つのグループに分けることができる。性格のはっきりしているグループから見ていくと、まず第一にあげられるのは、「室町幕府御教書案」三通である。[13] 三通はいずれも隣接する大覚寺領田河庄丁野郷との用水相論に関わるもので、これらの文書は延暦寺領であっても、他領との争いでは幕府が裁定者として立ち現われていたことを示すものである。またこのうち二通は「山門使節」宛となっており、本書第一篇第一章で論証したように[14]、延暦寺領への幕府の使節遵行権の行使には、山門使節の介在が必要不可欠であったことを示すものとなっている。

第二のグループとして分類できるのは、その幕府からの命令を受けて山門使節が富永庄内に発した文書九通である。[15] 九通はすべて幕府の裁許を仰いだ他領との争いに関わるものであり、これまた山門使節が有していた延暦寺領内における使節遵行権の存在を裏付けるものとなっている。[16]

第一・二のグループがこのように幕府系列のいわば延暦寺外から富永庄に向けて発せられた文書群であったのに対して、これとは対照的に延暦寺が同庄の支配を貫徹するために発した文書として抽出できるのが、以下の四つのグループである。

その最初にあげられるのは富永庄預所の発給文書で、預所の命を奉じた法橋兼全なる者の名で発せられたこの種の文書は二十通と多くを数えるが、そのうち十八通までが「富永庄中司少綱」への下達文書となっている。[17] これを第三グループとして分類しておきたい。

これについで寺内の発給文書として数多く残るのは、「勘定衆」なる人々が発給した十六通の文書である。この第四グループの文書は下知状と書状からなり、宛所は「中司」のほか「沙汰人」「惣政所」「所務人」といろいろであるが、発給者がすべて「勘定衆」である点で共通する。[18] またその勘定衆がいかなるものであったかを知る上で貴重な手がかりになると思われるのが、第五グループとなる延暦寺大衆の集会事書である。同種の文書は三通残るが、うち二通は生源寺での、また今一通は東塔西谷の円城院での「衆議」結果をうけて発給されたものである。[19]

そして最後に第六グループとして分類できるのが、三通の延暦寺「執当」宛「天台座主御教書案[20]」とこれを受けて発給された三通の「公文所召人夫支配状案[21]」である。他のグループとは異なり天台座主と寺家の公文所という発給者を異にする文書を一グループに分類することになるが、この二つは同じ状況下に連動して発給されており、ここではまとめて一つのグループに分類しておく。

以上、『近江井口日吉神社文書』から抽出しえる五つの文書グループを改めて発給者別に整理すると、(1)室町幕府、(2)山門使節、(3)預所、(4)勘定衆、(5)大衆、(6)座主・寺家（公文所）、(7)その他、ということになる。このうち寺外文書ともいうべき(1)(2)については発給者の地位・権限があきらかでありここでは検討外とし、以下においては、延暦寺の富永庄の支配機構およびそのあり方を知る上で重要と考えられる(3)(4)(5)(6)の四つの文書グループについて順を追って検討を加えていくこととする。

三　富永庄の預所

最初に(3)に分類した「預所」の発給文書について考える。『近江井口日吉神社文書』には兼全なる者が奉じた奉書案二十通が残る。それら奉書が「預所」の命令を奉じたものであったことは、預所の権益の正当性を主張した内容のものが残るところからあきらかであるが[22]、次に引用した二通の文書によっても兼全が預所の奉者であったことがさらに明確にわかる。

①富永庄預所職、任相伝旨、如元知行不可有相違由、依座主和尚御気色、執達如件、

応永廿九年八月十一日　　権少僧都奉

岩若殿[23]

②当庄御安堵之御教書如此候、次庄官見参料米事、任先規、可致其沙汰候由、可令下知給之由所候也、仍執達

如件、

応永廿九年
八月十五日　　　　　　　　法橋兼全奉

謹上　富永庄中司少綱御房(24)

①は天台座主の浄土寺持弁が「岩若」なる者に「富永庄預所職」を安堵した御教書で、②はこれを受けて発せられた兼全署判奉書である。兼全署判奉書には「可令下知給之由所候也」という奉書特有の文言があり、かつまた日下には「法橋兼全奉」と署名しており、これが預所の命を奉じて発せられた奉書であったことは疑いない。

では、この預所とは具体的にいかなる存在であったのであろうか。預所が相伝の職であったことは、①に「任相伝旨」の文言があるところからもあきらかであるが、相伝の職としての富永庄預所職がどのような人々によって受け継がれていたかを他の史料によって見ていくこととしよう。

将軍足利義満の日吉社参詣が発表され、延暦寺・日吉社がその迎え入れの準備におおわらわとなったのは、応永元年（一三九四）八月初めのことであった。なかでもなによりも急務とされたのは莫大な準備費用の捻出であり、そのためついには木津・栗見・富永の三か庄の年貢を抵当とし「坂本中有力合期之輩」から千二百貫文が借り入れられることとなる。(25)『日吉社室町殿御社参記』に収められたそのときの借用状によれば、この大金を借り入れたいわゆる延暦寺側の責任者は、三か庄の預所・中司、および山門使節たちであった。すなわちそこには次のような人々が署名している。

富永庄預所英兼、同中司春全（四至内を兼務）

木津庄預所寺家、同庄中司寛盛

栗見庄預所弘兼

坐禅院直全、円明坊兼慶、杉生坊暹春

このうち木津庄預所の「寺家」とは当時、寺家の執当を勤めていた尊能を指す。(26)また坐禅院直全・円明坊兼慶・杉生坊暹春の三人はともに当時の山門使節である。(27)

さて、この借用状の署名によって、応永元年の時点では、富永庄の預所・中司がそれぞれ英兼・春全なる者であったことがわかるのであるが、ではこの英兼・春全とはいかなる人物であったのであろうか。

応永元年九月十四日、日吉社参詣を終えた足利義満を送るにあたり、延暦寺では天台座主の浄土寺慈弁ほか寺家の執当・三綱の連署をもって「賀表」を呈上するが、その「賀表」には次のような寺家の人々が名を連ねている。(28)

執当尊能、上座兼忠、寺主弘兼、都維那英兼

この「賀表」の署名から富永庄預所英兼が寺家の都維那であったことがわかるだけでなく、栗見庄預所弘兼が寺家の寺主であったことが知られよう。つまりこれに木津庄預所となっていた執当尊能を加えれば、応永元年の時点で三か庄の預所は、すべて当時の寺家の執当・三綱によって占められていたことがこの署名によってあきらかとなるのである。

それでは三か庄預所の三人がこのように寺家の執当・三綱に比定できるとすれば、預所の下にあったと推定される中司のほうはどうであろうか。『日吉社室町殿御社参記』によれば、応永元年九月十一日の御経供養に出席した寺家の人々のなかに、執当尊能・寺主弘兼らとともに「寺官春全法橋」なる者の名が記録されている。また、翌日十二日の舞童への出席者にも、寺官（所司）「堯盛法眼」「頼祐行事」とともに、「春全法橋」の名が見えている。同じ『日吉社室町殿御社参記』に記されていることからして、富永庄の中司春全とはこの寺官春全その人を指すと考えてまず誤りあるまい。そして九月十三日の番論義にやはり木津庄中司寛盛が、寺官としてその名を見せていることと照らし合わせ考えれば、三か庄の中司には一般的に寺家の寺官が補任されたと判定してよいも

のと思われる。

以上、『日吉社室町殿御社参記』の記載によって、少なくとも応永元年の時点では、木津・栗見・富永三か庄の預所・中司両職がそれぞれ寺家の執当・三綱および寺官によって占められていたことがあきらかになった。これらの事実をもとに再度『近江井口日吉神社文書』に立ち返って応永末年の富永庄の預所・中司について考えていくこととしよう。

まず「預所」であるが、応永二十九年八月に「岩若」が富永庄の預所に補任される以前、いかなる人物が同職にあったかは残念ながらわからない。応永元年時点の例からいえば、三綱の一人がその職にあったものと推定されるが、確定はできず、幼名を「岩若」と名乗った人物についても、これがのちの誰に当たるのかは不明である。また預所の奉者を勤めている兼全についても手がかりはなく、(29)当時の預所に関してはまったくわからない。

ただ、富永庄と寺家の関係については、『坊官系図』の「仁尋」（堀池家）の項に付されている「富永庄自是管領也」という注記が注目される。(30)この注記によれば、寺家では鎌倉時代の「仁尋」以来、同庄を一貫して相伝していたことになるからである。

他の千僧供領の場合も事情はおおむね同じだったようで、たとえば、赤土庄では早く建久九年（一一九八）頃に執当実誓が預所であった徴証があるし、(31)仁治元年（一二四〇）に木戸庄預所であった承弁も三綱から執当にまで上り詰めた経歴をもつ人物であった。(32)また下っては、文明四年（一四七二）九月、当時、木津庄預所であった執当真全が「御代ニ一度事也」として同庄にわざわざ下向している事実がある。(33)

これらの点から千僧供領庄園の預所職は遅くとも鎌倉時代には寺家の管領下に入り、以後寺家の執当・三綱によって独占されていたことはほぼまちがいないと思われ、『近江井口日吉神社文書』に見える預所が誰であったかは依然として不明とせざるをえないものの、執当・三綱の一人がその職に就いていた可能性は極めて高いといわなければならない。

次に『近江井口日吉神社文書』に見える富永庄の中司であるが、同職については応永二十八年三月十五日付「春全書状案」につけられた「中司殿状案文」なる注記によって、当時、春全なる人物がその職にあったことが判明する。ここにいう中司春全とは、時期はやや隔たるがさきの応永元年時点で同庄中司を勤めていた寺官春全と同一人物と考えてよかろう。(34)とすれば、春全は少なくとも応永元年から同二十八年という長期間にわたって富永庄中司の職にあったことになる。彼が寺家で実務を担当した寺官であったとすれば、これは決してありえないことではない。むしろ寺家の寺官であったが故に、このような長期間の中司職が可能であったとも解され、『近江井口日吉神社文書』に見える富永庄中司春全とは寺家の寺官春全その人であったと判定しておきたい。

以上、『近江井口日吉神社文書』において、寺家の執当・三綱さらには寺官が、富永庄の預所・中司職を独占していたことが、不十分ながら論証できたものと考える。この預所・中司の支配系列が富永庄において、もっとも根幹をなすものであったことは、さきの応永元年の借用状にこの両職が名を連らねていることからもあきらかである。また、『近江井口日吉神社文書』として在地に記録された文書のなかに、預所から中司宛の文書がもっとも整ったかたちで数多く残るという事実も、側面からではあるが、このことを裏付けてくれる。

千僧供領という大衆の経済的な根幹をなす庄園において、その支配権の中核をなす預所・中司系列が寺家によって掌握・相伝されていたという事実は、寺家と大衆の関係を考える上できわめて重大な意味を有すると思われるが、この点についての評価はひとまずおいて、次に文書グループ(4)(5)の検討に移ろう。

四　富永庄の勘定衆と大衆

『近江井口日吉神社文書』で(4)(5)に分類した文書を中心に、ここでは富永庄における「勘定衆」なる集団および彼らと大衆の関係について考えていく。

「勘定衆」という呼び名は、いくつかの文書の発給者の署名箇所に「勘定衆連署」といった表記が見えるほか、「法橋兼全署判奉書案」などにも「使節中弁勘定衆方」と山門使節と併記されており、これが特定の集団を指す言葉として定着していたことはまちがいない。文書の署名から判明するその成員は次のような人々である(35)（括弧内は居所）。

宝明坊春教、　辻本坊覚憲（坂本）、宝城坊厳秀、寂林坊承賀（坂本）、

善住坊最慶（坂本）、松本坊長暹、　禅定坊、　慶祐

これらの勘定衆は、時には個人名でも文書を発給しているが、団体・個人を問わずその文書の内容はすでに福田氏が指摘されているように、「領家・預所の得分等を除いた山門としての経済的な諸問題――例へば聖供米、借物の事など(36)――」に限定されていた。そしてさらにその内容をより詳細に見ていくと、彼らの衆議の議題が「聖供米」「大豆聖供」にほぼ限定されていたことに気がつく(37)。勘定衆は預所・中司とは異なってもっぱら富永庄の「聖供」に関与した存在だったのであり、このことは彼らの発給した文書の中に「規模能米可備聖供米也(38)」とか、「殊当庄者、為聖供領随一、背定法度之条、不可不誡者也(39)」といった、「聖供米」「聖供領」との関係を特に強く意識した文言を頻繁に見出せることからも裏付けられる。では彼ら勘定衆とは具体的に富永庄にあってどのような位置を占めた存在であったのであろうか。

勘定衆と預所との関係を物語ってくれる文書の一つとして、応永二十八年（一四二一）八月十五日付の「生源寺集会事書案(40)」がある。そのはじめには「可早為預所沙汰被相触富永庄事」とあり、これが預所を通じて富永庄に伝達されるべき性質のものであったことがわかる。大衆の集会事書とは通常、寺内における決議にすぎず、その執行は原則としての寺家の手に委ねられたことは前章で指適した通りである(41)。この場合、預所イコール寺家で

あったことからすれば、同様の原則はこの事書にも貫かれていたと見てよい。ただ、より興味深いのは、その在地への伝達が現実には他ならぬ勘定衆の手によって実施されていたという事実である。事書の末尾に見える彼らの連署がそのことをよく指し示している。つまり勘定衆は預所とともに直接、富永庄の「聖供」を管理する立場にあったことが、これによって確認できる。

そして、このような勘定衆の立場は他の出来事からも指摘することができる。たとえば、応永二十九年八月、勘定衆が独断で富永庄の定損を「陸分壱」と定めているのはその典型的な一例となろう。(42) もちろんこのような勘定衆の行為に対して預所では強い不満を表明している。(43) しかし彼らには預所の職務を妨害しようとする意図は決してなかったようで、翌年九月、富永庄から預所への「六月米」の納入が滞ったときには、「六月米事者、悉預所之納之段、先規沙汰人方不相綺之由御請、勘定衆方へ可給候(44)」と述べ、在地の有力者（沙汰人）を叱責しているのである。それでは預所とともに富永庄を管理していたこの勘定衆とは最終的にどのような存在であったと考えればよいのであろうか。

勘定衆の性格を定義づける上で一つの大きな手がかりとなると思われるのは、次に引用する応永三十一年三月十六日付の「辻本坊覚憲書状案(45)」である。

就去年富永聖供米未進事、先立委細承候間、令披露候処候、曳斗分廿石者、新社鳥居方へ助成候了、其外曳斗定伍拾石、先地下ニ被残候て、相残候処、悉曳奉行使者可有御渡候由、使節方衆儀（議）之間、急々令申候、恐々謹言、

応永卅一年三月十六日　　辻本房

玉蔵房

□□□

山門使節の「衆儀（議）」結果を富永庄の沙汰人に伝えた勘定衆辻本坊のこの書状の内容は、「曳斗分廿石」を富永新社鳥居の造営に寄進すること、および「曳斗定伍拾石」だけを富永庄に残し置き、他はすべて「曳奉行使者」に渡すべきことの二つからなるが、ここで注目されるのは「曳斗」「曳奉行」という二つの言葉である。

時代は鎌倉時代初期までさかのぼるが、建久九年（一一九八）九月、西塔大衆が千僧供領赤土庄の「別僧供」の減少を怒り離山を企てたことがあった。この時の「別僧供」の減少は同庄の預所執当実誓が「元三斗五升曳」を「口別二斗二升引」に改めたことにあったという。[46] この件に関しても他に関連史料がなく詳細はわからないが、ただ、ここにいう「口別」とは『叡山巡礼記草』にいう「人別」に相当するものと推定され、もしそうだとすれば、西塔大衆は赤土庄の「聖供」における自分たちの取り分を「何斗何升引（曳）」というかたちで表現していたことになる。

また、大衆の間で勧学講領藤島庄を千僧供領に組み込もうとする動きが起こったのは、この事件から四年後の建仁二年（一二〇二）のことであるが、『愚管記』七はその大衆の行動を次のように記している。[47]

弁雅カ時、勧学講ヲ止メテ、其供米ヲ千僧供ニヒカムトイフ、大衆ノ申状トテ申ケレト……

さらに『天台勧学講縁起』は同じ大衆の行為を「以彼供料千余石可曳散千僧供之由……」とも記しており、[48] 千僧供米を大衆に分配する行為を当時「引（曳）く」「曳散」と表現していたことがわかる。

つまり鎌倉時代のこれらいくつかの事例からすれば、辻本坊の書状にいう「曳斗」「曳奉行」とは、ともに富永庄「聖供」を大衆が分配する行為に関わった言葉であったと推定されるのであり、より具体的には「曳斗」とは大衆の「聖供」の取り分を、また「曳奉行」とは大衆の「聖供」の取り分を管理した役職ではなかったかという推測がここに可能となる。

後代では文明三年（一四七一）五月に東塔北谷の乗養坊法印なる者が青蓮院より「千僧供領遠江国赤土庄・越

前国別司保等」の「聖供曳進奉行」を安堵されているが、[49]これも辻本坊の書状にいう「曳奉行」と同じものと見てよかろう。室町時代にも千僧供領に「曳奉行」が置かれ、大衆の「聖供」が管理されていたらしいことが確認できるのである。

勘定衆の辻本坊らがいかなる権限に基づいて「聖供」に関わるこれら「曳斗」「曳奉行使者」について指示を行なっていたのかを、乏しい材料から判断することは難しいが、まず第一に考えられるのは、彼ら勘定衆が「曳奉行」と並んで大衆の「学粮」「資粮」たる「聖供」を管理するための集団ではなかったかということである。このような理解に立てば、千僧供領には庄園を直接支配する預所のほかに、大衆の代表として「聖供」だけを管理する曳奉行・勘定衆がいたことになる。大衆が鎌倉時代より千僧供領庄園の年貢を自分たちの「学粮」「資粮」としていたことはすでに見た通りであり、勘定衆を曳奉行などと並ぶ大衆の千僧供の管理者集団であったとするこのような解釈は、決して成り立ちえないものではない。

次に第二の可能性として考えられるのは、勘定衆を大衆の代表たる曳奉行とはまったく別に、なんらかの事情で富永庄の聖供の一部を収納する権限を有するにいたっていた特定の大衆集団とする解釈である。具体的には応永元年八月、足利義満の日吉社参詣に先立って、「坂本中有力合期之輩」がその「御儲」費用を三か庄の聖供を抵当として貸し付けていたという事実が想起される。かの時の借用状には、毎月貫別七十文の利息と翌年十一月中の返済のほか、もし遅滞した場合には「三箇庄聖供到来之時、最前可返之」[50]ことが約されている。ただなにぶん『近江井口日吉神社文書』よりも三十年近くも前のことであり、これをもって勘定衆を「坂本中有力合期之輩」の系譜を引く人々と即座に断定することはできない。ただその「勘定衆」という呼称はいかにも債権者集団にふさわしく、直接は応永元年の債務とは結びつかないにしても、同じような債権を有する人々の集団であった可能性は捨て切れない。

これら二つの可能性のうち、いずれをとるかは難しい選択であるが、あえていえば、前者のほうが可能性としてはより高いように思われる。その理由は二つある。一つは、勘定衆の発給した下知状・書状のなかに「之由衆儀（議）候、仍可被下知状、如件」「之由衆儀（議）候、恐々謹言」といった、あきらかに「衆議」を受けて作成されたものがいくつも存在することである。(51) また今一つは、第五グループの存在で、そこには勘定衆の手によって在地（富永庄）に伝達されたものも含まれており、(52) 彼らが大衆の「衆議」に基づいて動いていたことが、ほぼ確実にわかるからである。また先の「辻本坊書状案」からも知られるように、勘定衆は曳奉行の上に立って富永庄の聖供米の「曳斗」全般を管轄していたと思われる節がある。たとえば応永三十一年三月二十七日の連署案でも、勘定衆は「引斗定六十石分」の「新社修理料」への奉加を富永庄所務人に通達しており、(53) その「聖供」に関わる強力な権限はやはり大衆の「衆議」を抜きにしては、考えにくい。したがってここでは勘定衆を富永庄の「聖供」を管理するために組織された大衆の代表の集まりであったという理解をもって、一応の結論としておきたい。

五　座主と富永庄

本節では『近江井口日吉神社文書』の分類で残った、最後の(6)座主・寺家（公文所）について考える。執当宛の三通の「天台座主御教書案」とこれを受けて発せられた三通の「公文所召人夫支配状案」は、ほぼ同じ手順をもってくり返し発給されており、ここではもっとも古い応永二十八年二月の事例だけをとりあげる。最初にその文書を左に引用する。便宜上、「天台座主御教書案」「公文所召人夫支配状案」を受けて預所より発せられた「法橋兼全奉書案」も合わせ引用しておいた。

①（応永廿八年）就御拝堂五ケ庄人夫百五十人、為五ケ日役、来十五日以前可被進之由、被相触給主等、云人敷（数）、云日限、無
懈怠様、厳察（密）可催沙汰之旨、被仰下候也、恐々謹言、

二月廿六日　　　経守

執当法印御房(54)

②同政所

宛催御拝堂召人事

富永庄五十二人　　木津庄卅五人

栗見庄廿一人　　愛智庄廿一人

同下庄廿一人

右、任被仰下旨、之(云)日限、云人数、無懈怠可被召進之状如件、

応永廿八年二月廿八日

修理権別当法印大和尚(55)

③同御拝堂召人夫事、令旨・公文所支配状如此候、云人数、云日限、無懈怠厳察(密)可致沙汰之由、可令下知給之由

所候也、仍執達如件、

二月廿八日　　　法橋兼全奉

謹上　富永庄中司少綱御房

追仰

若十五日以前、為無沙汰者、雑掌・公人等可有催促同所也、(56)

この三通が①②③の順で伝達されていったことは、その日付と文言を見れば一見してあきらかであろう。①の「天台座主義円親王御教書案」の奉者経守とは青蓮院の庁務鳥居小路経守のことで、(57)宛所の「執当法印」とはいうまでもなく延暦寺の寺家の執当を指す。座主は①をもって新任直後の「御拝堂」召人夫の徴用を寺家の執当に

命じ、これを受けて出されたのが②の「公文所召人夫支配状案」ということになる。この文書の伝達経路からみて、②が寺家の発給文書であることはとくに説明を要しまい。なお②に署名している「修理権別当法印大和尚」とは、寺家の執当を指す。(58)

この前後、座主の拝堂・拝賀時の五か庄への人大役が、常に座主から執当経由で賦課されていたことは、『華頂要略』に収める次のような応永六年（一三九九）九月の座主青蓮院尊道の例からもあきらかである。(59)

来十六日御拝賀料五箇所人夫百人、任例来十三日京着候様、可被催進候由、被　仰下候也、恐々謹言、

九月六日　　泰村

執当法眼御房

御拝賀可為来十六日、任例可令申沙汰由、謹承候了、早可令存知旨、可令披露給候哉、恐々謹言

九月八日　　法眼兼忠

追申

五箇所召人夫事、則相触庄務輩候、定令下知庄家候歟、次愛智上下庄御儲用意事、被下令旨、可触仰候由、可得御意候哉、(60)

『華頂要略』には『近江井口日吉神社文書』には見えない執当（兼忠）の請文が収められており、これによって先の②「公文所召人夫支配状案」が執当の責任の下に発せられたものであり、また③「法橋兼全奉書案」がその預所からさらに「庄務輩」に下達された文書であることがよく理解できるものと思う。

ちなみにここに引用した①②以外の二組の「天台座主御教書案」「公文所召人夫支配状案」もすべて座主の拝堂時の召人夫徴用に関わるものである。(61)

これら文書グループ(5)は、富永庄をはじめとするいわゆる千僧供領の三か庄に愛智庄・愛智下庄の二か庄を

加えた五か庄に対して、座主が拝堂召人夫を徴用する権限を有していたことを示すものである。愛智庄・愛智下庄は当時ともに日吉社領であったが、永享五年（一四三三）頃には愛智下庄は山徒の坐禅院珍全の「所帯」となっており、[62] 実際には早くより有力山徒が「給主」としてその庄務を把握していた。それはともかくとして座主は千僧供領と日吉社領の五つの庄園に召人夫役を賦課する権限を有していたわけであり、延暦寺・日吉社の統括的にしてかつ公的な代表者としての座主の有した権限の一つをここに確認することができる。

なお、蛇足ながら、座主のこのような公的な権限の執行は延暦寺の執行機関としての寺家を通してはじめて可能であったことを改めて確認しておきたい。座主は寺家に召人夫役の賦課を指令し、これを受けて寺家は各庄園の預所等に指令を伝達しているのであり、この点において座主系統の延暦寺内における公的な命令伝達は、極めて整然としたものがあったといえる。

ただ、すでに見たように、少なくとも木津・栗見・富永庄のいわゆる三か庄においては、寺家の執当・寺官が預所職を勤めており、寺家の発給した「公文所召人夫支配状」は、実際にはその寺家内部の執当・寺官が受けとることとなっていた。富永庄の場合、預所が寺家からの命令を中司に下達するにあたって直書を用いず、奉書をもってこれを行なっているのは、あるいはそのような寺家内部での公私混同を文書形式の上で幾分でも緩和しようという意図に基づくものだったのかもしれない。

む す び

史料上の制約から限られた時期の富永庄の実態を概説するにとどまった観がないでもないが、各節ごとに得られた結論をもとに、座主・大衆・寺家と千僧供領庄園との関係を総括してむすびとしたい。

最初に指摘したように千僧供領庄園のもっとも大きな特色の一つは、その年貢が延暦寺大衆によって均等に配分されていたことにあった。『叡山巡礼記草』に記された「三千衆徒ニ人別ニ一部三石也」[63]という言葉からすぐに連想されるのは、中世、上賀茂社において行なわれていた「往来田」制度である。氏人（社家）の共有する田地を特定の有資格者に順次給与していくというこの制度は、「和合」の精神が寺院のみならず神社においても根付き、実利的な制度として定着していたことを示す点で興味深いものである。[64]むろん「往来」という言葉だけをもって、延暦寺のそれを短絡的に上賀茂社の往来田と結びつけて考えることはできない。しかし次のような二つの出来事は、延暦寺の「往来」が上賀茂社の往来田に近いシステムをもつものであったことをうかがわせるにたるものと考える。

その一つはすでに本文でもとりあげた出来事であるが、建久九年（一一九八）九月、千僧供領赤土庄の「別僧供」の減少を怒った西塔大衆が離山を企てたときのことである。このとき、西塔大衆らは「已講説文書櫃、千僧供往来帳」を座主のもとに送り、離山の意志を示したという。[65]比叡山を離れるにあたり「已講説文書櫃」と「千僧供往来帳」の二つを座主に送り付けたのは、この二つこそが彼ら大衆にとって住山の象徴であったからにほかなるまい。

また、今一つの出来事は嘉禎二年（一二三六）のことで、この年の六月、大衆は前年の神輿動座の張本とされた山徒らの赦免を求め鎌倉幕府に使者を派遣するが、その使者の「旅糧」には「木津・栗見・富永庄千僧供米三升引」をもってあてることが「大衆僉議」において決議されている。[66]「千僧供米」が大衆の共有物と認識されていたことを示す出来事といえよう。

この二つの出来事からは千僧供領庄園の年貢が基本的に大衆の取り分と考えられていたこと、およびその取り分が各塔ごとに「千僧供往来帳」なる台帳をもって分配されていたらしいことが朧気ながら浮かびあがってくる。大衆の「往来」についてはこれ以上詳しいことはわからないが、ここでは千僧供領庄園が大衆の庄園として存在し、少なくともその取り分たる千僧供米については大衆の共同管理に委ねられていたと考えられることだけを再度強調しておきたい。

また、それとともに忘れてはならないのは、千僧供領庄園を実際に支配していたのが寺家であったという事実であろう。近江三か庄においてその預所・中司職がすべて寺家に集中していたことは第三節で見た通りである。先の嘉禎二年の使者の「旅糧」に関する「大衆僉議」の決定も寺家がこれを施行しており(67)、千僧供領庄園が寺家によって管理・運営されていたことはあきらかである。寺家は大衆の庄園としての千僧供領を支配し、大衆はその寺家を通じて収納された千僧供米を最終的に「往来帳」をもって分配するという体制が鎌倉時代には成立していたと推定されるのである。「聖供」に関しては勘定衆という独自の管理組織を有するとはいえ、大衆はここ千僧供領でも寺家を通してしか、自分たちの庄園を運営できなかったわけであり、大衆の執行機関として寺家が果たしていた役割の大きさが改めて浮上してくる。

しかし寺家が全面的に大衆のためにのみこれらの庄園の経営に当たっていたのでないことも事実である。彼らは座主の名によって預所職に補任され、その拝堂時には召人夫役を諸庄から徴収しなければならない立場にあった。千僧供領が本来大衆の庄園であったことを思えば、寺内における寺家の立場はきわめて微妙なものがあったといわざるをえない。

座主がいかなるかたちにおいても大衆を統制しようとしたとき、常にその突破口としたのは寺家であった。そして、この点からすると、千僧供領という大衆の庄園にあっても、座主が寺家を通じてこれに食い込もうとしていることは十分注目されてよく、寺家を接点として、拮抗する座主と大衆の力関係が千僧供領においてどのように推移していったかをあきらかにしていくことが今後の大きな課題となろう。

（1）　延暦寺領庄園を概観したものとしては、景山春樹「山門領一覧」（角川選書『比叡山』、一九七五年）のほか、「近江国荘園・国衙領等一覧」（『講座日本荘園史』六、吉川弘文館、一九九三年）がある。また『滋賀県の地名』（平凡社、一九九一年）が「延暦寺」の項に「一山の経済・寺領」として詳しい解説を載せる。

（2）　本書第三篇第一章参照。

（3）　『天台座主記』保延四年（一一三八）十月二日条に「有千僧御読経、今日被行勧賞、以阿闍梨十口被置中堂、為千僧供料、施入近江国木津荘、令法橋顕尋叙法眼」とある。また元徳三年（一三三一）七月付「延暦寺衆徒奏状」（『牒状類聚』）は、千僧供領木津庄の由来を「爰以保延則被附木津庄、訪滄霞臥雲之寂寥」と記す。

（4）　『源平盛衰記』三〇によれば、寿永二年（一一八三）七月十九日、平宗盛が父清盛菩提回向のため「佐々木庄領家預所得分等」を「千僧供養料」として延暦寺に寄進したという。また元徳三年七月付「延暦寺衆徒奏状」（『牒状類聚』）は、「江州佐々木庄者、寿永年中平宗盛卿寄附当山以来、月莢遥送百余廻之炎淳雲稼、久支三千徒之屢空」と記し、その千僧供領としての起源を寿永年間の平宗盛の寄進にはじまるとする。なお、佐々木庄が千僧供領であった徴証は、この「延暦寺衆徒奏状」をもって最後とする。南北朝時代以降は、千僧供領とはなっていなかったものと考えられる。

（5）　『天台座主記』寿永二年閏十月十二日条に「以金剛勝院領近江国富永庄寄附延暦寺、可為千僧供料之由宣下、参議親宗奉」とある。金剛勝院がのちに青蓮院となっていくことから、ここに見える富永庄を坂田郡に所在した青蓮院領富永庄と解する説もある（『滋賀県の地名』）。しかし「千僧供料」として延暦寺に寄進されていることからして、この富永庄はやはり伊香郡に所在した延暦寺領富永庄と解すべきものと考える。ちなみに元徳三年七月付「延暦寺衆徒奏状」（『牒状類聚』）も、延暦寺領富永庄について「寿永復被寄富永庄」と記し、その延暦寺への寄進を寿永年間のこととする。

なお延暦寺領富永庄と青蓮院領富永庄を峻別すべきことについては、福田栄次郎「山門領近江国富永庄の研究」（『駿台史学』三六、一九七五年）、同氏「富永荘」（『講座日本荘園史』六）参照。

（6）　遠江国赤土庄については、『華頂要略』一二一の建久九年（一一九八）九月十六日条に「千僧供領遠江国赤土庄」と見えるのがもっとも古く、これら千僧供領の大半は平安時代末から鎌倉時代初期に延暦寺に寄進されたものと考えられる。

(7)『諸寺縁起集』(『図書寮叢刊』)。
(8)元徳三年七月付「延暦寺衆徒奏状」(前掲注3)。
(9)永享五年七月十九日付「延暦寺根本中堂閉籠衆議事書案」(『看聞御記』同月二十四日条)。
(10)『猪隈関白記』建仁二年七月七日条、『門葉記抄』上。慈円はこれら衆徒の動きを『大懺法院起請』『天台勧学講縁起』(『門葉記』九一)で、「山門凶徒、不日廃勧学、旬月経奏聞、其状云、須以別縁勧学料宛総相千僧供云々」「其後中四箇年両座主治山之間、座主無興隆之思、悪徒住天魔之心、停止勧学講、以彼供料千余石、可曳散千僧供之由奏聞公家之間、訪群卿及杖議」と記す。
(11)前掲注(5)論文。および「山門領近江国富永荘史料」(『駿大史学』五八、一九八三年)。
(12)福田氏は『近江井口日吉神社文書』として残る六十二点の文書案を分類した結果として、富永庄の支配系列として次のような三つを想定している。

①庄園領家——惣政所(公文所)——代官——中司
②勘 定 衆——惣政所(公文所)——中司
③山門使節——惣政所(公文所)——中司

しかしこの三つの支配系列の分類はあきらかにいくつかの事実誤認に基づいている。たとえばそこでは「惣政所」と「公文所」が同じものと理解されているが、「惣政所」とは在地に所在した機関であり、「公文所」とは後述するように延暦寺寺家の公文所のことで、両者は別の機関である。また氏が庄園領家の発給文書とする「令旨案」は、天台座主が拝堂・拝賀の直前に召人夫役徴発のために発給することとなっていたいわば臨時の文書であり、これをもって庄園領家が発給した文書と解することはできない。これらの点から、氏の分類された三つの支配系列は、延暦寺による富永庄支配の実態を解明するためにはほとんど有効性を持たないものと考える。
(13)『近江井口日吉神社文書』16・25・41号。文書番号はすべて「山門領近江国富永荘史料」(前掲注11)による。以下、同文書についてはすべて同史料のものを用いた。
(14)第一篇第一章参照。
(15)『近江井口日吉神社文書』1・8・10・28・35・37・42・48・61号
(16)『近江井口日吉神社文書』に見える山門使節の発給文書は、集会事書・書状・下知状の三種からなる。集会事書は1号だけで、これは山門使節が山門領に段銭賦課を決議、富永庄にその旨を伝えたものである。「恐々謹言」の書止めで終わる書状には複数の山門使節が連署したものと、一人だけの名で出されたものの二タイプがある。また下知状とは福田氏が「連署状」と命名されておられるもので、書止めが「仍状如件」「下知之状如件」となり複数の山門使節が連署するものである。

書状は8・35・37・48号の四通、下知状は10・28・42・61号の四通が残る。山門領への段銭賦課を決議した集会事書はともかくとして、書状と下知状の違いは、基本的には内々の私的な命令と公的な命令の違いと解してよいものと思われる。それよりも重要なのはその内容で、48号を除いてすべてが他領との接触によって生じた用水相論などに関するものとなっている。

(17)『近江井口日吉神社文書』2・5・15・18・19・22・24・26・27・30～32・34・36・38～40・44・57・60号。22号は宛所を欠く。30号だけが「雨森庄官中」宛となっている。

(18)『近江井口日吉神社文書』7・11～13・17・20・29・43・45～47・50～54号。

福田氏は7号をもって勘定衆が生源寺で集会を開催しているとして、彼らを「生源寺衆徒」と規定する。しかしこの文書は生源寺における大衆の「衆議」を勘定衆が伝達したものにすぎず、これをもって彼らを「生源寺衆徒」と規定することはできない。なお禅定坊なる者が署名する45・47号、辻本坊他が連署する51号、および無署名の50号は、その内容から勘定衆の発給文書と考えられ、十六通の内に数えた。

(19)『近江井口日吉神社文書』7・9・14号。このうち7号は「応永廿八年八月十五日生源寺集会議曰」という「集会事書」独特の書き出しではじめながら、本文のあとに再度、同じ日付を記し「勘定衆」(その実態については後述)が連署、宛所を記すというめずらしい書式をとる。これは発給者の「勘定衆」が大衆の「集会事書」を忠実に在地(富永庄)に下達するために独自に作り上げた文書形式と考えられ、第四グループに分類するとともに、第五グループにもあわせ分類することとした。

なお、三通のうち14号の「延暦寺東塔西谷円城寺集会事書案」は、その名の通り東塔西谷という延暦寺の一地区の大衆が発給したもので、三塔大衆が発給主体となっている7・9号とはやや性格を異にする。

(20)『近江井口日吉神社文書』3・55・58号。なお、これ以外に座主の発給した御教書として、預所職の補任状案(23号)が残る。

(21)『近江井口日吉神社文書』4・56・59号。福田氏はこの公文所を惣政所と同じものと理解されているが(前掲注4論文)、「公文所召人夫支配状案」には寺家の執当に比定できる「修理権別当」や公文所の「公文」が署名しており、これが延暦寺の執行機関としての寺家の公文所であったことはまちがいない。なお、「惣政所」が富永庄に所在していたことは「惣政所」宛の「富永庄中司春全書状案」(『近江井口日吉神社文書』6号)に「ふと御上洛候て」という、上洛を促す文面があることからもうかがうことができる。ちなみに差出人の春全は後述するように寺家の寺官(所司)であり、坂本もしくは京都にいたものと推定される。

(22)『近江井口日吉神社文書』34号。「当庄定損事、預所方へ不申是非之条、如何様之子細候哉」ではじまるこの応永二十九年十月十一日付「法橋兼全署判奉書案」は、「陸分壱」の「定損」を預所に無断で庄家と勘定衆らとの間で決めたことに憤慨、庄家に抗議したものである。

(23)『近江井口日吉神社文書』23号。

(24)同右24号。

(25)『日吉社室町殿御社参記』(『続群書類従』五四)。

(26)『天台座主記』「慈弁」明徳三年十二月晦日条、「尊道」応永二年十二月廿六日条に「執当尊能」と見える。前掲注(2)拙稿参照。

(27)前掲注(14)拙稿参照。

(28)『日吉社室町殿御社参記』。

(29)福田氏はこの兼全を護正院兼全のことかと推定されている(前掲注4論文)。時期的に見てその可能性は高いが確証はなく、ここでは結論を留保しておきたい。

(30)本篇第一章、表2(執当家系図)参照。

(31)『華頂要略』一二一、『天台座主記』「弁雅」。

(32)『天台座主記』「慈賢」。

(33)『山科家礼記』文明四年九月二十二日条に、「一、御坊江州木津庄御下向候、御代ニ一度也」と見える。ここにいう「御坊」とは山科言国と親交のあった執当真全を指す。ちなみに真全はこれよりさきの文明三年十二月、「江州木津庄預所職・両政所代替補任料事難渋」の旨を山科家を通じて幕府奉行人飯尾為信に訴えている(同月十五日条)。執当真全の事跡、および山科家との関係については、本篇第一章および第四章参照。
(34)『近江井口日吉神社文書』6号。応永十六年に梶井宮の命をうけて『山家要記』『山家要記略出』『山家要記略書』を書写している「法眼春全」とは、この春全のことと考えられる(『円融蔵目録』)。寺家はもともと梶井宮の坊官家であり、春全がその命を受けてこれらの記録を書写していたとしてもなんら不思議ではない。春全は『山家要記略書』の奥書には「梶井末流法眼春全」と署名している。
(35)僧名の比定とその居所に関しては、応永二十七年閏正月十一日付「十禅師彼岸三塔集会事書」(『北野社家条々抜書』)に見える大衆の連署を参考とした。なお福田氏「山門領近江国富永荘史料」(前掲注11)では、史料の文字の乱れから、寂林坊を「舜林坊」と、また辻本坊の僧名を「覚盈」と読み違えている(『近江井口日吉神社文書』20号)。
(36)前掲注(5)論文参照。
(37)『近江井口日吉神社文書』9・20・21・49・51号他。
(38)同右9号。
(39)同右11号。
(40)同右7号。この文書の性格については前掲注(19)参照。
(41)前掲注(2)拙稿参照。
(42)『近江井口日吉神社文書』20号。
(43)同右34号。
(44)同右47号。
(45)同右51号。
(46)『華項要略』一二一。
(47)『門葉記抄』上(前掲注10)。
(48)前掲注(10)参照。
(49)『華項要略』門主伝。
(50)『日吉社室町殿御社参記』。

(51)『近江井口日吉神社文書』52～54号。差出人・宛所を欠いた50号も「衆議候也、恐々謹言」で終っており、勘定衆が発給した書状と推定される。
(52)前掲注(18・19)参照。
(53)『近江井口日吉神社文書』54号。
(54)同右3号。
(55)同右4号。
(56)同右5号。
(57)鳥居小路経守が青蓮院の庁務であったことについては、「門室諸役名次第目録」(『華頂要略』五二)参照。「山門領近江国富永荘史料」はこの人名を「経聖」と解読しているが、読みにくいものの、その文字はあきらかに「経守」と読める。
(58)寺家の執当は通常、修理別当・修理権別当を兼務することとなっており、この前後では尊能が応永元年九月の時点で「修理別当」となっていたことが『日吉社室町殿御社参記』所収の賀表の署名によってわかる。なお②に署名する執当が誰かは定かではないが、業兼なる人物である可能性が高い(前掲注2拙稿参照)。
(59)『華頂要略』門主伝。
(60)ここで「天台座主尊道法親王令旨」の奉者を勤めている「泰村」とは、当時、青蓮院の庁務であった大谷泰村を指し(「庁務職補任」、『華頂要略』五三所収)、その宛所の「執当法眼」とは請文の署名からもわかるように執当兼忠を指す(前掲注2拙稿参照)。なお兼忠は、この年の五月十四日、天台座主の青蓮院慈道法親王からその執当職を安堵されている(『華頂要略』門主伝)。
(61)ともに天台座主浄土寺持弁の拝堂時の人夫徴用に関わるものである。ちなみに『近江井口日吉神社文書』55号として残る「天台座主持弁御教書案」には、その初めに「妙法院」という注記が施されているが、これは誤記。また、この時の拝堂はもともと八月十四日に予定されていたのが、その日に相国寺が炎上したため延期されたことが『満済准后日記』応永三十二年八月二十二日条から知られる。『天台座主記』によれば、結局、拝堂は九月に入って執行されている。
(62)永享五年七月十九日付「延暦寺根本中堂閉籠衆議事書案」(前掲注9参照)に「当国愛智庄者、当社日神供之料

所也、仍坐禅院代々雖致奉行……」とある。

(63) 前掲注(7)参照。

(64) 寺院が「僧伽」と呼ばれた「和合」の精神を基本的な理念として大衆によって運営されていたことは、黒田俊雄「中世寺社勢力論」(『岩波講座日本歴史』六、一九七五年)に詳しい。また、上賀茂社の往来田については、児玉幸多「賀茂別雷神社の往来田制度」(『近世農村社会の研究』、吉川弘文館、一九五三年)参照。

(65) 前掲注(46)参照。

(66) 『天台座主記』(青蓮院蔵本)三。嘉禎二年六月九日条に「旅具等為末寺庄園之役、又募木津・栗見・富永庄千僧供米三升引、為旅糧、皆大衆僉議、寺家施行之」とある。

(67) 前掲注(66)参照。

第三章　山門公人の歴史的性格
――『祇園執行日記』の記事を中心に――

はじめに

本章の目的は、中世、山門公人と呼ばれた人々が、延暦寺の寺内においてどのような位置を占めていたかを考察することにある。山門公人に関しては、しばしば延暦寺領の年貢譴責にあたっていたことや、彼らが延暦寺大衆の示威行動の先頭に立っていたことなどから、その活発な活動状況についてはよく知られている(1)。しかし、その一方で彼らが延暦寺内において具体的にどのような存在であったかに関しては、正面からこれをとりあげて論じたものがまったくないのが現状である。これは一つには延暦寺内における山門公人の位置付けが、史料的な制約もあって、容易に明確にしえないことによるところが大きいが、延暦寺内における「公的」権力のあり方、ひいては大寺院における「公的」なるもののあり方を考える上において、その歴史的な評価は不可避のものと考える。

広く公人一般を対象として論じた先行論文としては稲葉伸道氏「中世の公人に関する一考察――寺院の公人を中心として――」がある(2)。そこでは寺院の公人だけではなく、さまざまな公人がとりあげられ検討の対象となっている。しかし、寺院の公人に限っていえば、公人たることの根源的な意味を正面から問うことなく、一般論としてのみ論が展開されている部分が少なくないように思えてならない。寺院の公人を考察するにあたってなによりも重要な点は、寺院の「公的」権限を根底で支えていた貫主（別当・座主など）・大衆および寺家（寺院の執行機関）と、彼ら公人との関係をどのように整理・評価するかにあると考える。(3) 本章では、公人を公人一般として論じるのではなく、寺院内における「公的」なる権限が、彼ら公人によってどのように具現化されていたか、という視点から考察を進めていくこととしたい。主な史料としては南北朝時代の祇園社執行の日記『祇園執行日記』を用いる。(4)

祇園社は中世を通じて延暦寺の管轄下にあり、同寺よりきわめて強い支配をうけていた。とくに延暦寺の京中における検断権の行使にあたって、山門公人は同社の公人・犬神人をしばしば使役しており、そのため『祇園執行日記』には、彼らを指揮した延暦寺の大衆・寺家の動きとともにその行動が詳しく記録されている。なかでも正平七年（一三五二）二月から同年七月にかけての約半年間には、その他の時期には例を見ないほど、山門公人に関する記事が数多く見える。山門公人の活動がこの時期に特に活発化していたわけであるが、これは前年十月、足利尊氏が南朝と和を結んだいわゆる正平の一統と深い関わりをもっていた。というのは、正平の一統がなるや、南朝ではただちに北朝の崇光天皇を廃するとともに、天台座主も青蓮院尊円親王を解任、善法院慈厳をもって同職に任命する。正平七年二月十一日、南朝から宣旨を受けとり正式に座主となった慈厳は、正平の一統が破れ北朝が回復する六月二十六日までその職を勤めるが、(5) 山門公人の活発な活動は、この慈厳の座主在任時期とほぼ一致する。この点からして同時期の山門公人の活動は正平の一統によってもたらされたものであったことはまずまちがいない。

つまり後醍醐天皇の時代より一貫して反幕府を旗印に行動してきた延暦寺大衆は、南朝の勢力復活とともに、自分たちの政治的・社会的な要求をより強固に打ち出し、その結果がこのような山門公人の活発な活動に繋がったものと考えられるのである。[6]とすればこの期間の山門公人の活動はきわめて一時的・突出的なものであったといわなければならない。しかしそれだけにまた彼らの存在と行動の特色はこの短期間の活動により明確なかたちで集約されている。そこで以下ではこの期間の山門公人の行動をできるだけ詳細に検討するなかで、その実像に迫っていくこととしたい。なお具体的な分析に入る前に、最初に祇園社の組織、および同社と延暦寺の関係について簡単に説明しておく。

祇園社の成員はすでに小杉進氏の研究によってあきらかにされているように「社僧」と呼ばれた僧侶たちであった。[7]上層の社僧は長吏・別当・三綱（上座・寺主・都維那）などの職に就き神事・仏事に奉仕していたが、彼らを社内にあって統括していたのは執行であった。祇園社の執行職は白河天皇の時代の行円にはじまるとされ、中世にはその行円の子孫が同職を世襲している。さらに執行を頂点とするこれら上級社僧の下には、勾当・宮仕と呼ばれる下級社僧が承仕・公人として神事・仏事に奉仕しており、彼らは私的にも「坊人」として上級社僧に仕えていた。[8]

延暦寺はこのような祇園社を支配していたわけであるが、同寺が祇園社を「別院」「末寺」としたのは十一世紀後半のことといわれ、その当初には延暦寺の座主が祇園社感神院別当職を兼帯していた。[9]しかし、やがて別当職は座主によってその配下の院家に宛行なわれることとなり、中世にはその別当がさらに目代を置いて祇園社を統括するという体制ができあがる。祇園社において、彼ら延暦寺の別当・目代と直接対峙する立場にあったのは執行であった。この点では執行はまさしく祇園社と延暦寺の接点に位置した役職であったということができる。[10]

また犬神人はほかならぬその執行の統括下にあったが、彼らを直接指揮したのは執行配下の「寄方」と呼ばれた人々であった。「寄方」とは、祇園社支配の町や神人集団を統制するために任じられた特定の勾当・宮仕のこ

とで、犬神人の場合も執行の命令はすべて当該の寄方を経由して下達されるという体制ができあがっている。(11)

ではこれらの祇園社と延暦寺との関係、および祇園社の独自の組織などを念頭におきながら、同社と関わった山門公人の活動を見ていくこととしよう。

一　山門公人の検断権行使

正平七年（一三五二）、執行顕詮の時代に延暦寺の大衆およびその執行機関としての寺家が京中における検断権の行使のために祇園社に山門公人を派遣してきた事件は、『祇園執行日記』によれば七件確認することができる。その七件の事件の経緯を順を追って見ていくことからはじめる。

⑴建仁寺の宮辻子路次「堀切」の撤去

祇園社に隣接する建仁寺が、同寺の塔頭領と号して「宮辻子路次」を「堀切」で塞いだのは正平七年二月以前のことであった。かの地を祇園社領内と理解していた延暦寺大衆は、同年二月七日「日吉十禅師彼岸所」の集会において、「堀切」を「以犬神人可撤去」ことを決議、翌八日にはその「事書」が顕詮のもとに届けられている。(12)顕詮は二日後の十日、事書案を目代増智を通じて別当慈俊に届け処置を仰いでいるが、(13)これに対する別当の指示は重ねての大衆からの事書到来を待ち「先以公人、可直路次之由、可問答建仁寺歟」というものであった。ここで別当が建仁寺との交渉の使者に指定している「公人」とは、いうまでもなく山門公人ではなく祇園社の公人を指す。この別当の指示に従って翌十一日、顕詮は寄方朝乗と承仕良一の両人をもって建仁寺に「堀切」の撤去を申し入れる。しかし、長老の不在を理由に建仁寺からは明確な返答はなく、同月十六日にも公人を派遣しているものの交渉は進展していない。

二度目の大衆の集会事書が寺家から祇園社に到来したのは、二回目の建仁寺との交渉が終わった直後のことであった。遅々として進まない事態に業を煮やした大衆は今回は事書だけではなく、「堀切」撤去を実行に移すため、「寺家公人四人」を祇園社に送り込んでくる。その指示のもと、顕詮はただちに「寄方」をもって「犬神人廿余人」を集めかの堀を埋める作業に着手、埋め戻し現場には、四人の「寺家公人」のほか、祇園社の専当・宮仕らも立ち会っており、作業は、夕暮れに「寺家公人」が帰山するまで続く。顕詮はこのとき派遣されてきた「寺家公人」を「山門公人」ともまた「山上公人」とも記し、また、その内訳については「専当三人、鎰取一人」と記録している。

翌十七日以降にも目代の命令下、顕詮は「寄方」をもって犬神人二十余人を集め、同社の宮仕・専当十余人らも加えて工事を継続させている。二十五日になると「鎰取二人、専当二人」の計四人の「寺家公人」が「宮辻子路次末直之、無謂」という内容の事書二通を持参して祇園社を訪れ工事の進捗状況を点検、これをうけて再度犬神人三人によって工事が行なわれ、宮辻子路次の「堀切」撤去がすべて完了したのは二十六日のことであった。

⑵妙顕寺法華堂の破却

法華宗の妙顕寺法華堂を破却すべきという「西塔院事書」が祇園執行顕詮のもとに届けられたのは、いまだ先の宮辻子路次の復興途中の正平七年二月二十一日のことであった。事書がいかなる者によってもたらされたかは定かでないが、顕詮は二十三日には例の如く「寄方」をもって犬神人に待機を命じている。

二日後の二月二十五日、先の宮辻子路次の堀埋め戻しを催促する事書とともに、重ねて法華堂破却を命じる事書一通が「寺家公人」四人によって祇園社に届けられる。四人の「寺家公人」の構成はすでに見たように「鎰取二人、専当二人」となっていたが、彼らは法華堂破却にあたって犬神人を催すべきこと、およびそのために後日改めて「寺家公人」が出京してくるであろうことを告げて引きあげている。この後、西塔の大衆は法華堂の破却を山門公人の立会なしで犬神人に実行させようとしたようで、二十九日、祇園社に三度目の事書を届けにきた使者に対して、顕詮は「山門公人不相副罷向事無先規之由、犬神人等申」旨を返答している。なお、この時、事書を持ってきたのは「尺迦堂御聖供備進公人」(14)であったという。弾圧を恐れた法華宗信者がいちはやく京都を脱出したため、法華堂の破却は沙汰止みとなるが、これに勢いをえた大衆は正平七年閏二月、今度は一向衆の弾圧に乗り出す。

(3)仏光寺の破却

祇園社に一向衆の住居を破却すべき旨の事書が到来したのは、閏二月二日のことであった。十数日後の閏二月十五日には閏二月九日付の「政所集会事書」を持参した「寺家公人十余人」が祇園社を訪れ、同社の公人と「寄方」を通じて集められた犬神人二十人計りを率いて白川仏光寺に赴く。しかし同寺ではあらかじめ待ち構えていた山徒の説得をうけて、この日の破却は中止となり、彼らは坂本に引きあげている。

仏光寺において山徒が待機していたことからもうかがわれるように、同寺の破却をめぐっては大衆内でも意見の対立があったようで、十八日になると寺家の「専当松犬法師代鈴法師」によって「十禅師彼岸所三塔集会之事書」が祇園社に届けられるが、その内容はみだりに破却命令に従うべからずという、先の「政所事書」を完全に否定するものであった。このためか仏光寺の破却は結局うやむやになっており、『祇園執行日記』から関連記事は姿を消す。

(4)賢聖坊承能父子の「京都住坊・土倉等」の破却

山徒の賢聖坊承能なる者とその子が延暦寺の児童を殺害した罪で「京都住坊・土倉等」を破却されることになったのは、四月半ばのことであった。住房・土倉の破却に先立ち、まず四月十七日、犬神人に出動を命じる「日吉社頭集会事書」が祇園社に到来する。そして二日後の十九日に出京してきた「寺家鎰取・維那・専当、已上十六七人」の「山上公人」の要請に従って、祇園社では犬神人三十余人のほか専当三人、宮仕六、七人を出動させている。しかし、このときも住房で待機していた「住侶等数輩」の説得に「寺家公人」が屈したため、破却は延期される。

この賢聖坊の処分をめぐっては東塔と西塔で意見が対立しており、以後、破却を実行に移そうとする東塔大衆と、これを阻止しようとする西塔大衆との間で激しい駆け引きが続く。まず五月十日、祇園社に「賢聖房事、京都住房、来十二日可破却」という内容の事書が「寺家使専当頼勝代官又五郎男」によって届けられる。しかし二日後の五月十二日になると、今度は破却を「不可遵行」という内容の五月十日付「西塔院政所集会事書」が「西塔政所」から直接、祇園社にもたらされる。顕詮はこの西塔事書を持参した使者について「此使者自西塔政所直被下云々、非寺家使者」とわざわざ記しており、東塔大衆が寺家経由で祇園社に命令を下していたのに対抗して、西塔大衆が寺家を通すことなく直接同社に指令を下そうとしていたことが知られる(15)。

両塔大衆の応酬はこののちも続き、二日後の五月十七日、祇園社に「賢聖房承能法印等事、於師匠縁類者、三塔免罪科之処、東塔別心輩猶有沙汰歟、不可向犬神人」という内容の西塔事書が送りつけられる。これに対して東塔からはまもなく「忩可催犬神人」という事書が「寺家・社家両座公人」三十余人によって祇園社にもたらされ、これをうけて顕詮はただちに「寄方」に犬神人数十人を集めさせ待機させている。しかし、このときも幕府が適切な措置を約束したため、破却は結局直前になってとりやめとなる(16)。二十一日になると賢聖坊とこのあとに触れる松井坊の住坊の破却のために「山上公人・宮仕等彼是六十余人」が出京、そのうちの二十人程が祇園社にいたる。しかし、これよりさき自ら坂本に赴き山門公人の犬神人使役制限の約束を寺側よりとりつけていた顕詮は、その約束を楯に彼らを追い返し、賢聖坊の一件は七月頃まで尾を引くものの、以後この件で山門公人が祇園社を訪れることはなかった。

(5)松井坊澄尊の住房破却

賢聖坊の児童殺害と相前後して、延暦寺で神使とされる猿を殺害した罪でやはりその住房破却が問題となったのが松井坊澄尊であった。史料を欠くためこれまた事件の詳しい顛末はわからないが、五月二十一日、「山上公人・宮仕等彼是六十余人」が京中の賢聖坊と松井坊の住房破却のために出京したことは、さきに見た通りである。

同月二十八日にはこの事件に関わって、祇園社に「(東塔)政所集会事書」と「三塔集会事書」の二通が「寺家使者」によって届けられている。いずれも二十六日の日付をもったこの二通の事書には、前者には「京都住屋六条猪熊幷澄尊住房、差遣寺家・社家公人幷犬神人可破却」の、また後者には「彼沙汰以起請文明申上者、不可致楚忽沙汰之旨可相触」の文言があったという。つまり前者は松井坊住房の破却を命じていたのに対して、後者はこれとは正反対に同住房の破却停止を指令していたわけで、この相反する二通の事書の到来に顕詮は「両通参差事書」ととまどいを見せている。

翌二十九日、「就松井房事、明日寺家・社家公人幷山上預以下数輩可出京、犬神人可被催儲歟」といった情報がもたらされ、これを受けて顕詮は、六月一日、「寄方」朝乗に犬神人の「催儲」を下知しているが、以後の経過は『祇園執行日記』がこのあとの約一か月分を欠くため定かではない。

(6)祇園社の開門

六月に入ると延暦寺では先の賢聖坊の件を理由に末寺・末社に閉門を命じ、祇園社でも社殿の門はすべて閉じられる。この閉門がようやく解除されたのは六月二十一日のことで、この日、「落書」を帯びて祇園社を訪れた寺家の使者「専当常観・得音等」らによって同社の門は開かれる。しかし、それから二十日ほどたった七月十日、再度、開門を伝達するためと称して「日吉公人寺家」二十人計りが祇園社を訪れる。なんらかの手違いによる山門公人の派遣と思われるが、顕詮は祇園社はすでに開門済みの由を伝え、先の事書案に公文所宛の状を添えて、

ようやく彼らを追い返している。(17)

(7)広隆寺住人房円の住房破却

延暦寺衆徒を殺害した「広隆寺住人房円等」の住居破却を目的として、犬神人の「催儲」を命じた「山門落書」が寺家の「鎰取」によって祇園社に届けられたのは七月六日のことであった。この事件も史料を欠くためその後の詳しい事情はわからない。ただ、「落書」を受けとった時点で、顕詮は先の寺家との交渉結果をもって、「無左右難用意歟」と犬神人の「催儲」を拒否している。

以上が『祇園執行日記』正平七年条に記された山門公人が関わった七件の事件の顚末である。山門公人の分析に入る前に、これらの事件を見るなかで浮かびあがってきた特に重要と思われる点をとりあえず一つだけ指摘しておきたい。それは山門公人が常に大衆の集会事書に基づいて行動を起こしていたという点である。彼らの行動には一貫して大衆の集会事書がつきまとっており、座主系列の祇園社別当・目代らが山門公人の行動に関与した気配がまったくないのと好対照を見せている。では七つの事件を整理するなかで、山門公人の実態を改めて考えていくことにしよう。

二　寺家と山門公人

最初に山門公人がいかなる人々によって構成されていたかを整理・検証していく。

表1は顕詮が山門公人をどのように呼んでいたかを一覧にしたものである。別称とともに出動してきた山門公人の構成・人数なども合わせて掲げておいた。これによって山門公人が「山上公人」「日吉公人」、さらにはその所属をもとに「寺家公人」「社家公人」とも呼ばれていたことがわかると思う。特に『祇園執行日記』においては「寺家公人」と「社家公人」は峻別されており、両者は明確に分けて記録されている。たとえば二月十六日に

表1　山門公人の呼称と内訳

月　日	呼　称［別　称］	構　成・人　数	事件
2月16日	寺家公人、山上公人	専当3人、鎰取1人	1
25日	寺家公人	専当2人、鎰取2人	2
②月15日	寺家公人	10余人	3
4月19日	山上公人	寺家鎰取・維那・専当16、7人	4
5月17日	寺家・社家両座公人	30余人	4
21日	山上公人・宮仕、寺家・社家公人	60余人	5
7月10日	日吉公人［寺家］	20人計	7

寺家公人が祇園社にやって来たとき、顕詮は「今日下洛寺家公人計也、社家宮仕令出京者、酒肴各別ニ可所望歟」とわざわざ「社家宮仕」の出京はなかったことを記しており、また五月二十一日の山門公人の来社にあたっても「宮仕少々相交、大略寺家公人」と、寺家公人だけでなく宮仕（社家公人）が参加していたことを記している。さらに五月十七日条では二種類の山門公人を合わせて「寺家・社家両座公人」と記しており、これら顕詮の記述によって、山門公人には延暦寺の寺家所属の「寺家公人」と日吉社所属の「社家公人」の二種類が存在していたこと、および両者が合わせて「両座公人」と呼ばれていたことが確認できるのである(18)。では彼ら「寺家・社家両座公人」とは、寺家・社家のそれぞれどのような職掌の人々によって構成されていたのであろうか。

寺家公人については、今一度、表1を見直せば、この点は自ずからあきらかであろう。二月十六日、同二十五日、四月十九日条の「構成・人数」には、「寺家公人」の構成員とし延暦寺寺家の維那・専当・鎰取などの役職名があがっている。ここに「寺家公人」として現れてくる維那・専当・鎰取とは、いずれも寺家の「七座公人」のうちに数えられた職掌の人々で、室町時代の『驪驢嘶餘』によれば、その寺家内における職務内容は次のようなものであった(19)。

維那　同中方、法会時、大僧前達スル也、
鎰取《カイドリ》　男、前唐院ノ鎰アヅカル也、
専当《ダウ》　下法師、若輩タリト云ヘ共、杖ヲツクナリ、維那・専当・鎰取の三職のなかでは、維那がもっとも身分の高い「中方」に位置し、専当はその下のいわゆる「下法師」、そして鎰取はさらにそれよりも下の「男」の身分に位置していた。[20] 応永元年（一三九四）の将軍足利義満の社参記録『日吉社室町殿御社参記』には、何人かの維那・専当・鎰取の名前が記録されるが、[21] それによれば維那は「越後」「越中」「但馬」などの国名を、また専当は「正奇」「真勝」「教円」といった僧名を、そして鎰取は「彦次郎」「孫五郎」といった俗名を名乗っている。「中方」「下方」「男」といった身分の違いによって、その名乗りを明確に異にしていたのであろう。

一方、これら寺家公人に対する社家公人のほうであるが、彼らが日吉社の宮仕によって構成されていたことは、『祇園執行日記』のなかで社家公人が「社家宮仕」ともたんに「宮仕」とも呼ばれていることからもあきらかである。[22] 日常はその名の通り日吉社に奉仕していた宮仕は、寺家の維那・専当・鎰取と同じように、ことあるときには社家公人となって寺家のもとで延暦寺の検断の執行にあたっていたのである。なお『祇園執行日記』に見える社家公人の行動はすべて寺家の指揮に基づいており、彼らは寺家公人と同じく寺家の統括下にあったとみてよい。[23]

以上、山門公人が寺家公人と社家公人という二種類の公人集団からなっていたこと、そのうち寺家公人は寺家の維那・専当・鎰取が、社家公人は日吉社の宮仕がそれぞれ時に応じてその任に就いていたことがまず確認できた。では彼らはいついかなるときに、維那・専当・鎰取さらには宮仕から、寺家公人・社家公人へと変身、寺家の指揮下で検断などの活動を行なうこととなっていたのであろうか。次に寺家との関係を中心に彼ら山門公人の行動を検討していくことにする。[24]

表2は正平七年の七つの事件で祇園社にもたらされた大衆の集会事書を整理したものである。集会事書を祇園社にもたらした使者の身元等がわかる場合には、その使者の身分・人数なども合わせ表示しておいた。

表2　事書の種類と使者

月　日	事書の種類(事書の日付)	使者とその人数	事件
2月8日	日吉十禅師彼岸所集会事書(2月7日付)		1
16日	日吉社頭集会事書	寺家公人(専当3人・鎰取1人)	1
21日	西塔院事書		2
25日	山門事書2通(2月21日付・同23日付)	寺家公人(専当2人・鎰取2人)	1
	(法花堂可破却之由)事書	同上	2
29日	(法花宗住所可破却由)事書	尺迦堂御聖供備進公人	2
②月2日	(一向宗住所可破却由)事書		3
15日	政所集会事書(閏2月9日付)	寺家公人10余人	3
18日	十禅師彼岸所三塔集会之事書	専当松犬法師代鈴法師	3
4月17日	日吉社頭集会事書		4
5月10日	([賢聖房]京都住房来十二日可破却之由)事書	寺家使専当頼勝代官又五郎男	4
	(法華堂破却事)重事書	同上	2
12日	西塔院政所集会事書(5月10日付)	西塔政所の使者(非寺家使者)	4
17日	西塔事書①		4
	東塔事書2通(寺家宛と社家宛)	寺家・社家両座公人30余人	4
	西塔事書②	西塔尺迦堂下部勝行	4
18日	西塔事書	寺官	4
21日	(可催犬神人由)事書2通(寺家宛と社家宛)	山上公人・宮仕60余人	4・5
28日	政所集会事書(5月26日付)	寺家使者	5
	三塔集会事書(5月26日付)	同上	5
7月6日	山門落書	鎰取	7

表2によれば、祇園社に届けられた大衆の集会事書は、大きくわけて二種類あった。三塔の大衆が集まって僉議の上で発したいわゆる三塔集会事書と、各塔がそれぞれの集会に基づいて発給した西塔事書・東塔事書などの各塔の集会事書である。もちろん延暦寺の大衆の総意に基づいた三塔事書のほうが、各塔の集会事書よりも強い効力を有していたことはいうまでもないが、東塔・西塔が対立した場合には、(4)(5)の事件のように各塔が競って事書を発給、祇園社に送りつけてくるという事態も起こっている。ここで問題としたいのは、そのような集会事書の発給主体もさることながら、これら集会事書が誰の手によって伝達・遵行されていたかという点である。

まずその伝達方法であるが、集会事書が祇園社に届けられる方法は二通りあった。一つはその集会事書に基づいてただちに行動を起こすために複数の山門公人がこれを持参してくる場合と、いま一つはとりあえずその内容を伝達するために使者が集会事書を持参する場合の二つである。後者の場合、寺家の専当が使者を勤めるのが通例であったらしく、多くは専当もしくはその代理人が使者となっている。いずれにしても集会事書は寺家より祇園社に伝達されており、寺家が各機関への発信元となっていたものと理解される。

ただ、すでに見たように西塔が独自にその集会事書を祇園社に直接届けてくることもないではなかった。しかし、寺家を通さずに西塔から直接「尺迦堂御聖供備進公人」[25]「(西塔政所)使者」[26]「西塔尺迦堂下部」[27]らによって集会事書が祇園社に届けられたときには、執行顕詮はわざわざ寺家に使者を送りその真偽を確かめており、[28]やはり集会事書は本来、寺家を経由してはじめてその効力を発揮すべきものと考えられていたらしいことがわかる。

一般に大衆の集会事書は寺家の遵行を前提として発せらることとなっていたが、[29]山門公人を駆使しての検断命令も例外ではなかったわけであり、命令権者としての大衆と、遵行者としての寺家という構図をここでも確かめることができる。そして、この点からすれば、寺家・社家の下級役人にすぎない維那・専当・鎰取や宮仕が、山門公人に変身するにあたって必要とされたのが、ほかならぬ大衆の命令であったろうことは、もはやあきらかであろう。彼ら「山門公人」が延暦寺の「公的」な執行者として常に大衆の事書を帯して立ち現れたのも、まさにこのためと考えられる。また、このように「山門公人」が大衆の意思によってはじめて成立しうる役務であったことが認められるとすれば、延暦寺における「公」なるものの源泉が奈辺に存在したかも自ずからあきらかであろう。それは大衆の意思をおいてなく、大衆こそが延暦寺の「公」権威の源であったと断言できる。

では山門公人において、その大衆の「公」権威は寺家の遵行権と具体的にどのようなかたちでその調和を保ち存在していたのであろうか。節を改めて山門公人と大衆・寺家の関係を別の角度から考えていくことにしよう。

三　大衆・寺家と山門公人

山門公人が大衆・寺家とどのような関係にあったかを考えるためにここでとりあげたいのは、正平七年五月の執行顕詮の坂本下向である。このときの顕詮の坂本下向の目的は、山門公人による犬神人の使役をやめさせることにあったが、[30]顕詮を迎えての延暦寺側の対応からは山門公人が同寺内においていかなる立場にあったかが見事に浮かびあがってくる。

かのときの顕詮の坂本下向で最初に注目したいのは、彼が山門公人の行動を規制するための交渉相手としてまず寺家を選んでいる点である。そのことは坂本下向の道筋でたまたま出会った「寺家・社家公人数十人」に対して、顕詮が吐いた次のような言葉からも十分うかがうことができる。

犬神人罷向事、洛中狼藉不可然之由、直自武家被相触之間、向後罷向事難治之由申間、其子細為申寺家、予罷越之上、公人雖被出京、不可有其詮、[31]

顕詮が寺家を山門公人の直接の監督者と考えていたことはまちがいない。しかし、この顕詮の認識がいかに甘いものであったかは、その坂本到着直後にあきらかとなる。すなわち坂本に着いた顕詮のもとには、寺家の公文所の睿春なる者から次のような口上がもたらされる。

公人等自路次被帰、何様事候哉、只今就此事於興法寺有衆会、承子細可披露、[32]

公人を道中で追い返したことがいち早く興法寺「衆会」で糾弾の対象となり、釈明を求める声が大衆の間からはあがっていたことがわかる。以後、顕詮はもっぱら「衆会」との対応に追われることとなる。両者のやりとりは山門公人が大衆・寺家とどのような関係にあったかを考える上で貴重な手がかりとなると思われるので、いま少しその経過を詳しく追っていくこととしよう。

最初の「衆会」からの問いに対して顕詮は、まず「犬神人申子細在之、則従是可申」とのみ答えている。だが「衆会」は納得せず、折り返し「犬神人不可罷向之由、称申之、被追返公人之条、何様子細哉」という詰問が届く。そこでやむなく顕詮は坂本下向の目的を縷々述べて釈明にあてている。しかし「衆会」はこれでも納得せず、「為山門所勘神人、争重武命、可軽衆命哉、執行引汲承能等故歟、所詮不可催立犬神人哉否承、定是非衆儀(議)可落居」という威嚇に近い問いが、またもや顕詮のもとに届けられる。このような度重なる「衆会」の詰問の前についに顕詮は「以此趣重有問答犬神人、可申左右」と答え、これをもって「衆会」からの詰問はようやくやむ。(33)顕詮がその当初のもくろみとは異なり寺家を直接の交渉相手とすることなく、もっぱら「衆会」との応答に終始し、最後にはその威嚇の前に自らの要求を撤回しなければならなかったことが知られよう。

ここにいたり山門公人に関しては、寺家よりも大衆の「衆会」が最終的な権限を有した存在であることを顕詮も悟らざるをえなかったに違いない。三度目の使者を最後に「衆会」からの連絡が途絶えるや、顕詮は今度はしきりに「公文代武蔵法橋睿祐」や「社家（禰宜）」に「衆会」の結果を問い合わせている。(34)そして、彼の訴えが「衆会」でほぼ全面的に認められたということがやっと判明したのは翌日のことで、顕詮の宿所を訪れた「公文代武蔵法橋睿祐」によれば、その「衆会」の決定は次のようなものであったという。

所詮、明日寺家・社家公人可出京、但不可召具犬神人之間、不可向社家、若向後可向犬神人由令治定者、相構可被催立、為彼報答又可下行山門公物、其以後者、社家任被申請、可付其足也、犬神人可向之由令治定者、以飛脚可馳申、(35)

賢聖坊への発向は寺家・社家公人だけで行ない犬神人は使役しないこと、以後、犬神人の使役には「山門公物」からその費用を下行すること、さらには犬神人の使役が決定したときにはただちに「飛脚」をもって祇園社に連絡すること、この三つが「衆会」において決定されていたのである。

顕詮の坂本下向はこのようにして最終的には当初の目的をほぼ達成して終わるが、この出来事からは、山門公人と大衆・寺家、さらには大衆と寺家との関係についていくつかの点が指摘可能となる。

まずその第一は山門公人の行動に関する決定権が基本的に「衆会」なる大衆の合議機関にあったという点である。最初に顕詮が山門公人による犬神人使役を停止させるために交渉相手として選んだのは寺家であった。にもかかわらず彼が実際に坂本でその交渉相手としなければならなかったのは、ほかならぬ興法寺「衆会」であった。山門公人に関する最終的な決定権は、寺家ではなく「衆会」「衆命」ひいては大衆にあったことをこの事実は如実に物語っている。先の七つの事件においても、山門公人は常に大衆の集会事書を帯して行動しており、その発向の正当性を根底において保証していたのは、集会の決定という大衆の意志であったことがやはりここでも再確認できる。

第二点はその「衆会」の運営についてであるが、寺家の公文所が想像以上に深く関わっていた点をあげたい。「衆会」の意向を顕詮のもとに伝えに来たのは、最初は公文所「越前法眼睿春」の使者であったし、二、三度目は「対馬房」なる寺家の維那であった(36)。また「衆会」の決定を顕詮に伝えたのも「公文代」の「武蔵法橋睿祐」であり、「衆会」を実務面で支えていたのはあきらかに寺家の公文所であった(37)。「衆会」の主体は大衆であったとしても、それを実際に運営していたのは寺家の公文所であったわけであり、「衆会」が執行機関としての寺家の協力なしでは機能しなかったと考えられる点を第二点として指摘することができる。

そして、第三に指摘しておきたいのは、「衆会」の決定に基づいて山門公人を指揮する権限が、これまた寺家の公文所に存していたと考えられる点である。事件は顕詮が坂本から帰京した直後のこととなるが、例のごとく犬神人を動員するため山門公人が祇園社に押しかけてくることがあった。この時、山門公人の「所詮、此次第触状(持)罷帰、可申公文所」という要求に答えて、顕詮は彼らに公文所宛の「触状」を書き与えているのである(38)。山門公人の復命すべき相手がほかならぬ寺家の公文所であったことを物語る出来事であり、[39] 山門公人が直接的には寺家の公文所の指揮を受けて動く存在であった点を第三点としてあげておきたい。

むすび

大衆がその意思を貫徹しようとしたとき、「究極の拠り所」は寺家をおいて他にありえなかったことは別に論じた通りである。[40] そして、この原則は山門公人の動員に関しても貫かれていたといえる。

寺家の維那・専当・鎰取が下級の寺官としてではなく、ほかならぬ山門公人として立ち現れてくるのは、彼らが大衆の意思を体していたからにほかならなかった。言葉をかえていえば、維那・専当・鎰取が山門公人として活動するためには大衆の決議（衆議）が必要不可欠だったのであり、この点で山門公人の「公人」たる所以は大衆によって保証されていたといってよい。ただ、それにもかかわらず一方で山門公人が事実上の指揮者として寺家の公文所を仰いでいたという点は改めて強調しておく必要があろう。山門公人は常に公文所を介することによってのみ大衆の意思を実行に移しえたのであり、ここでも大衆は寺家を通すことなくその意思を実現することはできなかったのである。

また大衆とともに寺院の「公的」存在であった座主と山門公人の関係についていえば、山門公人が座主から直接指令を受けて行動を起こした例は管見の限りまったくない。他の寺院においても貫主（別当・座主など）が公人を使役することはなかったといわれ、[41] 座主の「公的」なる権限はやはり山門公人にまでは及んでいなかったと判定される。すなわち寺院の公人は大衆勢力の意思によってのみ動く存在であったことが確認されるわけであり、寺院内における「公」なるものの源泉が本質的には大衆勢力に存するものであったといえる。

山門公人の活動は南北朝時代末を境として急に下火となる。その直接の契機となったと考えられるのは、応安

三年（一三七〇）十二月、朝廷より室町幕府に下された次のような「仰詞」であった。(42)

山門公人号負物譴責、成洛中所々之煩、剰不憚　禁裏仙洞咫尺、乱入卿相雲客住宅、致種々悪行之間、被申座主宮、厳密可有誡沙汰、曾不能叙用、弥以狼藉、違　勅之咎難遁歟、於向後者、為武家召捕彼輩等、可被処罪科乎、

これによって幕府は山門公人を取り締まる権限をもつこととなり、山門公人は洛中における検断権を放棄せざるをえないこととなる。(43)ただこれまで見てきたところからすれば、この「仰詞」がたんに山門公人という集団にとどまらず、その背後にいた延暦寺大衆をこそ規制せんとする目的で発せられたことはあきらかであろう。文中に「被申座主宮、厳密可有誡沙汰、曾不能叙用」とあるのも、山門公人が座主とはまったく関係なく、大衆にのみ従っていた事実と符号する。

またこの山門公人の取締令に関わって特に注目されるのは、大衆への挑戦ともいえるこのような法令に対して、当事者の大衆がなんら抵抗を示した気配がない点である。前年まで続いていた南禅寺事件において、あれほど強固な姿勢で朝廷・幕府に臨んでいた大衆が、この「仰詞」に対して積極的な反応を見せていないのはなぜであろうか。その直接の理由はわからない。ただ大衆の内部においては東西両塔の対立を中心として大衆間の争いが尖鋭化していたことは本論でも見た通りである。さらにそれらの動きを受けて大衆の有力者の一部を政治的に囲い込んでいこうとする幕府の動きがようやく顕在化してくるのもこの前後のことであった。のちに山門使節となる杉生坊・金輪院・円明坊らの「山僧」の「諸大名」と幕府との接触が史料にはじめて見えるのは、この「仰詞」から七年後の永和三年（一三七七）のことである。(44)あるいは大衆をめぐる内外のこのような不安定な状況が、彼らの反応を鈍くしていたのかもしれない。いずれにしてもこの応安三年の「仰詞」は、この直後に確立されることとなる山門使節制度とともに、山門公人ひいては延暦寺の大衆勢力が政治的・社会的に大きな転機を迎えるに

いたっていたことをよく象徴するものといえよう。

(1) 延暦寺領庄園の年貢譴責に山門公人があたっていたことを示す典型的な事例としては、建久二年(一一九一)、嘉禎二年(一二三六)の二度にわたる千僧供領近江国佐々木庄の例をあげることができる(黒田俊雄「延暦寺衆徒と佐々木氏」参照、『日本中世の国家と宗教』、岩波書店、一九七五年)。

(2) 『史学雑誌』八九—一〇(一九八〇年。のちに『中世寺院の権力構造』〔岩波書店、一九九七年〕に収録)。稲葉氏は公人と非人の関係についても言及されているが、山門公人と犬神人との関係についていえば、氏が指摘されたような公人による非人の組織化をそこに見出すことはできない。詳細については本論に譲るが、寺院の公人の本来的なあり方からして、東大寺・興福寺においても両者の関係は基本的に延暦寺と変わらなかったものと推測される。

山門公人を直接の対象とした研究としては、このほか坂田聡「山門公人と中世村落——葛川の公人常修法師を例に——」(『ヒストリア』九五、一九八二年)がある。ただ氏が素材とされたのは山門公人とはいいながら、実際は葛川御堂(葛川息障明王院)に所属したいわば延暦寺の末端組織所属の公人であり、本来の意味での山門公人を論じるには不適切なものと考える。確かに延暦寺には「寺家・社家・院々谷々公人」と呼ばれたように、さまざまな公人が存在していた(元徳三年七月付「延暦寺大衆奏状」〔『牒状類聚』〕)。山門公人を広義に解すれば、彼らすべてを山門公人と呼ぶことも不可能ではない(ただし、史料の上では彼らを山門公人と呼んだ例はない)。しかし、一般には山門公人とは延暦寺・日吉社の寺家・社家に所属していた人々をいい、本稿では本来の意味での山門公人を中心にその歴史的な意味を考えることとしたい。

(3) 中世の延暦寺における座主・大衆・寺家の三者の関係については、本書第三篇第一章参照。

(4) 『八坂神社記録』「社家記録」三所収。

(5) 『祇園執行日記』正平七年二月十一日・同年六月二十六日条、『天台座主記』。

(6) 延暦寺の大衆が南北朝時代にことあるごとに室町幕府に反抗的な行動をとり続けていたこと、また室町幕府がその対策に苦慮していたことについては、『新修大津市史』第二巻第二章(大津市役所、一九七九年)参照。

(7) 小杉進「祇園社の社僧」(『神道史研究』一八—二・三、一九七〇年)。

(8)　前掲注(7)論文。

(9)　久保田収「祇園社と本末関係」(『八坂神社の研究』神道史研究叢書八、一九七四年)。

(10)　中世における祇園社(感神院)歴代の別当・目代に関しては、残欠ではあるが「天台座主・祇園別当幷同執行補任次第」(『八坂神社記録』「祇園社記」五)が詳しい。これによれば少なくとも南北朝時代には、座主の交替にともなって別当・目代もまた交替していたことがわかる。なおこの点に関しては、本書第四篇第二章第三節参照。

(11)　執行のもとにあって犬神人を直接指揮した「寄方」については、稲葉氏がすでにその存在を指摘されているほか(前掲注2論文)、馬田綾子「中世京都における寺院と民衆」(『日本史研究』二三五、一九八二年)にもその活動に関する記述がある。ただ寄方がいかなる実態を有した組織であったかについてはともに具体的な説明をされておらず、執行のもとで犬神人を指揮した事実を指摘されるにとどまっている。寄方の実態について詳しく論じる準備はないが、彼らがたんに犬神人だけでなく、広く祇園社支配の町や神人集団をその管領下に置いたことを示すため、次に『祇園執行日記』に記録されている「寄方」の成員と彼らが関与した町・神人に関する事項を一覧として掲げておく(別表参照)。

(12)　『祇園執行日記』正平七年二月八日条。以下、出典となる『祇園執行日記』の日付については、特に本文でわかりにくいものに限り掲げた。

(13)　観応二年(一三五一)十二月に天台座主となった善法院慈厳のもとで同月二十三日に慈俊が別当に、また増智なるものが目代に任命されている(『祇園執行日記』正平七年表紙裏墨書)。

(14)　「尺迦堂御聖供備進公人」とはその名の通り西塔釈迦堂に聖供を供えることを職掌とした公人のことで、東塔大衆によって寺家を押さえられていたため、西塔大衆はやむなく彼らの下で

別表　寄方一覧

月　日	寄方の名前	事　項
1月5日	朝乗(宮仕)	四条面南□小串北御壇供代の上納
12日	良一	河原細工所役の上納
25日	朝年	堀川神人初任見参料の上納
26日	(不明)	犬神人に下知
2月6日	(不明)	左方神子大座等用途の上納
7日	朝円	左方大座酒肴(代)等の上納
11日	朝乗・良一	建仁寺と問答
7月24日	良一	堀川神人初任見参料の上納
26日	乙熊法師	小袖座神人社家上分用途の上納
9月6日	朝乗	粟田口検断屋の破却
11月1日	良祐	堀川神人初任見参料の上納
12月18日	朝乗	犬神人の掃除奉行

＊出典はすべて『祇園執行日記』正平7年条

雑事に携わっていた堂衆を公人として用いたものと考えられる。

(15) この時も妙顕寺法華堂破却の時と同じく（前掲注14参照）、寺家が東塔大衆によって掌握されていたため、西塔大衆は独自に直接使者を派遣せざるをえなかったものと考えられる。顕詮が特にその使者を「非寺家使者」と断っているのもこのためである。

(16) なお破却とりやめの決定が祇園社に届けられる直前、西塔釈迦堂の下部が再度西塔事書を携えて祇園社を訪れ「寺家・社家公人」の発向をやめさせようとしており、その後も西塔大衆はなんとか「公人等」の発向を食い止めようとしている。

(17) 顕詮と山門公人との問答は次の通りである（七月十日条）。

日吉公人寺家廿人計出京、承能法印児童殺害事、垂髪令登山之間、閣彼沙汰之上者、末寺・末社可開門戸云々、当社事、去月廿一日帯落書、専当常観・得音等令出京、開閉門之後、于今無相違歟、今日不及被開之由返答之処、彼時開門事、公人不存知之上者、其子細載状、可被申公文所之由申之間、即書与了、又開門時事書案可給之由申間、同書与了、

(18) 山門公人が遅くとも鎌倉時代後期には寺家公人と社家公人の両座からなっていたことは、早く文永十年（一二七三）十一月付「延暦寺政所牒案」（『石清水文書』）に、「自今以後、不帯本所挙状者、宮寺公人不可叙用」と見えることからもうかがうことができる。なお「寺家公人」という言い方は、応安元年（一三六八）七月晦日付「延暦寺政所集会事書」（『目安等諸記録書抜』〔『北野天満宮史料』〕）にも「寺家公人卅人、明日一日辰点被付北野社務辺……」と見えている。

(19) 『群書類従』四九〇。

(20) 慶長六年（一六〇一）二月の「当今世出世制法」は「一山僧侶階班都有三等」として、比叡山の僧侶を三つの身分に分け、その内訳を次のように記す（『天台座主記』）。

上方―衆徒・山徒・寺家執当・四至内
中方―堂衆・所司・維那
下僧―出納・庫主・政所・専当

いうまでもなくこれらは織田信長の焼き討ち後の再建時の分類であるが、中世の『驪驢嘶餘』においても「中方」

「下法師（下僧）」といった言い方は見えており、その内容に大きな違いはいまだ生じていなかったものと考える。

(21)『続群書類従』五四所収。

(22)正平七年二月十六日条に「今日下洛寺家公人計也、社家宮仕令出京者、酒肴各別ニ可所望歟之間、雖令斟酌、不見来之間、寺家方四人ニ壱結下行了」と見える。また同年五月二十一日条には、山門公人の内訳を「宮仕少々相交、大略寺家公人」と記す。このほか日吉社の宮仕が山門公人を勤めていたことを示す史料は数多いが、『後鳥羽院宸記』建保二年（一二一四）四月十五日条には「山門公人」「山門所司之下法師」「山門宮司法師」がすべて同じ人々を指す言葉として用いられている。

(23)『玉葉』建久二年（一一九一）四月二日条に「自寺家遣宮仕法師数十人、譴責佐々木太郎定綱住宅」とあるのが、社家公人（宮仕）が寺家の指揮下にあったことを示す早い例としてあげられる。

(24)稲葉氏は「公人が公人と呼ばれる所以はその行動内容が『公的』活動と認識され『公的』機関の命令による」と述べておられる（前掲注2論文）。公人の本質はまさに「公的」機関の命令によって彼らがそのつど「公人」となった点にあったと考えられ、この点で氏の指揮は正鵠を射たものといえる。ただ公人をこのように臨時にして応急の職と認識するならば、少なくとも氏のような公人がいかなる経済的な基盤を有していたかといった設問の仕方があまり意味を持たないことはまた自明の理といわなければなるまい。それよりも公人の歴史的評価にとってより重要なのは、彼らの「公的」活動がよって立つ政治的・社会的な基盤をあきらかにすることにあると考える。

(25)正平七年二月二十九日条。

(26)正平七年五月十二日条。

(27)正平七年五月十七日条。

(28)たとえば第一節(2)の事件で西塔から集会事書が届けられたとき、顕詮は二日後の二月二十三日に使者をもって坂本（寺家）にこれを報告しているし、五月十日に賢聖坊の京都の住坊を破却すべしという事書が到来したときも南岸坊を通じ山門公人の出京予定を寺家に問い合わせている。また、前後の事情はよくわからないが、五月十二日「今比叡一向衆堂破却事」という集会事書が祇園社に届けられた際にも、やはり人を介して寺家に問い合わせ、その「不存知」という返事に従っている。ちなみに坂本の寺家へは「曼殊院大進注記」なる「今比叡一向衆堂」の僧と推定される人物から使者が派遣されている（五月十二・十四日条）。

(29) 前掲注(3)拙稿参照。
(30) 正平七年五月二十日条。
(31) 正平七年五月二十日条。
(32) 正平七年五月二十日条。
(33) 正平七年五月二十日条。
(34) 正平七年五月二十・二十一日条。
(35) 正平七年五月二十一日条。
(36) 正平七年五月二十日条。
(37) 正平七年五月二十一日条。
(38) 正平七年五月二十一日条。山門公人の要求に対して顕詮は「則書与了」とすぐに「触状」「公文代 睿祐計へ内々状」を彼らに書き与えている。
(39) 第一節(6)の事件でも、「其子細載状、可被申公文所」という山門公人の要請に答えて顕詮は「其子細載状」を山門公人に書き与えている。前掲注(17)参照。
(40) 前掲注(3)拙稿参照。
(41) 前掲注(2)稲葉論文参照。東大寺の公人を分析された稲葉氏は、次のように述べておられる。

別当なども寺院内において公的存在であるが、東大寺において明確に指摘できる様にその権限は惣寺に移行して行くこと、また、別当の下では⑤にみられる公人の活動があまり見られないことから、その公的性格はしだいに消滅していったと考えられる。

延暦寺において大衆とともに公的存在であった座主もまた山門公人を使役せず、この点で東大寺の別当と延暦寺の座主はまったく同じである。ただ、稲葉氏がここで別当が公人を使役しない理由を、「公的」なる権限が別当から惣寺（大衆勢力）に移行した結果とされている点は賛同できない。なぜなら延暦寺においては座主がその権限を次第に大衆（東大寺でいえば「惣寺」）に移していったという形跡はなく、また座主がその公的性格を次第に消滅させていった気配もまったくない。これは座主と大衆がその「公的」なるものの基盤を異にしていたことからすれば当然のことであり、東大寺においても事情は多分基本的に同じであったと考えられる。

（42）「室町幕府追加法」一〇五（『中世法制史料集』二、岩波書店）。

（43）この「仰詞」の歴史的評価については、桑山浩然「室町幕府経済機構の一考察」（『史学雑誌』七三―九、一九六四年）、脇田晴子「室町幕府の商業政策」（『日本中世商業発達史の研究』、御茶の水書房、一九六九年）参照。なお桑山浩然氏はここに見える山門公人の活動に「山門の威を仮《（ママ）》る土倉の姿」をダブらせておられるが、山門公人といわゆる「山門気風の土倉」とを同一視する根拠はまったくない。両者は分けて評価しなければならないものと考える。また脇田氏はこの「仰詞」の十六年後、至徳三年（一三八六）に発せられた「山門弁諸社神人等」の私の譴責を禁じる法令をもって「幕府は山門のもっていた譴責の権利を否定するとともに、山門公人をも吸収したものと思われる」と述べておられるが、これも山門公人が延暦寺の下級寺官の臨時・応急の職であったとする本論の主旨からすれば到底承認し難い。

（44）本書第一篇第一章参照。

第四章　坂本の「寺家御坊」と山科家

はじめに

延暦寺では鎌倉時代後期以降、「寺家」と呼ばれる執行機関が大衆と天台座主という二つの勢力の狭間にあって独自の発展を遂げる。(1) 南北朝時代末にいたり山門使節制度が創設されるとともに、その機能は著しく低下するが、これをもって寺家が消滅したわけではむろんなかった。その執当を頂点に頂く組織は、前代におよぶべくもなかったものの、戦国時代まで延暦寺の執行機関として存続、活動し続けている。

応仁の乱のとき、戦乱を避けその寺家の所在する坂本を避難先に選んだ一人の公家がいた。山科言国である。彼が坂本の地を避難先に選んだのは、実はこの延暦寺の「寺家」の存在が大きく関わっていた。言国の日記『言国卿記』および山科家の家礼大沢氏の日記『山科家礼記』を史料として用い、山科家と「寺家」との交友、ひいては戦国時代における坂本の「寺家」の実態の一端を紹介することとしたい。(2)

一　山科言国の坂本下向

応仁元年（一四六七）正月にはじまった応仁の乱は、同年八月、大内政弘が大軍を率いて入京するとともに、京都においては西軍の優位が確立する。劣勢に立った東軍は、後土御門天皇・後花園上皇を花の御所に取り込み、上京の一角――南は一条、北は寺の内、西は小川、東は烏丸――に塁と塹で囲まれた「構」を構築、ここに閉じ籠る。世にいう「御構」の出現である。(3)

天皇・上皇らとともに東軍の御構のなかに移り住んだ山科言国は、乱当初より自らの「陣屋」をしばしば出て名字の地である山科東庄に赴いているが、その際、彼は大きく北に迂回「鷺森越」の道をとって山科にいたっている。(4)これは西軍の包囲網のなか、御構から洛外に出ることのできる道は「丑寅口」しか残されていなかったためで、(5)このような状況は基本的に京都での大乱が終わる文明九年（一四七七）まで続く。それでも山科にまで戦火が及ばないうちはまだよかった。応仁七年六月になると、西軍が山科に攻め入るとのうわさが流れ、東軍から山科郷民に出陣命令が出るなど、(6)かの地にも戦火が及ぶ気配が濃厚になる。

そのようななか言国がより安全な避難先として新たに白羽の矢を立てたのが、ほかならぬ近江坂本の地であった。『山科家礼記』『言国卿記』はともに文明元年分を欠くため、正確にいつ言国が坂本にいたったかはわからない。ただ、文明二年八月分からふたたび残る『山科家礼記』によれば、八月の時点で言国はすでに坂本に滞在しており、(7)その坂本到着はかの時をさほどさかのぼらぬ頃であったと考えられる。

彼は坂本の「当坊」と呼ぶところに落ちついているが、「坊」というからには、本来は寺僧の住坊であった建物であろう。そして、「当坊」での生活では早速、「執当御坊」すなわち寺家からさまざまの便宜をうけている。たとえば、同年八月二日、松本（現大津市内）の伊勢屋なるところに預けてあった品物をすべて坂本に移すにあ

たって、「坂本執当之坊」が運び込み先となっているのは、そのよい例の一つである。(8)

十月五日、言国はいったん「御構」に戻る。しかし同月晦日にはふたたび坂本にいたり、ここにその本格的な坂本での生活がはじまる。

一、坂本泉梶井寺家之南小家一間御かい候、代七貫五百文、面二間、奥五間也、先代弐百疋被遣也、

この日、新しい生活のため坂本で家を買い求めたことを伝える『山科家礼記』の一節である。「泉梶井寺家」とは、当時二家あった「堀池」「猪熊」という執当家のうちの「堀池」を指す。(9) 言国がこののち長く付き合うこととなるこの堀池家についてはのちに譲り、まず以後の言国の坂本滞在について、見ていくこととしよう。

表1は、文明二年八月以降の言国の坂本滞在を一覧にしたものである。日記の欠けている部分もあり、そのすべてがわかるわけではないが、彼が文明二年から応仁の乱が終わる文明九年までの八年間という長い期間、坂本にしばしば滞在していたかがこれによって知られよう。一年分の日記が完全に残っている文明八年でいえば、彼は一年のほぼ半分を坂本で過ごしていたことになる。(10)

言国は京都と坂本の往還には、常に「鷺森越」(「山越」「吉良越」)「西塔越」など北回りの迂回路を用い、幹線道路ともいうべき逢坂越(粟田口経由で京都から大津にいたる道)や東山越(五条橋から清水寺経由で山科にいたる道)は一切用いていない。(11) これは先にも触れたように、西軍によって他の通路がすべて押さえられていたためである。いったん近江に出てふたたび山科にいたることを思えば、坂本にとどまるほうがはるかに便利であり、言国が新たな疎開先に坂本を選んだ大きな理由の一つもここにあったものと思われる。

ちなみに表1によれば、文明九年十二月になると言国は京都と坂本の往還に「粟田口(逢坂越)」の通路を用いているが、これはこの年の十一月、大内政弘以下の西軍が京都の陣を払い応仁の乱が終焉した直後のこととなる。西軍の御構包囲網が解かれた時点で、言国がすぐさま便利な「粟田口(逢坂越)」を再度利用しはじめてい

たことを、この事例は示している。

なお言国は大乱終了後もしばらくは坂本に滞在するが、ついに坂本を引きあげるときがやってくる。文明十年三月十一日、京都から山科に入った言国は、そこで坂本からの三十荷の荷物と三丁の輿に乗る妻子を出迎え、足

表1　文明年間における山科言国の坂本滞在

	坂本到着日	坂本出発日	備考(閏月)
2年	(8月1日以前) 10月晦日[鷺森越]	10月5日[吉良越] (年内は坂本に滞在)	
3年	[正月から9月まで日記なし] 10月16日[西塔越]	 12月2日[本海道]	
4年	1月10日[新道越] 8月2日[不　詳]	7月1日[不　詳] 12月2日[不　詳]	
5年	[この年、日記なし]		
6年	1月13日[西塔越] 4月1日[山　越] 5月16日[山　越] [9・10月は日記なし] (11月1日以前)	2月29日[山　越] 5月15日[山　越] 6月18日[山　越] 12月22日[鷺森越]	閏5月あり
7年	1月23日[山　越] 2月21日[山　越] 4月12日[山　越] 7月8日[山　越] [9月より12月まで日記なし]	2月18日[山　越] 3月23日[山　越] 6月16日[山　越] 9月以降	
8年	2月8日[西塔越] 3月27日[山　越] 6月11日[山　越] 6月22日[山　越] 7月22日[山　越] 9月3日[山　越]	2月26日[鷺森越] 5月12日[山　越] 6月16日[鷺森越] 7月19日[山　越] 8月16日[不　詳] 10月26日[鷺森越]	
9年	1月29日[不　詳] 5月14日[吉良越] 9月2日[不　詳] 12月6日[不　詳]	2月22日[不　詳] 6月13日[不　詳] 9月26日[不　詳] 12月16日[粟田口]	閏1月あり
10年	1月25日[山　越] [以下、坂本下向の記事なし]	2月11日[里　越]	

注1：出典は文明2年から同4年まで、および文明9年が『山科家礼記』で、他は『言国卿記』。
　2：[　]内は往還の道筋を示す。

表2　執当真全の活動

年　月　日	事　項	出　典
文明3年4月28日	座主青蓮院尊応より延暦寺執当に補任される	華項要略
4年3月27日	父の服喪中によって、真全の代が座主宣命を受け取る	華項要略
5年8月16日	将軍足利義政・義尚に拝礼する	親元日記
6年1月8日	座主青蓮院尊応より不断経始行の申沙汰を命じられる	華項要略
7年3月9日	山科言国とともに甘露寺親長の坂本宿所を訪ねる	親長卿記
4月10日	青蓮院尊応の座主補任式に出席する	華項要略
8年8月22日	座主青蓮院尊応の朝廷御礼に出席する	言国卿記
11年6月15日	甘露寺親長に霜月会勅使参向の四方輿を貸す	親長卿記
12年11月25日	中御門宣胤に納豆を送る	宣胤卿記
12月26日	円明坊兼勝とともに中御門宣胤邸を訪ねる	宣胤卿記
14年12月20日	日吉社祭礼の開催を甘露寺親長に通達する	親長卿記
16年11月1日	六月会の開催を甘露寺親長に通達する	親長卿記
12月26日	尊伝の青蓮院入室を同院門徒として祝う	華項要略
18年5月12日	甘露寺親長より拝賀の鞍具足などの検知をうける	親長卿記
長享3年1月22日	子因全、父真全の病を中御門宣胤に告げる	宣胤卿記
明応3年2月25日	子(言直)を山科言国の猶子とする	言国卿記
文亀2年4月27日	「山門執当真全法印子」因全、中御門宣胤邸を訪ねる	宣胤卿記

注：「出典」の『華項要略』はすべて「門主伝」

掛け九年にも及ぶ彼の坂本の避難生活はここに終りを告げる。(12)

二　執当家と真全

延暦寺の執行機関としての寺家を統率する執当職は、鎌倉時代後期より「堀池」と「猪熊」の二家が世襲するところとなっていた。もともとはともに梶井門跡に仕えていたという両家のうち、猪熊家が京都に住んでいたのに対して、坂本に住居を構えていたのが堀池家であった。(13)文明二年（一四七〇）、言国が坂本にいたった時点で彼を出迎えた堀池家の当主（執当）がいかなる人物であったかは、残念ながらわからない。彼は言国が坂本に住みついてまもなくの文明三年四月二十日死去、(14)その跡は息子が継いでいる。そして、この新たに堀池家の当主となり、寺家の執当となった人物こそが、以後、親しく言国と交際することとなる真全その人であった。執当となって以後の真全の活動を最初に年表（表2）として提示しておく。(15)

この表2によれば、真全は父某が亡くなった直後の文明三年（一四七一）四月、座主青蓮院尊応によって執当に補任され、以降、少なくとも文亀二年（一五〇二）四月頃まで、約三十年の長きにわたって同職にあったことがわかる。その生没年は不明ながら、言国ときわめて親しく、後述するように長男の年齢もあまり違わなかったことなどからすると、言国と同年代であったと推定される。ちなみに言国は享徳元年（一四五二）の生まれで、坂本に居を定めた文明二年には、いまだ十九歳の若さであった。

　言国が最初に住んだ「寺家御坊」「執当御坊」と呼ばれる堀池家の屋敷が、坂本のどのあたりにあったかは正確にはわからないが、ただ、そのおおよその位置と規模は、『言国卿記』『山科家礼記』に見えるいくつかの記事によって類推することができる。まずその位置であるが、言国らは文明四年四月十八日の日吉祭を「御坊くきぬき」のうちで見物している[16]。神幸の道筋が古来変わっていないとすれば、その房舎は坂本のメインストリートに面して所在していたはずである[17]。またその建物の規模は、文明七年二月二十九日、「ヘイチ門《（平地）》」が立てられていることが参考となる[18]。寺家御坊は前年の文明六年二月、杉生坊と西塔大衆との争いに巻き込まれ類焼[19]、「ヘイチ門」もこの時、焼失したと考えられる。つまり文明七年二月の建立はその再建にともなうものであったと推定されるのであるが、それはともかくとして、「くきぬき」といい「ヘイチ門」といい、ともに寺家御坊がなみなみならぬ規模をほこる建物であったことを示唆している。

三　真全の親族

　次に真全の家族について判明する範囲で見ておくと、まずその妻であるが、彼女が寺家御坊に移り住んだのは、真全が執当になってのちしばらくしてからのことであった。『山科家礼記（重胤記）』文明三年十月十七日条は、その寺家御坊への移徙について、次のように記す。

御坊女中昨日御坊へ御移徙之由候間、自本所柳一荷・たこ物弐はい・こふ進られ候、又後家の御方へ一桶・鯉一被遣也、

末尾に記されている「後家」とは、真全の母を指すのであろう。

この真全の妻は文明三年十二月二日に男子を出生、山科家では翌年正月十日、その「さん所《（産）》」へ「鱒二・こふ・たる二代四十疋」を贈っている。(20) このときに誕生した真全の子は幼名を猿丸（猿・御猿）といい、言国は殊の外、彼を可愛がり、京都からの土産に「犬ハコ」を持参したりもしている。(21)

ちなみに真全の長男猿丸に遅れること五年、文明八年にいたって、言国にも長男（定言）が誕生する。幼名を「猿菊」といい、坂本生まれで山王を産土神とした彼のため、山科家では毎年四月の日吉祭（山王祭）の「内マツリ」を祝っている。(22)

さて、真全の子猿丸のほうであるが、彼は成人して因全と名乗る。『宣胤卿記』長享三年（延徳元年＝一四八九）正月二十二日条に「山門執当子因全来、真全法眼可来之処、歓楽云々」と、また同記の文亀二年（一五〇二）四月二十七日条に「山門執当真全法印子因全来、諷誦願文清書間事、問之」と見えるのは、ともに成人した猿丸を指すと見てあやまりあるまい。『言国卿記』では「侍従」の官名で呼ばれているのが、(23) この因全を指す。彼には「新中納言」の官名を称する弟がいた。のち明応三年（一四九四）二月二十五日に言国の猶子となり「言直」を名乗ることとなるのは、この弟の「新中納言」である。(24)

やがて父真全が亡くなってのちは、長子の因全が当然その跡を継いだものと推定されるが、その確かな徴証を見出すことはできない。ただ、時代がやや下るが、言国の孫言継の日記『言継卿記』天文十六年（一五四七）正月二十六日条に次のような記事が見出せる。

坂本執当言全法印、樽一《鮒すし》、串柿、荒巻一、如例年送之、祖父猶子之故也、同子新中納言典全は亡父卿猶子也、

すなわち、この年の正月、例年の通り言継のもとに「坂本執当言全法印」から新年の礼物が送られてきたが、これは彼言全が言継の祖父言国の猶子であることに基づくものであったというのである。明応三年に言国の猶子となったのは侍従の弟「新中納言」であり、『言継卿記』にいう「祖父猶子」とはむろん言直を指す。とすれば、言直は言全と改名し、この頃は執当の職に就いていたことになる。

さらに『言継卿記』のこの記事によれば、その言全の子典全は、若いときの父と同じく「新中納言」を名乗り、言継の父言綱の猶子となっていたというのである。言国と真全にはじまる山科家と堀池家との密接な関係は、世代を超えて長く維持されていたことがこれによって知られよう。以上、判明した真全以後の堀池執当家の流れを系図として整理すれば、おおよそ次掲のようになる。

某─┬─真全（法眼・法印）─┬─因全（侍従）
　　│　　　　　　　　　　　└─言全（新中納言）初名言直 言国猶子 ── 典全（新中納言）言綱猶子
　　└─山本坊（宰相）

なお、真全の弟の山本坊（宰相）については、『言国卿記』明応三年六月十七日条に「一、寺家宰相執当オト、号山本坊」とあることから、この系図ではその位置に配しておいた。

四　「此方衆」と「御坊衆」

坂本滞在中、言国はほとんど毎日のように寺家御坊を訪れ、一方の真全をはじめとする「御坊衆」もまた足繁く言国家を訪ねている。山科家ではたんに主人の言国のみならず家礼の大沢氏も「御坊衆」と親しく付き合っており、山科家と堀池家との交友は、主従ぐるみのものであったといってよい。彼らはともに将棋・立花・十種香

表3　執当御坊における月次歌会一覧

年　月　日	会の呼称	頭人・出題人、その他
文明4年2月9日	御坊御会	(出題)冷泉永親
6月9日	御坊御会	(出席)冷泉政為
6年2月9日	坊ノ会	(頭人)西勝坊　(出題)言国
4月29日	執当坊月次会	(頭人・出題)言国
5月9日	執当坊月次会	(出題)言国
⑤月9日	執当坊月次会	(出題)言国
6月9日	執当坊会	(出題)言国
11月26日	月次会(坊ニアリ)	(出題)言国[9日の会が延引]
12月7日	執当坊会	(出題)言国
7年正月28日	執当会始	
2月29日	執当坊会	(出題)言国[9日の会が延引]
3月9日	執当坊月次会	(頭人)杉生坊　(出題)甘露寺親長
5月9日	執当坊ノ会	(出題)言国・飛鳥井雅康
7月25日	執当坊会	(頭人・出題)言国[9日の会が延引]
8月15日	執当坊月次会	(出題)言国
8年2月19日	執当坊月次会	(出題)中御門宣胤
4月9日	執当月次会	(頭人)言国　(出題)中御門宣胤
5月9日	(会、坊ニアリ)	
7月9日	執当坊月次会	(出題)言国
8月9日	執当会	(出題)中御門宣胤
9月9日	執当坊月次会	
10月9日	執当坊会	
10年正月29日	執当坊会始	(出題)中御門宣胤

注：出典は文明4年分のみが『山科家礼記』で、他はすべて『言国卿記』。

といった諸芸を楽しみ、時には平曲を観賞し、『源氏物語』『古今和歌集』の古典をともに学んでいる。[25]一例を立花にとれば、「寺家刑部卿・新宰相」は文明九年七月に大沢久守から立花を習い「弟子分状」を与えられている。[26]僧俗の分け隔てなく諸芸を楽しむ文化的環境がそこにはあった。

しかしなんといっても言国と真全、ひいては山科家と堀池家の両家の交流でもっとも注目されるのは、寺家御坊で毎月執行されていた「月次歌会」である。表3は『言国卿記』『山科家礼記』に見える寺家御坊での月次歌会を一覧にしたものである。

これによって、寺家御坊では毎月九日を式日として月次歌会を開催し、言国がこの会のメンバーとなっていたことが知られよう。同会には言国と同じく坂本に疎開していた中御門宣胤も時には参加している。さらにこの月次の歌会には、西勝坊・杉生坊といった当時、山門使節を勤めていた有力山徒たちもメンバーとなっており、この時期、堀池家を中心に、坂本では山徒たちの独自の文化サロンができあがっていた。

堀池家では月次歌会のほか、臨時で「連歌」の会や「小嶋会」(27)「夢想歌（三一首）」(28)「阿弥陀名号法楽和歌」(29)なども催している。このような寺家における各種の歌会は、当主の執当真全の好みによるところが大きかったと思われるが、それとともにその歴史的背景として無視できないのが、歌の家としての堀池家の伝統である。

南北朝時代の歌人で『新拾遺和歌集』の撰者として著名な頓阿はほかならぬ堀池家の出身であった。(30)また同時代では当主の執当延全の「かへり来ぬ昔のみこそ忍ばるれ老の数そふ身を思ふにも」の一首が『新千載和歌集』に採録されている。(31)寺家御坊での各種歌会の盛行は、このような同家における歌の伝統に負うところが少なくなかったと考えられる。ただ、公家の言国は法体の彼らが催す歌会に正式に参加することは憚られたようで、寺家の月次歌会にも懐紙は出すものの「サシキヘハイテス」という状況がしばらく続いている。(32)

このほか文化的な営みとはいえないが、山科家と堀池家との親密な交流ぶりをもっともよく伝えるものの一つに、両家が誘い合っての入浴がある。

『言国卿記』『山科家礼記』によれば、中世の坂本には「庄湯（しやうのふろ）」「近所ノ風呂」と呼ばれる風呂があった。(33)「庄湯」とはその名からすれば、惣庄が管理したいわゆる郷風呂だったかとも思われるが、それはともかくとして、山科家と寺家の両家の人々はともにしばしば語らってこれらの風呂に足を運んでいる。彼らは「止湯」「合沐」という貸し切りでの入浴を楽しんでおり、(34)そこには「此方衆」と「御坊衆」との、文字通り裸の付き合いがあった。(35)

むすび

応仁の乱を境として、困窮した廷臣が地方に流寓する例が跡を絶たなかったことはよく知られている。[36] 山科言国の坂本滞在もそのような廷臣の地方への流寓の一例に数えられよう。ただ、言国の場合は京都と近かったこともあり、定期的に御構に帰り廷臣としての役割を果たしており、この点が特異といえばいえる。また、その地方での庇護者が武家などではなく、延暦寺の寺家であったという点も他に例がない。

言国の坂本での生活は、時には山徒間の争いで堀池家が類焼するなどの事件もあったものの、きわめて穏やかで、戦時体制下の御構での生活に比べれば、優雅この上ないものであった。

ただ、坂本での言国の生活を考えるにあたって思い起こされるのは、これより先の康正二年（一四五六）と、言国が帰京してからのちの明応二年（一四九三）の二度にわたって、この地で蜂起した土一揆のことである。[37] この二度の坂本の土一揆は、実によく似た経過をたどっている。すなわち、ともに土一揆は徳政令の発布を要求して日吉社に立籠り、これに対して延暦寺では山徒の軍勢を繰り出して武力弾圧、結局は土一揆が神社に火を懸け自焼するという展開を見せる。この事件の本質は、本篇第一章第一節で触れたように、坂本が延暦寺という寺院社会の完全な一円支配下にあったことにある。延暦寺は坂本が自らの一円的な支配下にあると考えていたからこそ、自らの手で土一揆を弾圧したのであり、一方、土一揆も彼らの支配者が延暦寺であると認識していればこそ、日吉社に籠り徳政令の発布を延暦寺に要求したのであった。言国が過ごした坂本での平穏な日々が、そのような延暦寺という巨大な寺院社会の傘の下で保証されたものであったことを忘れてはなるまい。

なお、堀池家は文化的な面でのみ山科家と交流を深めていたわけではない。朝廷・幕府との折衝を必要とする公事（訴訟）などにも、彼らはしばしば山科家に口添えを頼んでいる。[38] それら実利面における両家の交流については、今回はまったく触れることができなかった。今後の課題としたい。

（1）本書第三篇第一章参照。

（2）山科言国の坂本での疎開生活については、『新修大津市史』第二巻第四章五節において一部述べられている。しかし坂本の寺家との交流についてはとくに触れるところはない。

（3）高橋康夫『京都中世都市史研究』（思文閣出版、一九八三年）、拙稿「古都炎上」（佐藤和彦・下坂守共編『図説京都ルネサンス』、河出書房新社、一九九四年）参照。

（4）山科家はもともと土御門内裏にほど近い一条烏丸の地を屋敷地としていた。応永十二年に火災に遭い、その場所を一時期、北小路室町に移したこともあったが、一条烏丸が基本的に山科家の屋敷地であったことにかわりはない（高橋康夫「町組『六町』の成立と構造」、前掲注3論文集収録、今谷明『言継卿記』、そしえて、一九八〇年）。しかし、応仁元年九月、後土御門天皇・後花園上皇が東軍の花の御所に移るにともない、山科家も他の公家と同様、「御構」のうちに入る。言国はこの自らの「御構」内の新たな居所を「予陣屋」「此方陣屋」と称している（『言国卿記』文明六年三月四日・同年六月二十日条他）。あくまでも仮の住まいであり、このように呼んだものであろう。

北回りでの山科下向例としては、応仁二年正月二十九日の「鷺森越」や、同年五月四日の「吉良之越（雲母越）」を用いた例をあげることができる（『山科家礼記』）。ただ山科へは時として「東山越」と呼ばれた五条橋から清水寺経由の山越えの道も用いている（『山科家礼記』応仁二年三月十九日条他）。

なお「鷺森越」とは、修学院の鷺森神社の北を通る、いわゆる雲母坂の山越えをいう。雲母坂は京都から延暦寺にいたるメインルートであり、勅使参向に用いられたことから勅使坂・表坂とも呼ばれた（『京都市の地名』、平凡社、一九七九年）。延暦寺からは「本坂」と呼ばれた道をとれば、坂本に一直線に下ることができる。

（5）『経覚私要抄』応仁二年正月条に「細川右京大夫陣事ハ、丑寅口一方ナラテハ不閇、其余ハ悉山名・大内介以下取巻」とあり、『後法興院記』応仁二年正月四日条も「京都之通路、去年之九月之比より、山名一揆徒党充満、而留公武之通路了」と記す。近江へいたる通路の状況は、このののち文明九年に西軍が京都を撤退するまで基本的に変わらなかった。

（6）『山科家礼記』応仁二年六月二十八日条。

（7）八月十日、言国は坂本での「檜執当別当大師八講」に参加、翌十一日には「執当御房」らとともに「坂本浜」の見物に出かけている（『山科家礼記』）。

（8）『山科家礼記』同日条。この荷物はこれより先、藤尾（現大津市内）から松本に移され（八月一日条）、そこからさらに湖上を坂本まで運ばれたものであった。

（9）「堀池寺家」「猪熊寺家」については、前掲注(1)拙稿参照。

（10）言国の坂本滞在については、すでに『新修大津市史』第二巻（前掲注2）が『言国卿記』の現存する文明六年以降について、その滞在日数の多さを指摘している。文明五年以前についても、『山科家礼記』によって、データを補充できることは、表1に示した通りである。

（11）「山越」「吉良越」とは「鷺森越」、すなわち京都側からいえば、雲母坂で東塔にまでいたりそこから坂本にまで下るルートを指す。また「西塔越」とは、八瀬から西塔にいたる松尾越のことで、西塔からは東塔を経てやはり本坂で坂本にまで下ったのであろう。

（12）『言国卿記』はこの日の山科での家族の合流を次のように記す。

一、九時分ニ地下ヘ下也、供、左衛門・掃部・雑式彦二郎・弥六ヲト、ヒ、其外地下衆二十人計供也、八時分ニ下ツキ也了、

一、坂本ヨリモ其時分ニ各被下也、コシ三チヤウ・荷三十カ計也、

（13）前掲注(1)拙稿参照。

（14）『山科家礼記』文明四年四月十九日条に「御坊へ法華経一部百疋被遣候□（也カ）、御坊明日一廻也」、また同二十日条に「一、御坊御仏御僧卅人法華経講誦候也」とあって、その命日が知られる。またこれより先の文明四年三月二十七日には本来は子の執当真全が勅使から受け取るべき座主補任の宣旨を、服喪中を理由にその代理人の「栗見庄務兼増」が受け取っている（『華頂要略』門主伝二二一、表2参照）。

（15）本篇第一章の表1「執当関係年表」参照。

（16）『山科家礼記』同日条。

（17）日吉祭の神幸ルートについては、木村至宏「日吉山王祭」（『近世風俗図譜』八「祭礼・一」、小学館、一九八二

年）参照。

（18）『言国卿記』同日条。

（19）『言国卿記』同月二十二日条に「一、夜ノ八過時分ニ、執当坊ヤケ了」と記され、翌二十三日条にはさらに詳しく「坊ヤケタルシサヒワ、前シキ内ヲウツヘキ由、アル所ニ前シキ内、火ヲカケヲツル也」とその焼亡が前「四至内」の自焼の火が及んだものであったことを記す。これによって、寺家の構成員は「四至内」を含め、「寺家御坊」近辺に集まり住んでいたらしいことがわかる（「四至内」については、前掲注1の拙稿参照）。

（20）『山科家礼記』（久守記）文明三年十二月二日・同四年正月十日条。

（21）『言国卿記』文明六年正月十三日条。言国は彼を「猿」（文明七年五月一日条他）「坊ノ猿」（同八日）と呼んでいるが、文明七年四月二十七日条・同年五月二十一日条では「猿丸」「坊ノ猿丸」と記す。

（22）『言国卿記』文明十年四月十六日条。

（23）たとえば『言国卿記』明応二年四月二十五日条には、「執当息侍従」と見える。

（24）『言国卿記』同日条。

（25）『源氏物語』『古今和歌集』などの古典の貸借に関しては、『言国卿記』文明八年二月十五日・同年四月五日・同年八月一日条にそれぞれ関連記事がある。また真全と大沢久守は将棋仲間で互いに訪れあってよく将棋を指しており（『言国卿記』文明六年二月十四日条他）、蹴鞠・十種香は寺家御坊でこれをしばしば興行している（蹴鞠については『山科家礼記』文明四年八月五日条、『言国卿記』文明七年四月十九日・同八年二月二十二日条他、十種香については『山科家礼記』文明二年十二月二十日条参照）。また時おり寺家御坊で行なわれた平曲にも言国らはよく招かれている（『言国卿記』文明六年六月十三日・同七年七月十一日・同八年二月十一日・同年七月十八日条）。

（26）『山科家礼記』文明九年七月二十三日・同年八月十七日条。

（27）『言国卿記』文明六年閏五月二十四日。

（28）『言国卿記』文明七年正月二十七日。

（29）『言国卿記』文明七年二月十五日。

（30）『坊官系図』（『続群書類従』拾遺）によれば、頓阿は文永（一二六四〜七五）初年頃に執当職にあった源全（本篇第一章の表2「執当家系図」参照）の孫にあたる。また同系図は源全自身も歌人であったことを伝え、事実、

『新拾遺和歌集』一七には彼の「法の道むかしにかへる時に逢ひて今も変らぬ教をぞ聞く」の一首が採録されている。

(31) 『新千載和歌集』一八・雑歌下。『坊官系図』参照。

(32) 『言国卿記』文明六年十一月二十六日条。同条には「如常サシキヘハイテス」と記す。

(33) 庄の風呂については、『山科家礼記』に「しやうのふろをとめ入まいらせ候也」(文明四年正月二十三日条)、「庄湯ニ予・左衛門方・越州・彦兵衛入湯とめて本所へ御坊人数入申也、代五十五文歟」(同年五月二十三日条)、「庄湯とめて御坊・本所・少将殿御入候」(同年十月七日条)などと見える。また「近所ノ風呂也、今夕大□湯とめて御坊・本所・少将殿御入候」(同年十月七日条)などと見える。また「近所ノ風呂」は、『言国卿記』に「自坊此近所ノ風呂ヲタカル、也、此方人数モ入了」(文明六年六月十日条)、「二位近所ノ呂風呂ヲ興行也、予ハ目アシキ間、イラス」(同年十一月六日条)などの記載がある。

(34) 止湯と合沐に関しては、『言国卿記』に「近所ノ風呂アリテ、坊ノ人数・此方衆入了、此方ヨリトメ了」(文明七年二月八日条)、「カウモクニ風呂アリ、執当坊衆・此方衆入了」(同年七月二十二日条)などと見える。

(35) 言国は寺家御坊の人々を「坊人数(坊衆)」、山科家の人々を「此方ノ数(衆)」と呼んでいる(『言国卿記』文明六年閏五月十七日条、同七年二月八日条・同八年六月二十四日条他)。

(36) 今泉淑夫「文明二年七月六日付飛鳥井雅親書状案をめぐって」(『日本歴史』三六九、一九七九年)、前掲注(4)今谷論文参照。

(37) 『師郷記』康正二年九月十九日条、『文安三年社中方記』(『祇園社記』一三所収)、『北野社家日記』明応二年十一月十五日条、および『後法興院記』『言国卿記』の同月十五・十六日条。

(38) その例は枚挙に暇ないが、なかでも注目すべきものをいくつかあげれば、文明三年十二月、真全が執当となった直後の「木津庄預所職・両政所代替補任料」に関わる相論にあたって、幕府奉行人への取り次ぎを山科家が行なっている例や(『山科家礼記』〔重胤記〕同月十五日条)、明応三年正月、山徒の高麗への勘合船派遣申請を言国が朝廷に取り次いでいる例などがある(『言国卿記』同月二十四日条)。ちなみに後者の勘合船派遣申請は、前年十一月の土一揆の放火によって焼失した日吉十禅師社の一切経を求めることを名目として行なわれている。

第四篇　門跡寺院の歴史的役割

第一章　中世門跡寺院の組織と運営

はじめに

南北朝時代、婆佐羅大名としてその名を馳せた佐々木道誉の傍若無人ぶりを示す有名な出来事に、妙法院焼き討ち事件がある。『太平記』二一によれば、かの事件の発端は、道誉の一族若党が妙法院において乱暴を働き、これを同院の「坊官」が、ついで「宿直《とのゐ》」中の「御門徒ノ山法師」らが見咎めたことにあった。特に「御門徒ノ山法師」は彼らを「散々ニ打擲」、門外へ追い出し、これが道誉の強い怒りをかったものという。また同記は、道誉の攻撃を受けた妙法院では「出世・坊官・児・侍法師」らが方々へ逃げ去ったとも伝える。

妙法院には南北朝時代、山徒南岸坊らの「同宿若党等」が日常的に「宿直」しており、(1)『太平記』のいう「御門徒ノ山法師」の「宿直」は確実な史料によって確認できる。したがってそこに描かれた姿は、かなり忠実に当時の門跡の有り様を伝えているとみてよい。しかし、現在までの延暦寺の門跡に関する研究をもってしては、この『太平記』の記事を正確に読解することはまずできない。「御門徒ノ山法師」はもとより、「出世・坊官・児・侍法師」についても、これを正面からとりあげ論じた研究成果をもたないからである。

中世、寺社勢力において私的な組織としての門跡が占める比重はきわめて大きなものがあった。寺社勢力の代表格ともいうべき比叡山延暦寺もその例外ではなく、かの時代、青蓮院・妙法院・梶井門跡のいわゆる三門跡をはじめとした諸門跡などの門主が、交替で天台座主を勤めており、その存在を抜きにして延暦寺の歴史を語ることはできない、といっても過言ではない。しかしそれにもかかわらず、現在まで延暦寺の門跡に関してはこれを総体的に論じた研究は数えるほどしかないのが現状である。(2) 本論はそのような研究の現状に鑑みて、青蓮院を例にとり、中世における延暦寺の門跡の組織と運営について考察しようとするものである。

一　脇門跡・院家・出世

戦国時代に作られた故実書『驪驢嘶餘』(3)は延暦寺の門跡の成員に関して、つぎのように説明する。

一、山門三門跡、脇門跡、院家、出世清僧、坊官妻帯、或有浄、同位、侍法師、山徒・衆徒同位也、

あまりに簡潔な記載でわかりにくいかもしれないが、実はこれは延暦寺の門跡内における諸身分を上から順に列記・説明したものである。この記事によって、少なくとも戦国時代、延暦寺には三門跡のほかに脇門跡があり、さらにその門跡内の身分としては、院家・出世・坊官・侍法師・山徒・衆徒などのあったことがわかる。一口に門跡といっても三門跡の門主を頂点に頂いたその人的な広がりは、想像以上に広範囲に及んでいたわけであり、最初にこれら門跡内の諸身分について一つずつ確認していくことからはじめよう。

(1)脇門跡

次に引用したのは、応永二十七年（一四二〇）に成立した『海人藻芥』(4)に載せられた延暦寺の門跡についての解説である。

山門三門跡者、梶井・青蓮院・妙法院、是也、此外ノ門跡モ亦拝任座主跡是多シ、浄土寺・竹内・岡崎・東

南院・檀那院・積善院・毘沙門堂等也、此外若出身ノ輩有之者、可拝任者也、

脇門跡という呼称はいまだ用いられていないものの、ここに三門跡についで「此外ノ門跡」としてその名をあげられている浄土寺以下の七門跡が、のちのいわゆる脇門跡にあたる。そして、これらの各門跡の門主が、『海人藻芥』のいうように、時として座主に就任していたことは事例が数多くあり、事実であったことを確認できる。脇門跡の門主は、三門跡の門主とならぶ座主の有資格者であり、この点で延暦寺において脇門跡は三門跡に準ずる地位を占めていたといえる。

ちなみに青蓮院の脇門跡として、『華頂要略』三三一「門下伝」(5)は、浄土寺・竹内（曼殊院）・岡崎（実乗院）のほか、本覚院・寂場坊・般若院などの名をあげる。このうち一例として実乗院の歴代とその主な役職をあげると、表1のようになる。これによって脇門跡の門主もまれであるが座主となりえたこと、また彼らが恒常的に西塔院主・日吉社別当・感神院（祇園社）別当といった、延暦寺およびその支配下の寺社の院主・別当の要職に就いていたことが知られよう(6)。さらにその出自に関していえば、鎌倉時代後半以降になると、実乗院では近衛・洞院・二条といった摂関家およびそれに準ずる公家から門主を入れていたことが表1から読みとれるが、これは他の脇門跡の場合もほぼ同じであり、脇門跡としての格式を保証するものの一つに、門主の出自の家格があったらしいことがわかる。

これら脇門跡と三門跡との間にはもともと特別な上下関係はなかったが、三門跡が延暦寺内において隠然たる力を得るとともに、各脇門跡は次第にそのいずれかの門主と主従関係を結ぶようになっていく。脇門跡の門主が正確にいつ頃から三門跡の門主と主従関係を結ぶようになっていたかは定かではない。しかし、これまた、青蓮院についていえば、実乗院・般若院の門主は、鎌倉・南北朝時代に青蓮院の執事となっており（実乗院については表1参照。青蓮院執事の職務については後述）、少なくともかの時代から両者の関係は密接なものとなっていたよ

うである。ただその一方、浄土寺や曼殊院のように室町時代以降も三門跡との間にそれほど密接な関係を結ばなかった脇門跡もあり、両者の関係は一律に論じることはできない。門跡と脇門跡とのこれら多様なあり方について今詳しく論じるだけの準備はないが、ここでは脇門跡の大半が遅くとも室町時代までに断絶してしまうという

表1　実乗院の歴代

名前	出　自	主な役職と就任年	没年	その他
成円	藤原成頼男	西(1201)		
円長	藤原長輔男	西(1197)	1227	
成源	藤原忠頼男	西(1229)		
公澄	本覚院公暁男	西(1290)、執事(1265)、北		曼殊院門主
澄尋	藤原顕雅男			号聖光院
円源	堀川通具男か	感		
宗源	藤原惟基男か			
最玄				
円守	近衛道嗣男	西(1268)		
桓守	洞院公守男	天(1329)、西、法、日		
成澄	洞院公守男			
桓豪	洞院実泰猶子	天(1358)、法、日		
桓覚	洞院実業男	西、執事		
桓忠	洞院公賢男	日	1379	
桓恵	二条良基男			
桓教	二条師良男	天(1404)		
桓昭				
桓澄				
承玄				

注1：役職は以下のように略してあげた。
天—天台座主、法—法性寺座主、西—西院院主、日—日吉社別当、
北—北野社別当、感—感神院(祇園)、執事—青蓮院執事
2：就任の年がわかる役職に関しては、その就任初度の年をあげておいた。
3：役職は主として、『華頂要略』32「門下伝」をもとにした。また出自については『尊卑分脈』によった。
4：就任年・没年は西暦をもって示した。

事実だけを指摘しておきたい。

すなわち青蓮院の脇門跡でいえば、寂場坊は早く鎌倉時代に般若院に吸収されており、その般若院も応永三年（一三九六）に断絶、かの遺跡はかろうじて院家の一つ尊勝院によって継承されている。また本覚院は室町時代の院主持玄を最後として絶え、浄土寺も文明十四年（一四八二）足利義政がその寺地に山荘（のちの慈照寺）を営むとともに廃絶。さらに実乗院もほぼ同じ頃に断絶しており、曼殊院を残して青蓮院の脇門跡はすべて十五世紀後半までに姿を消す。(7) 脇門跡のこれら相次ぐ消失をどのように評価するかについても今後の課題とせざるをえないが、一般的にいえば、脇門跡の門主は、大半が摂関家をはじめとする上級公家の出身者によって占められており、戦国時代にいたって公家がその社会的・経済的な力を著しく低下させるにともない、脇門跡も姿を消していく運命にあったものと思われる。

なお脇門跡なる呼称は戦国時代になって定着したものであるが、行論の都合上、以下では三門跡以外の門跡を時代を問わず一括して「脇門跡」と呼び、「門跡」の呼称は三門跡に限りこれを用いることとする。

⑵院家

「院家」について『䮡驢嘶餘』は特に細かい説明を加えず、わずかに出世・坊官とは異なって門跡に御相伴できる身分であったことだけを記す。中世、院家が一般にいかなる存在と理解されていたかを知る上において、参考となるのは戦国時代の軍記物『応仁記』(8)や伊勢貞陸の有職故実書『常照愚草』(9)の記述である。『応仁記』三は「山門ノ諸院家」として「安居院・石泉院・毘沙門堂・尊勝院・法輪院・定法院」の名をあげる。また『常照愚草』はいくつかの門跡の院家について「院家衆事、青御門ニては、定法寺・尊勝院、聖御門ニては、住心院・伽耶坊なとの類」と記しており、各門跡の代表的な院家の名がこれらの記述によって知られる。ただ『応仁記』三が脇門跡の毘沙門堂を院家としているように、あきらかなまちがいもあり、これらの記録のみをもって単純に各門跡の院家を確定することはできない。

中世、青蓮院に具体的にいかなる院家が所属していたかを確定することは、脇門跡・出世との判別が難しいこともあり容易ではない。ただ、後述する文明年間の門跡内における席次の分析などからすれば、室町時代における、青蓮院の院家としては、定法寺・尊勝院・上乗院などの名をあげることができる。それら青蓮院の代表的な院家の一つである尊勝院の院主の出自を整理すると表2のようになる。

尊勝院の院主は、兼智以降、ほぼ日野家から出ることになっており、そのため日野家の氏寺法界寺の別当職は、同院主が兼務することとなっていた。またそれだけではなく、時として、西塔院主・感神院別当・横川長吏といった延暦寺内の要職、さらには青蓮院の執事をも勤めていたことが、この表2からは知られよう。ただ、尊勝院の院主は、一度として天台座主にはなっておらず、院家と脇門跡との厳然たる違いをここに確かめることができる。

なお、これら院家は、室町時代後期になると、時として脇門跡と同じ取扱いを受けるようになっており、たとえば『大館常興書札抄』(10)は、脇門跡への書札礼を解説して次のように記す。

一、脇門跡事

為蔵暮御礼令参上処、御出儀、其恐不少候、何様重而参可申入候、可得御意候、恐惶謹言、

月日　　名乗判

定法寺殿御房進之候

凡此趣なるべし、但其身宿老にて、大僧正などに御成候へば、御同宿中と可書事、可然也、

一、脇門跡と申は、定法寺殿・住心院殿・尊勝院殿・岡崎殿・近衛坂殿・若王子殿などなり、

最初の書状の例で宛所にその名が見えている「定法寺」とは、いうまでもなく青蓮院の院家であった定法寺を

指す。その院家の定法寺がここでは脇門跡として取扱われているのである。

この記述が大館常興の誤記でなかったことは、このすぐあとに常興がふたたび脇門跡として「定法寺」の名をあげていることからもあきらかである。さらに常興は同書のなかでたんに定法寺だけでなく尊勝院をも脇門跡として取扱っており、青蓮院の院家のいくつかが、この時期、脇門跡と同一視されるにいたっていたことがうかが

表2　尊勝院の歴代

名前	出　自	主な役職と就任年	没年
円能	源通能男	感	1220(69)
智円	勧修寺行隆男	横(1261)	1268
頼源	広橋頼資男	横、西、法界	1283
兼智	日野経光息		早世
頼宣	日野資宣息	法界	
朝円	日野経光息	法界	
光円	日野俊光息	法界	
玄智	日野経光猶子	横(1323)、西、感	1331(62)
実範	日野俊光息	法界	
慈能	柳原資明息	執事、感、横、西(1364)	1376(64)
慈俊	日野資朝息	横(1376)、感、法界	1381(62)
忠豪	押小路公忠息		1374(23)
叡俊			
真顕		執事(1381)	
忠慶	押小路公忠息	横、感(1402)、執事(1403)	
光賀	日野時光息		
重慶	日野重光息	横(1441)、法界	
増円	日野政光息	法界	1463(31)
光什	日野勝光猶子	横、法界	1533
尊慶	日野勝光息		1512(16)
重豪	広橋兼秀息		
慈承	日野内光息	執事(1538)、横、法界	

注１：役職は次のように略して表記した。
　　西―西院院主、感―感神院(祇園)別当、横―横川長吏、
　　法界―法界寺別当、執事―青蓮院執事
２：就任の年がわかる役職に関しては、その就任初度の年をあげておいた。
３：役職は主として、『華項要略』32「門下伝」をもとにし、出自については『尊卑分脈』を参考にした。
４：就任年・没年は西暦をもって示した。また享年がわかる場合は、没年に(　)で示した。以下同。

われる。しかし、このような処遇は、書札礼の上など、あくまでも儀礼的な場合にのみ限定されていたようである。というのは、すでに触れたように、彼らは本来の脇門跡とは異なり、そのなかから一人として座主を輩出していないからで、本来の脇門跡と院家との間には、この点で、やはり越えることのできない厳然たる一線が引かれていたと見なければならない。では、なぜ彼ら院家は一部とはいえ、脇門跡としての取扱いを受けるにいたっていたのであろうか。

青蓮院の院家では、尊勝院が脇門跡寂場坊・般若院の遺跡を継承していたことはすでに述べた。定法寺については脇門跡の遺跡を継承した形跡はないが、南北朝時代末には脇門跡本覚院門主の聖助法親王（後光厳天皇の皇子）を院主に迎えており[11]、このような脇門跡との密接な結びつきが、院家の脇門跡化の根底にはあったものと思われる。

門跡内の身分秩序の部分的欠落を意味する脇門跡の相次ぐ断絶は、門跡にとって決して歓迎すべき事態ではなかったはずであり、消滅した脇門跡の穴を埋めるために院家の形式的な格上げが画策されたとしても決しておかしくはない。院家の脇門跡化は門跡内の身分秩序を維持するための弥縫策として行なわれていた可能性が高い。

(3)出世

『驪驢嘶餘』は出世について「院号、権大僧正・法印、官位共ニ極ルナリ、御持仏堂ノ法事ヲ勤也、堂上ノ息、或ハ養子ナリ」と解説し、また出世と坊官の違いについてはそれぞれ前者を「院号、公家」「或公家養子」、後者を「坊号、妻帯」と説明、その差を明記する。さらに院家との違いに関しても「一、門跡御相伴、（中略）院家ハ御相伴也、出世・坊官、御相伴ニ古来不出也」と両者の間に明確な差があったことを記す。

そして『驪驢嘶餘』のいうように、出世が院家と坊官のちょうど中間に位置付けられる身分であったことは、次のような『常照愚草』の記述からも裏付けられる。

坊官なと、出世と位の事、官位次第之由在之、出世は大僧正ニ不被成候哉、打任ては僧正にも不被成候へ共、其身の行徳に依て、僧正にも被成、大僧正迄は不被成候哉、

さらにこのような出世が具体的にどのような人々によって占められていたかを教えてくれるのは、やはり『大館常興書札抄』の次のような記事である。

一、出世と申は、無量寿院・妙観院・花徳院など、申類なり、

今度別而預御祈念候、誠以祝着之至、畏入候、所願成就勿論候、以参上、可申入候、恐々謹言、

月日　　名乗判

無量寿院御坊中

表3－1　法輪院の歴代

名前	出　自	役　職	没　年
範源	白河季通息		
俊範	範源弟子		
静明	俊範弟子		
心賀	徳大寺実済息		
心聡	心賀弟子		
心円	心聡弟子		
心栄	心聡弟子		
心兼	心栄弟子		
心尊	心兼弟子		
心能	心尊弟子	執事(1400)	
宗紹	大谷泰免息	執事(1427)	
心明	心能弟子		
心勝	心明弟子		
公範	心勝弟子	善、慈	1489
猷静	広橋守光息		

表3－2　妙観院の歴代

名前	出　自	役　職	没　年
経海	藤原宣秀息		
観隆	経海弟子		
俊海	藤原資経息		
経輸	藤原経継息		
長昭			
祐賀	鷲尾隆遠猶子		1508
承玄			
長増	大谷泰温男	葛	1541(61)

表3－3　照泉院の歴代

名前	出　自	役　職	没　年
頼全			1470
応縁	土御門在盛息		
応全	大谷泰錬男		1573(81)

凡此趣なり、

ここに名があがっている無量寿院・妙観院・花徳院の三院は、この後に掲げる青蓮院の構成員リストのなかにすべてその名が見えており、青蓮院に所属した出世であることが確認できる。

出世が僧位・僧官において原則として院家を抜くことがなかったことは、『驪驢嘶餘』が記す通りであるが、ではこのような院家と出世の身分的な上下関係は、いったいなにに基づいていたのであろうか。両者を明確に分けていたのは一つにはやはり院主の出自であろう。青蓮院の代表的ないくつかの出世の院主の出自を一覧にすると、表3のようになる。院家が清華以上の家格の出身者によって占められていたのに対して、出世はそれより下の中下級公家および坊官家（大谷家他）の子弟によって

表3－4　無量寿院の歴代

名前	出　自	役　職	没　年
尋祐			1444
祐済	大谷泰算男	葛（1478）	1499（76）
応祐		葛（1499）	1522

注1：役職名は次のように略して表記した。
善―善興寺別当、慈―慈恩寺別当、
葛―葛川別当、執事―青蓮院執事
2：就任の年がわかる役職に関しては、その就任初度の年をあげておいた。
3：役職・出自は主として『華頂要略』32「門下伝」をもとにし、出自については『尊卑分脈』と「坊官系図」（『続群書類従』拾遺所収）を参考にした。

構成されていたことがこれによって確認できる。(12)

二　坊官

坊官について『驪驢嘶餘』は「坊号、妻帯」と記し、坊官が院家・出世ともっとも異なる点の一つはその妻帯にあったとする。青蓮院においては、長谷・鳥居小路・大谷の三家が坊官職を世襲しており、南北朝・室町時代には三家で十数人前後の坊官が、常時、門跡内の庶務に携わっていた。そして、これら坊官の頂点に立って門跡の執政一般を統括したのが「庁務」であった。『驪驢嘶餘』は庁務の職務について「坊官随分衆任之、脇門跡ニテハ雑務ト呼ナリ、坊官ヲバ官人ト喚也」と説明する。また同職について『常照愚草』は「其門跡ニ候庁務と申

は、坊官の事也」と解説しており、庁務は坊官のいわば代表者としての側面をも有していたことがわかる。[13]

かつて門跡の家政職員としての坊官を研究された伊藤俊一氏は、坊官の役割について、①門跡領の支配・訴訟の審理、②門跡内の人事の指令、③門跡内の下法師等の統制、境内の支配、④門主の外出への供奉・奉行、⑤法会の行事僧、⑥門跡に関する諸記録の蓄積、の六点をあげられておられる。[14] 確かにこれらはいずれも坊官が深く関わった職務であるが、六点のうち①〜③⑤はどちらかといえば、坊官の権限というよりもその代表者としての庁務の権限とすべきもので、この点については、このあと庁務の役割を考えるなかで、改めて考えていきたい。

ところで坊官の主たる任務が門跡内の庶務の処理にあったことはまぎれもない事実であったが、ただ、その発生期にまでさかのぼって見るとき、彼らがそれ以外にも門跡にとって歴史的にきわめて大きな役割を果たしていたことに気がつく。門跡による前代の大寺院の遺跡継承に坊官が深く関わっていたと考えられる点について、簡単に触れておきたい。

青蓮院において、はじめて坊官の名が史料に見えるのは安元三年（一一七七）六月、時の門主覚快が座主となり登山したときのことである。[15] むろんこれより以前も門跡内にあって雑務を処理する役務は存在したと思われるが、初期の状況については史料を欠き、その活動状況を知ることはできない。ただ保延四年（一一三八）の初代門主行玄の登山時には、彼が法性寺座主の地位にあったからか、同じ役務を「法性寺所司」が果たしている。[16] この初期における門跡への「法性寺所司」の動員は、坊官の発生を考えるにあたって十分注目されてよい。

というのは、青蓮院の坊官家のなかの一つ大谷家は、鎌倉時代以降、法成寺・最勝金剛院の執行職をも世襲、またそれ以外にも青蓮院の支配下の法興寺・平等院といった寺院の執行職を世襲しているからである。[17] これら諸寺院の執行職のそもそもの起源についても今のところ不明とせざるをえないが、法性寺所司の例からすれば、次のような推定が成り立つ。すなわち彼ら坊官が諸寺院の執行職を兼務したのは、青蓮院が各寺院を支配するにいたった結果というよりも、本来、該当寺院の職員であったものが、その衰退とともに青蓮院に坊官としていわば再組織され組み込まれたものでなかったか、という推定である。そして、もしこのような考え方が正しいとすれば、青蓮院をはじめとする諸門跡は、所司を坊官として自らの組織のなかに組み込むことで、中世になり寺運の傾きつつあった前代の大寺院の遺跡を継承していくという歴史的な役割を果たしていたことになる。

もちろん門跡は、古い権威の継承者たる資格を有するがゆえにのみ、彼らかつての大寺院の所司を、坊官として組織内に取り込んでいったわけではあるまい。門跡がより直接的に彼ら坊官に求めたのは寺院の経営のノウハウであり、そのことは青蓮院でいえば、坊官を本堂大成就院の執行・三綱に補していることからも十分うかがうことができる。(18) それにしても、その実務は前代の大寺院において培われたものであり、門跡がそれら寺院の遺跡を引き継ぐ上で、坊官層が果たした歴史的な役割の一つをここに見出すことができる。

三　山徒・衆徒

『驢驢嘶餘』は山徒・衆徒について「山徒、衆徒同位也」と記すのみで、とくに詳しい説明を加えていない。そもそも「山徒」「衆徒」という言葉は、坊官・侍法師などとは異なって門跡内における身分を示す言葉ではなく、延暦寺一山内における身分を表わす言葉であった。「山徒」「衆徒」に関してもっとも明確なる定義を下しているのは、時代は下るが、慶長六年（一六〇一）二月、大衆が定めた「当今世出世制法」(19) である。そこでは「山徒」は「衆徒」との比較のもとに次のように定義されている。

称衆徒者、皆是清浄住学生也、以下経五階凡僧、補阿闍梨・内供奉・竪者・註記・已講・擬講・証義・探題等、任僧綱為先途、

山徒者、其初皆清浄住学明室也、故与衆徒同格也、中古已来為妻帯、称此山徒、以使于公家・武家、為其職、

称此使節、此徒有数多、所謂、護正院・南岸坊・金輪院・杉生坊・円明院（坊）等、

ここでいう「山徒」とは、「山門使節」に系譜を引く人々に限定されており、[20] 前代までの「山徒」の定義との間に若干のずれはあるようである。しかし、それでも中世の山徒身分を考える上において参考になると思われる点が二つある。その一つは「山徒」を「衆徒」と同格と考え、同じ「上方」身分に位置付けている点であり、今一つはその「山徒」と「衆徒」の別を妻帯の有無に求めている点である。前者については『驪驢嘶餘』の「山徒、衆徒同位也」という説明が、また後者についても同書の、衆徒は「清僧也」という説明が想起される。「当今世出世制法」の規定内容はこの二点で中世後期の『驪驢嘶餘』のいうところと一致するわけであり、基本的に、「当今世出世制法」は中世後期の「山徒」「衆徒」の区別を受け継いでいたと考えられる。

ただ、このように「山徒」と「衆徒」を峻別する考え方がある一方で、両者を延暦寺の僧侶一般を指す言葉とする理解があったことも事実である。たとえば『慈照院殿年中行事』[21]が「山徒トハ惣名ナリ、衆徒ト行者ノ事ナリ」と記し、寺家をも含め、「山徒」と呼んでいるのは、その代表的な例といえる。それでもこのような大雑把な「山徒」「衆徒」の分け方は、どちらかといえば寺外の人々の間でのみ通用していたものと考えられ、『驪驢嘶餘』や「当今世出世制法」の記述からすれば、中世、寺内ではやはり両者はかなり厳密に使い分けられていたと理解される。

よって、以下では『驪驢嘶餘』「当今世出世制法」の基準に基づき、「山徒」を妻帯した衆徒の末裔を指す人々と解し、「衆徒」と区別して用いていく。またこのほかに延暦寺の僧侶全体を示す言葉として「大衆」なる言葉があるが、これも「序にかえて」で定義したように、「衆徒」「山徒」を含めた延暦寺全体の僧侶を指す言葉として用いていくこととする。

以上、『驪驢嘶餘』に記された門跡内の身分を順を追って見てきたわけであるが、門跡の組織の解明という観

点からするとき、如上のような門跡内の身分は次のように整理できる。

門跡組織の上位には、その院主の出自をもとにランク付けされた脇門跡・院家・出世の三身分が存在した。これらの脇門跡・院家・出世は、本来はそれぞれが延暦寺内の独立した教学のための「衆徒」の単位（住房）として出発したと推定されるが、やがて有力な門跡組織に組み込まれ、その上部を形成するようになる。一方、妻帯した僧、すなわち「山徒」たちも個別に門主との間に被官関係を結び、門跡組織の下部を形作っていた。

門跡にはこれとは別に庶務一般を処理するための成員として、旧大寺院の職員の系譜を引く人々が坊官として、その中枢部に存在した。彼らは庁務を先頭に門跡の庶務一般を取扱っていたが、やがてその子弟からは出世の院主となる者も出て（表3参照）、門跡組織のもっとも基盤となる部分を占めるようになっていった。

では、門跡に存在したこのような二系統の諸身分の人々は、具体的にその組織内でどのような役割を果たしていたのであろうか。次にこの点を考えていくこととしよう。

四　門跡組織の構造

門跡内における身分のあり方を見るため、ここでは一つの試みとして、時代はやや下るが文明十六年（一四八四）に門主尊伝が十三歳で青蓮院尊応のもとに入室したとき、祝いの太刀を進上した人々の散状をとりあげる。このとき、青蓮院門主に太刀を進上した人々は、その順序に従って「初度」「二度」「三度」の三つのグループに分けられており、『華頂要略』門主伝[22]に載る各グループの内訳を示すと次のようになる。なお各グループは、身分によってそのなかはさらに細かく分かれており、それらはアルファベットで分類し、示しておいた。

(1)初度

a　岡崎実乗院

b　（執事）定法寺公助、上乗院尊実、尊勝院公什（光）

c　世尊丸、愛赤丸、慶玉丸、愛益丸

d　（庁）経柔

(2)二度

無量寿院祐済、法輪院公範、禅明院俊存、安居院澄光、蓮門院光誉、明王院忠助、妙観院長昭、石泉院証源、十乗院助円、徳寿院重増、常楽院尊範、密乗院応澄、聖光院澄祐、蓮泉院光盛

(3)三度

a　泰尭、玄津、泰温、玄朝、泰純、泰諶、泰瑤、経孝、泰本、泰稠、尋瑤、泰珍、興尋、安忠

b　円明坊兼豪、光蔵坊木円、西城坊暹雄、月輪院尭覚、西養坊宗厳、蓮養坊承覚、杉生坊暹恩、南岸坊木芸

c　（執当）真全、（富永庄預所）真増、（栗見庄預所）兼円

d　南楽宗芸、中道寺隆幸

まず、「初度」のグループであるが、青蓮院門跡のなかでもっとも最上位に位置したと推定されるこのグループは、a・b・c・dの四つの小グループから構成される。最初のa・bはいわゆる院号をもった人々で、ここに見える実乗院が脇門跡で、定法寺・上乗院・尊勝院が院家であったことは、すでに見た通りである。

これにつぐ「初度」cは、その名乗から見て「児」であったと推定される人々である。[23] 門主に近侍していたことから脇門跡・院家につぐこの位置に配されたものであろう。

四つめのdに見える「庁法印経柔」とは、当時「庁務」であった鳥居小路経柔を指す。[24]「庁務」が他の坊官より抜きんでた地位を占めていたことを、この「初度」の位置は如実に物語っている。後述するように庁務は、院家・出世の代表者によって構成されていた評定衆の「衆議」にも参加しており、実務の最高責任者として門跡内

における その地位は確固たるものがあったと考えられる。

次に「二度」のグループに移る。このグループの性格を判定するのに役立つのは、その中に名前が見えている無量寿院祐済・妙観院長昭の二人である。二人はともに先に見たように『大館常興書札抄』では「出世」身分に位置付けられていた人々である。したがってここに名を連ねる十四人は彼らと同じ青蓮院所属の出世クラスの人々であったと判定してよかろう。

最末の「三度」グループは、その身分によってさらに四つに細分できる。まず最初の泰堯以下の十四人はその名乗からして、すべて坊官であったことはまちがいない。[25] 庁務の経柔以外の坊官はすべてここに名を連ねている。坊官が出世よりさらに一段低い身分に置かれていたことはすでに述べた通りであり、坊官が出世に続くこの位置に置かれているのは妥当な順序を示すものと思われる。

坊官についでは「御門徒」なる標題のもとに、b・c・dの人々が列記されるが、その最初の小グループbは、いわゆる「山徒」身分の者たちである。そのなかには山門使節を勤めた円明坊・月輪院・杉生坊などの名も見えており、ここには青蓮院の門徒となっていた山徒が、ほとんどすべて名を連ねる。[26]

山徒以外の「御門徒」グループとしては、c「執当・三綱」、d「その他」の二つの小グループを抽出することができる。この内、小グループcの三人はその肩書きから延暦寺寺家の執当・三綱であったことがわかる。寺家の執当・三綱とはいうまでもなく本来は公の延暦寺を代表する人々であり、[27] 彼らが門跡の私的な「御門徒」となっている点については改めて考える必要があるが、ここでは文明十六年の時点で延暦寺の執当・三綱が青蓮院の「御門徒」になっていたという事実だけをとりあえず指摘しておきたい。

最後に残った南楽宗芸・中道寺隆幸なる二人が属する小グループcについては、現在のところいかなる人物であったかはまったくわからない。

以上、門跡としての青蓮院に所属していた人々を文明十六年の散状をもとに見てきたわけであるが、これより八年前の文明八年八月、やはり青蓮院の門徒たちが門主尊応に太刀を献上したときのリストが『言国卿記』に収録されている。(28) そこでも脇門跡から山徒にいたる人々がいくつかのグループに分かれて門主に順次太刀を献上しているので、そのリストを整理して左に掲げる。

(1) a　定法寺実助
　b　(執務) 善光院公助、上乗院尊実、尊勝院光什、不動院顕豪、石泉院証源
　c　(庁務) 経乗
(2)　報恩院有玄、知恩院隆俊、蓮花院隆玄
　聖光院阿古丸、照泉院千代寿丸、妙観院有賀、禅明院俊政、無量寿院祐斉(済)、花徳院実誉、安居院澄光、
　法輪院公範、円光院応玄、蓮門院光誉、明王院忠助、南光院長昭、蓮花院助憲、南円院貞裕、
　三位権律師親助、助円、中納言大法師重増
(3)　世尊丸［(1)—b］
　a　泰堯、玄律(ママ)、泰厳、泰温、泰俊、尋韶、玄精、泰紀、泰本、泰延、泰諶、泰璹、泰稠、経忠、尋瑤、泰錬
　d　(安芸上座) 安忠
　c　(日吉執当法眼) 真全
　b　南岸坊岩徳丸、円明坊兼隆、杉生坊暹恩、光蔵坊木円、月輪院憲覚、西城坊暹雄、蓮養坊承覚、
　井上坊覚芸、西養坊宗暹

比較のために、文明十六年の散状で用いた各身分の番号・アルファベットをそれぞれ対応すると思われるグループにつけておいた。これによって最初に脇門跡、ついで院家・庁務と出世、最後に坊官・山徒がくるという大

きなグループ分けが、文明十六年の場合と同様に行なわれていたことが容易に知られよう。細かなところでは、文明十六年の散状では(1)に見えていた世尊丸が(3)に属していたり、(3)内でaからdにいたる順序が逆転していたりという相違点もいくつかあるが、脇門跡・院家・出世・坊官・山徒という、門跡内のもっとも主要な身分構成、および順序は基本的に変わらない。庁務が(1)に所属している点も文明十六年の散状と同じであり、門主を頂点として、その下に脇門跡・院家・出世・坊官・山徒が順次位置するという、歴然としたピラミッド型の体制が、少なくとも文明八年から同十六年頃には、青蓮院門跡内においては定着していたことがわかる。

むろんこれら文明年間の二つのリスト記載の人々が、青蓮院門跡の構成員のすべてであったわけではない。庁務・坊官の下には侍法師・承仕・下僧などがおり、(29)それらを含めれば門跡所属の総人数はこれをはるかに上回る数に及んだものと推定される。ただそれでもここに記載された人々が、青蓮院門跡の最も重要な構成員であったことはまちがいなく、門主を頂点としてこれらの人々が整然たる上下関係のもとに組織されていたことだけは、二つのリストの分析からあきらかとなったものと考える。このような門跡の人的体制がいつ頃から形を整えられていったかは別に考える必要があるが、その前に、これら構成員をもって門跡が具体的にどのように運営されていたかを次に見ていくこととしよう。

五　評定衆と庁――執事と庁務――

すでに述べたように、青蓮院において所務・雑務一般を統括していたのは「(青蓮院)庁」と呼ばれた機関であった。公家の万里小路家では、文安四年(一四四七)以降、建聖寺領野坂庄嶋郷内の年貢の未納をもって、しばしば同庄を領有する青蓮院の庁との間で折衝を繰り返している。万里小路時房の日記『建内記』に見えるその交渉経過をもとに、青蓮院庁の組織と運営について考えていくこととしよう。

『建内記』にはじめて青蓮院の野坂庄嶋郷年貢未納のことが見えるのは、嘉吉元年（一四四一）八月二十三日条である。この日、関白二条持基邸を訪れた時房は、青蓮院門主義快へのとりなしを申し入れるが、これに対する持基の返答は「執《門跡》事定法寺也、彼所存内々先可尋試之条可然歟」というものであった。ここにいう「門跡執事」の定法寺とは、いうまでもなく先に見た青蓮院の院家定法寺を指す。

またここに登場してくる「執事」とはその名の通り、門主のもとにあって門跡の家政を統括した役職で、青蓮院の歴代執事については、『華頂要略』五二所収の「執事職補任」が詳しく、それによれば鎌倉・南北朝時代には、執事は基本的に脇門跡・院家のなかから選ばれている。ただ、室町時代以降になると、時として出世からもこの職に任じられる者が出ており、特にその所属する身分にはあまりこだわらなくなっている。(30)

ちなみに嘉吉元年当時の定法寺の住持は定助であり、(31)時房は持基の提案にしたがってその「門跡執事」の定助との交渉をまもなく開始、閏九月二十三日には定助から「庁状」をもってする返事が時房のもとに届けられる。定法寺定助の指示のもとで、青蓮院庁が万里小路との交渉に一応は応じていたらしいことがうかがえるのであるが、その後の詳しい経過はわからない。このあとしばらくは野坂庄嶋郷年貢に関する記事は『建内記』から姿を消す。

そして、六年のちの文安四年四月になると、ふたたび次のような奉行人連署奉書が『建内記』に記録される。(32)

万里小路家雑掌申、建聖院領越前国野坂庄内嶋郷年貢米参拾石事、為厳重之寺領之処、年々無沙汰云々、甚不可然、所詮不日可被沙汰渡彼雑掌之由候也、仍執達如件、

文安四
四月廿七日真妙判
（飯尾為種）
永祥判

青蓮院庁
鳥小路殿
（居）

宛所からあきらかなように、この奉書は青蓮院の庁に宛てられたものであり、万里小路家では門跡の執行機関としての庁を直接の対象として訴訟を起こしていたことがわかる。なお宛所にその名の見える「鳥(居)小路」とは青蓮院の庁務であった鳥居小路経堯を指す。(33)

万里小路家ではこの奉書案をもって、ただちに青蓮院庁との交渉を再開、次に引用したのは、その様子を記した『建内記』四月二十九日条の一節である。

件奉書以常慶付鳥(居)小路、対面云、令披露評定衆、可申返事、必可参申云々、本文書、同者被相副者可然者、在奉行所可召進之由、常慶示了云々、此事評定之時、可被得其意之由、常慶向示定法寺・上乗院・性光(聖)院等、各出行、示置云々、

この記事からは、青蓮院庁の組織を知る上でいくつかの貴重な手がかりをえることができる。まず注目されるのは、万里小路家からの交渉申し入れに対して、庁務経堯が「評定衆」に披露の上で返事すべきことを約している点である。これは庁務が青蓮院庁の窓口たる資格を有するとともに、庁の運営が「評定衆」なる組織に委ねられていたことを示唆しており、庁務の役務の一端、および庁における「評定衆」の存在をまずここに確かめることができる。

またそれとともに注目されるのは、奉書の本文提出を求める経堯の要請に応じて、万里小路家の使者（常慶）がすぐさま取った行動である。使者は経堯の要請を了解する一方で、ただちに「定法寺・上乗院・性光(聖)院等」に足を運んでいる。つまり万里小路家の使者は「評定之時」には奉書正文の提出が間に合わない旨を伝えるために、「評定衆」の間を走り回っていたわけであり、庁の「評定衆」の構成員として「定法寺・上乗院・性光(聖)院等」といった人々の名がここに浮上してくる。いうまでもなく「定法寺・上乗院・性光(聖)院」らは、いずれも先に比定した青蓮院の院家・出世のなかに、その名を見出すことができる人々である。(34)庁の「評定衆」がほかならぬ門跡所

属の院家・出世によって構成されていたことがこれによって確認できよう。

さて万里小路家の必死の工作にもかかわらず、秋になっても野坂庄嶋郷の年貢は依然として納入されず、九月になると、万里小路家では再び青蓮院に年貢納入を催促する。次に引用したのはその時の交渉経過を記した九月六日条の記事である。

越前野坂内嶋郷年貢卅果京着事、以常慶状遺真野於鳥(居)小路実名可尋、催促之処、於衆議令披露、可申左右云々、以召文可承欤云々、被成奉書之上者、有異議為門跡者可被申子細、無異議者可有沙汰事也、称可有召文之条、為延引矯立歟、不可説也、

青蓮院が容易に万里小路家の申し入れを了解しなかったことがわかるが、ここで庁の組織に関わって目を引くのは、年貢の引き渡しを催促する万里小路家に対して、庁務の鳥居小路経尭が答えている「於衆議令披露、可申左右」という言葉である。庁の意思決定が「衆議」と呼ばれる合議に基づいて行なわれていたことを、この経尭の言葉は如実に物語っている。むろんここにいう「衆議」とは先に見た「評定衆」における「衆議」と同じものであろう。

以上、『建内記』の記事によってあらたに浮かび上がってきたいくつかの事実をも踏まえて、中世における青蓮院庁の組織およびその運営の実態について整理するとおおよそ次のようになる。

門跡の意思決定は幾人かの院家・出世によって構成された評定衆なる合議機関において行なわれていた。一方、これとは別に庁務を筆頭に頂く執行機関としての庁が存在しており、そこには成員としての坊官が属していた。評定衆と庁との関係は、限られた史料から即断することはむずかしいものの、他の寺社組織のあり方からすれば、評議機関と執行機関の関係にあったと推定される。[35] すなわち、庁は評定衆の「衆議」で決定された事項を、庁務の統括下で執行（遵行）することをもって主たる任務としていたものと考えられ、したがって、執事が評定衆と

いう評議機関の代表者であったとすれば、庁務は坊官を構成員とした執行機関たる庁の代表者であったということになる。

不十分ながら、本節では、門跡内における評議機関としての評定衆と、その代表者としての執事職、さらには執行機関としての庁とその代表者としての庁務職の存在を、それぞれ確認できた。また、山徒については触れることはできなかったが、別稿で見たように、彼らの有した武力が門跡にとって大きな魅力であったことは疑いなく(36)、なによりもまず門跡の軍事力として彼らは存在したものと思われる。

むすび

門主を頂点に頂く門跡体制ともいうべき門跡組織のあり方はきわめて複雑であり、その実態を解明することは容易ではない。本論ではそのごく限られた一側面しかとりあげることができなかったが、最後に残された主な課題を提示してむすびにかえたい。

門跡体制がその発生当初から担わされていた歴史的な使命の一つは、大衆によって侵略されつつあった大寺社の運営の実権を、公武権力の側へ奪還することにあった。青蓮院でいえば、その門跡の組織構成が、延暦寺の寺院組織の空洞化の上に成り立っているかのように見えるのは、この点で理由のないことではない。門跡体制がめざしたのは、まちがいなく「衆徒」「山徒」と呼ばれた大衆勢力の門徒化(被官化)であり、彼らが支えていた公的な寺院組織として延暦寺の実権を掌握することであった(37)。言葉を代えていえば、門跡体制は大衆勢力の分断と再編成を歴史的な使命としていたといってもよい。

そして、そのことは門跡の組織のあり方のみならず、その組織をあげて執行されていた数々の修法の存在からも指摘することができる。次章で詳しく見るように、鎌倉時代以降、公家・武家政権からの要請によって頻繁に執行された門跡内での修法を名実ともに支えていたのは、脇門跡・院家・出世さらには坊官たちであった。このような門跡での修法の励行は、公的な寺院組織としての延暦寺を宗教面においても、門跡体制が侵略しつつあったことを明確に物語っている。さらにいえば、本論でとりあげた門跡の組織もそれら修法における任務分担と不可分の関係にあったと考えられるが、この点については、章を改めて論じることとし、本章を結びたい。

（1）南北朝時代、妙法院門徒の南岸坊なる山徒は、その同宿をしばしばかの門跡の「宿直」のため、近江の坂本から京都の粟田口に派遣している（『祇園執行日記』観応元年五月八・十三日条他）。なお、南岸坊は山徒のなかでもかなりの有力者であったらしく、祇園社執行の顕詮は延暦寺の大衆勢力との折衝にしばしば彼を仲介に立てている。（『祇園執行日記』正平七年五月十一日条他）。

（2）延暦寺の門跡を直接にとりあげた研究は少なく、わずかに坊官を中心に門跡の組織について論じた、伊藤俊一「青蓮院門跡の形成と坊政所」（『古文書研究』三五、一九九一年）があるにすぎない。

（3）『群書類従』四九〇。

（4）『群書類従』四九二。

（5）『華頂要略』「門下伝」（『天台宗全書』一二三）。

（6）延暦寺所属の門跡が補任権を有していた寺社の諸職は、大きくわけて二種類あった。一つはその門跡伝領のものであり、青蓮院でいえば、門主が検校職を世襲した無動寺領葛川の別当職などがこれにあたる。また今一つは座主職に付属した職で、当然のことながら、これは門主が同職に就任したときのみ、その権限を得たもので、西塔院主・日吉社別当・感神院別当への補任はすべてこれにあたる。これら寺社の諸職は、門主の名のもと、脇門跡以下の門徒に与えられるのが一般的であり、門跡体制の重要な基盤の一つとなっていた。感神院別当の例については、本書第三篇第三章参照。

（7）前掲注（5）史料参照。

（8）『群書類従』三七六。

(9)『続群書類従』六九〇。

(10)『群書類従』一四五。

(11)前掲注(5)史料参照。

(12)坊官家出身の出世については、「坊官系図」(『続群書類従』拾遺、『華頂要略』「門下伝坊官」三)参照。なお、出世についての先行研究としては、醍醐寺における「出世者」と「世間者」について分析された鈴木智恵子「『出世者・世間者』考――醍醐寺の場合」(『醍醐寺文化財研究所研究紀要』三、一九八一年)がある。そこで鈴木氏は、「出世者」と「世間者」に関して、「出世者とは、門跡あるいは供僧との間に、加行・灌頂・授戒等を通じて師弟関係を結び、かつ原則として彼らに近侍した清僧であり、世間者とは、房官をその頂点とする職に就いていた、寺内においては俗的な部分を構成していた人々」と規定されている。青蓮院にも「世間(者)」の呼称は見られ、出世がこれとどのように区分されるかは検討されなければならないが、今後の課題としたい。
なお、出世という身分がその出自と不可分の関係にあったことは、文明六年(一四七四)、法輪院公範(表3―1参照)が「正僧都」の僧官職を望んだとき、「於正僧都者、亞相現息之外無□《(其)》例」として、これを退けられていることからもうかがい知ることができる(『実隆公記』同年八月二十二・二十七日条)。

(13)青蓮院の歴代庁務の就任期間を記録したものとしては、「庁務略伝」(『華頂要略附録』三八)、「庁務職補任」(『華頂要略附録』五二)がある。これらの記録によって建保四年(一二一六)以降、江戸時代末までの歴代の庁務の名とその就任期間が一応は判明する。ただし、その記載は細かな点で検討を要する箇所が少なくない。

(14)前掲注(2)伊藤論文参照。

(15)同月二十九日に行なわれた「拝堂登山」には「御房官八人」が扈従している(『華頂要略』「門下伝」二)。

(16)保延四年(一一三八)十一月七日に執行された行玄の「拝堂登山」には、坊官の姿は見えず、それに代わる役割を「法性寺所司」が勤めている(『華頂要略』「門下伝」一)。

(17)「坊官系図」(『続群書類従』拾遺)によれば、坊官の大谷家では第二代の泰宗以降、四・五代にわたって「法成寺執行」「最勝金剛院執行」の職を世襲している。なお第二代の泰宗は、高階泰経(一一三〇～一二〇一)の男であり(『華頂要略』「門下伝坊官」三)、青蓮院門跡の創建当初の坊官ということになる。また、平等院執行としては、『華頂要略』「坊官系図」で大谷家の泰秀・泰村らがその職にあったことが確認できる。

(18) 建武四年（一三三七）七月には「以無位坊官、新補大成就院三綱」として、泰運・経聡・快尋の三人の坊官が青蓮院内の大成就院三綱に補任されている（『華頂要略』「門下伝」一七）。

(19) 『天台座主記』「常胤」の項。

(20) 山門使節に関しては、本書第一篇第一章参照。

(21) 『続群書類従』六五九。

(22) この時の「太刀之次第」は門主尊応の意をうけて決したものであったという。「初度」に入らなかった院家の法輪院公範は「退出」しており、その順列にはいまだ流動的な部分もあったようである。ただ後述の文明八年（一四七六）八月の尊応への太刀進上の次第と合わせ考えれば、基本的な順列は固定していたと考えるべきであろう。

(23) 寺院内の「児」が、特定の階層の子供を指すことについては、土谷恵「中世寺院の童と児」（『史学雑誌』一〇一―一二、一九九二年）参照。

(24) 「庁務略伝」などによれば、経柔は文明四年（一四七二）から明応元年（一四九二）にいたるまで庁務の職にあった。

(25) 前掲注(17)史料参照。

(26) 前掲注(20)拙稿参照。

(27) 寺家の執当・三綱に関しては、本書第三篇第一章参照。

(28) 『言国卿記』文明八年八月二十二日条。

(29) 『驢驢嘶餘』（前掲注3参照）は、三門跡・脇門跡・院家・出世・坊官について、侍法師・御承仕・御格勤・下僧などの役職名をあげる。

(30) 青蓮院の歴代執事の就任期間については、「執事職補任」（『華頂要略』五二〈『天台全書』一六所収〉）が詳しいが、それによれば、院家はもとより出世身分の者も、数多く任じられている。ただ、「庁務略伝」などと同じく江戸時代に編纂されたこの「執事職補任」には、間違った記載も少なくない。なお門跡の執事については本篇第二章参照。

(31) 「執事職補任」に定法寺定助の名は見えていないが、同記は記載漏れが多く、定助の名も編纂時に見落とされたものであろう。

(32)『建内記』文安四年四月二十九日条。

(33)「庁務略伝」は、鳥居小路経堯の庁務在任期間を文安四年(一四四七)八月から文明四年(一四七二)三月の死没時までとする。

(34)上乗院は院家の上乗院実済を指す(前掲注5史料、『尊卑分脈』参照)。また「性光院」とは出世であった「聖光院」のことと考えられ、とすれば文安頃の院主は増賀ということになる(前掲注5史料参照)。

(35)延暦寺の執行機関たる寺家が、大衆の衆議(僉議)をもとに、諸事を執行していたことについては、庄園経営のあり方、および京中における山門公人をもってする検断権の実行例をもとに、それぞれ論じたことがある(前掲注27および本書第三篇第三章参照)。中世の寺社においては、評議機関と執行機関の併立はもっとも基本的な組織のあり方であったと考えられる。

(36)本書第一篇第一章参照。

(37)寺社勢力における大衆の勢力伸長は、平安時代後期から鎌倉時代にかけて絶頂期を迎えており、その対策は公家・武家両政権にとってもっとも大きな課題の一つとなっていた。なお、延暦寺内において、天台座主が寺家を通じて、大衆の統括を試みていたことについては、前掲注(27)拙稿参照。門跡による大衆の被官化は、寺内におけるこのような動きといわば平行するかたちで進展していたことも忘れてはなるまい。

第二章　中世門跡寺院の歴史的機能
――延暦寺の場合を中心に――

はじめに

中世の寺社に関する研究の深化にはめざましいものがあり、寺社組織はもとより権力や社会との関係など、多方面からさまざまな検討が加えられている。延暦寺に関しても、近年、鎌倉幕府との関係をめぐって、これを対立するものとした佐々木馨氏に対して、平雅行氏が異議を唱える見解を発表するなど、活発な議論が行なわれるにいたっている。(1) しかし、延暦寺と一口にいっても、その主体――寺を動かしていた勢力――が、どこにあったかを見定めることなくして、これらの議論が成立しえないことはいうまでもない。

本論では延暦寺所属の門跡寺院（以下、門跡という）をとりあげその活動実態を探ることで、それが延暦寺のなかでいかなる役割を果たしていたか、ひいては中世の延暦寺を動かしていたのが一体、誰であったかを考察しようとするものである。

他の寺社はともかく、中世、延暦寺において門跡が果たした役割の大きさは、青蓮院・妙法院・梶井門跡の三門跡をはじめとする諸門跡が、ほとんどすべて平安時代末に登場してくるという事実からも容易に了解することができる。[2] 門跡は延暦寺においてまさにその中世を特徴づける組織として理解されなければならない。

そして、また、その門主を天台座主（以下、座主という）に補任したのが他ならぬ朝廷であったという事実は、門跡が朝廷と延暦寺を結ぶ要に位置していたことを意味しており、[3] 延暦寺と公武権力との関係もまた門跡の存在を抜きにしては考えられないといっても過言ではない。

一方、座主となった門跡の門主が「惣寺」[4]としての延暦寺一山を動かそうとしたとき、否応なく対峙しなければならない勢力が同寺には存在していた。他のいかなる寺社よりも強力な大衆勢力である。[5]

そのような大衆勢力の存在をも視野に入れつつ本論では門跡組織の活動実態を、門跡の果たした宗教的機能、およびそれらを支えた門跡の人的構成、さらには彼らが門主の座主職就任時に総体として果たした役割の順で考察していくこととしたい。

一　門跡寺院の宗教的活動

門跡の宗教活動でもっとも重要なものの一つに、門主を阿闍梨として執行された各種の修法がある。そのことは、たとえば青蓮院でいえば、同門跡の記録『門葉記』の大半が各種の修法記録で占められていることが如実にこれを示している。

また、『門葉記』に記されているおびただしい数の修法のほとんどすべてが、天皇・上皇からの依頼によるものであることからすれば、門跡が一貫して天皇を頂点とする権門勢力の宗教的な基盤として存在していたことはこれまた揺るぎない事実といえる。では門跡においてこれら修法は具体的にどのような手続を経て執行されていたのであろうか。『門葉記』一七〇に収録される『修法護摩供等用心』によれば、門跡内における修法執行の手順はおおよそ以下のようなものであった。[6]

門主を阿闍梨とする修法は、まず天皇・上皇などの依頼者からの「請書」をもってする修法執行要請にはじまる。請書は綸旨・院宣の形をもって発せられ、その宛所は門主（阿闍梨）ではなく、門主の代理人たる門跡の執事とするのを通例とした。請書を受けとった門跡では要請を了解すると、折り返しその旨を記した「請文」を発給したが、これには阿闍梨（門主）自らが署判を加える直書形式のものと、執事が奉者となって発給する奉書形式の二種類があった。また請文発給と同時に門跡からは、阿闍梨と修法に関する諸々の雑事を統括する「行事僧」が署判した請文、および修法に必要な本尊以下の品々を列記した「支度（注進状）」の二通が依頼主（朝廷・仙洞）に返送された。

その一方、門跡内では、修法の準備として「奉行伴僧」が指名され、彼の手によって「伴僧請定」が作成・発給された。『修法護摩供等用心』はこの奉行伴僧による伴僧請定について「僧綱ヲハ以状可催也」と記すが、後述するように各門跡には「門徒僧綱」の名で呼び慣らわされる一群の僧綱たちが所属しており、修法時の奉行伴僧および伴僧はこれら「門徒僧綱」のなかから適宜選ばれることとなっていた。

修法が終わると阿闍梨は「巻数」と呼ばれる報告書を依頼者に送り、これをもって門跡内における手続きはすべて完了する。修法には、これ以外にもさまざまな人々が関与していたが、彼らの役割について、『門葉記』に記録された事例をもとに、以下、今少し具体的に見ていくこととしよう。

なお、検証にあたっては、⑴請書と請文に象徴される門跡外との折衝と、⑵伴僧請定と支度注進状に象徴される門跡内部の事務・会計手続きの二方面から、これを行なっていくこととする。

⑴請書と請文――執事の役割――

表1は、青蓮院において行なわれた各種修法を、請書の宛所、請文の発給者（奉者）、奉行僧、行事僧などを中心に整理し一覧としたものである。期間は史料がまとまってよく残る鎌倉時代末の門主慈道の時代から南北朝

表1　修法時の請書の宛所と請文の発給者

	年月	修法名	請書の宛所	請文の発給者	奉行僧	行事僧	修法場所	巻数
慈道	乾元2年④月	仏眼法	玄忠(三位法印)	慈道	玄守	玄信	今出川殿	四一
	嘉元3年8月	普賢延命法	玄忠(三位法印)	慈道	玄勝	玄忠	亀山仙洞	二五
	正和4年2月	長日如意輪法	覚守(大納言法印)	慈道	玄勝	玄忠		五〇
	元応2年6月	熾盛光法	行守(内大臣)	慈道	行守	玄忠	禁裏(富小路殿)	六
	嘉暦元年6月	冥途供	(未詳)	(未詳)	玄守	玄忠	常盤井殿	六四
	元弘3年11月	熾盛光法	行守(内大臣法印)	慈道	行守	玄忠	禁裏(富小路殿)	六
	建武2年⑩月	大熾盛光法	行守(内大臣法印)	(慈道)	(祐円)	玄快	禁裏(富小路殿)	六
尊円	正慶元年7月	長日如意輪法	(未詳)	尊円	信厳	泰顕	岡崎殿	五〇
	10月	金輪法	信厳(内大臣法印)	(桓豪)	覚賀	(未詳)	無動寺大乗院	一五七
	2年2月	熾盛光法	桓豪(左大臣法印)	桓豪	桓豪	経誉	無動寺大乗院	七
	建武4年6月	仏眼法	信厳(内大臣法印)	桓豪	隆静	玄快	持明院殿	四一
	暦応元年9月	長日如意輪法	桓豪(左大臣法印)	桓豪	仲玄	良増	十楽院	五〇
	10月	金輪法	信厳(内大臣法印)	尊円	定熙	良増	十楽院	一五七
	5年1月	除目歳末御修法	隆静(大納言法印)	隆静	隆静	泰深	十楽院	一五九
	康永3年3月	熾盛光法	隆静(大納言法印)	(未詳)	信厳	泰深	持明院殿	七
	*貞和3年3月	熾盛光法	(不載)	(不載)	隆静	泰深	十楽院	七
	*4年1月	冥途供	(不載)	(不載)	仲玄	泰源	日吉社客人彼岸所	六六
	12月	除目歳末御修法	隆静(大納言法印)	(不及被進歟)	隆静	泰深	十楽院	一五九
	観応元年6月	普賢延命法	(今度不沙汰)	(未詳)	尋慶	泰深	十楽院	二六
	7月	七仏薬師法	隆静(大納言法印)	尊円	隆寿	泰深	持明院殿	一九
	10月	長日如意輪法	隆静(大納言法印)	隆静	(未詳)	泰堅	十楽院	五〇
	文和2年10月	冥途供	隆静(大納言法印)	隆静	尋慶	泰深	十楽院	六六
	4年10月	金輪法	隆静(大納言法印)	尊円	尋慶	泰源	禁裏(土御門殿)	一五七

尊道	観応元年7月	仏眼法	隆静(大納言法印)	尊道	光勝	泰春	仙洞	四一
	2年8月	金輪法	隆静(大納言法印)	尊道	慈静	泰春	持明院殿	一五七
	延文元年10月	長日如意輪法	隆静(大納言法印)	尊道・隆静	道尋	泰桓		五一
	3年3月	除目歳末御修法	隆静(大納言法印)	尊道	尊玄	経聡	十楽院	一五九
	5年2月	文殊法	(補注)			経聡	十楽院	一五五
	康安元年8月	熾盛光法	隆静(大納言法印)	尊道	尋慶	印祐	禁裏	九
	2年3月	冥途供	(不載)	尋慶	尋慶	印祐	本坊	六八
	貞治3年5月	冥途供	尋慶(大納言法印)	尋慶	尋慶	印祐	禁裏	六八
	9月	冥途供	尋慶(大納言法印)	尋慶	尋慶	印祐	十楽院	六八
	*6年11月	冥途供	(不載)	(不載)	教祐	経聡	(十楽院)	六八
	永和元年6月	長日如意輪法	尋慶(大納言法印)	覚厳	(覚厳)	経聡		五一
	3年2月	冥途供	(不載)	(不載)	道尋	経聡	(十楽院)	七一
	永徳2年3月	文殊法	道尋(太政大臣法印)	(未詳)	隆恵	(未詳)	禁裏	一五五
	3年12月	熾盛光法	道尋(太政法印)	(未詳)	隆恵	(未詳)	禁裏	九
	嘉慶2年2月	長日如意輪法	道尋(太政大臣法印)	道尋	禅基	(未詳)	(十楽院)	五二
	明徳4年4月	普賢延命法	(不及其沙汰)		円什	泰村	十楽院	二七
	*応永5年4月	安鎮法	(不載)	(不載)	顕煕	泰村	北山殿	三五
道円	永徳元年4月	仏眼法	道尋(太政法印)	道円	道尋	経聡	禁裏	四一
	3年4月	長日如意輪法	(左衛門督僧都)	隆恵	隆恵	経聡	(十楽院)	五二
	10月	金輪法	道尋(太政法印)	隆恵	経聡	(未詳)	(十楽院)	五二
	至徳元年3月	除目歳末御修法	道尋(太政法印)	道尋	尊鎮	(未詳)	(十楽院)	一五九

注1：出典はすべて『門葉記』
　2：*は請書・請文の記載のないことを示す
補注：「於御請書事者、依非詮要、可及仰遣之、懈怠了」の記載がある

時代末の門主道円までに限った。この表1をもとに、門主ごとに「請書」の宛所および「請文」の奉者について確認していくことからはじめる（［　］内は門主在職期間を示す、以下同）。

a　慈道［正和三年（一三一四）四月〜元徳元年（一三二九）正月］

［正慶二年（一三三三）五月〜建武二年（一三三五）十月］(7)

門主慈道の時代では、請書の宛所としては「三位法印」「大納言法印」「内大臣法印」の三人の名があがる。(8)このうちもっとも早い時期にその名が見える「三位法印」とは坊官（庁務）の玄忠のことである。彼を宛所とした二通の請書は、ともに慈道が青蓮院門主になる以前の法性寺座主であったときのものであるが、このような坊官を宛所とする請書は、管見の限りこれより先の乾元二年（一三〇三）閏四月の前門主道玄宛の請書が残るだけで、(9)他にその例を見ない。あるいはすでに門主の地位を退いた者や、門主就任予定者に限って、このような坊官を宛所とした請書が発せられたものかもしれない。

慈道が門主となってのちの請書の宛所としては、「大納言法印」「内大臣法印」の二人の名があがる。このうち「大納言法印」とは、慈道が初めて門主となり、かつ座主となった直後に、「青蓮院執事」に任じられた安居院覚守、(10)また今一人の「内大臣法印」とは覚守のあとをついで執事となった行守のことである。(11)この二人はともに門跡の執事であった徴証があり、これらの請書は執事たる資格のもとに二人に宛てられたものと考えられる。したがって慈道の門主在任中の請書は、すべて執事を宛所としていたものということになる。一方、請文のほうは、現在判明する限り、慈道の代では奉書形式のものは一通も記録されておらず、すべて慈道の署判をもった直書形式のものが用いられている。

b　尊円［元徳元年（一三二九）正月〜正慶二年（一三三三）五月］

［建武二年（一三三五）十月〜延文元年（一三五六）八月］(12)

尊円の時代の請書の宛所としては、「内大臣法印」「左大臣法印」「大納言法印」の三人の名が見える。このうち「左大臣法印」「大納言法印」は、それぞれ実乗院桓豪（左大臣洞院実泰の猶子）・威徳院隆静を指す。[13]「内大臣法印」は聖光院信厳のことと推定されるが定かではない。[14]正和二年（一三一三）に公什が座主となった時、静範なる僧を「門跡執事、座主執事」の両執事職に合わせて任じている例もあり、ここでは尊円も同時期に二人の執事を持っていた可能性があることだけを指摘しておきたい。

請文は尊円の代では、直書・奉書の両形式のものが用いられているが、奉書形式では尊円の代と同様、執事の桓豪・隆静が奉者を勤めている。

c　尊道［延文元年（一三五六）八月～永徳元年（一三八一）四月］
［至徳二年（一三八五）三月～応永十年（一四〇三）七月］

d　道円［永徳元年（一三八一）四月～至徳二年（一三八五）三月］

尊道の代においては、彼が青蓮院門主となる以前、いまだ妙香院門主であった時期より、請書の宛所は青蓮院執事威徳院隆静となっている。[15]これは妙香院がこの時期、実質的には青蓮院の管轄下にあったことによるものと思われる。[16]

尊道は青蓮院門主になる以前の文和四年（一三五五）十月、座主に補せられるが、そのときの座主宣下の綸旨も「大納言法印（隆静）」宛となっており、[17]青蓮院の執事が実質的に妙香院の執事役を兼務していたことがわかる。なお、尊道は座主在任中の延文元年八月にいたって、ようやく尊円より青蓮院門跡を譲与されるが、そのとき、妙香院尊道のもとへは尊円から「執権隆静法印、雑務泰深等」が使者として訪れている。[18]

尊道への請書の宛所としては、隆静以後は上乗院尋慶ついで上乗院道尋の名があがる。彼ら二人もまた青蓮院の執事であった。[19]

請文の奉者も執事の隆静・尋慶・道尋がこれを勤めているが、注目すべきは、永和元年(一三七五)六月の長日如意輪法の執行にあたって、請文の奉者を勤めた覚厳の言葉である。彼は誤って書かれた請書の宛所について、自らが認めた修法記録のなかに「宛所誰人哉、門跡執権未定之間、押而書之歟、予今日補其職了、然而猶無案内歟」と記している。[20]覚厳の執事(執権)職就任を知らず、請書の宛所が誤って前執事「大納言法印(尋慶)」宛となっていたことに関わっての記載であり、これによって請書が当時、一般に門跡の執事に宛てて発せられるべきものと認識されていたことが改めて確認できよう。

永徳元年(一三八一)四月、尊道の跡を継いで門主となった道円は、至徳二年(一三八五)三月わずか二十二歳の若さで死没、尊道がふたたび門主となる。[21]門主を退いていた期間に、尊道が阿闍梨として執行した永徳二年三月、同三年十二月の二度の修法では、請書の宛所は「太政大臣法印」となっている。これは当時青蓮院の執事であった上乗院道尋のことで、[22]前門主の場合でも、請書は門跡の執事宛てに発せられていたことが確かめられる。道円は門主であった期間が短く、その活動を示す記録は少ない。

以上、請書が通常その宛所を執事とし、また請文ではその執事が奉者を勤めるのが通例となっていたことがあきらかとなった。これは当時、外部からも執事が門主につぐ地位の存在と認められていたことを示している。

ただ注意しておきたいのは、このような執事の役割が門跡の恒常的な役職の一環として行なわれたものであり、決して修法時だけに限定されたものではなかったという点である。[23]そのことは次に見る伴僧と比較して見れば、一見してあきらかである。伴僧が修法終了とともにその役を解かれたのに対して、執事の役務は当然のことながら、その前後にまで及んでいる。執事はあくまでも門主につぐ門跡の代表として請書・請文にその名を登場させていたと見なければならない。

(2)「伴僧請定」——奉行伴僧の役割——

修法に先立って伴僧を召集するために、奉行伴僧が行なった「伴僧請定」について、先の『修法護摩供等用心』は次のように記す。

一、伴僧請定事
仰云
僧綱ヲハ以状可催也、唱礼等ニテモ僧綱ノ中ニ可勤仕事アランニハ、礼紙ニ可書也、ウルハシキ状ニハ、只其法ノ伴侶可令勤給ト許可書也、其奉書之趣、
自来某日於某殿、可被修不動法、為伴僧可令参勤給之由、内々御気色所候也、恐々謹言
　月　日　　　　位署某
謹上　某御房
若大法ナラハ、
　逐申
　　護摩壇可令勤仕給之由候也
　　　或聖天壇トモ十二天壇トモ神供トモ、随時可書也、
有職以下折紙ニ某阿闍梨ト書タテ催也、折紙到来之時ハ可合点也、若所作ナト有ランニハ、某阿闍梨唱礼是等體ニ可付也

ここには「伴僧請定」発給の凡例が示されるだけで、発給主体たる奉行伴僧がいかなる資格によって選ばれていたかを示す記載はない。しかし、伴僧請定が「僧綱」を催すための文書であったとすれば、その発給主体たる奉行伴僧もまた当然「僧綱」であったろうことは、容易に推測できよう。そして、ここにいう「僧綱」が、いわゆる「門徒僧綱」であったろうことは、先に触れた通りである。では、門跡に所属していた門徒僧綱とは、具体

的にはいかなる人々だったのであろうか。

中世、ことに鎌倉時代以降の僧綱については、近年の研究によってようやくその実態があきらかになりつつある。しかし、延暦寺に限っていえば、同寺所属の僧綱に関しては不明の点が多く、門跡との関係についてもこれまで正面から論じた研究はない。むろんここでも延暦寺の僧綱そのものについて論じるだけの準備はないが、彼らの多くが各門跡に分散・所属し門徒僧綱の名で呼ばれ、門跡内で重要な地位を占めるにいたっていたという事実だけは指摘しておきたい(24)。

表2は門徒僧綱が関わった出来事を年表として整理したものである。この表2からは門徒僧綱が門跡の一員として延暦寺内で果たしていた政治的な役割が浮かび上がってくる。それは大衆が問題を起こしたときの調停役である。彼らはことあるごとに座主とともに、寺の代表として朝廷・幕府との折衝にあたっており、建保三年(一二一五)二月の園城寺との抗争における院御所への参入などはその典型的な一例といえる(25)。また朝廷・幕府からの要請に従い、座主・門主とともに大衆を慰撫するのも彼らの大切な役割であった。大衆が嗷訴に及んだとき、朝廷・幕府が誰よりも頼りにしたのは、建保六年(一二一八)、延応元年(一二三九)の例に見られるように(26)、座主と各門跡の門主、そして門跡所属の門徒僧綱だったのである。

ただ、ここで留意されなければならないのは、彼らの活動がいずれの場合も門跡の一員としての活動の範囲に限定されていたという点であろう。つまり、彼らは門跡から離れて単独で行動を起こすことはなく、門徒僧綱の名の通り、その活動はあくまでも門主の下で門徒としてのそれに終始しており、この点で門跡・門主あっての存在であったといえる。

そして、このようなどちらかといえば、権力の側に立った門徒僧綱ひいては門主の行動が、時代を下るにともない、大衆の反感を買うものとなっていったのは当然のなりゆきであった。文永二年(一二六五)八月、後嵯峨

表２　「門徒僧綱」関係年表

年　月　日	事　　項	出　典
文治２年⑦月	朝廷が源義行の探索を「座主已下門徒僧綱」に命じる	玉葉
建久２年４月	朝廷が座主と「門徒僧綱等」に神輿帰座の実行を命じる	吾妻鏡
建保２年６月	六月会が御斎会に準ずる仏会となったことを祝い、座主以下「門徒僧綱」が勅使に上表を呈する	慈鎮和尚伝
２年９月	梶井門跡との争いで、青蓮院の「門徒僧綱以下」悉くが離山する	華頂要略
３年３月	「山座主幷僧綱等」が院御所に参入して園城寺の乱暴を訴える	百錬抄
６年９月	朝廷が延暦寺大衆の嗷訴慰撫を「門徒僧綱」に命じる	南部文書
10月	「貫主以下門徒僧綱」が登山し延暦寺大衆による三塔諸堂・日吉社閉門を宥める	吾妻鏡
延応元年９月	延暦寺大衆による神輿動座を慰撫するために「門徒僧綱」が比叡山に登る	華頂要略
建長元年９月	延暦寺大衆による日吉社の神輿動座を「門徒僧綱」が慰撫する	華頂要略
正元２年正月	園城寺の戒壇設立に抗議する延暦寺での集会に「門徒僧綱等」が登山・参加する	天台座主記
文永２年８月	後嵯峨上皇が「座主以下僧綱」の住山を定める	天台座主記
６年正月	延暦寺大衆が「座主幷両門官長以下門徒僧綱」の京都居住禁止を決議する	華頂要略
元応元年⑦月	延暦寺大衆が「山門貫主幷僧綱衆徒住山事」を決議する	大乗院文書
応安２年４月	延暦寺大衆が神輿入洛にあたり「諸門跡・諸僧綱等」に辺鄙に赴くことを求める	華頂要略

上皇は院宣をもって「座主以下僧綱」の住山を定めているが、[27] その背景には延暦寺を離れて活動する彼らへの大衆の強い反発があったと考えられる。文永六年正月、青蓮院と梶井の両門跡が争ったときも、大衆は「座主幷両門官長以下門徒僧綱不可住京都」ことを決議しており、[28] 比叡山を離れての門跡の活動、具体的には門主・門徒僧綱の活動に、大衆が強い反撥を示していたことが知られる。のち元応元年（一三一九）に延暦寺と園城寺との抗争に関わって鎌倉幕府が奏聞した数箇条のなかには、「山門貫首幷僧綱衆徒住山事」の一箇条が見える。[29] 幕府としては大衆の統制のために「山門貫主幷僧綱衆徒」の「住山」を求めたのであろうが、それはまた大衆にとっても望むところであったに違いない。

そこで門徒僧綱を以上のように理解し

た上で、奉行伴僧・伴僧に話を戻すと、『修法護摩供等用心』にいう奉行伴僧・伴僧に任命された「僧綱」とは、具体的にはそのような門主と密着した門徒僧綱だったわけであり、門跡における修法の最大の特色は、まさに彼ら門徒僧綱を動員して行なわれるところにあったと考えられる。すなわち、門跡では、門徒僧綱さえ掌握しておけば、大衆が支配する惣寺としての延暦寺とはまったく無関係に、いわば独立して修法を執行できたのであり、こと修法に関していえば、門跡が延暦寺から自立して存立しえた基盤の一つはまさに門徒僧綱の存在にあったとすらいえる。

(3)「支度注進状」——行事僧の役割——

修法の宗教的な担い手が阿闍梨・伴僧であったのに対して、これを会計的な側面から担ったのが、「支度注進状」の作成主体でもあった行事僧である。門跡において執行される各種の修法には、莫大な費用的裏付けが必要とされていたが、行事僧はそれら費用の一切を統括している。行事僧が修法にあたっての費用の調達等にいかに大きな権限を有していたかを示す一例としては、嘉元三年（一三〇五）八月の亀山院において執行された普賢延命法の場合がある。この時の修法の総用途一万五千疋は、当初、院御所と遊義門院それに青蓮院の三者が各五千疋ずつを負担することになっていた。しかし、青蓮院では「計会境節定難治歟」という行事僧の一言によって、結局は院御所と遊義門院の分だけをもってこれを執行するにいたっているのである。(30) 行事僧が会計担当者としていかに大きな発言力をもっていたかをうかがわせるに足る出来事といえよう。

朝廷・仙洞からの供料の受けとり、布施の分配など、修法の会計に関わる一切が行事僧の管轄下にあり、その庶務・経理面における権限は絶大なものがあった。ではそのような大きな権限をもった行事僧の役には、門跡内でいかなる人々があたっていたのであろうか。

表3は慈道から道円にいたる間の青蓮院における行事僧を先の表1から抜き出して一覧としたものである。こ

れを見てまず気付くことは、そのすべてが門跡の坊官によって占められているという事実である。行事僧は門跡においては、坊官が専らその任に当たる役となっていたとみてよい。また同じ坊官でも長期間にわたり行事僧を勤めていた者（玄忠・玄快・良増・泰深・泰源・泰春・印祐・経聡・泰村）と、そうでない者（泰顕・経誉・泰堅・泰恒）がいるが、前者については、良増・泰源の二人を除き、その行事僧役の勤仕はすべて庁務在任中のこととなっている（表3の「庁務在任期間」の項参照）。行事僧が門跡の庶務・会計にきわめて深く関わった重職であったことを思えば、これは当然とも思われるが、ここでは基本的に行事僧が庁務の役となっていたことを確認しておきたい。(31)

そして、行事僧役がかかる重役であったとすれば、庁務以外の行事僧勤仕はなんらかの特殊事情による、いわば異例の処置であったろうことは、容易に考えられる。そのことを裏付ける事例も存在する。貞和四年（一三四八）正月、尊円が冥道供を執行したときに行事僧を勤めた行事僧泰源は「境節祇候」の坊官であったという。当時、尊円は戦乱を避けて坂本に移り住んでおり、庁務とは離れて住んでいたためやむなく近侍の坊官を行事僧としたものであった。(32)

なお表3のなかで、泰春・泰村の二人だけが、庁務の在任期間と行事僧の勤仕の間にかなりの隔たりがあるが、泰春の場合は、文和四年（一三五五）十一月に

表3　行事僧一覧

行事僧名	行事僧勤仕期間	庁務在任期間
玄守		
玄忠	嘉元3（1305）～元弘3（1333）	嘉暦4（1329）～
泰顕	正慶元（1332）	
経誉	正慶2（1333）	
玄快	建武2（1335）～建武4（1337）	建武4（1337）～
良増	暦応元（1338）	
泰堅	暦応2（1339）	
泰深	暦応5（1342）～文和2（1353）	暦応4（1341）～
泰源	貞和4（1348）～観応2（1351）	
泰春	観応元（1350）～観応2（1351）	文和4（1355）～
泰恒	延文元（1356）	
印祐	康安元（1361）～貞治3（1364）	延文元（1356）～
経聡	延文3（1358）～永徳2（1382）	応安4（1371）～
泰村	明徳4（1393）～応永5（1398）	応永18（1411）～

注：「庁務在任期間」については江戸時代後期に作られた『華頂要略』「庁務略伝」を参考にした。また「行事僧勤仕期間」については、表1にあげた修法記録をもとにした。

青蓮院の庁務になる以前は妙香院の庁務を勤めており、[33]表3に見える観応年間（一三五〇～五二）の行事僧役の勤仕はともに「妙香院庁務」としてのものであったと推定され、他の事例とはやや切り離して考える必要がある。一方、泰村の場合については、なぜ長く庁務に補せられなかったかはよくわからないが、その主たる活動時期が尊道亡き後の幼い門主義円の時代にあたっていたことが原因かとも思われる。[34]

以上、本節では、青蓮院の場合を中心に、門跡における修法がどのような手順でいかなる人々によって実行されてきたかを見てきた。そこで確認できた事柄を整理すると、次のようになる。

①外部（朝廷・仙洞）からの請書をもって修法の要請を受けるのはあくまでも門主（阿闍梨）であったが、実務的には執事が門主の代理として、その任にあたることが多かった。

②修法に先立って、門主は「門徒僧綱」のなかから「奉行伴僧」を選び指名、その「奉行伴僧」が「門徒僧綱」に「伴僧請定」を発給し、必要な伴僧を招集することになっていた。

③一方、修法にかかる諸経費は、坊官から選ばれた行事僧が「支度注進状」を作成、これを統一的に管理・運営した。

門跡での修法が門主のもと、執事・奉行伴僧・坊官の三者がそれぞれの分担をこなすかたちで成立していたことがあきらかとなった。このうち執事と奉行伴僧は、ともに門徒僧綱であったことからすれば、門跡の組織は門徒僧綱と坊官という二つの身分を基盤として成立していたともいえる。

前章では門跡の組織を分析し、門跡のなかには「意思決定」を行なうための「幾人かの院家・出世によって構成された」合議機関としての評定衆と、そこで決定した事項を執行（遵行）する「庁務を筆頭に頂く（坊官からなる）」執行機関としての庁という二つの機関が存在することを指摘しておいたが、門跡におけるこの二つの機関は、修法時に機能する門徒僧綱と坊官という二つの身分をその基礎においたものと理解できよう。

なぜなら、門徒僧綱とは門跡内の身分でいえばまさしく院家・出世クラス以上の僧たちがこれにあたり、門徒僧綱から選ばれ門跡の意思決定に参与したのが評定衆であったともいえるからである。一方、坊官については、彼らが庁の基本的成員であったことからすれば、両者の重なりをここで改めて説明する必要はあるまい。

思えば、門跡で執行される修法とは、朝廷・仙洞から要請があれば、ただちに執行されなければならない、きわめて緊急性の高いものであった。そして、そのような要請に応じて作りあげられたのが、門徒僧綱と坊官という門跡独自の二つの人的基盤であった。門跡内の対外的・世俗的な意思決定および執行のための二つの機関——評定衆と庁——は、実にこの二つの人的基盤の上に立脚・成立していたと考えられるのである。

では、このような門徒僧綱と坊官という二つの人的基盤に支えられた門跡組織は、門跡の社会的・政治的な活動にあたっては、どのように機能していたのであろうか。その点について、次に門跡が発給した文書を分析するなかで考えていくこととしたい。

二　門跡発給文書の奉者

(1)青蓮院の場合

ここでも史料が比較的多く残る鎌倉時代末から南北朝時代にかけての青蓮院の事例を検討することからはじめたい。

表4—1・2・3は、青蓮院歴代門主の発給した令旨のうち、慈道から尊道までの令旨を集め、奉者別に整理したものである。

まず慈道であるが（表4—1）、彼が発給した令旨では玄忠・仲円・仲潤といった三人が奉者を勤めていたことが確認できる。このうち玄忠は青蓮院の坊官長谷玄忠を指す。[35]彼は慈助・慈道両法親王に仕え、嘉暦四年（一

表4—1　慈道法親王発給の令旨

奉者	発給年月日	文　書　名	宛　所	出典	備考
玄忠	文保元年7月15日	慈道法親王令旨	無動寺(御房)	京丙36	補注1
	7月20日	慈道法親王令旨	無動寺(御房)	明292	
	8月7日	慈道法親王令旨案	烏丸	明36	
	9月21日	玄忠書状	(欠)	明271	
	9月22日	慈道法親王令旨案	烏丸	明37	
	9月22日	慈道法親王令旨	無動寺法印	明290	
	9月23日	玄忠書状	(欠)	明241	
	12月12日	慈道法親王令旨案	(欠)	明39	
	2年3月1日	慈道法親王令旨案	烏丸	明38	
	6月6日	慈道法親王令旨	無動寺法印	国56	
	8月28日	慈道法親王令旨案	烏丸	明40	
仲円	文保2年12月27日	慈道法親王令旨	無動寺法印	国60	
仲潤	元応元年6月23日	慈道法親王令旨	無動寺法印	明319	
	7月3日	慈道法親王令旨	無動寺法印	京丙58	
	⑦月20日	慈道法親王令旨	大納言律師	京丙59	
	2年4月10日	慈道法親王令旨	無動寺法印	京丙60	
	9月18日	慈道法親王令旨	無動寺法印	明275	補注2

注1：出典はすべて『葛川明王院文書』で、明は葛川明王院所蔵、国は国立国会図書館所蔵、京は京都大学所蔵の文書を示す(以下同)。

2：奉者のうち「玄忠」については、彼が発給した書状も残っており、あわせあげておいた。

補注1：宛所の「無動寺(御房)」とは、当時、無動寺別当の職にあった玄勝を指す。彼もまた正応4年8月、慈助のもとで七仏薬師法の伴僧を勤めるなどしており（『門葉記』17)、青蓮院の門徒僧綱でもあった。

2：署名にはたんに「権大僧都」としか見えないが、この前後の令旨に「権大僧都」の名で署名するのは仲潤しかいないため、彼を奉者と判定した。

三二九）には青蓮院の庁務に任ぜられたという。[36]その名は令旨の奉者としてのみならず、青蓮院門跡宛の文書の宛所としても各種史料に見えており、特に『葛川明王院史料』には、この玄忠（「三位法印」）宛の書状・挙状が数多く残されている。[37]いうまでもなくそれらの多くは、実質的には青蓮院門跡あるいは門主慈道宛に発せられたものと理解してよく、彼が門主に近仕し、青蓮院の文書の発給・受信の窓口となっていたことがうかがえる。

玄忠以外の二人の奉者、仲円・仲潤については、ともに青蓮院の門徒僧綱であった徴証がある。すなわち仲円は元応元年（一三一九）五月には尊円親王の受戒の教

表４―２　尊円親王発給の令旨

奉者	発給年月日	文　書　名	宛　所	出典	備考
良増	元徳元年10月３日	尊円親王令旨	無動寺御房	京丙15	補注１
信厳	元徳元年12月９日	尊円親王令旨	太政大臣法印	国71	
	11日	尊円親王令旨案	金輪院法印	明277	補注２
	20日	尊円親王令旨案	無動寺別当法印	国73	
	２年１月30日	尊円親王令旨	無動寺別当法印	明274	
	２月14日	尊円親王令旨	無動寺別当法印	京丙66	補注３
	４月23日	尊円親王令旨	無動寺別当法印	国76	
	７月26日	尊円親王令旨	無動寺別当法印	国77	
	元弘元年12月11日	尊円親王令旨案	地蔵房法印	明329	
隆静	暦応３年12月27日	尊円親王令旨案	石泉院法印	華門17	

注：出典の華門は『華頂要略』門主伝を示す（以下同）。

補注１：『葛川明王院史料』は本文書を「慈道法親王令旨」とするが、内容から見て元徳元年（1329）の葛川と伊香立庄の相論時に発給されたものであることはまちがいなく、ここでは尊円親王令旨とした。なお、以下の元徳年間の発給文書については拙稿「葛川・伊香立庄相論考」（『史林』67―2、1984年）参照。

２：『葛川明王院史料』は本文書の発給年次を「元応元年」と推定するが、葛川と伊香立庄の相論で金輪院が関与するのは元徳元年以降のことであり、内容からも元徳元年の発給文書と判定した。

３：『葛川明王院史料』は本文書を「慈道法親王令旨」とする一方で、「元徳二」の異筆年号を持つ案文（国75）を「尊円法親王令旨」とする。内容から見ても元徳二年のものであることは疑いない。なお、『葛川明王院史料』は（国75）の日付を「二月廿四日」と判読するが、これは「二月十四日」の誤読。

表４―３　尊道法親王発給の令旨

奉者	発給年月日	文　書　名	宛　所	出典	備考
隆静	文和４年11月９日	尊道法親王令旨	大進法眼	華門18	
	11月	尊道法親王令旨	太政大臣新法印	華門18	
	延文４年７月20日	尊道法親王令旨	(蔵人佐)	華門18	
	21日	尊道法親王令旨	無動寺政所	華門18	
経聡	永和２年６月７日	尊道法親王令旨	二位法印	国141	補注１
	９月27日	尊道法親王令旨案	二位法印	明324	補注２
	12月２日	尊道法親王令旨案	二位法印	明325	

補注１：『葛川明王院史料』は本文書の署名を「持聡」と判読するが、これは「経聡」の誤読。

２：『葛川明王院史料』は本文書の発給年次を「永和元年」と推定するが、内容から判断して永和２年（1376）のものと考えられる。

授を勤めており、[38]元弘三年（一三三三）十一月には、慈道のもとで大熾盛光法の伴僧を勤めている。[39]また仲潤は元応二年六月、慈道のもとで大熾盛光法の伴僧を勤め、[40]さかのぼって正和五年（一三一六）十一月十五日には「座主准后（道玄）」の十三回遠忌の結縁灌頂の讃衆を勤仕している。[41]

次に尊円の代に移ると（表4—2）、『葛川明王院史料』に計九通の令旨が残るが、その内、奉者良増は青蓮院の坊官である。[42]文書の内容が、葛川での法華会遂行を無動寺別当に伝えた、どちらかといえば実務的な内容のものであり、そのため庁務でもないただの坊官が奉者を勤めたものであろうか。残りの八通ではすべて信厳（聖光院）が奉者を勤めている。彼に関しては、正中元年（一三二四）五月十四日、尊円の比叡山登山にあたり「扈従僧綱」役を勤めたこと、[43]元弘元年十二月の尊円の座主職就任に伴なう拝堂・拝社にあたって扈従したことなどが確認でき、[44]したがって彼もまた青蓮院の門徒僧綱の一人であったことは間違いない。

尊円の代ではこのほか、執事の威徳院隆静が奉者を勤めた令旨一通が残る。[45]隆静は、次の尊道の代にも引き続き執事職にあって、そこでも令旨の奉者を勤めているが（表4—3）、『華頂要略』門主伝に収められたそれらの令旨を一括して見ると、その内訳は修法の請文一通（延文四年七月二十日付）、院家（石泉院）への西塔院主の補任状一通（文和四年十一月付、正確には西塔院主職の管領を命じたもの）、庁務（泰春）への「日吉社諸座神人弁寄人奉行（職）」宛行状一通（文和四年十一月九日付）、そして末寺への祈雨の通達一通（延文四年七月二十日付）となる。[46]つまりその尊円・尊道の二代にわたる令旨は、諸職の補任・宛行、祈禱命令に限定されており、『葛川明王院史料』に残るようないわゆる相論に関わる令旨は一点も確認できず、執事の場合の特殊性がここにうかがわれる。

尊道の代では（表4—3）、この執事の威徳院隆静のほか、経聡が令旨の奉者を勤めているが、彼は青蓮院の坊官で、長く庁務職に就いていた人物である。[47]その奉者勤仕は庁務としての資格に基づいたものと見てよい。限られた事例ではあるが、青蓮院門主発給の奉書（令旨）の奉者を検証した結果、奉者には庁務をはじめとする坊官と門徒僧綱、そして門徒僧綱の中から選ばれた執事、といった人々が宛てられていたことがあきらかになった。内容で分類すれば、門跡領の相論のような外部の俗事に関しては坊官と門徒僧綱が、また門跡内の諸職の補任・宛行や末寺への通達事項については執事が、それぞれ奉者を勤めることになっていたと結論付けてよかろう。

では、青蓮院以外の門跡では、この点どのような体制がとられていたのであろうか。次に梶井門跡の場合を例にとり、この点を見てみよう。

(2) 梶井門跡の場合

表5は『菅浦文書』『八坂神社文書』に収録されている南北朝時代の梶井門主尊胤・承胤両法親王発給の令旨を奉者別に集めたものである。ここに最初に見える静豪とは、遍照光院静豪なる僧で(48)、彼が両法親王に近仕していたことは、たとえば祇園社の執行顕詮が両法親王との面会にあたってしばしば彼に取次を依頼している事実からも知ることができる(49)。彼が梶井門跡の門徒僧綱であったという確証はないが、青蓮院の例からすれば、その可能性は高い。

任憲（安芸法眼）・任潤（安芸法眼）の二人は、ともに梶井門跡の庁務であった人物である(50)。ちなみにこの二人は『坊官系図』によれば父子であった。光憲については、その身元をうかがわせる史料はないが、任憲と「憲」の一字を同じくしていることからすれば、やはり梶井門跡の坊官であったと推定される(51)。

これまた数少ない事例ではあるが、梶井門跡においても、門主の発給する奉書（令旨）の奉者が、基本的には門主の近仕僧（門徒僧綱）、もしくは庁務クラスの坊官の役務となっていたことが確認できた。梶井門跡の場合、執事の奉者については史料を欠き、確実なことはいえないものの、青蓮院と大きく異なっていたとも思われず、基本的に同じような文書発給体制がとられていたと考えて大過あるまい。

表5　梶井宮尊胤・承胤両法親王発給の令旨

奉　者	発給年月日	文　書　名	宛　所	出　典	備　考
静豪[遍照光院]	観応2年9月23日	尊胤法親王令旨案	廊房僧都	菅238	
	観応2年9月23日	尊胤法親王令旨案	廊房僧都	菅46	
	(文和3年)7月8日	尊胤法親王令旨案	金輪院注記	菅128	補注1
	(年未詳)　7月4日	尊胤法親王令旨案	最勝房卿公	菅41	
任憲[梶井宮]庁務	(文和2年)3月17日	尊胤法親王令旨案	若鶴	菅725	補注2
	(文和2年)3月18日	尊胤法親王令旨案	近江守護	菅93	
	(延文2年)9月3日	尊胤法親王令旨案	守護	菅142	
	(延文2年)12月3日	尊胤法親王令旨案	(宛所欠)	菅169	
任潤	永和2年⑦月18日	承胤法親王令旨案	祇園宰相僧都	八文848	補注3
	明徳4年12月29日	浄土寺慈弁御教書案	祇園社執行法印	八文856	補注4
光憲（任憲カ）	(延文3年)正月24日	尊胤法親王令旨案	守護	菅770	
	(年未詳)　2月9日	尊胤法親王令旨案	守護	菅690	

補注1：文和3年(1354) 4月付の『菅浦文書』132に「金輪院」の名が見えることから、同年の発給文書と推定。
2：『菅浦文書』88・778は「安芸法眼」(任憲) 宛の「六角崇永書状」「光厳天皇綸旨写」となっている。
3：出典の八文は『八坂神社文書』を示す(数字は文書番号)。「端書」に「座主梶井殿御代奉行庁務法眼」とあり、任潤が当時、梶井門跡の庁務の職にあったことがわかる。なお『八坂神社文書』はこの文書を「天台座主梶井宮入道尊胤親王令旨案」とするが、このとき、座主に就任したのは、弟の承胤法親王であり（『天台座主記』他)、同法親王の令旨とするのが正しい。ちなみに尊胤法親王は延文4年(1359) 5月に没しておりすでにこの世にない。
4：「端書」に「座主浄土寺奉行政所」とあり、任潤が当時、浄土寺政所に所属していたことがわかる。任潤に関わる史料として参考のためあげておいた。

以上、門主の発給する奉書が通常、坊官・門徒僧綱、あるいは執事を奉者としていたことがあきらかとなった。前節で得られた結論と同様、門徒僧綱と坊官が門跡を支える二つの人的基盤となっていたことを、文書の発給形態の側面からも検証できたものと考える。

なお文書の発給形態に関わって最後に今一つ指摘しておきたい点がある。それは門跡において奉者を勤めていた門徒僧綱（門跡内の身分でいえば院家・出世）らもまた、自院では発給主体となり、独自の権限の下に文書を発給していたという事実である。

たとえば、梶井門跡において執事職をしばしば勤めていた檀那院の場合を例にとれば、南北朝時代に同門跡のもとで執事職を勤めていた檀那院承忠・恒忠は、頻繁に独自の権限をもって各種の御教書を発給している。[52]その際、彼らの奉者を勤めたのは、

表6　檀那院発給の御教書

奉者	発給年月日	文　書　名	宛　所	出　典	備　考
光潤	(文和元年)11月4日	檀那院承忠御教書案	祇園執行法印	八記4-349	補注1
	(文和元年)12月4日	檀那院承忠御教書案	祇園執行法印	八記4-406	補注2
	(文和2年)3月14日	檀那院承忠御教書案	廊坊僧都	菅150	補注3
	(文和2年)8月25日	檀那院承忠御教書案	廊房僧都	菅786	補注4 *
	(文和年間)8月25日	檀那院承忠御教書案	廊房僧都	菅787	*
	(文和年間)8月30日	檀那院承忠御教書案	菅浦預所	菅276	
	(文和年間)12月8日	檀那院承忠御教書案	斎藤朝日	菅24	
	永和5年　正月16日	檀那院某御教書案	廊房大夫竪者	菅18	補注5
	(年未詳)　正月24日	檀那院某御教書案	馬淵入道	菅145	
	(年未詳)　正月17日	檀那院某御教書案	加賀入道	菅105	
	(年未詳)　9月3日	檀那院某御教書案	加賀入道	菅99	
祐遍	(文和4年)3月1日	檀那院承忠御教書案	大和阿闍梨	八記4-349	補注6
	延文4年　3月15日	檀那院某御教書案	蓑浦次郎右衛門尉	菅127	*
	永徳2年　6月6日	檀那院某御教書案	加賀入道	菅103	*
	(年未詳)　5月8日	檀那院某御教書案	加賀左衛門入道	菅104	*
	(年未詳)　8月22日	檀那院某御教書案	廊房律師	菅13	*

注1：出典の八記は『八坂神社記録』(数字は巻数と頁)、また菅は『菅浦文書』を示す。
　2：備考の＊は端裏に「御教書案」など御教書であることを示す注記があることを示す。
補注1：『八坂神社記録』(「祇園社記」) は署名を判読していないが、写真により「光潤」と読める。また端裏に「別当房吉書事」とあり、檀那院承忠が尊胤のもとで感神院別当職にあったときの御教書であることがわかる (表8参照)。
　2：「端裏」に「別当」とあり、檀那院承忠が感神院別当としての資格で発給した御教書であることがわかる (表8参照)。
　3：文書内容から文和2年(1353)の発給文書と判定した (『菅浦文書』93号参照)。
　4：文書内容から文和2年の発給文書と判定した (『菅浦文書』93号参照)。
　5：永和2年(1376)閏7月に承胤が天台座主となったときに檀那院恒忠が感神院別当となっている。同じ時期の檀那院の院主は同人であったと推定されるが、確定できず「某」と表示しておいた。
　6：端裏に「別当檀那院、(三月番仕) 文和四」とあり、その発給年次が判明するとともに、檀那院承忠が感神院別当の資格で発給した御教書であったことがわかる。

光潤・祐遍の二人で、現存するそれら御教書を一覧としたのが表6である。

光潤は文和元年（一三五二）頃、院主承忠に近仕していた僧で、門跡でいえば坊官職にあたる職にあった人物と考えられる。(53) 祐遍については彼がいかなる関係にあったかは定かではないが、光潤と同様に考えてよかろう。そして、とすればここ檀那院においても梶井門跡と同じような組織をもってその寺院が運営されていたことになる。

このほか時期はやや下るが、妙法院の院家の一つ日厳院の院主が、やはり独自の権限のもとにさまざまな文書を発給していたことが妙法院に残る『日厳院引付』『即往院座主拝任事』などの記録から確認できる。(54) 門徒僧綱、特に執事を勤めた院家・出世クラスの門徒僧綱は、自らが院主として、規模こそ小さいとはいえ門跡組織相似形の自院組織を持って活動していたわけであり、門主を頂点としたピラミッド型の門跡組織の裾野は予想以上の広がりを持って存在していたと考えられる。

三　座主の諸職補任権

前節までで、修法の効率的な執行を主たる構成原理とした門跡組織においては、門徒僧綱と坊官という二つのグループが生成・核となり、この二つが有機的に機能することで門跡の宗教的な活動はもとより、社会的・政治的な活動までもが可能となっていたことが検証できた。本節では、そのような門跡組織が、門主の延暦寺の座主職就任時にどのように機能していたかを見ていくこととしたい。

延暦寺の場合、朝廷からの補任のみをもってその地位に就くという座主職就任のありかたは、座主となる門跡の門主側からすると、いくつかのきわめて困難な問題を内包していた。なによりも同寺には大衆・衆徒の名で呼ばれた、いわゆる大衆勢力が厳然として存在しており、彼らは座主の寺院運営への容喙を簡単に許さず、それればかりか敵対することすらめずらしくなかった。朝廷からの補任だけをもって延暦寺に乗り込む門主は、延暦寺内にあっては最初から孤立無援を覚悟せざるをえなかったとすらいえる。

それではそのようなきわめて厳しい状況下、座主となった門主はどのような方法でもってその支配を寺院内に貫徹していったのであろうか。結論を先取りしていえば、門主にとって、その拠り所は自らが統率する門跡組織をおいてなく、すべては門跡組織をいかに巧みに効率よく機能させるかにかかっていたと思われる。以下、この点について、具体例をもとに論証していきたい。

⑴座主の諸職補任

最初に門主が座主職に就任することによって手にした諸権限を確認することからはじめる。中世、座主職に付随していた諸職を一覧にしたのが表7である。応永二十六年（一四一九）および文明三年（一四七一）に、青蓮院の門主の義円・尊応がそれぞれ座主となったときに、座主の名で発した各種の補任状をもとに作成した。若干の異動があるとはいえ、少なくとも室町時代には、座主職にはこれだけの諸職が付随していたわけであり、その権限がいかに大きなものであったかがうかがわれるが、では座主はこれらの諸職にいかなる人々を補任していたのであろうか。

表7に登場する人々を青蓮院内の身分をもとに分類すると、彼らは大きく四つのグループに分けることができる。その第一は西塔院主職・感神院（祇園社）別当職・赤山禅院別当職・白山別当職にそれぞれ補任せられている、上乗院・石泉院・尊勝院・定法院・無量寿院といった院号をもった人々である。彼らはいずれも青蓮院の院家・出世身分の人々であり、(55)ここにまず主要な寺社の院主職・別当職に門跡の門徒僧綱（院家・出世）が補任されていたことが確認できる。(56)

第二に分類されるのは日吉社関係の神人奉行・社家奉行等に補任されている三人、経守と経堯・泰温であるが、彼らはその名前から容易に判定されるように、ともに青蓮院の坊官である(57)。これらの「奉行職」は多かれ少なかれ実務をともなう職であり、それに長《た》けた坊官たちがあてられることになっていたであろう。

第三グループは応永二十六年の事例にしか出てこない役職で、かつその職に任じられているのは金輪院弁澄なる人物ただ一人であるが、ここに登場する金輪院弁澄とは、青蓮院門徒でこの前後に山門使節を勤めていた金輪院弁澄その人を指す(58)。彼は山門使節となっていることからもわかるように、いわゆる門跡内では山徒身分に属した人物である。末寺の「奉行職」を勤めるにはかなりの実力が必要とされ、このような人選が行なわれたものであろう。それにしても弁澄に限っていえば、三つもの職を兼務しており、その実力がなみなみならぬものであったらしいことがうかがわれる。

このほか表7のなかには門跡内の身分が判明しない人々が四人おり、それらを第四グループとしておく。このなかでただ一人「厳秀阿闍梨」については、延暦寺千僧供領であった近江国富永庄の「勘定衆」にその名を連ねる宝城坊厳秀なる人物がこれにあたるかとも思われる。むろん断定はで

表7　天台座主より諸職に補任された人々

職　　　名	応永26年		文明3年	
	被補任者	身分	被補任者	身分
感神院別当職	上乗院公慶	院家	石泉院	出世
西塔院主職	石泉院大僧都	出世	定法寺実助	院家
赤山禅院別当職	尊勝院僧正	院家	無量寿院祐済	出世
白山別当職	中納言僧都	?	法輪院公範	出世
左右方神人奉行	(鳥居小路)経守	坊官		
諸座寄人奉行	(鳥居小路)経守	坊官		
大津東西浦神人奉行	(鳥居小路)経守	坊官	(鳥居小路)経尭	坊官
(日吉社)社家奉行			(大谷)泰温	坊官
根本中堂夜叉供(奉行職)	金輪院弁澄	山徒		
長瀧寺(美濃)奉行職	金輪院弁澄	山徒		
朝妻寺(近江)奉行職	金輪院弁澄	山徒		
穴太寺(丹波)	親祐法眼	?		
舟木庄(近江)給主職	厳秀阿闍梨	山徒		
慈恩寺(近江)寺務職	兼昌阿闍梨			
興善寺(近江)寺務職	兼昌阿闍梨	?		
菅谷寺(不明)奉行職	隆定阿闍梨	?		
清瀧寺(飛驒)	宮内卿大僧都	?		

きないが、「舟木庄給主職」という要職を得ていることからすると、彼が延暦寺内で大きな権限を有していた「勘定衆」の宝城坊厳秀その人であった可能性はきわめて高い。(59)

以上、表7からは、一部、不明の人々もいるものの、座主から諸職に補任されていたのが、基本的に門跡の構成員（門徒）であったことが確認できるわけで、座主としての活動は、なによりもまず門跡の組織を動員することによって、はじめて可能であったとこれらの事実は物語っている。

では座主によってこのような役職に任じられた門徒の院家・出世・坊官、さらには山徒たちは、実際にはそれぞれの場所でどのようにしてその権限を発動させていたのであろうか。史料が比較的豊富に残る感神院別当・目代の場合を例にとり、この点について検証していくこととしたい。

⑵感神院別当職と同目代職

近年の福真睦城氏によれば、感神院別当について次のような点があきらかとなっている。(60)すなわち感神院には同院を統括する職として古くは検校と別当があり、両職は混用されていた。しかし延久二年（一〇七〇）以降になると座主が別当の補任権者となり、やがては座主が検校職を兼帯することで、検校・別当体制ともいうべきものができあがる。そして、それはまさしく祇園社が延暦寺の末寺組織に組み込まれる時期にあたり、具体的には延久四年の後三条天皇の祇園社行幸前後のことであった。さらに座主が検校を兼務するようになって以降、別当職は基本的にその出身門跡所属の院家の院主が補任されたが、時には灌頂などによる法流の繋がりによっても補任された。また鎌倉時代後期になると門跡の家政機関の構成員が同職に任じられるのが一般的となった。

座主（感神院検校職）と感神院別当職との歴史的な関係については、福真氏の指摘にほぼ尽きるが、ただあえて門跡組織との関係でいえば、次のような点だけは改めて再確認しておきたい。それは門跡内において院家・出世といった身分差が固定化・表面化してくるのは鎌倉時代中期以降のことと考えられ、感神院における検校職と別当職が、門跡内の門主と院家・出世といった身分関係に対応したかたちをとりはじめるのは、まさしくそのような門跡内における身分の固定化と軌を一にしていたであろう、という点である。そして、この点からすると、感神院別当の歴史的な存在意義を考察するにあたっても、門跡組織の実態究明が当面、必要にして不可欠の作業となってくる。

表8「感神院の歴代別当・目代」は福真氏作成の「祇園別当一覧」をもとに、新たに別当の所属した院名、別当の下で実務を担当した目代の歴代などを追加して作成したものである。これをもとに感神院別当職について見ていくこととしたい。

まず別当職に任命された人々であるが、青蓮院の場合でいえば、院家・出世クラスの人々が同職に補任されるのが通例となっていたことがわかる。感神院別当職には他門跡でも執事職を兼ねるものが多く補任されており、これは同職が特に重職と考えられていた結果と思われる。

では感神院別当となった彼ら門跡の院家・出世は、いかなる方法で祇園社に臨んでいたのであろうか。この点を考えるにあたって、ポイントとなってくるのが、別当のもとで直接祇園社と対峙する立場にあった目代の存在である。目代の名前が確認できるのは鎌倉時代以前ではわずか数人にすぎず、坊名をも含めたフルネームとなると南北朝時代を待たなければならない。よって以下では比較的、史料がよく残る南北朝時代以降の目代を例にとり、その職務について考察を加えていくこととしたい。

青蓮院支配下の目代としては、観応三年（文和元年＝一三五二）六月から別当威徳院隆静のもとで目代を勤めた般若院昌舜がいる。彼がほかならぬ青蓮院の門徒であったことは、いくつもの徴証がある。まず応安五年（一三七二）七月、道円の青蓮院入室にあたって、彼は円明坊兼慶らとともに「御門徒」として護衛の兵士役を勤めている。[61] また時代は相前後するが、応安四年七月、青蓮院門徒らが近江国仰木庄の支配をめぐって妙法院門徒と

表8　感神院の歴代別当・目代

別当	補任(活動)年月日	目代	座主	補任年月	出典	備考
玄理	(文治3年4月)		桂林坊全玄	寿永3年2月	玉葉(文治3・4・29)	
貞覚	(建久4年1月)		青蓮院慈円	建久3年11月	天(建久4・1・8)	
全快	(元久元年1月)		宣陽房真性	建仁3年8月	華三	
尊長	(元久元年3月)		(同右)		八記一—一五	
尊勝院円能	(建保元年1月)		青蓮院慈円	建暦3年11月	明月記(建保元・1・17)	
任尊	(承久2年12月)		円融房承円	承久2年12月	天(承久2・12)	
実乗院宗源			浄土寺円基	貞応3年	八記二—二一〇	
蓮実院貞雲	寛喜3年7月辞		青蓮院良快	寛喜元年4月	八記二—二一一・門一七三	［執事］
泰承	3年7月		(同右)		華四	泰承は坊官
公性	(文暦2年1月)		妙法院尊性	貞永元年8月	八文一九五五	
安居院隆承	(嘉禎4年3月)		青蓮院慈源	嘉禎4年3月	華五	
知恩院聖増	(仁治元年8月)		青蓮院慈賢	仁治元年8月	華三	
公源	(宝治元年7月)		青蓮院道覚	宝治元年3月	門一七三・一七八	
実乗院円源	(宝治2年8月)		青蓮院道覚	元年3月	葉黄記(宝治2・8・5)	
顕雲	(建長元年9月)		円融房尊覚	建長元年9月	八記二—二一一	
雲快			(同右)		八記二—二一一・天(正元2・1)	
般若院実増	(文応元年1月)		青蓮院尊助	正元元年3月	華八	
俊豪	(弘安元年4月)		毘沙門堂公豪	弘安元年4月	八記三—五四五~五四六	
毘沙門堂実禅	(弘安2年)		(同右)		八記三—一八	
寛円	(弘安6年1月)		(同右)		勘仲記(弘安6・1・6)	
般若院公什	正応2年4月		青蓮院慈助	正応2年3月	華・尊卑分脈	
証明院公尋	(正応4年8月)		(同右)	3年11月	華一二・門一七	
円俊	(永仁4年9月)		浄土寺慈基	6年5月	八記三—二二	
(法印)	(永仁6年5月)	実算	妙法院尊教	永仁4年12月	八文一九四八	

仲覚	(嘉元3年3月)		(空位)	嘉元3年3月	八記二―二〇一	
雲雅	(嘉元4年7月)		円融房覚雲	3年4月	八記二―二〇一	
知恩院俊禅	(正和2年2月)		般若院公什	正和2年1月	門一七六	
行守	(正和5年5月)		青蓮院慈道	3年8月	八記一―三〇	
良雲	(文保2年6月)		円融房覚雲	文保元年3月	八記三―二九	
光恵	元亨3年3月25日	永猷	檀那坊親源	元亨3年3月	八記四―四〇三	
行守	正中元年12月		青蓮院慈道	4年4月	門一七五・六二五	[執事]
般若院慈什	嘉暦3年		(同右)		華三二	
檀那房公厳	(嘉暦4年2月以前)		円融房尊雲	嘉暦3年12月	八文二三三〇・天	
親愉	(嘉暦4年2月以前)		(同右)		八文二三三〇・天	
成澄	嘉暦4年2月13日	厳秀	実乗院桓守	4年2月	八記四―四〇四	
実シン	(建武3年5月)		妙法院尊澄	建武元年6月	八記四―五七九・五八一	
心性院光恵	暦応元年12月		本覚院性恵	暦応元年12月	八記一―二八〇・尊卑分脈	
実乗院桓覚	2年11月		青蓮院尊円	2年10月	門一七五	[執事]
威徳院隆静	4年8月		(同右)		門一七五	[執事]
石泉院忠済	康永2年8月		桂林院祐助	4年12月	八記一―二八	
(猪熊)良聖	観応元年5月辞	金輪院澄春か	円融房尊胤	貞和3年8月	八記一―一二九	[座主執事]
(前別当)兼俊	(観応2年12月以前)		青蓮院尊円	観応元年7月	八記一―三〇四	
尊勝院慈俊	観応2年12月23日	増智	善法院慈厳	2年	八記一―一八七	[執事]
威徳院隆静	文和元年6月26日	般若院昌舜	青蓮院尊円	文和元年6月	八記一―二六三・尊卑分脈	[執事]
檀那院承忠	元年10月14日	仏城坊光有	梶井宮尊胤	元年10月	八記一―二九一	[執事]
威徳院隆静	(文和4年10月)	増長坊慶運	妙香院尊道	4年10月	八記三―六二	
雲林院	文和4年11月9日				華一八	
実乗院桓恵	延文3年12月29日	増長坊慶運	実乗院桓豪	延文3年12月	八記三―六三・尊卑分脈	
檀那院承忠	(康安元年12月)	西勝坊教慶	梶井宮承胤	康安元年12月	八記三―六三	
檀那院承忠	(貞治元年9月)	杉生坊暹恵	梶井宮恒鎮	貞治元年9月	八記三―六三	
		西勝房教慶			八記三―六四	

		西勝房憲慶			八記三―六四	
定法院尋慶	貞治4年9月14日	増長坊慶運	青蓮院尊道	貞治4年9月	八記三―六四	［執事］
		東般若院円舜			八記三―六四	
上乗院道尋	6年5月19日				八記三―六五・尊卑分脈	［執事］
檀那院恒忠	（永和2年⑦月）	西勝坊	梶井宮承胤	永和2年⑦月	八記四―四〇七・八文八五一	
上乗院道尋	3年4月17日	月輪院永覚	妙香院慈済	3年4月	八記四―四〇八	
上乗院道尋	（永徳元年8月）	東般若院	青蓮院道円	永徳元年6月	八記四―四〇八・門一七七	
尊勝院忠慶	応永8年12月3日		青蓮院尊道	応永2年12月	華一八	
宇治森房長基	（応永15年11月）		実乗院桓教	11年10月	八文八三〇	
常寂院兼円	（応永20年10月）		毘沙門堂実円	20年10月	八文八三二	
上乗院公慶	26年11月21日		青蓮院義円	26年11月	華二〇	
功徳院康玄	永享5年⑦月		曼殊院良什	永享5年⑦月	八文八三三	
日厳院（実昭）	（寛正6年2月）		妙法院教覚		八文八三八	
石泉院忠弁	文明3年4月28日		青蓮院尊応	文明3年4月	華二二	
		杉生坊	青蓮院尊鎮	天文10年6月	華二三	
日厳院覚永	天文19年10月11日		妙法院尭尊	19年10月	即性院座主拝任事	

注1：別当には、当該者の所属院名が判明するものは、すべてこれを明記した。
2：補任（活動）年月日には原則として感神院別当に補任された年月日を示したが、補任の正確な時期がわからない者については、その活動を示す文書・記録記載の年月を（　）で示した。
3：目代については、その補任時期がほぼ別当と重なるため、目代の項に該当者名をあげるにとどめた。ただ、同じ検校（天台座主）、別当の下で目代が交替することも少なくなく、その場合は補任順に示した。
4：座主・補任年月には、別当を任命した天台座主の名前とその座主職への補任の時期を明示した。なお、座主の名前およびその補任時期は原則として『天台座主記』によったが、一部『八坂神社記録』の記載によったところもある。
5：出典には、感神院別当の補任（活動）年月日の典拠となった史料を掲げた。なお、略記した史料は次の通りである。
天―『天台座主記』、門―『門葉記』（巻数）、華―『華項要略』門主伝（巻数）、八記―『八坂神社記録』（『続史料大成』四巻本の巻数と頁数）、八文―『八坂神社文書』（文書番号）

争ったとき、そのなかに般若院の名が見えている。この般若院は合戦で討死しているから、(62) 昌舜より一代前の般若院ということになろうか。いずれにしても青蓮院の門主が座主となり感神院検校となったとき、同別当にはその門徒の院家・出世が補任されるとともに、目代職には門徒の山徒が補任されたことを、この般若院昌舜の例は明確に物語っている。

そしてこのような別当・目代のあり方は、決して青蓮院門跡に限られたことではなかった。康安元年（一三六一）から貞治四年（一三六五）にかけて、梶井門跡の門主の承胤・恒鎮が座主となったとき、別当檀那院承忠のもとで西勝坊教慶・杉生坊暹恵・西勝坊憲慶の三人が相次いで目代を勤めているが、(63) 西勝坊・杉生坊はともにのちに山門使節となる有力山徒であり、その目代職への補任は、当然彼らの山徒としての力量に期待してのものであったと考えられる。なお、恒鎮のもとでの西勝坊教慶から杉生坊暹恵への目代職の移行、さらにはそれ以後の同職の移動について、『座主記（付祇園別当・執行等目代）』は次のように記す。(64)

目代西勝坊教慶律師
次目代杉生坊卿坊暹恵 貞治二六十八抄
先目代教慶律師、当年祇園馬上屋一字虫損捕狼藉罪科、武家申入座主間、改補、仍貞治二年六月十八日補任、
次目代西勝坊教慶律師
山門執申武家之間、同七月二日還補、暹恵弟、
次目代西勝坊御坊憲度(憲カ)
貞治三年四月二日、教慶律師死去間、相続補任、

西勝坊教慶から杉生坊暹恵への目代職の移動が、教慶の「馬上屋」への「捕狼藉罪科」を理由としていたこと、教慶が杉生坊暹恵の弟であったこと、さらには西勝坊憲慶の目代職就任が西勝坊教慶の死去にともなうものであ

ったこと、などがこれによってわかる。つまり、この三人の場合、目代職は親族の間を移動していたわけであり、目代職が有力山徒の既得権として存在しはじめていたらしいことがうかがえる。ちなみに西勝坊は永和二年（一三七六）閏七月、同門跡の承胤法親王が座主となったとき、別当檀那院恒忠のもとで目代を勤めており[65]、梶井門跡の門徒であったと考えられる。

以上のいくつかの例から、目代職には、座主を出した門跡に所属する、いわゆる門徒の山徒を補任するのが通例となっていたことはあきらかであろう。では、目代となった門徒の山徒は、別当の下で具体的にどのような活動を行なっていたのであろうか。

(3)感神院の検校・別当・目代

別当・目代と祇園社の関係を、南北朝時代に起こった「正月番仕」から出す料足をめぐる両者の争いをもとに見ていく。「番仕」とは正確には「棚守番仕」といい[66]、中世、祇園社では月割で棚守の番を決めて、期間中はその番仕者が賽物等を収納することとなっていた。そしてこの十二か月の「棚守番仕」のなかで別当の得分となっていたのが「正月番仕」である。その別当の正月番仕の得分の内から、神社の「正月畳料足」を出すべきか否かをめぐって、正平七年（文和元年＝一三五二）、別当と神社の間で議論が起こったことがあった。神社側の執行顕詮が時の別当尊勝院慈俊にその支出を要求したのに対して、慈俊がこれを拒否[67]、両者の間で激論となる。このときにあたっての神社側の主張は、次のようなものであった。

①「正月畳料足」は元徳の仮殿造営のときに、別当の得分から支出することが決定されている。
②安居院澄俊が別当のとき、「正月畳料足」を納入しないことがあったが、そのときも結局は、従前通り納入すべしという裁決の綸旨が下された。
③良聖が別当の時にも無沙汰となったことがあったが、これまた訴訟の上、やはり神社に納入された。

④さらに去々年（観応元年）無沙汰のときも訴訟の上、神社側の主張が認められ、六月になり神社に納入された。

つまり、元徳以後、別当がしばしば納入を拒否することがあったにもかかわらず、神社ではそれらを説き伏せ一貫して正月番仕から「正月畳料足」を収納してきたというのが、その言い分であった[68]。

さて、そこでこの争いにおける別当の対応であるが、神社との交渉にはもっぱら目代が当たっている。そもそも出来事の発端自体、執行顕詮が目代に「正月畳料足」十貫文の納入を求めたことにあった[69]。相論時に限らず、別当の実務はすべて目代がこれを取り仕切っていたと考えられるのであるが、ただ、ここで重要なのは、目代は実務は担当していたものの、神社の運営・統治に関してはなんらの権限を有していなかったと見られる点である。顕詮の日記には目代の言葉として「明日可申入別当御房云々[70]」、「可申別当御房云々[71]」、「今難及其沙汰之由、別当被仰云々[72]」といった、別当の指示を仰ぐ言葉が繰り返し記録されている。目代は交渉の経過を逐一別当に報告し、その指示のもとに動いていたわけであり、祇園社の統治者はあくまでも別当であり、さらにその上の検校であったことがうかがえる。

そして、これら検校・別当・目代の三者の関係を考える上で参考となると思われるものに、正平六年（観応二年＝一三五一）から同七年にかけて、度重なる座主の交代にともなって起こった執行職の任料をめぐる出来事がある。

祇園社の執行職は神社内の社僧が勤めるのを通例としていたが、その補任権は検校の手に握られていた。そのため執行は座主の交代の度ごとに新たな補任状の発給を申請せねばならず、それにともない「任料（進物）」を検校・別当に進納するのを通例としていた。ところが観応の擾乱で政局が混乱した正平六年から同七年にかけて、座主が頻繁に交替した結果、短期間に「任料」を繰り返し進納しなければならないという事態が起こる。

まず正平六年十一月、足利尊氏が南朝に下ったとき、北朝から補任されていた座主青蓮院尊円が辞任、(73)同年十二月、善法院慈厳が南朝によって新座主に補任される。(74)しかし尊氏がわずか二か月で南朝との和議を破棄し北朝が復興すると、正平七年（観応三年）六月、尊円が座主に返り咲く。(75)ところがその尊円も四か月たらずで座主を退き、同年十月には梶井門跡尊胤が新たに座主となったのである。(76)

わずか一か年の間に三度も座主が交替するというこのような異常事態のなか、時の執行顕詮は結局、慈厳・尊円・尊胤の各座主にそれぞれ五十五貫文（うち五貫文は別当吉書分）(77)、十三貫文、(78)二十五貫文(79)と、合計九十三貫文もの任料（進物）を支払わされている。むろん各別当へもまたそれ相応の礼銭を支払っており、このとき執行顕詮が強いられた負担は莫大な額に及んだ。

この執行の任料をめぐる一連の動きで、まず注目されるのは、検校・別当側にあって実際の折衝を行なっていたのが、ほかならぬ目代であったという点である。たとえば慈厳（別当尊勝院慈俊）のときの任料は大金であったため何度かに分けて支払われているが、徴収にあたっての執行との交渉はすべて目代大進坊増智がこれを勤めている。任料の請取状も彼が出しており、目代が現場の責任者であったことが確認できる。(80)

また、このときの任料は、当初、別当の「吉書分」の五貫文込みで五十貫文という約束であった。ところが座主が五十貫文すべてを取り込んでしまい、そのため別当が新たに自分の「吉書分」五貫文を要求、結局、顕詮は合わせて五十五貫文を支払わなければならないという事態に立ちいたってしまうのであるが、次に引用したのはこの間の経緯を記した『祇園執行日記』正平七年二月三日条の記事である。

一、今朝自別当以大進房被仰云、進物事、以五千疋内可執行吉書之由、去年被仰定了、而五千疋分悉可被召座主之由被仰之間、又百疋ハ下行吉書之由、雖申之、不被用之間、無力次第也、変改之間、不可然、但不自専事也、被領状者、可為神妙云々、（中略）且載状可申左右之由被仰之間、五千疋内四百四十疋猶未済、近日秘計難叶之処、重五百疋事、自元不存知之上、近日秘計難治之由載請文進了、而目代随身彼状申入之処、此分可申貫首、但猶難遁歟、然而為難治者、可申切之、就其為難題者、別当職同可辞申、定有改替歟之由被仰云々、今日者不申分明返事、

ここでも目代がやはり執行との交渉役を勤めていたことが知られよう。また、それとともに注目されるのは、執行からの任料減免の願いが目代から別当を介して検校にまで達していたという点である。目代はあくまでも実務担当者にすぎず、その上には祇園社を統治する検校・別当が厳然として控えていたのである。

目代がどこまでも実務担当者であり、独自の権限を持たない存在であったことは、発給文書の面からも確認できる。すなわち検校の祇園社への命令は、まず令旨・御教書をもって別当宛に発せられ、別当がさらに御教書・奉書をもってこれを執行に伝達することで完結しており、目代が文書を発した例はない(81)。検校・別当の代官としての目代の地位を示すものといえよう。

以上、座主が検校職を兼帯した場合、その支配が当該寺社にどのようにして貫徹されていたかを祇園社を例にとり見てきた。その結果を整理すれば次のようになる。

①座主（検校）は別当職に門徒の院家・出世を、また目代職に門徒の山徒を補任するというように、門徒をその要職にあてることで、管領下に入った寺社を支配していた。

②寺社支配の実務は、すべて山徒の目代を通じて行なわれた。

③検校の命令は文書をもって別当経由で寺社に下達されたが、その際、目代は文書を伝達するだけで、自らが文書を発給することはなかった。

①の事実は、座主となった門主が新たに管轄下に入った寺社を支配しようとすれば、その拠り所はやはり門跡組織をおいてなかったことを如実に物語っている。座主は複数の寺社の検校職を兼帯するのが通例であり、それらを同時にかつ短期間に支配下に置くには、このような門跡組織の動員しか道はなかったのである。

また②③に関していえば、目代職が通常、有力山徒に与えられていたという事実が、重要な意味を持つ。検校・別当が目代に期待したのは、その軍事力・経済力、ひいてはそれらによって裏付けられた高い実務能力であった。門徒の山徒が門跡領の所領経営にあたっていたことについては、数多くの事例を指摘することができるが、その実務手腕が門跡領にとどまらず、座主となったときの座主領にまで及んでいたことを、祇園社の目代の事例はよく示しているといわなければならない(82)。

む す び

本章によってあきらかとなった点を改めて整理しておくと、次のようになろう。まず第一に門跡組織は修法の速やかな執行を第一義として構成され、その結果、門徒僧綱と坊官という二つの人的基盤を持つものとなっていた。第二に門跡の世俗的な諸々の活動もこの二つの人的基盤の上に立ち、それぞれの代表ともいうべき執事と庁務が並立する形で実行されていた。第三に延暦寺との関係でいえば、門主が座主職に就任した時、広範囲にわたる座主の得分収得のためにこれらの門跡組織があげて機能していた、などである。そして、これら三点を合わせ導き出される結論はただ一つ、門跡の組織は「惣寺」としての延暦寺とはあきらかに一線を画した存在として、独自に諸々の社会的・政治的機能を果たすだけの能力を保持していたということである。むろん、門跡組織を構成していたのは基本的にすべて延暦寺僧であり、門跡が延暦寺と無関係に存立していたというのではない。そればかりか門徒僧綱や門徒の山徒など、その主要な構成員は延暦寺の主要な構成員でもあり、この点で延暦寺なくして門跡が存立しえなかったことは改めていうまでもない。ただ、ここで強調しておきたいのは、門跡組織が延暦寺の人的資源を巧みに利用しながら、延暦寺の寺院組織からはあきらかに自立した権限と能力を持つにいたっていたという点である。

一方、中世、「惣寺」としての延暦寺が大衆勢力の完全なる手中にあり、門跡がそこから切り離された位置にあったことは、三門跡の門主・門徒僧綱が朝廷・幕府の要請を受けてしばしば大衆の抗議行動の慰撫に当たっていたという事実からもあきらかである。また、門主がたとえ座主となった場合でも、「惣寺」に命令を下達する手段は執行機関としての寺家を介するほか手だてはなく(83)、この点からも両者の間に歴然たる一線が存在していた。大衆の支配する「惣寺」としての延暦寺と、その「惣寺」の外にあった門跡という構図がここに浮かびあがってくる。

はじめに触れたように、朝廷・幕府の延暦寺への政策といった場合、対象となる延暦寺を動かしていた主体が誰だったのか、また門跡はそのなかに含まれていたのか否か、といった点を明確にすることなくして、延暦寺を総体として論じることはできない。佐々木氏が延暦寺と鎌倉幕府との関係を一触即発の緊張関係であったと評価したのに対して、平氏がそれとは全く逆に両者の関係を協調的なものと考えたのも、まさにこの点を明確にしないまま論が展開された結果に他ならない(84)。

そして、中世において「惣寺」としての延暦寺が大衆の支配下にあったとする筆者の立場からすれば、門跡と鎌倉幕府との協調関係をもって、即、延暦寺と幕府の協調関係と考える平氏の見解が到底承認し難いことはいうまでもない(85)。門跡が一貫して朝廷・幕府の側にあって大衆勢力（惣寺としての延暦寺）の突出をくい止める役割を果たしていたことは、本章でも一部見た通りである。つまり門跡は常に体制側にあって大衆と直接対峙する立場に位置付けられていたわけであり、そのような門跡との関係のみをもって、朝廷・幕府の延暦寺への政策を云々することは、意味を持たないといわざるをえないからである。

さらにこのような理解に立てば、朝廷・幕府との関係で、門跡が果たしていたもっとも重要な歴史的な役割として高く評価されなければならないのは、大衆勢力の慰撫といった直接的な「惣寺」への働きかけもさることながら、「惣寺」からの人的資源の囲い込みであろう。これは門跡組織が本来的に具備していた性格と考えられるが、門跡組織は上は僧綱から下は山徒にいたる「惣寺」の人材を、間断なく自らの内部に取り込み続けており、この点に限っていえば、門跡は「惣寺」としての延暦寺にとって、まさに獅子身中の虫となっていたといえる。

(1) 佐々木馨『中世国家の宗教構造』(吉川弘文館、一九八八年)。平雅行「鎌倉仏教論」(『岩波講座日本通史』八、岩波書店、一九九四年)。
(2) 景山春樹『比叡山』、渡辺守順他編『比叡山』参照。
(3) 本書第四篇第一章参照。
(4) 「惣寺」「惣山」については本書第二篇第一章参照。
(5) 中世の延暦寺の大衆の動向については、本書第三篇第一章、衣川仁「中世前期の延暦寺大衆」(大山喬平教授退官記念会編『日本社会の史的構造』、一九九七年、思文閣出版)参照。
(6) 『門葉記』一七〇。
(7) 門主在職期間は、すべて『華頂要略』門主伝の記事によった。慈道がいったん門主職を尊円に譲ったのちに四年余りで、再び門主となっているのは、両者の間で争いがあったからである。門主伝は、建武二年(一三三五)九月、慈道が尊円に再び門主職を譲与したことをもって「同月廿一日、尊円親王入室、有師資之礼依勅裁有和睦之儀」と記録している。
(8) 『華頂要略』一四「門下伝」の『坊官伝』第五「長谷家」系図に、「法印玄忠」の名があがる。同系図は玄忠を長谷玄増の子とし、「三位、庁務、歌人」の注記を施す。また、道玄・慈助・慈道の三代の門主に仕えたことをあわせ記す。
(9) 『門葉記』一六。
(10) 『華頂要略』門主伝。正和三年(一三一四)八月条に「以覚守法印補青蓮院執事」とある。ちなみに慈道が青蓮院門主となったのは、これより四か月前の同年四月十三日のこと(『華頂要略』門主伝)。なお覚守が安居院の院主であったことに関しては『華頂要略』三四(「門家伝諸院家」一、安居院)ならびに『尊卑分脈』一参照。

(11) 慈道の正中元年（一三二四）十二月の拝堂次第を記録した『門葉記』一七五に「執事祇園法印行守」と見える。また彼が「内大臣行守法印」と呼ばれていたことについては、『華頂要略』門主伝、元応元年（一三一九）三月二十九日条・正慶二年（一三三三）十一月十五日条等参照。院号については不詳。門跡の執事の役務等については、前掲注(3)拙稿参照。

(12) 前掲注(7)参照。

(13) 実乗院桓豪に関しては『門葉記』一七五、正慶元年八月の尊円の拝堂登山にあたり扈従僧綱として「扈従左大臣法印桓豪于時院主執事」と見えるほか、『華頂要略』門主伝、正慶二年二月二十八日条に「奉行僧左大臣法印桓豪于時執事」と記される。

また威徳院隆静の執事職については『華頂要略』門主伝、暦応三年（一三四〇）七月条に「今年、権大僧都隆静補門跡執事」とあり、その就任時期を知ることができるほか、『祇園執行日記』観応元年三月二十三日条に「一、参青蓮院、以玄慶僧都申入両御所、有慇懃御返事、又《執事》隆静法印見参了」とあり、『華頂要略』門主伝、延文元年八月二十八日条・同三年七月二十日条などに彼を「執権」「執事」とした記載がある。なお隆静は『尊卑分脈』二によれば四条隆行の子で、威徳院の院主であったことが知られる。

(14) 『門葉記』五〇所収の正慶元年七月の修法記録に「信厳《内大臣》」「聖光院法印《信厳》」とある。

(15) 尊道が尊円から青蓮院門主の地位を譲り受けたのは延文元年（一三五六）八月二十八日のことであり、それまでは「妙香院宮」と称して青蓮院の「洛陽之本坊」十楽院に住していた。「妙香院宮」の呼称は尊道が暦応三年二月、慈慶から同院の「委附」を受けたことによる（『華頂要略』門主伝）。

(16) 妙香院は良源が愛弟子尋禅（九四三〜九九〇年、摂政藤原師輔の子、第十九代天台座主、諡号を慈忍という）のために横川の別所である飯室谷に建立した妙香房にはじまる。のち尋禅がこの私房を拡大、妙香院と号したものという。永祚二年（九九〇）尋禅は妙香院に藤原師輔から与えられた庄園を施入して一条天皇の御願寺とし、尋禅の死後は、尋光・尋円・頼賀・尋算とその一流によって妙香院検校職は相承されていった（以上、武覚超『比叡山三塔諸堂沿革史』〈叡山学院、一九九三年〉による）。妙香院が青蓮院に附属することとなったのは、慈円の跡を承けて門主となった良快の時からで、『華頂要略』三上（山上御本坊幷御管領所）によれば、尊忠から譲りを受けた良快からあとは、一貫して青蓮院が同院を継承したことになっている。また、同書には、

妙香院在飯室谷本堂之北

当院者、慈忍和尚御住坊也、良快大僧正御伝領之後、附属当門跡訖、為当院門主之人、横川一谷管領流例也、

仍以当院為横川本坊云々、

とあり、妙香院が鎌倉時代以降、青蓮院の「横川本坊」となっていたことが知られる。

(17) 文和四年十月三十日付「後光厳天皇綸旨」(『華頂要略』門主伝)。綸旨の書止は、尊道がまだ青蓮院門主となっていなかったため「以此旨可令申入妙香院宮給、仍執達如件」となっている。

(18) 『華頂要略』門主伝に「(延文元年同八月)廿八日、受門跡与奪執権降静法印・雑務泰深等、為二品親王御使来、親王御病中也」と記される。

(19) 「執事職補任」(『華頂要略』五二)はこの二人をともに歴代執事に数える。上乗院尋慶が執筆を辞任した直後の永和元年(一三七五)、あやまって彼に宛てた請書が門跡に届いたことについては、後掲注(20)参照。また道尋については『華頂要略』門主伝の至徳二年四月十一日条に「執事権大僧都道尋書出云」とある。道尋は尋慶の弟子で、貞治六年五月十九日、尋慶が僧正に任じられた時、門跡の執事職を与奪したという(『座主記(付祇園別当・執行等目代)』、『祇園社記』五所収)。

(20) 『門葉記』五一。

(21) 『華頂要略』門主伝。

(22) 前掲注(19)参照。『門葉記』一〇二に「道尋大僧都太政大臣」と見える。

(23) 門跡における執事の役割については前掲注(3)拙稿参照。

(24) 中世の僧綱については伊藤清郎「中世僧綱制に関する一考察」(『山形史学研究』一五、一九七九年)、「中世僧綱制の研究——鎌倉期を中心に——」(『歴史』五二、一九七九年)、「中世僧綱制と延暦寺」(豊田武博士古稀記念『日本中世の政治と文化』、一九八〇年)。牛山佳幸「僧綱制の変質と惣在庁・公文制の成立」、「『賜綱所』と『召具綱所』——仁和寺御室の性格究明への一視点——」などがある。

(25) 『百練抄』建保三年三月十六日条。同日条には「山座主幷僧綱等参入院御所、訴申園城寺衆徒昨日行向東坂本令焼兵士屋幷在家等事」とあり、園城寺との争いにあたり、朝廷への訴えを「僧綱」が座主承円(梶井門跡)とともに行なっていたことが知られる。ここにいう「僧綱」は梶井門跡の門徒僧綱を指すと考えられる。

(26) 『吾妻鏡』建保六年十月二十二日条には、石清水八幡宮との相論で座主・門徒僧綱が衆徒の慰撫にあたり、騒ぎ

を収めたことを次のように記す。

十月廿二日、辛酉、日吉神輿入洛以下事、已静謐之由有其沙汰、日来度々被申京都訖、去月廿一日入洛、同廿三日三塔諸堂・日吉社閇門、又祇薗(園)・北野以下末寺末社同以閇門、雖然今月十二日貫首以下門徒僧綱登山宥衆徒、令開山上・社頭門戸、中堂四社神輿、奉帰座本社云々、

ちなみにこの門徒僧綱による衆徒慰撫は、朝廷からの「於此事者、更非裁許之限、早全□登山加教訓、可令落居」という指示のもとに行なわれたものであった（同年九月二十二日付「藤原定家書状」、『南部文書』所収）。

延応元年九月、天王寺別当職をめぐり園城寺と争ったときにやはり、門徒僧綱が大衆の慰撫にあたったことは、『華頂要略』門主伝に「(延応元年九月)同廿七日、大衆重三塔会合、門徒僧綱信承権大僧都登山、同廿九日、僧綱法印貞雲、宗源、隆承、権大僧都信承、智円、権少僧都祐性、并三綱・所司・社司等群参摂政殿下近衛殿訴申之、同十月三日、門徒僧綱慈賢僧正、俊範法印、隆承、聖増、承兼大僧都等登山、宥衆徒云、奉下神輿之後、可有御沙汰云云、依之同十二日衆徒奉帰坐神輿於本社畢」と見える通りである。

(27)『天台座主記』文永二年八月二十一日条。

(28)『華頂要略』門主伝。

(29)元応元年閏七月付「関東使者奏聞事書」（『大乗院文書』）。

(30)この間の経過を『門葉記』二五は次のように記す。

一、雑掌事

如支度可致本法沙汰者、雑掌難得歟、今則取略定、大分一万五千匹之由被定了、其内五千匹可為阿闍梨御沙汰、為御訪一向《ニモ》可被沙汰進故云々、五千匹仙洞御分、尚清法印所進也、残五千匹遊義門院御分、経継卿奉云々、行事僧云、於五千匹者、雖可為阿闍梨御沙汰、計会境節定難治歟、只以一万匹如形可分配也云々、行事僧正所進支物見及分少々雖載右、不分明、仍為向後才学重注之、

(31)門跡内における庁務の役務・職権については、前掲注(3)拙稿参照。

(32)『門葉記』六六。このときに幕府からの冥道供執行命令を受けた状況について、尊円は同記に次のように記している。

予自去年冬経廻坂本住于実成坊、是天下不静之間、且於社頭近辺致精祈、且為当所静謐、座主・門主等可越坂

本之由、武家内々依示送也、今年正月十五日、光恵僧正状到来、彼状云、昨日依招引参向武家、為重厄祈可修冥道供、乍恐可有御勤修之由、可申入也、日次可為来十八日、支具事、清胤可奉行、早可請取之由、可有御下知行事僧云々、此状未刻許到来、泰源法眼境節祇候之間、此旨仰含了、

(33) 泰春が文和四年（一三五五）十一月に青蓮院の庁務に補されたことについては、『華頂要略』門主伝参照。またそれ以前、彼が尊道のもとで妙香院の庁務を勤めていたことについては『門葉記』二六二に「妙香院庁務」と見えることからあきらかである。青蓮院と妙香院との関係については、前掲注(16)参照。

(34) 尊道は応永十年（一四〇三）七月五日、七十二歳で死去するが、義円が青蓮院に入室したのは尊道の死のわずか半月前の六月二十一日のことであった（『華頂要略』門主伝、『兼宣卿記』応永十年六月二十一日条）。時に義円はわずかに十歳。彼は十五歳で出家し、応永十八年に受戒した直後、はじめて泰村を「雑務職」に補任している。

(35) 『華頂要略』四一「門下伝・坊官五」。『坊官系図』（『続群書類従』一八八）。

(36) 「庁務職補任」（『華頂要略』五二「門下伝・門室諸役名次第」）。

(37) 玄忠が尊道の奉者として発給した令旨は文保元年七月十五日付をはじめとして（「京大」丙三六号）、同年七月二十日付（「明王院」二九二号）、同年八月七日付（「明王院」三六号）、同年九月二十二日付（「明王院」三七・二九〇号）、同二年三月一日付（「明王院」三八号）、同二年六月六日付（「明王院」二四六号）、同年八月二十八日付（「明王院」四〇号）が残る。また玄忠（三位法印）宛の文書としては、文保元年七月十四日付「二条中納言書状」（「明王院」二九三号）、同年七月二十日付「某書状」（「国会」四五号）、文保二年二月二十五日付「六波羅探題召状案」（「国会」五〇号）がある。

(38) 『門葉記』一〇二。

(39) 『門葉記』六。

(40) 同右。

(41) 『門葉記』一二六。

(42) 先の表3「行事僧一覧」参照。また『華頂要略』門主伝の暦応二年十一月十六日条に「坊官良増法眼」と見える。

(43) 『華頂要略』門主伝、正中元年五月十四日条。

(44) 『門葉記』一七五。

(45)　暦応三年七月、青蓮院尊円が妙香院門跡を管領した時、隆静は「門跡執事」に補せられている（『華頂要略』門主伝）。彼は、暦応四年八月十四日の尊円の拝堂登山にあたっても時の執事として尊円に「扈従している（『門葉記』一七五）。この他、隆静の執事職在任に関しては、『祇園執行日記』観応元年三月二十三日条参照。

(46)　『華頂要略』門主伝。

(47)　「庁務職補任」は、経聡の庁務在任を応安四年（一三七一）から同七年四月までとするが、現実にはいま少し長く庁務を勤めていたようで、『華頂要略』門主伝の永和五年（一三七九）条には「大蔵卿庁務法印経聡」と見える。

(48)　『祇園執行日記』正平七年十月十八日条に「遍照光院僧都静豪」と見える。

(49)　『祇園執行日記』観応元年三月二十四日条に「参梶井殿、以静豪僧都申入両御所」、正平七年三月十八日条に「参梶井新宮門主御弟静豪僧都見参」と見える。この他、正平七年七月二十三日・同年十月十一日条・同年十一月十二日条参照。

(50)　『祇園執行日記』正平七年二月一日条に「梨本庁務法眼任憲」、同年七月十九日条に「向梶井殿庁務安芸法眼任憲許」と見える。任憲はこの前後、六角堂の別当職を勤めていたことが正平七年閏二月二十八日条からも知られる。

(51)　『坊官系図』（『続群書類従』一八八）はこの二人の関係を次のように記載する。

庁務
安芸法眼
任憲
実源大納言光忠息也
恵雲僧正兄弟云々

├ 安芸法眼
　任尋　忠雲僧正相率テ参南方
└ 庁務安芸法眼
　任澗（潤）

光恵については、『坊官系図』に記載がなく、「任潤」の誤読かとも思われるが（『菅浦文書』六九〇号参照）。ここではとりあえず梶井門跡の坊官としてあげておいた。

(52)　『尊卑分脈』一によれば、檀那院承忠・恒忠はともに大炊御門氏忠の子であった。檀那院が南北朝時代に梶井門跡の院家として同門跡の下で活動していたことは、承忠・恒忠が同門主が天台座主となった時、二人とも感神院別当職に補任されていることからもうかがい知ることができる（表8参照）。

(53)　『祇園執行日記』正平七年十月二十四日条に「参別当方、光潤僧都見参、別当分社領事、条々被尋之間、所存分申了」とあり、当時、感神院（祇園社）別当であった檀那院承忠のもとを訪れた同社執行の顕詮は、光潤と実務的な話し合いを行なっている。このほか彼が承忠の下で実務を担当していたことについては、同年十一月三日・十二日条参照。

(54) 本書付篇付二参照。

(55) 石泉院・尊勝院・定法寺が青蓮院の院家、無量寿院が青蓮院の出世であったことについては、前掲注(3)拙稿参照。

(56) 西塔院主の補任について、『宝幡院検校次第』(『続群書類従』九四)はその濫觴とともに、

貞観元年月日、内供奉十禅師恵亮和尚、依慈覚大師奏、始補西塔院主職、是院主元祖也、件院、伝教大師点定地、付属円澄和尚、和尚建立仏閣等、承和三年入滅之時、所付属慈覚大師也、仍今日以恵亮法師、経　天奏為院主職之後、代々座主加　処分経奏聞云々、

と記す。同記は続けて恵亮以後、文永五年(一二六八)十二月、座主浄土寺慈禅のもとで同職に補任された円守までの歴代の西塔院主(検校)八十一名の名前を記録する。西塔院主の場合も、多くは座主所属の院家・出世から選ばれた者がその職に補任されたと考えられるが、のちになると、先例に基づいて他門跡の院家・出世がこれにあたるようにもなっている。次に引用したのは、大永二年(一五二二)七月の書写奥書のある曼殊院本『天台座主記』の末尾に記された、室町時代後期の西塔院主の歴代である。

百五十九代
教覚　石泉院重源　尊応　定法寺実助　尭胤　石泉院証源
覚胤　石泉院忠順　尊鎮　定法寺実源　尭尊　同弟子忠順相続 安居院初例
応胤　定法寺実源

これによれば、石泉院の歴代は、妙法院教覚、同覚胤、円融房(梶井門跡)尭胤らのもとで西塔院主を勤めており、青蓮院の院家であった定法寺実源も、青蓮院尊応、同尊鎮だけでなく、梶井門跡の応胤のもとでも西塔院主を勤めていたことになる。なお、この頃には西塔院主職への補任をめぐり、激しい売り込み合戦が展開しており、妙法院尭尊のもとで初めて同職についた安居院覚澄は、石泉院(忠順か)との競争に勝ってその職を手にしたものであった(前掲注54拙稿参照)。

(57) 経守は鳥居小路経守、泰温は大谷泰温でともに青蓮院の坊官(『華頂要略』四一「門下伝」)。経守は応永二十四年から同三十四年六月まで庁務を勤めている(同前)。

(58) 金輪院弁澄については本書第一篇第一章、および辻博之「中世山門衆徒の同族結合と里房」(『待兼山論叢』一三、一九七九年)参照。

(59) 「勘定衆」および宝城房厳秀については、本書第三篇第二章参照。

(60) 福真睦城「祇園別当の成立と変遷――比叡山との関係から――」(『ヒストリア』一五一、一九九六年)、「中世祇園社と延暦寺の本末関係――祇園検校、別当の関与から――」(『早稲田大学大学院文学研究科紀要』、一九九七年、早稲田大学大学院文学研究科)。なお福真氏は後者の論文で、「本寺延暦寺による末寺祇園社支配は、祇園別当による補任権の行使、吉書行事の維持」などをもって、永享頃まで存続したと結論付けている。この結論そのものに異論はないが、問題は彼らがいかなるかたちで現実にそれらの権限を行使していたかであろう。この点を理解するためには、以下に述べるような門跡組織との関係究明が必要不可欠と考える。

(61) 『門葉記』一〇二(「入室出家受戒記」三)、応安五年(一三七二)七月十六日条。ちなみにこのとき兵士として召し寄せられた「御門徒」としては、般若院昌舜のほか、金輪院実澄・西勝坊道賢・正観院能運・円明坊兼慶・南岸坊澄猷・井上坊源因らの名があがる。般若院については前掲注(58)辻論文参照。

(62) 『祇園執行日記』応安四年七月二日条。坂本の梶井御所北辺の合戦で「般若院青蓮院御門徒」が討たれたことを伝える。

(63) 『座主記(付祇園別当・執行等目代)』(『祇園社記』五所収)。

(64) 同右。

(65) 「別当御吉書以前御得分并目代分執行管領事」(『祇園社記続録』三所収)の歴代座主・別当を列記したなかに次のように見える。

永和二年
座主二品親王承(胤)―壬七月
別当僧都恒忠目代西勝坊

このように永和二年(一三七六)閏七月、同門跡の承胤法親王が座主となったときも、西勝坊は別当檀那院恒忠のもとで目代を勤めている。

(66) 「棚守番仕」については、『祇園執行日記』にその権利をめぐる出来事に関わる記載が数多く収められている。

(67) 『祇園執行日記』正平七年正月二十・二十一日条。

(68)『祇園執行日記』正平七年正月二十二日条・同年二月十日条。両日条には前執行静晴が語った言葉として、この間の事情が次のように記されている。

(正月二十二日)

一、正月番仕役畳用途拾貫事、申談前執行静晴法印之処、元徳以来、為正月番仕役沙汰来之条無子細、梶井殿御代良晴(聖)法印社務時、難渋之間、澄春法印時、公文為支証申成院宣、之間無相違沙汰了快栄番仕云々、又隆静法印社務代幸有番仕去去年七月比沙汰了、去年又雖申之、依世上動乱、所出一向有名無実之間、不道行、所詮、被申綸旨可有沙汰歟、元徳綸旨者紛失文書之時、同以紛失了、良晴法印代院宣又無左右難撰出、若自別当被尋下者、委細可申云々、

(二月十日)

一、社頭舗設料足事、昨日被尋静晴法印之由目代申之間、今日以仙舜尋遣静晴法印許之処、為正二月番仕役哉否、又為公用内哉之由被尋之、未申請文、此事仮殿造営之時、別当得分、番仕可被勘落之由雖有御沙汰、以別儀舗設料足計可沙汰之由治定了、而澄俊法印社務之時難渋之間、被下　綸旨之間、令沙汰了、良聖法印社務之時、又無沙汰之間、申成座主宮梶井殿令旨之間、同沙汰了、去々年又年始無沙汰之間、就訴申、至于六月令沙汰了番仕幸有、是等趣任憲可注進云々、為公用内哉否事、為正月番仕役之上者、可為公用内之条無子細歟、但番仕奉行仁与別当可為問答歟、同此趣可申云々、

正月二十二日条では別当良聖の時の裁許が「院宣」となっているのに対して、二月十日条ではこれを「座主宮梶井殿令旨」としているなど、両日条の内容は細かな点で微妙に食い違っている。ただ「正月畳料足」についての執行側の主張（①②③）の概要はこれによってあきらかであろう。

②にいう安居院澄俊が感神院別当であった時期については定かではないが、澄敏に関しては康永二年（一三四三）九月二十九日、尊勝院玄智の十三回忌の導師を勤めたことが『祇園執行日記』同日条に見えており、南北朝時代初期に活躍した僧であったことがわかる。また『華頂要略』三四（「門下伝・諸院家一・安居院」）は、澄俊について「奉仕梶井」「大塔宮執事」と注記しており、これを信じれば、梶井宮尊胤が元徳二年（一三三〇）六月の仮殿遷宮以降に天台座主（感神院検校）となったいずれかの時期に別当であった可能性が高い（表8参照）。尊胤は元徳二年以降、正平七年（文和元年＝一三五二）までの間に、正慶二年（一三三三）正月から同年六月、建武三年

（一三三八）十月から暦応元年（一三三八）十二月、貞和三年（一三四七）八月から観応元年（一三五〇）五月までの三回、座主職に就いている（『天台座主記』『祇園執行日記』）。ただし貞和三年から観応元年にかけてのときには、良聖が別当となっており、したがって、安居院澄俊が別当だったのは、これを除いた前二者のうちいずれかの時期であったということになろう。なお、両日条に見える「梶井殿御代良晴《（聖）》法印社務時」「良聖法印社務之時」とは、尊胤が貞和三年八月から観応元年五月まで座主であった時のことと考えられる（『祇園執行日記』観応元年五月二十九日条、表8参照）。

ちなみに良聖は別当を辞任したとき、同時に「座主之執事」をも辞任しており（同前）、梶井門跡の執事であったことが知られる。また『尊卑分脈』一によれば、御子左為通の子に延暦寺僧で「良聖」を名乗る人物がおり、「猪熊」を名乗ったとされ、彼の跡は甥の「良寿」なる者が嗣いだことになっている。梶井門跡に「猪熊」を名乗る院家もしくは出世が存在したことは、時代は少し下るが『満済准后日記』永享二年四月二十六日条に「檀那院良昭僧正来、猪熊師跡相続仁體同道、経成卿甥云々、當年十二歳云々、小僧也」とあり、梶井門跡の院家檀那院良昭が三宝院満済にその「師跡相続仁體」を紹介していることからもあきらかである。なおここにいう「経成」とは当時権中納言であった勧修寺経成のことであろう（『公卿補任』）。

③にいう良聖との相論後に執行側が手にした「澄春法印時」の院宣とは、元徳の仮殿造営からのちに下されたものであったはずである。そして、そのことは正月二十二日条に名前があがる「澄春」が、まさにこの前後に活躍していた山徒であることからも裏付けられる。彼、澄春は早くは正和二年（一三一三）に「恵村」なる山徒と争っており（『日吉社幷叡山行幸記』）、下っては『葛川明王院史料』に元徳二年閏六月十五日付の「金輪院澄春書状」（「明王院」二七三号文書）を残している（伊香立庄給主としての資格で書かれたこの「金輪院澄春書状」の発給者を『葛川明王院史料』は「證春」とするが、これは「澄春」の誤読）。

また澄春は元徳二年八月頃、青蓮院領の近江国伊香立庄の給主を勤めていることから、この時期より青蓮院門徒となっていたと推定される（拙稿「葛川・伊香立庄相論考」〔『史林』六七―二、一九八四年〕参照）。とすれば、ここにいう「澄春法印時」とは、青蓮院尊円が座主職であった時期のことであった可能性が高いことになる。尊円はこの時期、元弘元年十月から正慶元年十月までと、暦応二年十月から同四年十二月までの二度、同職を勤めており、金輪院澄春はこのいずれかの時期に目代となっていたのであろう。

(69) 前掲注(67)史料参照。
(70) 『祇園執行日記』正平七年正月二十日条。
(71) 『祇園執行日記』正平七年正月二十一日条。
(72) 『祇園執行日記』正平七年二月二十二日条。
(73) 『天台座主記』(尊円) 正平六年十一月十一日条に「同月十一日止座主、北朝敗北之間、依南朝沙汰也」とある。
(74) 『座主記 (付祇園別当・執行等) 目代』(『祇園社記』五所収)。
(75) 同右。『祇園執行日記』正平七年六月二十六日条。同日条に「座主青蓮院二品親王御還着、別当隆静法印、目代般若院昌舜僧都、執行顕詮」と記される。
(76) 『座主記 (付祇園別当・執行等目代)』(『祇園社記』五所収)。
(77) 慈厳への任料は、正平七年正月二十五日条に「執行職進物去廿一マテ四十〈五十貫内〉五貫六百文〈加吉書五貫定〉以上請取、今日自目代許送之」とあるように、もともとは五十貫文であった。しかし、検校・別当の強い要求によって結局は五貫文の上積みとなったことは、同年二月十一日条に「然者進物五十貫最初領状分致沙汰之処、五十貫外ニ御吉書分者、可致沙汰之由、自貫主被仰之間、雖相似違変、存御訪可領状之由、自別当再往被仰之間、今五百疋又致沙汰了、所詮、進物五十五貫〈加御吉書料〉致沙汰定也」とある通りである。
(78) 『祇園執行日記』正平七年七月六日条に「執行進物十三貫文内、昨日三貫沙汰之、今日又所残可沙汰之由雖被仰之、不用意之由申了」とあり、尊円への「執行進物」が十三貫文であったことがわかる。
(79) 『祇園執行日記』正平七年十月二十日、同年十一月三・九日条。梶井宮尊胤への「進物」は最初は二十貫文となっていたが、のち「吉書分」として五貫文の追加を求められ、最終的には二十五貫文を支払っている。
(80) 任料が目代経由で支払われたことは、『祇園執行日記』正平七年正月九・十八・十九・二十二・二十五日条参照。
(81) たとえば康永二年十一月、祇園社の馬上役を賦課された六角町の日吉右方唐鞍神人が免除を願い出たときには、その是非を問う感神院検校(座主)の青蓮院尊円の令旨と、これを受けた祇園社執行宛の別当実乗院桓覚の施行状が発せられているだけである(『祇園執行日記』同月十七日条)。つまりそこでは目代が文書を発給した気配は全くない。また正平七年正月、別当尊勝院慈俊が任料の速やかなる支払いを命じるために祇園社執行に「厳密御文」を下したときにも、目代はこれを仲介するだけで、自らは文書を発給していない(同月二十日条)。このほか別当は

「別当御挙状」（正平七年閏二月四日条、同年八月二十五日条）や「御教書」（正平七年九月六日条）等の文書を発給しているが、それらを受けて目代が文書を発給した例はない。

（82）青蓮院の伊香立庄において見られるような門徒を給主とした庄園経営形態は、門跡領においてはきわめて一般的な経営形態であったと考えられる（前掲注68拙稿参照）。のみならず門跡領の経営には庁の坊官も参加しており、そこにもやはり門跡組織があげて動員されているが、それらの門跡領の経営実態については稿を改めて論じたい。

（83）前掲注（5）拙稿参照。

（84）前掲注（1）佐々木・黒田両論文。

（85）源頼朝の勧学講の創設はもとより、幕府の慈円への庄園寄進、青蓮院良快による北条政子の病悩平癒のための祈禱など、すべては鎌倉幕府と門跡がいかに協調的な関係にあったことかを示すものに他ならない。これらの事実は幕府と門跡の協調関係を示すものとはなりえても、幕府と延暦寺の協調関係を示すものとはなりえない。なお大衆による勧学講領越前国藤島庄の「千僧供（領）」化を慈円が恐れていたことについては前掲注（59）拙稿参照。

第三章　門跡領の経営形態

はじめに

延暦寺所属の門跡がいかなる形でその領有下にあった所領を経営していたか。また、これまで検証してきた、門跡に所属する院家・出世・坊官・山徒が、それら所領とどのように関わっていたかを、比較的関連史料が多く残されている青蓮院の場合を例にとり、考えていきたい。中世、青蓮院が領有していた所領は数多く、確認できるだけでも約八十箇所（末寺を含む）を数える。(1)これらの所領のなかから、野辺・玉垣御厨、粟田庄、伊香立庄、葛野保の四カ所をとりあげ、順次その経営実態を見ていくこととする。

一　伊勢国野辺・玉垣御厨（もと妙香院領）

野辺・玉垣御厨はもともとは延暦寺横川飯室谷に所在した慈忍の住房妙香院が領有していた所領の一つで、古くは康平六年（一〇六三）五月二十日付の「妙香院庄園目録」に同院領として「伊勢国玉垣庄」の名が見え、(2)下っては建武四年（一三三七）四月付「妙香院門跡領幷別相伝目録」に「野部《(ママ)》・玉垣両御厨」と記される。(3)

表1　野辺・玉垣御厨関係略年表

年　月	事　項	出　典
応永20年4月	赤堀孫次郎が幕府より代官職を安堵される	足利時代古文書
文明5年3月	「上乗院家領勘定状并世務日記注文」に「野辺・玉垣庄勘定状六通」の記載が見える	足利時代古文書
6月	長野修理亮が代官職を請負う、請文は「無量寿院」宛	足利時代古文書
9月	上乗院坊官某が済尋・祐済による玉垣庄の算用不正を訴える	国会126
明応8年5月	長野高好が無量寿院の「御書」をうけ、「玉垣」の「御公用等」の進納を請負う	明王院179
文亀元年4月	青蓮院尊応が上乗院に野辺・玉垣両厨の領掌を安堵する	足利時代古文書

注：出典の国会・明王院はそれぞれ『葛川明王院史料』の「国立国会図書館所蔵史料」「葛川明王院所蔵史料」を示す。

当御厨が青蓮院領となったのは、鎌倉時代初めに青蓮院良快が妙香院を伝領してからのことと推定されるが、(4) 当初の経営形態は史料を欠きよくわからず、その実態がようやくあきらかとなるのは室町時代以降のことである。

永享六年（一四三四）十二月、青蓮院の坊官の一人大谷泰充が「妙香院殿譲（状）」などを添えて「野辺・玉垣」を「あちや」なる者に譲渡した譲り状が『青蓮院文書』のなかに残る。(5) このとき支証を譲られた「あちや」もまた坊官家の一員であったと推定され、(6) 詳しい事情がわからないものの、この頃には「野辺・玉垣」の経営が坊官の手に委ねられていたらしいことがわかる。

しかし、坊官による経営はほどなく終わりを告げ、やがて院家がこれにかわって当御厨を知行するようになる。その交代の時期も定かではないが、文明五年（一四七三）三月付「上乗院家領勘定状并世務日記注文」、同年九月付「野辺・玉垣両御厨算用状」によれば、院家上乗院には応仁元年（一四六七）から文明六年にいたる「野辺・玉垣庄勘定状六通」が保管されていたといい、(7) 応仁の乱の頃よりは上乗院が当御厨を知行するようになっていたようである。

ただ、文明五年（一四七三）六月、上乗院では長野修理亮なる者を当御厨の代官に補任しているが、その代官職就任に先立って長野修理亮が提出した請文（案）は、「上乗院」宛ではなく「無量寿院」宛となっている。[8] 無量寿院は青蓮院の出世であるとともに上乗院にも仕えており、[9] 院家としての上乗院の運営は当時、実質的にかの院の手に委ねられていた。そのことをよく物語ってくれるのが、文明五年九月「上乗院坊務」の名で同院が青蓮院に提出した次のような申状である。[10]

（端裏書）「野群・玉垣（辺）算用相違之申状案文」

就上乗院坊務事申上条々

右、子細者、故僧正逝去以来、至于年八箇年之間、坊領納所事、済尋法橋雖致其沙汰○仏供灯油数年懈怠之、諸下行毎々及断絶、○役人等于今相残段不便至極過分未下無其隠□（者）也、仍坊人等○各乍含愁訴之刻、〔堪忍之処〕剰去年冬申之趣者、号無到来之儀、既停止坊主祇候弁宿賃越年以下事、不可及了簡之由申之間、沈事之処、玉垣庄代官職事、為上様長野上総介仁可申付之由、就御口入、為可然○之時節歟之間、則致補任可直務旨申入之、世務等事、祐済以過分引連、于今償之訖（彼）、然之処、済尋雖〔為〕出帯坊領所々算用状、依□〔事〕繁、先玉垣庄分披見之処、及七百貫文無謂子細書加之者也、〔皮算用状相違注文備右、〕□（乍）致如此之奸謀、結句令棄捐御門跡之儀企越訴之条、以外次第也、所詮条々具預御糺明、被遂算用、任道理有御成敗者、坊中御興隆不可過之者哉、仍粗言上如件、

文明五年九月　日

ここにその名が見える「祐済」は時の無量寿院の院主で、その「世務等事、祐済以過分引連、于今償之訖」という一文からは、彼が上乗院のなかにあって「世務」と呼ばれる雑務向きの事務を統括する立場にあったことが知られよう。[11]

無量寿院は明応八年（一四九九）五月にも、長野高好なる者の玉垣御厨の「御公用等」請負いに先立ち「御書」を発給しており、[12] 当御厨の知行権が現実には同院の手中にあったことがわかる。

以上、限られた史料からではあるが、青蓮院領野辺・玉垣御厨の経営について判明した点を他の所領のあり方をも勘案して整理すれば、次のようになろう。鎌倉時代の門主良快の妙香院伝領にはじまる青蓮院による当御厨の領有は、ある時期より坊官の知行に委ねられ、応仁の乱の頃からは院家の上乗院が給主としてこれを知行するようになっていた。ただ、給主の上乗院も経営には直接当たっておらず、その出世の無量寿院が実質的な支配者としてこれに臨んでいた。

二　越前国莇野保《あその》（もと妙香院領）

野辺・玉垣御厨と同じくもと妙香院領で、康平六年（一〇六三）五月二十日付「妙香院庄園目録」に「莇野保年貢四十七石」とあり、(13) 下っては建武四年（一三三七）四月付「妙香院門跡領幷別相伝目録」にやはりその名が見えている。(14) しかし、良快が妙香院を伝領して以降は、野辺・玉垣御厨と同様に青蓮院領となっていたようで、その鎌倉・南北朝時代の経営形態はやはり明確でないが、室町時代に入ると、青蓮院の宛行を受けた出世の法輪院がその経営に当たるようになっている。

康正三年（一四五七）八月、時の法輪院の院主公範が莇野保の「知行」権の確認を求めて幕府に提出した申状には、(15) 同院と当庄との関係が次のように記されている。

「(端裏書)越前国莇野保《アサウノ》　青蓮院門跡御領也、正文ナリ」

法輪院雑掌謹言上

右、越前国莇野保者、普広院殿様東山御座之時、被仰付祖師心明僧正已来、至公範三代知行無相違者也、其旨　御自筆御書幷当門跡令旨等分明也、爰去享徳二年之比、形(刑)部卿申者依申掠、不及糺決、為当門跡被成令旨、普広院殿様数通之御判被奇(棄)破之条、不便至極也、殊　普広院殿様依御下知、永享十二年、心明僧正之祖跡於公範令相伝、于今　御願之御八講等被召加、抽報国忠之処、如此之条、歎而有余、所詮任　御判之旨、如元可令知行之由、預御下知者、弥可専武運長久精祈之由、粗言上如件、

康正三年八月　日

法輪院は藤原実季（一〇二八〜九一）が建立した寺院で、公範はその十四代目にあたる。(16)同院は開山の範源から三代は「南勝坊」を、また以降第十二代の心明までは「常楽院」と号しており、この申状に名前が見える心明は「常楽院」を号した最後の院主を指す。その法脈は心明から心勝、さらに公範へと受け継がれており、つまり申状にいう「三代」とは、具体的にはその心明・心勝・公範の三代をいう。なお、公範が心明のことを「祖師」と呼んでいるのは、法輪院という寺院名（院号）が彼より用いられるようになったからであろう。

そこで莇野保と法輪院との関係であるが、公範の申状によれば、同院が莇野保を「知行」したのは、公範から二代前の心明のときのことであったという。公範は永享十二年（一四四〇）に心勝から同地を相伝し、足利義教の自筆「御書」と、青蓮院門主尊応の令旨をもって支証として知行してきた。ところが享徳二年（一四五三）頃に「刑部卿」なる者が青蓮院尊応の令旨を獲得、法輪院の莇野保に対する権利を侵害するという出来事が起こり、この申状を提出するにいたったというのである。では、公範が訴えた「刑部卿」とは、一体いかなる人物だったのであろうか。

青蓮院の坊官家に当保と同じ「莇野」をもって家名とする家がある。『華頂要略』四一「坊官」九は、その莇野家について「莇野大谷庶流、当家代々越前国敦賀郡莇野庄御代官職」と記す。さらに同記によれば、この大谷泰尊の三男泰讃にはじまり、泰深・泰弁・泰算・泰儼・泰延と続く同家の歴代はすべて「刑部卿」の官途名をもって呼ばれていたという。(17)

これらの点からして、公範がその違乱を訴えた「刑部卿」とは、時の莇野家の当主であったと考えてまず誤り

表2　茹野庄関係略年表

年　月	事　項	出　典
宝徳2年5月	洞昌寺弘賢が当庄の代官職を請負う(請人は無量寿院祐済)	醍醐寺文書
康正3年8月	法輪院公範が当庄の知行安堵を幕府に請う	醍醐寺文書
長禄2年	青蓮院が当庄の半済を止め、法輪院の一円知行を安堵する	醍醐寺文書
寛正5年2月	青蓮院が気比社の反銭の執沙汰を法輪院に命じる	醍醐寺文書
文正元年9月	青蓮院が守護の違乱停止を法輪院に知らせる	醍醐寺文書
文明元年8月	西塔執行代が「法輪院知行」の当庄に「山門上使」を派遣し年貢の運上を促す	醍醐寺文書
4年12月	某が仏心院相伝の年貢「三石」を無量寿院の「坊領」に寄進する	明王院507
12月	無量寿院祐済が「為正名半分」を売却する	足利時代古文書
長享元年11月	青蓮院が法輪院の当所「知行分」安堵奉書を幕府に請う	醍醐寺文書

なかろう。当保の知行をめぐって出世の法輪院と争っていたのは、他ならぬ青蓮院の坊官だったわけであり、その意味でこの争いは茹野保の知行権をめぐる門跡内の抗争であったということもできる。

法輪院と茹野家の相論のその後の経過は定かではないが、長禄二年（一四五八）になると、尊応は法輪院公範に同保の「一円知行」を安堵しており、[18]公範の訴えは一応受け入れられたもののようである。以後、法輪院が少なくとも応仁の乱後まで茹野保を知行し続けたことは、表2に見える通りである。

ただ、茹野保には法輪院以外にも青蓮院出世の仏心院・無量寿院が得分をもっており、[19]法輪院の知行権はこの点で大きな制約を被っていた。

なお、公範の申状によれば、法輪院は青蓮院尊応のみならず将軍足利義教の自筆の「御書」をもって、茹野保の知行安堵を受けていたというが、これは義教が将軍となる以前、青蓮院門主（義円）であったことと関係があるのであろう。法輪院に限らず、青蓮院の門徒はすべて一度は義教を門主として仰いでおり、両者の間には、他には見られない特殊な結びつきがあったものと推定される。

三　山城国粟田庄

粟田庄が青蓮院領となった時期は正確にはわからない。ただ、明徳四年（一三九三）七月、青蓮院公文所が屋代師国なる者との相論に関わって幕府に提出した申状には「為門跡一円進止已送数百年歳星霜訖」という一文があり[20]、これを信じれば、当庄はかなり古くから青蓮院領だったことになる。

史料の上で確実に青蓮院領としての存在を確認できるのは、南北朝時代になってからのことで、観応二年（一三五一）付「青蓮院行事注進状」に、当時同門跡が管領していた受用弥陀院の「長日勤」の「供僧三人、預等供料」を「山城国粟田庄給田」の年貢をもってあてるべきことが記されている[21]。また、応安二年（一三六九）十一月に屋代なる者の当庄「下司職」への違乱を停止し、下地を青蓮院につくべきことを命じた「後光厳天皇綸旨」が残されており[22]、やはり青蓮院領としての存在を確かめることができる。

当庄における青蓮院の経営形態に関しては、時代はやや下るが、次に引用した『御前落居記録』所載の永享二年（一四三〇）十一月六日付「室町幕府奉行人連署奉書案」が興味深い材料を提供してくれる。

（花押）（足利義教）

毎阿弥申、青蓮院御門跡領山城国粟田庄内弐拾石地事
去応永卅四年、依被寄東山曼陀羅寺、惣庄御代官于時口阿弥、帯渡状、知行無相違者也、爰当給主藤賀丸代、
去々年以来不去渡下地、公事物・上米以下違乱之間、対伊与法眼泰任連々雖申送、曽不能承引之由申之、則
以両使為行、貞連、被仰泰任之処、毎度相触藤賀丸代云々、任口阿弥時例去渡旨称之、就彼左右両方申詞有御糺明、
尚依有御不審子細、以前渡遣目録分可注申之由、随仰調進訖、参差之間、以両通於泰任許召寄、児代高防、
相尋之処、不去渡之段令承伏、虚言之至已露顕之上者、所詮、於当庄者可申付上乗院、次曼陀羅寺下地、任

口阿弥渡状可被沙汰付之由、可相触当給主之旨、両条可仰含泰任、仍対上乗院并当寺可成奉書也矣、

永享二年十一月六日　　大和守貞連（花押）

加賀守為行（花押）

曼陀羅寺との相論はここに見える通り、粟田庄内の同寺への寄進分二十石を青蓮院の給主「藤賀丸代」が滞納したことに端を発したものであったが、この相論の経過からは、図らずも青蓮院がどのようなかたちで当庄を経営していたかがかなり明確にあきらかとなる。

青蓮院では当時、粟田庄の支配を給主の藤賀丸なる「児」に委ねていた。藤賀丸は代官高防をもって当庄を経営していたが、庄内の曼陀羅寺分の下地を同寺に渡さなかったことから相論が惹起。やがて曼陀羅寺の訴えを受けた幕府は「伊与法眼泰任」を通じて高防の主張を聞いた上で、曼陀羅寺の言い分を全面的に認めた次のような二カ条からなる裁決を下すにいたる。

①「於当庄者可申付上乗院」

②「曼陀羅寺下地、任口阿弥渡状可被沙汰付之由、可相触当給主」

なお、幕府はこの「両条」を「泰任」に「仰含」めたという(23)。

この相論経過でなによりも興味深いのは、曼陀羅寺の下地を違乱した当事者が藤賀丸の代官高防であったにもかかわらず、訴えた曼陀羅寺はもとより、裁許者の幕府までもが「伊与法眼泰任」をもって直接の交渉相手としている点である。幕府の高防への尋問も「伊与法眼泰任」を介して行なわれている。「伊与法眼泰任」とは、青蓮院の坊官大谷泰任のことで、彼は当時、青蓮院の庁務職にあった人物である(24)。つまり訴人の曼陀羅寺、裁許者の幕府はともに当初より青蓮院庁を直接の論人と見なしていたことがこれによってわかる。

この点は幕府の裁決内容とその下達先について見ればよりいっそうあきらかであろう。すなわち、藤賀丸に替

表3　粟田庄関係略年表

年　月	事　項	出　典
応安2年11月	後光厳天皇が綸旨をもって、屋代源蔵人の粟田庄下司職を違乱するを止める	国会84
明徳4年7月	青蓮院公文所が屋代師国の下司職違乱を訴える	華項要略門主伝補遺
永享2年11月	曼陀羅寺が庄内の二十石につき、青蓮院給主藤賀丸代を訴える	御前落居記録
文安元年11月	青蓮院が当庄内「捌段田」の奉行を勝賢坊に安堵する	華項要略門主伝
3年7月	幕府が屋代越中入道の訴えをうけ、庄内の田地等の文書正文の提出を青蓮院に命じる	華項要略門主伝
文明3年10月	上原賢家が逸見駿河入道に当庄「無量寿院領」散在年貢米の引き渡しを命じる	国会125
5年3月	「上乗院家領勘定状弁世務日記注文」に当庄の「勘定状弐通」の記載が見える	足利時代古文書
10年5月	幕府が青蓮院への当庄以下所領の打ち渡しを武田大膳大夫に命じる	華項要略門主伝
7月	青蓮院が実蔵坊に当庄「八段田」奉行職を命じる	華項要略門主伝
11月	相阿弥が当庄内「無量寿院殿御知行供僧田六段」百姓職を請負う	足利時代古文書
16年7月	上乗院が当庄「御知行分代官職」に徳阿弥を補任する	国会131
長享元年⑪月	「寿阿」等が当庄の給主の年貢配分を注進する	華項要略門主伝
延徳2年12月	某が当庄内「無量寿院殿之坊御知行」四段の百姓職を請負う	明王院446
明応元年10月	青蓮院尊応が坊官泰純の「粟田口中村之内」知行を安堵する	華項要略門主伝
5年②月	飯尾家兼が無量寿院当知行の当庄内「四段年貢」の所務を安堵する	明王院774
文亀元年4月	青蓮院尊応が上乗院に当庄以下の諸領を安堵する	足利時代古文書

えて上乗院を新たな給主とし、その上乗院をもって曼陀羅寺に「下地」を沙汰付けすべしとした幕府の二カ条の裁決は、ともに青蓮院庁務の泰任に「仰含」められており、彼に宛てた次のような二通の「室町幕府奉行人連署奉書案」も残る。(25)

青蓮院御門跡領山城国粟田庄事、任藤賀丸知行之旨、上乗院可被領知之由、被仰出候也、仍執達如件、

永享二
十一月六日　(飯尾)貞連
(飯尾)為行

伊与法眼御房

曼陀羅寺領山城国粟田庄内弐拾石下地事、有紀明之処、藤賀丸代不去渡下地之間、被改替給主訖、早任去応永卅四年十月十三日口阿弥渡状、彼下地付上米公事物以下可被沙汰付当寺旨、可被申当給主上乗院代之由、被仰出候也、仍執達如件、

永享二
十一月七日　(飯尾)貞連
(飯尾)為行

伊与法眼御房

粟田庄の領有権が青蓮院（庁）にあり、したがって給主を補任する権利もまた青蓮院（庁）にあったことを、この泰任宛の二通の幕府の奉書ほど明確に物語るものはない。たとえその経営が「児」の藤賀丸に委ねられていようと、粟田庄の領主はあくまでも青蓮院であり、すべての責任は青蓮院が負うべきものと理解されていたことが改めて確認できる。

ここまで見てきたように、粟田庄の経営は日常的には給主たる児・院家の手に委ねられていたものと考えられる。ただ、当庄の年貢は給主がそのすべてを一元的に掌握していたわけではなく、長享元年（一四八七）閏十一

月の注進状によれば、粟田庄の総年貢十四貫余は、次のように各「給主方」に分配されている。(26)

長享元年閏十一月廿八日、粟田給主方事

大甘野庄御年貢配

当分御人数事

御料所分	七貫文
上乗院殿	三貫七百八拾文
無量寿院	九百三拾三文
照泉院	六百五拾三文
治部卿法眼	五百八拾三文
伊与法橋	四百文
安芸殿	四百文
下野殿	四百廿文
蓮蔵	三百五拾文
善蔵	百四拾文

給主上乗院の得分はわずか年貢の二六％弱にすぎず、残りの七四％余りは青蓮院（御料所分）と八人の「給主」に分配されていたのである。ちなみに上乗院以外の給主は、門跡内の身分でいえば、無量寿院・昭泉院が出世で、治部卿法眼・伊与法橋は坊官となる。(27)「安芸殿」以下の四人については、その身分はわからない。

四　近江国伊香立庄（無動寺領）

伊香立庄は延暦寺無動寺が領有した庄園で、その成立は遅くとも平安時代後期にまでさかのぼる。(28)青蓮院が無動寺を管領するにともない当庄も同院の領有下に入っており、建暦三年（一二一三）二月付「青蓮院慈円所領譲状案」では、無動寺が「領家」、青蓮院が「本所」となっている。(29)

鎌倉時代末には他の所領の場合と同様に給主が置かれており、史料に最初に登場してくる給主は、山徒の金輪院である。その名は、元徳元年（一三二八）十二月二十日付の「金輪院僧都」宛の「青蓮院尊円親王令旨案」の端裏書に「伊香立庄給主金輪院へ被下令旨案」と見えるほか、(30)元徳二年八月二十二日付「春円書状」に「伊香立の給主金輪院」とあり、(31)同院がこの前後、伊香立庄の給主となっていたことが確認できる。ちなみにこの金輪院とは金輪院澄春のことで、葛川との境相論において伊香立庄の給主として彼自身が青蓮院の質問に答えた書状が『葛川明王院史料』に数通残る。(32)彼は元弘元年（一三三一）以前、いったんは解任されるが、元弘二年二月になると、青蓮院より再び伊香立庄の給主に補任されている。(33)

金輪院澄春以後の伊香立庄の給主としては、南北朝時代後半になると、円明坊兼慶の名が『葛川明王院史料』に散見する。すなわち、永和元年（一三七五）の十月、葛川行者が青蓮院に訴えたところによれば、これより先、兼慶は「伊香立庄一旦之給主」として下立山に新在家を立て乱暴を働いたという。(34)これに対して、兼慶は行者の訴えを事実無根とする請文を青蓮院に提出している。(35)兼慶の乱暴の実否についてはにわかには定めがたいが、伊香立庄の給主として彼が下立山に関所を設置していたことは事実で、『葛川明王院史料』には応永七年（一四〇〇）三月二十四日、彼が葛川住人の下立山関の勘過を許可した過書が残る。(36)

円明坊兼慶の後は、少なくとも応永二十六年十月以前に乗蓮坊（円明坊）兼宗が、また応永三十年六月になる

表4　伊香立庄・葛川関係略年表

年　月	事　項	出　典
元徳元年12月	この頃、金輪院澄春が当庄の給主となる	明王院277
永和元年10月	この頃、円明坊兼慶が伊香立庄給主を勤める	明王院415
応永7年3月	この頃、円明坊兼慶が伊香立庄給主を勤める	国会89
26年10月	この頃、乗蓮坊兼宗が伊香立庄給主を勤める	国会91
34年6月	この頃、杉生坊暹春が伊香立庄給主を勤める	国会95
永享3年5月	幕府が不動院の訴えを受け円明坊をして伊香立庄民に「葛川通路」を開けさせる	国会109
長禄3年12月	この頃、杉生坊暹能が伊香立庄給主を勤めるか	明王院266
応仁元年11月	足利義政が伊香立庄を不動院顕豪に返付する	明王院765
文明4年4月	不動院が「伊香立年貢之内毎年五石」を蓮城坊賢秀等に渡す(借金の利平か)	明王院263
8年12月	青蓮院尊応が不動院の伊香立庄ならびに葛川別当職を安堵する	華項要略門主伝
10年8月	青蓮院が不動院阿世丸の幼少により、葛川別当職を無量寿院に命じる	明王院255
12年5月	幕府が不動院雑掌を通じて伊香立庄住人に参洛を命じる	華項要略門主伝
延徳元年	青蓮院が乗蓮坊兼賀と伊香立庄の領有を争う	明王院512
明応2年7月	幕府が無量寿院をして「葛川関役人幷地下中」に若狭国鳥羽上保年貢を勘過せしめる	国会135
3年8月	葛川別当無量寿院が葛川住人らの乱暴を幕府に訴える	明王院62
5年4月	乗蓮坊兼栄が伊香立庄知行安堵の奉書を幕府より受ける	国会137
文亀3年9月	青蓮院が乗蓮坊と伊香立庄の領有を争う	国会104
永正8年9月	青蓮院が乗蓮坊と伊香立庄の領有を争う	明王院512
12年11月	葛川寺務無量寿院が「商売板」のことで佐々木朽木を幕府に訴える	明王院189
大永元年10月	幕府が乗蓮坊兼賀の訴えを退け伊香立庄を青蓮院に返付する	華項要略門主伝
享禄2年8月	幕府が葛川寺務仏心院に葛川の地を安堵する	明王院864
5年5月	青蓮院尊鎮が聖光院法印を葛川別当職に補任する	華項要略門主伝

と杉生坊暹春が伊香立庄の給主となっていた徴証がある。(37)さらに永享三年（一四三一）五月になると、円明坊（兼宗）が同職を保持しており、(38)この前後には円明坊がおおむね伊香立庄の給主となる慣例ができあがっていたようである。

永享の山門騒乱後では、長禄三年（一四五九）十二月頃に杉生坊暹能が給主となっているが、(39)彼を最後にして以後、山徒の給主は姿を消す。そして、それに替わって当庄の給主として登場してくるのが、青蓮院の出世不動院である。

不動院では、開祖良誉（阿閦院）が「葛川別当職」とともに伊香立庄の領有を青蓮院から安堵されたと伝え、(40)良誉の跡を継いだ顕豪は、応仁元年（一四六七）十一月二十六日、将軍足利義政より次のような御判御教書を与えられている。(41)

（足利義政）
（花押）

青蓮院門跡領近江国伊香立庄事、所返付也、早不動院僧都顕豪如元令領知、可専公用之状如件、

応仁元年十一月廿六日

この不動院による伊香立庄の知行に関しては、応仁の乱後に同院と乗蓮坊が給主職をめぐって争ったときに、青蓮院が幕府に提出した数通の申状によって、その実態の一部を知ることができる。次に引用したのはその中の二通の申状である。(42)

〔A〕　青蓮院御門跡雑掌謹言上

右子細者、伊香立庄事、慈鎮和尚以来代々門跡御知行無相違者也、仍為御恩職、門下不動院就致知行、普広院殿様被相副御書、剰慈照院殿様御判在之、如此厳重之処、一乱中乗蓮号由緒令押領者也、然処　慈照院殿様江就被歎申、被尽御沙汰之淵底、任理運之旨、門跡江可被返付之由、延徳二年正月一日、伊勢守出仕之砌、

被仰出了、其子細、御老子局以御文、同二日門跡江被申入之案文備右、雖然慈照院殿様御代相替之間、不運之至也、所詮、厳重御成敗時節到来也、此旨具被聞召披、如元可為門跡進退之由、被成下御下知也、(ママ)弥可為武運長久御祈禱専一者也、仍粗言上如件、

文亀参年九月　日

青蓮院門跡雑掌重(謹)□□

〔B〕

一、於同国真野北庄者、(江州伊賀立庄事)依為門跡御恩之地、給令旨致知行云々、兼宗陸沈之刻、伊賀(香)□　幷真野北庄以下為門跡被召放被□　之処、何於香(伊)立庄者、非門跡恩□　申哉、言語道断之吹第也

一、於山上公用者、不可相替之条勿論也、然者何先陳門跡御訴訟事、山上供米事歟之由(陳)申哉、一事両様之儀歟(也)

一、兼宗已來、為武家御恩地、知行之間、御門跡事者不及覚悟云々、○(更無其謂)依為門跡領(於)長夫諸公事等物地下役者、于今無退転者也、争被(不)存知哉、掠申之条勿論也、

一、於兼栄時之儀者、始末共以令存知之上者、是非不能弁陳云々、如載先問、彼庄事、雖為(依)門跡領、兼栄時既御口入在之○(為)兼宗以来（後欠）

不動院・乗蓮坊の伊香立庄給主職が、本来、青蓮院から「御恩職」「御恩」として与えられたものであったこととが、これによって知られよう。

と同時に、ここに記されている乗蓮坊の主張からは、門徒の山徒がこの頃、門跡との関係をどのように見なしていたかがわかる。すなわち乗蓮坊は「兼宗」からのちの給主職を「武家御恩地」とし、門跡（青蓮院）との関係については「不及覚悟」とこれを否定しているのである。[43]乗蓮坊はこの頃、幕府内で奉公衆に準ずる地位を得るにいたっており、[44]そのような背景があっての主張と推察されるが、山徒がもはや門徒の地位に拘泥しなくなっていたことをよく示すものといえよう。

むすび

遅くとも南北朝時代以降、青蓮院がその所領の多くを「御恩」「恩顧」として、門跡内の門徒（院家・出世・山徒）さらには坊官に給付していたことがあきらかとなった。門主と門徒・坊官が、法流や門弟などといった宗教的な関係だけでなく、所領を介してきわめて実利的な御恩と奉公という関係によってもとり結ばれていたことは、門跡組織の構造を考える上できわめて重要な事実と考えられる。

本章で確認できた門跡領の門徒・坊官への所領給付状況を改めて整理・提示しておけば、次のようになる。

1　野辺・玉垣御厨　①大谷家（坊官）②上乗院（院家）

2　莇野保　①法輪院（出世）②莇野家（坊官）

3　粟田庄　①藤賀丸（児）②上乗院（院家）③無量寿院（出世）④照泉院（出世）⑤治部卿法眼（坊官）他

4　伊香立庄　①金輪院（山徒）②円明坊（山徒）③乗蓮坊（山徒）④杉生坊（山徒）⑤不動院（出世）

いずれの所領においても給主がしばしば替わっていることから、強固な門跡の領有権に対して、門徒・坊官の「給主」権がきわめて脆弱なものであったことがわかる。粟田庄の例に見られるように、相論時に幕府が一貫して青蓮院庁をもって当事者としているのも、そのような門跡の領有権の強さを物語るものといえよう。ただ、その一方で給主が「知行」権を楯に、門跡の領有権を侵しはじめるという事態が進展していた点も見逃すことはできない。莇野保における法輪院や伊香立庄における乗蓮坊の事例は、まさにその典型といえる。このような給主の自立化への指向性は、早く南北朝時代末にまでさかのぼる。次に引用したのは永和二年（一三七六）八月、青蓮院門主尊道法親王の名の下に執事の上乗院道尋が門跡内に発した定書である。[45]

被令旨称、恒例法会者門跡之重事、要脚御進済者御領之本役也、向庄園追年違乱之間、勤行随日陵夷之条、歎思召之処、適無為之地、猶以給主等恣已用三宝物、猥難渋諸座役、非法之至、放逸之咎就冥顕招罪責歟、仍向後為全連々仏事、厳密被定一々大法者也、

一、自今以后過数日、無沙汰地之事、須被切出所役相当下地於後戸、且可相加功田、所務使者上下間以下料□此段、猶地下申子細、無遵行之実、或有奸謀之儀者、不論由緒相違之地、不謂他事、謹厚之忠、速可被改給主之知行者也、

一、度々要御沙汰地功田事、随無沙汰之員数、雖可遂其節、被定厳法之処、猶以未済之段、為罪科上者、不令弁済一度之所役者、勘定一年中之員数、須被功田矣、

一、武士半済地事、可被許半分進済候、

一、先公用地事、延年紀全所役、速可遂散用矣、

一、未済分事、於往年者、暫閣之、応安五年以来十一月中、悉可致其弁、若為無沙汰者、可被止明年後之所務矣、

条々守一同之厳法、各無所役之懈怠、慥可致其沙汰之由、遍可被相触者、座主二品親王御気色如此、仍執達如件、

八月晦日　　(上乗院)権大僧都道尋

(鳥居小路経聡)大蔵卿法印御房

給主が「御領之本役」の負担を怠り「恒例法会」ができなくなるという状況が、南北朝時代にはすでに現出していたのである。たとえ由緒の地であろうとも「奸謀之儀」があれば、「給主之知行」を改めるという門主の強

い決意からは、その事態の深刻さが浮かびあがってこよう。門跡組織が抱えていた大きな矛盾の一つがここにあった。

中世における門跡の歴史的使命の一つに大衆によって占拠された寺院組織の権力の側への奪還があった。延暦寺でいえば、青蓮院以下の三門跡が間断なく人的資源を組織内に取り込んでいたのは、まさにこの歴史的使命に沿った行動であり、それが一山の大衆組織にとっていかに大きな脅威となっていたかは、嗷訴にあたり繰り返し門跡の命令ではなく一山の決議に従うべきことを、彼ら大衆が決議していることからも容易にうかがうことができる。ところがその一方で当の門跡組織それ自体が、内部から「知行」権を主張する門徒・坊官によって浸食されるという事態が惹起していたわけであり、組織をめぐる両者の歴史的な闘争が、きわめて複雑な形態をとって展開していたことが、本章で不十分ながらあきらかになったものと考える。

（1）天福二年（一二三四）八日付「慈源所領注文」（『華頂要略』五五）。なお、末寺が庄園等の所領と同じ性格を有していたことについては、本書の「むすび」参照。

（2）『門葉記』一四〇。

（3）同右。

（4）『華頂要略』三「山上御本坊弁御管領所」。『門葉記』一四二。青蓮院が妙香院の遺跡を相伝、およびその伝来について「山上御本坊弁御管領所」は次のように記す。

妙香院在飯室谷本堂之北

当院者、慈忍和尚御住坊也、良快大僧正御伝領之後、附属当門跡訖、

為当院門主之人、横川一谷管領流例也、仍以当院為横川本坊云々、

相承次第

慈忍—尋光—尋円—頼賢—頼仁—尋算—仁覚—俊覚—清覚—相命—尊忠—良快—慈源—慈禅—慈実—慈玄

―慈深―慈慶―尊円―尊道―慈済―道円―尊道

(5)『青蓮院文書』九号（『猪熊文書』上）。「泰充」は「肥前法眼」を名乗った青蓮院の坊官（『坊官系図』、『続群書類従』一八八、『華頂要略』坊官伝二）。永享六年に「泰充」が野辺・玉垣を証文とともに「あちや」に譲与したとき、「妙香院殿譲状案」を添え渡している。

(6)「大谷泰充契状」の宛所は「五条」となっているが、これは大谷家と同じ青蓮院の坊官家の五条家を指すものと推定される（『華頂要略』坊官伝八）。したがって「あちや」もまた坊官家の一員であったと考えてよかろう。

(7)『足利時代古文書』五六号（『国立国会図書館所蔵貴重図書改題』六、一九七四年）。

(8)文明五年六月付「長野修理亮請文案」（『足利時代古文書』五七号）。

(9)『華頂要略』門主伝。永享三年（一四三一）十二月、重清なる者の出家にあたり「介錯」の役を勤めた「宮内卿権大僧都尋祐」の肩書きに「上乗院出世無量寿院」と見える。

(10)「国会」一二六号。

(11)『華頂要略』門主伝の享徳元年（一四五二）十二月十一日条に「無量寿院左衛門督僧都祐済」とあるほか、文明十六年（一四八四）十二月二十六日条にも「無量寿院権僧正祐済」と見える。無量寿院祐済は『坊官系図』（『続群書類従』一八八所収）によれば、坊官大谷家の庶流莇野家の出自で、莇野泰算の子であった。彼が上乗院の「世務」を担当しているのも、その出自と無関係ではないのかもしれない。ちなみに祐済の跡をうけて無量寿院の院主となったと推定される無量寿院応祐（『華頂要略』門主伝、文亀三年十二月二十六日条）も、青蓮院の坊官家の一つ長谷家の出身であった（『坊官系図』）。

なお、この申状で上乗院坊務は無量寿院祐済とともに坊官の済尋なる者を激しく非難しているが、彼ら二人が上乗院の「世務」に深く関わっていたことは、文明十年十月、両人が連署して「当院家領」、すなわち上乗院領を抵当に入れ「元三物物要脚弐佰貫文」を借用していることからもうかがうことができる（「明王院」五四五号、この文書の年紀は破損して読めないが、干支から文明十年に発給されたものと推定した）。

(12)（明応八年）五月二十二日付「長尾高好書状」（「明王院」一七九号）。

(13)『門葉記』一四〇。

(14)同右。

(15)『醍醐寺文書』。『福井県史』(中世)はこの文書を「醍醐寺法輪院雑掌申状」とするが、端裏には「青蓮院門跡領也」とあることからもわかるように、青蓮院の出世法輪院の雑掌が発給した申状であることは疑いない。「醍醐寺法輪院」という表記は誤り。なお莇野保の伝領に関しては、『敦賀市史』(通史編上巻、一九八五年)が項目を立て概説しているが、青蓮院の内部組織についての考察がなく、不正確な記述になっている。

(16)『華頂要略』三七「門下伝諸院家第四」。

(17)『華頂要略』門下伝「大谷家」では、莇野家の系図は次のようになっている。

泰讃 号莇野 刑部卿法眼 遁世号頓空 ― 泰深 莇野 刑部卿法印 嘉暦二年十一月三十日叙法橋 暦応四年十月三日補庁務 貞和イ ― 泰弁 刑部卿法眼 童名能喜丸 御門領越前国敦賀郡莇野庄御代官職代代領之

― 泰算 刑部卿法眼 印イ ― 泰儼 刑部卿法眼 ― 泰延 刑部卿法印 大永五年九月四日卒
　　　　　　　　　　　└ 祐済 無量寿院

(18)長禄二年付「青蓮院尊応御教書案」(『醍醐寺文書』)。

(19)文明四年十二月二十四日付「某年貢譲状案」(「明王院」五〇七号)、同日付「無量寿院祐済田地売券」(『足利時代古文書』一号)。

(20)『華頂要略』門主伝補遺。

(21)なお『華頂要略』三「山上御本坊幷御管領所」は受用弥陀院について同書は次のように記す。

受用弥陀院 始在西郊椎野、後移土御門 今在十楽院

当堂者、道玄准后御母椎野二品禅尼 中納言家行卿女 建立之堂也、初有西郊椎野、彼禅尼以当堂被譲准后、其子細見于官符、而源恵僧正在洛之時、申請渡土御門坊畢、彼坊式部卿久明親王伝領之後、故二品慈道親王被申事由、被渡十楽院畢、

供借三口、供料山城国粟田庄給田

(22)「国会」八四号。

(23)曼陀羅寺についてはいかなる寺院であったかは不詳。同じ名前の寺院として、平安時代中期に真言宗小野派の始

祖仁海僧正が創建した寺院があるが（『京都市の地名』一九七九年、平凡社）、永享二年の時点で、同寺が東山に所在していたという明証はない。

(24)『華頂要略』門主伝、応永三十四年八月十七日条に「以伊与法橋泰任補庁務」と見える。また、同門下伝「坊官家」の大谷家の項は、彼の庁務在任期間について、

同三十四年八月七日補庁務

同月十七日叙法眼　同月二十五日口宣頂戴

（中略）

文安四年　月　日辞庁務

と記し、応永三十四年（一四二七）八月から文安四年（一四四七）までの二十年間であったとする。

(25)『御前落居奉書』。

(26)『華頂要略』門主伝。

(27)門跡内における院家・出世と坊官の区別については、本篇第一章参照。

(28)伊香立庄に関する史料としては、『長秋記』保延元年（一一三五）八月二十日条に見える「近江伊賀多津庄」への「鳥羽鬘代料銅」賦課免除の要請を無動寺僧が行なったという記事がもっとも古い（大津市編『新修大津市史』一・七参照）。また、青蓮院との関係については、古くは建暦三年（一二一三）二月付「慈鎮所領譲状案」（『華頂要略』五五）に「門跡相伝房領等事」として、「無動寺」の項に当庄の名があげられている。

(29)『門葉記』一四一。

(30)「明王院」二七七号。

(31)「国会」七八号。

(32)元徳二年二月十一日・同二十三日、同年二年閏六月十五日付の「金輪院澄春書状」（「国会」一五六号、「京大(丙)」七〇号、「葛川」二七三・八一二号）。『葛川明王院史料』は「明王院」二七三号を端裏書に「令旨」とあるところから、青蓮院尊円親王の令旨とするが、これは誤り。署名も「澄春」と読み違えている。「京大(丙)」七〇号は本文書の写。

(33)元弘元年十二月二十三日付「伊香立庄沙汰人百姓等起請文案」等（「明王院」七八・八一号）に「金輪院所務之

時」とあり、元弘二年二月二日付「能兼書状」（「明王院」三〇一号）には「先年金輪院御知行之時」「今又金輪院御知行之上者」という文言が見える。

(34) 永和元年十月付「葛川行者連署陳状」（「明王院」四一四・四一五号）。行者は兼慶の乱暴の有り様を「爰兼慶為伊香立庄一旦之給主、以下立山称伊香立庄加納、任雅意及新在家之建立、任嗜欲致無慚愧之濫悪、（中略）加之伐山内之木、焼若干炭、引率数多之人夫、収納兼慶住房、剰沽却方々、運上処々、是併驕乱之至、誇張之極也、結局於新在家前度々致山賊連々煩土民、仍為遁其罪責、誅戮葛川参詣之輩、切懸其首於下立山条、重畳之悪行不遑羅縷者也」と述べ、激しく非難する。

(35) （永和二年）六月七日付「円明坊兼慶請文」（「国会」八六号）。

(36) 応永七年三月二十四日付「円明坊兼慶過書」（「国会」八九号）。

(37) 乗蓮坊と杉生坊の伊香立庄給主就任および円明坊と乗蓮坊の関係に関しては、本書第一篇第一章参照。

(38) 永享三年五月二十五日付「足利義教御教書案」（「国会」一〇九号）。幕府が葛川の別当不動院の訴えを受けて、伊香立庄民の通路を塞ぐことを禁じた御教書で、「堅可被相触伊香立民等」ことを「円明房」に命じており、当時、円明坊が同庄の給主であったことがわかる。

(39) 長禄三年（一四五九）十二月、山徒の杉生坊暹能が青蓮院の院家上乗院に宛てて「葛川状事」を書き送った書状が残り（「明王院」一六六号）、杉生坊がこの時期、伊香立庄の給主であった可能性もある。

(40) 文明八年十二月十八日付「青蓮院尊応安堵状」（『華頂要略』門主伝）。

(41) 『華頂要略』門主伝。「明王院」七六五号は本文書の案文。

(42) 文亀三年九月付「青蓮院雑掌申状案」（「国会」一〇四号）、年月日未詳「青蓮院雑掌重申状」（「明王院」九三号）。

(43) むろん青蓮院ではこの兼賀の言い分に対して、「惣而当庄事、門跡□非恩顧者、更以知行不可叶」と述べ「門跡御下知」なくして当庄の知行などありえないと、強い反発を示している（明王院四四八号）。

(44) 当時、乗蓮坊が幕府の奉公衆に準ずる地位にあったことに関しては、本書第一篇第一章参照。

(45) 『華頂要略』門主伝補遺。

付篇

付一 『天台座主記』

本書は歴代の天台座主の主な履歴を順に書き上げた記録で、その内容は第一代の義真にはじまり第一六七代の青蓮院尊朝にいたる。『天台座主記』としては、昭和十年（一九三五）に延暦寺が諸本を比較研究して出版した『校訂増補天台座主記』がもっともよく知られているが（『群書解題』二上参照）、同書が座主の治山中の出来事に関して史料を列記するというきわめて詳細な内容を有するのに対して、本書は座主に補任された年月日、院号・房号、出自、治山の期間、示寂の年齢を列記する、という簡略な内容のものである。ただ、治山時の執当については鎌倉時代以降、丹念にその名を記録するなど、活字体には見られない情報も含まれている。

今回、底本として用いたのは妙法院蔵の書写本で、これはその書写奥書からも知られる通り、天文七年（一五三八）に沙門某によって書写されたものである。天文七年以後の「第一六三」から「第一六七」にいたる記載は、当然のことながらのちに書き継がれたものである。現在は巻子装となっているが、各料紙の中央に折り跡があり、もとは袋綴じの冊子であったと推定される。

曼殊院にはこれより十数年早い慈運法親王（?～一五三七）の次のような書写奥書をもった同種の『天台座主記』（巻子本）が伝来する。

大永二年七月　日　妙法院以御本書之、

慈運（花押）

「《(後筆)》[redacted]《(伝領仏弟子覚忠)》

青門御本無相違、義承再任事

無之、逐而可決之、

覚忠」

記載項目の順序に異動があるものの内容は妙法院本とほとんど変わらない。ただ、執当名に関しては両本の間で次のような相違点がある。

座主代数	第七八	第八六	第一二二	第一〇二
妙法院本	定全	源全	兼運	兼運
曼殊院本	（記載なし）	定兼	（記載なし）	延全

執当が前代と同じであった場合、妙法院本が同名を繰り返して記すのに対して、曼殊院本はたんに「同」と記載するにとどまり、両本で名前が異なるのはいずれも曼殊院が「同」と記載する箇所となっている。なお、妙法院本には全体にわたり座主補任の年月日の肩に朱で合点が加えられているが、翻刻にあたってはすべて略した。

天台座主記

淳和御宇
第一　義真和尚　(朱筆)「楞厳院建立」
号修禅和尚（大師イ）、天長元六廿一任、(朱筆)「是座主元祖也」
相模国人丸部連氏、贈僧正、年四十六、治十年、

仁明
第二　円澄和尚　(朱筆)「伝教弟子　西塔建立」
寂光和尚（大師イ）、承和元三十六任、和尚入滅後座主中絶、
武蔵国埼玉郡人、内供、年六十六、治三年、

光定和尚
別当大師、承和四ヨリ十七年ノ間、無座主、(朱筆)「四天王院建立之」
寺務行之、

文徳・清和
(朱筆)「園城寺供養導師」
第三　慈覚大師　(朱筆)「西塔院主依奏任元祖也、恵亮和尚也」
諱円仁、仁寿四四三任、治十年、
下野国都賀郡人、内供、贈法印、年七十一、

清和
第四　(朱筆)「無動寺建立」
安恵和尚　(朱筆)「此時園城寺為山門別院」
貞観六二十六任、座主宣命ノ初也、
号金輪院和尚、号新御堂、治四年、
河内大縣郡人、大和氏、内供、阿闍梨、年六十四、

清和・陽成・光孝・宇多
第五　智証大師

貞観十一六三任、諱円珍、元慶七三廿六、叙法橋、
寛平二十二廿六任小僧都、座主僧綱初也、
讃岐国那河郡金倉郷人、年五十五、治廿三、

宇多
第六　惟首和尚

寛平四五廿一任、法興房、号虚空蔵座主、
近江国蒲生郡人、年六十九、治一年、「天台宗」

同
第七　猷憲内供

寛平五三廿九任、定心院、(朱筆)「智証門徒」
下野国塩屋郡人、年八十、治一年、号持念堂、

宇多・醍醐
第八　康済律師

寛平六年九十三任、蓮実「華」房、年七十二、
越前国敦賀郡人、(朱筆)「智証門徒」

醍醐
第九　長意法橋

昌泰二十八任、露地座主、(朱筆)「露地房ト云」
和泉国大鳥郡人、贈僧正、年七十九、治七、

幽仙律師

昌泰三二廿七拝堂登山、別当宣旨・官符
依光定例也、第二寺務也、

同
第十　増　命　延喜六十十七、(任脱カ)千手院、号千手院、謚浄観、左大史桑内安峯息、僧正之始、年八十五、治十六、「智証門徒」

同
第十一　良勇和尚　延喜廿二八五任、谷座主、号摩尼房、年六十九、治一、美濃国人、(朱筆)「智証門徒」

同
第十二　玄鑑法橋　延長元七廿二任、花山座主、安楽院、治三、摂津守高階茂範一男、贈大僧都、

醍醐・朱雀
第十三　尊意贈僧正　延長四五十一任、法性房、治十四、近江国人、大僧都、年七十五、(朱筆)「贈僧正」

朱雀
第十四　義海律師　天慶三三廿五任、山本房、号常喜房、豊前国人、治六、年七十六

朱雀・村上
第十五　延昌権律師　天慶九十二卅任、平等房、治十八、加賀国江沼郡人、謚慈念、年六十六、

村上
第十六　鎮朝大僧正　応和四三九任、辻房、治七ケ月、左京人、橘氏、年七十九、

同　第十七　（朱筆）「師主相応和尚入室」喜慶権少僧都　康保二二十五任、三昧座主、
近江国伊香郡人、年七十八、治一、

村上・冷泉・円融　第十八　慈恵大師　康保三八廿七任、治十九、定心房、年七十四、
近江国浅井郡岳本郷人、大僧正、法務大僧正始、于時権律師、

花山　第十九　尋禅僧正　寛和元二廿七任、飯室座主、慈忍和尚、治五、
右大臣師輔公十男、年四十八、一身阿闍梨初、

一条　第廿　餘慶　永祚元九廿九任、観音院、三井寺人也治三ケ月、謚智弁、
座主ニナレトモ不用之、筑前国早良郡人、権僧正于時大僧都、年七十三、

同　第廿一　陽生僧都　永祚元十二廿七任、竹林院、
伊豆国人、年七十八、治一、

同　第廿二　暹賀僧都　正暦元十二廿任、本覚房、
駿河国人、権僧正、年八十五、治八、

同・三条　第廿三　覚慶僧都　長徳四十廿八任、東陽和尚、
大和守平理善息、年八十七、治十六、大僧正、

第廿四　三条・後一条　慶円大僧正
長和三十二廿五任、号後三昧座主、
播磨守藤原尹文子、年七十五、治五、

第廿五　後一条　明救僧正
寛仁三十廿任、浄土寺、治一、
醍醐天王(ママ)孫皇兵部卿有明親王男、年七十五、

第廿六　同　院源法印
寛仁四十二九任、西方院、年七十八、
陸奥守平元明男、僧正、法務、治八、

第廿七　同　慶命僧正
万寿五六廿一任、大僧正、年七十四、
太(ママ)宰少弐藤原孝友男、治十、無動寺、

第廿八　後朱雀　教円大僧都
長暦三三十二任、東尾房、年七十、
伊勢守藤原孝忠男、法印、治九年、

第廿九　後冷泉　明尊大僧正
永承三八十一任、号志賀僧正、年九十三、
内蔵頭小野道風孫兵庫頭奉(春)時男、治三ケ日、

第三十(ママ)　同　源心僧都
永承三八廿二任、西明房、大僧正、
重明親王孫民部大輔源信正男、治五、

同　第三十（ママ）一　源泉僧正
天喜元十廿二任、同廿八辞、
播磨国人、年八十、治三ケ日、法輪院、

同　第卅二　明快大僧正
天喜元十廿九任、自是奉号梨本、権大僧都、
利仁将軍末孫文章生俊宗子、治十七、年八十六、

後三条　第卅三　勝範大僧正
延久二五九任、治七、蓮実房、年八十三、
開一箱初例也、近江国野洲郡人、法務、大僧都、

白河　第卅四　覚円大僧正
承保四二五任、治三ケ日、
関白頼通三男、法務、年六十八、（異筆）「号宇治僧正」

同　第卅五　覚尋大僧都
承保四二七任、金剛寿院、治五、
大納言道頼孫左馬頭忠経（男脱カ）、権欤大僧正于時法務、年七十、法印歟、

同　第卅六　良真大僧正
永保元十廿六、円融房、治十二、
小松天王（ママ）末孫兵部丞源通輔男、年七十五、

堀河　第卅七　仁覚僧正
寛治七九十一任、一乗房、大僧正于時僧正、
左大臣源師房公三男、年五十八、

同
第卌八　慶朝法印大僧正　康和四五十三任、寂場房、治二、
太宰(ママ)大弐高階成章三男、年八十一、

同
第卌九　増誉《大欽》僧正　長治二閏二十四任、同廿六日辞、治二ケ日、
三井一乗寺僧正、大納言経輔卿息、法務、年八十五、

同
第四十　仁源法印　長治二閏二十七任、理智房、治四、
関白師実公男、年五十二、

鳥羽
第四十一　賢暹法印　天仁二三卅任、教王房、治二、
下野権守源信頼男、年八十四、

同
第四十二　仁豪大僧都　天仁三五十二任、南無勝房、年七十一、
四十未満初例、内大臣能長公五男、権僧正、治十二、

同
第四十三　寛慶僧正　保安二十六任、大乗房、年八十、治二、
右大臣俊家公男、

同
崇徳院
第四十四　行尊僧正　保安四十二十八任、同廿三日拝堂、即辞、年八十一、号平等院　法務、
小一條院御(孫脱カ)参議基平三男、治六ケ日、

同
第四十五　仁実法印
保安四十二卅任、後寂場房、
大納言公実卿二男、僧正、年四十一、治七、

同
第四十六　忠尋法印大僧都
大治五十二廿九任、東陽房、治八
清和天皇苗裔土左守源忠季男、
大僧正、法務、年七十四、

同
第四十七　覚猷
保延四十廿七任、同廿九辞、治三ケ日、年八十八、
宇治大納言隆国卿息、大僧正、法輪院、号鳥羽僧正、

同
近衛
第四十八　行玄僧正
保延四十廿九任、青蓮院、年五十九、
関白師実公男、大僧正、治十七、

同
後白河
第四十九　最雲権僧正
久寿三三廿任、円融房、堀河院皇子、
無品親王宣、山門初例、年五十三、治六、

二条
第五十　覚忠僧正
応保二閏二一任、同廿三日辞、
関白忠通公息、大僧正、年六十、治三ケ日、号宇治大僧正、

同
第五十一　重愉僧正
応保二閏二三任、同五月廿八日辞、
右衛門権佐藤重隆息、年六十九、治四ケ月、禅智房、

同
第五十二　快修権僧正
応保二五卅任、本覚院、妙法院、
開一箱、権中納言俊忠卿息、大僧正、年七十三、治三、

同
第五十三　俊円僧正
長寛二閏十十三任、常住金剛院、
左大臣俊房公息、年六十、治二、

六条
第五十四　快修僧正
仁安元九十三任、還補初例、
治五ケ月、

同
第五十五　明雲法印
仁安二二十五任、円融房、
権大納言顕通卿二男、大僧正、年六十九、治十、

高倉
第五十六　無品覚快親王
安元三五十一任、青蓮院、
鳥羽院七宮、年四十八、治三、

同
第五十七　明雲僧正
治承三十一十六任、治四、

安徳
第五十八　俊堯僧正　寿永二十二十三任、同三正廿二大衆　号五智院、
切本房、追却山門、神祇伯源顕仲卿息、年六十九、

後鳥羽
第五十九　全玄僧正　寿永三二三任、桂林房、執当澄雲、治六、年八十、
少納言藤実明息、法務、大僧正、

同
第六十　公顕大僧正　文治六三四任、同七日辞、本覚房、年八十四、
安芸権守顕康王息、歴四ヶ日、

同
第六十一　顕真法印　文治六三七任、執当澄雲、宣陽房、治三、
美作守藤顕能息、権僧正、年六十二、
四分記録、顕真瀧禅院ヨリ仁全―承弁―源全―弁全マテ嫡弟相承、無子細者也、而弁全之時、行全幼稚之間、預カリ申之由依出状、成乗房義源法印ニ記録悉伝遣之、行全早世之間、其後義源ヨリ教王房叡憲ニ相伝畢、於彼跡又無相続之輩、記録大略散在云々、

同
第六十二　慈円僧正　建久三十一廿九任、同七十一廿五辞、号慈鎮、
執当実仙、関白忠通公男、大僧正、年七十一、治四、青蓮院、

同
第六十三　後白河院皇子 無品承仁親王　建久七十一卅任、円融房、年廿九、治五ヶ月、
三十未満初例、執当実仙、後ニ実誓ト云、治四、

同
第六十四　弁雅法印
建久八五廿一任、金剛寿院、執当実誓、治四、
権大納言源顕雅卿息、僧正、年六十七、

土御門
第六十五　慈円僧正
建仁元二十八任、執当兼雲、治二、還任、第二度、

同
第六十六　実全法印
建仁二七十三任、妙法院、執当長昭、
同三六廿九辞、右大臣公能息、権僧正、治一、

同
第六十七　真性僧正
建仁三八廿八任、号宣陽房、書写宮、
後白河院孫王以仁王息、大僧正、年六十四、治二、

同
第六十八　承円法印大僧都
元久二十二二任、円融房、治七、
関白基房公息、僧正、年五十七、

順徳
第六十九　慈円大僧正
建暦二正十六任、執当定覚、
第三度初例、治一、

同
第七十　公円大僧正
建暦三正十一任、寂場房、年六十八、
執当定覚、左大臣実房公息、治一、

同
第七十一　慈円大僧正
建保元十一十九任、執当定覚、
第四度初例、治八ケ月、不遂拝堂、

同
第七十二　承円僧正
建保二六十二任、執当定覚、治七、

尊快入道無品親王
承久三四廿六任、以弁頼実
仰之、宣命已前辞、円融房、
後鳥羽院皇子第七、年四十三、治四ケ月、不遂拝堂、

後堀川
第七十三　円基僧正 治六
承久三八廿七任、金剛寿院、執当仁全、被開一箱、
内陣役良性法眼、摂政基通公息、大僧正、法務、年五十三、

同
第七十四　尊性親王
安貞元十二廿七任、治二、妙法院、執当定全、
後高倉院第一皇子、二品親王山門初例、年四十六、

同
第七十五　良快僧正
寛喜元四十三任、青蓮院、治三、号妙香院、
執当定全、関白兼実公息、大僧正、法務、年五十八、

同
第七十六　尊性親王
貞永元八廿五任、執当定全、治六、

四条
第七十七　慈源法務権僧正
嘉禎四三一任、青蓮院、執当定全、
被開一箱、大僧正、治三、年三十七、
摂政道家公息、

同
第七十八　慈賢僧正
仁治元八十一任、聖光房、康楽寺、執当定全、治六ケ月、
同二正十六辞、摂津守源頼兼息、年六十七、

同
第七十九　慈源僧正
仁治二正十七任、執当定全、治六年、

後深草
第八十　入道無品道覚親王
宝治元三廿五任、青蓮院、治三、
被開一箱、後鳥羽院皇子、年四十七、号西山宮、

同
第八十一　無品尊覚親王
建長元九五任、円融房、号中宮、治十、
執当承弁、順徳院皇子、

同
第八十二　無品尊助親王
正元元三廿六任、青蓮院、号大原宮、治五、
土御門院皇子、二品親王、年七十四、

亀山
第八十三　最仁無品親王
弘長三八十五任、円融房、号後中宮、(山脱カ)年六十三、
執当源全、治二、後嵯峨院皇子、

同
第八十四　澄覚僧正
文永二三十八任、円融房、執当源全、年七十一、治二、
同四六廿四辞、後鳥羽院孫皇三品雅成親王息、無品親王、

同
第八十五　無品尊助親王
文永四七十五任、執当定兼、
治二、第二度、

同
第八十六　慈禅大僧正
文永五十二廿七任、金剛寿院、年四十六、治三、
執当源全、関白家実公息、「浄土寺」《(異筆)》

同
第八十七　澄覚前大僧正
文永八五十一任、執当源全、蒙親王宣旨、
建治二十一廿四辞、治五、再任、

後宇多
第八十八　道玄前大僧正
建治二十一廿五任、青蓮院、治二、執当源全、
被開一箱、関白良実公息、准三后、

同
第八十九　公豪前大僧正
弘安元四一任、林泉房、年八十六、治四、
執当源全、左大臣実房公息、

同
第九十　最源僧正
弘安五三二任、本覚院、治十ケ月、執当仁恵、
同十二廿二辞、大政《(ママ)》大臣良平公息、

同
第九十一　無品尊助親王
弘安七九廿七任、執当兼覚、治二、第三度、
同九十一十四辞、

同
第九十二　無品最助親王
弘安九十一廿九任、円融房、年四十一、治二、
執当仁誉、同十一三廿一辞、土御門院皇子、

伏見
第九十三　慈実前大僧正
弘安十一三廿一任、青蓮院、関白道家公息、
正応二二十辞、治一年、

同
第九十四　無品慈助親王
正応二四十三任、同三二六辞、青蓮院、
後嵯峨院皇子、治一、年四十二、号市河宮、

同
第九十五　尊助親王
正応三二十六任、同十廿八辞、治八ケ月、
第四度、于時二品親王、

同
第九十六　慈助親王
正応三十一廿一任、同五正十四辞、
治二、第二度、

同
第九十七　源恵前大僧正
正応五八廿三任、本覚院、治八ケ月、
征夷大将軍源頼経息、

同
第九十八　慈基前大僧正
正応六五五任、金剛寿院、治五年、
執当兼覚、関白兼平公息、

同
第九十九　尊教前大僧正
永仁四十二十七任、妙法院、治三年、
執当兼覚、大（ママ）政大臣公相公息、

同
第百　無品良助親王
永仁七四廿三任、青蓮院、善法院、治三、
亀山院皇子、

後伏見
第百一　道潤僧正
正安四五十九任、本覚院、治六ケ月、
関白良実公息、大僧正、

後二条
第百二　道玄前大僧正
乾元二四十三任、青蓮院、治二年、
第二度、于時蒙准后宣旨、

同
第百三　花園院　二品覚雲親王
嘉元三四任、円融房、治七、于時無品、
応長六三辞、依神輿入洛也、亀山院皇子、

花園院
第百四　公什僧正　大欽
正和二正十二任、治二、般若院、
少将公有息、不遂拝堂、

同　第百五　慈道無品親王
正和三八一任、青蓮院、治三、二品親王、
同五六十六辞、亀山院皇子、

同　第百六　仁澄（大欠カ）僧正
正和五六廿任、同六九二辞、竹林院、
治四ケ月、大僧正、二品惟康親王息、

同　第百七　覚雲二品親王
文保元三十一任、円融房、治三、
同二十二十二辞、不遂拝堂、

後醍醐　第百八　慈勝僧正
文保二十二十二任、浄土寺、治五年、
関白家基公息、

同　第百九　親源大僧正
元亨二十二廿三任、檀那房、治九ケ月、
大納言雅家卿息、

同　第百十　澄助大僧正
元亨三十二一任、円乗院、治二、
大政（ママ）大臣実家公息、

同　第百十一　慈道親王
元亨四四十二任、青蓮院、治二、第二度、
正中二五八辞、二品親王、

同　第百十二　性守僧正

正中二五八任、不受宣命、卒同廿一入滅、治十四日、
大政(ママ)大臣実兼公息、年卅九、妙法院、

同　第百十三　承覚親王

正中二五廿三任、寿量院、号西林院、
後宇多院皇子、二品親王、治一、

同　第百十四　承鎮親王

正中三三九任、円融房、治二、無品親王、
順徳院曽孫、

同　第百十五　慈道親王

嘉暦三四廿七任、治九ケ月、第二度、
不遂拝堂、

同　第百十六　尊雲二品親王

嘉暦三十二六任、円融房、治三、
後醍醐院皇子、二品親王、

同　第百十七　桓守僧正

嘉暦四二十二任、禅定房、号実乗院、
同四十八辞、入道大政(ママ)大臣公守公息、治一年歟、

同　第百十八　尊雲親王

元徳元十二廿四任、治二、

同
第百十九　慈源僧正（大僧正）
元徳二四十七任、善法院、号曼珠（殊）院、
同十一月辞、左大臣実泰公息、治九ケ月、

同
第百廿　尊澄親王
元徳二十二十四任、妙法院、同円融房、
後醍醐院皇子、二品親王、治山中間退転（後一品、山門一品親王初例也、）

同
第百廿一　尊円入道親王
元弘元十十二任、青蓮院、治二、
執当兼運、伏見院皇子、二品親王、

光厳院
第百廿二　尊胤親王
正慶二正十七任、円融房、執当兼運、
後伏見院皇子、二品親王、治山中間退転、

又後醍醐
第百廿三　尊澄親王
建武元七任、執当延全、

光明院
第百廿四　尊胤親王
建武三十二任、円融房、
執当兼運、

同
第百廿五　聖恵僧正
暦応元十二十九任、円乗院、治二、本覚院、同二十二
七辞、後深草院孫皇式部卿久明親王息、

同　第百廿六　尊円親王　暦応二十廿八任、同三十一月辞、治四、

同　第百廿七　無品祐助親王　暦応四十一十八任、桂林院、治四、後二条院皇子、

同　第百廿八　承胤親王　康永三三三任、円融房、無品親王、執当兼運、後伏見院皇子、治三、

同　第百廿九　亮性親王　貞和二八十七任、妙法院、執当兼運、後伏見院皇子、治二、

同　第百卅　二品尊胤親王　貞和三八十五任、執当兼運、治三年、

崇光院　第百卅一　二品尊円親王　観応元七廿任、第三度

同　第百卅二　慈厳僧正　観応二三任、善法院還補

後光厳院　第百卅三　二品尊胤親王　文和元十廿六任、

同　第百卅四　尊道法親王　文和四十廿五任、妙香院、
延文三七廿一辞、後伏見院皇子、

同　第百卅五　桓豪僧正　延文三十二廿八任、禅定房、
執当尊兼、

同　第百卅六　二品承胤親王　康安二二八任、執当尊兼、
同九廿日辞、

同　第百卅七　無品恒鎮親王　康安二九廿一任、執当尊兼、

同　第百卅八　二品尊道親王　貞治四九十一任、執当尊兼、

後円融院　第百卅九　二品承胤親王　永和二閏七十任、執当玄全、

同　第百四十　慈済僧正　永和三四十五任、執当純全、
妙香院、

同　第百四十一　無品道円親王　永徳元六八任、執当玄全、
青蓮院、後光厳院皇子、治四、

後小松院
第百四十二　後光厳院皇子
無品堯仁親王
至徳元七十七任、妙法院、治四、
嘉慶二正廿九辞、執当玄全、

同
第百四十三　無品明承親王
嘉慶二五廿八任、円融房、
後光厳院皇子、
同
第百四十四　慈弁僧正
明徳三十二晦任、浄土寺、
執当尊能、近衛大（ママ）閤道嗣息、

同
第百四十五　一品尊道親王
応永三（ママ）任、十楽院、
山門一品親王初例不審也、妙法院尊澄一品親王任於山門初例歟、如何、
同
第百四十六　道豪僧正
応永九十十七任、善法院、曼殊院、
二条大（ママ）閤良基息、不遂拝堂、

同
第百四十七　桓教僧正
応永十一十廿二任、禅定房、実乗院、
執当兼真、元ハ兼忠ト云、同二条、

同
第百四十八　良順僧正
応永十六三十六任、善法院、
執当玄全、同二条、

同
第百四十九　尭仁二品法親王
応永十八六八任、執当英兼、
遂拝堂、同十九四辞、任一品親王、

同
第百五十　桓教僧正
応永十九四十六任、岡崎再任初例、
不遂拝堂、

称光院
第百五十一　実円僧正
応永廿十十六任、林泉房、大僧正、
号毘沙門堂、三条公忠公息、不遂拝堂、

同
第百五十二　相厳僧正
応永廿一九八任、檀那院、
執当英兼、久我、

同
第百五十三　義円准后
応永廿六十一三任、執当英兼、
青蓮院、征夷大将軍・入道・准后・大政（ママ）大臣義満息、
年廿六、

同
第百五十四　持弁僧正
応永廿八四十一任、浄土寺、
執当尭全、

同　第百五十五　義承大僧正

円融房、応永卅五四廿一任、
執当兼舜、征夷大将軍・入道・准后・大政（ママ）大臣義満息、

後花園院　第百五十六　良什僧正

永亨（享）三八十六任、竹中、不遂拝堂、
執当兼舜、依根本中堂焼失被放召了、

同　第百五十七　義承大僧正

永亨（享）七四廿三任、執当職事
同五月廿一日被仰付堯全、任准后、

同　第百五十八　公承法務大僧正

文安四二廿七任、林泉房、三条家、
宣命三月廿九日、執当兼喜、

同　第百五十九　教覚僧正

亨（享）徳四五六宣下、妙法院、年卅三、
文明三四十二拝堂、於御経蔵○被開一箱、任准后、
徳大寺右相府息、将軍義教御猶子、

後土御門院　第百六十　尊応准三宮（二条家）

文明三五九宣下、青蓮院、

同　第百六十一　二品堯胤親王（伏見宮）

明応二四卅日宣下、円融房、
永正十五四六日拝堂、辞、

後柏原院
第百六十二　無品覚胤親王（同）　永正十五四十三日宣下、妙法院、
執当言全、天文十正廿七入滅、無拝堂、

後奈良院
第百六十三　二品尊鎮親王（後柏原皇子）　天文十（ママ）宣下、青蓮院、
同十九年九月十三日、入滅、無山宣命・拝堂、

同
第百六十四　無品尭尊親王　天文十九十十九日宣下、妙法院、
同廿二年七月廿五（日脱カ）、山上山下之不受　宣命、拝堂等雖
無之、依歓楽辞、

同
第百六十五　無品応胤親王　天文廿二七　宣下、梨下、
第百六十六　覚恕准三宮　元亀元三廿三宣下、曼殊院、
元亀二九山門滅亡、天正二正三薨、
天文七年五月中旬之比、書写之、更不可能外見者也、後日可書改之、
天台沙門（花押）記之、

（後筆）
「青門
尊朝親王　天正十三二十二、座主宣下云々、山門滅亡以後十五ケ年退転、
青蓮院」

付二　『日厳院引付』『即往院座主拝任事』

はじめに

京都国立博物館では、昭和五十五年（一九八〇）以来、社寺調査の名のもと、京都の社寺を対象とした文化財の総合調査を実施してきた。ここに紹介する『日厳院引付』『即往院座主拝任事』の二点の史料は、平成七年（一九九五）度に妙法院で実施した社寺調査によって確認されたものである。これらは、以下に詳しく述べるように、中世における妙法院をはじめとする門跡の歴史を考えるうえにおいて、ともに高い価値を有すると考えられるものであり、本文を翻刻するとともに、その内容について若干の検討を加えることとする。

翻刻に先立って断っておかなければならないのは、『日厳院引付』についてはすでに『妙法院史料』第六巻に「引付」（第四一号）の名で翻刻されており、また『即往院座主拝任事』ものちの写本を底本にしてではあるが、やはり同書に「天台座主記」（第一四七号）の名で翻刻されているという点である。[1]つまり、二点の史料はこの点でともに新発見の史料というわけではない。にもかかわらず、今回ここに改めてこれらの史料の全文を翻刻することとしたのは、次のような理由による。

その第一は、『即往院座主拝任事』に関しては、今回の調査で原本が発見され、写本との間にわずかではあるが異同が確認されたこと。第二には、これは二点の史料に共通するが、文字の読み方について『妙法院史料』との間で見解を異にする点があまりにも多いこと。また、第三には、史料の内容に検討を加え必要な基礎知識を得ることにより、筆者はもとより文中の人物・地名をより詳しく比定できるようになったことである。

ちなみに第二の理由にあげた文字の読み方に関しては、『妙法院史料』との間で意見を異にする箇所は、『日厳院引付』で三十数か所、『即往院座主拝任事』で四十数か所に及ぶ。また第三の読解に必要な基礎知識について一例をあげれば、『日厳院引付』の筆者を『妙法院史料』は表紙にある署名をもとに「実昭」としか提示していない。しかし、この引付で貴重なのは、筆者が当時、妙法院の院家日厳院の院主であった点にあり、実昭がほかならぬ日厳院実昭であることが明示されていなければ、これを活用することはほとんど不可能に近いと考えられる。全く同じことは『即往院座主拝任事』に関してもいえる。以上が今回両史料について改めて全文を翻刻することとした所以である。

一　日厳院実昭筆『日厳院引付』

(1)日厳院の歴代

本史料は日厳院の院主実昭が同院発給の文書を記録したもので、現在は巻物仕立となっているが、もともとは袋綴の冊子本。全十紙からなり、後補の第一紙には「洛東小坂御殿一代　実昭僧正之筆跡」と記される。元の料紙である第二紙から第十紙には各紙の奥に「一丁」から「九丁」にいたる丁数が打たれ、表紙であった「一丁」(第二紙)の表側には「引付　文明十六年」の題・年紀と「実昭」の署名・花押がある。

文書が記載されるのは「一丁」から「八丁」までで、もともとは裏表紙であった末尾の「九丁」には記載はない。ただこの「九丁」の紙背には「□庄水田取帳　永享六年十月　日」の墨書があり、ある庄園の「水田取帳」の表紙の裏を翻して用いたものであったことがわかる。なお「九丁」だけは記載がなく、かつ紙背の墨書を見せるためであろう、巻子仕立とする時に紙背を表にして継がれている。

本引付の筆者が実昭なる人物であったことは、第一紙（後補紙）および第二紙（一丁）の記載・署名などからあきらかである。と同時に彼、実昭がほかならぬ当時の日厳院の院主であったことを物語ってくれるのは、第一紙に記されている「洛東小坂御殿一代」なる一文である。次に引用したのは、江戸時代に作られた妙法院蔵「日厳院門流相承次第」である。

日厳院門流相承次第 号明禅房 又号小坂

相顕 妙法院快修僧正附法
実覚 号小坂 権大納言公雄子
亮秀 権大僧都
実昭 僧正 左大臣教季息
覚永 師主覚胤親王 法務大僧正 月輪 侍従氏賢息
尭什 早世 従尭恕親王灌頂 高倉 権大納言永敦息
実豪 権僧正 上野介範信子
亮継 亮性親王弟子 内大臣実継息
明実 僧正
公意 権僧正
尭憲 師主尭然親王 大僧正 探題 贈左大臣基音息
尭継 権大納言基量息

これによって、日厳院が一名「明禅房」とも「小坂」とも呼ばれていたこと、およびその歴代のなかに実昭が含まれていたことが確認できよう。

(2)日厳院の性格と所在地

日厳院の「小坂」の通称は、その所在地に由来する。時代ははるかに下るが、明治に作られた『京都府寺誌稿』は「妙法院」の項で、日厳院の由緒とともにその所在地名について、次のように記録する(カッコ内は割注)。

応保二年五月、快修大僧都ノ開創ニ係リ、本院ノ別室ト称シ、住職ヲ以テ院務ヲ執レリ、其地ハ妙法院ノ門前、今ノ帝国京都博物館ノ地ニ在リ、境内弐千百八坪、堂宇之ニ称フ、明治《ママ》年廃寺セリ、其方丈ハ目下方広寺ノ方丈ナリ(聞ク、今ノ博物館ノ事務所門前ノ小石橋ヲ小阪橋ト云フ、故ヲ以テ日厳院ヲ一名小阪殿ト称セリト云フ、蓋シ綾小路小阪殿ノ旧名ヲ伝ヘシナルヘシ)

これによれば、日厳院のあった「小坂(小阪)」とは、帝国京都博物館(現京都国立博物館)の「事務所門前ノ小石橋」あたりを指していたことになる。

永井則男氏によると、江戸時代の日厳院は、豊国廟撤去後、少なくとも寛文(一六六一~七三)頃からは確実に現在の京都国立博物館の位置にあったことが確認できるという[2]。では豊国廟建立以前、本引付が書かれた文明(一四六九~八七)頃、日厳院はどこに所在していたのであろうか。結論からいえば、同院はもともと、やはり現京都国立博物館の場所にあったものと推定される。

その理由は、ほかならぬ本引付に記された「小坂御殿」という注記にある。つまり文明の頃、日厳院の院主もしくはその居所が「小坂御殿」の名で呼ばれていたことを本引付の注記は物語っており、当時あるいはそれ以前より日厳院がすでに「小坂」と呼ばれ、現京都国立博物館のあたりに所在していたことが判明するからである。日厳院はもともと現京都国立博物館のあたりに所在しており、のち豊国廟ができるにあたっていったん他所に移され、さらに同廟が撤去されるとともにふたたび旧地に戻されたのではなかろうか。

日厳院は江戸時代になると妙法院門跡の院家として、その地位を内外に認められている。たとえば『雍州府志』は「日厳院、門主之院家而在妙法院之前」と記しており、妙法院に残る諸記録もすべて同院を院家と記録する。(3)しかし、室町時代以前、日厳院が妙法院内においていかなる地位にあったかについては、残念ながら詳しいことはわからない。ただわずかにその活動の一端をうかがわせるものとしては、次のような『康富記』文安元年（一四四四）十月十三日条の記載がある。

今朝山門之馬借等数百人発向日厳院転法輪三條殿也、妙法院之脇門跡、切居坊云々、中道妙法院之侍法師也、訴訟事故也云々、剰可被改易妙法院門主之由、出啾訴云々、日厳院与管領辺不快之故者歟、近日之為體奈之何々々、

前後の事情がわからないためよく理解できない部分も少なくないが、妙法院の「脇門跡」日厳院の活動が延暦寺大衆の反感を買い、彼らから妙法院門主の座主職改易要求を突き付けられていたことだけは確認できよう。また、日厳院の地位についていえば、中原康富は妙法院の「脇門跡」と理解していたことがわかる。しかし、康富がいうように日厳院が当時、妙法院の「脇門跡」であったか否かについては検討を要する。というのは、室町時代後期に作られた武家の有職故実書『細川家書札抄』によれば、細川家から日厳院への書札礼は若王子・定法寺・真光院などと同じとされている。若王子・定法寺・真光院は、それぞれ聖護院・青蓮院・仁和寺の院家であり、日厳院だけが脇門跡であったとは考えにくいからである。(4)

『康富記』の記事にもかかわらず、日厳院は早くより妙法院の脇門跡ではなく院家であった可能性が高いわけで、ここでは同院は中世より妙法院の院家として存続していたものと、理解しておきたい。

次に本引付の筆者実昭についてであるが、先に引用した「日厳院門流相承次第」によれば、彼は日厳院六世の明実の弟子で「左大臣教季息」であったことになる。その正確な活動時期はわからないが、この点に関しては彼の父兄の生没年が参考となる。すなわち父の左大臣菊亭教季（一四二七〜八三）は文明十五年（一四八三）七月二日、五十九歳で死去、またその子で実昭の兄左大臣公興（もと公尚、一四四六〜一五一四）は永正十一年（一五一

四）二月四日、六十九歳で没している。[5] これらによって実昭のおおよその活動時期がうかがわれよう。

(3)『日厳院引付』所載の文書

本引付には日厳院実昭が自ら発給した文書二十八通が記録されるが、その概要は別表の通りである。内容別に見ると、日厳院領庄園に関わるものがもっとも多く、十三通を占め、その内訳は、比良木保一通（①）、仰木庄八通（⑤⑦⑭⑯⑰⑲㉑㉓）、普門庄二通（③⑥）、南庄一通（㉔）、その他二通（⑱㉕）となっている。

ちなみにこれら近江国内の比良木保以下の所領が日厳院の管領下にあったことを示すものとして、時代はやや下るが、妙法院に残る大永頃（一五二一〜二八）の次のような文書がある。[6]

にちこん《(日厳)》院ふん《(分)》の事

一、山しろ《(城)》のくに《(国)》にしのをか《(西岡)》てらと《(寺戸)》ぃてんふんと申、こんほん《(根本)》百廿石　地下はんせい《(平済)》をひき《(引)》て、其のち又はんせいを引候つるを、のた《(野田)》と申もの廿石ニうけ《(請)》てとりさた《(執沙汰)》候、然ニ兵部大ゆふ《(輔)》弐石つゝいたされ、きんねん《(近年)》ハ一りう《(粒)》わた《(渡)》されす候、

一、同ほうしやう寺《(法成寺カ)》ふとうふん《(不動分カ)》、三石あまり、

一、同いなりの内山てんと申、てん《(田)》地一ちやう《(町)》、

一、同すけたにの内、地し《(子)》壱石、

此三か所ハ、しん地の内として、めうほう《(妙法)》院殿へまいる、

一、あふみ《(近江)》しか《(滋賀)》のこほり《(郡)》あふき《(仰木)》のうち、

百卅石、

一、同みなしやう《(南庄)》きたかた《(北方)》　八十石、

一、同かまう《(蒲生)》のこほり《(郡)》ひらき《(比良木)》　百十石、

別表 『日厳院引付』所載文書一覧

	年月日	文書名	宛所	書き出し文言
①	文明2年 1月11日付	比良木保預所吉書案	(比良木保)	定近江国比良木保祝言三ヶ条事
②	(文明15年)6月16日付	某書状案	真野神主	光明寺之家儀、毎事無沙汰候
③	(文明15年)7月5日付	昭秀書状案	越前	普門庄御年貢以下、毎事無沙汰
④	文明15年 12月付	承珍奉書案	多福庵	就□□僧当庵領之儀
⑤	(文明16年)8月13日付	承珍書状案	(仰木庄)両政所	□度御注進候赤佐申鳥越下地之事
⑥	(文明16年)8月16日付	承珍書状案	普門庄御百姓中	就当庄定使之儀、以前条々申上趣
⑦	(文明16年)8月16日付	承珍書状案	仰木庄両政所・目代	去年被仰出候段銭相残事
⑧	(文明16年)9月10日付	日厳院実昭書状案	庁法眼	先度申候上唐畠之事
⑨	文明16年 8月18日付	承珍奉書案	■栄賢子息兄弟中	上唐畠拾壱半事
⑩	文明16年 2月11日付	承珍奉書案	迎接寺	家田小谷口一色田地之事
⑪	文明17年 9月27日付	承珍奉書案	勝蔵坊	慶輪跡上唐畠五枚
⑫	文明17年 9月27日付	承珍奉書案	勝蔵坊	侍従跡当社観音経之事
⑬	(文明17年)10月3日付	花台院承仕職補任状案	賢栄阿闍梨	補任 花台院御承仕職事
⑭	(文明17年)10月3日付	承珍書状案	仰木両政所	花台院御承仕職事
⑮	文明15年 12月付	妙法院教覚令旨案	舜栄阿闍梨	御廟講供僧職之事
⑯	文明16年 1月8日付	仰木庄預所吉書案	(仰木庄)	下 近江国仰木庄
⑰	(文明16年)2月8日付	承珍書状案	仰木庄両政所	先度被仰出候彼代物相残事
⑱	(文明16年)2月16日付	承珍書状案	検校・西・岡	就日次銭之儀
⑲	(文明16年)2月16日付	承珍書状案	(仰木庄)両政所	当庄転(博)奕停止処、其風聞候
⑳	(文明16年)2月21日付	承珍書状案	常蔵坊	西光庵事、雖重々子細在之
㉑	文明15年 12月25日付	承珍奉書案	戒光坊	仰木庄土橋下地妙喜沽脚(却)事
㉒	文明16年 3月2日付	承珍奉書案	霊山奥坊	就彼下地之儀
㉓	(文明16年)3月4日付	承珍書状案	仰木庄両政所	馬場坂屋并宮橋修理木之事
㉔	文明16年 3月13日付	承珍書状案	南庄下司	自文明拾三年至于拾五年

㉕	(文明16年)3月24日付	承珍書状案	検校・岡・西	先度被仰出候日次銭事
㉖	(文明16年)3月24日付	昭秀書状案	来迎院年行事	御状趣委細致披露候、如法経米事
㉗	(文明16年)3月25日付	承珍書状案	本庄	彼代物之事、当年中にすまし候へと
㉘	(文明16年)3月19日付	承珍書状案	等副主・修阿弥陀仏	就真如堂燈明米之事

右こと〳〵くきんねん《(近年)》ふちきやう《(不知行)》ニなり申候て、□□《(めい)》わく申候、らう《(牢)》人の事に候へハ、ゐ中《(田舎)》ニ候て、□□とのしん地にももれ申候、かつてかんにん《(堪忍)》なり申さす候間、かち《(梶)》井殿ニかんにん申候、しかるへきやうにたの《(頼)》み申候、

日厳院が、比良木保、仰木庄、普門庄、南庄の諸庄園において有していた権益の概要がこれによって知られよう。

所領に関わるものについで多いのは、日厳院が管領していた個別の田畠や寺庵領に関する文書である。それらはそれぞれ四通（⑧⑨⑩⑪）、三通（②④⑳）の計七通を数える。

その他では花台院承仕職の補任状（⑬）や、妙法院の御廟講供僧職補任状（「令旨」、⑮）など、妙法院の院家としての資格で日厳院が発給した文書も記録されており、これらによって当時の妙法院内での日厳院の活動の大要を知ることができる。

なお、文書形式でいえば、実昭の命を奉じて承珍・昭秀なる二人の人物が発した書状形式のものがもっとも多い。「……之由、被仰出候、恐々謹言」の書止で終わるそれらの文書については、別表ではすべて「書状」の名をもって示した。また「……之由、被仰出候、仍執達如件」の書止文言をもつ文書が数通あるが、こちらのほうは「奉書」の文書名をもって表記した。ちなみに実昭が自ら署判を加えている文書は、自署の書状一通（⑧）と袖判の当知行安堵状一通（⑨）のわずか二通にとどまる。

門跡内にあってその院家が通常いかなる形で文書を発給し、かつ自らの寺領等を運営していたかを示す史料は、これまでほとんど発見されておらず、この点で本引付は短いものとはいえ、きわめて貴重な史料と考える。

二　日厳院覚永筆『即往院座主拝任事』

(1)筆者の確定

本史料は「はじめに」で述べたように『妙法院史料』第六巻に「天台座主記」の名ですでに収録されているものである。ただ『妙法院史料』が底本として用いたのは、寛永十六年（一六三九）二月に兼空大僧正なる人物が書写した写しであり、ここでは今回発見された正本をもとにすべてを改めて翻刻することとした。なお史料名を『即往院座主拝任事』と改めたのは、「天台座主記」という表題が兼空大僧正のつけたものであり、かつ元表紙に記された『即往院座主拝任事』のほうが内容からみても、よりふさわしいと考えたことによる。

妙法院蔵『即往院座主拝任事』はその題名通り、即往院こと妙法院堯尊法親王（?〜一五五九）が天台座主(以下、「座主」とのみ記す）に就任したときの記録である。[7]『天台座主記』によれば、堯尊法親王は天文十九年（一五五〇）十月十九日、座主の宣下を受け、同二十二年七月、歓楽によって辞するまでおよそ三カ年その職にあった。本記には座主就任直前の天文十九年九月十四日から翌天文二十年八月までの間の座主としての活動が記録されている。

座主職には平安時代後期以降、延暦寺所属の門跡・脇門跡等の門主が就くこととなっていた。門主が座主となった場合、各門跡・脇門跡では、当然のことながら組織をあげて門主の座主としての業務を処理することが行なわれていた。しかし意外なことにそれら門跡・脇門跡の動きを伝える史料は皆無に等しい。この点、本記録は後述するように、時代は室町時代後期まで下がり、かつ記載内容も簡略とはいえ、座主となった門主堯尊法親王を補助した妙法院院家の院主の手にかかるものであり、その活動の実態を伝えてくれる点で極めて貴重なものである。

記載内容は表題の通り座主職に関わった出来事にほぼ限定される。その簡略な記載内容などからして日記よりの抄出かとも思われるが、残念ながら筆者はその名を記録内にとどめない。ただ幸いなことに写本を作成した兼空大僧正は、筆者として「覚永大僧正」の名をあげる。では兼空大僧正のいう「覚永大僧正」とはいかなる人物だったのであろうか。それを知る手がかりは、『即往院座主拝任事』の本文中にある。次に引用したのは、本史料天文十九年十月十日条の記事の一節である。

則参　内、御対面、申次藤宰相、御捶柳三荷、饅頭廿八、混《(昆)》布一束、櫁《(蜜)》柑百、以文勾当内侍へ被申、大介御局へも文被参、予柳壱荷両種御局へ持参、御礼物長橋へ五十疋、大介局へ五十疋、大輔《御局之者》ニ三十疋、伏見殿へ指樋壱荷両種宛、両御所へ参、

本史料の筆者がこの日、所労の堯尊法親王に代わって座主拝任の御礼のために参内したことが知られるが、同日の出来事を『御湯殿上日記』は次のように記す。

十日、めう《(妙)》ほう《法)》院さす《(座主)》の御れいに三色三か《(荷)》まいる、にちこん《(日厳)》院御つかいにまいらせらるゝ、御たいめん《(対面)》あり、

これによってこの時に法親王の代理として参内したのがほかならぬ「にちこん院」であったことが判明しよう。また、筆者が日厳院の院主であったことを側面からではあるが裏付ける記事が本記録中にいま一つある。それは天文十九年十月十一日条の「祇園社別当、任先例当院申請、今日番仕代官竹坊ニ案内、修《(執)》行代山本ニモ申聞畢」という記事である。これによれば、筆者はこのとき「先例」に任せて座主の堯尊法親王より「祇園社別当（感神院別当）」に補任されているが、日厳院の院主はこれ以前にも妙法院門主が座主となったときに同職に就いており(8)、この点からも本記の筆者は当時の日厳院の院主であったと見てほぼ間違いない。

ちなみに他門跡の例でいえば、青蓮院の場合、門主が座主職に就任したときには、執事を「祇園社別当」に補任するのを恒例としていた。(9)「祇園社別当」が座主にとって大きな権益の一つであったためであり、このことからすると、妙法院でも時の日厳院の院主は同門跡の執事か、あるいはそれに準ずる地位にあった人物であった可能性が高い。

さらにこれらの点を確認した上で、先にあげた『日厳院門流相承次第』を見ると、そこには実昭から二代あとの日厳院の院主に覚永の名を見出すことができる。ちなみに同記に見える覚永の父「侍従氏賢」は、『諸家伝』三によれば大永六年（一五二六）に三十三歳で没している。父の没年からしても、日厳院覚永が本記録の筆者「覚永大僧正」その人であった可能性はきわめて高く、以上の点から本記録の筆者は、妙法院の院家日厳院の院主であった覚永であったと判定したい。(10)

⑵座主の権限に関わる記載

次に本記録の内容について若干触れておく。本記録でもっとも注目されるのは、座主職に就任することによってもたらされた、諸職の補任権や得分についての記載が豊富なことである。それらを整理すると次のようになる。

［得分］

①洛中小袖公事役（座主領）　天文十九年九月二十一日条他

②赤山禅院別当領［八瀬・大津松本・賀茂・中堂寺］　巻末目録「座主領事」

③祇園社別当領［祇園社番仕正月・二月分、厳御前参銭、帯役銭、祇園林守銭、材木公事］　巻末目録「座主領事」他

④西塔院主補任礼銭　天文十九年十月十一日条

⑤執当（補任）礼銭　天文二十年正月十九日条

［支出］

①禁中本尊（守護か）　天文十九年十月二十四日条
②如意輪護摩の執行　天文十九年十二月三日条
③前唐院万供　天文二十年正月十四日条
④日吉社奉幣　天文二十年四月申日条
⑤常行堂念仏下行　天文二十年八月条

これらのうち「洛中小袖公事役」については、前座主青蓮院尊鎮時代の駕輿丁との相論を受け継ぐかたちで、座主就任直後に発せられた「後奈良天皇女房奉書」が本記録に記載されているが、[11]同女房奉書にいう「こそのくし」とは、『門葉記』一八二収録の「青蓮院尊鎮仮名消息」に見える出来事を指す。それによれば青蓮院尊鎮の座主の代に「座主渡りやう小袖の公事」は、駕輿丁からの抗議によって、かの「御ふく公事やく」と競合しないことが定められていたという。本記録の記載は、この『門葉記』の記事を補うとともにこの時にいたり「小袖公事役」が座主の手を離れたことを示すものであり、この点できわめて興味深いものである。

また「帯役銭」については、これまで「座主領」であったことは知られていたが、関連史料が少なく、その実態についてはわからない点が多かった。それが本記録によって、天文年間の末にもまだ「座主領」として存続していたこと、およびその形態の一部が確認できることとなった。帯役を座主に上納していた帯座では、この時期、「公用代官職」を兼ねた「座頭職」がきわめて強力な権限のもとに座を支配していたといわれる。[12]そのような指摘自体はあやまりではないが、その背後には、本所が時限的な役職である座主であったという特殊な事情がひかえていたことを見落としてはなるまい。

つまりいつ解任されるかわからない座主職が本所では、「座頭職」が「公用代官職」としてその権限を強大化させていかざるをえなかったものと考えられるのであり、商業の座においては、本所の性格が座の歴史的なあり方を大きく規制していたことをこの帯座の例は示している。

このほか、座主が兼帯することとなっていた諸職として注目されるものに、赤山禅院検校職・感神院検校職といった諸寺社の検校職がある。座主は同職就任とともにその権限下、当該諸寺社に別当を置くことを通例としていた。[13] それら別当の補任がいかなる経過を経て決定され、また各別当職にはいかなる権限が付随していたか、などを知る上でも本記録は貴重である。赤山禅院に関していえば、その所領が八瀬・大津松本・賀茂・中堂寺等に散在し、座主（赤山禅院検校）が別当を通じてそれらを支配していたこと、また祇園社については別当を通じて、正月・二月分の番仕銭、巌御前参銭、祇園林守銭、材木公事などを座主（感神院検校）が支配していたことなどが、本記録によって確認できるからである。

延暦寺三塔のうち西塔院主職の補任権もまた座主が保持するところであったが、堯尊法親王のもとでは、安居院覚澄と石泉院が競望、結局は安居院覚澄が同職を獲得している点が目を引く。安居院・石泉院はともに青蓮院の院家であり、[14] なぜ堯尊法親王のもとで彼ら他門跡の院家が同職を争っていたかが、問われなければなるまい。西塔院主職の性格を含めて今後の課題となろう。

このほか常行堂念仏への下行や日吉祭への奉幣、十月二十五日条に見える「禁中御本尊」の妙法院への遷座など、これまでまったく知られていなかった、座主職に関わる記載が本記録には数多く見出せる。本記録を検討することによって、天台座主の多面的な活動のあり方がこれまで以上に多角的にあきらかになるものと期待される。

（1）妙法院史料研究会編『妙法院史料』第六巻「古記録・古文書二」（吉川弘文館、一九八〇年）。
（2）永井規男「日厳院の古指図とその客殿遺構」（『日本建築学会大会学術講演梗概集』、一九八四年）。

（3）たとえば『堯恕法親王日記』（『妙法院史料』第七巻）貞享二年（一六八五）十月十日条に所載の妙法院から伝奏に提出した書付では、同門跡の「院家」として、日厳院堯憲・恵明院堯什・金剛院円恕の名を連記する。また元禄五年（一六九二）八月四日に妙法院より京都町奉行所に提出した書付では、院家として「日厳院」の名をあげその開基と由緒について、次のように記している（『堯恕法親王日記』同日条）。

日厳院
開基　山門西塔 相顕快修大僧正附法
至当代堯什大僧都五百余年、寺地蓮池北方
再興慶安年中

（4）『細川家書礼抄』（『群書類従』一四五）は、細川家から諸院家への書札礼を次のように記す。

一、若王子、定法寺、真光院、聖光院、上乗院、日厳院、下河原殿御室、
此御人数へは進覧と可有之、寺号・院号いかにもちいさく可書、文章以下さのみ不可有御賞翫候、大概の文章たるべし、恐々謹言、恐惶謹言共、追加、墨ぐろに筆を継、墨をあらためて可書、此方之御名乗はすみぐろに可在之、

（5）『諸家伝』三。『大日本史料』八―五（文明十五年七月二日条）、同九―五（永正十一年二月四日条）参照。

（6）なお本文書を大永前後のものと判定した理由は、文中に西岡の寺戸の地が野田某によって押領されていることが見えることによる。参考までに同事件に関わると推定される妙法院蔵の文書二通を次に引用しておく。

[1]（端裏書）（異筆）「大永六」
城州西岡寺戸弁土河之内、草位田名本役等之事、久御代官職預り申、聊雖未進懈怠無之候、従去大永元年、我々下代之儀、野田源四郎、以斎藤三郎右衛門尉可預之由、色々申候之間、高頭六拾石内廿石可進納之旨申定候之処、其已後之儀、如御存知、過分ニ毎年無沙汰仕候、種々申候へ共、不承引候之間、先誰々にも可被仰付候、此在所之儀者、以御補任之旨、御屋形様対御下知預り申候へ共、野田無沙汰ニ付而如此候、於我等非疎略候、恐惶謹言、
六月四日　秀行（花押）
日厳院　御同宿中

［2］当御院護摩御料所寺戸・土川之内、草位田名御本役之事、南部修理方御代官職被召放、直ニ為拙者可参旨被仰付候、意得存候、南部時、如定申、六十石之内廿石、毎年進上可申候、聊不可在無沙汰之儀候、此旨御取合奉頼候、仍請状如件、

大永六年七月三日　　野田源四郎

光長（花押）

日厳院殿

御奉行所

（7）堯尊法親王について、『妙法院門跡相承略』（妙法院蔵）は「堯尊　貞《伏》敦親王息、為後奈良御子、一身アサリ、座主、無品、早世、号即往院」と記す。

（8）寛正六年（一四六五）二月十五日付「俊慶長吏職補任料請取状案」（『八坂神社文書』八三八号）、同文書の端裏書には「座主妙法院殿長吏補任、日厳院殿別当請取案文」とあり、これが享徳四年（一四五五）五月に天台座主となった妙法院教覚のもとで、祇園社（感神院）別当に補任された日厳院の院主（雑掌）の出した請取状であったことがわかる。

（9）拙稿「山門公人の歴史的性格」（本書第三篇第三章）、福真睦城「祇園別当の成立と変遷――比叡山との関係から――」（『ヒストリア』一五一、一九九六年）参照。

（10）ちなみに日厳院の歴代の活動に関して現在確認できた範囲で記しておく。実昭以前では、相顕から数えて五代目の亮秀に関しては、応永三年（一三九六）九月に行なわれた延暦寺の大講堂供養で「梵音頭」役を勤めたことが『応永三年山門大講堂供養記』に見える。また六代目の明実については、永正十二年（一五一五）十二月付「真如堂領目録」（『真正極楽寺文書』）が、長禄二年（一四五八）仰木庄内「石見給米十石」を京都の真如堂に寄進したことを記録しており、それぞれの活動時期のおおよそをうかがい知ることができる。ちなみに明実は真如堂への寄進と同じ頃であろうか、京都の誓願寺にも「仰木庄年貢米毎年拾石充」を寄進しており、同寺では永正八年十二月二十日にいたってその領知を幕府から安堵してもらっている（『誓願寺文書』）。

（11）『門葉記』一八一に収められている同消息は次のようなものである。

座主渡りやう小袖の公事の事、のそみ申候物候まゝ、補任をなし候所に、御服公事やく、古来朝恩として駕輿

丁しんしいたし候、混乱候て申候やらん、おうにさやうには候ましき御事候、各別の御事と思ひ被□候、いか丶したる御事候や、御服と小袖と候事、ふにんなと候て□とつ候、となたへもかき被□候をは、そんし□□□このたん経乗法橋さい円候ま丶、た丶い□申はけ候はん、たとい祇園別当のうち小袖の公事やく、ふるき物なと候て、御服とかき、小袖とかき候とも、返々往古より朝恩として駕輿丁おほせつけられ候には、ま丶(ママ)され候ましき御事候、このよしよく〳〵おほせ出され候やう、御ひろう被□候、かしく、

(12)　脇田晴子『日本中世商業発達史の研究』(御茶の水書房、一九六九年)、豊田武『座の研究』(『豊田武著作集』第一巻、吉川弘文館、一九八三年)。

(13)　前掲注(9)拙稿参照。

(14)　拙稿「中世門跡寺院の組織と運営」(本書第四篇第一章)。

◆日厳院実昭筆『日厳院引付』

「(後補紙)(後筆)
洛東小坂御殿一代
実昭僧正之筆跡」

「(表紙)
引付文明十六年
実昭(花押)」

(1)
(吉書案)
定近江国比良木保祝言三ケ条事

(異筆、以下同)「一丁」

一、可専仏神事等事、

一、可○(全)池堤等事、

一、可守濃(農)作業事、

右、所条々定如件、

文明二年正月十一日　　預所判

(2)

光明寺々家儀、毎事無沙汰候、不可然候、幸仏善寺由緒事候間、任証文旨、彼寺

領等無相違様、仏善寺可被申付之由、
被仰出候也、恐々――(謹言)、

六月十六日　　同判

真野神主殿

(3)

普門庄御年貢以下、毎事無沙汰之間、
御代官談合候て、一段可被加成敗候、殊未進
済々之儀候を請乞申、無沙汰候、言語道
断事之由、被仰出候、恐々――(謹言)、

七月五日　　昭秀判

越前殿　袖書ニ留所ノ定之事在之、

(4)

就□□(ママ)僧当庵領之儀、雖種々申候、既
属無為無事候上者、以後之儀、不可有相違
之由、被仰出候也、執達如件、

文明拾五
十二月　　承珍判

多福庵

(5)

□(先)度御注進候赤佐申鳥越下地之事、為
両政所執御申事候間、不可有子細之由、被
仰出候也、恐々――(謹言)、

八月十三日　　同

両政所殿

(6)

就当庄定使之儀、以前条々申上趣、御尋候処、
如此申候、此分候者、為地下申旨、難心得被　「二丁」
思食候由、被仰出候也、恐々――(謹言)、

八月十六日　　同

普門庄
御百姓中

(7)

去年被仰出候段銭相残事、急度被仰
付、執沙汰候者、可為御祝着之由、被仰出候也、
恐々(ママ)

八月十六日　　同

仰木庄
両政所・目代殿

(8)

先度申候上唐畠之事、支証明鏡
儀候間、同者御令旨申出度由
申候、可然様憑入候、恐々謹言、

九月十日　　予

庁法眼御房

(9)

予袖判在之、此一紙九月十六日ニ出也、
上唐畠拾壱半事、雖相付、下政所
之由掠申、到(致)相伝之趣、支証

暦(歴)然之旨、　令旨如此候、任当知行旨、
弥不可有相違之由、被仰出候也、仍執達如件、
文明十六
八月十八日　　承珍判
▨栄賢子息兄弟中

(10)
家田小谷口一色田地之事、被預下候、但卅
苅九斗之内、一斗者風呂江御寄進、一斗者、夫上
食也、残七斗、毎年共未進者、不可有始終相
違候由、被仰出候也、仍執達如件、
「三丁」
文明十六
二月十一日　　同判
迎(摂)接寺　但九月廿五日ニ出候

(11)
慶輪跡上唐畠五枚、依有御用、沽脚(却)
候者、(上脱カ)永代知行不可有相違之由、被仰出候也、
仍――(執達)――(如件)、
文明十七
九月廿七日　　同判
勝蔵坊御房

(12)
侍従跡当社観音経之事、師(帥)可被仰
付之由、被仰出候也、仍――、
同日　　同判
同

(13)
補任　花台院御承仕職事
賢栄阿闍梨
右、所被補任也、可令存知給之由候、仍執達
如件、
十月三日　　承珍判
□(賢)栄阿闍梨御□(房)

(14)
花台院御承仕職事、御門跡公私御礼被申、
補任被遣候、彼給米如前々可被相渡之由候、
恐々――、
十月三日　　同判
仰木
両政所殿
「四丁」

(15)
□(御廟)講衆補任案文
御廟講供僧職之事、以隆運
阿闍梨闕、所被補任舜栄阿闍梨也
者、依
妙法院前天台座主准三宮御気処(色)候也、仍執達
如件、
文明十五年十二月　日　　大僧都法印判
舜栄阿闍梨御房表書同

花光坊執▨(依)申、正月七日▨(被)調遣之了、雖然去年日付也、

(16)
下　近江国仰木庄（仰木庄吉書案文、正月八日ニ下也、）使兄部

仰下三箇条

一、可勤行仏神事等事、

右、初春政、以敬信為先、恒例・臨時
仏神事等、丁寧可勤行矣、

一、可修固池溝・垣堤事、

右、豊務要、尤有池堤、可修固矣、

一、可備進乃貢事、

右、致合期、可備進勤矣、

文明十六年正月八日　「五丁」

預所判（越前加判）

(17)
□(折)紙
先度被仰出候彼代物相残事、自本庄
重如此注進候、如何様にも早々可被渡遣
候、定而御等閑有間敷候へ共、延引候へハ、無(ママ)
其曲候由、可申旨候也、恐々――、

二月八日　承珍判

仰木庄
両政所殿

(18)
就日次銭之儀、先年雖以請文被申候、毎年無沙汰之
儀、曲事候、早々可有進納候、猶無沙汰候者、一
段可被仰付候由、被仰出候、恐々――、

二月十六日　承珍判

検校殿
西殿
岡殿

(19)
当庄転(博)奕停止処、其風聞候、為事
実者、無勿躰候、御糺明候て、可被加御成敗
之由、被仰出候也、恐々――、

二月十六日　同判

両政所殿

(20)
西光庵事、雖重々子細在之、取被申儀候之間、
別而其へ被閣申候由、被仰出候也、恐々――、

二月廿一日　同判　「六丁」

常蔵坊御房

(21)
仰木庄土橋下地妙喜沽脚(却)事、（昭秀判、予加、）任売券旨、
永代知行不可相違之由、被仰出候也、仍執達
如件、

文明十五
十二月廿五日　同判

但、文明十六年二月廿一日出、

戒光坊御房

(22)
立(竪)紙也、加予袖判也、
就彼下地之儀、以尊栄重々御侘(詫)事由被申候間、
各閣可被申旨、被仰出候也、仍執達如件、

文明十六年三月二日　同判

霊山
奥坊御房

(23)
馬場仮屋并宮橋修理木之事、弐本分可
被出由仰出候也、恐々――、

三月四日　同判

仰木庄
両政所殿

(24)
切紙也
自文明拾三年至于拾五年、算用被申候、
未進五石七斗▨在之、此分進納候者、
可為皆済候也、

文明拾▨(五)六年三月十三日　同判

南庄
下司殿

(25)
先度被仰出候日次銭事、于今無沙汰、言語道断事
候、去年分有名無実候、早々可有進納候、次当年「七丁」
二月分先度請取下候、急度御用子細候間、一両日
中可有進上候、加様無沙汰候者一段可被仰出候、
返々不可然候、恐々――、

三月廿四日　同

検校殿
岡殿
西殿

(26)
御状趣委細致披露候、如法経米事先度如被仰候、種々
地下儀被仰付候時分候、雖少事候到来候者、可被
進之由、可申旨候也、恐々――、

三月廿四日　当番衆 昭秀判

来迎院
年行事御房

御返報

(27)
彼代物之事、当年中にすまし候へと承候、驚入
存候、如以前申候罷下候時、両三年分被仰定候処、
如此相違之儀無御覚語(悟)候、於当年分者、不可有御
無沙汰之由、可申旨候也、恐々――、

三月廿五日　承珍判

本庄殿

御返報

(28)
就真如堂燈明米之事、連々御催促候、先度如被申候、彼公事之儀旁御迷惑子細候之間、于今延引、非御本意候、雖少事候、奔走候て可被進候、無御等閑趣御伝達候者、可為御祝着候也、恐々──、

三月十九日　同判

等副主禅師

修阿弥陀仏

(紙背)「
□庄水田取帳　永享六年十月　日
」

「八丁」
(表面端書)「九丁全」

◆日厳院覚永筆『即往院座主御拝任事』

(表紙)「
即往院座主御拝任事少々
治山三ヶ年
」

天文十九庚戌九月十四日、近日青蓮院宮尊─鎮依御他界、当門御拝任雖為勿論之儀、御病中之条、可為如何由、以大介御局伺申処、不可有別儀旨、被仰出畢、則御局依為御里、勧修寺弁(晴秀)江被成直書畢、
座主　宣下事、可被成下之由、預　奏達候者、可為祝着者也、仍状如件、

九月十九日　御判

頭弁とのへ

如此両紙被遊、無上裹、上書下ニモ御判ト有之、礼之事ハ先例雖無之、為柳代五十疋可被遣之由、御約束也、則披露之処、御返事如此、

文のやうひろう《(披露)》して候へハ、めうほうゐん《(妙法院)》とのさす《(座主)》の事、申され候、御心えあらせおはしまし候、せん《(宣)》下せられ候へく候よし、申せとて候、かしく、

仰天文十九 九廿一　——《(返)》事

さすとりやう《(座主渡領)》とて、前さすの御時、こそ《(去年)》のくし《(公事)》とて、ふとまきれ候事候て、ふにん《(補任)》をなされ候つるゆへ、かよつちやう《(駕輿丁)》と申事候つる、いつかたより申候とも、こそのくしの事、おほせ事候ましく候、しせん《(自然)》さやうに候ハヽ、なに時もさすの事あらためられ候へく候よし、めうほうゐん《(妙法院)》へ申され候へく候よし、心えて申せとて候、かしく、

くわんしゆ《(勧修)》寺
大納言とのへ

仰天文十九 九廿一

此方請文
洛中小袖公事役之儀、従　禁裏可被閣申由、被仰出候、不可有別儀旨、為座主宮可申入之由候也、恐惶謹言、

九月廿六日　　行忠判

勧修寺大納言《(尹豊)》殿
人々御中　　ウラカキ　庁法眼

十月二日、座主領貫別百四十文宛出之、御礼等入目也、

八日、禁裏御礼之事、門主依御所労、予参内可申旨申入之、御意得之由、御局御返事有之、

十日、則参　内、御対面、申次藤宰相、御捶柳三荷、饅頭廿八、混布《(昆)》一束、樒柑《(蜜)》百、以文匂当内侍へ被申、大介

御局へも文被参、予柳壱荷両種御局へ持参、御礼物長橋へ五十疋、大介局へ五十疋、大輔御局之者ニ二十疋、伏見殿へ指捶壱荷両種宛、両御所へ参、

十一日、今日、元三差文自別当代依申、御判被遣之、

安居院(覚澄)、西塔院主職御礼五百疋、申次分三百疋之折紙被参、被望申、石泉院同被望申、院主職申次・補任等、先規自当院調進之、

祇園社別当、任先例当院申請、今日番仕代官竹坊ニ案内、修(執)行代山本ニモ申聞畢、

十九日、祇園林守銭十疋宛、十二月ニ出分有之、西徳院依異見(ママ)、出雲ニ遣之、

今夜伏見殿依御異見(ママ)、陣之宣下被行之、上郷(卿)中山大納言(孝親)、勧修寺頭弁申沙汰、宣命持明院預り也、下行物半分定弐貫四百文、三宅請取在之、公家出立、中山ニ弐百文、頭弁へ三百文、持明院百文、被遣之、俄之間、如此被調之、八瀬禅院分年貢・松本年貢之事、先座主へ可有納所、宣下以前之間ト依申也、則明日所務無別儀、

廿四日、行忠乱世之間、於　禁中御本尊等可請取申之由、雖参申、先例無之条、無御同心旨、従竹園被仰云々、

廿五日、五辻蔵人為　勅使、御本尊・御撫物参、御倉衛仕参、仕丁二人、門主御対面、御盃計有之、御本尊箱共ニ五辻被持渡宰相尊継、予率度請取之、

本式御下行物、御倉百疋、衛仕五十疋、仕丁十疋宛之由申、但、当時可為半下行旨、雖令問答、色々申間、八十疋下行、仕丁両人中ニ十疋下行、仕丁事クルマト申、五人有之間、五十疋可給由申云々、退出之砌、於庁務房三献有之、自門跡入目被遣之、魚交云々、翌日五辻宿所へ柳壱荷両種被遣之、先例云々、夜居宣下未到、御無沙汰、追而可申、

十二月三日、自今夜如意輪護摩、為御手代予修之、承仕祐弥三十疋下行、本式三時歟、一時修之、可為従去廿五

日処延行、但、巻数者八日メニ進之、勾当局ヘ以文被参、毎月晦日巻数禁中ヘ参、

四日、安居院覚澄、種々依懇望、西塔院主補任、予書出、門跡ヘ指樽二荷両種・五百疋御礼持参、予ノニ任銭壱貫弐百文・指樽壱荷両種給之、御樽者毎年可為此分、補任案文有別紙、

十五日、祇園番仕代官竹坊・鳥居坊令同道来、任料且弐百疋・柳弐荷・豆腐廿丁・混(昆)布一束持参、申次五十疋出中村給之、之、如形三献給之、任料今百疋廰而可持参由申、補任請文可進旨雖申、先例無之旨申間、不及請文、補任遣、案文別ニ有之、任料請取遣之、

廿七日、自感神院神供、宮仕承円持参之、

正月

五日、祇園江中村扇持行、弐百疋番仕銭出之、中村ニ十疋、新次郎ニ五疋出之、羹・酒等有之云々、

十日、如意輪護摩《コマ》行之、巻数　禁中ヘ進上之、承仕玉阿雖可為自元日、延引也、

十四日、前唐院万供七十疋可有御下行由、御留主蓮花院執申之、座主役云々、可有減少旨申、但未決、

十九日、執当御礼、公私三百疋令減少、御礼ニ不参、如形出之、

三月

十二日、柳三荷、饅頭廿五、混(昆)布一束、干豆腐廿丁、禁裏江被参、座主之御礼、毎年如此、惣以上座主所役、以惣渡領之内、令各出、相調畢、

四月

申日、日吉祭礼捧（奉）幣、御使六阿、鈍色五帖袈（条）裟、百疋御下行、但被減少被遣、自社家御使ニ給分有之、

八月

常行堂御念仏御下行弐百疋之由申、但諸下行減少之条、可為半分旨被仰、未決、

一、座主領事、

禅院別当領、八瀬ニ米三石計ト百疋計ト有之、

大津松本ニ四石有之、

賀茂ニ二石有之、

中道（堂）寺七百計有之、井料云々、

祇園別当領、正二月番仕銭　巌御前参銭月別百文、

帯役銭壱貫弐百文出之、前ハ五貫文有之、

材木公事　近年押領之、

此外座主領諸公事被取之、

むすびにかえて

――本寺・末寺関係に見る寺院社会の広がり――

はじめに

中世における寺院社会の広がりを延暦寺を中心にさまざまな角度から考察してきたが、その成果をあえてあげれば、同寺の運営が大衆による惣寺（惣山）を基本としていた事実を、幾分かでもあきらかにしえたことにあると考える。論証不足の点も多く課題は山積しているが、最後に惣寺を基本とする寺院社会の広がりと奥行きを、延暦寺における本寺と末寺の関係をもって検証することでむすびにかえたい。

建暦三年（一二一三）十月、南都北嶺と並び称された興福寺と延暦寺の大衆があわや正面から衝突するという事態が惹起する。原因は興福寺の末寺清水寺が、突然、延暦寺の末寺になろうとしたことにあった。『明月記』『仲資王記』『吾妻鏡』はこの事件の発端を次のように伝える（傍点は筆者）。

①『明月記』同年十月二十一日条

今日清水寺法師廿人計登山、可為天台末寺之由所望、衆徒揺鐘議此事云々、

②『吾妻鏡』同年十月二十九日条

六波羅飛脚参着申云、清水寺法師等依寄附寺家於台嶺之末寺、山門使入部彼寺領之間、南都衆徒憤之、為焼失延暦寺擬発向、

③『仲資王記』同年十一月十七日条

南都大衆令上洛之由有其聞、是清水寺俄寄延暦寺之間、□□鬱訴云々、

これらの史料が異口同音に伝えるように、ことの発端は、清水寺の寺僧たちが同寺を延暦寺に「寄附」「寄進」(『一代要記』同年十月二十二日条)したことにあった。興福寺の強い抗議によって、この清水寺の延暦寺末寺化は結局は実現せずに終わるが、[1]「寄附」「寄進」によって成立する本寺と末寺の関係とはいかなるものだったのであろうか。

建暦三年の出来事はこの点を考える上でもいくつかの貴重な材料を提供してくれる。その第一点は、寺僧たちが自分たちの意志によって「寄附」「寄進」という手段を通じて、本寺をある程度自由に選ぶことができたという事実である。さまざまな制約はあったとはいえ、末寺は惣寺として本寺を選ぶ権利を留保していたと見てよい。一方、本寺に選ばれた延暦寺の方でも、清水寺からの申し出をうけてその許諾を惣寺として決定しており、本寺と末寺の関係は基本的に惣寺対惣寺の関係として成立していたとみなければならない。特に清水寺からの申し出を受けた延暦寺では鐘を打ちその当否を「議」したという『明月記』の記事は、この点をリアルに伝えて貴重である。

それではこれらの点を念頭において、中世における延暦寺における本寺と末寺のあり方を史料に則して具体的に見ていくこととしよう。

一　虚空蔵尾と大原観音寺

次に引用したのは、室町時代、延暦寺の末寺となっていた近江国坂田郡（現山東町）に所在した大原観音寺に残されている文書である。

応永十六年九月廿日東塔北谷虚空蔵尾集会議曰、

早可被申入、為学頭　貫主事

右、江州大原荘内観音寺事、去応永元年、故青蓮院（尊道法親王）一品親王被成下　令旨、為山門末寺之条、誰輩可諍之、縦雖為当代成吾山末寺条《之》、非制之限、其例不可勝計者哉、然近年大原方非分之張行之間、為本山加扶助之剋、称今月十一日無動寺事書、支申　山務之御挙之条、無勿躰次第也、彼事書之趣、奸曲非一、先一円依為客人神人神役、観音寺同地頭之進退云々、此条不（得脱カ）其意、可閣寺中公事・課役之由、度々《出》書状畢、争悔（悔）返可号地頭自専哉、其上為寺中神役勤仕之段、自往古曾以無之者哉彼状、副之、次為傍沙汰而、仮末寺之名称云々、是者非当時之契約、被成令旨訖備右、偏是一類別心之族、得大原方之語、致順魔之沙汰者歟、更以不被叙用之処也、所詮、理非既令顕然之上者、早速被成事書之御挙者、可為衆悦之旨、衆議訖、(2)

観音寺はこの前後、地頭大原氏の押領に悩まされており、その「非分之張行」を排除する目的で発せられたのが、右の「本寺」東塔北谷虚空蔵尾大衆（以下「虚空蔵尾」と略する）の集会事書であった。ただ、一読すればあきらかなように、この事書自体は大原氏の非法行為を訴えたものではない。ここで虚空蔵尾が非難の対象としたのは、大原氏の背後に控えていた無動寺大衆であり、より具体的には彼らが発した事書であった。

では、それほどまでに虚空蔵尾を怒らせた無動寺大衆の事書とはいかなる内容のものだったのであろうか。事書そのものは残らないものの、虚空蔵尾の引用するところをもって示せば、それは次の二点に集約される。

①先一円依為客人神人神役、観音寺同地頭之進退、
②為傍沙汰而、仮末寺之名称、

虚空蔵尾の反論と合わせ考えると、①の具体的な内容はこうなろう。すなわち大原庄では地頭大原氏が「客人神人神役」を一円「進退」しており、当然、観音寺もこれまでその「地頭之進退」下で同役を勤仕してきた。ところが同寺では虚空蔵尾の末寺であることを理由にこれを忌避しはじめたが、それは断じて認められない。日吉社の客人社は鎌倉時代初めから無動寺が管理しており[3]、この無動寺大衆の主張の背景には、同谷がその「神役」徴収を大原氏に委ねていたという事情があった。①はそのような「神役」に対する権限が、観音寺によって蹂躙されたことに対する抗議としてあがった言葉であった。

そして②は、その観音寺と虚空蔵尾の本末関係を無動寺大衆がたんなる「公事・課役」「神役」忌避の隠れ蓑と見なしていたことを物語っている。本当の本末関係であればともかく「末寺之名称」に名を借りた「神役」忌避は許されないというのが、②の無動寺大衆の言い分であった。本末関係がいかなる社会的機能をもって存在していたかを伝える点で興味深い主張といえよう。

さてそこでこのような無動寺大衆からの非難に対する虚空蔵尾の反論であるが、①への反論は明快である。同尾ではこれ以前より末寺・観音寺の「公事・課役」免除を認めており、「客人神人神役」についても同寺がこれを勤仕したことはない、というものであった。

ここで特に注目したいのは、②に対する同尾の反論である。彼らは「是者非当時之契約、被成令旨訖」という言葉をもってこれに当てている。つまり、両者の関係が第一には「当時之契約」ではなく、第二にはそれが青蓮院宮の令旨によって保証されていること、この二点をもって虚空蔵尾は無動寺大衆への反論としていたのであった。

つまり、虚空蔵尾によれば、本寺と末寺の関係の正当性は、第一義的には「非当時之契約」ことであり、それは門跡の承認をもって保証されえる性格のものであったということになる。むろん、彼らは観音寺との本末関係をこれらの条件をともに満たしたものと主張しているのであるが、この二つの条件のうち取り分け重要と思われるのが、前者の本末の関係の正当性を「非当時之契約」ところに求める理解のあり方である。この点について立ち入って考察していくこととしよう。

二　本寺と末寺の契約

次に引用したのは、応永十六年（一四〇九）の出来事から五年後、訴訟が勝利に終わったことを受けて虚空蔵尾が観音寺に宛てて発した事書である。

応永二十一年九月二日東塔北谷虚空蔵尾集会議曰、

可早相触江州北郡観音護国寺衆徒中事

右、当寺大原方違乱事、今般為神訴之随一、公方令落居、被成下　御教書畢、急寺僧令帰住請取贓物等、至尽未来際可住寺中安穏人法繁栄之思者也、次末寺役事、当年闕怠無勿躰次第也、然者、就此公人等、致一倍之沙汰、可上進者也、次付此沙汰莫太秘(非)違之間注文追可下者也、云多年紛骨、云秘(非)違借物、芳(旁)珍事至極也、付是非寺僧等登山可糺(委)季細者哉、於向後者、自山上可致下知、曾以満(大原)信申事、不可有承引者也、若承請寺僧在之、(者脱カ)可処罪科者也、次神輿入洛、近日治定也、仍若輩衆徒、急速致登山、励勇敢軍忠、為後代亀鏡、可顕本末契約之懇志哉之旨、衆議畢、[4]

虚空蔵尾が自分たちの要求を観音寺に突き付けたこの事書からは、本寺と末寺の関係が具体的にどのようなものであったかがかなり明確に浮かびあがってくる。要求は次の三点からなる。

(1)「末寺役」の「上進」(この時は「当年闕怠」を理由に「一倍之沙汰」を虚空蔵尾は観音寺に要求)
(2)「秘違(非)」糺明のための比叡山への「登山」
(3)「神輿入洛」時の「若輩衆徒」の「軍忠」

これらの内容に関してはのちに検討を加えることとし、当面ここで指摘しておきたいのは、虚空蔵尾がこれらの履行をもって「本末契約」が成立すると理解していたという点である。むすびの「為後代亀鏡、可顕本末契約之懇志哉之旨、衆議畢」という言葉がなによりもよくそのことを物語っている。本寺虚空蔵尾にとって末寺との関係とはあくまでも「契約」の上に成立するものであったことがこれによって確認できよう。むろん相手方の観音寺も両者の関係を「契約」と考えていたであろうことは想像するに難くない。

そして、実はこのような理解は、なにも虚空蔵尾と観音寺に限ったことではなかった。同じような理解は、中世延暦寺ではきわめて一般的なものであった。一例を示そう。

応永三十二年(一四二五)八月、若狭国遠敷郡(現小浜市)の明通寺の衆徒は、連署して延暦寺の根本法華堂にその末寺となることを申し入れるが、そのときにあたり彼らが発給した二通の連署状と、これに応じて根本法華堂——現実には「十二口之浄侶」が管領——が発給した「延暦寺法華堂下文」が『明通寺文書』のなかに残る(必要部分のみを抄出)。

〔A〕若狭国遠敷郡東郷松永庄内明通寺衆徒等謹言上
　早欲蒙御成敗、任先例、重成本末約諾、専顕密勤行、全国界家安寧懇祈間事
　(中略)
昔者為天台末寺汲玉泉之流、今者○亦不尋法水之淵源、隠仏日之光輝者也、歎而有余、悲而不足者哉、抑毎年竪義之大業者、移偏山門之儀、則年始修正之行法者、専学吾山之故実者也、云真諦云俗諦、無非本寺之行儀、

然間尋大師経始之浄場、以末寺再昌之儀、如元奉寄附永代根本法花堂之末寺者也、於自今已後者、○当寺之別所○弁末寺已下、為山門之計、守真俗之法度、可専朝家之護持者也、縦雖末寺代ゝ○之至、於当寺之衆徒、背此旨、為一事令違失者、且訴公方可有厳科之沙汰者也、仍為後証亀競（鏡）之、加寺僧満偏之署判状、如件、

応永卅二年八月十五日　　連署以上[5]衆徒二十五人・中座衆十八人

〔B〕若狭国遠敷郡松永庄内桐山明通寺者、大同年中之草創、平城天星（皇）之御願寺也、（中略）爰当寺者、根本為叡山末寺、移真俗之法度、顕蜜（密）之法席日新矣、毎年之立（竪）義之大儀、月々八講之勤行、皆是本寺之法式也、雖然近年聊乱本末之契約、中間退伝（転）之間、今般山門根本法花堂之可為末寺成契約、尽未来際不乱其由諸（緒）、至後々末代本末成水魚思、寺中者本寺之随御下知、真俗皆以人々各々之坊領已下法花堂令寄附者也、仍為後証奉寄進□（衆カ）中一同之連暑（署）状、如件、

応永卅二年乙巳八月十八日[6]

〔C〕山門根本法華堂下　若狭国遠敷郡松永庄内明通寺

早可任旧規、為延暦寺末寺、専顕密勤行、全　天下護持精祈間事、

（中略）

依之、昔者成当山末寺之契約、雖移真諦俗諦之法式、依忘近年往代之契諾、有名無実之勤行、就冥顕不可然之由申間、於自今已後者、為当堂之末寺、堅守契約之旨、不可違失之状如件、

応永卅二年八月十八日　　大法師快承（花押）

大法師承慶（花押）[7]

本寺が根本法華堂という堂舎になっている点や、末寺の「再昌」を名目としている点、さらには「寄附」なる言葉が用いられている点など、観音寺の例とは異なる点も少なくない。しかし、ここでも両者の関係は「本末之

契約」〔A〕〔B〕、あるいは「往代之契諾」〔C〕と表現されており、本寺と末寺の関係があくまでも「契約」として成立していたことがわかる。

　また、その契約内容で興味深いのは、明通寺衆徒が本寺と末寺の紐帯の一つとして「行法」あるいは「法度」「法式」を繰り返し強調している点である。〔A〕にいう「抑毎年竪義之大業者、移偏山門之儀、則年始修正之行法者、専学吾山之故実者也、云真諦云俗諦、無非本寺之行儀」、〔B〕に見える「爰当寺者、根本為叡山末寺、移真俗之法度、顕蜜(密)之法席日新矣、毎年之立(竪)義之大儀、月々八講之勤行、皆是本寺之法式也」などといった表現からは、本寺と末寺が法流を紐帯として強くむすびついていたことが読みとれる。むろんこれも明通寺に限られたことではなく、たとえば若狭の羽賀寺（本寺は青蓮院）では「当寺法流事、中古受叡山之一流」といい[8]、和泉の松尾寺（本寺は東塔西谷根本千手堂）でも法流をもってする本末のむすびつきを「爰以延暦之尊意僧正始、代々学侶自山門下向」と伝える[9]。本寺と末寺の「契約」は一つには法流の伝播・交流をもってその内容としていたのである。

　しかし、両者の「契約」はそれだけがすべてではなかった。先に見た本寺の虚空蔵尾が末寺の観音寺に突き付けた三つの要求に立ち戻り、本寺と末寺の「契約」内容についていま少し詳細に考察を加えていくこととしよう。

三　本末の契約——末寺の義務——

　本寺の虚空蔵尾が突き付けた要求は、裏を返せばそのまま末寺の観音寺が履行しなければならなかった義務ということになる。末寺の義務という観点から先の三点に順を追って検討を加えていく。

(1)末寺役（末寺銭）の「上進」

　末寺が本寺に納める「末寺役」と呼ばれる一種の上納金については、大原観音寺以外でもその例を確かめることができる。たとえば、先の松尾寺の場合「毎年十一月中」に「三百疋」を東塔西谷に納めている。[10]
また、やや特殊な事例となるかもしれないが、本願寺では、寛正六年（一四六五）正月、延暦寺西塔の大衆によって本堂を破却されてのち、同塔を本寺としており、毎年末に三十貫文の「末寺銭」を上納している。[11]ちなみに本願寺では寛正六年以後、法主以下は伝を頼って三塔と本末関係を結んでおり、その有り様を『本福寺由来記』は次のように伝える。

西塔北谷正教坊ハ実如様光暁丸ニテ御児様ノ御名ハ御坊ナリ、同西谷西覚坊ハ下間筑前殿御坊ナリ、東塔北谷一谷ハ本福寺末寺ニタノマレタリ、八部ニ覚恩坊ハ法住ノ知音ノ坊ナリ、カクノコトキノ坊々ヲヘタマイテ、ナンナクソノ時ヨリ無為無事ニオハシマス、

このときに本願寺が延暦寺大衆に支払った銭に関して、『本願寺跡書』は「去モ十六ノ谷へ料足三千貫入トカヤ、其後三十ケ年経テ、西覚房イハク、本願寺ヨリ銭ヲ取タルモノ、ミナ悉ク悪果タリト語レタル、カヽル成敗ヨリ末寺ト申シカケ、末寺役三十貫文、三塔院へ登」と記しており、十六谷に三千貫文、それとは別に三塔に「末寺役」として三十貫文が上納されていた。三千貫文の料足は一時的なものであったが、西塔への三十貫文の「末寺銭」納付は戦国時代まで継続しており、本寺・末寺の契約の一環として支払われていたことがわかる。このほか同宗派では専修寺もある時期から東塔の末寺となって、毎年三貫文余の末寺銭を同塔に上納し続けている。[12]

末寺は毎年の「末寺銭」だけでなく、時には臨時の「末寺役」を負担しており、時代はさかのぼるが、建暦元年（一二一一）十月の根本中堂の修理費用は「天台末寺木徳庄・香春社・中津隈庄・朝妻寺・願臨寺」が負担している。[13]また、嘉禎二年（一二三六）六月、大衆の使者の鎌倉への派遣にあたっても、その「旅具等」の料足は「末寺庄園」が負担したという。[14]「末寺役」が時代によってどのように変化していったかは今後の研究を待たなければならないが、ある時期まで末寺が庄園などの所領と同等の扱いをうけていたことを示すものといえよう。

(2)「秘(非)違」糺明のための比叡山への「登山」

訴訟に当たって末寺が本寺の厳しい「下知」を受けていた点に関しては、先に引用した応永二十一年九月二日付「東塔北谷虚空蔵尾集会事書」の「付此沙汰莫太秘(非)違之間注文追可下者也、云多年紛骨、云秘(非)違借物、芳(旁)珍事至極也、付是非寺僧等登山可糺季(委)細者哉、於向後者、自山上可致下知、曾以満信申事、不可有承引者也、若承請寺僧在之、(者脱カ)可処罪科者也」という言葉がこれをよく物語っている。「莫太秘(非)違」の具体的な内容は定かではないが、その弁明に寺僧の「登山」を求めたこの事書の文言は、「山上」の末寺に対する「下知」の絶対性を示している。

そして、これまた先に引用した明通寺衆徒の連署状に見えるいくつかの言葉からすれば、このような本寺の末寺に対する「下知」権は訴訟時に限定されたものではなく、恒常的に存在していたものと思われる。すなわち、そこには〔A〕「於自今已後者、○(当)寺之別所○(弁)末寺已下、為山門之計、守真俗之法度、可専朝家之護持者也、縦雖末寺代○(之)至、於当寺之衆徒、背此旨、為一事令違失者、且訴公方可有厳科之沙汰者也」、〔B〕「今般山門根本法花堂之可為末寺成契約、尽未来際不乱其由諸(緒)、至後々末代本末成水魚思、寺中者本寺之随御下知、真俗皆以人々各々之坊領已下法花堂令寄附者也」といった、「山門之計」や「本寺」の「御下知」に随うことを誓う言葉が繰り返し記されているのである。末寺は、本寺と「契約」を結ぶことによって、訴訟時はもとより平常時においても、基本的にその「下知」を受ける義務を負うようになっていたと理解されなければならない。

(3)「神輿入洛」時の「若輩衆徒」の「軍忠」

本寺が嗷訴を決行するにあたっては、広く末寺・末社に軍勢催促をすることが古くから行なわれており、たとえば延慶二年(一三〇九)七月、益信への諡号に抗議しての神輿動座では、僉議で「卒人勢、調兵具、以夜継日企上洛事」が「白山加賀馬場」宛に申し送られている。[15] また、康永四年(一三四五)八月、光厳上皇の天龍寺落慶供養への臨幸に対する抗議にあたっては、軍勢の動員が「剣、白山、豊原、平泉寺、書写、法華寺、多武峰、

内山、日光、大平寺、其外末寺・末社三百七十余箇所」に触れたという。(16)

これらの軍勢催促に答えてすべての末寺・末社が軍勢を派遣してきたとはとうてい考えられないが、これが全くの形式的なものでなかったことも事実である。時代は下るが、天文五年（一五三六）のいわゆる天文法華の乱のとき、西塔北谷や東塔南谷は末寺の近江の大原観音寺や若狭の神宮寺に、また東塔でも末寺の高田専修寺に宛てて次のような軍勢催促状や感状を発している。

〔D〕今度日蓮就退治儀、諸末寺合力之処、一行御無音候、貴寺事、殊当谷遺書在之事候、従御返事可成其心得候、恐々謹言、

八月七日　西北谷行住 詮運（花押）

観音寺

年行事御房(17)

〔E〕京都日蓮党類為発向之、来十八日手遣可在之分、議定事候、然者、被得其意、厳密着陣之儀、肝要之由、衆議候、恐々謹言、

（天文五年）九月十五日　執行代（花押）

専修寺(18)

〔F〕就今般日蓮党追討之儀、各々御滞陣、無比類御忠厚、誠㠯難覃言詞候、就其従　梶井宮御褒美之被成令旨候、此等之旨、（武田元光）光禄江可被啓達候哉、猶委曲使者可被申候、恐々謹言、

（天文五年）八月廿五日　学頭代（花押）

祐増（花押）

法印 有覚（花押）

神宮寺年行事御坊[19]

法印　永賢（花押）

法印　円俊（花押）

延暦寺大衆が惣寺として軍事行動を起こすときには、院々谷々をはじめとする一山内の各本寺がいっせいにその末寺に軍勢催促状を下すということが行なわれていたのであり、少なくともこの天文五年の軍事行動については、本寺と末寺の関係を最大限に活用して実施されていたことはあきらかであろう。

特に〔F〕は、神宮寺の忠節を賞したものであり、本寺からの指令下に末寺が応分の軍勢を派遣していたことを伝えるものとして貴重である。このほか近江の百済寺には天文法華の乱で戦死したという「堂衆」の墓が残されており[20]、末寺が軍事面においても大きな義務を負っていたことがわかる。

このように虚空蔵尾が大原観音寺に突き付けた要求をもとに末寺の義務を見てくると、末寺だけが一方的に負担を強いられていたかのように見えないこともない。しかし、本寺と末寺の関係が「契約」として成立するものであったとすれば、本寺の方にも当然、負わなければならない義務があったはずである。次にこの点について考えていくこととしよう。

四　本末の契約——本寺の義務——

播磨の松尾寺伝来の『松尾寺文書』のなかに、応永三十年（一四二三）七月、本寺の延暦寺東塔西谷の大衆から下された次のような下文が残っている。

延暦寺東塔院西谷根本千手堂後戸下

和泉国松尾寺末寺役事

右、当寺者、根本為当谷千手堂末寺、抽天下安寧之護持、弘真言・止観之両宗霊砌也、爰中古已来、乱本末之約諾、不沙汰寺役之条、就真顕無勿躰者也、就中彼寺者、為　用明天皇御願寺異于他霊崛也、加之法性房尊意僧正令居住于当寺、被修秘法、其本尊幷金杵等之霊宝、于今有之、本末之芳契誠有所以者哉、然間複（復）旧規之掟、末寺役毎年十一月中三百疋致其沙汰、擬千手堂常灯之用脚者也、任当山末寺之通法、縦守護方雖成違乱煩、更以不可有承引者也、若猶致違乱煩事在之者、為山上加扶助、訴　公方可有厳密沙汰、仍為来際不朽被加連暑（署）可備向後亀鏡之旨、衆議如斯、故以下、

応永卅年癸卯七月　日　　学頭代

学頭法印権大僧都快俊（花押）

（他十二名連署略）[21]

ここでも東塔西谷は末寺松尾寺に「本末之約諾」「本末之芳契」に基づく「寺役」の上納を求めており、本寺と末寺の関係が第一義的に「約諾」によって成立するものと理解されていたこと、さらには「寺役」とも呼ばれた「末寺役」の上納が末寺の義務として存在したことが再確認できるが、その点はさておき、いま注目したいのは東塔西谷の大衆が「当山末寺之通法」として「縦守護方雖成違乱煩、更以不可有承引者也、若猶致違乱煩事在之者、為山上加扶助、訴　公方可有厳密沙汰」ことを宣言している点である。

つまり彼らは末寺に「寺役」の上納を求めるにあたり、「守護方」の「違乱煩」については「不可有承引」ことを保証し、それでも「違乱煩」が止まなかったときには「為山上加扶助、訴　公方可有厳密沙汰」ことを約しているのであり、本寺が末寺に負うていた義務がなにであったかがこれによってよくわかる。本寺は末寺に訴訟時における為政者（朝廷・幕府）への「山門」としての支援を保証していたのである。

このような保証が、本寺の末寺に対する一般的な義務となっていたことは、先にあげた応永二十一年九月二日

付の虚空蔵尾の集会事書からも読みとることができる。そこでは虚空蔵尾はまず最初に「今般為神訴之随一、公方令落居、被成下　御教書畢」と、幕府からの「御教書」獲得を誇らしげに告げたのち、観音寺が末寺として果たすべきさまざまな義務を列記しているのである。そして、本寺がこの義務を現実に履行していたことは、数多くの事例をもって指摘できる。

〔G〕嘉吉元年卯月十五日山門西塔院政所集会議曰、

早可○為山門奉行沙汰　被申達　公方事

右、江州高嶋郡松蓋寺者、公方御祈願寺山門西塔末寺也、忝被成下諸公事免除之　御判御教書、鎮所奉祈長日不断国家安全之御願也、爰賀茂領庄主令違背　御判、亦小西入道召籠寺僧云々、巨細寺家註進（注）一通備之、所詮庄主与社家令同心、及寺中検断之企歟之間、方帷（ママ）非公方様政直之御成敗者、不可有寺家安穏儀、早以註進之趣、被申達上聞者、弥奉祈松花千年之御保（宝）算、倍可専椿葉万代之御祈禱之旨、衆議如斯而已、(22)

〔H〕山門西塔院釈迦堂閉籠訴訟条目

（中略）

一、当院末寺七観音院領伏見屋敷并光台寺住持等、如元早速可有御成敗事、

一、同末寺摂州興隆寺分内栖賢寺之新道、任往古之支証、止禅家之邪路、可預御成敗事、

一、同末寺江州集福寺為熊谷宗信入道父子之悪行、所召捕之寺僧并贓物、如元被返付之、可被改庄務事、

（中略）

文安四年七月十六日(23)

〔I〕誠惶誠恐謹言上

山門東塔院西谷衆徒等

夫吾山者、桓武天皇起立円宗以降、代々明王聖主特添尊崇、伝教大師開闢当山之後、雖及六百余歳、止観遮那猶未失、三千徒衆、学顕密振智剣、護仏法守王法、専一天之安寧、祈四海之静謐矣、爰丹波国光明寺者、代々御祈願寺、当山之末寺也、於彼寺領、相国寺之都聞相語飯尾賀州（為行）入道、致無理之押領条、併猛悪不善之至也、次越中国船峅山泰隆寺者、当谷已往之末寺也、而就彼寺領、管領之内吹田男成違乱間、帯支証雖及問答、更以不能承引間、愁訴無極上者、既雖可及祭礼之違乱、且謹為蒙　勅許、潜欲致　奏聞、但□令○滞停、企大訴可歎申者也、所詮彼□（両）□訴訟之趣、早被下　勅議、可蒙安全之御遵行之旨、預　勅奏者、可為衆悦之由、粗謹白而已、

文安元年四月十七日(24)

〔G〕は、末尾部分の「方帷（ママ）非公方様政直之御成敗者、不可有寺家安穏儀、早以註進之趣、被申達上聞」という文言が示す通り、西塔大衆が末寺松蓋寺（近江国高島郡）の訴訟を幕府に取り次いだものである。また、〔H〕は西塔釈迦堂の閉籠衆が発給した文書で、〔G〕とはやや性格を異にするが、「当院」すなわち西塔の末寺の訴訟を列記して幕府に取り次いでいる点は〔G〕と変わらない。これに対して〔I〕は幕府ではなく朝廷に提出されたものであるが、東塔西谷の大衆が「当山之末寺」領の押領を訴えている点は、〔G〕〔H〕と同じである。

本寺と末寺の契約において、本寺が履行すべきもっとも重要な義務として朝廷・幕府へ訴訟の取り次ぎが存在したことはもはやあきらかであろう。末寺が数々の義務をあえて負ってまで、本寺との間に契約を取り交わした最大の要因は、まさにこのような外部からの侵略を「山門」としての政治力をもって排除することにあったのである。

また今一つ本寺の果たした大きな役割が、延暦寺内における末寺の代弁者としての活躍である。時代は下るが天文七年（一五三八）、「洲崎・河合両人」の処分をめぐって本願寺が延暦寺大衆と対立したときのことである。

本願寺の本寺の西塔は「西塔院事ハ本末之儀候間、惣山之儀可申破」と宣言して、本願寺のために山上で奔走している。[25] 延暦寺の「惣山」という第三者が決して踏み込むことができない場所において、本寺の果たした役割は想像以上に大きなものがあったと見なければならない。

むすび

中世の延暦寺における本寺と末寺の関係について、寺院社会のあり方という観点からあきらかになった点を最後に指摘してむすびとしたい。

その第一点は延暦寺の場合、本寺としての主体が「院々谷々」と呼ばれた「院」と「谷」、さらにはその下の「尾」の大衆、あるいは特定の堂舎の「浄侶」にあったという点である。松蓋寺における西塔、松尾寺における東塔西谷、観音寺における虚空蔵尾、そして明通寺における根本法華堂など例外はない。また、それと関わって指摘しておかなければならないのは、であるにもかかわらず、それらの院・谷・尾・堂舎の大衆・浄侶が、その末寺をもって常に「山門末寺」と称していたという事実である。現実には延暦寺「惣山」の一部を構成するにすぎない彼らが「山門」を標榜できたところに、地域の寺々がその末寺となることを求めた大きな理由があった。つまり地域の寺々は「山上」の「扶助」を求めて「山門末寺」となっていたのであり、延暦寺の惣寺が、寺院社会において盟主として地位を確立しえた大きな要因の一つがここにあったと考えられる。

第二点としては、本寺と末寺の関係が基本的に惣寺を単位として成立していたという事実をあげておきたい。末寺の一つ一つが本寺の延暦寺と同様に惣寺を形成していたことは、末寺宛の文書がすべて「衆徒中」「年行事」宛となっていることからもあきらかである。[26] つまり、延暦寺の惣寺はそれだけで完結していたわけではなく、その周辺には本末関係を紐帯として結ばれた巨大な惣寺群が広がっていたのである。

末寺の惣寺の規模に関しては寺内の坊舎の数が一つの目安となるが、近江国内の延暦寺の末寺でいえば、湖東の百済寺・西明寺で三百坊、湖西の酒波寺で五十六坊という数がそれぞれ伝えられている(27)。本寺としての延暦寺の惣寺のもとには、これら数十から数百に及ぶ房舎を抱えた惣寺が末寺として結集しており、これに各惣寺が抱えていた神人・寄人さらには庄民をも合わせれば、延暦寺を頂点に頂く惣寺群が総体として作りあげていた寺院社会は、実に大きな広がりと奥行きをもった世界であったことになる。

そして、当然のことながらこのような寺院社会の存在を抜きにして正しく評価できない歴史的事実も少なくない。たとえば近江の「山門領」保内はその活発な商業活動でよく知られている。しかし、なぜ彼らはあれほどまで広域にわたって特権的な商業活動を展開することができたのであろうか。詳細は改めて論じる他ないが、その活躍はこの巨大な寺院社会のネットワークを抜きにして評価できない。

第三点として最後にこの寺院社会に関わって指摘しておきたいのは、惣村社会との同質性である。早く林屋辰三郎氏が「中世村落に於ける自治的組織を表した惣の観念と相通じるもの」と指摘したように(28)、寺院社会の基盤となっていた惣寺は、集会・衆議など惣村社会と共通の理念のもとに成立していた。この点で中世には「惣」を理念の中心に据えた社会が広範に存在しており、寺院社会はその一部にすぎなかったともいえる。ただ、「王法仏法相依論」に象徴されるような公家・武家社会と対等に渡り合えるだけの高度の思想性や、本寺と末寺の結びつきをもって拡がる同一社会としての連帯感は寺院社会に特有のものであり、中世の「惣」世界の中核を構成していたのは寺院社会であったと理解されなければならないものと考える。

元亀二年（一五七一）九月の織田信長の山門焼き討ちによって、寺院社会は終焉の時を迎える。信長がこの焼き討ちをあくまでも延暦寺の惣寺ひいては寺院社会の壊滅を目的として実施したことは、門跡がその攻撃対象から省かれていたという事実を指摘するだけで充分であろう。寺院社会はここに歴史の舞台から姿を消す(29)。

（1）清水寺が「惣寺」を形成していたことについては、本書第二篇第一章注(2)参照。ちなみに清水寺の惣寺の規模については、時代はやや下るが嘉吉元年（一四四一）に作成された『興福寺官務牒疏』（『大日本仏教全書』寺誌叢書三）の「僧房五十三宇、衆徒六十人、承仕三十人」という記載が参考となろう。なお、中世の清水寺の寺内組織に関しては『清水寺史』一（清水寺史編纂委員会編、法蔵館、一九九五年）参照。

（2）『近江大原観音寺文書』一三五号。

（3）本書第二篇第一章参照。

（4）『近江大原観音寺文書』一四〇号。

（5）『明通寺文書』五一号（『福井県史』資料編九、福井県、一九九〇年。以下、同文書は本書による）。

（6）『明通寺文書』五二号。

（7）『明通寺文書』五三号。

（8）『羽賀寺文書』五五号（『福井県史』資料編九、福井県、一九九〇年。以下、同文書は本書による）。

（9）『松尾寺文書』六六号（『松尾寺所蔵史料調査報告書』〔『和泉市史紀要』三〕、和泉市史編纂委員会、一九九九年。以下、同文書は本書による）。

（10）応永三十年七月付「延暦寺東塔西谷根本千手堂後堂下文」（『松尾寺文書』三七号）。播磨の如意寺のように本寺の東塔北谷に「日吉十禅師社御油料足」を上納していた例もある（永徳二年四月八日付「延暦寺東塔北谷虚空蔵尾学頭代御油料足受取状」〔『如意寺文書』六、『神戸市文献史料』二、神戸市教育委員会、一九七九年〕）。鎌倉時代以降、十禅師社は東塔北谷が管理するところであり（本書第二篇第一章）、また如意寺には平安時代に勧請された「日本山王十禅師」が祭られていた（「播磨明石之保比金山如意寺旧記」、『如意寺文書』八）。本寺と末寺が日吉への信仰を紐帯としても経済的な繋がりを保持していたことを示す一例といえよう。なお、如意寺が東塔北谷の末寺となっていたことについては、貞応三年（一二二四）正月二十二日付「延暦寺政所下文」（『如意寺文書』三）に「就中依有便宜寄附東塔北谷末寺之後、経数代年序之間、全無致狼藉」という文言があるところからあきらかである。

（11）『天文日記』の天文五年六月十日条に「山門へ末寺銭如毎年三千疋かわしニして遣候」、また同六年十二月二十八日条に「従山門西塔院末寺銭為催促、西学坊へ対し、一院連署有之」などとあるのをはじめとして、三十貫文の末寺銭を毎年西塔に上納していたことが同記によって確認できる。なお、本願寺派寺院の山門への末寺銭上納に関しては石田晴男「戦国期の本願寺の社会的位置――『天文日記』の音信・贈答から見た」（『講座蓮如』三、浄土真宗教学研究所・本願寺史料研究所、一九九七年）が詳しい。

(12) 大永六年九月三日付「延暦寺東塔東谷彼岸所集会事書」（『越前法雲寺文書』一三号）、永禄四年六月十二日付「延暦寺（東塔）執行代専修寺末寺銭請取状」（『専修寺文書』一六二号）。両文書ともに『真宗史料集成』四所収。専修寺の東塔への末寺銭上納に関しても前掲注(11)石田論文が詳しい。

(13)『天台座主記』「承円」条。

(14)『天台座主記』「尊性」条。

(15)『白山宮荘厳講中旧録』。

(16)『天台座主記』「承胤」条。

(17)『大原観音寺文書』七三―三―一二号（『大原観音寺文書』〔『滋賀県古文書等緊急調査報告』二、滋賀県教育委員会事務局・文化財保護課編、一九七五年〕）。

(18)『専修寺文書』八二号。

(19)『神宮寺文書』四一号（『福井県史』資料編九、福井県、一九九〇年。以下、同文書は本書による）。「神宮寺年行事」宛には、同日付で東塔南谷の学頭代からも「青銅弐緡」を贈る旨の書状が届けられている（『神宮寺文書』四二号）。

(20) 滋賀県愛知郡愛東町の百済寺には、天文法華の乱に出陣して天文五年七月二十三日に戦死した六人の堂衆を弔った供養石塔が今も残る（『百済寺古記目録』〔『近江愛智郡志』一、滋賀県愛智郡教育委員会、一九二九年〕）。

(21)『松尾寺文書』三七号。

(22) 嘉吉元年四月十五日付「延暦寺西塔院政所集会事書案」（『目安等諸記録書抜』〔『北野天満宮史料』古記録〕）。

(23) 文安四年七月十六日付「延暦寺西塔院閉籠衆訴訟條目」（同右）。

(24)『建内記』文安元年四月十六日条。

(25)『天文日記』天文七年十一月十三日条。その他、この事件に関しては同年十月二十二日・同十一月二日条参照。

(26) 貞応三年の播磨の如意寺に下された「延暦寺政所下文」（前掲注10参照）は同寺の「住僧等」宛になっている。

また、同寺から「日吉十禅師社御油料足」を受け取った際、本寺東塔北谷では「如意寺々僧御中」に宛てて請取状を出している（同前）。「年行事」宛の事例としては、先に引用した天文五年の近江の大原観音寺や若狭の神宮寺の事例（前掲注19参照）のほか、時代はさらに下るが、播磨の随願寺宛の元亀三年正月十六日付「延暦寺三執行代等連署書状」の宛所が「増井《(位)》山年行事」となっている例などがある（「増位山」は随願寺の山号。『兵庫県史』史料編中世二、兵庫県、一九八七年）。

なお、管見の限りで本寺が明確に確認できる「山門末寺」を次に掲げておく。

東塔　専修寺［下野］（『専修寺文書』）

北谷　如意寺［播磨］（『如意寺文書』）　観音寺［近江］（『大原観音寺文書』）

西谷　松尾寺［和泉］（『松尾寺文書』）

南谷　神宮寺［若狭］（『神宮寺文書』）

無動寺　山寺［和泉］（『康富記』宝徳三年三月二十五日他）

雲林院［山城］、浄土寺［山城］、東薬師寺［山城］、多武峰［大和］、額金寺［近江］、百済寺［近江］、願興寺［近江］、梵釈寺［近江］、福林寺［近江］、法定寺［近江］、三方寺［若狭］、體興寺［若狭］、平泉寺［越前］、大山寺［伯耆］、乾龍寺［肥後］、大日寺［丹波］、蓮興寺［丹波］、千興寺［能登］、薬師寺［因幡］（以上、天福二年八月付「慈円所領注文」）、池辺寺［肥後］、円明寺［山城］、宝石寺［不明］（以上、建暦三年二月付「慈円所領譲状案」）

根本中堂　進美寺［但馬］（『進美寺文書』）。慈光寺［武蔵］、西念寺［越中］（以上、『華頂要略』門主伝二〇）、清閑寺［山城］（『天台座主記』）

根本法華堂　明通寺［若狭］（『明通寺文書』）

西塔　長命寺［近江］（『長命寺文書』）、松蓋寺［近江］、七観音院［近江］、集福寺［近江］、清水寺［近江］、興隆寺［摂津］（以上、『目安案諸記録書抜』）、光明寺［丹波］、泰隆山［越中］（『建内記』文安元年四月十六日条）、穴太寺［丹波］（『穴太寺文書』）、普光寺［近江］（『御前落居奉書』）、本願寺［摂津］（『天文日記』）

横川　頂法寺［山城］、行願寺［山城］、感応寺［山城］、祇陀林寺［山城］、中堂寺［山城］、三聖寺

〔山城〕、東北院〔山城〕、北野社〔山城〕、祇園社〔山城〕（以上、『北野社家条々引付』）

このうち東塔の無動寺末寺は、無動寺が青蓮院の管轄下にあったところから慈円の譲状案等に列記されたものである。また西塔の松蓋寺以下の末寺については、『目安等諸記録書抜』（『北野天満宮史料』古記録）収録の五通の集会事書によって、その存在が確認できる。

これら末寺に対して本寺が常に強い統制を加えようとしていたことは、永享元年（一四二九）、横川が京都の末寺・末社に対して次のような指令を下していることからも知ることができる（『北野社家条々引付』）。

一、永享元年自山門楞厳院公人折紙以来、其子細者、当社事者楞厳院末社也、向後者為東塔・西塔雖令閉門、楞厳院公人不相下者、不可承引、追而以事書可相触之由申之間、事子細相尋之処、楞厳院政所集会之砌ヨリ参候、別当代者正覚房云々、

楞厳院末寺可閉門寺社事

北野　六角堂　講（革）堂　感応寺河崎　祇陀林寺　中道（堂）寺　三聖寺　祇園　東北院

此折紙聴書写テ、御社務竹内殿以目代法橋慶増進上之、

「山門末寺」としては本寺以外の「院々」からの指令をどのように処理するかは頭の痛い問題であったに違いない。

(27)　明応年間（一四九二〜一五〇一）の「勧進序」によれば、百済寺の一山は東西南北の「四ツ谷」に分かれ全部で三百余坊の坊舎が所在したという（『近江愛智郡志』一・五、前掲注20参照）。ちなみに明応七年八月九日、本堂以下の伽藍が焼失するという出来事が起こったとき、坊舎が無事であったことを朝廷に伝えた中御門宣秀の書状（同月十六日付）には「三百坊の在所にて候、坊舎ハ一もやけ候ぬよし」という文言が見えている（『宣秀卿記』）。また、元亀四年（一五七三）四月、百済寺が織田信長によって焼かれたことを伝えるルイス・フロイスの書簡には、同寺の「坊主の住屋」の数として「千戸」という数字が記録されている（一五七三年五月二十七日付「書簡」、『耶蘇会士日本通信』）。

西明寺に関しては、江戸時代の『近江輿地志略』七四に「都て別所・諸堂十七ケ所の神社十二神、総坊合せて三百舎」と見え、酒波寺では嘉吉元年（一四四一）の『興福寺官務牒疏』が「僧房五十六宇」と記す。酒波寺には中世の堂舎の有り様を描写した絵図が残されているが、そこには五十を越える坊舎・堂舎が描かれている（『今津町

史』一、今津町、一九九七年）。

近江に所在した「山門末寺」の寺院は、現在もそこに赴けばかつて数多くの坊舎が立ち並んでいたことを容易に確認できる場合が多く、百済寺・西明寺・酒波寺の場合もその例外ではない。現地調査に基づく研究の深化が望まれる。
(28) 林屋辰三郎「南北朝時代の法隆寺と東西両郷」（『中世文化の基調』、東京大学出版会、一九五三年）。
(29) 三門跡をはじめとする延暦寺の門跡・脇門跡は、元亀二年九月以降も存続しており、その社会的な地位になんらの変動も認められない（『華頂要略』）。ちなみに焼き討ちのときに天台座主であった曼殊院覚恕がその職を退いたのは、天正二年（一五七四）正月になってからのことであったという（『天台座主記』「覚恕」条）。なお、この覚恕のもとには、同年三月のことであろう。武田信玄への「山門再興」の取りなしを依頼した三塔執行代等連署の書状が届けられている（年未詳三月十七日付「延暦寺三塔執行代等連署書状」〔『曼殊院文書』〕）。焼き討ち後、門跡だけでなく大衆組織までもがそれなりに健在であったことを伝えて貴重な書状であるが、忘れてはならないのは、彼らの動向は動向として、この時点では「山門」がまちがいなく消滅していたという事実である。そして、いったん滅亡した寺院社会の盟主としての「山門」は二度と再び復興することはなかった。
そのことは天正十二年の延暦寺復興後も、同寺において消滅したまま復活することがなかった数々の事象が何よりもよくこのことをよく物語っている。神輿振りや閉籠といった実力行使をともなう抗議行動はもとより、日吉社からは彼岸所が姿を消し、中世、あれほどまでに盛大に執行されていた小五月会も二度と行なわれることはなかった。

花押一覧1　山門使節連署

円運
盛覚
円明坊兼宗
善住坊最慶
月輪院慶覚
杉生坊暹春
金輪院弁澄

1　山門使節連署書状(『天龍寺宝篋院文書』)　年未詳4月2日付

円明坊兼宗
善住坊最慶
月輪院慶覚
杉生坊暹春
金輪院弁澄

2　山門使節連署書状(『今堀日吉神社文書』258号)　年未詳4月20日付

実乗坊紹慶
上林坊亮覚
行泉坊宏運
杉生坊暹能
西勝坊堯慶

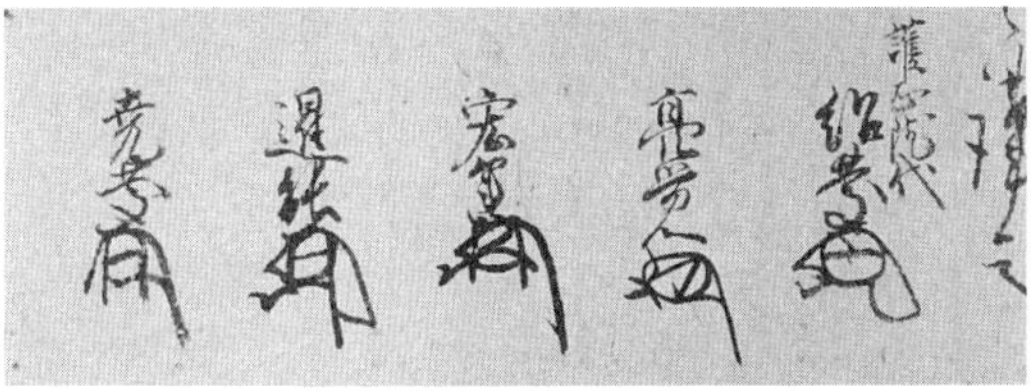

3　山門使節連署書状(『菅浦文書』119号)　文安3年2月24日付

杉生坊暹能
西勝坊賢慶
行泉坊宏運
上林坊亮覚
実乗坊紹慶

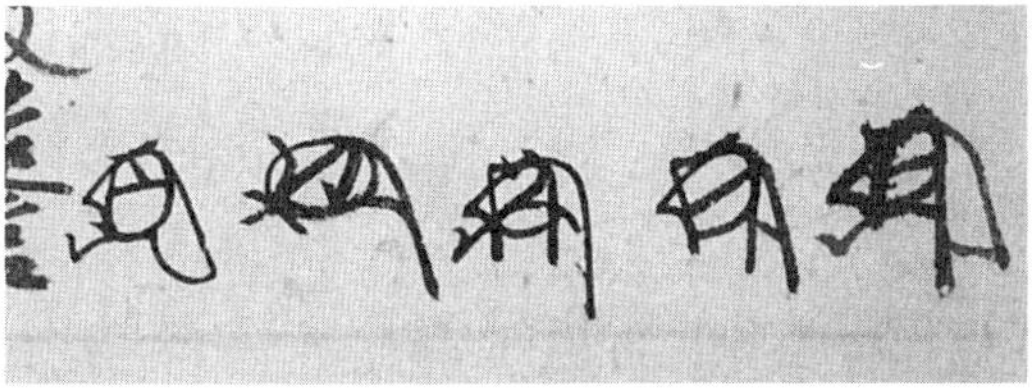

4　山門使節連署過書(『南禅寺文書』150号)　文安4年12月付

杉生坊暹能
西勝坊賢慶
井上坊覚芸

5　山門使節連署過書(『南禅寺文書』159号)　文安5年7月8日付

注　『井関文書』の写真は『大覚寺文書』（大覚寺史資料編纂室編、一九八〇年）より転載

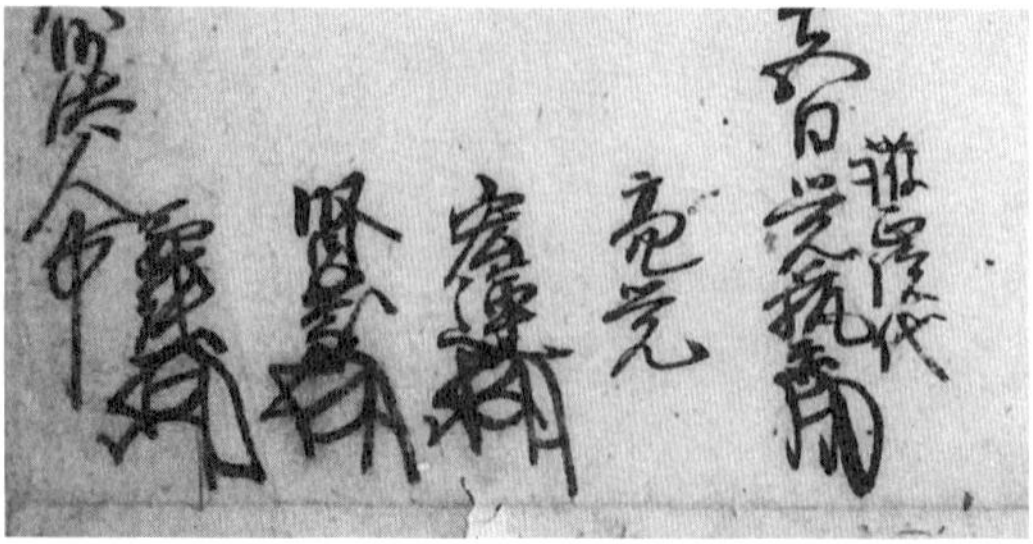

井上坊覚芸
上林坊亮覚
行泉坊宏運
西勝坊賢慶
杉生坊暹能

6　山門使節連署下知状(『井関文書』4-2号)　文安５年８月15日付

杉生坊暹能
西勝坊賢慶
行泉坊宏運
上林坊亮覚
井上坊覚芸

7　山門使節連署過書(『南禅寺文書』169号)　文安５年11月付

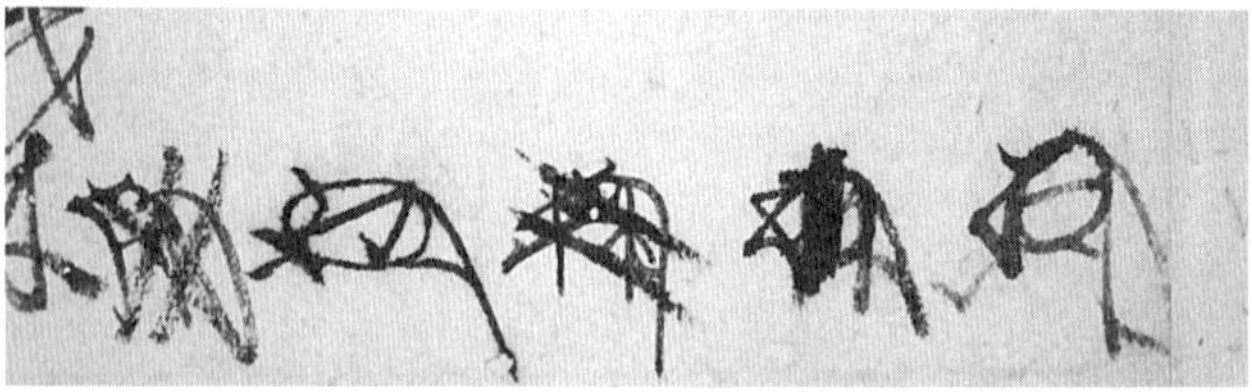

杉生坊暹能
西勝坊賢慶
行泉坊宏運
上林坊亮覚
井上坊覚芸

8　山門使節連署過書(『南禅寺文書』175号)　宝徳３年６月付

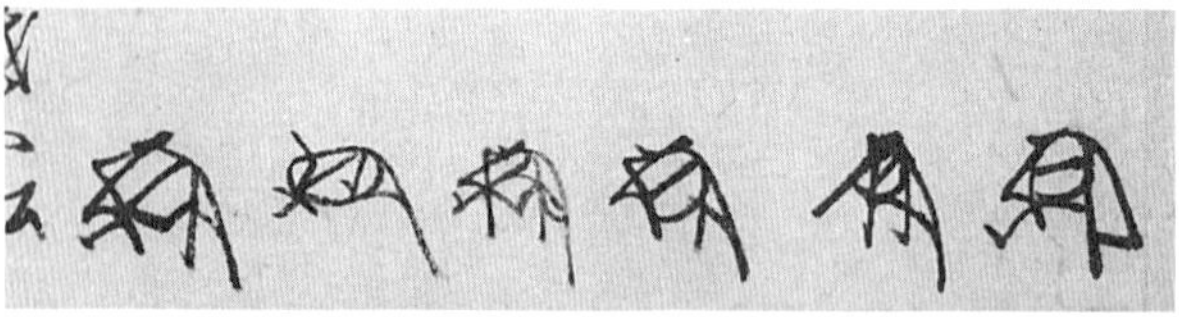

杉生坊暹能
円明坊兼澄
西勝坊賢慶
行泉坊宏運
上林坊亮覚
護正院隆全

9　山門使節連署過書(『南禅寺文書』196号)　享徳４年閏４月付

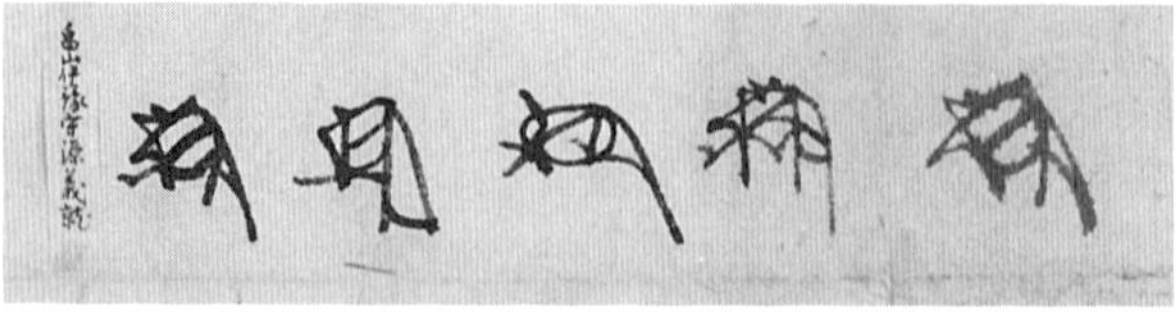

西勝坊賢慶
行泉坊宏運
上林坊亮覚
杉生坊暹円
護正院隆全

10　山門使節連署過書(大和文華館蔵『双柏文庫』)　長禄３年11月付

花押一覧2　馬上方一衆年行事

1　(兼英)(396号)
応永30年6月2日

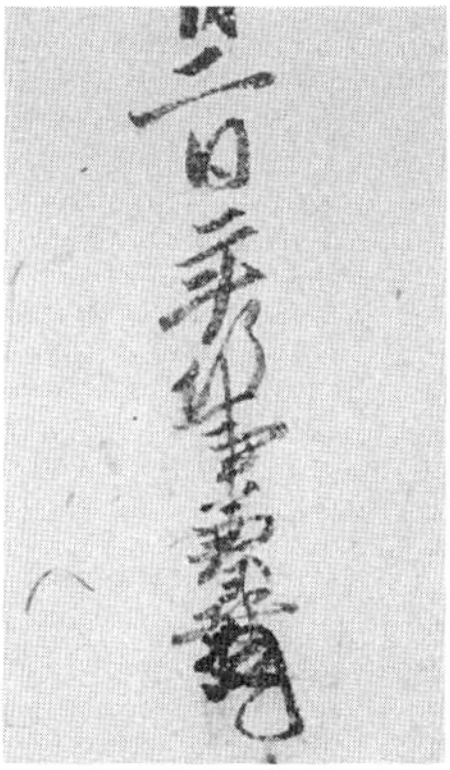

2　兼尋(400号)
応永32年6月2日

3　某(420号)
永享4年6月3日

4　宝聚坊浄円(428号)
永享5年6月2日

5　定光坊康尊(478号)
永享10年6月2日

6　隆善坊宗守(488号)
永享11年6月2日

7　寛盛坊浄厳(496号)
永享12年6月2日

8　定泉坊靖運(527号)
文安2年6月2日

9　禅住坊承操(530号)
文安3年6月2日

注1　出典はすべて『八坂神社文書』所収の「祇園会馬上役納状」で番号は同書の文書番号
注2　(代)とあるのは「年行事代」を示す

10　継有(592号)
宝徳２年６月２日

11　春兆(593号)
宝徳３年６月２日

12　浄有(代)(597号)
長禄３年６月２日

13　浄有(代)(601号)
長禄４年６月２日

14　定光坊康尊(625号)
寛正２年６月３日

15　福泉坊某(代)(650号)
寛正３年12月２日

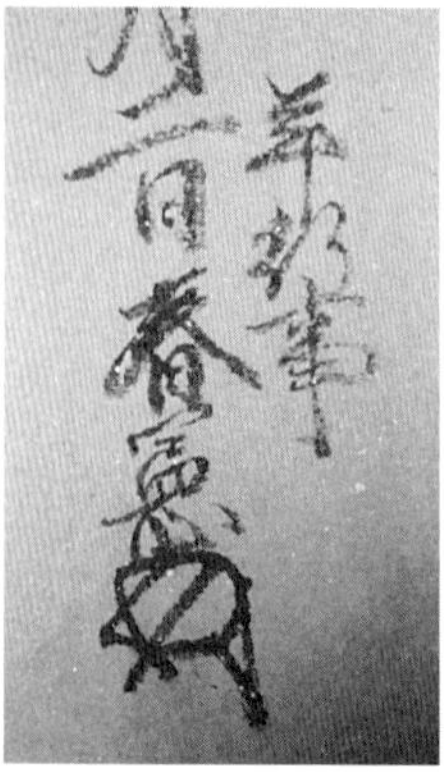

16　安養坊春憲(652号)
寛正６年６月２日

17　福泉坊某(代)(678号)
文正元年６月７日

(428号
端裏書/部分)

(496号
端裏書/部分)

◎初出一覧◎

序にかえて（新稿）

第一篇　山徒の存在形態

第一章　山門使節制度の成立と展開『史林』五八―一、一九七五年一月

第二章　延暦寺における「山徒」の存在形態『公家と武家Ⅱ』（笠谷和比古編、思文閣出版）、一九九九年一一月

第三章　中世土倉論『中世日本の歴史像』（日本史研究会編）、一九七八年七月

第四章　彼岸銭考（新稿）

第二篇　大衆と惣寺

第一章　中世寺院における大衆と「惣寺」『学叢』（京都国立博物館）二二、二〇〇〇年三月

第二章　延暦寺大衆と日吉小五月会（その一）（新稿）

第三章　延暦寺大衆と日吉小五月会（その二）（新稿）

第三篇　寺家の構造

第一章　延暦寺における「寺家」の構造『京都市歴史資料館紀要』一〇、一九九二年一一月

第二章　延暦寺千僧供領の研究『賀茂文化研究』三、一九九三年一一月

第三章　山門公人の歴史的性格『奈良史学』（奈良大学史学科）一一、一九九三年一二月

第四章　坂本「寺家御坊」と山科家『近江の歴史と文化』（木村至宏編、思文閣出版）、一九九五年一一月

第四篇　門跡寺院の歴史的役割
第一章　中世門跡寺院の組織と運営　『公家と武家』（村井康彦編、思文閣出版）、一九九五年三月
第二章　中世門跡寺院の歴史的機能　『学叢』（京都国立博物館）二一、一九九九年三月
第三章　門跡領の経営形態　（新稿）

付　篇
付一　『天台座主記』　（新稿）
付二　『日厳院引付』『即往院座主拝任事』　『学叢』（京都国立博物館）一九、一九九七年三月

むすびにかえて　（新稿）

〔追記〕

第一篇第一章・同第三章はそれぞれ修士論文・卒業論文として作成し、大谷大学・同大学院に提出したものである（第一篇第三章は卒論の前半のみを収録）。それらを含め旧稿の収録にあたっては、新たな史料を加えあきらかな誤りを訂正するにとどめ、もとの論旨をできるだけ生かすようにした。

また、本書への掲載写真に関しては、延暦寺、南禅寺、八坂神社、天龍寺、今堀日吉神社文書管理委員会、伊香郡西浅井町菅浦区、大和文華館、京都府立総合資料館、滋賀大学経済学部附属史料館、奈良国立博物館をはじめとして、多くの方々から多大なるご配慮を賜わった。記して謝意を表するものである。

また、出版にあたっては、思文閣出版の長田岳士・林秀樹・近藤衣世氏にたいへんお世話になった。心より御礼申し上げる。

あとがき

　歴史学の道を志してからはや三十数年が過ぎた。この間、研究の歩みは遅々たるものであったが、歴史を学ぶ環境にだけは恵まれていた。京都市史編纂所に始まり大津市史編纂室や京都国立博物館と、アルバイトや嘱託としての立場を含め、史料とつねに直接対峙できる場所で働くことができたことは幸せであった。また、なによりもそれぞれの場所で同じ道を志す感性豊かな幾多の先学・同輩とめぐり会えたことは、何にも代え難い財産となった。私がまがりなりにも研究を継続できたのは、それらの方々からの有形無形の励ましによる。この場を借りて、あつく御礼申し上げる。

　それにしても残念でならないのは、恩師の林屋辰三郎先生がもはやこの世においでにならないことである。先生が亡くなられてからすでに四年近くの歳月が流れようとしている。学生時代、先生から直接、お教えを受けたのは、立命館大学在学中のわずか二年たらずに過ぎない。にもかかわらず、同大学を中退してのちもつねにご指導下され、その公私にわたる御恩はとうてい言葉では尽くしがたいものがある。

　先生にこの論文集を見ていただけなかったことが返す返すも残念でならない。及第点は望むべくもないが、御批評の御言葉を一言なりとも頂きたかった。本書の刊行を墓前に御報告するとともに、御冥福を心よりお祈りする。

　なお、最後に私事にわたるが、この道に進むことを許してくれた、今は亡き母民子と故郷金沢にあって来年米寿を迎えようとしている父勝三郎に本書を捧げたい。

平成十三年十一月　　　　下坂　守

索　引

【人　名】

あ

い

え

お

か

き

さ

し

す

せ

そ

た

ち

つ

て

と

な

【地　名】

お

か

き

く

け

こ

さ

し

す

せ

た

ち

て

と

な

に

ね

の

は

ひ

ふ

ほ

ま

み

む

や

よ

り

著者略歴

下坂守（しもさか・まもる）

1948年生．大谷大学大学院文学研究科修士課程修了（日本中世史）．京都国立博物館学芸課長．「葛川・伊香立庄相論考」（『史林』67—2，史学研究会，1984年）．「菅浦絵図の成立をめぐって」（『絵図のコスモロジー』上，葛川絵図研究会，地人書房，1988年）．「中世的『勧進』の変質過程」（『古文書研究』34，日本古文書学会，1991年）．『参詣曼荼羅』（『日本の美術』331，至文堂，1993年）．『若宮八幡宮蔵「足利将軍若宮八幡宮参詣絵巻」』（村井康彦共編，国際日本文化研究センター，1995年）．「中世における『智証大師関係文書典籍』の伝来」（『園城寺文書』1，園城寺編，講談社，1998年）．

思文閣史学叢書

中世《ちゅうせい》寺院《じいん》社会《しゃかい》の研究《けんきゅう》

二〇〇一（平成十三）年十二月五日　発行

定価：本体九、八〇〇円（税別）

著者　下坂守

発行者　田中周二

発行所　株式会社 思文閣出版
京都市左京区田中関田町二—七
電話（〇七五）七五一—一七八一㈹

印刷　同朋舎　製本　大日本製本紙工

ISBN4-7842-1091-1 C3021